杜澤遜　撰
程遠芬　編索引

四庫存目標注

顧廷龍題

陸

上海古籍出版社

四庫存目標注卷五十五

滕州　杜澤遜　撰

集部六

別集類五

燕香齋文集四卷詩集六卷　國朝劉餘祐撰　**五七〇二**

直隸總督採進本（總目）。〇《直隸省呈送書目》：「《燕香齋詩集》二本。」〇湖北省圖書館藏清康熙刻本，題「濵宛劉餘祐玉孺氏著」。半葉十行，行二十一字，黑口，左右雙邊。前有康熙三十八年己卯陳曾蓺《燕香齋詩文集序》云：「劉公捐館舍既四十有餘年，公第六子國子司業鍾山先生始編纂其《燕香齋詩文遺集》，鏤板行世。」又康熙三十八年外孫胡介祉序云：「《燕香齋詩集》六卷《文集》四卷，先外大父少保公所作。公歿幾四十年，而叔舅大令司成兩公始校讐付剞劂。」《詩集》前有康熙三十五年胡兆鳳序云：「令嗣大年、宣人兩先生奉遺詩集編次登梓，……剞劂告成，兩先生屬兆鳳爲之序。」又自序，自序後有第六男芳喆序云：「鏤板于丁丑閏三月。」《文集》後附行狀、墓志。蓋《詩集》刊於康熙三十六年丁丑，《文集》刊成於康熙三十八年己卯。《存目叢書》據以影印。

金文通集二十卷　國朝金之俊撰　五七〇三

湖北巡撫採進本（總目）。○《湖北巡撫呈送第二次書目》：「《文通集》八本。」○《四庫全書附存目録》顧廷龍先生手批：「康熙二十五年重刻本，懷天堂藏板，十二册，三十五元，友仁。吴興後學夏煜守枚編輯，姪孫珽運侯校閲，孫祖彭大年重鐫。奏議六卷：一《佐樞疏草》，二《佐銓疏草》，三《總憲疏草》，四《中銓疏草》，五《綸扉疏草》，六《山中奏草》。文二十卷：一至五序，六、七記，八傳，九説，十題跋、書後，十一碑文，十二至十六墓志，十七墓表、傳、行略、祭文、告詞，十八贊，十九銘、箴、疏、書、芻言、議、小示，二十《年譜韻編》，附金文通公行狀、墓誌銘、墓表、傳。」又眉批：「别本十卷，約康熙初年刊。一佐樞佐銓疏草，二總憲，三至六文，七《珥筆閒吟》，八《山居候鳴》，九《外集》，十《續外集》。此本文與目不合，與二十卷本次序不同，圈點亦不同。評語此本作名夏先生，二十卷本加陳字名夏先生。又六卷本較多流傳，則無七卷以下數集也。」○清康熙二十五年懷天堂刻本，作《金文通公集》二十卷又六卷《詩集》六卷《外集》八卷。又六卷乃奏疏。半葉九行，行二十字，白口，左右雙邊。上圖藏一部，有葉景葵跋，已收入《卷盦書跋》。中科院圖有全本一部十二册。另有一部十册，《詩集》僅三卷，有鄧之誠跋。《存目叢書補編》用鄧之誠跋本影印。該本題「吴江金之俊豈凡著」。有順治十六年錢謙益序，順治五年陳名夏、程芳朝序，六年王鐸、胡世安、吕宫、岳暎序。又順治六年自序云：「因彙近作若干首，輒付梓人。」《年譜韻編》有康熙八年宋實穎序，康熙八年姪曰永跋。疏草有康熙五年韓世琦序云：太傅金公輯其疏稿就梓，屬余序之。又康熙六年宋實穎序，五年姪漢鼎序。詩三卷即《珥筆閒吟》，有康熙六年毛瑩跋。外集有順治五年陳名夏序。卷内鈐「鄧之誠文如印」等印記。清華藏一部僅《金文通公集》二十卷。○清雍正元年端介堂刻本，作《金文通公集》二十六卷《詩集》六卷《外集》八卷。半葉九行，行二十字，白口，左右雙邊。北圖藏。○《息齋集》四卷《外集》一卷《續外集》一卷《外集補遺》一卷《珥筆閒吟》一卷，金之俊撰。清順治刻本。半葉八行，行二十字，白口，四周雙邊。中科院圖藏一部三册，有鄧之誠跋。人民大學、南圖、湖北圖等亦有是刻。○《息齋集》十卷《疏草》五卷，清順治康熙間刻本。半葉八行，行二十字，白口，左右雙邊。北圖、清華、上圖、南圖等藏。○柯愈春《清人詩文集總目提要》云懷天堂本「盡削前明所作」。

灌研齋集四卷　國朝李元鼎撰　五七〇四

江西巡撫採進本(總目)。○《江西巡撫海第三次呈送書目》：「《灌硯齋文集》四本。」○《武英殿第一次書目》：「《灌研齋稿》四本。」○《提要》云：「所著詩文凡三十卷，統名之曰《石園集》。此集雜文四卷，乃其中之一種也。」○《石園全集》三十卷，遼寧省圖書館藏清康熙香雪堂刻本，半葉十一行，行二十一字，白口，左右雙邊。版心下刻「香雪堂」。封面刻「香雪堂藏板」。卷一至二十二詩

(其妻朱中楣詩及夫妻倡和詩詞亦在内),卷二十三以下爲《灌研齋稿》八卷,皆文。寫刻甚精。前有康熙四十二年李振裕進書表云:「謹將原刻冒昧進呈。」又康熙四十一年宋犖序,黎元寬序,文德翼序,陳弘緒序,薛正平序。卷内胤字缺末筆,蓋雍正間修版印本。《存目叢書》據以影印。北圖、南圖、浙圖等亦有是刻。〇《石園詩草》十五卷(李元鼎撰)、《隨草》二卷《續編》一卷(皆元鼎妻朱中楣撰)、《倡和初集》一卷《隨草詩餘》一卷《鏡閣新聲集》一卷(李元鼎、朱中楣撰),清康熙刻本,半葉八行,行十八字,白口,左右雙邊。北京市文物局藏。西北大學有殘本。〇《隨草》二卷《續編》一卷,朱中楣撰,清順治刻本。半葉八行,行十八字,白口,左右雙邊。北圖、南圖藏。北圖本有吴騫跋。

用六集十二卷　國朝刁包撰　五七〇五

直隸總督採進本(總目)。〇《直隸省呈送書目》:「《用六集》六本。」〇清華大學藏清康熙三年熊仲龍刻本,題「伊祁刁包著,漢陽熊仲龍授梓,畿滄戴明説、北平孫承澤、古蔚魏象樞仝較正」。半葉九行,行二十字,白口,左右雙邊。前有康熙三年甲辰魏象樞序云:「維時州大夫熊公剞劂行世。」《存目叢書》據以影印。北大、南圖、川圖亦有是刻。〇清道光五年祁陽學署刻本十二卷八册。北師大、遼圖藏。〇清道光二十三年刁懷瑾積書樓重刻本十二卷附録一卷,收入《用六居士所著書》。清華、北師大、南圖、復旦、河南圖藏。

秀巖集三十一卷　國朝胡世安撰　五七〇六

浙江巡撫採進本(總目)。〇《浙江採集遺書總録》:「《秀岩集》三十一卷,刊本,國朝尚書仙井胡世安撰。」○《浙江省第十二次呈送書目》：「《秀巖集》三十一卷，國朝胡世安著，六本。」○《山西省呈送書目》：「《秀巖集》三十一卷，内缺第五卷至十一卷。」○北京大學藏清順治刻康熙三十四年胡蔚先印《秀巖集四種》本，作《秀巖集》三十一卷。題「仙井胡世安菊潭甫著」。半葉九行，行二十一字，白口，左右雙邊。前有錢謙益序云：「先生全集久閟篋衍，松陵雷令君得其副墨，梓以行世。」又順治三年朱之俊序，劉正宗序，薛所藴序，順治十一年曹勳序，順治十一年方拱乾序，順治十一年柳寅東序，門人穆貞胤序，順治三年自序。後有康熙三十四年乙亥知河南汲郡事孫蔚先跋云：「此板久爲司閽無賴者盜典豪室，……百計拮据，購以重價，始得劍合延津，珠還合浦。力爲刷印，布之於世。」蓋順治間刻康熙三十四年胡蔚先印本。《存目叢書》據以影印。中科院圖、津圖亦有是刻。

澹友軒集十六卷　國朝薛所蘊撰　**五七〇七**

浙江巡撫採進本（總目）。○《浙江省第十二次呈送書目》：「《澹友軒集》十六卷，國朝薛所藴著，四本。」○《浙江採集遺書總録》：「《澹友軒集》十六卷，刊本，國朝尚書懷慶薛所藴撰。」○河南省圖書館藏清順治十六年自刻本，作《澹友軒文集》十六卷。題「河陽薛所藴子展著，宣城劉雲望之挍」。半葉八行，行十八字，白口，四周單邊。前有張永序，劉雲序。又順治十六年己亥劉正宗序云：「及返燕邸，行屋已歸，乃馳札千餘里，言將梓其文百餘篇，屬爲之叙。」《存目叢書》據以影印。上圖藏是刻，末鈐「孫華卿印」。清華、南開、祁縣圖亦有是刻。按：所藴，河南孟縣人，一字行屋。

《提要》偶疏。

五七〇八　桴菴集四卷　國朝薛所蘊撰

江蘇巡撫採進本(總目)。○《江蘇省第一次書目》：「《桴菴集》四本。」○《江蘇採輯遺書目録》：「《桴菴詩集》五卷，詹事府少詹事河陽薛所蘊著，刊本。」○清華大學藏清順治刻本，作《桴菴詩》五卷。題「河陽薛所蘊行屋著，男奮生、葳生、芊生、穎生，侄胤生較訂」。半葉八行，行十八字，白口，四周單邊。前有胡世安序，王鐸序，順治十年癸巳方拱乾序，順治十一年甲午錢謙益序，門人王泰際序，彭志古序。《存目叢書》據以影印。中科院圖、莆田縣圖等亦有是刻。按：傳本五卷，與《江蘇目録》同，《總目》殆誤四册爲四卷。

五七〇九　搜遺稿四卷　國朝彭賓撰

江蘇周厚堉家藏本(總目)。○《江蘇省第一次書目》：「《彭氏詩文集》六本。」○《江蘇採輯遺書目録》：「《彭氏詩文集》十四卷，彭賓、彭[師]度著。」○上海圖書館藏清康熙六十一年彭士超隆略堂刻本，作《彭燕又先生文集》三卷《詩集》一卷。題「華亭後學復孩氏李元度評選，孫男士超漢班、曾孫永壽、祖壽編輯，姪孫爲柱(等五人)同校訂」。半葉十行，行二十一字，黑口，左右雙邊。寫刻頗精。前有康熙壬寅李元度序，壬寅彭士超序。《存目叢書》據以影印。○《偶存草》二卷，彭賓撰，清初刻本。半葉九行，行二十字，白口，四周單邊。北圖藏。○《偶存草》二卷，上海圖書館藏鈔本，王培孫舊藏。

青溪遺稿二十八卷　國朝程正揆撰　**五七一〇**

浙江孫仰曾家藏本（總目）。○《浙江省第四次孫仰曾家呈送書目》：「《青溪遺稿》二十八卷，明程正揆著，五本。」○《浙江採集遺書總録》：「《青谿遺稿》二十八卷，刊本，國朝工部侍郎孝感程正揆撰。」○天津圖書館藏清康熙天咫閣刻本，目録題「孝感程正揆端伯父著，男大皐、大華、大畢、大覃、大聿、大卓，孫光琰、光琦、光璿、光珠編次」。半葉九行，行十九字，白口，左右雙邊。版心下刻「天咫閣」。前有吴琠序，嚴正矩序，高騫序。吴序云：「余既受而卒業，乃節縮餐錢以梓之。」知係吴琠出資刊板。《存目叢書》據以影印。中科院圖、南圖、復旦、杭州文管會亦有是刻。○清康熙五十四年程光珠刻本。半葉九行，行十九字，黑口，左右雙邊。北圖、山東圖、湖北圖、中山圖、社科院文學所藏。

己亥存稿一卷　國朝孫承澤撰　**五七一一**

直隸總督採進本（總目）。

浮雲集十一卷　國朝陳之遴撰　**五七一二**

江蘇周厚堉家藏本（總目）。○《江蘇省第一次書目》：「《浮雲集》二本。」○《江蘇採輯遺書目録》：「《浮雲集》十二卷，海寧陳之遴著。」○華東師大藏清康熙旋吉堂刻本十一卷。題「海寧陳之遴素菴著」。半葉十一行，行二十一字，白口，左右雙邊。版心刻「旋吉堂」。前有康熙五年丙午自序，末署「康熙丙午仲春月上浣素菴老人書於旋吉堂」。書凡十一卷，目録又列第十二卷詩餘，注云

「嗣出」。卷内鈐「陳鋭之印」、「穎長氏」、「元方難爲兄」、「華山馬南操印」、「在山主人」、「愚齋圖書館藏」等印記。《存目叢書》據以影印。北圖、上圖亦有是刻。〇民國海寧縣圖書館抄本，並迻録清管庭芬跋。十一卷四册。有校勘記（見《浙江文獻展覽會專號》）。

静惕堂詩集四十四卷　國朝曹溶撰　**五七一三**

江蘇巡撫採進本（總目）。〇《江蘇省第一次書目》：「《静惕堂詩集》十本。」〇《江蘇採輯遺書目録》：「《静惕堂詩集》四十四卷，刑部侍郎秀水曹溶著。」〇首都圖書館藏清雍正三年李維鈞刻本，題「檇李曹溶秋岳著」。半葉十一行，行二十一字，白口，左右雙邊。寫刻甚精。前有雍正三年乙巳李維鈞序云：「比來啣命涖保州，適先生外孫朱子愷仲至，因言及先生詩集，欣然就笥篋中出其手録全稿示余。……亟爲鏤版以傳。」卷四十四後列名：「後學李維鈞閲，外孫朱丕戭謹編，男彦樞、彦桓、彦栻同校。」《存目叢書》據以影印。中科院藏是刻一部有鄧之誠跋。上圖、復旦、津圖等亦有是刻。

粤遊草一卷　國朝曹溶撰　**五七一四**

兩江總督採進本（總目）。〇《兩江第一次書目》：「《粤遊草》，秀水曹溶撰，抄本，一本。」〇《浙江省第十一次呈送書目》：「《静惕堂文集》二册、《詩稿》四册、《文隱堂詩》二册、《雲中集》二册、《粤遊集》一册、《閩遊草》一册、《詞稿》一册、《續稿》三册，國朝曹溶著，十六本。」〇《浙江採集遺書總録》：「《静惕堂文集》二册、《詩稿》四册、《文隱堂詩》二册、《雲中集》二册、《粤遊集》二册、《閩遊集》一册、《詞稿》一册、《續稿》三卷，刊本，國朝吏部侍郎秀水曹溶撰。」○《鄭堂讀書記》於《静惕堂詩集》條云：「又上海李氏藏有秋岳集鈔本凡十册，别爲記之。」其本即在《鄭堂讀書記》中：「《静惕堂原稿》無卷數，傳鈔舊本，國朝曹溶撰。是編乃其所作詩文原稿，前後俱無序跋。凡《静惕堂詩稿》二册、《續稿》三册、《文隱堂詩集》一册、《雲中集》一册、《閩遊草》一册、《静惕堂文集》一册、《詞稿》一册。以上十册俱不著卷數，前八册皆其詩稿，蓋即其外孫朱裕山（丕戭）據以編《集》者，此其傳鈔之本也。……《文集》僅存六十二篇，雖屬不全之本，尚可以略見梗概。《詞稿》凡二百六十六首，俱以字之多寡爲次，先小令，次中調，次長調，而以補遺十七首終焉。」○日本静嘉堂文庫藏《静惕堂集》鈔本，包括《静惕堂文集》一卷、《始陽近稿》一卷、《楚遊詩稿》一卷、《雲中集》三卷、《文隱堂詩集》一卷、《閩遊草》一卷、《粤遊詩集》一卷（參《清人詩文集總目提要》）。○《德藻堂詩集》一卷，曹溶撰，上海圖書館藏稿本，清李因篤批注並跋，清張廷濟、郭麐跋。此帙所存五言古題十八首已收入《静惕堂詩集》卷五，另有七言歌行十四首未刻（參《中國古籍稿鈔校本圖録》）。○《曹倦圃未刻編年佚詩》不分卷，廣東中山圖書館藏清鈔本五册，計分《文隱堂詩集》、《粤遊詩集》、《雲中集》、《静惕堂詩稿》，補輯順治四年至康熙十五年所作佚詩一百九十三首（參《清人詩文集總目提要》）。○《曹秋嶽先生尺牘》八卷，清康熙三十九年黄汝銓輯刻本，北圖藏。○《倦圃曹先生尺牘》二卷，胡泰選，清康熙雍正間胡氏含暉閣刻本，半葉十行，行二十三字，黑口，左右雙邊。清柳商賢跋。復旦藏。又北圖、北大、人民大學等亦有藏。封面刻「含暉閣藏板」。《鄭堂讀書記》又著録乾隆庚寅壺山房刻本。

橘洲詩集六卷　國朝范士楫撰　五七一五

直隸總督採進本(總目)。○《直隸省呈送書目》:「《橘洲詩集》六本。」○中國社科院文學所藏順治十六年刻本,卷一題「碣石范士楫箕生著,男勷公彝閲稿,後學易水劉崇基子厚、新城王方穀金粟校刊」。半葉八行,行十八字,白口,四周單邊。前有順治十五年自序,順治十六年周天成序。《存目叢書》據以影印。○《匪棘堂集》十二卷,范士楫撰,清順治刻本。半葉八行,行十八字,白口,四周單邊。北圖藏。《清人詩文集總目提要》云:「《橘洲詩集》收順治二年至十四年所作。後補輯順治二年以前所作,編爲《匪棘堂集》十二卷,所補插入集中,約爲卷七至卷九,前録順治九年自序,約康熙間刻。

犀崖文集二十五卷　國朝易學實撰　五七一六

江西巡撫採進本(總目)。○《江西巡撫海第二次呈送書目》:「《犀厓文集》六本。」○清康熙十一年鍔蓮山房刻本二十一卷。湖南圖藏。○《犀崖文後集》二卷,清康熙間刻本。社科院文學所藏(見《清人詩文集總目提要》)。○江西省圖書館藏清康熙刻本二十六卷。題「雩水易學實厺浮著」。半葉九行,行十九字,白口,左右雙邊。前有康熙三十五年丙子趙憬序,缺前三葉。又康熙十一年自序,缺前葉。正文卷二十六至十一葉止,下缺。《存目叢書》據以影印。

雲湖堂集六卷　國朝易學實撰　五七一七

江西巡撫採進本(總目)。○《江西巡撫海續購書目》:「《雲湖堂詩集》三本。」

且園近集四卷且園近詩五卷　國朝王岱撰　　五七一八

江蘇周厚堉家藏本（總目）。○《江蘇省第一次書目》：「《且園近集》四本。」○中國科學院圖書館藏清康熙刻本全四册。題「楚湘潭王岱山長著，男禹書大夏編，姪戩孟穀、楚書孝思、虞書允執仝校，甥王蘇更生、壻曾士理延昭、謝融方中仝閲，孫昌祖、振祖仝録」。半葉十一行，行二十一字，黑口，四周雙邊。前有文德翼序，武全文序，陳祚明序，自序。鈐「穀人」、「子璧」二小印。子璧題簽云：「丙子得於雲州古市。」又函套子璧題簽：「丙子獲於祁邑小市。」《存目叢書補編》據以影印。

了葊文集九卷　國朝王岱撰　　五七一九

浙江巡撫採進本（總目）。○《浙江省第十一次呈送書目》：「《了菴文集》九卷，國朝王岱著，五本。」○《浙江採集遺書總録》：「《了菴文集》九卷，刊本，國朝舉人潭州王岱撰，施閏章選。」○《江蘇採輯遺書目録》：「《了葊文集》九卷，潭州舉人王岱著，刊本。」○湖南圖書館藏清康熙四年刻本，題「潭州王岱山長著，宛陵施閏章愚山定，朗州彭之鳳横山校」。半葉十行，行二十字，白口，左右雙邊。前有施閏章序，康熙四年仲冬李道濟序，弘智序，釋大錯序，趙嶷序。李序云：「會先生彙諸詩文付剞劂氏，工將告成，命濟爲序。」封面刻「本衙藏板」。卷内鈐「葉德輝焕彬甫藏閲書」、「葉啓勳」、「定侯所藏」、「葉氏啓勛讀過」、「葉啓發讀書記」、「葉啓發藏書記」、「文炳」等印記。《存目叢書》據以影印。北圖、北大、上圖亦有是刻。中科院圖藏一部附《了庵詩集》三卷。○《了庵詩》

十卷《像贊》一卷,清康熙刻本。半葉十一行,行二十一字,黑口,四周雙邊。中科院圖、上圖、南圖、湖南圖、山東大學、人民大學藏。○《了庵詩集》二十卷附二卷,清乾隆十二年丁卯王恪刻《了庵全集》本,八册。中科院圖藏。《四庫全書附存目録》顧廷龍先生手批:「《了庵詩》二十卷《像贊》一卷《文集》十五卷,乾隆丁卯刊。」○《浮槎文集》十一卷,王岱撰,清刻本。半葉十一行,行二十一字,黑口,四周雙邊。湖南圖藏。《清人詩文集總目提要》云:其子禹書編,約康熙間刻,收各體文二百二十六篇。

内省齋文集三十二卷　國朝湯來賀撰　五七二〇

江西巡撫採進本(總目)。○《江西巡撫海第一次呈送書目》:「《内省齋文集》十本。」○清華大學藏清康熙書林五車樓刻本,題「南豐湯來賀念平著」。半葉九行,行二十四字,白口,四周單邊。前有徐芳序,王潢序,康熙十年辛亥張貞生序,康熙十九年庚申嚴曾榘序。張序云:「公子永誠夙有文名,今將次第訂梓,問序於予。」《存目叢書》據以影印。北圖亦有是刻。江西圖、廣東潮安博物館有殘帙。○清光緒十四年倣聚珍版排印本。上圖、江西圖、臺灣史語所藏。

古處堂集四卷　國朝高爾儼撰　五七二一

直隸總督採進本(總目)。○《直隸省呈送書目》:「《古處堂集》四本。」○北京圖書館藏清康熙三年高恒懋刻本,題「瀛海高爾儼岱輿甫著」。半葉八行,行二十字,白口,四周單邊,無直格。前有戴明説序,杜依中序,康熙三年宋琬序,陸舜序,康熙三年米壽都序。宋序云:「吾師文端高公既葬之七年，予小子始克拜公之墓，又四年是爲康熙甲辰，公之子勵昌刻公詩文若干卷，屬序爲序。」後有丁丑陳僖跋。又男恒懋跋云：「今彙已刻未刻註疏詩文詩體若干篇，共成一帙，授之梓人。」後有「高恒懋印」、「勵昌」二木記，知高恒懋字勵昌。《存目叢書》據以影印。福建師大、臺灣中研院史語所亦有是刻。

賴古堂詩集四卷　國朝周亮工撰 **五七二二**

此條《四庫總目》不載，今據《四庫全書附存目録》補。○《江西巡撫六次續採書目》：「《賴古堂詩集》二本。」○《江蘇省第一次書目》：「《賴古堂集》六本。」○清康熙刻本，作《賴古堂詩集》四卷。半葉八行，行十九字，白口，左右雙邊。北圖、上圖、川大等藏。○《賴古堂集》二十四卷《附録》一卷，清康熙十四年周在浚刻本。北圖、上圖、南圖等藏。上海古籍出版社影印周在浚刻本。

沚亭文集二卷　國朝孫廷銓撰 **五七二三**

山東巡撫採進本（總目）。○《山東巡撫呈送第一次書目》：「《沚亭集》四本。」○首都圖書館藏清康熙十七年慕天顔刻本，作《沚亭删定文集》二卷。題「益都孫廷銓伯度氏纂」。半葉八行，行二十字，白口，四周單邊。前有康熙十七年戊午慕天顔序云：「予得請於公子孟君從事卒業，亟彙輯而付之梓人。」卷内鈐「目畊堂易氏藏書印」，易學清故物也。《存目叢書》據以影印。上圖、山西大學亦有是刻。康熙十七年師儉堂刻《孫文定公全集》所收當即一版。人民大學、山東師大等藏。○《沚亭自删詩》一卷附《琴譜指法省文》一卷，清康熙十六年刻本。半葉八行，行二十字，白口，四周單邊。中科院圖、山西大學藏。《孫文定公全集》所收當即同版。

薪齋集八卷　國朝呂陽撰　**五七二四**

浙江巡撫採進本(總目)。○吉林大學藏清順治康熙遞刻本,作《薪齋初集》八卷《二集》八卷《三集》八卷。《初集》題「錫山呂陽全五著,明盟黄家舒漢臣選」。半葉九行,行二十字,白口,四周單邊。前有順治十年高世泰序。《二集》題「錫山呂陽全五著,黄家舒漢臣評,兄自咸誠之閲」。行款同。前有順治十六年己亥錢謙益序。《三集》題署、行款同《二集》,前有康熙元年壬寅顧景星序云:「憶甲午夏先生爲余叙《南遊集》,余亦爲先生序《二集》。」今未見《二集》顧序。《存目叢書》將吉大藏三集彙合影印。北圖、上圖、日本内閣文庫亦三集俱全。

讀史亭詩集十六卷文集二十二卷　國朝彭而述撰　**五七二五**

浙江巡撫採進本(總目)。○《浙江省第十二次呈送書目》:「《讀史亭詩集》十六卷《文集》二十二卷,國朝彭而述著,十四本。」○《浙江採集遺書總録》:「《讀史亭詩集》十六卷《文集》二十二卷,刊本,國朝雲南左布政使鄧州彭而述撰。」○《總裁王交出書目》:「《讀史亭全集》十本。」○河南省圖書館藏清康熙四十七年彭始摶刻本,題「南陽彭而述禹峰甫」。半葉十一行,行二十一字,黑口,左右雙邊。前有康熙四十七年戊子毛奇齡《讀史亭全集序》,朱彝尊序,康熙四十八年王原序。詩集卷十六末附詩餘十一首。此本爲其子視學浙江時輯刻。《存目叢書》據以影印。中科院圖藏一部有鄧之誠跋。北圖、上圖等亦有是刻。○《滇黔遊集》十卷,彭而述撰,清順治刻本一册,中科院圖藏。○《禹峰先生文集》二十四卷，清順治十六年張芳刻本，張縉彥、夏嘉瑞評。半葉八行，行十七字，白口，四周單邊。北圖藏。○《禹峰先生詩集》十五卷，清王永吉等評，清順治十七年刻本。半葉八行，行十七字，白口，四周單邊。北大藏。○《彭禹峰先生文集》二十六卷，清康熙二年石惟慎刻本。半葉八行，行十八字，白口，四周單邊，無直格。北圖、中科院圖藏。

道山堂前集四卷後集七卷　國朝陳軾撰 五七二六

福建巡撫採進本（總目）。○《福建省呈送第五次書目》：「《道山堂集》八本。」○福建師大藏清康熙刻本，作《道山堂前集》文不分卷詩不分卷《後集》文二卷詩五卷。半葉九行，行十九字，細黑口，四周單邊。《前集》前有康熙十六年丁巳冬黄周星序，詩、文卷端均題「道山堂集」，次行題「閩中陳軾静機著」。《後集》前有康熙三十三年甲戌黎士弘序，文、詩卷端分别題「道山堂文集」、「道山堂詩集」。《詩集》後二卷爲詩餘。黎序云：「先生殁數月，令子宗伯兄弟彙集先生遺稿若干卷，將以次第授刻。」書末有一九六一年永安黄曾樾跋，論刊刻始末、卷帙多寡及陳軾行事甚詳。《存目叢書》據以影印。復旦亦有是刻。上圖有殘本。

山圍堂集二十三卷　國朝鄭宗圭撰 五七二七

福建巡撫採進本（總目）。○《福建省呈送第五次書目》：「《山圍堂集》六本。」

石雲居士集十五卷詩七卷　國朝陳名夏撰 五七二八

江蘇巡撫採進本（總目）。○《江蘇省第二次書目》：「《石雲居集》十本。」○中科院圖書館藏清順治三年刻本，作《石雲居文集》十五卷。題「芝山陳名夏著」。半葉十行，行二十字，白口，左右雙邊。前有順治三年二月某氏於城南之桂王館序。又順治三年三月陳名夏於五雲堂自序云：「己酉居長安，偶得序記若干篇，輒付梓人。」《存目叢書補編》據以影印。〇北京圖書館藏清初刻本，作《石雲居詩集》七卷《詞集》一卷。題「芝山陳名夏著」。半葉九行，行二十字，白口，四周單邊。無序跋。卷八爲《石雲居詞集》，僅存首半葉。鈐「江安傅氏藏園鑑定書籍之記」朱文印。《存目叢書》據以影印。

栖雲閣詩十六卷拾遺三卷　國朝高珩撰　　五七二九

山東巡撫採進本（總目）。〇《山東巡撫呈送第一次書目》：「《國朝栖雲閣詩》五本。」〇《浙江省第十一次呈送書目》：「《栖雲閣詩》十六卷，國朝高珩著，四本。」〇《浙江採集遺書總録》：「《栖雲閣詩》十六卷，刊本，國朝侍郎淄州高珩撰。」〇上海師大藏清乾隆三年四十四年刻合印本，作《栖雲閣詩》十六卷《拾遺》三卷《文集》十五卷。半葉九行，行十九字，白口，四周單邊。《詩》前有雍正九年辛亥趙執信序，後有仲昰保跋，高肇豐跋。據肇豐跋，知刻於乾隆三年戊午。《詩拾遺》前有乾隆二十一年丙子宋弼序。《文集》目録末題「五世孫貽榮、貽樂、貽崋、六世孫鳳謀、廷謀同校字」。前有乾隆四十一年陸燿序，乾隆四十二年盛百二序，後有乾隆四十四年方昂跋。據昂跋知《文集》刻於乾隆四十四年。鈐「滬海引谿王氏倚劍樓藏書印」等印記。《存目叢書》據以影印。北大、上圖、山東圖、遼圖等亦有是刻。山東大學藏《文集》版同，目録末署名增「宴謀、中謀、佐謀、丙謀重校」。

方昂跋後有乾隆三十年乙酉曾孫緈、緒跋，又五世孫貽榮、貽樂附識云：「此先大人未竟之志也，今曷幸逢我吴江陸朗甫先生搜羅遺文，蒙賜選輯，恭依明教，先以正集付梓。」封面鈐「畏天齋藏板」印。○南京圖書館藏清鈔本，作《栖雲閣詩》十六卷。○北京圖書館藏清鈔本，作《栖雲閣文》八卷《詩》十六卷(二本見《清人别集總目》)。

棲雲閣詩略無卷數　國朝高珩撰 五七三〇

編修勵守謙家藏本(總目)。○《編修勵第一次至六次交出書目》：「《棲雲閣詩略》三本。」○《提要》云：「此集猶鈔寫之本，以各體編次，不分卷數，題曰男之騆之騊校閲。」○《清人别集總目》著録清刻本，南圖、安徽圖藏。

誠正齋集八卷　國朝上官鉝撰 五七三一

山西巡撫採進本(總目)。○《山西省呈送書目》：「《誠正齋文集》八卷。」○山西大學藏清康熙二十二年刻本，作《誠正齋文集》八卷。題「翼城上官鉝松石甫著，同學和鳴喈爾音甫評，子姪上官源崑澎甫、上官澤霖蒼甫、上官澎霖生甫編次」。半葉十行，行十九字，白口，四周雙邊。前有康熙二十二年上官鉝《桐山藏業序》云：「因集夙昔詩文碑記諸作凡八卷，同人請梓，余曰此未嘗學問之言，不過天籟自鳴，顧安得梓。固請，乃付之。輯成，曰《桐山藏業》。」則刻於康熙二十二年，又名《桐山藏業》。鈐「閒田張氏聞三藏書」印。《存目叢書》據以影印。南開大學亦有是刻。

青箱堂文集三十三卷詩集三十三卷　國朝王崇簡撰　五七三二

直隸總督採進本(總目)。○《直隸省呈送書目》：「《青箱堂文集》八本。」○《江蘇省第一次書目》：「《青箱堂集》六本。」○清康熙刻本，作《青箱堂詩》三十三卷《文集》十二卷《遺稿續刻》一卷《年譜》一卷。《詩》半葉九行，行十八字，白口，左右雙邊。《文集》半葉十一行，行二十字，黑口，四周雙邊。《年譜》爲自撰。中科院圖、上圖、無錫圖、南京博物院、福建圖藏。○山西大學藏清康熙二十八年王燕刻本，作《青箱堂詩集》三十三卷《文集》十二卷《遺稿續刻》一卷《年譜》一卷。半葉十行，行十九字，白口，四周單邊。《詩集》前有宋玫序，李雯序，宋琬序，王鐸序，宋徵輿序，法若真序，申涵光序，康熙七年陳玉琪，康熙十四年曹爾堪序，康熙十三年龍眠學人錢澄序，蔣伊序，申涵光序。《文集》前有康熙十五年丙辰汪琬序，葉方靄序，周之道序，錢澄之序。末有康熙二十八年第五男燕《重刻青箱堂詩文集附識》云：「伯兄熙業於京師付梓問世，今燕奉命出守南徐，……因捐俸再梓。」卷内鈐「閒田張氏聞三藏書」印記。《存目叢書》據以影印。北師大藏一部僅《詩集》。清華藏一部缺《詩集》。湖南圖藏一部亦佚去《詩集》。復旦、宜昌圖亦有不全本。○按：傳世二本皆《文集》十二卷《遺稿續刻》一卷，合十三卷，則《總目》作三十三卷者當衍前一「三」字。

東村集十卷　國朝李呈祥撰　五七三三

山東巡撫採進本(總目)。○《山東巡撫第二次呈進書目》：「《東村集》四本。」○山西大學藏清康熙儀一堂刻本，作《東村集》十卷《附刊》一卷。題「霑邑李呈祥吉津甫著」。半葉十行，行二十一字，白口，左右雙邊。前有康熙五十八年許汝霖序，查慎行序，康熙三十二年法若真序，賀寬序。後有康熙四十三年甲申金憲孫跋。許序云：「今年秋，西音奉其尊人李年伯吉津先生《東村集》拜手進言曰：此先君子遺書，將開雕行世，乞夫子一言以垂不朽。」卷一末有「年家眷同學弟新城王士禛校閲」一行，禛字不避諱。又卷内玄字缺末筆。知爲康熙末年家刻本。封面刻「儀一堂藏板」。《存目叢書》據以影印。北圖、津圖、南圖等亦有是刻。

蕉林詩集無卷數　國朝梁清標撰　五七三四

直隸總督採進本（總目）。○《直隸省呈送書目》：「《蕉林詩集》九本。」○《兩淮商人馬裕家呈送書目》：「《蕉林詩集》十八卷，國朝梁清標，四本。」○南開大學藏清康熙十七年梁允植刻本十八卷，題「真定梁清標玉立甫著」。半葉九行，行十九字，白口，左右雙邊。前有順治辛酉魏裔介序，順治庚子白胤謙序，孫廷銓序，申涵光序，康熙十七年徐釚序，康熙十七年汪懋麟序，康熙十五年方象瑛序。汪序云：「今從子承篤官錢塘，乃彙前後諸刻與吴江徐子電發較而梓之。」承篤即梁允植字。封面刻「秋碧堂藏板」。鈐有「天生我才必有用」印記。《存目叢書》據以影印。中科院圖、上圖、南圖等亦有是刻。○《蕉林書屋文集》一卷，底稿本，舊藍墨格鈔本，無叙目，版心下刻「蕉林書屋」四字（參雷夢水《古書經眼録》）。○《蕉林近稿》一卷，清初刻本。半葉九行，行二十字，白口，四周單邊。北圖、上圖、湖北圖藏。○《蕉林詩集》不分卷《文稿》一卷，清鈔本。半葉八行，行二十字，無格。西北大學藏。○《蕉林文稿》不分卷，清鈔本四册。半葉八行，行二十字，無格。北圖藏。

○《蕉林詩鈔》二卷，清鈔本一册，北大藏。李盛鐸故物。○《蕉林文稿》一卷《棠村詞》一卷《樂府》一卷，近代趙氏壽華軒鈔本，上圖藏(見《清人別集總目》)。

東谷集三十四卷歸庸集四卷桑榆集三卷　國朝白允(胤)謙撰　五七三五

山西巡撫採進本(總目)。○《山西省呈送書目》：「《東谷集》二十八卷、《歸庸集》八卷、《桑榆集》六卷。」○《白東谷先生詩文全集》三十四卷，清順治十八年補齋刻本，包括《東谷集詩》二十二卷《文》十二卷。半葉九行，行二十字，白口，左右雙邊。北大藏。○《東谷集》五十一卷，清順治至康熙刻彙印本。子目：《東谷集詩》二十卷《續刻》二卷《文》八卷《續刻》四卷(以上順治十八年刻)、《歸庸齋詩》四卷《文》四卷(以上康熙三年刻)、《桑榆集詩》三卷《文》三卷(以上康熙十年刻)、《學言》二卷《續》一卷(以上康熙二年刻)。半葉九行，行二十字，白口，左右雙邊。北圖、清華、上圖、津圖、福建圖、重慶圖藏。《存目叢書》據津圖藏本影印，唯《學言》已入子部，不復重收。其底本《東谷集詩》題「陽城白胤謙子益著，東鹿李世洽君渥較」。《東谷集續刻詩》編爲卷二十一至二十二，題「陽城白胤謙子益著」。《東谷集文》八卷《東谷集續刻文》四卷同上。前有順治十八年成克鞏序，順治十八年王崇簡序，順治十七年李世洽序。《歸庸齋詩録》四卷《歸庸齋文録》四卷，文各卷依次接詩各卷後，故《存目》以四卷計之。有康熙三年甲辰方拱乾序。《桑榆集詩》三卷《文》三卷，文各卷亦依次接詩各卷後，故《存目》亦以三卷計之。有康熙十年李實秀序，康熙九年自序。此《桑榆集》寫刻，與前字體不同。據李實秀序，此集刻於康熙十年，而卷三文有康熙十一年十一月事，蓋爲增刻。○《念園存稿》四卷，白胤謙撰，清康熙刻本。半葉七行，行二十字，白口，四周單邊。北圖藏。

陳士業全集十六卷　國朝陳宏(弘)緒撰　五七三六

江西巡撫採進本(總目)。○清康熙二十六年陳玫刻本，作《陳士業先生集》十六卷。半葉九行，行二十字，白口，四周單邊。子目：《石莊初集》六卷、《寒崖近稿》二卷、《敦宿堂留書》二卷、《鴻桷集》二卷、《鴻桷續集》二卷、《恒山存稿》二卷。北圖、中科院圖、上圖藏。中科院圖《善本書目》著録，以《石初》、《恒山》、《鴻桷》三種爲明崇禎刻，《鴻桷續》、《寒崖》、《敦宿》三種爲清初刻，陳玫修版彙印之。○清康熙二十六年陳玫刻雍正十二年重修本。題「安仁陳士業著，同里後學鄭冠名卓、鄭長瑞遜碩重訂」。子目同前本。復旦藏。臺灣「中央圖書館」《善本書志初稿》著録一部，《寒崖近稿》缺卷二。《恒山存稿》卷二、《敦宿堂留書》卷一至二、《鴻桷集》卷一共四卷鈔配。該館定爲：南明刊清雍正十二年甲寅安仁鄭長瑞等修補本。有雍正十二年鄭長瑞、洛書、鄭登石、鄭冠重修諸序。

九山遊草一卷　國朝李確撰　五七三七

浙江巡撫採進本(總目)。○《浙江省第十一次呈送書目》：「《九山遊草》，明李確著，一本。」○《浙江採集遺書總録》：「《九山遊草》一册，刊本，明舉人平湖李確撰。」○北京圖書館分館藏民國六年刻本，題「龍湫山人李確潛初氏著」。半葉十行，行二十三字，下黑口，四周雙邊。前有康熙九年陸世楷序，朱茂昌序。後有陸樵書跋。又丁巳徐其炘跋云：「去年夏，同人集資重刊《九山補志》，遍索《遊草》未能得。今春同邑時君清才偶遊舊書肆，竟得鈔本《遊草》一册，……亟付手民。」丁巳當即民國六年。原定爲清刻本，似誤。《存目叢書》據以影印。南圖、内蒙圖藏有民國六年滬江刻本，當是同版。○民國八年上虞羅氏排印《明季三孝廉集》本。北圖、上圖、遼圖等藏。

梅花百詠一卷　國朝李確撰　五七三八

江蘇周厚堉家藏本(總目)。○清道光四年刻本。南圖、中山圖藏。○浙江圖書館藏清鈔本一册，題「龍湫山人李確潛夫著」。半葉七行，行十三字，白口，四周單邊。前有彭孫貽撰《傳》。鈐「大楳山館」、「大某山民」、「大某山館姚氏」、「四明碧玉盦蔣鴻鑒秋蟾父印」、「中郎遺脈」、「蔣秋蟾青箱長物」、「碧玉盦珍藏金石書畫記」、「碧玉盦祕笈」、「華亭查樹良樹稚人父校藏」、「良封珍藏」等印記。鈔寫極精。有咸豐二年姚燮跋。《存目叢書》據以影印，未見姚跋。○民國三年趙詒琛鈔本。南圖藏。○民國八年上虞羅氏排印《明季三孝廉集》本。北圖、上圖、遼圖等藏。○《龍湫山人遺稿》一册，李確撰，稿本，清錢昌齡、陳廷慶、陸沅、黄丕烈、周如春題詩，陸蘊崑、陸奎勳、嚴元照、周芳頌、顧邦杰、徐熊飛、朱壬林、顧廣譽、吴讓之跋。○《龍湫集》五卷附宋景關輯《乍川諸前輩遺詩》一卷、宋景濂《明史彈詞》一卷，共一册，清乾隆十七年宋景濂刻本。半葉十行，行二十一字，白口，左右雙邊。北圖、上圖藏。○《龍湫集》六卷首一卷末一卷，清乾隆二十二年刻《乍川文獻》本。中科院圖藏。該館《善本書目》謂即宋景濂刻後印本。○《龍湫集》六卷，上海圖書館藏民國三年崑山王德森鈔本(見《清人别集總目》)。○《蜃園詩前集》五卷《後集》五卷《續集》二卷，李確撰，清雍正十一年刻嘉慶十九年數峰草堂補刻本。北圖、南圖、中科院圖、日本内閣文庫藏。○《蜃園詩前集》五卷

《後集》五卷《續集》二卷《文集》四卷《補遺》一卷首一卷，清道光十六年盛氏拜石山房刻本。上圖藏（見《清人别集總目》）。○《蜃園文集》四卷《補遺》一卷《詩前集》一卷《後集》一卷《續集》一卷《七言雜詠》一卷，民國八年上虞羅氏排印《明季三孝廉集》本。北圖、上圖、遼圖等藏。○《蜃園詩前集》五卷《後集》五卷《續集》二卷《梅花百詠》一卷，上海圖書館藏鈔本（見《清人别集總目》）。○《蜃園集拾遺》一卷，羅繼祖輯，民國二十五年上虞羅氏墨緣堂石印《願學齋叢刊》本。北圖、上圖、遼圖等藏。○《李潛夫先生遺文》一卷，清四古堂鈔本，清吴騫跋。北圖藏。

二槐草存無卷數　國朝王翃撰 五七三九

兩淮鹽政採進本（總目）。○《兩淮鹽政李續呈送書目》：「《二槐草存》一卷，明王翃，一本。」○北京圖書館藏清康熙十一年王庭刻本一卷，題「梅里王翃介人父著」。半葉八行，行二十字，白口，四周單邊。前有康熙十一年弟王庭序，王庭撰《傳》。末有周翰手跋。《存目叢書》據以影印。○《春秋二槐詩鈔》一卷，王翃撰，稿本。上圖藏。

直木堂詩集七卷　國朝釋本晝撰 五七四〇

浙江巡撫採進本（總目）。○《浙江省第十一次呈送書目》：「《直木堂詩集》七卷，國朝釋本晝著，二本。」○《浙江採集遺書總録》：「《直木堂詩集》七卷，刊本，國朝匡廬釋本晝撰。」○上海圖書館藏清康熙睡香庵刻本，題「匡廬釋本晝天岳著」。半葉九行，行十九字，白口，四周雙邊。前有黄宗羲序，吴棠禎序，李鄴嗣序，本晝自記，毛際可序。鈐「不薄今人愛古人」、「澄谷」等印。《存目叢書》

據以影印。首圖、吉林省圖亦有是刻。○《寒泉子直木堂詩集》二卷，李鄴嗣選，康熙刻本二册。半葉九行，行十九字，白口，四周單邊。鈐「豐華堂書庫寶藏印」(見《清華善本書目》)。○《晚雲樓近稿》不分卷，釋本晝撰，清康熙刻本。半葉九行，行十九字，白口，四周雙邊。復旦藏。○《寒泉子石苞》一卷，釋本晝撰，詩集，清康熙刻本。題「古鄮錢光繡較閲」。半葉八行，行十九字，白口，左右雙邊。前有法姪超睿序。黄裳藏(見《清代版刻一隅》)。

南耕草堂詩稿無卷數　國朝曹亮武撰　**五七四一**

浙江巡撫採進本(總目)。○《浙江省第十一次呈送書目》：「《南耕詞》六卷，國朝曹亮武著，二本。」○《浙江採集遺書總録》：「《南耕詞》六卷附《歲寒詞》一卷《荆溪歲寒詞》一卷《南耕草堂詩》一卷，刊本，國朝宜興曹亮武撰。」

南雷文定十一卷文約四卷　國朝黄宗羲撰　**五七四二**

江蘇巡撫採進本(總目)。○《江蘇省第一次書目》：「《南雷文定》四本。」又：「《南雷文約》四本。」○《江蘇採輯遺書目録》：「《南雷文約》四卷，餘姚黄宗羲著，刊本。」又：「《南雷文定》十一卷《文約》四卷，餘姚黄宗羲著。」○按：梨洲文集、詩集多種，版本甚多。約略言之，其文集先有《南雷文案》，次《南雷文定》，次《南雷文約》。詩則爲《南雷詩曆》。今參《黄宗羲全集》第十一册所附吴光《南雷詩文諸集及散佚詩文考》、李靈年等《清人别集總目》、柯愈春《清人詩文集總目提要》、《中國古籍善本書目》等，益以個人所見，簡記於次：○《南雷文案》十卷《外卷》一卷，清康熙十九年門人萬斯大、鄭梁等校刻本。半葉十二行，行二十二字，黑口，左右雙邊。有康熙十九年庚申門人鄭梁刻書序，萬斯大《梨洲先生世譜》。北圖、清華、復旦、南開等藏。復旦本爲原刻補鈔本，卷一至九均題「門人子姪較刻」，卷十題「門人朱爾邁、楊中坦較刻」，《外卷》題「後學卓長齡較刻」。後印本則各卷改刻「姚江黃宗羲著」。《四部叢刊》影印康熙刻本即後印本。復旦藏原刻補鈔本内容較後印本全。又有清西爽堂印《黃梨洲先生集》本，北圖、上圖、中科院圖藏。中科院本存卷一至四。

○《吾悔集》四卷，又名《南雷續文案》，清康熙二十一年刻本。卷一首題「吾悔集卷之一」，下題「南雷續文案」，次行題「男百藥較」。卷二題「男正誼較」，卷三題「男百家較」，卷四題「孫男千頃、千卷、千子、千門較」。半葉十二行，行二十二字，下黑口，左右雙邊。有黃宗羲題辭，康熙二十一年壬戌門人萬斯大刻書序。北圖、復旦、南開等藏。《四部叢刊》據以影印。又有清西爽堂印《黃梨洲先生集》本，北圖、上圖、中科院圖藏。○《撰杖集》一卷，清康熙刻本。正文首題「撰杖集」，下題「南雷文案三刻」，次行題「學人楊中默編次」。半葉十二行，行二十二字，下黑口，左右雙邊。北圖、復旦、南開等藏。《四部叢刊》據以影印。又有清西爽堂印《黃梨洲先生集》本，北圖、上圖、中科院圖藏。

○《南雷文定》十一卷《後集》四卷《附録》一卷，湖北省圖書館藏清康熙二十七年靳治荆刻本。題「遼陽靳治荆較訂」。半葉十行，行二十字，黑口，四周單邊。前有康熙二十七年戊辰靳治荆序云：「治荆不才，雖以銅墨羈絆，未得往厠門墻。然讀其書見其人，不勝私淑之慕，爲從先生之嗣君直方請而梓之，因記數言於此。」次《世譜》、凡例、目録。附録係交遊尺牘。卷内鈐「盱眙吴氏藏書」、「石榮暲蓉城仙館藏書」、「石蓋年先生所贈書」等印記。末有石榮暲手記：「戊寅首夏重裝於北京之蓉城仙館。陽新石榮暲記。」《存目叢書》據以影印。北圖有徐時棟跋本，南圖有王芑孫跋本，中科院圖有鄧之誠跋本。《續修四庫全書》用鄧之誠跋本影印，鈐「安樂堂藏書記」、「明善堂珍藏書畫印記」、「之誠讀本」等印。又清咸豐三年南海伍崇曜刻《粤雅堂叢書》第十九集本，北圖、上圖等藏。清光緒間慈溪馮祖憲耕餘樓刻本(半葉十一行，行二十四字，黑口，左右雙邊，版心下刻「耕餘樓藏板」)，清華、上圖、南圖等藏。光緒三十一年杭州群學社石印《黄梨洲遺書十種》本。宣統二年上海時中書局排印《梨洲遺著彙刊》本。《叢書集成初編》據粤雅堂本排印本。《四部備要》據粤雅堂本排印本。○《南雷文定三集》三卷《附録》一卷，清康熙間戴曾、戴晟刻本。題「山陽門人戴曾、戴晟較訂」。半葉十行，行二十字，黑口，單邊。中科院圖、南開、北師大等藏。均與《南雷文定》合函。《續修四庫全書》用科圖本影印。又有《粤雅堂叢書》第十九集本、光緒馮氏耕餘樓刻本、《黄梨洲遺書十種》本、《梨洲遺著彙刊》本、《叢書集成初編》據粤雅堂本排印本、《四部備要》據粤雅堂本排印本。○《南雷文定四集》四卷《附録》一卷，清康熙間楊開沅景姚山房刻本。題「山陽門人楊開沅較訂」。半葉十行，行二十字，黑口，四周單邊。有徐秉義序。北圖、北大、中科院圖、社科院文學所藏。《續修四庫全書》用科圖本影印。又有光緒馮氏耕餘樓刻本、民國八年上海掃葉山房排印《梨洲遺著彙刊》本。○《南雷文定五集》三卷《附録》一卷，又名《病榻集》，清乾隆二十六年程志隆刻本。題「仁和門下後學沈廷芳參訂，休寧後學程志隆較刊」。半葉十行，行二十字，黑口，四周單邊。

有乾隆二十六年辛巳沈廷芳序，乾隆二十六年孫男千人識言。中央教育科學研究所、南圖藏。《續修四庫全書》用南圖本影印。又有民國二十四年林集虚木活字排印《藜照廬叢書》本，北師大、上圖、浙圖等藏。〇《黄梨洲先生南雷文約》四卷，清乾隆七年鄭性刻本。題「後學鄭性訂，鄭大節較」。半葉十行，行二十字，黑口，四周單邊。有鄭性序云：「康熙癸巳先生家火，遺書僅存五分之一。丁酉悉歸余，《文約》之底本在焉。蹉跎二十餘年，今刻之。嗚呼，當先子之學於先生也，性甫三齡耳，今七十有八矣。」吴光云：「鄭性生於康熙四年乙巳十一月，卒於乾隆八年癸亥七月，年七十九。卒前一年七十八歲，爲乾隆七年壬戌，此即《文約》刻成之年。」華東師大藏一部有清李鴻裔校並跋，上圖藏一部有清顧列星評點，中科院圖藏一部有鄧之誠跋。《存目叢書》用南圖本影印，序文殘破不完。按：卷内「胤」字缺末筆，「曆」字不避，故或定爲雍正刊，未碻。〇《南雷雜著》不分卷，三册，稿本。上海圖書館藏。《中國古籍稿鈔校本圖録》有書影及説明。一九八七年浙江古籍出版社影印《黄宗羲南雷雜著稿真蹟》一册，係吴光據此稿本照片重編並附釋文付印者。〇《南雷集外文》一卷，清光緒十五年蕭穆鈔本。中科院圖藏。此係葉槐生從《南雷雜著稿》録出，蕭穆又從葉氏借鈔者。前有光緒十五年三月二十四日桐城蕭穆於上海廣方言館識語，又辛丑（光緒二十七年）九月晦日申刻於廣方言館題記。前序與正文筆蹟同，爲一時所寫。第二序筆蹟不同，當爲追記。前序已見《敬孚類稿》及《黄宗羲全集》第十一册附録。第二序則兩書均未收。《續修四庫全書》用科圖此本影印。北京大學又藏繆荃孫煙畫東堂鈔本，當從蕭本出。〇《南雷餘集》一卷，清宣統間鄧實據蕭穆鈔《南雷集外文》排印，改用此名。收入《風雨樓叢書》。北圖、上圖等藏。○《南雷文鈔》一卷，清康熙間鈔本，馮貞群補鈔並跋。存文四十七篇，其中十三篇爲未曾刊行者。天一閣文管所藏。○《南雷文鈔》不分卷三册，清鄭祐鈔本，清同治七年徐時棟跋。○《留書》一卷，清乾隆鄭性鈔本，存目八篇，存文五篇，三篇有目無文。天一閣文管所藏。又山西文物局藏清醉竹軒鈔《黄梨洲先生遺書三種》本。○《黄梨洲文集》，陳乃乾編，一九五九年中華書局排印本。收文三百十四篇，附交遊尺牘二十六首，又陳乃乾《黄梨洲文集舊本考》。○《南雷詩曆》三卷，清康熙間施敬刻本。卷一題「同門董陽無休批點，門人施敬勝吉較刻」。卷二題「同門陳之問近思批點，門人施敬勝吉較刻」。卷三題「方外本晝天嶽批點，門人施敬勝吉較刻」。半葉十二行，行二十二字，黑口，左右雙邊。前有黄宗羲題辭及艾南英、羅萬藻、陳際泰三篇舊序。北圖、南開、華東師大等藏。《四部叢刊》據以影印。又有清西爽堂印《黄梨洲先生集》本，中科院圖書館藏，吴光云：「其第八、九兩册收《南雷詩曆》三卷，各卷首葉除署刻批點、校刻者名字外，還刻有『續鈔堂藏板』字樣。」又有清鈔本三卷一册，清陳鱣題記。中科院圖藏。清光緒間餘姚梁弄黄氏五桂樓刻本。○《南雷詩曆》四卷，清康熙施敬刻戴曾、戴盛續刻本。戴氏增刻者爲第四卷。南圖藏。又有咸豐三年癸丑伍崇耀刻《粤雅堂叢書》第十九集本。光緒三十一年杭州群學社石印《黄梨洲遺書》本。宣統二年上海時中書局排印《梨洲遺著彙刊》本。《四部備要》排印本。○《南雷詩曆》五卷，清全祖望選，清乾隆鄭大節刻本。題「後學全祖望選定，鄭大節較刻」。半葉十二行，行二十二字，黑口，左右雙邊。《續修四庫全書》據中科院圖書館藏本影印。南圖亦有是刻。〇《南雷詩曆》不分卷，清萬言鈔本，天一閣文管所藏。扉葉題「南雷詩曆」、「門人萬言受讀」。共四十七葉。馮貞群舊藏，鈐「伏跗室藏」、「孟頫」等印。吴光云：「保存了刻本未收的五首南雷詩。」〇《黄梨洲詩集》，聞旭初編，戚焕塤斷句，一九五九年中華書局排印本。〇《南雷詩文集》，吴光、平慧善整理，一九九三年浙江古籍出版社排印《黄宗羲全集》本（在第十至十一册），較爲完善。

紫峰集十四卷　國朝杜越撰　五七四三

直隸總督採進本（總目）。〇《直隸省呈送書目》：「《紫峰集》四本。」〇中國科學院圖書館藏清康熙十三年刻本，題「范陽杜越君異父著，後學田存芝友蘭、陳鋐國鎮、男郊孟南仝訂」。半葉九行，行二十字，白口，四周單邊。前有康熙十二年孫奇逢序，康熙十二年崔蔚林序，康熙十三年趙士麟序，康熙十二年魏一鼇跋，校閲姓氏。

白茅堂集四十六卷　國朝顧景星撰　五七四四

湖北巡撫採進本（總目）。〇《湖北巡撫呈送第三次書目》：「《白茅堂集》二十四本。」〇福建省圖書館藏清康熙刻本，題「蘄州顧景星黄公著，男昌校輯」。半葉十一行，行二十一字，白口，四周雙邊。前有喻成龍序，張士伋序，康熙二十四年自序，諸家序，滁陽朱彲繪六十四歲像，行述，評。封面刻「本衙藏板」。《存目叢書》據以影印。北大、清華、南開等亦有是刻。又有光緒二十八年修補康熙刻本，北大、上圖、南圖等藏。〇《白茅堂詩選》九卷，清宋氏漫堂鈔本。北圖藏。

溉堂前集九卷續集六卷後集六卷詩餘二卷　國朝孫枝蔚撰　五七四五

陝西巡撫採進本（總目）。○《陝西省呈送書目》：「《溉堂前集》、《溉堂後集》、《溉堂續集》、《溉堂詩餘》。」○清康熙十六年刻本，僅《溉堂前集》九卷。清程灌園校。半葉十行，行二十一字，白口，四周單邊。上圖藏。○清華大學藏清康熙刻本，作《溉堂前集》九卷《後集》六卷《續集》六卷《文集》五卷《詩餘》二卷。題「焦穫孫枝蔚豹人著」。半葉十一行，行二十一字，白口，四周單邊。《前集》李天馥序，陳維崧序。《後集》康熙二十六年王澤弘序，方象瑛序，康熙六十年辛丑男匡序。《續集》魏禧序。《文集》汪懋麟序。《詩餘》無序跋。其《後集》男匡序云：「己未歲，以六科書雲李公等疏名公薦，應上博學弘詞之召，攜所作稿本入都。會少宰玉峰趙公時爲考功郎，相見歡甚，傾笥倒篋，校讎付梓。其刻於京邸者《溉堂前集》九卷《續集》六卷《文集》五卷《詩餘》二卷，久已流傳海内矣。自己未秋陛辭還山，迄丙寅凡八載，得詩二千餘首，痛自删割，存十之三，釐爲六卷，……今年夏，偶與家姪永公名居貞者，文讌之暇，談及《溉堂後集》諸未刻稿本，慨然力任剞劂。始於季夏，竣於仲冬，不三月而削事告成。」則《後集》爲康熙六十年孫居貞刻。餘皆康熙十八年己未入都應博學弘詞試時刻於京邸。《存目叢書》據以影印。南開、復旦、華東師大、廣東中山圖等亦有是刻。中科院圖、津圖、遼圖等有先印本，無《後集》。○民國十五年陝西教育圖書社排印本十四册。北圖、南開、南圖等藏。

五公山人集十四卷　國朝王餘祐撰　五七四六

直隸總督採進本（總目）。○《直隸省呈送書目》：「《五公山人集》五本。」○山西大學藏清康熙三十四年枕釣齋刻本十六卷，卷一題「銀城李興祖編，慶雲鄧鏻、孫超宗校」。半葉十行，行二十一字，黑口，四周雙邊。前有康熙三十四年乙亥李興祖序，魏坤撰傳。封面刻「康熙乙亥鐫」、「枕釣齋藏板」。《存目叢書》據以影印。中科院圖、南開、上圖、山西圖、山西師大等亦有是刻。按：王餘佑，《提要》作王餘祐，似誤。○《甲申集》一卷《二集》一卷《三集》一卷《詩集》一卷，王餘佑撰，清鈔本。遼圖藏。

二曲集二十二卷　國朝李容(顒)撰　五七四七

浙江巡撫採進本(總目)。○《浙江省第十次呈送書目》：「《二曲集》二十五卷，國朝李顒著，八本。」○《浙江採集遺書總録》：「《二曲集》二十五卷，刊本，國朝盩厔李顒撰。」○《江蘇省第二次書目》：「《李二曲集》八本。」○《江蘇採輯遺書目録》：「《李二曲集》二十六卷，清盩厔李顒著，刊本。」○劉大軍先生藏清康熙三十二年鄭重、高爾公刻本，二十六卷八册。半葉九行，行二十字，白口，四周雙邊。封面刻「二曲先生集」、「刑部左侍郎鄭、陝西督學道高捐俸梓行」、「富平門人惠䴴嗣校」。前有康熙三十三年甲戌鄭重序云：「適先生及門高第弟子王爾緝心敬彙先生散稿成集，遂捐俸付剞劂。癸酉冬刊成。」序後附司寇鄭公書二則。又學憲高公書一則。又康熙三十三年三秦學使高爾公序云：「余因仰承師志，割俸付梓。」又康熙二十九年庚午范鄗鼎序。又門人王心敬序云：「辛未秋，今司寇富沙鄭公、學憲毘陵高公，慨然以興起絶學爲己任，捐俸合刻，而諸同人亦相與量佐，共襄盛舉。工始於辛未仲冬，竣於癸酉季秋。」又康熙四十四年李彦瑚序，王心敬小引。據諸序知係鄭重、高爾公捐刻，始於康熙三十年，刻成於康熙三十二年。《存目叢書》據以影印。首都圖、上圖、南圖、山西圖等亦有是刻。南圖藏。○清道光八年雲蔭堂刻本，作《李二曲先生全集》二十六卷八册。南開、北師大、復旦等藏。○清咸豐元年四川張氏等聚貲刻本。臺北「故宫」、大連圖等藏。○清同治五年隴右牛樹梅四川刻《李二曲先生全集》本，作《二曲全集》二十六卷。上圖、浙圖、山東師大、川大等藏。○清光緒三年石泉彭懋謙刻《李二曲先生全集》本。北圖、上圖、南圖等藏。有光緒三年丁丑孟冬石泉彭懋謙小皋氏重刊序。○清光緒二十六年湖南荷花池刻本，作《二曲全集》二十六卷十册。北師大、南圖藏。○一九九六年中華書局排印陳俊民點校本，作《二曲集》四十六卷《附録》四卷。於二十六卷之後加入《堊室録感》一卷、《司牧寶鑑》一卷、《四書反身録》十四卷、《反身續録》二卷、《歷年紀略》一卷、《潛確録》一卷。附録一爲佚文二篇，附録二爲志傳，附録三爲吴懷清《二曲先生年譜》，附録四爲序跋。

聽山集十四卷　國朝申涵光撰　五七四八

直隸總督採進本（總目）。○《直隸省呈送書目》：「《聽山集》八本。」○《鳧盟集》八卷，申涵光撰，清順治十年自刻本。北圖藏（見《清人詩文集總目提要》）。○吉林大學藏清康熙刻本，作《聽山集》詩八卷文三卷《荆園小語》一卷《荆園進語》一卷《申鳧盟先生年譜略》一卷《崇祀鄉賢録》一卷。半葉九行，行二十字，白口，四周單邊。詩集題「廣平申涵光鳧盟著，曲周劉佑雲麓選」。文集題「廣平申涵光鳧盟著」。詩集前有順治癸巳魏裔介序，王崇簡序，范士楫序。文集前有自序。《荆園小語》

有孫奇逢序，自序，康熙十二年癸丑刻書自跋。《進語》有康熙十六年魏裔介序，冀如錫序。《年譜略》末署「弟涵煜、涵昐補輯，……子壻李奇瑗較刻」。前有沈奕琛序。後附康熙十六年魏裔介撰傳，魏象樞撰墓志銘。又《崇祀鄉賢録》一卷。卷内鈐「壽椿堂王氏家藏」、「山右王郎」、「文原仲子」等印記。《存目叢書》據以影印。北圖、上圖、南圖等亦有是刻。○清光緒五年定州王氏謙德堂刻《畿輔叢書》本，計收《聰山集》三卷《聰山詩選》八卷《荊園進語》一卷《荊園小語》一卷《申鳧盟先生年譜》一卷。○民國二十五年、二十八年商務印書館據《畿輔叢書》本排印本，分別收入《叢書集成初編》二四七三、二二八九、六七一册。○清渾脱居木活字排印本，作《聰山集》八卷。南圖藏。○日本静嘉堂文庫藏鈔本，作《聰山詩集》八卷《文集》三卷（以上二本見《清人别集總目》）。

蒿菴集三卷　國朝張爾岐撰　　**五七四九**

編修周永年家藏本（總目）。○《山東巡撫第二次呈進書目》：「《蒿菴集》四本。」○天津圖書館藏清乾隆三十八年胡德琳刻本三卷《附録》一卷。目録題「濟陽張爾岐著，秀水後學盛百二訂，桂林後學胡德琳編，歷城後學周永年較」。半葉十一行，行二十一字，白口，左右雙邊。前有乾隆三十八年胡德琳序云：「因與一二同好搜羅排編，定爲三卷，付之剞劂氏。」《存目叢書》據以影印。北大、南開、山東圖等亦有是刻。山東省圖藏一部封面刻「乾隆三十八年刊」、「濟陽縣衙藏板」。海源閣舊藏。○清嘉慶十八年重刻本。青島圖藏。○清光緒十五年山東書局重刻本三卷，又《拾遺》一卷《附録》一卷《蒿菴閒話》二卷。北圖、上圖、山東圖等藏。○《大雲書庫藏書題識》著録紅豆齋藏舊鈔本三卷。○《蒿菴集》一卷《補遺》一卷,北京圖書館藏清鈔本。皆詩,附遺囑(以上二本見《清人詩文集總目提要》)。○《蒿菴集》三卷《蒿菴詩集附録》一卷,湖南省圖藏清鈔本三册。佚去《蒿菴集》卷上。○《蒿菴集》一册,重慶北碚區圖書館藏清鈔本,存文九篇:《天道論》上下、《中庸論》上下、《後篤終論》上下、《謹俗論》、《三監論》、《讀朱子通鑑綱目》、《載六德容包六行説》、《袁氏立命説辨》、《學辨》。有佚名校(以上二本見陽海清主編《稿本提要》)。○《蒿菴集捃逸》一卷,民國二十三年羅振玉石印《百爵齋叢刊》本。北圖、上圖等藏。○一九九一年齊魯書社排印張翰勛整理本。

雲龕遺稿一卷　國朝梁春暉撰　五七五〇

編修鄭際唐家藏本(總目)。

茂緑軒集四卷　國朝顧夢游撰　五七五一

江蘇巡撫採進本(總目)。○《江蘇省第二次書目》:「《茂緑軒集》一本。」○《江蘇採輯遺書目録》:「《茂緑軒集》四卷,江甯顧夢游著,刊本。」○清康熙元年施閏章、沈希孟等刻本,作《顧與治詩》八卷。半葉九行,行十八字,白口,左右雙邊。北圖、遼圖、北大藏。北大著録爲「清初書林毛恒所刻本」。○清乾隆刊本,作《顧與治詩》八卷四册(見華東師大《古籍書目》)。○中山大學藏清鈔本,作《顧與治詩》八卷四册。有清王德楷跋,莫棠題識。○民國三年至五年上元蔣氏慎脩書屋排印《金陵叢書》本,作《顧與治詩集》八卷。《存目叢書》據以影印。

苧菴二集十二卷　國朝吴懋謙撰　**五七五二**

江蘇周厚堉家藏本(總目)。○《江蘇省第一次書目》：「《苧菴二集》四本。」○《江蘇採輯遺書目録》：「《苧菴二集》十二卷，華亭吴懋謙著。」○南京圖書館藏清順治十三年梅花書屋刻本，作《苧菴二集》十二卷。題「雲間吴懋謙六益氏著」。半葉八行，行二十字，白口，四周單邊。前有王崇簡序，順治十三年方拱乾序，順治十三年施閏章序，順治十八年姜天樞序，張一鵠序，吴偉業序。據方、施二序，知即刻於順治十三年。版心刻「梅花書屋」。末有乙未、丁酉黄裳手跋二則。鈐「來燕榭珍藏記」、「黄裳」、「黄裳藏本」、「黄裳小雁」等印記。《存目叢書》據以影印。○清康熙二十九年尊樂堂刻《吴苧菴遺稿》，包括：《苧菴遺集》九卷、《苧菴二集》十二卷、《豫章遊稿》四卷、《華苹山人詩集》六卷、《華苹近律》一卷、《華苹戲作》一卷，又吴懋謙輯《苧菴壽言》二卷、《梅花書屋倡和詩》二卷，張鑾輯《滬上秋懷倡和詩》一卷。上圖藏。中國社科院文學所藏清康熙尊樂堂刻《雲間吴六益前後合集》二十二卷八册，當係同版而多寡不同。此尊樂堂本《苧菴二集》十二卷與順治十三年梅花書屋刻本是否同版待核。○《豫章遊稿》四卷，清康熙梅花書屋刻本。半葉八行，行二十字，白口，四周單邊。北圖、南圖、中科院圖藏。此與尊樂堂本異同待核。又《販書偶記》著録清康熙刻《豫章遊稿三集》四卷，亦不知是一是二。

水田居士文集五卷　國朝賀貽孫撰　**五七五三**

江西巡撫採進本(總目)。○《江西巡撫海第三次呈送書目》：「《水田居文集》五本。」○清康熙刻本,作《水田居文集》五卷。半葉九行,行二十六字,白口,四周雙邊,無直格。南開、北圖等藏(見《中國古籍善本書目》徵求意見稿)。○清華大學藏清勅書樓刻本,作《水田居文集》五卷。卷一題「永新賀貽孫子翼甫著,男稺恭壽男原編,同邑戚族公梓」。卷四、卷五「公梓」後另題「孫元文、曾孫步雲梧、步堂懋求、步高校鐫」。卷内真、弘字缺末筆,寧字不避,似爲嘉慶間所刻。半葉九行,行二十六字,白口,上下雙邊,左右單邊。封面刻「勅書樓藏板」。《存目叢書》據以影印。南京大學藏清道光至同治間刻《水田居全集》收有此種,即出一版。唯修版增刻先後稍異,南大本較清華本多出康熙丁巳自序二頁,又内文多出《周玄濱先生吉祥樓破愁草詩序》、《先祖封文林郎西安縣知縣聞所公行述》、《先君奉政大夫兖州司馬青園公行述》、《亡兒稺圭行述》、《紀先世遺言逸事》諸篇(何慶先先生函告)。○上海圖書館藏清鈔本,作《水田居士集》五卷。○按:是書書名,傳世刊本及進呈目皆無「士」字,知係館臣誤增。至於上圖鈔本,當出《四庫》之後,又據《總目》而加也。

闇修齋稿一卷　國朝蕭企昭撰　五七五四

湖北巡撫採進本(總目)。○《湖北巡撫呈送第一次書目》:「《闇修齋稿》二本。」

藕灣全集二十九卷　國朝張仁熙撰　五七五五

湖北巡撫採進本(總目)。○《湖北巡撫呈送第三次書目》:「《藕灣全集》十本。」○清康熙日菴刻本,存《藕灣詩集》二刻卷一至八共六册。半葉九行,行二十字,白口,左右雙邊。社科院文學所所藏。○湖北圖書館藏清乾隆十六年曾氏日菴重刻本,作《藕灣詩集》初集十卷二集十卷《藕灣文集》

九卷《續補存殁四詠》一卷，共三十卷。正文首題「藕灣詩集卷一」，次題「廣濟張仁熙長人著，邵陽胡效順抒白校，同郡劉醇驥千里、顧景星赤方閲，男張佳昺無逸、佳昰弘讓輯」。半葉八行，行二十字，白口，左右雙邊。封面刻「日菴藏板」。前有康熙二十一年蔣永修序，順治十七年楊志遠序，康熙二十二年盧紘序，康熙二十二年金德嘉序等。目録後有曾孫萬里、淳事等識語云：「太祖《藕灣詩文集》一刻於順治庚子年，再刻於康熙戊辰年，久已公諸海内，但年遠日永，非獨字跡蒙糊，亦且板朽殘缺。乾隆辛未冬孫等因議重刊，兼補目録。其有未刻《存殁四詠》、《藕灣近編》諸詩，亦并續梓於後。」卷内鈐「漢陽葉名澧潤臣甫印」、「漢陽徐氏南園珍藏之印」等印記。《存目叢書》據以影印。○清同治八年金華重刻本，作《藕灣文集》九卷《詩集》十卷。廣東中山圖藏，缺《文集》卷四。○湖北省圖書館藏民國間鈔本四册，作《藕灣詩集》十卷又五卷《文集》一卷，張佳昺等輯校（見陽海清等《稿本提要》）。○清刻本，作《藕灣文集》三卷《詩集》三卷。安徽圖藏（見《清人別集總目》）。

芝在堂集十五卷　國朝劉醇驥撰　五七五六

湖北巡撫採進本（總目）。○《湖北巡撫呈送第三次書目》：「《芝在堂文集》五本。」○《江西巡撫海續購書目》：「《芝在堂集》五本。」○首都圖書館藏清康熙芝在堂刻本，作《芝在堂文集》十五卷。題「廣濟劉醇驥千里著，弟劉醇駿龍友校，姪熹唐雍萬輯」。半葉九行，行二十字，白口，四周單邊。封面刻「劉千里先生文集」，並鈐「芝在堂藏版」印記。前有魏裔介、盧高、李呈祥序，康熙五年盧紘序。卷内鈐「周肇祥印」朱文方印。《存目叢書》據以影印。北圖、吉大、清華、湖北圖亦有是刻。

○湖北省圖書館藏民國鈔本，當從刻本出。

織齋集鈔八卷　國朝李焕章撰　五七五七

山東巡撫採進本（總目）。○《山東巡撫第二次呈進書目》：「《李織齋集》八本。」○《販書偶記續編》：「《織齋先生集鈔》無卷數，清青州樂安李焕章撰，底稿本。書面題字名作《老樹村集》。首有福山王延慶編次緣起，次陳荀會序。最後有康熙間孫漪渚、乾隆間益都高士强二跋。」雷夢水《古書經眼録》著録《老樹村集》不分卷，稿本，計文五十四篇。未知是一是二。○《老樹村集》不分卷，清華大學藏清益都李北枝鈔本，毛訂四册。半葉十一行，行二十一字，無格。每册封面題《老樹村集》，四册依玉、潤、金、聲標次，用小字注本册内容。第一册史論、書後。第二册書文集前後、詩集序、贈送序、賀壽序。第三册書、記事、墓誌銘。第四册碑、吊古文、祭文、雜著。封面鈐「孔繼涵印」、「幼圃藏書之印」。卷首有福山白海王延慶《編次李織齋先生古文集緣起》，上鈐「幼圃」印，下鈐「臣延慶」、「罘陽外史」二印。首葉右上角另鈐「无竟先生獨志堂物」印。《緣起》云：此本爲益都人李北枝所抄藏者，中間有李南澗訂正數處，而訛謬百出，校者似是段赤亭。又稱有劉景僑本，間有不同之字句，仍當費我以如許雌黄，庶不令閲者開卷悶損耳。又稱道光乙酉表兄贈一抄本，丙戌春買得三抄本，合校編次，釐訂順序云云。次爲陳荀會《抄織水先生文叙》。書後有乾隆間高士强《書李象先先生文抄後》，康熙間孫漪渚《織齋先生集鈔後跋》，此二跋爲後來抄補，缺其紀年。書中有大量墨筆、朱筆眉批或浮簽，爲校、評文字。每册文首又鈐「郁松年印」。《販書偶記續編》所記《織齋先生集鈔》底稿本當即此本（劉薔女史函告）。○《中國社科院文學所善本書目》：「《老樹村集》二卷，清焕章著，劉偉沛校，鈔本一册。」○山東省圖書館藏清康熙聶如璋鈔本八卷補遺一卷共十一册。○江西省圖書館藏清鈔本，作《織水齋集》不分卷，共六册。半葉九行，行二十五字，無格。書末有自序。第二册《盧太學傳》末有惕甫手批二行，署「乾隆壬子四月惕甫記於讀易樓」。卷内弘字或缺末筆，當係乾隆間鈔本。《存目叢書》據以影印。○山東博物館藏清鈔本，作《織齋集》一卷，清李澄中評。○北京圖書館藏清三十六硯居鈔《李詩集遺》本，作《織齋集》一卷。半葉九行，行十九字，藍格，白口，四周雙邊。版心下刻「三十六硯居」。○清光緒十三年尚志堂刻本，作《織齋文集》八卷。柯愈春云：「焕章兄澄中嘗撰《織齋文集序》，今載《白雲村文集》卷一。四庫所收《織齋集鈔》乃澄中所訂，向無傳本。光緒間焕章裔孫振甲抱其全稿十巨册求維縣張昭潛鑒定，張氏《無爲齋文集》中有《復于澤春書》，專述此事。張氏新編《織齋文集》亦爲八卷，皆序書記傳，有李澄中、張爾岐諸序。光緒十三年李氏尚志堂刻。首都圖書館藏。」（《清人詩文集總目提要》）南開、遼圖、浙圖、山東圖等亦有是刻。按：尚志堂爲山東書局堂號，張昭潛即供事尚志堂，則是本當刻於山東書局。諸家著録或稱樂安李氏尚志堂刻本，或稱李振甲尚志堂刻本，皆易生歧義。又馬國翰《玉函山房藏書簿録》卷二十二著録《織素堂集》二十四卷，清李焕章撰，舊鈔本，初名《老樹村集》。未知今尚存世否。

謝程山集十八卷　國朝謝文洊撰　五七五八

江蘇巡撫採進本（總目）。〇中國人民大學藏清道光二十九年南豐劉煜等捐貲刻《謝程山先生全書》本，作《謝程山集》十八卷《首》一卷《附録》三卷《年譜》一卷。半葉九行，行二十三字，白口，四周單邊。《全書》前有道光二十九年孟冬知南豐縣事黄之晉《重刊程山全書序》云：「裔孫昌賢參軍乃出家藏底稿《日録》、《講義》、《易》、《詩》、《左氏傳》各種，謀重鋟之。而邑紳劉太守養雲、吴廣文仁叔諸君爲之號召，同志裒資以速其成，統爲五十四卷。」又道光三十年夏七世孫昌賢跋，述刻書始末甚詳。次全書總目、校刻凡例、捐資姓氏十七人。《謝程山集》前有牌記：「程山裔孫昌賢彙稿，同邑後學劉煜徵刻。」《程山謝明學先生年譜》題「元孫鳴謙敬輯」，前有牌記同。《存目叢書》據以影印。江西圖、山東圖等亦有是刻。〇清光緒十八年謝鏞刻《謝程山全書》本。北大、上圖、湖北圖等藏。

燕峰文鈔一卷　國朝費密撰　五七五九

江蘇巡撫採進本（總目）。〇《江蘇省第一次書目》：「《燕峰文鈔》一本。」〇《江蘇採輯遺書目録》：「《燕峰文鈔》一册，成都費密著。」〇《燕峰詩鈔》一卷，清康熙間成都刻《費氏遺書》本。湖北省圖藏（參《清人詩文集總目提要》）。〇《燕峰詩鈔》二卷，清鈔本。上圖藏。〇《燕峰詩鈔》一卷，四川省圖藏民國大關唐氏怡蘭堂鈔本。有唐百川手校印。〇同上，民國九年大關唐鴻學怡蘭堂成都刻《費氏遺書》本，收入《怡蘭堂叢書》。北圖、上圖等藏。〇同上，重慶北碚區圖書館藏傳鈔大關大氏刻本一册。○同上，民國十四年至二十年渭南嚴氏刻《渭南嚴氏孝義家塾叢書·費氏遺書》本。清華、四川圖、山東大等藏。○《燕峰詩鈔》不分卷二册，一九六四年泰州古舊書店據乾隆二白山房鈔本傳鈔本，又據怡蘭堂本校補。北圖、安徽師大藏。又一九七三年泰州古舊書店鈔本，廣東中山圖藏。

虎溪漁叟集十卷　國朝劉命清撰　**五七六〇**

江西巡撫採進本(總目)。○《江西巡撫海第四次呈送書目》：「《虎溪漁叟集》一套三本。」○浙江圖書館藏清康熙三十八年揭貞傳刻本，作《虎溪漁叟集》十八卷。題「臨川劉命清穆叔甫著」。半葉十行，行二十三字，白口，左右雙邊。前有康熙三十八年臘月江右督糧使者鄭昱方序，謂揭萬年(重熙)仲子尚貞竭盡心力以是集付梓。又康熙十年徐春溶序，胡亦堂撰墓志銘。卷末刻：「受業門人李伍漢訂，世通家小姪揭貞傳較，男同慶、同延、同占、孫賓和、賓孝、賓友敬輯。」尚貞蓋即貞傳字也。《存目叢書》據以影印。北圖、北大、津圖、江西圖亦有是刻。

徐太拙詩稿無卷數　國朝徐振芳撰　**五七六一**

山東巡撫採進本(總目)。○《山東巡撫第二次呈進書目》：「《徐太拙集》二本。」○《提要》云：「是集凡分三種：一曰《雪鴻草》，一曰《三素草》，一曰《楚萍草》。」○中國科學院圖書館藏清鈔本三卷二册，包括《楚萍草》、《澠溪草》、《三素草》各一卷。○該館又藏清鈔本三卷一册，子目同。鄧之誠題記。○《徐太拙先生遺集》八卷，徐振芳撰，成榮光、成賢書編次。民國二十三年樂安徐三曾刻本四册。山東師大、山東圖、山東大藏。

五七六二　彭省廬文集七卷詩集十卷　國朝彭師度撰

江蘇周厚堉家藏本(總目)。○《江蘇省第一次書目》：「《彭氏詩文集》六本。」○《江蘇採輯遺書目録》：「《彭氏詩文集》十四卷，彭賓、彭[師]度著。」○天津圖書館藏清康熙六十一年彭士超隆略堂刻本，作《彭省廬先生文集》七卷《詩集》十卷。題「華亭肥溪圃者李元度評選，男士超漢班、孫永壽、祖壽編輯，姪爲柱黼望、爲楝赤霞、爲栻欽昊、爲梅大庚、爲槎濟川同校訂」。半葉十行，行二十一字，黑口，左右雙邊。前有康熙六十一年壬寅李元度序，順治戊戌魏學渠序，康熙六十一年男士起序。寫刻甚精。鈐「聽」、「江」、「雨春」等印。《存目叢書》據以影印。上圖亦有是刻。

五七六三　蘧廬詩無卷數　國朝韓純玉撰

浙江巡撫採進本(總目)。○《浙江省第六次呈送書目》：「《蘧廬詩》，國朝韓純玉著，二本。」○《浙江採集遺書總録》：「《蘧廬詩》二卷，刊本，國朝歸安韓純玉撰。」○清華大學藏清康熙二十三年韓氏鳳晨堂刻本六册。題「吴興韓純玉子蘧著」。半葉九行，行二十一字，白口，左右雙邊。版心下刻「鳳晨堂」。前有康熙二十三年甲子自序云：「癸亥年滿六袠，諸兒請付剞劂。」《蘧廬詩》不標卷次，依次爲四言古、五言古一、五言古二、七言古、七言古二、五言律、七言律、七言律二、五言絶、七言絶，各爲起訖，可作十卷觀。《蘧廬詞》分小令、中調、長調，各自起訖，可作三卷觀。詞有自序云：「甲子秋兒輩編次詩草就，請以近歲所作醉太平諸闋並舊存元馭手録數十調附之簡末。」卷內鈐「豐華堂書庫寶藏印」等印記。《存目叢書》據以影印。吴江縣圖、上海黄裳先生亦有是刻。

省軒文鈔十卷　國朝柴紹炳撰　**五七六四**

浙江巡撫採進本(總目)。○《浙江省第十一次呈送書目》:「《柴省軒文鈔》十二卷,國朝柴紹炳著,六本。」○《浙江採集遺書總録》:「《柴省軒文鈔》十二卷,刊本,國朝仁和柴紹炳撰。」○《安徽省呈送書目》:「《柴省軒文鈔》六本。」○復旦大學藏清康熙刻本,作《柴省軒先生文鈔》十二卷《外集》一卷。目録題「西陵柴紹炳字虎臣著,男世堂胥山、世臺北溟仝編」。半葉十行,行二十字,白口,四周雙邊。前有康熙五十六年雲中李周望序,程其成引言四則。李序云:「仁和柴子胥山以其先人省軒公全集,自本傳起至雜著止,計十二卷,云爲同好甘涵齋太守、程阜山明府諸君醵貲而付之剞劂,屬序於余。」則刻於康熙五十六年。鈐「劉承幹字貞一號翰怡」、「吴興劉氏嘉業堂藏書印」等印記。《存目叢書》據以影印。上圖亦有是刻。○《省軒文鈔》,稿本,存卷一至二、卷八至十四、卷十八至十九共四册。康熙十七年其子世堂編(詳《稿本提要》)。○《翼望山人文鈔》二卷,柴紹炳撰,南京圖書館藏活字本。○《西湖賦箋》一卷,柴紹炳撰,柴杰箋,清乾隆三十七年洽禮堂刻本。上圖、南圖、山東圖藏。○按:《省軒文鈔》傳世家刻本及浙江進呈目俱作十二卷,則《總目》作十卷當脱「二」字。

張秦亭詩集十二卷　國朝張丹撰　**五七六五**

浙江巡撫採進本(總目)。○《浙江省第十一次呈送書目》:「《張秦亭詩集》十四卷,國朝張丹著,二本。」○《浙江採集遺書總録》：「《張秦亭詩集》十四卷，刊本，國朝錢塘張丹撰。」○南京圖書館藏清康熙石甑山房刻本，作《張秦亭詩集》十三卷《補遺》一卷。卷一題「錢唐張丹祖望著」，下注「原名綱孫」。半葉十行，行二十字，白口，左右雙邊。封面刻「及門較刻」、「石甑山房藏板」。前有自序云：「秦亭門人刻予詩成，來請序於予。」又云：「再加三歲即皤然一七旬老翁。」知自序時六十七歲。自序又謂壬午年二十四歲，則生於萬曆四十七年，其自序之年爲康熙二十四年，亦即及門較刻是集之年也。卷内鈐「會稽金森珍藏」、「八千卷樓藏書之記」等印。《存目叢書》據以影印。柯愈春云：「北京中國書店庫存《張秦亭詩集》殘存卷八至十二，康熙間從野堂刻。」(《清人詩文集總目提要》)似爲同版殘帙。按：是集卷數康熙二十四年及門較刻本及浙江進呈目均十四卷，則《總目》作十二卷恐誤。○《秦亭文集》八卷，北京圖書館藏清康熙從野堂刻本。半葉十行，行二十字，白口，左右雙邊。前有康熙九年張芳序。封面刻「及門較刻」。

潠書八卷　國朝毛先舒撰　五七六六

浙江巡撫採進本(總目)。○《浙江省第十一次呈送書目》：「《潠書》八卷，國朝毛先舒著，三本。」○《浙江採集遺書總録》：「《潠書》八卷，刊本，國朝錢塘毛先舒撰。」○《江蘇採輯遺書目録》：「《潠書》八卷，博學鴻詞翰林院檢討錢唐毛先舒著。」○北京圖書館藏清康熙刻《思古堂十四種》本。題「錢唐毛先舒稚黄(一名騤字馳黄)著」。半葉十一行，行二十一字，白口，四周雙邊。前有順治十八年辛丑廣陵黄雲序。《存目叢書》據以影印。上圖亦有是刻。北師大有順治十八年刻六卷本，較此少二卷。北大有康熙二年序刻本十四卷，較此多六卷。未加比勘，版刻異同待定。

思古堂集四卷　國朝毛先舒撰 五七六七

浙江汪汝瑮家藏本（總目）。○《浙江省第四次汪汝瑮家呈送書目》：「《思古堂集》三十五卷，國朝毛先舒著，十本。」○《浙江採集遺書總録》：「《思古堂集》三十五卷，刊本，國朝錢塘毛先舒撰。」○《提要》云：「先舒裒刻其書十四種，乃以此集爲首。」知汪汝瑮所進三十五卷爲《思古堂十四種書》。○北京圖書館藏清康熙刻《思古堂十四種書》本，題「錢唐毛先舒稚黄（一名騤字馳黄）著」。半葉十二行，行二十六字，下黑口，四周單邊。前有康熙二十四年乙丑潘耒序，自序。封面刻「本衙藏板」。《存目叢書》據以影印。按：《十四種書》前有康熙二十五年九月毘陵惲格正叔氏序，後有「弌名壽平」、「東園」二木記。上圖、南圖、華中師大等亦有是刻。○浙江圖書館藏清鈔本四卷四册。○日本内閣文庫藏日本江户寫《思古堂十四種書》本。

東苑文鈔二卷詩鈔一卷　國朝毛先舒撰 五七六八

浙江汪汝瑮家藏本（總目）。○北京圖書館藏清康熙刻《思古堂十四種書》本，題「錢唐毛先舒稚黄（一名騤字馳黄）著」。半葉十行，行二十字，白口，左右雙邊。前有自記。詩鈔前有毛甡序，自序。《存目叢書》據以影印。上圖、北大亦有是刻。○日本内閣文庫藏日本江户寫《思古堂十四種書》本。

小匡文鈔四卷　國朝毛先舒撰 五七六九

浙江汪汝瑮家藏本（總目）。○北京圖書館藏清康熙刻《思古堂十四種書》本，題「錢唐毛先舒稚黄

(一名騤字馳黄)著，同學諸子批」。半葉十一行，行二十三字，白口，四周單邊。前有自序。封面刻「思古堂藏板」。《存目叢書》據以影印。上圖、南圖亦有是刻。○日本内閣文庫藏日本江户寫《思古堂十四種書》本。

蕊雲集一卷晚唱一卷　國朝毛先舒撰　**五七七〇**

浙江汪汝瑮家藏本(總目)。○北京圖書館藏清康熙刻《思古堂十四種書》本。《蕊雲集》題「錢唐毛先舒稚黄」。半葉十行，行二十字，白口，左右雙邊。前有自引二則。《晚唱》題「錢唐毛先舒稚黄(一名騤字馳黄)著」。半葉十一行，行二十一字，白口，四周雙邊。前有自序。二書行款、字體均異，非一時所刻。《存目叢書》據以影印。上圖亦有是刻。○日本内閣文庫藏日本江户寫《思古堂十四種書》本。○《毛馳黄集》八卷，清初刻本。半葉十行，行二十字，白口，左右雙邊。北圖、浙圖藏。

學園集六卷續編一卷　國朝沈起撰　**五七七一**

浙江巡撫採進本(總目)。○《浙江省第十一次呈送書目》:「《學園集經學》一卷《詩文》六卷《續編》一卷，明沈起著，一本。」○《浙江採集遺書總目》:「《學園集經學》一册《詩文》六卷《續編》一册，刊本，明嘉興沈起撰。」

榆墩集選文九卷詩二卷　國朝徐世溥撰　**五七七二**

江西巡撫採進本(總目)。○《江西巡撫海第三次呈送書目》:「《榆墩文集》二本。」○《榆溪集選》

不分卷《補》一卷，徐世溥撰，陳允衡評，清順治十七年陳允衡肥静齋刻本。半葉十一行，行二十三字，白口，四周單邊。北圖、南圖藏。○《榆墩集詩選》二卷《榆墩集》九卷，吉林大學藏清康熙舫齋刻本。題「新建徐世溥巨源著，進賢熊人霖伯甘選，男元景子京、姪元奎微星仝訂」。半葉十行，行二十二字，白口，左右雙邊。有浮山愚者智序，宏智又序，熊人霖序，熊人霖撰傳。《榆墩集》爲文，目録分三卷，正文實分九卷，每卷僅數葉。據熊人霖撰傳，世溥歿於順治十五年，此本選刻當在順治末至康熙初。卷内曆字作歷，避乾隆諱。又卷内屢及錢謙益，均作墨丁。蓋後來修版印本也。鈐「黎覺人」印。《存目叢書》據以影印。○《榆溪逸稿》八卷《逸詩》二卷，清嘉慶十七年刻本。題「新建徐世溥巨源著」。行款版式同前集。江西省圖藏。○《榆溪詩鈔》二卷，徐世溥撰，清康熙三十年宋犖刻本。半葉十行，行十九字，白口，四周單邊。寫刻本。北圖、津圖藏。柯愈春《清人詩文集總目提要》云：「此刻後輯入《豫章叢書》及《叢書集成初編》。」○《榆墩集詩選》二卷《榆墩集》九卷《榆溪詩鈔》二卷《逸稿》八卷《逸詩》二卷，清康熙至嘉慶十七年刻彙印本。北圖、清華、復旦藏。即前文所記各刻之彙印也。○《榆墩集》三卷，清康熙木活字印本一册。南開藏。《清人別集總目》著録爲《榆墩集選文》三卷。○《榆溪詩鈔》二卷《榆溪集選》一卷《榆溪集補》一卷，日本静嘉堂藏清刻本（見《清人別集總目》）。

筠谿集七卷　國朝范青撰　**五七七三**

江蘇巡撫採進本（總目）。○《江蘇省第二次書目》：「《筠溪集》二本。」

橘苑詩鈔十一卷　國朝諸匡鼎撰　**五七七四**

浙江巡撫採進本（總目）。○《浙江省第十一次呈送書目》：「《説詩堂集》十一卷，國朝諸匡鼎著，一本。」○《浙江採集遺書總録》：「《説詩堂集》十一卷，刊本，國朝錢塘諸匡鼎撰。」○南京圖書館藏清康熙刻《説詩堂集》二十卷，包括《橘苑文鈔》八卷《橘苑詩鈔》十一卷《楚遊日記》一卷。卷端均題「説詩堂集」。半葉十一行，行二十字，白口，四周雙邊。封面刻「翼善堂藏板」。前有康熙二十七年戊辰金鋐序，姚若楠序，康熙五十六年趙沈壎序，康熙五十一年章士玥撰傳，像，毛奇齡贊，男璧發瓚貞識語。據趙序，知爲康熙五十六年諸璧發刊成。鈐「慈谿畊餘樓藏」、「武昌柯逢時收藏圖記」等印。《存目叢書》據以影印。柯愈春《清人詩文集總目提要》云北圖有康熙五十四年刻五卷本《説詩堂集》。

安静子集十三卷　國朝安致遠撰　**五七七五**

山東巡撫採進本（總目）。○《提要》云：「是集凡爲文集九卷：曰《玉磑集》四卷、《紀城文稿》四卷、《蹵音》一卷。詩集四卷：曰《柳村雜詠》二卷、《嶽江草》、《倦遊草》各一卷，總名之曰《紀城詩草》，而《嶽江草》獨標『卷六』字，似非完本。詞集一卷，曰《吴江旅嘯》。」○《山東巡撫第二次呈進書目》：「《玉磑集》三本、《紀城稿》三本。」○南開大學藏清康熙三十四年蘭雪堂刻《紀城文稿》四卷，題「壽光安致遠静子」。半葉九行，行十八字，白口，四周單邊。序及目録版心下刻「蘭雪堂」。前有康熙三十四年乙亥自序云：「追念諸君子相成之誼，遂命箕兒檢比而付之梓。」南開又藏清康熙刻

《紀城詩稿》四卷，半葉十行，行二十一字，白口，四周單邊。其中《柳郇雜詠》二卷係鈔配，前有自序，後有男篔跋云：「《柳村雜詠》二弓，久藏篋衍，兹欲付梓。」《嶽江草》一卷，卷端題「紀城詩稿卷之六」，前有康熙十年辛亥東武李澄中序。《倦遊草》一卷，卷數作墨丁，前有任丘龐塏序（據序文知爲康熙二十五年丙寅作），又康熙二十五年自序，後有長洲孫岳頒跋。南開又藏清康熙四十一年刻《玉磑集》四卷，半葉九行，行十八字，黑口，四周單邊。末有康熙四十一年壬午男篔跋云：「老母年七十又七，頻多疢患，居常感念流涕，每恐先君子遺稿不獲睹其盡付剞劂爲恨，白髮老人率諸婢子晝夜紡紙，積金三數鍰，因使篔校讐而鋟之於板。」《蟄音》一卷，題「壽光安致遠靜子撰，海寧張曾裕昆詒、安丘張貞杞園評」，前有康熙三十六年丁丑張貞序，康熙三十六年自序。又《壽壙碑辭》一篇，作於康熙三十九年庚辰。《存目叢書》合以上諸刻影印之。北圖、復旦亦有諸刻。○清同治二年自鉏園刻《安靜子集》，包括《玉磑集》四卷、《紀城文稿》四卷、《紀城詩稿》四卷、《蟄音》一卷、《吳江旅嘯》一卷，附安篔《綺樹閣詩稿》一卷《賦稿》一卷。北圖、中科院圖、上圖等藏（見《叢書綜録》）。謝國楨《江浙訪書記》：「《安靜子集》，清康熙間刻同治間修補本。一九六二年夏余逭暑青島，訪黄公渚先生於觀海二路之寓廬，詢以清初膠東之人文，公渚贈余《安靜子詩文集》，曰：「此青州之古文家也，然筆力微弱，似不足以稱之。」余受而讀之，是集凡《玉磑集》四卷、《紀城文稿》四卷、《紀城詩稿》四卷、《吳江旅嘯》一卷（詞）、《蟄音》一卷，附其子安篔《綺樹閣詩賦稿》一卷。」按：謝説是。余以山東省圖藏同治本與南開藏康熙刻本相較，實爲康熙舊版，同治二年修補彙印，唯各集多換封面,加刻「同治二年癸亥重栞」、「自鉏園藏板」,又《紀城文稿》前加刻《四庫提要》本條。《叢書綜録》依封面著録,誤。

完玉堂詩集十卷　國朝釋元璟撰　五七七六

浙江巡撫採進本(總目)。○《浙江省第十二次呈送書目》:「《完玉堂詩集》十卷,國朝釋元璟著,四本。」○《浙江採集遺書總録》:「《完玉堂詩集》十卷,刊本,國朝釋元璟撰。」○中國社會科學院文學所藏清雍正華亭張棠捐資刻本,題「浙西釋元璟借山」。半葉十一行,行二十一字,白口,左右雙邊。前有自序云:「第五十年來竊聆宇内前輩作家緒論,及諸親友品隲題詞,節録於前。因删定十卷,共千首有奇。生平甘苦境遇情事已略寓於其中,故自述其端如此。華亭張吟樵先生憐余老而恐其散失,捐資葘木。」次汪琬等二十八家題辭。寫刻本。考張棠,字南映,號吟樵,華亭人,生於康熙元年,卒於雍正十二年,當即捐資刊刻者。題辭中兩及「聖祖」,又弦、絃、真均缺末筆,而弘、泓均不避諱,是雍正刻本無疑。《存目叢書》據以影印。北圖、上圖等亦有是刻。○南京圖書館藏鈔本。

冬關詩鈔六卷　國朝釋通復撰　五七七七

浙江巡撫採進本(總目)。○《浙江省第十二次呈送書目》:「《冬關詩鈔》六卷,國朝釋通復著,二本。」○《浙江採集遺書總録》:「《冬關詩鈔》六卷,刊本,國朝釋通復撰。」○北京圖書館藏清康熙四十八年刻本,作《冬關詩鈔》六卷《補遺》一卷。卷一至三題「嘉禾釋通復文可著,同里盛遠宜山輯」。卷四題「休陽汪文楨鷗亭輯」。卷五至六題「休陽汪森碧巢輯」。半葉九行，行二十一字，黑口，左右雙邊。前有康熙四十八年己丑盛遠序，康熙四十八年汪森序。又盛遠《凡例》云：「捐貲助刻上三卷者則王子東皐，董其工者則顧子懷九。」又云：「下三卷乃鷗亭、碧巢昆季所刻，是以竟列兩先生姓氏。」鈐「檇李」、「曾子家藏」二印。《存目叢書》據以影印。上圖亦有是刻。〇臺灣「中央圖書館」藏清稿本，作《冬關詩草》一册。題「古檇李釋通復不遠氏著」。半葉十行，行二十字，黑口，左右雙邊。版心下印「摛藻堂」。鈐「休寧汪季青家藏書籍」、「柯庭流覽所及」、「通復」、「不遠」、「通復之印」、「埽塵齋積書記」、「禮培私印」、「莚圃收藏」等印記（見該館《善本書志初稿》）。

嬾齋別集十四卷　國朝僧通門撰　五七七八

内府藏本（總目）。〇《武英殿第二次書目》：「《嬾齋別集》六本。」〇天津圖書館藏清初毛氏汲古閣刻本，作《牧雲和尚嬾齋別集》十四卷。題「東吴毛晉子晉編閲，鄂州記室智時較訂」。半葉十行，行二十字，白口，四周雙邊。前有王庭言、朱一是序。後有智旹跋云：「歲乙未，隱湖逸老毛潛在獲是編，殷重稱嘆，旋請剞劂，至丁酉春較閲畢。」知刊成於順治十四年春。北圖、上圖、南圖等亦有是刻。〇《牧雲和尚病遊初草》一卷《後草》一卷，明崇禎毛氏汲古閣刻本。半葉十行，行二十一字，白口，四周雙邊。北圖、中科院圖、上圖等藏。〇《牧雲和尚嬾齋後集》六卷，清刻本。半葉九行，行十八字，白口，四周單邊。北圖、上圖藏。〇《古南澹翁老人嬾齋遺稿》四卷，釋通門撰，清釋超志刻本。半葉十行，行二十一字，黑口，四周雙邊。上圖藏。

西北文集四卷　國朝畢振姬撰　**五七七九**

江蘇巡撫採進本（總目）。○《江蘇省第一次書目》：「《西北文集》二本。」○《江蘇採輯遺書目録》：「《西北文集》四卷，清湖廣布政長平畢振姬著，刊本。」○首都圖書館藏清康熙刻本四卷，題「長平畢堅毅先生手著，太原傅公他先生鑒定，市王門人牛兆捷月三評次，湘口後學朱正暉澹若書鐫」。半葉九行，行二十二字，白口，四周單邊。前有傅山序，牛兆捷撰傳。鈐「北平孔德學校之章」印。《存目叢書》據以影印。中科院圖、上圖等亦有是刻。此版又有民國十四年陳廼蓉補刻本，北圖、上圖等藏。○中國科學院圖書館藏清雍正十三年司昌齡抄本，作《畢堅毅先生文集》六卷六册，有鄧之誠題記。半葉十二行，行三十字，無格。○清咸豐四年晉陽書院刻劉霈輯《國初山右四家文鈔》本，三卷（見孫殿起《叢書書目拾遺》）。中山圖有單本。○中國社科院歷史所藏清鈔本，作《西北之文》十二卷，四册，第十二卷有目無文。半葉十行，行二十四字，無格。前有傅山序，門人牛兆捷撰傳。又有允叔手跋。卷内鈐「爵天藏書」、「淵照樓藏書記」、「允叔藏書」等印（詳武新立《明清稀見史籍叙録》）。○民國排印《山右叢書初編》本，作《西北之文》十二卷，第十二卷原缺。北圖、上圖等藏。

涑水編五卷　國朝翟鳳翥撰　**五七八〇**

山西巡撫採進本（總目）。○《山西省呈送書目》：「《涑水編》五卷。」○山西省臨猗縣圖書館藏清康熙莆昜書林刻本，存卷一至三、卷五，共四卷。題「聞喜翟鳳翥象陸著，男貞儀一彙稿」。半葉八行，行二十字，白口，四周雙邊。前有康熙二年癸卯吕崇烈序，康熙六年丁未淄川高珩序，徐芳序，康熙三年林之蕃序，順治十八年郭元亮序，康熙七年徐元文序，巢震林跋，陳五器跋，自序。次評閲、校刻姓氏。封面刻「古桐翟象陸先生著」、「涑水編」、「三韓何文璧、安疇九、李昌耆三先生發刻，莆易書林梓」。徐元文序云：「今得見先生於榕城，出示全集，……序、記、傳各一卷，雜著、制義各一卷，詩一卷，共六卷。」蓋康熙初年福建刻本。此帙卷一序，卷二記，卷三傳。詩一卷，卷次空缺，當爲卷六。卷四雜著、卷五制義均缺。卷首總目，載卷四爲奏議附雜文，卷五後空缺兩行，再後爲詩。其空缺兩行，第一行當爲「制義」，第二行當爲「五卷」。當因抽出制義而剷去此兩行，並剷去正文「卷六」之「六」字，以卷四直接卷六。今臨猗藏本又佚去卷四。故所存者實爲卷一至三、卷六，共四卷。《存目叢書》據以影印。按：「莆易」《中國古籍善本書目》等誤作「蒲易」。

蘭雪堂詩集三卷　國朝謝賓王撰 五七八一

山東巡撫採進本（總目）。○《山東巡撫第二次呈進書目》：「《蘭雪堂集》二本。」

祓園集九卷　國朝梁清遠撰 五七八二

直隸總督採進本（總目）。○《直隸省呈送書目》：「《祓園集》四本。」○北京圖書館藏清康熙梁允桓刻本，文四卷、詩四卷、詞一卷。題「真定梁清遠著」。半葉十行，行十九字，黑口，四周雙邊。詩前有康熙二十四年徐乾學序云：「詩集若干卷，其子泗水令刻之。」又康熙二十四年乙丑杜臻序。詩集末有弟清標跋云：「詩四卷，兄子允桓梓之泗水署中，甫成而兄謝世。」然則詩集爲康熙二十四年梁允桓泗水縣署刻本。文集前有方象瑛序云：「丁未春謁公于京邸，距今二十餘年矣，春杪養痾西泠，嗣君次典出辛慶元，以集序見屬。」則文集之刻在康熙二十六年之後。卷内鈐「黄彭年印」、「子壽」、「吴興劉氏嘉業堂藏書記」、「劉承幹字翰怡號貞一」等印。《存目叢書》據以影印。中科院圖、南圖、川圖等亦有是刻。

黄山詩留十六卷　國朝法若真撰　五七八三

山東巡撫採進本(總目)。○《山東巡撫第二次呈進書目》：「《黄山詩留》八本。」○首都圖書館藏清康熙法樟又敬堂刻本，題「膠東法若真黄山父著，男橒、樟、枚校，孫光祖、宗熿、光焞、輝祖閲」。半葉十行，行二十一字，白口，左右雙邊。封面刻「又敬堂藏板」。前有魏象樞序，康熙三十四年乙亥淄川唐夢賚序，康熙三十八年己卯壽光安致遠序，東武丘宗聖序，康熙三十七年同里張謙宜序，張謙宜撰傳。丘序云：「丙子夏，先生忽走平頭寄詩云『死生兄弟無多泪』，竟作長别語。不旬日而逍遥在門，時年八衷有四，遂歸道山。哲人云萎，枕中之秘尚貯名人，未遑問世也。偶有梓人自江南至，稱善手，余爲之作介紹。先生之仲子峴山鬻産鳩工，盡出其詩以付剞劂，自秋徂春，數閲月而書告竣。」峴山即法樟字。據此知法若真卒於康熙三十五年丙子夏，《詩留》即於是年秋付梓，三十六年春刊成。鈐「北平孔德學校之章」等印。《存目叢書》據以影印。津圖、南圖等亦有是刻。○《黄山集》六卷，清康熙刻本。半葉九行，行十二字，白口，四周單邊。南開藏。柯愈春《清人詩文集總目提要》云：「收順治間所作詩二百六十餘首，康熙二年刻。」○《黄山集》二卷，清鈔本。半葉十行，行二十一字，無格。北圖藏。○《黄山文留》四卷，鈔本（見《續修四庫提要》）。

心遠堂詩集十二卷　國朝李霨撰　五七八四

直隸總督採進本（總目）。○《直隸省呈送書目》：「《心遠堂詩集》四本。」○北京圖書館藏清康熙十六年李天馥、毛際可等刻本。卷一題「高陽李霨臺書著，遂安毛際可會侯訂，鍾山王才鼎調臣參，男李其凝孟績、李其恕仲如輯」。半葉九行，行二十一字，白口，四周雙邊。前有門人陳廷敬序，門人李天馥序，康熙十年周弘序，康熙十年受業曹禾序，康熙十二年受業沈珩序，康熙十六年宫夢仁序，康熙十六年毛際可序。李序云：「宫傅高陽先生於辛亥冬刻《心遠堂詩》若干卷行世，迄今丁巳更七年所，詩益富。天馥與同門友陳子廷敬、毛子際可復謀彙梓。既獲請，……。」卷十二末附詩餘十三首。《存目叢書》據以影印。○清康熙十年刻本十卷（見《販書偶記續編》）。柯愈春謂十二卷本係十卷本之增刻（見《清人詩文集總目提要》）。○《心遠堂詩集》十二卷《二集》四卷，清康熙間刻本。凡詩一千零四十九首。門人李天馥、陳廷敬、宫夢仁、曹禾、沈珩、毛際可序。附詞十餘首（袁行雲《清人詩集叙録》）。柯愈春云「鄧之誠原藏」。○清康熙中福清魏憲枕江堂刻《皇清百名家詩》内有李霨《李坦園詩》一卷。上圖、華東師大、津圖、川圖藏。

聿修堂集一卷　國朝藍潤撰　五七八五

山東巡撫採進本（總目）。○《山東巡撫第二次呈進書目》：「《聿修堂集》一本。」○北京圖書館藏清鈔本四册，不分卷。題「即墨藍潤海重甫著」。半葉八行，行二十字，無格。末有康熙三十二年癸酉四月季男啓延跋。卷内玄字缺筆作玄，弘、琰等字不避諱，蓋康雍間寫本。鈐「貴陽趙氏壽華軒藏」、「聖清宗室盛昱伯羲之印」、「宗室文愨公家世藏」等印記。《存目叢書》據以影印。

寒松堂集九十二卷　國朝魏象樞撰　五七八六

江蘇巡撫採進本（總目）。○《江蘇省第一次書目》：「《寒松堂全集》八本。」○《江蘇採輯遺書目録》：「《寒松堂全集》十二卷，都察院左都御史蔚州魏象樞著。」○《兩淮商人馬裕家呈送書目》：「《寒松堂集》十二卷，國朝魏象樞，十二本。」○遼寧大學藏清康熙刻本，作《寒松堂全集》十二卷，半葉十行，行二十字，黑口，左右雙邊。寫刻本。每卷約百葉，計千餘葉。前有康熙四十七年戊子熊賜履序。鈐「梁氏藏書」、「旭東過目」等印。《存目叢書》據以影印。北圖、南圖、山東圖等亦有是刻。○清嘉慶十六年重刻康熙本。附《年譜》一卷，題「庸齋魏象樞口授，男學誠、學謙、學謐、學訥敬録」。北圖、津圖、山東圖等藏。按：余以山東大學藏嘉慶十六年刻本與遼大康熙本相校，實出一版。唯嘉慶本增嘉慶十六年董誥、温汝适、顏檢三篇序，皆稱六世孫魏煜重刻。又列校刊銜名巡撫阮元等百十五人之多。《年譜》有雍正甲寅趙國麟序，李玉鋐序，乾隆辛酉史圜序，雍正甲寅吴廷華題詩，乾隆庚申楊二酉跋。後有嘉慶十五年魏煜跋云：「煜太高祖敏果公文集暨年譜，高祖宫諭公先後刊行之，板燼於火，幸家藏印本尚多，……開録於庚午之春，孟冬告竣。」文集、年譜合爲一編。」年譜行款版式同文集，萬曆之曆改刻爲歷，挖痕顯然，則亦雍正間所刊。煜稱板燼於火，殆非其實。當定爲清康熙至雍正刻嘉慶十五至十六年增修本。○清光緒定州王氏謙德堂刻《畿輔叢書》本，作《寒松堂集》十卷《寒松堂詩集》三卷。○民國二十五年商務印書館據《畿輔叢書》本排印，收入《叢書集成初編》。○《望雲草》一卷，魏象樞撰，清順治刻本。半葉八行，行十八字，白口，四周雙邊。津圖藏。○一九九二年山西人民出版社排印崔凡芝點校本，以嘉慶本爲底本。《前言》云嘉慶本與康熙本版面完全一致。○一九九六年中華書局排印本。○按：是書刻本及進呈目皆作十二卷，《總目》作九十二卷，恐誤衍「九」字。

且亭詩集無卷數　國朝楊思聖撰　　**五七八七**

直隸總督採進本（總目）。○《直隸省呈送書目》：「《且亭詩集》四本。」○遼寧省圖書館藏清康熙七年刻本，作《且亭詩》，不標卷次，依詩體分爲六卷。卷端題「鉅鹿楊思聖猶龍甫著」。半葉九行，行二十字，白口，四周單邊。前有康熙七年魏裔介序，申涵光撰傳。魏序云：「令子履吉與廣平申鳧盟、鷄澤殷伯岩裒集其所爲詩，付之梨棗。」知係康熙七年楊履吉等刻本。《存目叢書》據以影印。北圖、中科院圖、社科院文學所、東北師大亦有是刻。○《蜀吟》一卷，楊思聖撰，清初刻本。半葉六行，行十六字，白口，四周單邊。北圖、上圖藏。○《且亭詩鈔》八卷，清康熙六十年敬事堂刻王揆輯《畿輔七名家詩鈔》本。半葉十行，行二十一字，白口，左右雙邊。保定市圖書館藏。又王企埥輯《五家詩鈔》清康熙六十年刻本（上圖藏），王企埥輯《四家詩鈔》清康熙刻本，五家、四家皆在七家之列，内皆有《且亭詩鈔》八卷，疑出一版。復旦、安徽圖有康熙刻《且亭詩鈔》八卷，似又其零本也。○清康熙中福清魏憲枕江堂刻《皇清百名家詩》内有楊思聖《楊猶龍詩》一卷。上圖、華東師大、津圖、川圖藏。○清康熙七年鄒漪輯刻《名家詩選》内有《楊猶龍詩選》一卷。上圖藏。

夢吟集一卷續集一卷　國朝王天春撰　**五七八八**

内府藏本(總目)。○《武英殿第一次書目》:「《夢吟全集》二本。」○四川省圖書館藏清康熙刻本二卷二册。作王天眷撰,與《明清進士題名碑録》同。《總目》作王天春,誤。

崑林小品三卷崑林外集無卷數　國朝魏裔介撰　**五七八九**

直隸總督採進本(總目)。○《直隸省呈送書目》:「《崑林小品》三本。」○清初刻本,作《崑林小品集》二卷。半葉九行,行十九字,白口,左右雙邊。中國社科院文學所、北京西城區圖書館藏。

四思堂文集八卷　國朝傅維鱗撰　**五七九〇**

直隸總督採進本(總目)。○《直隸省呈送書目》:「《四思堂文集》六本。」○中國社科院文學所藏清康熙十七年傅燮詷刻本八卷六册,題「靈壽傅維鱗掌雷父著」。半葉十行,行二十字,白口,左右雙邊。前有康熙十七年戊午莊朝生序,次列名:「靈壽傅維鱗掌雷父著,年家子楚黄湘亹韋鍾炳、後學山陰枚吉周卜輔、上虞光生諸葛含、魯陽少聞李當泰、真定公和任鼐、壻同邑魯一貢良儒、獲鹿伯宗崔如岱、門下晚學魯陽泖山程浤同訂,男鷺來燮雝、去異燮詷、君壯燮曆、去偏燮鈞謹録,孫男擴敔、擴坲對字。」末有周卜輔跋,男詷跋。據莊序、傅燮詷跋,知係康熙十七年傅燮詷刻本。《存目叢書》據以影印。

燕川漁唱詩二卷植齋文集二卷　國朝傅維櫄撰　**五七九一**

直隸總督採進本(總目)。○《直隸省呈送書目》:「《植齋詩文集》四本。」○中國科學院圖書館藏清乾隆家刻本，僅《燕川漁唱詩》二卷二册。題「靈壽傅維樗培公氏著，男燮誠、姪燮良同校訂，孫擴黨、擴田、擴塾，曾孫士遜、士釗、士忠，曾姪孫爽同正字」。半葉九行，行二十字，白口，左右雙邊。有文安紀奎宜可亭氏序（乾隆間）。又雍正丙午馬爾恂《衛濵先生墓表》云：「卒年八十歲，是爲康熙壬寅。」又康熙己未自引。

倚雉集十二卷　國朝竇遴奇撰　**五七九二**

直隸總督採進本（總目）。○《直隸省呈送書目》：「《倚雉集》八本。」○山西大學藏清康熙十一年刻本，作《倚雉堂集》十二卷。題「平干賀應旌懷菴父定，元城陳巽心越石父選，廣晉竇遴奇松濤父著，弟徵奇珉青父校，男日嚴輯，姪日休、日炌閲」。半葉八行，行十七字，白口，四周單邊。前有八十九叟孫奇逢序，康熙十一年壬子賀應旌序，康熙十一年陳巽心序，凡例，康熙二年劉體仁序，康熙二年陳巽心序，康熙四年賀應賔序，康熙五年王崇簡序，康熙七年孫郁序。賀應旌序云：「攜陳子越石删葺成十二卷，校刊問世。」卷十二爲填詞六十六首。卷内鈐「啟淑印信」、「新安汪氏」、「閒田張氏聞三藏書」等印記。重慶市圖亦有是刻。

王文靖集二十四卷附録一卷　國朝王熙撰　**五七九三**

直隸總督採進本（總目）。○《直隸省呈送書目》：「《王熙文集》十二本。」○清華大學藏清康熙四十六年王克昌刻本，作《王文靖公集》二十四卷《年譜》一卷《附》一卷。題「受業長山李斯義、華亭張豫章校訂」。半葉八行，行二十字，白口，左右雙邊。前有朱彝尊序，康熙四十五年張玉書序，康熙四十六年吴震方序。吴序云：「公集既鐫，公子裕三先生不棄蒙陋，請爲序。」後附《年譜》一卷，自訂。又附録一卷，收行狀、墓志銘、神道碑、傳。《存目叢書》據以影印。北圖、上圖、南圖等亦有是刻。○北京圖書館藏清鈔本。半葉八行，行十八字，無格。

佳山堂集十卷　國朝馮溥撰　五七九四

山東巡撫採進本（總目）。○《山東巡撫呈送第一次書目》：「《佳山堂集》八本。」○《武英殿第二次書目》：「《佳山堂詩集》四本。」○北京大學藏清康熙刻本，作《佳山堂詩集》十卷《二集》九卷。半葉九行，行十九字，黑口，左右雙邊。前集題「益都馮溥易齋著，門人西河毛奇齡大可、陽羨陳維崧其年仝較」。前有康熙十九年庚申高珩序，魏象樞序，施閏章序，康熙二十一年壬戌梁清標序，汪懋麟序，康熙十九年毛奇齡序，康熙十九年曹禾序，徐乾學序，李天馥序，王士禛序，方象瑛序，王嗣槐序，陳維崧序，陳玉瑾序，弟源濟序。封面刻「古吴朱士儒梓」。梁序云：「易齋馮先生所著古今體詩凡十卷，其諸門人爲之雕板行於世，予友高君念東序其首。」高序在康熙十九年，即爲是年刻也。《二集》題「益都馮溥易齋著，門人王嗣槐仲昭、男治世虞臣、慈徹冒聞、協一躬暨仝較」。前有門人黄與堅序。末有徐嘉炎跋，倪燦跋，康熙十九年吴任臣跋，康熙十九年徐釚跋，康熙二十七年戊辰毛奇齡跋，康熙十九年毛端士跋，康熙十九年陸棻跋。康熙十九年諸跋皆爲前集作。以毛奇齡跋作於二十七年推測，《二集》蓋刻於康熙二十七年。《存目叢書》據以影印。上圖、山東師大、福建圖等亦有是刻。○《佳山堂詩集》七卷，清康熙刻本。南圖、上圖藏。○《佳山堂詩集》一卷，青島圖書館藏鈔本(以上二本見《清人別集總目》)。

林屋文稿十六卷詩稿十四卷　國朝宋徵輿撰　五七九五

江蘇周厚堉家藏本(總目)。○《江蘇省第一次書目》:「《林屋文稿》六本。」○《江蘇採輯遺書目録》:「《林屋詩稿》十四卷,副都御史華亭宋徵輿著。」又:「《林屋文稿》十六卷,副都御史華亭宋徵輿著。」○上海圖書館藏清康熙九籥樓刻本,僅《文稿》十六卷。《詩稿》十四卷全係鈔本配補。題「雲間宋徵輿轅文甫撰,男太䴊、太羨較字」。《文稿》前後亦有數葉鈔配。封面摹鈔「林屋全集」、「九籥樓藏板」。半葉九行,行十九字,下黑口,左右雙邊。《存目叢書》據以影印。○南京圖書館藏清鈔本,僅《林屋文稿》十六卷。

慎齋遇集五卷莅楚學記一卷日懷堂奏疏四卷　國朝蔣永修撰　五七九六

江蘇巡撫採進本(總目)。○浙江圖書館藏清康熙天藜閣刻本,作《蔣慎齋遇集》五卷《莅楚學記》一卷《日懷堂奏疏》四卷。半葉九行,行二十字,白口,四周單邊。《集》題「宜興蔣永修日懷父著,同里諸子參評,男庠復天序、景祁京少輯」。前有康熙十四年周啟嶲序,黄錫朋序,十四年任繩隗序,十四年徐喈鳳序,陳維崧序,孫錫蕃序,胡亦堂序。《學記》一卷,版心上題「蔣慎齋遇集」。封面刻「日懷堂著」、「遇集」、「天藜閣藏版」。《奏疏》前有康熙元年壬寅徐喈鳳序,康熙十九年羅坤序,順治十八年舒仲函序。封面刻「奏疏」、「天藜閣藏版」。《存目叢書》據以影印。北大亦有是刻。南圖有殘本。

潛滄集七卷　國朝佘一元撰　五七九七

直隸總督採進本(總目)。○《直隸省呈送書目》:「《潛滄集》四本。」○北京圖書館藏清刻本五卷二册。題「榆關佘一元占一著」。半葉十行,行二十一字,白口,四周單邊。無序跋。卷一卷二配鈔本。卷四鈐「敦倫堂」印。《存目叢書》據以影印。按:著者佘一元,《總目》誤作余一元。《販書偶記續編》著録康熙刻本四卷。柯愈春《清人詩文集總目提要》云中科院圖書館有康熙刻本五卷。

安雅堂詩安雅堂拾遺詩皆無卷數安雅堂拾遺文二卷附二鄉亭詞四卷　國朝宋琬撰　五七九八

大理寺卿陸錫熊家藏本(總目)。○《兩江第二次書目》:「《安雅堂集》,萊陽宋琬著,四本。」○《山東巡撫呈送第一次書目》:「《安雅堂集》四本。」○首都圖書館藏清順治至乾隆刻《安雅堂全集》,子目:《安雅堂詩》不分卷,半葉九行,行二十字,白口,四周單邊。封面刻「本衙藏板」。有順治十七年來集之序,順治十七年蔣超序。當即刻於是年。《安雅堂文集》二卷,半葉十行,行二十字,白口,左右雙邊。有康熙五年丙午金之俊序,趙□明序,黄與堅序,杜濬序。又《安雅堂文集》二卷,半葉九行,行十九字,白口,左右雙邊。寫刻本。有康熙五年丙午尤侗序,康熙三十八年張重啟《重刻安雅堂集序》,康熙三十八年王熙《重刻安雅堂詩文集序》,康熙三十八年周金然序,康熙三十八年嚴虞惇序等。《安雅堂書啟》一卷,無序跋。《二鄉亭詞》三卷,題「萊陽宋琬荔裳撰,荆溪陳維崧其年閲,雲間周寰廣菴、休寧孫默無言較」。半葉九行,行二十一字,白口,左右雙邊。版心下刻「留松閣」。有康熙八年己酉董俞引。《安雅堂未刻稿》八卷、《入蜀集》二卷(亦題「安雅堂未刻稿」),封面刻「乾隆丙戌新鐫」、「本衙藏板」，各卷末有「孫永年敬刊」等列名。《祭皋陶》一卷，題「二鄉亭主人新編，海上隨緣居士評」。半葉九行，行二十字，白口，四周單邊。有康熙癸丑隨緣居士題辭，康熙十一年杜陵容水生弁語。《存目叢書補編》據以影印。此集全本見《中國叢書綜録》，北圖、上圖、山東圖等藏。〇《安雅堂拾遺詩》八卷《附録》一卷《安雅堂拾遺文集》二卷《重刻二鄉亭詞》四卷共四册，清乾隆刻本（文乾隆十一年宋邦憲刻，詞乾隆十一年刻）。中科院圖書館藏。南開、南圖等亦有是刻。〇《四庫全書附存目録》顧廷龍先生手批：「《荔裳集文》一卷《詩》一卷，順治庚寅宣城門人儲日升校刊，版心下有安雅堂三字。」〇《安雅堂詩》不分卷，稿本，上圖藏。又清鈔本，北圖藏。〇《安雅堂詩》不分卷，清順治十七年刻本，清丁耀亢批校並跋。山東博物館藏。〇《安雅堂詩集》十卷，清鈔本。中科院圖藏。〇《宋荔裳入蜀詩》一卷，清鈔本，清王士禛批點並跋，清瞿秉淵、季錫疇、葉裕仁、張文虎跋，傅增湘跋，清陳倬、潘介繁、趙金燦、莫友芝、錢寶琛、繆星適題詩，清王棨年、莫友芝、唐仁壽、李善蘭、戴望、高心夔、潘樹辰、管慶祺題款。北圖藏。按：余與王紹曾師輯《漁洋讀書記》，嘗攝王士禛跋印於封面。〇《安雅堂稿》十八卷，上海圖書館藏鈔本，存前十六卷（見《清人别集總目》）。〇《安雅堂詩集》一册，稿本，辛德勇先生藏。題「萊陽宋琬荔裳著」。半葉九行，行十六字，藍格竹紙，版心上印「安雅堂」。存目六卷餘，存詩十餘首，計三十餘紙（詳辛德勇《未亥齋讀書記》）。〇民國中華書局排印《四部備要》本，僅《安雅堂詩》一卷《未刻稿》五卷《入蜀集》一卷。〇二〇〇四年齊魯書社排印校點本，作《宋琬全集》，子目同順治至乾隆刻《全集》。

退菴集二十一卷　國朝李敬撰　**五七九九**

江蘇巡撫採進本（總目）。○《江蘇省第二次書目》：「《李退菴集》四本。」○《江蘇採輯遺書目録》：「《李退菴集》二十一卷，刑部左侍郎江寧李敬著，刊本。」○復旦大學藏清康熙刻本，作《退庵詩集》十二卷《文集》九卷。題「江寧李敬著」。半葉九行，行十九字，白口，左右雙邊。前有宋徵輿序。文集前有熊伯龍序。據宋序，約刻於康熙四十六年丁亥。卷内鈐「吴興劉氏嘉業堂藏書記」、「劉承幹字貞一號翰怡」等印。《存目叢書》據以影印。北圖有殘本，存文集卷一至六、卷九。○《四庫全書附存目録》顧廷龍先生手批：「別有《竹鎮紀略》二卷，道光辛卯邑後學戴文燦假賀氏四明山房藏本手録本。」澤遜案：此本藏北圖。

西山集九卷　國朝張能鱗撰　**五八〇〇**

山西巡撫採進本（總目）。○《山西省呈送書目》：「《西山集》九卷。」○清華大學藏清康熙刻本，題「古燕張能鱗西山甫著，男嵋、瀚、塏、岡、岱輯」。半葉八行，行二十字，白口，四周雙邊。前有馮溥序，康熙十六年丁巳高珩序，康熙十六年房之騏序，康熙十六年鍾諤序，自序。《存目叢書》據以影印。

馮定遠集十一卷　國朝馮班撰　**五八〇一**

浙江巡撫採進本（總目）。○《浙江省第七次呈送書目》：「《馮鈍吟集》十一卷，國朝馮班著，三本。」○《浙江採集遺書總録》：「《馮鈍吟集》十五卷，刊本，國朝常熟馮班撰。」○《山東巡撫第二次呈進書目》：「《馮定遠集》二本。」○天津圖書館藏清初毛氏汲古閣清康熙陸貽典等刻《鈍吟全集》本，作《馮氏小集》三卷《鈍吟集》三卷《別集》一卷《餘集》一卷《遊仙詩》一卷《集外詩》一卷《文稿》一卷。半葉十四行，行二十四字，黑口，左右雙邊。《小集》版心有「汲古閣」三字。有錢謙益《馮定遠詩序》，戊申仲冬陸貽典《馮定遠詩序》。據陸序，《小集》爲毛晉刻，其餘爲陸貽典「唱于同人，劇金授梓」，時康熙七年。《存目叢書》據以影印。上圖藏一部，《文稿》配清鈔本，清吴卓信跋並臨馮武、王應奎評校，清繆朝荃跋。上圖又一部有清錢良擇校並跋。上圖又一部有清張慶榮批。中科院圖藏一部有鄧之誠跋。○《鈍吟全集》二十一卷，清康熙四十五年益都趙之信刻本，三册。北大藏。○清道光中浦江周氏刻《紛欣閣叢書》本，作《馮氏小集》三卷《鈍吟集》三卷《餘集》一卷《別集》一卷《遊仙詩》二卷。北圖、上圖等藏。○清光緒三十四年問影樓排印《二馮詩集》本，僅《鈍吟集》三卷。北師大、上圖等藏。○民國十四年排印《常熟二馮先生集》本，作《鈍吟老人遺稿》。子目見《中國叢書綜録》。○《鈍吟老人遺稿》十二卷，清周氏鴿峰草堂鈔本二册。浙圖藏。○《鈍吟集詩箋注》十二卷，姚弢注，清鈔本。上圖藏。

文襄公別録六卷　國朝李之芳撰　　**五八〇二**

山東巡撫採進本（總目）。○《山東巡撫呈送第一次書目》：「《李文襄集》十本。」○《兩江第一次書目》：「《李文襄公集》，武定李之芳著，十二本。」○《李文襄公文集》三十三卷，清康熙刻彤錫堂彙印本，十五册。半葉十行，行二十二字，白口，四周單邊。子目：《李文襄公奏議》二卷《奏疏》十卷

《首》一卷《别録》六卷《李文襄公年譜》一卷《棘聽草》十二卷《賦役詳稿》一卷。《年譜》清程光褆撰。中科院圖書館藏。山東博亦有是刻。《存目叢書》用遼圖藏本影印,僅《李文襄公别録》六卷,題「男鍾麟編次」。

擬故宫詞一卷　國朝徐宇昭撰　五八〇三

浙江巡撫採進本(總目)。○清吴壽暘鈔本。半葉十二行,行二十二字,無格。北圖藏。○南京圖書館藏清鈔本,半葉八行,行十六字,無格。前有毘陵半園外史唐宇昭自序,又「丁巳秋八月貞冬老人閲過」題記一行。鈐「馬興安印」等印記。《存目叢書》據以影印。○中央民族大學藏清鈔《酌中志餘》本。○中科院圖書館藏清道光五年周心如鈔《酌中志餘》本。○南京圖書館藏清傅氏長恩閣鈔《酌中志餘》本。○北京圖書館藏清鈔《明季野史彙編·酌中志餘》本。○清光緒崇文書局刻《正覺樓叢刻·酌中志餘》本。○清嘉慶十三年虞山張海鵬刻《宫詞小纂》本,收入《借月山房彙鈔》第十六集。中科院圖、浙圖藏。民國九年上海博古齋影印張海鵬刻《借月山房彙鈔》本。○民國二十六年商務印書館據《借月山房彙鈔》本排印《宫詞小纂》本,收入《叢書集成初編》。○《提要》云:「國朝徐宇昭撰,宇昭不知何許人。」按:徐宇昭當作唐宇昭,武進人,崇禎舉人,入清不仕。詳《江蘇藝文志·常州卷》。

春樹草堂集六卷　國朝杜恒燦撰　五八〇四

監察御史孟生蕙家藏本(總目)。○《提要》云:「塗乙縱横,猶當時原稿。」

屺思臺文集八卷詩集一卷　國朝劉子壯撰　五八〇五

湖北巡撫採進本（總目）。○《湖北巡撫呈送第二次書目》：「《屺思堂集》四本。」○《翰林院檢討蕭交出書目》：「《屺思堂文集》三本。」○湖南圖書館藏清康熙刻本，僅《屺思堂文集》八卷。題「黄岡稚川劉子壯著，男孫茂質廬纂輯，同郡金德嘉會公較閲」。半葉八行，行二十字，白口，四周雙邊。前有金德嘉序，蔣永修序。封面刻「本衙藏板」。南京圖書館藏康熙刻本，《屺思堂詩集》一卷，行款版式同，卷端已挖改爲「元孫昌榮……重訂」。前有金德嘉序，康熙二十年辛酉周世踐序。《存目叢書》用兩館藏本配合影印。清華、復旦等有全本。○《劉太史真稿》不分卷五册，清順治六年佇雲堂刻本。半葉十行，行二十六字，白口，四周單邊。版心下刻「佇雲堂」（見清華《善本書目》）。○《劉太史存稿》六卷《續刻稿》六卷，清乾隆刻本。上圖藏。清華《善本書目》著録《屺思堂續刻文稿》不分卷一册（又名《劉太史續刻稿》），乾隆五十年刻本。半葉九行，行二十五字，白口，四周單邊。未知與六卷本異同。○《屺思堂集》文六卷詩二卷，清道光二十八年刻本四册。山西大、人民大、中山大藏。

熊學士詩文集三卷　國朝熊伯龍撰　五八〇六

湖南巡撫採進本（總目）。○《湖北巡撫呈送第三次書目》：「《熊學士詩文集》三本。」○《兩江第一次書目》：「《熊學士詩文集》，漢陽熊伯龍著，六本。」○湖北省圖書館藏清康熙九年刻乾隆五十一年熊光補修本，題「漢陽熊伯龍鍾陵著」。半葉九行，行二十字，白口，四周單邊。前有康熙九年庚戍王清序，後有康熙十二年癸丑李芳廣跋，又乾隆五十一年丙午四世孫光跋。據光跋，知刻於康熙九年，雍正四年、乾隆十五年曾修補，至乾隆五十一年熊光又重修刷印。《存目叢書》據以影印。北大、上圖、中科院圖等亦有是刻。封面題《穀詒堂全集》。中科院本有鄧之誠跋。○《熊鍾陵先生稿》一卷，熊伯龍撰，儲中子評點，清乾隆二十九年保德堂刻本。清佚名録王廷儁批點。湖北孝感圖書館藏。○《穀詒堂主人剩稿》不分卷，清刻本。中科院圖藏（見《清人別集總目》）。

志壑堂詩十五卷　國朝唐夢賚撰　五八〇七

浙江巡撫採進本（總目）。○《浙江省第十一次呈送書目》：「《志壑堂詩集》十五卷，國朝唐夢賚著，二本。」○《浙江採集遺書總録》：「《志壑堂詩集》十五卷，刊本，國朝檢討淄川唐夢賚撰。」○《山東巡撫呈送第一次書目》：「《志壑堂集》十六本。」○清華大學藏清康熙刻本，作《志壑堂詩集》十二卷《文集》十二卷《詩後集》五卷《文後集》三卷《辛酉同遊倡和詩餘後集》二卷《阮亭選志壑堂詩》十五卷。前五集半葉九行，行十九字，白口，四周單邊。阮亭選集半葉十一行，行二十字，黑口，左右雙邊。非一時所刻。詩文集前有康熙十八年己未馮溥序，康熙十九年施維翰序，葛世振序，李呈祥序，黄山真序，己未孫光祀序，許纘曾序，王士正序，戊午汪懋麟序，姜宸英序。詩文續集前有康熙二十五年丙寅張鵬序，田雯序，丙寅宫夢仁序，丙寅吴陳琰序，小傳，墓志。文續集前有許纘曾、周稚廉序。《辛酉》封面題「志壑堂後集删」、「莊山書屋藏板」，有丙寅吴陳琰序，乙丑於莊山書屋自序。《阮亭選志壑堂詩》即《存目》所載者，前有康熙三十年辛未王士正序，姜宸英序。按：

王士禛已挖改爲王士正，知係雍正或乾隆前期彙印本。《存目叢書》合而影印，可窺唐氏詩文之全。上圖、中科院圖等亦有是刻。

耿巖文選無卷數　國朝沈珩撰　五八〇八

浙江巡撫採進本（總目）。〇《浙江省第六次呈送書目》：「《耿巖文選》，國朝沈珩著，二本。」〇《浙江採集遺書總録》：「《耿岩文選》二册，刊本，國朝編修海寧沈珩撰。」〇《江蘇省第一次書目》：「《耿巖文選》四本。」〇《江蘇採輯遺書目録》：「《耿巖文選》不分卷，翰林院編修海寧沈珩著，刊本。」〇北京圖書館藏清康熙十五年沈氏古慧居刻本，初集十卷、二集十卷。題「海寧沈珩昭子著」。半葉九行，行二十字，白口，左右雙邊。前有康熙十五年李霨序云：「予勉之先梓若干首。」蓋陸續付刻，故卷次、版心書名均不甚一致。鈐「耐隱山房」等印。《存目叢書》據以影印。南圖藏是刻不全，各篇自爲起訖，無統編葉次，以卷端有書名者計之，標《耿巖文選初集》者四，標《漢史箋義》者一，標《讀史記襍跋》者一，共六卷，均於次行題「海寧沈珩昭子著」，無序跋目録，鈐「別下齋印」等印記。較北圖本約存四之一。

樂圃詩集七卷　國朝顏光敏撰　五八〇九

山東巡撫採進本（總目）。〇《山東巡撫呈送第一次書目》：「《樂圃詩集》十二本。」〇山東省圖書館藏清康熙刻《十子詩略》本，七卷補遺一卷。每卷首行大標題「十子詩畧」，下小字題「樂圃集」，次行題「曲阜顏光敏」。半葉十行，行十九字，大黑口，四周單邊。版心題「樂圃集卷幾」（按：《提要》云「版心題曰十子詩略」，似未確）。前有李楷等評語及陳玉璂、鄧漢儀、施閏章、孫枝蔚四序。末有民國二十一年王獻唐長跋，謂爲曲阜孔廣栻藏本，濩葉後面十子名次及《樂圃集目》、集中批點，皆孔廣栻手筆。此跋已收入《雙行精舍書跋輯存續編》。又補録葉闇、杜濬、林璐、吴懋謙序，當亦出孔廣栻。鈐「王獻唐讀書記」、「獻唐長物」、「劫餘長物友聲暫有」諸印。《存目叢書》據以影印。北圖、上圖、南圖等藏。余藏一部二册，徐氏南州草堂舊物，末有某氏跋，疑徐信符筆。○《樂圃集》不分卷，《顔氏三家集》清鈔底稿本，王獻唐跋。山東博物館藏。○《未信堂近稿》不分卷，康熙刻本。半葉十行，行二十四字，白口，左右雙邊。曲阜師大藏。中科院圖藏《顔氏集七種》收有此集，當出一版。○《顔修來稿》一卷，清鈔《名家制義》本。北圖藏。○《修來文鈔》一卷，《顔修來雜著五種》稿本。南開藏。

湯潛菴文集節要八卷　國朝彭定求編　五八一〇

兩江總督採進本（總目）。○《江蘇省第一次書目》：「《潛菴文集節要》二本。」○《江蘇採輯遺書目録》：「《湯潛菴文集節要》八卷。」○天津圖書館藏清康熙三十七年刻本，作《湯潛菴先生文集節要》八卷。題「長洲後學彭定求編輯，天都汪立名、西湖汪泰來同挍」。半葉十行，行十九字，黑口，左右雙邊。寫刻甚精。前有康熙三十六年丁丑彭定求序，康熙三十七年戊寅彭定求再序。《存目叢書》據以影印。首都圖、南圖、浙圖等亦有是刻。

寶綸堂集五卷　國朝許纘曾撰　五八一一

浙江巡撫採進本（總目）。○《浙江省第八次呈送書目》：「《寶綸堂集》，國朝許纘曾著，二本。」

○《浙江採集遺書總録》：「《寶綸堂集》一册，刊本，國朝雲南按察使華亭許纘曾撰。」○《寶綸堂稿》十二卷，南京圖書館藏稿本。題「華亭許纘曾鶴沙著」。半葉八行，行二十字，無格。前有王熙序，康熙三十七年戊寅王日藻序，康熙三十七年錢塘高士奇序，李之騊序，自序。卷内鈐「寶綸堂」、「許纘曾印」、「孔繼涵印」、「葒谷」等印記。行文無塗乙，當是清稿本。《存目叢書》據以影印。浙圖有是稿舊鈔本（見《江浙訪書記》）。北圖有此稿鈔本（見《清人別集總目》）。○《鄭堂讀書記》著録《寶綸堂稿》十二卷附《定舫雜詠》二卷。前四卷原刻本，後八卷補鈔本，《定舫雜詠》原刻本。○《滇行雜詠》一卷，許纘曾撰，《東還贈言》一卷，清胡國柱等撰，清康熙刻本。半葉八行，行十九字，四周單邊。南圖藏。○《寶綸堂詩稿》三卷，鈔本，中科院圖藏（見《清人別集總目》）。

漫餘草一卷　國朝王庭撰　**五八一二**

浙江巡撫採進本（總目）。○《浙江省第十一次呈送書目》：「《漫餘草》，國朝王庭著，一本。」○《浙江採集遺書總録》：「《漫餘草》一册，刊本，國朝布政使嘉興王庭撰。」○《秋閒詩草》存卷一至四，清初刻本。半葉八行，行二十字，白口，四周單邊。北圖藏。○《三仕草》，清王庭撰，清初刻本。黄裳《前塵夢影新録》著録，云得之九峯舊廬王氏。○《王邁人文集》不分卷，上海圖書館藏清鈔本。○《王邁人稿》一卷，清嘉慶秦氏十研齋刻《國初十六家精選》本。北大藏（以上二本見《清人別集總目》）。

循寄堂詩稿無卷數　國朝朱廷燝撰　**五八一三**

陝西巡撫採進本（總目）。○《陝西省呈送書目》：「《循寄堂詩稿》。」

鶴静堂集十九卷　國朝周茂源撰 **五八一四**

浙江巡撫採進本(總目)。○《浙江省第十二次呈送書目》:「《鶴静堂集》十九卷,國朝周茂源著,六本。」○《浙江採集遺書總録》:「《鶴静堂集》十九卷,刊本,國朝知府華亭周茂源撰。」○《江蘇省第一次書目》:「《鶴静堂集》十本。」○《江蘇採輯遺書目録》:「《鶴静堂集》十九卷,刑部郎中松江周茂源著。」○山東省圖書館藏清康熙天馬山房刻本,卷一題「雲間周茂源宿來氏著,門人吴家吴非蒙、張世維冰懷校」。半葉九行,行二十字,白口,四周單邊。前有康熙二十年辛酉王鴻緒序,次列編校姓氏,末有康熙二十年辛酉王奭跋。封面刻「天馬山房藏板」。卷内鈐「山東省立圖書館點收海源閣書籍之章」等印。《存目叢書》據以影印。人民大學、首都師大、社科院文學所亦有是刻。○清康熙天馬山房刻乾隆七年重修本。版同康熙本,唯增乾隆壬戌新秋孫婿成天序。或據以定爲乾隆七年刻本,誤。徐憶農女士代爲核實。南圖、上圖藏。

貽清堂集十三卷補遺四卷　國朝張習孔撰 **五八一五**

兩淮馬裕家藏本(總目)。○《兩淮商人馬裕家呈送書目》:「《詒清堂集》十三卷《補遺》四卷,國朝張習孔,六本。」○《武英殿第二次書目》:「《詒清堂集》六本。」○北京圖書館藏清康熙刻本,卷一題「古歙張習孔黄岳著,甥陳夢徵素心校」。半葉八行,行十九字,白口,四周單邊。前有康熙八年吴偉業序,康熙六年周亮工序,朱一是序,順治庚子雷一龍序,順治庚子施閏章序。卷一至四文。卷五賦、騷、風、雅。卷六至十二詩。卷十二末附詩餘二十三闋。《補遺》前三卷文,末卷詩。封面刻「詒清堂全集」、「本衙藏板」。各卷卷端書名「詒清堂集」。《存目叢書》據以影印。安徽博物館亦有是刻。按：《總目》書名「貽」乃「詒」之誤。又以詩餘爲一卷，故正編爲十三卷。

願學堂集二十卷　國朝周燦撰　　**五八一六**

陝西巡撫採進本（總目）。○《陝西省呈送書目》：「《願學堂文集》。」○《兩江第一次書目》：「《願學堂集》，臨潼周燦著，五本。」○北京圖書館藏清康熙刻本，《願學堂集》二十卷，卷一至十八題「願學堂文集」，卷十九至二十題「願學堂詩集」，封面題「願學堂集」。各卷次行題「臨潼周燦星公著」。半葉九行，行二十字，白口，四周雙邊。前有康熙二十四年湯來賀序，康熙二十一年黄與堅序。《詩集》前有康熙二十年葉方藹序，康熙二十年趙士麟序，康熙二十四年孫枝蔚序。卷前又有：《使交紀事》一卷，鄔黑、明圖、周燦撰。《使交吟》一卷《安南世系略》一卷，周燦撰。《南交好音》一卷，周燦輯諸交官投贈詩也。《南交好音》有康熙二十三年長安邸舍自序云：「不敢以一人投贈之私置之，爰授之梓。」使交諸種均半葉八行，行二十字，白口，四周雙邊。與詩文集行款異，殆非同時刻也。鈐「萬卷樓藏」、「韓氏藏書」等印記。《存目叢書》據以影印。中科院圖、山西圖、西安文管會亦有是刻。中科院圖又一部有鄧之誠跋。南圖僅有文集十八卷。

月巖集五卷　國朝周禮撰　　**五八一七**

江西巡撫採進本（總目）。○南京圖書館藏清乾隆蔡溪刻本，卷一題「宜黄周禮情耕著，藍石塢先生鑒定，受業歐陽鳳翔西文、劉肇虞唐德批註，同學熊有道允中、周山桂立手輯，男驤衢、孫萬鵬較字」。半葉九行,行二十字,白口,左右雙邊。版心刻「蔡溪藏板」。前有乾隆九年甲子藍千秋序,門人歐陽鳳翔序,劉肇虞序。封面刻「蔡溪藏板」。《存目叢書》據以影印。北大、中科院圖、中山圖等亦有是刻。

容菴詩集十卷辛卯集一卷　國朝孫爽撰　五八一八

浙江巡撫採進本(總目)。○《浙江省第十次呈送書目》:「《容菴詩集》十卷,國朝孫爽著,一本。」○《浙江採集遺書總録》:「《容菴詩集》十卷,刊本,國朝石門孫爽撰。」○北京圖書館藏清順治十六年刻本,題「語溪孫爽子度父著」。半葉九行,行二十二字,白口,四周單邊。前有目録、自序。《辛卯集》後有康熙三十一年壬申甥孫許自期跋云:「舅氏曰:先君之詩賴邑中諸公與苕上閔子念修之力刊於順治之戊戌己亥間,流傳者不數本,時下鮮有知者。而文集百有餘首,慎以貧故珍之敝簏中,迄今四十年矣。……因彙而刻之,分爲上下卷。」則詩集刻於順治十五年至十六年間,文集爲康熙三十一年外孫許自期刻。《存目叢書》影印《容菴詩集》十卷《辛卯集》一卷。○《容菴文集》二卷,清康熙三十一年外孫許自期刻本。半葉十一行,行二十字,黑口,四周單邊。北圖藏,與前二集合函共二册。

萬山樓詩集二十四卷　國朝許虬撰　五八一九

江西巡撫採進本(總目)。○中國社科院文學所藏清康熙四十九年刻本,題「長洲許虬竹隱甫著」。半葉十行,行二十字,白口,四周雙邊。前有龔鼎孳、王崇簡、宋琬、汪琬、秦松齡、毛先舒、李念慈諸序。後有康熙四十九年庚寅館甥瞟槎陸廷珪跋云:「謀諸内弟丹臣、安臣,旁搜博采,細加參訂,共彙古今體一千五百餘首,自丁丑小春至戊寅臘月,凡兩閱冬而卒業。又遲之十年,鳩工庀材,付之殺青，以公同好。」封面刻「瞜槎和真堂藏版」。蓋陸廷珪所刻。卷二十四爲詩餘。《存目叢書》據是刻影印。南圖、復旦亦有是刻。

萬青閣全集八卷　國朝趙吉士撰　五八二〇

内府藏本(總目)。○《武英第二次書目》：「《萬青閣全集》八本。」○吉林大學藏清康熙趙繼抃等刻本，分卷及子目：卷一卷二《萬青閣自訂文集》。卷三《萬青閣自訂詩》。卷四《萬青閣勘河詩記》、《哭臨紀事》、《寄園集字詩》、《萬青閣歸隱詩》、《夏日吟》、《丹陽舟次唱和》、《問天旅嘯》、《玨青閣秋集》。卷五《燕山秋吟》、《林臥遥集》、《萬青閣詩餘》。卷六《萬青閣自訂制藝》。卷七《交山平寇詳文》、《交山平寇書牘》、《交山平寇本末》附《交山平寇詩》。卷八《萬青閣自訂詳案》。子目與《叢書綜録》稍異。半葉十一行，行二十一字，白口，左右雙邊。版心刻「一弓」至「八弓」。前有萬曆二十九年門人江闓《萬青閣全集序》。《自訂文集目録》題「孫男繼抃較刊」。鈐有「曾在潛樓」印。《存目叢書》據以影印。北圖、上圖、南圖等亦有是刻。○《萬青閣自訂詩》八卷《詩餘》一卷，清康熙刻本。半葉十一行，行二十一字，白口，左右雙邊。南圖、復旦藏。

林臥遥集三卷　國朝趙吉士撰　五八二一

浙江巡撫採進本(總目)。○《浙江省第七次呈送書目》：「《林臥集千律詩》，國朝趙吉士著，三本。」○《浙江採集遺書總録》：「《林臥遥千律詩》三册，刊本，國朝户科給事中仁和趙吉士撰。」○南京圖書館藏清康熙刻本，作《林臥遥集》二卷《千疊波餘》一卷《續編》一卷《補遺》一卷《庚辰匝歲雜感詩》四卷

《辛巳匝歲雜感詩》不分卷《壬午匝歲雜感疊韻詩》一卷《癸未三春雜感疊韻詩》一卷《甲申匝歲雜感疊韻詩》不分卷。半葉九行，行十九字，白口，四周雙邊。前有康熙三十五年徐秉義序，趙士麟序，馮雲驌《讀詩十則》，像。《林卧遥集》二卷題「漸岸趙吉士恒夫氏著，受業金壇于漢翔章雲、白嶽汪灝紫滄較評」。版心書名「疊韻千律詩」。徐、趙序均爲此二卷作。趙序版心刻「萬青閣」。小像爲消閑半卧式，繪刻甚精，版心下有「程培初刻」四字。後有汪光被後序。《千疊波餘》前有康熙三十五年戴名世序，云：「嗣後凡有作，皆疊其韻，共得詩千首，既刻之以行世，……復疊其韻又五百餘，合爲一集，名之曰《千疊波餘》。」《千疊波餘續編》前有康熙三十七年戊寅煙霞隱者序。《千疊波餘補遺》前有康熙三十九年庚辰自序，云：「既檢所遺，自應補梓。」《庚辰匝歲雜感詩》前有康熙四十一年壬午汪芳藻序。《辛巳匝歲雜感詩》前有屠粹忠序。蓋康熙三十五年至四十一年陸續刊刻者。《存目叢書補編》據以影印。館臣所見爲前二種。華東師大、社科院文學所亦有是刻。北圖、北大等處另有不全本。

遂初堂文集九卷　國朝楊兆魯撰　五八二二

江蘇巡撫採進本(總目)。○《江蘇省第二次書目》：「《遂初堂文集》四本。」○《江蘇採輯遺書目録》：「《遂初堂文集》四卷，建南道常州楊兆魯著，刊本。」○康熙十三年刻本十卷。上圖。

畫壁遺稿一卷　國朝范承謨撰　五八二三

通行本(總目)。○《提要》云：「已彙載入《忠貞集》中。此乃石門吴震方録入《説鈴》之本也。」○中山大學藏清康熙刻本三卷，存卷一自序，卷二畫壁詩。題「原任福建總督加贈太子少保兵部尚書謚忠貞臣范承謨著」。半葉九行，行十八字，白口，左右雙邊。前有康熙五十七年御製序文。上圖有三卷足本，卷三爲《百苦吟》。《存目叢書》用中大藏本配以上圖藏本卷三影印。中科院圖、泉州圖亦有是刻。○清康熙范弘遇刻《范忠貞公集》十卷，内有《畫壁遺稿》一卷《百苦吟》一卷。清華、上圖、山東圖等藏。○清康熙刻《説鈴》續集本一卷。○北京圖書館藏清翁同龢手鈔本，作《范忠貞公畫壁集》一册。○按：殿本《總目》「壁」誤作「筆」。

見山樓詩文集無卷數　國朝楊素蘊撰　五八二四

陝西巡撫採進本（總目）。○《陝西省呈送書目》：「《見山樓文集》、《見山樓詩集》。」○南京圖書館藏清康熙二十七年刻本，作《見山樓詩集》一卷《文集》一卷。題「關西楊素蘊退菴父著」。半葉九行，行二十字，白口，四周單邊。有康熙二十七年汪琬序，康熙二十七年李念慈序，康熙二十七年趙湛序。趙序云：「余從同事老友李劬菴、楚士張子吉輩，潛爲搜集成帙，得其十之五六，請付之梓。先生因命余序之。」末署「題於皖署之敬觀堂」。李序云：「關西退菴楊先生自安慶郵所作《見山樓詩集》。」知是本爲康熙二十七年趙湛等刻於安慶者。《存目叢書》據以影印。中科院圖藏是刻有鄧之誠跋。北大僅有《詩集》。○清康熙刻《百名家詩鈔》内有《見山樓詩集》一卷。半葉十一行，行二十一字，黑口，左右雙邊。北圖藏。

撫皖治略一卷撫楚治略一卷轂城水運紀略一卷　國朝楊素蘊撰　五八二五

陝西巡撫採進本（總目）。○《陝西省呈送書目》：「《皖楚治略》二卷附《轂城水運紀略》一卷。」

五八二六

張康侯詩草十一卷　國朝張晉撰

陜西巡撫採進本(總目)。○《陜西省呈送書目》:「《張康侯詩草》。」○《提要》云:「第一卷爲《黍谷吟》,第二卷爲《秋舫一嘯》,第三卷爲《薊門篇》,第四卷爲《石芝山房草》,第五卷爲《勞勞篇》,第六卷、七卷爲《雍草》,第八卷爲《税雲草》,而以詩餘附焉,第九卷爲《律陶》,集陶詩爲五言律也,第十卷爲《集杜》,第十一卷爲《集唐》,亦皆五言律。」○清乾隆五十四年狄道吴鎮等刻本,作《戒菴詩草》六卷。半葉九行,行十七字,白口,四周雙邊。封面刻「戒菴詩草」四大字,右刻「乾隆己酉秋日」,左刻「狄道後學公梓」。趙逵夫先生嘗見甘肅省圖書館藏三部,第一部全六卷二册,有孫枝蔚序,劉泉序,李楷序,《戒菴詩目》,原刻校訂姓氏。第二部存前三卷,三篇序同,末多戒菴自識,劉湘識,楊芳燦識。第三部亦僅存前三卷,序跋六篇同第二部,唯均在正文之前。此本按體分五古、七古、五絶、七絶、五律、七律、詩餘共六卷,每卷題「臨洮張晉康侯著,焦獲孫枝蔚豹人評」。舊刻分集之目仍存卷首。楊芳燦識云:「松崖吴公,有意表彰之,當去其取快一時而不甚經意者,康侯之真面目出矣。」又吴鎮《松花菴全集》卷十一《松花菴文稿·與袁簡齋先生書》云:「狄道先輩有張康侯、牧公及安定縣令許鐵堂者,皆真正詩人也。僕爲刻其遺稿,而貴門人楊君蓉裳皆加校訂焉。……今寄來三種,想高人雅鑒,必能識曲聽真,廣爲流傳。」可知主持刊刻者爲狄道吴鎮。鎮初名昌,字士安,一字信辰,號松崖道人,甘肅狄道(今臨洮)人,生於康熙六十年,乾隆十五年舉人,官沅州知府,晚年主講蘭山書院,嘉慶二年卒。據《與袁簡齋書》,先後付梓者尚有張晉兄張謙、安定知縣許珌二人集。趙逵夫先生嘗見西北師範大學古籍整理研究所路志霄先生藏乾隆吴鎮刻張謙《得樹齋詩草》一卷，封面刻「得樹齋詩草」，下刻雙行小字云「戒菴《律陶》、《集杜》、《琵琶十七變》附」。可知張晉《律陶》一卷《集杜》一卷《琵琶十七變》一卷係附《得樹齋詩草》而刻者。中國人民大學藏本則爲《得樹齋詩》一卷、《戒菴詩草》六卷《律陶》一卷《集杜》一卷《琵琶十七變》一卷、《鐵堂詩草》二卷合印本，計五册一函。《鐵堂詩草》即安定縣令許鐵堂（珌）詩，封面刻「乾隆庚戌夏日」、「蘭山書院梓行」。庚戌爲乾隆五十五年，較《戒菴詩草》晚一年，行款版式同，蓋皆吴鎮主講蘭山書院時校刻者。北京大學藏兩部，一部爲《得樹齋詩草》一卷、《戒菴詩草》六卷《律陶》一卷《集杜》一卷《琵琶十七變》一卷合印本四册，一部僅《戒菴詩草》六卷二册，皆吴鎮刊本，李盛鐸舊藏。當時吴鎮寄袁枚者亦三家合印本，蓋徵同刻於蘭山書院也。〇臨洮重刻乾隆五十四年本，僅《戒菴詩草》六卷，書版今存臨洮文化館，一九八五年臨洮縣志編纂委員會曾用該版刷印。趙逵夫先生收藏此刻六卷二册，經與吴鎮刻本校勘，知「版框、行款格式、字之大小完全相同」，唯筆畫較肥，錯字多，卷五後附張謙詩六首。〇一九八三年冬臨洮縣縣志編委會鞏彦斌（發俊）先生曾送趙逵夫先生《戒菴詩鈔》一册、《得樹齋詩鈔》《律陶》《集杜》《琵琶十七變》共一册，均係照乾隆五十四年吴鎮刻本抄録，内容格式同。〇清李苞輯《洮陽詩集》嘉慶三年刻本，第一卷收張晉詩一百零一題一百六十首，又《洮陽集句》收張晉《律陶》二十四首、《集杜》二十二首，合計二百六首。民國間張維之弟熙民曾影抄嘉慶三年刻《洮陽詩集》，現藏甘肅省圖書館。趙逵夫先生曾見之。〇北京圖書館藏抄本《戒菴詩草》,收詩一百五十八首(見柯愈春《清人詩文集總目提要》)。○北京大學藏清鈔本《張康侯詩集》一册,李盛鐸舊藏。○民國間隴西王永清輯鈔《戒菴詩鈔》一卷,出劉紹攽《二南遺音》者二十餘首,出民國蘭州《中心報》者數十首。趙逵夫先生曾見之。○一九八九年蘭州大學出版社排印趙逵夫先生整理本,名《張康侯詩草》,所據乃吴鎮刻《戒菴詩草》六卷《律陶》一卷《集杜》一卷《琵琶十七變》一卷,附張謙《得樹齋詩》一卷,諸家序跋、酬贈悼念之作及張晉、張謙生平、著述資料輯録較全,爲張晉、張謙詩詞曲集善本。趙逵夫先生另撰《張晉詩的傳本與著録考述》一文,收入其《古典文獻論叢》,梳理尤明暢。

憖齋存稿四卷　國朝白乃貞撰　五八二七

陝西巡撫採進本(總目)。○《陝西省呈送書目》:「《憖齋存稿》。」

堪齋詩存八卷　國朝顧大申撰　五八二八

江蘇周厚堉家藏本(總目)。○《江蘇省第一次書目》:「《堪齋詩存》二本。」○《江蘇採輯遺書目録》:「《堪齋集》八卷,華亭顧大申著。」○南京圖書館藏清雍正七年顧思孝刻本,題「華亭顧大申見山氏著,曾孫思孝編輯」。半葉十行,行二十一字,黑口,左右雙邊。寫刻本。卷末有「元孫光裕校字」一行。後有雍正七年曾孫思孝跋云:「因取所藏未刻詩,重爲校訂,付之梨棗。水部公向有《鶴巢集》行世,迄己亥歲而止。是集所編燕京唱和及泗亭諸詩,皆仍《鶴巢》之舊。」揣其跋意,燕京唱和及泗亭諸詩即在《鶴巢集》内,《四庫提要》乃謂「所作有《鶴巢集》,又有燕京唱和及泗亭諸集」,

是以《燕京唱和》及《泗亭》爲集名，與《鶴巢集》並行，恐誤會思孝跋矣。《存目叢書》據是帙影印。○上海圖書館藏清鈔本。○《鶴巢詩選》六卷，清順治刻本四册。半葉九行，行十九字，白口，四周單邊。大連圖藏。○清康熙福清魏憲枕江堂刻《皇清百名家詩》内有《顧見山詩》一卷。上圖、津圖、川圖等藏。

學源堂文集十八卷　國朝郭棻撰　五八二九

直隸總督採進本（總目）。○《江蘇省第一次書目》：「《學源堂文集》十二本。」○北京圖書館藏清康熙刻本，作《學源堂文集》十九卷《詩集》十卷。題「清苑郭棻快圃著」。半葉十行，行二十字，白口，四周雙邊。文集前有康熙三十年于成龍序，康熙三十年邵嗣堯序。詩集前有康熙三十年于成龍序。《存目叢書》據以影印。南圖有溺學堂刻本《學源堂文集》十九卷四册，丁氏八千卷樓故物。臺灣東海大學有康熙刻《學源堂詩集》十卷。殆出一刻而離析不完。○民國二十八年裔孫郭立志排印本，卷數同前本。立志稱乾隆中郭岱瞻曾刻版，柯愈春據此推測「國家圖書館所藏善本或即岱瞻乾隆間所刻」。清華、南開、山東省圖等藏。○清康熙六十年敬事堂刻王企埥輯《畿輔七名家詩鈔》内有《學源堂詩鈔》六卷。半葉十行，行二十一字，白口，左右雙邊。保定圖藏。上圖藏康熙六十年刻王企埥輯《五家詩鈔》本，卷數同，當出一版。又有康熙刻王企埥輯《四家詩鈔》本，卷數同，亦當係同版。安徽圖有單本，稱康熙雄山王氏刻本。即保定府雄山縣王企埥官江西巡撫時所刻。○《學源堂文集》五卷，清鈔本。中科院圖藏。

蓮龕集十五卷　國朝李來泰撰　**五八三〇**

江西巡撫採進本（總目）。〇《兩江第一次書目》：「《蓮龕集》，臨川李來泰著，六本。」〇《浙江省第九次呈送書目》：「《蓮龕集》十五卷，國朝李來泰著，六本。」〇《浙江採集遺書總録》：「《蓮龕集》十六卷，刊本，國朝翰林侍講臨川李來泰撰。」〇《山東巡撫第二次呈進書目》：「《蓮龕集》四本。」〇福建師大藏清雍正十三年李轍等刻本十六卷。卷一題「臨川李來泰石臺著，同懷弟盛泰季章輯，男士徵縣圃、士崑增城，姪士峇彥旭、士岑蒼琦編次，孫轍景由、姪孫曰冠軒南、敷寬景虞、步鄒師孟、姪曾孫天申禮和仝梓」。前有常安序，雍正十三年臨川知縣李廷友序，彭啟豐序，張仕遇序。《存目叢書》據以影印。中科院圖、南開、萍鄉圖、臨川圖亦有是刻。

司勳五種集二十卷　國朝王士禄撰　**五八三一**

副都御史黃登賢家藏本（總目）。〇《都察院副都御史黃交出書目》：「《王司勳五種》，本朝王士禄，六本。」〇《提要》云：「一曰《表餘堂詩存》二卷，一曰《十笏草堂詩選》九卷，一曰《辛甲集》七卷，一曰《上浮集》二卷，皆古今體詩，一曰《炊聞卮語》二卷，則詞也。然《表餘堂詩存》未刻，刻者實止四種耳。」〇《表餘落箋合選初集》（一名《琅琊二子近詩合選》）十一卷，王士禄、王士禛撰，周南、王士禧等輯評。清順治刻本。半葉九行，行十九字，白口，左右雙邊。北圖藏兩部。〇《表餘堂詩》一卷，稿本，清王士禛評。半葉九行，行十九字，藍格，四周單邊。山東博物館藏。〇《十笏草堂詩選》九卷，清梁熙、王士禧等輯，清初刻本。半葉九行，行十九字，白口，左右雙邊。南圖藏。〇《十笏草堂詩選》十一卷，北京圖書館分館藏清初刻增修本。前九卷編年詩，版本同前本，收丙申至庚子（順治十三年至十七年）詩。卷一題「新城王士禄子底著，鄢陵梁熙曰緝、弟王士禧禮吉選」。各卷選者不同。前有王士禛序。卷十、卷十一爲辛丑（順治十八年）詩，題「新城王士禄子底著，南昌陳允衡伯璣、蘄水楊繼經傳人、宣城唐允甲祖命選」。前有王士禛序云：「伯氏編年詩九卷，舊刻吴中。兹集二卷附之。」封面有民國己未新都汪忠訓題識。《存目叢書補編》據以影印，不知何故，缺四至九卷。中科院圖亦有是刻。○《十笏草堂辛甲集》七卷，中科院圖書館藏清康熙刻本，題「新城王士禄子底著」。半葉九行，行十九字，白口，左右雙邊。收順治十八年辛丑至康熙三年甲辰詩。有康熙乙巳林嗣環序，雷士俊、王巖、陳維崧、毛先舒、王士禛序及自序。鈐「武昌柯逢時收藏圖記」等印。《存目叢書補編》據以影印。清華大學亦有是刻。○《十笏草堂上浮集》四卷，中科院圖書館藏清康熙刻本。題「新城王士禄更生著」。半葉九行，行十九字，白口，左右雙邊。有杜濬、孫枝蔚、宗元鼎序，康熙丙午自序。卷三前有康熙丁未王巖序，雷士俊、李長祥、鄧漢儀、宗元鼎序。《存目叢書補編》據以影印。○《考功集選》四卷，王士禛選並評，清康熙王士禛刻本。題「新城王士禄西樵譔，弟王士禛阮亭批點」。半葉十行，行二十字，黑口，左右雙邊。寫刻本。前有資政大夫經筵講官都察院掌院左都御史弟士禛序云：「先兄考功平生詩不減二千餘篇，已刻者曰《表餘堂集》，曰《十笏草堂集》，曰《辛甲集》，曰《上浮集》。」又云：「適刻東痴、蕭亭二家詩于京師，乃復擇先生詩什之二三，次爲四卷，並刻以傳。」按：士禛康熙三十七年七月升都察院左都御史，十一月升刑部尚書。則是本之刻在康熙三十七年七月至十一月間。後收入《王漁洋遺書》，流傳甚廣，余亦有一部。是集稿本藏山東省圖書館，四卷一册，半葉十行，行二十字，無格。王士禛硃批，即刻本之評語。卷一《寄季弟貽上》後有《虎頭巖奇石歌》，士禛眉批「删」，刻本已不存。卷内鈐「翼明」白文方印。一九九八年三月四日閲。○《十笏堂詩》四卷，清道光十年王相信芳閣木活字印《國初十家詩鈔》本，題「新城王士禄西樵著」。半葉九行，行二十字，白口，四周單邊。版心印「信芳閣藏」。封面印「十笏草堂詩」、「信芳閣藏」。有汪琬、朱彝尊、王士禛原序，鄭方坤《十笏草堂詩鈔小傳》，末有王相識語云：「西樵先生詩刻於《王氏三十六種》。……王氏刻著曰《考功詩》，從其官也。余以荔鄉作傳之目仍標《十笏草堂》云。」王士禛序即爲《考功集選》四卷而作者，知王相此本即從《考功集選》重付活版者。北圖、上圖、南圖等藏。余所見大連圖書館零本，誤作清初刻本。○《王西樵詩選》六卷附《詩話》一卷，顧有孝輯，清康熙刻本。半葉十一行，行二十一字，黑口，左右雙邊。山東省博物館、北圖、中山圖藏。○《十笏草堂詩集》一卷，清朱畹鈔本，與馮廷櫆《晴川集》合鈔。清李梃跋。濟南市圖書館藏。○《南徐游覽集》無卷數，清康熙十笏草堂刻本。山東圖藏（見《清人别集總目》）。○《西樵山人詩集》一卷附《燃脂集》殘本，清鈔本，梅岑評點。山東博物館藏（見《山東文獻書目》）。○《西樵詩選》一卷，吴之振輯，清康熙十一年吴氏鑒古堂刻《八家詩選》本。北圖、上圖、山東大學等藏。○《王西樵詩》一卷，清魏憲輯，清康熙福清魏氏枕江堂刻《皇清百名家詩》本。上圖、華東師大、川圖藏。○《炊聞詞》二卷，清康熙六年孫氏留松閣刻《六家詩餘》本。半葉九行，行二十字，白口，左右雙邊。版心下刻「留松閣」。清華藏。清康熙休寧孫氏留松閣刻《國朝名家詩餘》本，版式同上，當是一版。北大、上圖、中科院圖、社科院文學所藏。○清乾隆四庫館鈔《四庫全書》内有孫默輯《十五家詞》，士禄《炊聞詞》二卷（分上下，居卷十、十一）即其一。所據當即留松閣刻本。故詞曲類《炊聞詞》僅得存目，避重複也。○《炊聞詞》二卷，清光緒二十七年海豐吴重熹金陵刻《吴氏石蓮盦刻山左人詞》本。上圖、山東圖等藏。○《炊聞詞》二卷，民國二十五年上海中華書局排印《四部備要》本。○《炊聞詞》二卷，民國二十六年上海開明書店排印《清名家詞》本。上圖、南圖等藏。

天延閣詩前集十六卷後集十三卷附花果會唱和詩一卷贈言集四卷　國朝梅清撰　**五八三二**

内府藏本（總目）。○《武英殿第二次書目》：「《天延閣詩》八本。」○復旦大學藏清康熙刻本，作《天延閣删後詩》十五卷《敬亭倡和集》一卷《敬亭唱和詩》一卷《天延閣聯句唱和詩》一卷《天延閣後集》十三卷《天延閣贈言集》四卷。半葉九行，行二十字，白口，四周雙邊。鈐「海寧孫氏蘭枝館藏」印。《存目叢書》據以影印。北圖、上圖、南圖等亦有是刻。《删後詩》初刻十二卷，北圖藏。十五卷乃增刻本。

瞿山詩略三十三卷　國朝梅清撰　**五八三三**

安徽巡撫採進本（總目）。○《安徽省呈送書目》：「《瞿山詩略》五本。」○北京圖書館藏清康熙三十二年刻本，題「宣城梅清淵公著」。半葉十行，行十九字，黑口，左右雙邊。前有辛亥長至前一日施閏章序，陳焯序，鄧漢儀序，吴肅公序。又康熙三十二年自序云：「分爲三十三卷，統名之曰《瞿山詩略》。夫余之亟亟版此集也，非冀其倖傳於萬一也。」自序後有「瞿山小影」及自作像贊，像極生動。《存目叢書》據以影印。美國國會圖書館亦有是刻。

飲和堂集二十一卷　國朝姚夔撰　五八三四

浙江巡撫採進本（總目）。〇《浙江省第九次呈送書目》：「《飲和堂詩集》十三卷《文集》八卷，國朝姚夔著，八本。」〇《浙江採集遺書總録》：「《飲和堂詩集》十三卷《文集》八卷，刊本，國朝知縣山陰姚夔撰。」〇南京圖書館藏清康熙刻本，詩十六卷、文八卷，實有二十四卷。詩、文均名《飲和堂集》，各冠目録，版心記卷次，並標詩、賦、序、記等文體。各卷題「山陰成莽姚夔著」。半葉九行，行二十四字，白口，四周雙邊。前有康熙三十四年乙亥陸祚蕃序，包璿《姚子詩序》。鈐「小西山房」印。《存目叢書》據以影印。

涑亭詩略一卷　國朝林堯光撰　五八三五

福建巡撫採進本（總目）。〇《福建省呈送第六次書目》：「《涑亭詩略》。」〇北京圖書館分館藏清刻本，題「莆田林堯光覲伯撰」。半葉十行，行十九字，白口，四周單邊。前有黄州葉封序，燕山陳僖序。卷内絃、泫字均缺末筆，真、弘、泓字均不避諱，知是康熙原刻本。《存目叢書》據以影印。

浣亭詩略二卷浣亭歸來吟一卷附山薑花埡長短句一卷　國朝林堯華撰　五八三六

福建巡撫採進本（總目）。〇《福建省呈送第五次書目》：「《浣亭詩略》四本。」〇《販書偶記續編》：「《浣亭詩略》一卷，清莆田林堯華撰，無刻書年月，約康熙間李用楫校刊。」○《浣亭詩略》一卷，山東省圖書館藏清康熙五草園刻本一册。封面中刻「浣亭詩略」四篆字，右上刻「濟南王阮亭先生定」，左下刻「五草園藏板」。卷首有濟南王士禛序云：「予愛澹亭之詩，既爲論次於十子選中。其弟浣亭明府復以集授予。」次兄堯英序。正文首行「浣亭詩畧」，次行「莆田林堯華聞伯撰」。半葉十行，行十九字，白口，四周單邊。館臣所見爲初出全集，此則王士禛選定之本也。紙脆不堪展閱，而傳本不多見，昔與輯《存目叢書》竟未檢出，以至失收，殊悵悵也。二千又四年七月五日閱。

託素齋集十卷　國朝黎士宏[弘]撰　　**五八三七**

浙江巡撫採進本(總目)。○《浙江省第十二次呈送書目》：「《託素齋文集》六卷《詩集》四卷，國朝黎士宏著，十本。」○《浙江採集遺書總録》：「《託素齋文集》六卷《詩集》四卷，刊本，國朝參政長汀黎士宏撰。」○《江蘇省第一次書目》：「《託素齋文集》十二本。」○《江蘇採輯遺書目録》：「《託素齋集》十七卷，汀州黎媿曾著。」○《江西巡撫六次續採書目》：「《託素齋文集》六本《託素齋詩集》四本。」○《福建省呈送第二次書目》：「《託素齋全記[集]》十本。」○福建省圖書館藏清雍正二年黎致遠刻本，作《託素齋詩集》四卷《文集》六卷附劉元慧撰《行述》一卷。正文題「長汀黎士弘媿曾甫著」。半葉九行，行二十一字，黑口，左右雙邊。版心刻工：劉信明、方士林、湯天一、劉文蓮、劉欽文、田正符、吕聖章、劉次公。前有周亮工序，順治十五年黎士毅序，自序。後有雍正二年臘月丙子男黎致遠跋云：「右《託素齋集》詩凡四刻。前三刻皆先君子自選刻，其四刻則已選定而刻於今者也。文凡三刻。前二刻亦皆自選刻，其三刻則已選定而刻於今者也。詩凡分四卷，文凡分六卷，治命行述附後，共釐爲十册。……謹合前後集授梓氏。」是本寫刻甚精。鈐「侯官鄭氏藏書」、「注韓居士」、「龔少文收藏書畫印」、「大通樓藏書印」等印記。《存目叢書》據以影印。南開、遼圖、浙圖、川大等亦有是刻。○臺灣「中央圖書館」藏清鈔本，作《託素齋文集》四卷十册。前五册爲一刻，分二卷，題「閩長汀黎士弘媿曾甫著」，弘字不避諱。有魏禮序，康熙二十八年己巳自序，《託素齋文集一刻目録》，此目録次行作者署名下尚有「男文遠、翰遠手抄」七字。後五册爲二刻，分二卷，有《二刻目録》，作者署名後尚有「弟士毅宣巖、士寬孝直點定，男致遠、文遠、翰遠、祁遠手抄」。半葉十行，行二十字。鈐「四明盧氏抱經樓藏書印」、「无竟先生獨志堂物」等印（參該館《善本書志初稿》）。按前本雍正二年黎致遠跋，文凡三刻，前二刻皆自選刻。此即前二刻諸男手抄本也。

漣漪堂遺稿二卷　國朝沈峻曾撰　五八三八

浙江巡撫採進本（總目）。○《浙江省第十一次呈送書目》：「《漣漪堂遺稿》，國朝沈峻曾著，林雲銘選，二本。」○中國科學院圖書館藏清康熙刻本三卷二册，包括文一卷、詩一卷、理言一卷。題「晉安林雲銘西仲選，仁和沈峻曾窳菴著，婿陸正夫履貞、姪燿生含輝校閲，男鳳起逸久編輯」。半葉九行，行二十字，白口，左右雙邊。有康熙戊辰林雲銘序，康熙庚午陸堦序，康熙己巳弟佳序。卷内鈐「鄧之誠文如印」等印，有近人鄧之誠手跋。《存目叢書補編》據以影印。清華大學有清刻本二册，蓋爲一版。

五八三九　半農齋集八卷　國朝蔣中和撰

兩江總督採進本(總目)。○《兩江第一次書目》:「《半農齋集》,靖江蔣中和著,四本。」○復旦大學藏清康熙二十年刻本,作《眉三子半農齋集》八卷。半葉十行,行二十二字,白口,四周單邊。前有康熙二十年辛酉孟冬月望日蔣中和自序云:「搜得蠹笥中先後所存煙煤敗筆若干首,稍加詮輯,得八卷,……遂漫付梓人。」卷内鈐「劉承幹字貞一號翰怡」、「吴興劉氏嘉業堂藏書印」等印記。《存目叢書》據以影印。上圖、中科院圖等亦有是刻。

五八四〇　陸密菴文集二十卷録餘二卷詩集八卷詩餘四卷　國朝陸求可撰

浙江鄭大節家藏本(總目)。○《浙江省第五次鄭大節呈送書目》:「《陸密菴文集》,國朝陸求可著,六本。」○《浙江採集遺書總録》:「《陸密菴文集》□卷,刊本,國朝僉事金壇陸求可撰。」○《江蘇省第一次書目》:「《陸密庵文集》四本。」○《江蘇採輯遺書目録》:「《陸密菴集文》三卷《詩》一卷附《贈答詩》,福建學政山陽陸求可著。」○《兩江第一次書目》:「《陸密庵集》,山陽陸求可著,四本。」○中國人民大學藏清康熙二十年王霖刻本,内容同《存目》。題「山陽陸求可咸一甫著,同學諸子參定,閩中門人王霖較梓」。半葉九行,行二十字,白口,左右雙邊。前有張永祺序,康熙二十年宋德宜序,康熙二十年劉謙吉序,康熙十九年徐轉迅序。詩集卷一至八題「陸密菴詩集」,卷九至十二題「陸密菴詩餘」,據目録,此四卷詩餘又名《月湄詩餘》。《存目叢書》據以影印。北圖、上圖、南圖等亦有是刻。○清康熙福清魏憲枕江堂刻《皇清百名家詩》内有《陸密菴詩》一卷。上圖、津圖、川圖藏。

鶴嶺山人詩集十六卷　國朝王澤宏(弘)撰　五八四一

浙江巡撫採進本(總目)。〇《浙江省第十二次呈送書目》：「《鶴嶺山人集》十六卷，國朝王澤宏著，二本。」〇中國科學院圖書館藏清康熙刻本。半葉十行，行十八字，黑口，四周雙邊。題「黄岡王澤弘涓來」。前有魏憲「舊序」，男材振《附注》。後有南豐布衣湯永寬於金陵旅次跋。材振《附注》即刻書序，云其父「庚辰冬解組，退休白下。戊子捐館舍。……十餘年來始得校理詩集以授剞劂」。則是本爲康熙末年王材振刻於金陵者。寫刻頗工。《存目叢書補編》據以影印。北圖分館、安徽省圖亦有是刻。〇南京大學歷史系藏稿本(見《清人別集總目》、《清人詩文集總目提要》)。〇清康熙福清魏憲枕江堂刻《皇清百名家詩》内有《王昊廬詩》一卷。上圖、津圖、川圖藏。

恥躬堂文集二十卷　國朝王命岳撰　五八四二

江西巡撫採進本(總目)。〇《兩江第一次書目》：「《恥躬堂集》，晉江王命岳著，六本。」〇《福建省呈送第六次書目》：「《恥躬堂詩文集》。」〇福建省圖書館藏清康熙二十三年刻本，題「晉江恥古王命岳伯咨著，清谿厚菴李光地晉卿輯定，弟命祐伯履、姪吉人天與、男錫卣文人、錫度文成仝較」。半葉九行，行二十字，白口，四周雙邊。前有康熙二十三年甲子李光地序云：「程鄉令王君，先生猶子，致書敦促，割貲鳩工，毅然以表章爲己任。」又康熙三十年陳肇昌序，陳遷鶴序，徵遺文啟，參訂姓氏。末有康熙二十三年姪吉人跋云：「吉人以猶子之分，僅捐冰俸，佐梨棗。」又康熙二十三年男錫卣跋，二十三年男錫度《附述先事》。則是本爲康熙二十三年姪王吉人出貲刊行。《存目叢書》據以影印。中科院圖、福師大、泉州圖亦有是刻。〇天津圖書館藏清初抄本二十卷，清李光地輯，王命祐等校。半葉九行，行二十字，紅格，四周雙邊。

澹餘軒集八卷　國朝孫光祀撰　**五八四三**

山東巡撫採進本（總目）。〇《山東巡撫呈送第一次書目》："《澹餘軒集》八本。"〇《山東巡撫呈進第二次書目》："《澹餘集》二本。"按：山東曹申吉有《澹餘詩集》四卷，疑此《澹餘集》二本爲曹申吉作，唯《四庫總目》未收耳。吴慰祖先生校訂《四庫採進書目》定此書爲孫光祀作，恐誤。録此備考。〇清康熙三十五年家刻本，作《膽餘軒集》不分卷八册。半葉八行，行十八字，白口，四周雙邊。有刻工。北圖、北大、清華、人民大學、山東圖、上圖等藏。〇清康熙孫建長刻印樣本。山東博物館藏。

南沙文集八卷附録一卷　國朝洪若皐撰　**五八四四**

浙江巡撫採進本（總目）。〇《浙江省第八次呈送書目》："《南沙文集》八卷，國朝洪若皐著，八本。"〇《浙江採集遺書總録》："《南沙文集》八卷，刊本，國朝福寧道僉事臨海洪若皐撰。"〇南京圖書館藏清康熙二十七年自刻本，題"臨海洪若皐虞隣著，受業易士著觀寅、盛庸紀美仝較"。半葉九行，行二十字，白口，四周雙邊。前有康熙十六年丁巳施閏章序，康熙三十三年甲戌林雲銘序，康熙二十七年易士著、盛庸《凡例》。未見附録。《存目叢書》據以影印。北圖、清華、復旦等亦有是刻。

五八四五　緜津山人詩集十八卷附楓香詞一卷緯蕭草堂詩一卷　國朝宋犖撰

内府藏本(總目)。〇《武英殿第一次書目》:「《緜津山人詩集》四本。」〇《江蘇採輯遺書目録》:「《綿津山人集》十一卷,吏部尚書商邱宋犖著。」〇此集係康熙間陸續增刻者,故傳本卷數不一。上圖有《綿津山人詩》五卷。山西師大有《綿津山人詩集》十六卷,康熙二十四年西溪草堂刻本。南圖、山西圖、山東圖等有《綿津山人詩集》二十二卷。中科院圖、南開、山西圖等有二十四卷本。北師大、廣東中山圖有二十六卷本附《楓香詞》一卷。天津師大、首都圖、上圖等有二十七卷本附宋至《緯蕭草堂詩》三卷。北師大有二十八卷本附《楓香詞》一卷宋至《緯蕭草堂詩》三卷等。中央民大、人民大學、復旦等藏二十九卷本附《楓香詞》一卷宋至《緯蕭草堂詩》三卷。華南師大有三十卷本附《緯蕭草堂詩》三卷。大連圖、社科院文學所有三十一卷本附《楓香詞》一卷《緯蕭草堂詩》三卷等。吉林省圖、吉林社科院、南圖有三十二卷本。安徽師大、廣東中山圖有三十四卷本附《緯蕭草堂詩》三卷(參《清人別集總目》及諸家目)。至《存目》所載《綿津山人詩集》十八卷附《楓香詞》一卷宋至《緯蕭草堂詩》一卷,《提要》云「則犖爲江西巡撫時重自删汰」之本,北大、中科院圖有藏。余所見爲中央民大藏清康熙刻二十九卷本附《楓香詞》一卷《緯蕭草堂詩》三卷,半葉十行,行十九字,白口,四周單邊。有康熙二十七年汪琬序。又劉榛序云:「康熙戊辰夏,宋中丞牧仲先生奉特簡來撫西江。……乃乘餘暇,檢其生平所爲詩,删而合鐫之爲《綿津山人集》若干卷。」各小集另有序。《楓香詞》有朱彝尊序。《緯蕭草堂詩》有康熙二十七年汪琬序，劉棻序。《存目叢書》據以影印。〇復旦大學藏稿本，作《綿津山人詩集》三十二卷，存十二卷。有清王士禛、朱彝尊、邵長蘅批點。清朱彝尊、邵長蘅、馮浩、梁同書、汪志伊、阮元、舒位、端方跋。清王士禛、錢大昕等題詩。

精華録訓纂十卷　國朝王士禎[禛]撰　惠棟注　五八四六

大理寺卿陸錫熊家藏本(總目)。〇湖北省圖書館藏清惠氏紅豆齋刻本，作《漁洋山人精華録訓纂》十卷《漁洋山人自撰年譜》二卷《金氏精華録箋註辯訛》一卷。半葉十行，行二十一字，白口，四周雙邊。版心下刻「紅豆齋」。卷内鈐「徐恕」印。首錢謙益序及贈王士禛詩，次訓纂凡例，次採用書目，次《漁洋山人精華録訓纂總目》二卷。次《年譜》二卷，題「小門生東吴惠棟定宇註補，同學諸子參」。次附王士禛子啟汸、啟汧雍正九年《答北平黄少宰書》，内云：「一切書板及刷印諸書係門下梓工李萬琮經手，今李又餬口他姓，一時未及刷印。」又云：「先君平日藏書，棄世後不思分析，因先長兄一病五年，不幸於丁未下世，後始查點，三分收藏。孰知半飽鼠蠹，半壞積霖，而乘間攫去者亦復不少。及經查檢，已多殘缺。致使先人手澤盡付東流，可勝浩嘆。」足資考證。次《訓纂》十卷，每卷分上下二子卷，實二十卷。題「小門生東吴惠棟定宇撰，同學諸子參」。次《辯訛》一卷，前有序云：「余撰《精華録訓纂》二十卷《註補年譜》二卷，既脱稿後，遂有好事者崑山金君林始集爲《箋註》一書，令古近體爲一，取余註參錯註之。如一幅縑帛，割裂都盡。金君間有增益，皆淺近習見之語，又多謬誤。」則金榮《漁洋山人精華録箋注》係剽竊惠棟之書先行刊刻者。《四庫提要》云：「是書先有金榮箋註盛行於時，惠書出而榮書遂爲所軋。」蓋未見惠氏《辯訛》序，故未明其原委也。清華大學藏清乾隆惠氏紅豆齋刻《漁洋山人精華録訓纂補》十卷，半葉十行，行二十一字，白口，四周雙邊。版心下刻「紅豆齋」，封面刻「紅豆齋藏板」。卷内王士禛作王士正，泓字缺筆。寫刻頗精。《存目叢書》用湖北、清華兩家藏本配合影印。清華有全本十六册。中科院圖亦有全本，唯《訓纂補》十卷著録爲乾隆二十二年盧見曾刻本。上圖有吴騫批校本，無《補》十卷。華東師大有嚴復批校本，無《補》、《辯訛》。北大有清佚名批校、近人王獻唐跋本，無《補》。中科院圖有單本《補》十卷，鄧之誠跋。

漁洋詩集二十二卷續集十六卷　國朝王士禎（禛）撰　五八四七

山東巡撫採進本（總目）。○《武英殿第二次書目》：「《漁洋詩集》六本。」○北京師大藏清康熙刻《王漁洋遺書》本。其中《漁洋山人詩集》二十二卷，題「新城王士禎貽上撰」。半葉十行，行十九字，白口，四周單邊。封面刻「漁洋詩集」。有陳維崧、汪琬、葉方藹、李敬序。目録後有牌子：「康熙己酉吴郡沂詠堂雕」。知係康熙八年吴郡沂詠堂刊版。《續集》各卷卷端題「漁洋山人詩集」，下注「續集」二字，封面及版心均題「漁洋續集」。半葉十行，行十八字，黑口，左右雙邊。有施閏章、徐乾學、陸嘉淑序，康熙二十年門人曹禾序，康熙壬戌門人汪懋麟序，康熙二十三年門人金居敬序，康熙甲子萬言序。卷内禛字挖改爲禎，是乾隆三十九年以後印本。《存目叢書》據以影印。山東圖、山東大學等多有此本。康熙初印本稀見。

漁洋文略十四卷　國朝王士禎(禛)撰 **五八四八**

山東巡撫採進本(總目)。○北京師大圖書館藏清康熙刻《王漁洋遺書》本,作《漁洋山人文略》十四卷。題「新城王士禎字貽上」。半葉十行,行十九字,黑口,左右雙邊。前有康熙三十四年門人張雲章《新城先生文稿序》。《存目叢書》據以影印。山東圖、山東大學等多有是刻。

蠶尾集十卷續集二卷後集二卷　國朝王士禎(禛)撰 **五八四九**

山東巡撫採進本(總目)。○北京師大藏清康熙刻《王漁洋遺書》本。半葉十行,行十九字,黑口,左右雙邊。正、續集均題「濟南王士禎貽上甫」。正集有康熙丙子宋犖序,自序。續集有康熙丙申吴陳琰序。後集題「漁洋山人王士禎」。前有自序云「余次康熙戊子一歲之作爲《蠶尾後集》」。卷一卷二末均題「姪孫兆杲恭録」,是王兆杲手寫上板,字體與正續集不同。《存目叢書》據以影印。山東圖、山東大學等多有是刻。○《蠶尾續集》二卷,稿本,清錢維喬、吴蔚光、翁同龢、翁斌孫、邵松年、許星箕、俞樾跋。上海圖書館藏。

南海集二卷　國朝王士禎(禛)撰 **五八五〇**

山東巡撫採進本(總目)。○《武英殿第一次書目》:「《南海集》二本。」○余藏清康熙刻《王漁洋遺書》本二卷一册,題「新城王士禛貽上甫」。半葉十行,行十九字,黑口,左右雙邊。前有門人金居敬序,無年月,據文義,在康熙二十四年乙丑夏。禛字未挖改,版亦完好。《存目叢書》據以影印。山東圖、山東大學等多有是刻。

雍益集一卷　國朝王士禎(禛)撰　　**五八五一**

山東巡撫採進本(總目)。○余藏清康熙刻《王漁洋遺書》本一卷一册,題「新城王士禛貽上甫」。半葉十行,行十九字,黑口,左右雙邊。禛字未挖改,版亦完好。前有崑山受業門人盛符升八十三歲作《讀雍益集總述》,叙漁洋詩文刊刻始末甚詳:「庚子秋,符升辱收門下,盡得受而讀之。因集其順治丙申以來至辛丑紀年之□較讎之,爲《阮亭詩》之刻,此專集所托始也。久之,先生復自取千三百餘首,删其什六,益以《過江》、《入吴》、《白門》前後諸集,都爲一編,凡二十二卷,由是甲辰前廣陵所作,乙丑後禮部所作,斐然畢備,屬同門生王子我建鐫之吴門,此《漁洋前集》之再刻也。康熙壬子秋,祗奉朝命,典試益州,有《蜀道集》二卷、《驛程記》四卷。……戊午春,膺皇上特達之知,擢授翰林侍講,尋下徵其詩,録三百篇以獻,謂之《御覽集》,未敢專行。庚申冬拜國子祭酒,符升時官膳部,從遊無間晨夕,乃更裒其辛亥迄癸亥之詩,得十六卷,重爲編次,曰京集,曰蜀集,曰家集,此《漁洋續集》之三刻也。甲子冬,以宫詹受命秩祀粤海,有《南海集》二卷,符升僭序其端,而《粤行三志》三卷、《皇華紀聞》六卷、《廣州遊覽志》一卷附之。此一時一地專爲紀録之四刻也。方使車之南行也,雪阻東平,望小洞庭中有蠶尾山,爲唐蘇源明讌賞地,因取以名其山房。退食之暇,合戊辰至乙亥詩及碑版記序雜文爲《蠶尾集》十卷。而古文詞之前此者,復别爲《漁洋文略》十四卷,雪苑宋先生爲之作序以傳。此詩文合集之五刻也。丙子春,以少司農祗命祭告西嶽、西鎮、江瀆,有《雍益集》、《秦蜀驛程後記》、《隴蜀餘聞》各一卷。……丁丑夏屬婁江通政錢公郵寄,且以總序見委。……此又一時兩地再爲紀録之六刻也。……又有《五言詩七言詩》及《唐賢三昧集》、《唐詩十選》三書，獨發明司空表聖、嚴滄浪論詩微旨，與詩集並行，爲世所宗法，此又先生諸集外之別刻也。其他著述已成書者則又有《國朝謚法考》一卷、《池北偶談》二十六卷、《居易録》三十卷、《五代詩話》、《古懽録》各若干卷，皆集外單行。」此集末有康熙三十六年丁丑七月門人蔣仁錫書後，據蔣跋知即刻於是年，盛符升序亦此年作也。《存目叢書》據以影印。山東省圖、山東大學等多有是刻。蓬萊慕湘藏書樓有初印單本。

五八五二

掄山集選一卷　國朝王士禧撰

山東巡撫採進本（總目）。○清康熙刻《王漁洋遺書》本，作《抱山集選》一卷。題「新城王士禧禮吉著，弟王士禎貽上批點」。半葉十行，行二十字，黑口，左右雙邊。前有刑部尚書王士禎序，據此序知刻於康熙四十年辛巳。《存目叢書》用北師大藏本影印。山東省圖、山東大學等多有是刻。余亦藏一本，版有漫漶。按：書名「抱山」，《總目》誤作「掄山」。

五八五三

鈍翁前後類稿一百十八卷　國朝汪琬撰

内府藏本（總目）。○天津圖書館藏清康熙刻本，總名《鈍翁全集》，包括《鈍翁前後類稿》六十二卷、《鈍翁續稿》五十六卷。半葉十行，行十九字，黑口，左右雙邊。《鈍翁類稿》包括《詩稿》十三卷《文稿》三十八卷《外稿》十二卷，其《外稿》十二卷又分《古今五服考異》八卷《東都事略跋》三卷《歸詩考異》一卷。《類稿》前有計東序，鈍翁五十歲像（鮑承勛鐫），六十二歲像，康熙十四年自題類稿。卷一末有「康熙甲寅秋八月同里周靖、休寧汪繩武挍字」一行。卷六十二末有「康熙乙卯又五月同里周靖、休寧汪繩武挍字」一行。各卷往往有此類識語，蓋《類稿》刻於康熙十三年至十四年。《鈍翁續稿》包括《詩稿》八卷《文稿》二十二卷《別稿》二十六卷，其《別稿》又分《擬明史列傳》二十四卷《蘇州汪氏族譜》一卷《先府君事略》一卷。《續稿》目録後有周公贄跋云：「康熙二十二年贄與諸同門醵金謀刻於城西草堂，翁遷延不許。越明年秋大病，再逾月始瘉，遂出原本繕寫。蓋始於甲子十月，至乙丑七月告成。」卷二末有「康熙甲子冬十月同里周公贄挍字」一行，卷五十四末有「康熙乙丑秋七月同里周公贄挍字」一行。知《續稿》刻於康熙二十三年至二十四年。《存目叢書》據以影印。上圖、復旦、南圖等亦有是刻。

五八五四　七頌堂集十四卷　國朝劉體仁撰

安徽巡撫採進本(總目)。○《安徽省呈送書目》：「《七頌堂集》四本。」○清康熙刻本，包括《七頌堂詩集》九卷《別集》一卷《附録》一卷《文集》四卷《尺牘》一卷。中科院圖書館藏本題「潁川劉體仁公勇著」。詩集半葉九行，行二十二字，白口，四周雙邊。楷體字寫刻本。有康熙丙辰施閏章序，康熙戊午徐乾學序。詩總目末題「王士禛阮亭評閲，男凡、愚、碌、牧、聆善訂次」。文集、尺牘皆半葉九行，行十九字，白口，四周雙邊。宋體字。無序跋。卷内鈐有「鄧之誠文如印」印記。《存目叢書補編》據以影印。社科院文學所亦藏是刻。北圖、北師大等有不全本。○清同治間六世孫劉瓆刻本，作《七頌堂詩集》十卷《文集》二卷。上圖、南圖、安徽圖、中科院圖等藏。○民國二十八年周氏刻本，作《七頌堂文集》四卷。首都圖藏。○民國紅格鈔本，作《七頌堂詩集》十卷《文集》一卷。安徽圖藏（以上二本見《清人別集總目》）。○清杜甲補堂鈔《杜藕山房叢書》本，作《七頌堂詩集》一卷。北師大藏。

閒居草一卷　國朝董含撰 五八五五

江蘇周厚堉家藏本（總目）。○《江蘇省第一次書目》：「《閑居草》一本。」○《江蘇採輯遺書目録》：「《閒居草》一册，華亭進士董含著。」○《提要》云：「是編卷首稱《藝葵草堂稿》，而卷中稱《閒居草》。」○《藝葵草堂詩稿》一卷，清康熙刻本。半葉九行，行十九字，白口，左右雙邊。北圖藏。

雪鴻堂文集十八卷　國朝李蕃撰 五八五六

山東巡撫採進本（總目）。○《山東巡撫第二次呈進書目》：「《雪鴻堂集》六本。」○清康熙五十七年刻《雪鴻堂全集》二十四卷内有李蕃《雪鴻堂文集》十八卷。半葉十一行，行二十一字，黑口，左右雙邊。北圖、北大、津圖、川圖等藏。中科院圖藏是刻題「通江李蕃錫徵著，男鍾壁校字」，各卷校者不同。寫刻本。前有戊戌王掞全集序，次康熙五十六年汪份序，康熙戊寅趙吉士序，康熙二十三年楊開運序，甲子姜其垓序，宋和序，康熙戊戌車景錞序，康熙己亥吴璉序，康熙戊戌李光坡序，康熙戊戌李光墺序，康熙己亥詹明章題辭，查雲標撰傳，康熙壬辰吴翊載贊並序。《存目叢書補編》據以影印。

秋笳集八卷　國朝吴兆騫撰 五八五七

江蘇巡撫採進本（總目）。○《江蘇省第二次書目》：「《秋笳集》二本。」○《江蘇採輯遺書目録》：

「《秋笳集》八卷，吳江吳兆騫著，刊本。」○清康熙徐乾學刻本，不分卷一册，半葉十一行，行二十字，細黑口，左右雙邊。中科院圖藏。柯愈春云：「爲賦、詩及《西曹雜詩》。」有鄧之誠跋。中科院《中文善本書目》著録爲「《秋笳集》二卷附《西曹雜詩》一卷」。○清康熙徐乾學刻雍正四年吳振臣增刻本，作《秋笳集》八卷。振臣將徐刻析爲《秋笳集》三卷《西曹雜詩》一卷，形成前四卷。增刻《秋笳前集》、《雜體詩》、《秋笳後集》、《雜著》各一卷，共爲八卷。其增刻後四卷爲白口。封面刻「衍厚堂藏板」。清華、上圖、南圖、山東圖、川圖等藏。中科院圖藏本有鄧之誠跋。余見福建省圖藏本，題「吳江吳兆騫漢槎氏著」。前有吳兆寬詩。又吳兆宜引云：「健菴先生……慷慨綈袍之戀，清俸時捐；徘徊歧路之隅，芳訊屢及。讀定遠玉斉之札，側望沾襟；接都尉塞外之詩，悲涼霣涕。迺謀剞劂，以壽梨棗。」末有雍正四年八月男振臣跋云：「其前四卷係健翁所刻，後四卷則振臣所增。」《存目叢書補編》據以影印。○清康熙鈔本八卷，半葉九行，行二十五字，無格。清鮑倚雲批點，鮑康跋。上圖藏。○南京圖書館藏清鈔本一册，爲《秋笳集》二卷《西曹雜詩》一卷，丁氏八千卷樓故物。殆出徐乾學刻初印本。○清光緒二十二年知止草堂翻刻雍正四年衍厚堂本八卷四册。南圖藏本係八千卷樓舊藏。廣東中山圖亦有藏。○清乾隆四十一年衷白堂刻巾箱本八卷四册。半葉九行，行二十字，細黑口，左右雙邊。封面刻「衷白堂藏板」。北師大、南圖、日本東洋文庫藏。○清咸豐二年伍崇曜刻本八卷附録一卷，收入《粤雅堂叢書》初編第八集。○民國二十四年商務印書館據《粤雅堂叢書》本排印，收入《叢書集成初編》。○清宣統三年鄧實排印本八卷補遺一卷，收入《風雨樓叢書》。北圖、北大、浙圖等藏。○北京圖書館藏清鈔本一册，作《吴漢槎詩集》，清葉志詵跋。○清道光十一年王協夢刻本，作《吴漢槎集》六卷。南圖、中科院圖藏。○《歸來草堂尺牘》一卷，民國三十四年石印本，《合衆圖書館叢書》第一集之一。北圖、上圖、南圖等藏。

改亭詩集六卷文集十六卷　國朝計東撰　**五八五八**

江蘇巡撫採進本（總目）。○《江蘇省第一次書目》：「《計改亭集》四本。」○《江蘇採輯遺書目録》：「《計改亭集》二十四卷，吴江舉人計東著，刊本。」○《浙江省第十二次呈送書目》：「《計改亭文集》十六卷，國朝計東著，三本。」○《浙江採集遺書總録》：「《改亭集》十六卷，刊本，國朝舉人吴江計東撰。」○中國人民大學藏清乾隆十三年計璸刻本，作《改亭文集》十六卷《詩集》六卷。題「吴江計東甫草著，從孫璸仝姪嘉禾重編」。半葉九行，行十九字，黑口，左右雙邊。前有康熙三十二年宋犖序，汪琬序，尤侗撰傳。《文集》目録後有乾隆十三年戊辰計璸刻書序。《詩集》前有康熙戊子王廷揚序。封面刻「讀書樂園藏板」。卷内鈐「蒼茫齋高氏藏書記」、「蒼茫齋藏善本」、「高世異印」、「德啟」等印記。《詩集》末有「睡雨軒主人王鶴心記」手記一行。《存目叢書》據以影印。上圖、南開、山西大學等亦有是刻。中科院圖藏一部有鄧之誠跋。○《甫里集》六卷（缺卷四），計東撰，清康熙刻本。半葉十行，行二十一字，白口，左右雙邊。北圖、江西圖藏。○《不共書》四卷，計東撰，明崇禎十七年計氏枕戈草堂刻本。半葉八行，行十九字，白口，左右雙邊。清江標批點並跋。北圖藏。○清康熙福清魏憲枕江堂刻《皇清百名家詩》内有《計甫草詩》一卷。上圖、津圖、川圖藏。

庸書二十卷　國朝張貞生撰　五八五九

江西巡撫採進本（總目）。○《江西巡撫海第三次呈送書目》：「《庸書》十本。」○《浙江省第六次呈送書目》：「《庸書》二十卷，國朝張貞生著，十本。」○《浙江採集遺書總録》：「《庸言》二十卷，刊本，國朝侍講學士廬陵張貞生撰。」○山西省圖書館藏清康熙十八年張世坤、張世坊講學山房刻本，作《庸書》二十卷。卷一題「廬陵張貞生簣山著，男世坤、世坊鈔」。半葉九行，行十九字，白口，左右雙邊。前有湯來賀序，康熙十八年顧鵬翎序，康熙二十七年戊辰邵延齡序，像，校閲門人姓氏，康熙十八年蔣維藩序，目録。邵序云：「學士張簣山先生殁之五年，其嗣君世坤、世坊集所著《庸書》二十卷《續編》十卷附以《正氣録》三卷《崇祀録》一卷刊版行世。又九年其門人邵延齡來視學江右，得而卒業焉，乃拜手序其末簡。」據此可知刊於康熙十八年。又湯序云：「張簣山學士既殁，似君象賢繼志緝其遺編，而憂其失傳也，彙爲二十卷，授之梓人，……名曰《庸書》。」又云：「太守蔣君、明府顧君樂其文而序之，似君復欲予一言以引其端。」蔣、顧二序均在康熙十八年，則湯氏此序亦當在是年。另據邵序及此本目録，《續編》爲《唾居隨録》四卷、《玉山遺響》六卷，附《正氣録》三卷《崇祀録》一卷，亦均刊於康熙十八年。今北圖、中科院圖、上海辭書出版社藏有清康熙講學山房刻《張簣山三種》，即《庸書續編》二種附録二種，觀此《庸書》封面刻有「講學山房藏版」，知爲一時所刻。《玉山遺響》已入史部地理類存目，《唾居隨筆》已入子部雜家類存目。諸書皆當著録爲「清康熙十八年男張世坤、張世坊講學山房刻本」。此《庸書》二十卷鈐「閒田張氏聞三藏書」印記。《存目叢書》據以影印。清華、首都師大、山西祁縣圖亦有是刻。

五八六〇　安序堂文鈔二十卷　國朝毛際可撰

浙江巡撫採進本(總目)。〇《浙江省第三次書目》：「《安序堂文鈔》二十卷，國朝毛際可著，四本。」〇《浙江採集遺書總録》：「《安序堂文鈔》三十卷，國朝毛際可著，十六本。」〇《江蘇省第一次書目》：「《安序堂文鈔》三十卷，刊本，國朝祥符知縣遂安毛際可撰。」〇《江蘇採輯遺書目録》：「《安序堂文鈔》二十卷，翰林院檢討蕭山毛際可著。」〇《兩江第二次書目》：「《安序堂文鈔》，遂安毛際可著，六本。」〇《江西巡撫六次續採書目》：「《安序堂文鈔》四本。」〇清康熙刻本十六卷。半葉九行，行十九字，白口，四周單邊。北大、中科院圖、川圖、華中師大藏。〇吉林省圖書館藏清康熙刻本二十卷。目録題「遂安毛際可鶴舫著，姪超倫越千、男士儀幼範、士儲待旃仝校」。卷一題「遂安毛際可鶴舫著，晉安林雲銘西仲、烏程嚴允肇修人評」。半葉九行，行十九字，白口，四周單邊。前有康熙二十八年張希良序。封面刻「本衙藏板」。《存目叢書》據以影印。浙圖藏是刻有清鄭杰手跋。北圖、上圖等亦有是刻。〇清康熙刻增修本二十四卷。上海辭書出版社藏。〇清康熙刻增修本三十卷。首都圖、清華、人民大學、東北師大等藏。中科院圖藏一部有鄧之誠手跋。〇按：三十卷本完足，浙江有呈本，館臣以二十卷本存目，蓋偶失檢覈也。

五八六一　會侯文鈔二十卷　國朝毛際可撰

浙江巡撫採進本(總目)。〇《浙江省第八次呈送書目》：「《會侯先生文鈔》二十卷，國朝毛際可著,四本。」○天津圖書館藏清康熙刻本,作《會侯先生文鈔》二十卷。題「晉安林雲銘西仲、楚黄張希良石虹評,後學方粲如文輈重輯,受業柴世堂陛升、戴熙斐男仝參」。半葉十行,行二十二字,白口,左右雙邊。前有康熙二十七年林雲銘序,康熙二十八年張希良序,康熙五十八年張尚瑗序。末有戴熙跋。《存目叢書》據以影印。内蒙古大學藏一部封面刻「本衙藏板」。復旦、中共中央黨校亦有是刻。○《霞綺閣文集》十卷,毛際可撰,清康熙十年序刻本。日本内閣文庫藏。○《松臯文集》十卷,毛際可撰,清康熙刻本。半葉九行,行十九字,白口,四周單邊。南圖、社科院歷史所、山西大學藏。○《松臯文集》十二卷,毛際可撰,張希良、毛先舒評,清康熙十五年刻本二册。半葉九行,行十九字,白口,四周單邊。眉上有墨筆批校,有清綸常題識(人民大學《善本書目》)。○《松臯文集》十四卷,康熙十七年增刻本。中科院圖、南開藏。上圖本有邵瑞彭、葉景葵跋。○《毛鶴舫先生文集》一卷,清倪兆蛟鈔本一册。中科院圖藏。○《鶴舫古文殘稿》一卷,上海圖書館藏舊鈔本(見《清人别集總目》)。

午亭集五十五卷　國朝陳廷敬撰　**五八六二**

江蘇周厚堉家藏本(總目)。○《江蘇省第一次書目》:「《午亭集》八本。」○《江蘇採輯遺書目録》:「《午亭集》五十五卷,大學士澤州陳廷敬著,刊本。」○《提要》云:「蓋刻在《文編》之前,猶未經删定之本也。」○中國社科院文學所有《午亭集》三十卷,康熙四十一年刻本。題「澤州陳廷敬説巖」。半葉十行,行十九字,黑口,左右雙邊。寫刻本。三十卷皆詩,前有目録亦僅三十卷詩。首有康熙四十一年壬午正月楚黄門人金德嘉序云：「輯《午亭集》凡八十卷，校讎訖，捉兔園筆書後。」次曹禾、汪懋麟序。次姜宸英序云：「久之集始出，合詩文經解雜著共得八十卷。」知此三十卷非足本，僅其詩耳。鈐「約園藏書」、「咏霓」、「壽鏞」等印。《存目叢書補編》據以影印。吉林大學、日本京都大學文學部中哲文研究室藏有《午亭集》八十卷康熙刻足本。館臣所見亦非全帙也。

挹奎樓文集十二卷　國朝林雲銘撰　**五八六三**

江西巡撫採進本（總目）。○福建省圖書館藏清康熙三十五年陳一夔刻本，作《挹奎樓選稿》十二卷。題「晉安林雲銘西仲著，甬上仇兆鰲滄柱選，同里陳一夔潁水訂」。半葉九行，行二十二字，白口，左右雙邊。前有康熙三十五年丙子仇兆鰲序。又康熙三十五年自序云：「茲幸甬上仇滄柱先生予告旋杭，僦寓密邇，因遍購舊刻兩集原本，呈請删定，得文十二卷。質之同里潁水陳君。陳君以藝苑之雄方守苕上，篤於世好，慨然減俸重鐫。」鈐有「福建鼇峰書院藏書」印記。《存目叢書》據以影印。北圖、南圖、川圖等亦有是刻。○清康熙六十年書林聚升堂刻本，書名卷數及行款同前本。上圖、南開、厦門圖藏。

吴山鷇音八卷　國朝林雲銘撰　**五八六四**

福建巡撫採進本（總目）。○《福建省呈送第六次書目》：「《吴山鷇語》。」○清康熙損齋刻本，作《吴山鷇音》四卷。半葉九行，行二十字，白口，左右雙邊。社科院文學所、南開、湖北圖藏。中科院圖藏一部有鄧之誠跋。○北京圖書館藏清康熙損齋刻增修本，作《吴山鷇音》八卷。題「晉安林雲銘西仲著」。前有尤侗、馬如龍、洪圖光、毛際可、毛先舒、王晫、陸寅、吴陳琰、釋道霈、林璐等序,康熙二十三年自序。封面刻「損齋藏板」。《存目叢書補編》據以影印。按:館臣所見即此八卷增刻本,不知有初刻四卷本,故致疑於自序「分爲四卷」之語。

經義齋集十八卷　國朝熊賜履撰　**五八六五**

翰林院孔目熊志契家藏本(總目)。○《翰林院孔目熊交出書目》:「《經義齋集》十八卷六本。」○《兩江第一次書目》:「《經義齋集》,孝昌熊賜履著,六本。」○武漢大學圖書館藏清康熙二十九年刻本,題「孝昌熊賜履著」。半葉九行,行二十字,白口,左右雙邊。前有康熙二十九年庚午錢肅潤序,康熙二十九年劉然序。末有洪嘉植跋。劉然序云:「屬然以校讎之役而授之梓。」封面刻「退補齋藏板」。卷内弘字缺末筆,慶曆之曆作歷(卷六第一葉),寧字作寍(卷七《李映碧先生墓表》),皆顯係挖改。又版框有爛去者。蓋道光間修版印本。或以退補齋爲光緒間永康胡氏堂號,余觀其字體及挖改諱字,以爲非是。《存目叢書》據以影印。北大、清華、津圖等亦有是刻。按:是書卷三《下學堂書目題詞》記熊賜履藏書及編目事,可補藏書史及目録學資料之闕。

澡修堂集十六卷　國朝熊賜履撰　**五八六六**

兩江總督採進本(總目)。○《兩江第二次書目》:「《澡修堂集》,孝感熊賜履著,二本。」○中國社科院文學所藏清康熙四十二年澡修堂刻本十六卷二册。題「澴川熊賜履著」。半葉九行,行二十字,白口,左右雙邊。前有康熙四十二年趙晉序,後有康熙四十二年張希良序,康熙四十二年朱啟昆序。封面刻「本堂藏板」。《存目叢書》據以影印。南圖亦有是刻。○《些餘集》六卷，熊賜履撰，稿本。山東師大藏。○《閒道堂集》九卷，熊賜履撰，清康熙四十六年刻本一册。社科院文學所藏。

槐軒集十卷　國朝王曰高撰　**五八六七**

山東巡撫採進本（總目）。○《山東巡撫第二次呈進書目》：「《槐軒集》六本。」○北京大學藏清康熙八年自刻本，卷一至四題「槐軒詩集」，卷五至十題「槐軒文集」。各卷次行題「茌山王曰高北山著」。封面刻「槐軒集」、「本衙藏板」。前有康熙八年吴偉業序，康熙七年曹爾堪序，康熙八年周亮工序，吴國對序，康熙八年熊賜履序，康熙八年鄒祗謨序，賀宿序，康熙七年董以寧序，康熙七年陳玉璂序。後有康熙十三年甲寅張貞生《書槐軒續草後》，康熙三年張翕跋，康熙四年傅予潤跋，康熙十五年自記，丁未菊月孫念祖跋。周亮工序云：「戊申先生遊南中，同人梓其《槐軒集》，貽予一編，命予序。」知是書康熙七年戊申刻於南京。王念祖跋云：「王父捐館後，自庚辰至甲申，先君子與季父相繼即世，家道中落，梨棗散失。……於是急加校定，廣爲搜羅。……訛者正之，失者補之。……歷一歲月工始告竣。自此裝潢成帙，用廣其傳。」丁未當是雍正五年。王念祖跋又云：「若十遊西山、上方諸記，則又所續入者也。」今觀以上各記，多在康熙七年以後，字體有别，知此本仍係康熙七年刊板，雍正五年王念祖修補增刻，刷印行世。《存目叢書》據以影印。北圖分館、清華、復旦、山東圖亦有是刻。山東省圖本存卷一至八，封面刻「槐軒藏板」，楊氏海源閣舊藏。

霞園詩集三卷文集一卷　國朝鄭重撰　**五八六八**

福建巡撫採進本(總目)。〇《福建省呈送第六次書目》：「《霞園詩文集》。」

荆南墨農全集無卷數　國朝徐喈鳳撰　**五八六九**

江蘇巡撫採進本(總目)。〇《江蘇省第一次書目》：「《荆南墨農全集》十本。」〇《提要》云：首曰《滇遊詩集》，次曰《願息齋詩文集》，又附《蔭緑軒詞初集》、《續集》及《秋泛詩餘》、《兩遊詩餘》四種。〇《願息齋文集》不分卷，徐喈鳳撰，清康熙徐氏蔭緑軒刻本。半葉九行，行二十字，白口，左右雙邊。南圖藏。〇《蔭緑詞》一卷，徐喈鳳撰，清康熙金閶緑蔭堂刻《百名家詞鈔》本。北圖、上圖、遼圖藏。

嵩菴集五卷　國朝馮甦撰　**五八七〇**

浙江巡撫採進本(總目)。〇《浙江省第九次呈送書目》：「《嵩庵詩鈔》五卷，國朝馮甦著，一本。」〇《浙江採集遺書總録》：「《嵩菴詩鈔》五卷，刊本，國朝侍郎天台馮甦撰。」〇温州圖書館藏清乾隆十五年刻本，作《嵩菴詩鈔》五卷(見《清人別集總目》)。〇民國間浙江臨海曹黼仁藏清馮金聲鈔本，作《嵩菴文集》一册。末有手識：「嵩菴公自康熙二十年五月下浣陳情歸里，六月四日起行。是集所搜羅舊世家數十年，纔得彙集。後之人倘不珍惜，非我後也。汝其知之否。」三行。末第三頁尾有「曾姪孫金聲韻樓氏鈔」九字。聞近已有刊本行世。(見《浙江文獻展覽會專號》)

靜菴集十二卷　國朝鄭日奎撰　**五八七一**

江西巡撫採進本(總目)。〇《江西巡撫海續購書目》：「《鄭次公集》四本。」〇上海圖書館藏清鄭之梅刻本，作《鄭静菴先生詩集》五卷《文集》五卷《蓉渚别集》一卷《醒世格言》一卷。目録題「豫章鄭日奎次公甫著，男鬮慶介繁、芳慶麟發編輯，弟日箕康公、日璧幼公較，姪宣慶沂發、肯堂肇敏、長慶慕莪同閲，曾姪孫之梅調元重梓」。正文各卷二行三行題「豫章鄭日奎次公甫著，曾姪孫之梅調元重梓」。半葉九行，行二十字，白口，四周雙邊。前有康熙戊午湯來賀序，康熙己未葉方藹序，康熙己未盧傳序，康熙十八年己未胡在恪序，康熙十九年庚申曹鼎望序，魏禧序，何元英序，黎元寬序，黄國琦序，徐惺序，均舊序。封面刻「賜金樓藏板」。卷内鈐「王培孫紀念物」印。《存目叢書》據以影印。按：是本各卷「曾姪孫之梅調元重梓」一行字體笨拙，與正文不同，顯係挖改。卷前各序亦多係補刻，稱爲舊序。其中康熙十八年己未崇安八十七叟盧傳序云：「今介繁先生將先尊静菴公……詩文序記編次成集，珍襲以藏，可謂善繼善述矣。兹復彙其全集梓行於世，不既仁且智乎。」當係康熙十八年鄭鬮慶刻鄭之梅修版印本，非重梓也。南圖亦有是刻。〇清活字印本，内容同前本。津圖、浙圖、江西圖藏。

日知堂文集六卷　國朝鄭端撰　**五八七二**

直隸總督採進本（總目）。〇《直隸省呈送書目》：「《日知堂文集》四本。」〇天津圖書館藏清康熙刻本，題「棘津鄭端司直甫」。半葉十行，行二十二字，黑口，左右雙邊。前有康熙五十八年陶彝序，後有康熙五十七年男知芳跋。《存目叢書》據以影印。北圖、南圖、華東師大等亦有是刻。〇清同治十三年保定蓮華池刻本，作《日知堂集》四卷首一卷末一卷。東北師大、上圖、南圖、復旦等藏。

世德堂集四卷　國朝王鉞撰　**五八七三**

山東巡撫採進本(總目)。○《山東巡撫第二次呈進書目》:「《世德堂集》四本。」○山西大學藏清康熙四十年刻本,卷一卷二爲《世德堂詩集》,卷三卷四爲《世德堂文集》。題「古琅邪王鉞任庵氏著,男沛思、沛憍、沛憻、沛恂校,孫樫、相閱」。半葉十行,行二十二字,白口,左右雙邊。寫刻甚精。前有序,僅存首葉,疑爲張貞序。鈐「閒田張氏聞三藏書」印。《存目叢書》據以影印。北圖、復旦亦有是刻。○清康熙刻《世德堂遺書》本,作《世德堂文集》二卷《詩集》二卷。半葉九行,行二十字,粗黑口,左右雙邊。清華、津圖、南圖、山東圖藏。

行素堂詩集一卷　國朝李如芳撰　**五八七四**

直隸總督採進本(總目)。○《直隸省呈送書目》:「《行素堂詩集》一本。」

思誠堂集二卷　國朝吳琠撰　**五八七五**

山西巡撫採進本(總目)。○《山西省呈送書目》:「《思誠堂集》二卷。」○清華大學藏清乾隆三十四年太平趙熟典刻本。總目題「沁州吳琠銅川著,太平趙熟典蘗齋校」。正文半葉九行,行二十字,白口,左右雙邊。前有乾隆三十四年己丑趙熟典序。卷下第六十至七十葉爲附録。《存目叢書》據以影印。南圖亦有是刻。

古愚心言八卷　國朝彭鵬撰　**五八七六**

浙江巡撫採進本(總目)。○《浙江省第七次呈送書目》:「《古愚心言》,國朝彭鵬著,八本。」○《浙江採集遺書總録》：「《古愚心言》八册，刊本，國朝工科給事中莆田彭鵬撰。」〇天津圖書館藏清康熙愚齋刻本，題「閩中莆田彭鵬無山自編」。半葉九行，行二十二字，白口，四周單邊。書分八册。有乙亥自序，又自序。封面刻「愚齋藏板」。卷内鈐「陶淑精舍收藏」等印。《存目叢書》據以影印。北大、中科院圖、上圖等亦有是刻。〇中科院圖書館藏清鈔本，作《心言》不分卷。

聊園全集十五卷　國朝孔貞瑄撰　　五八七七

山東巡撫採進本（總目）。〇《山東巡撫第二次呈進書目》：「《聊園集》四本。」〇中國社科院文學所藏清康熙刻本。半葉十一行，行二十二字，白口，左右雙邊。《聊園詩略前集》七卷，卷一題「新城王阮亭、德州田綸霞兩先生鑒定，同學陳力菴先生評選，闕里孔貞瑄璧六甫著，姪尚任東塘訂，男尚基西野、尚墾簣山較」。《聊園詩略後集》六卷，編爲卷八至十三，後附《補遺》一卷。卷八首葉題「大宗子翊宸元公鑒定，世子振路儲公、支宗西銘太史評選，闕里孔貞瑄璧六著，姪尚任東塘訂，男尚基西野、尚墾簣山較」。前集之前有康熙九年庚戌連佳胤序，康熙三十三年甲戌劉志德序，康熙十四年顧二榮序，康熙四十五年王士禛序，康熙四十七年同學里人陳見智力菴序。陳序云：「及謝事歸來，余亦罷病家居，與二三老友刻畫花鳥，游宴園林，搜羅簡牘，遂以成帙，爰授之梓。」《聊園續集》一卷，題「闕里孔貞瑄璧六甫著」。編爲卷十四。前有康熙五十年辛卯濟南受業門人高瑾《聊園集序》，蓋爲十四卷增刻本作。《聊園文集》一卷，題「闕里孔貞瑄璧六甫著」。前有康熙四十八年己丑姪尚任序云：「予屢請繕謄，始傾諸篋中零星斷紙，皆爲清理，且録且讀，且以意評之曰：詩不拘格，興到格成。文不限體，情生體具。得韓之奧而不强，得柳之奇而不僻，得歐之暢而不膚，得蘇之趣而不巧。」然則詩略前後集及文集皆孔尚任編定，詩刊於康熙四十七年，文刊於康熙四十八年（刊成後又有增刊），詩續集則康熙五十年增刊者也。合計詩文實有十六卷。卷内鈐「臣楨祕藏國朝名集之印」、「孟延平生所好」、「案頭遺集有先生」諸印記。《存目叢書》據以影印。是集先後刊版，故諸家鮮有全本。《販書偶記續編》著録《聊園文集》無卷數《詩集》十卷，康熙四十八年己丑刊本。南開大學《善本書目》著録《聊園詩略》十三卷《文集》一卷，康熙刊本，而注云「缺卷十一至十三」，則卷數與《販書偶記續編》合，似即一本。其餘北圖、北大有《詩略》十三卷，中科院圖、北圖分館、南大有《文集》一卷。然則文學所藏十六卷本殊罕見也。

葉忠節遺稿十三卷　國朝葉映榴撰　　五八七八

江蘇周厚堉家藏本（總目）。○《江蘇省第一次書目》：「《葉忠節稿》六本。」○《江蘇採輯遺書目録》：「《葉忠節集》十三卷，糧道上海葉映榴著。」○山西大學藏清康熙刻本，作《葉忠節公遺稿》十三卷。題「男旉、芳、子房編輯」。半葉十行，行十九字，白口，四周單邊。寫刻甚精。前有朱彝尊序。鈐「閒田張氏聞三藏書」等印記。《存目叢書》據以影印。中科院圖藏一部有鄧之誠跋。清華亦有是刻，鈐「葉德輝煥彬甫藏閱書」等印。○清乾隆十年葉芳刻本，作《葉忠節公遺稿》十二卷。蓬萊慕湘藏書樓藏一部四册，題「男芳輯録」。半葉十一行，行二十一字，黑口，左右雙邊。寫刻甚精。有朱彝尊序，國史傳，曹一士撰傳，遺疏，碑文，像，侄孫長馥贊。目録末有乾隆十年九月男芳刻書跋。書經陳乃乾朱筆校補，有己丑十一月海寧陳乃乾墨筆跋七行，又朱筆跋七行。鈐「共讀樓」、「乃乾校勘」、「共讀樓藏書記」等印記。北圖、上圖、南圖等亦有是刻。○《葉忠節公遺稿》十六卷，上圖藏清康熙刻本。題「雲間葉映榴蒼巖著，男芳、藇、子房編輯」。半葉十二行，行二十二字，黑口，左右雙邊。版心題「蒼巖山房遺稿」。卷一至十一文，卷十二至十五詩，卷十六詩餘。前有宋德宜、徐乾學《蒼霞山房詩意序》各一，朱彝尊《葉蒼巖忠節公遺稿序》，《蒼巖山房遺稿目録》。其詩卷十二起丁巳夏四月止戊午秋七月。卷十三起戊午秋七月止辛酉秋八月。卷十四起辛酉秋八月止乙丑秋八月。卷十五起乙丑秋八月止戊辰夏四月。梁穎先生函告。北師大、河南圖亦有是刻。○《蒼霞山房詩意二集》一卷《三集》一卷《四集》一卷。上圖藏清康熙刻本。題「浦濱葉映榴」。半葉十二行，行二十二字，黑口，左右雙邊。版心題「蒼霞山房雜鈔」。前有宋德宜序，康熙二十四年十月徐乾學序。二集起丁巳夏四月止戊午秋七月。三集起戊午秋七月止乙丑夏四月。四集未標起止年月。篇目與十六卷本之詩四卷不盡同。鈐「王培孫紀念物」印記。梁穎先生函告並寄示書影。

張文貞外集二卷　國朝張玉書撰　**五八七九**

江蘇巡撫採進本（總目）。

笠山詩選五卷　國朝孫蕙撰　**五八八〇**

山東巡撫採進本（總目）。○《山東巡撫呈送第一次書目》：「《笠山詩選》一本。」○上海圖書館藏清康熙刻本，卷一題「淄川孫蕙樹百著，新城王士禛貽上選」。卷三卷五同。卷二卷四則題「揚州汪懋麟季角選」。半葉十一行，行二十字，黑口，四周雙邊。前有康熙二十一年王士禛序，揚州汪懋麟序。卷内「禛」字已剷去末筆，是雍正間修版。鈐「王培孫紀念物」印記。《存目叢書》據以影印。北圖分館、山東博物館、青島圖亦有是刻。《清人別集總目》云青島本清王筠批校。

谷口山房詩集十卷　國朝李念慈撰　**五八八一**

陝西巡撫採進本（總目）。〇《陝西省呈送書目》：「《谷口山房詩集》。」〇北京圖書館藏清康熙二十八年楊素蘊刻本，作《谷口山房詩集》三十二卷《文集》六卷。題「涇陽李念慈劬菴甫著」。半葉九行，行二十字，白口，四周單邊。前有康熙二十八年楊素蘊刻書序，康熙二十八年自序等，又詩集評。據兩序，知詩文二集同時刻於武昌。《存目叢書》據以影印。〇《居東吟》一卷，李念慈撰，康熙刻本。半葉十行，行二十一字，白口，左右雙邊。北圖藏。〇《李劬菴詩》一卷，清康熙福清魏憲枕江堂刻《皇清百名家詩》本。上圖、津圖、川圖等藏。

證山堂集八卷　國朝周斯盛撰　**五八八二**

兩江總督採進本（總目）。〇《兩江第一次書目》：「《證山堂集》，鄞縣周斯盛著，二本。」〇北京圖書館藏清康熙刻本，題「鄞周斯盛屺公」。半葉十一行，行二十一字，黑口，四周雙邊。前有蜀人先著序，李澄中序等。先序末有清徐時棟手跋：「《證山堂詩集》八卷二本，同治五年五月二十九日劉藝蘭買以贈余，以未入書目，遂忘之，於七年七月十八日在志局又買一部，草堂中遂有二部。八年四月十二夕徐時棟記。」下鈐「柳泉」白文印。卷内鈐「柳泉書畫」、「甬上」、「長樂鄭氏藏書之印」、

「長樂鄭振鐸西諦藏書」等印記。《存目叢書》據以影印。上圖、復旦亦有是刻。○清光緒浙江書局刻本，臺大藏。

時一吟詩四卷　國朝黎耿然撰　**五八八三**

内府藏本(總目)。○《武英殿第一次書目》：「《時一吟詩》四本。」

柴村集十九卷附録一卷　國朝邱志廣撰　**五八八四**

山東巡撫採進本(總目)。○《山東巡撫第二次呈進書目》：「《柴邨集》十本。」○北京圖書館分館藏清雍正刻本，作《柴村文集》十二卷《蝶庵自藥》一卷《柴村詩鈔》五卷首一卷《柴村賦集》一卷附邱性善《德滋堂歌詩附鈔》一卷。《文集》前有康熙四十四年馮佩實序，雍正四年魏方泰序，目録，李焕章引，傳。《自藥》前有自序。《詩鈔》前有康熙三十八年甥李澄中序，《柴村野老譜記》。全書末有邱性善《先祖洪區公傳》一篇。半葉十一行，行二十一字，白口，左右雙邊。《文集》、《自藥》俱匠體字，餘則楷體寫刻本，蓋非一時付梓。弘、曆均不避諱，當是雍正間邱性善刻本。馮序後有甘鵬雲手跋：「王鉞任庵有《柴村集序》一篇，見所著《世德堂文集》九。重刻《柴村集》，此序宜補入。藥樵記。」卷内鈐「京師圖書館藏書記」印。《存目叢書補編》據以影印。中科院圖、南圖、復旦、青島圖亦有是刻。

晚簾集七卷　國朝陳箴撰　**五八八五**

福建巡撫採進本(總目)。○《福建省呈送第六次書目》：「《晚簾詩文鈔》。」

中巖集六卷　國朝宋振麟撰 五八八六

江西巡撫採進本(總目)。○《江西巡撫六次續採書目》：「《中巖集》四本。」○清華大學藏清乾隆十六年王文昭莆陽官署刻本，作《中巖文介先生文集》六卷。卷一題「淳化宋振麟子禎甫著，外曾孫王文昭西園彙編」。半葉十行，行二十一字，白口，四周雙邊。前有乾隆十七年上元日撫閩使者蘭陵潘思榘序，乾隆十六年閩莆荔莊廖必琦序，乾隆十六年伊靖阿序，莆陽方仁興序，乾隆十六年王文昭於莆陽官舍序。文昭序云：「昭拜而受之，之閩，於公餘暇，分別次序，歲辛未是集成，急付之梓。」《存目叢書》據以影印。北圖、津圖亦有是刻。

積書巖詩選無卷數　國朝劉逢源撰 五八八七

直隸總督採進本(總目)。○《直隸省呈送書目》：「《積書岩詩選》二本。」○《江蘇省第一次書目》：「《積書巖》四本。」○清光緒五年定州王氏謙德堂刻《畿輔叢書》本，作《積書巖詩集》一卷。《存目叢書》據清華藏本影印。○民國二十六年商務印書館據《畿輔叢書》本排印，收入《叢書集成初編》。

鴻逸堂稿無卷數　國朝王昃撰 五八八八

安徽巡撫採進本(總目)。○《安徽省呈送書目》：「《鴻逸堂稿》四本。」○浙江圖書館藏清初刻本，題「太原王煒撰」。半葉九行，行二十字，白口，左右雙邊。版心卷數、葉數作墨丁。前有徐遠序，顧禹序。鈐「四明盧氏抱經樓藏書印」、「劉承幹字貞一號翰怡」、「吴興劉氏嘉業堂藏書印」等印記。

另有三卷，卷數葉數已編定，列爲《鴻逸堂稿》卷一至卷三。其卷一卷二爲《易贅》，卷三爲《九諦解疏》，封面刻「易贅」二字，有史懷、史白堅二序，均爲《易贅》作。《存目叢書》據以影印。北圖、湖北圖亦有是刻。《静嘉堂祕籍志》著録《鴻逸堂集》不分卷，刻本一册，題王煒撰。陸心源故物。

稽留山人集二十卷　國朝陳祚明撰　　**五八八九**

浙江巡撫採進本（總目）。○《浙江省第十一次呈送書目》：「《稽留山人集》二十卷，國朝陳祚明著，四本。」○南開大學藏清康熙十五年刻本二十一卷，又名《采菽堂詩集》。題「武水陳祚明胤倩甫著」。半葉十行，行二十二字，白口，左右雙邊。前有康熙十五年丙辰王崇簡序，康熙十五年嚴沆序，康熙十五年顧豹文序，陸嘉淑序。嚴序云：「今其書具在，方且與天下後世共見之，而一時同人遂鐻金爲授梓人，俾流布，而其所自撰詩文集刻先成。」則是書刻成在康熙十五年。唯此帙卷内「胤」字均缺末筆，而其字居中，不似挖改。「曆」字不避。頗疑爲雍正間重刻也。故《存目叢書》據以影印時題爲雍正刻本。卷内鈐「臣佟年」、「靖廷」等印。北圖、中科院圖亦有是刻。

止泉文集八卷　國朝朱澤澐撰　　**五八九〇**

户部尚書王際華家藏本（總目）。○《總裁王交出書目》：「《朱止泉集》十本。」○《江蘇省第二次書目》：「《朱止泉文集》二本。」○《江蘇採輯遺書目録》：「《朱止泉文集》八卷，寶應諸生朱澤澐著，刊本。」○《兩江總督高第三次進到書目》：「《朱止泉文集》二本。」○中國社科院近代史研究所藏清乾隆顧天齋刻本，作《朱止泉先生文集》八卷。卷一題「男光進編輯，從子輅、輿、衡、轡、輈仝校」。

半葉十行，行二十二字，白口，左右雙邊。前有乾隆四年劉師恕序，後有王箴傳撰《行狀》。《存目叢書》據以影印。北圖、吉大、湖南、湖北、保定圖亦有是刻。○清光緒二十七年朱壽鏞刻本，作《朱止泉先生文集》八卷。首都圖、遼圖、上圖、南圖等藏。○《朱止泉先生外集》五卷，清道光三年刻本。復旦、華東師大藏。又民國十四年重刻本，上圖、人民大學、東北師大藏。又上圖藏鈔本六卷(見《清人別集總目》)。○《朱止泉先生文稿》一册，清鈔本。北圖藏。

性學吟二卷　國朝徐世沐撰　五八九一

兩江總督採進本(總目)。○《兩江第一次書目》：「《性學吟》，江陰徐世沐著，一本。」

陋軒詩四卷　國朝吴嘉紀撰　五八九二

江蘇巡撫採進本(總目)。○《江蘇省第一次書目》：「《陋軒集》四本。」○《江蘇採輯遺書目録》：「《陋軒集》四卷，泰州吴嘉紀著，刊本。」○中科院圖書館藏清康熙元年周亮工賴古堂刻本，作《陋軒詩》六卷。每卷首行題「陋軒詩」，不標卷次。次行題「海陵吴嘉紀著」。半葉八行，行十九字，白口，左右雙邊。寫刻甚精。葉碼通編，計正文四十六版。前有康熙元年周亮工序云：「因彙其前後之作，刻爲《陋軒詩》。」又天都同學弟方一煌序，黄山汪楫序。鈐「壬寅」、「大方无隅」、「朱筠竹君」等印。《存目叢書補編》據以影印。北大、泰州博物館亦有是刻。○清康熙元年賴古堂刻九年大業堂重修本八卷，北圖、泰州博物館藏。○清康熙十八年刻本，作《陋軒詩》六卷。半葉十行，行十九字，白口，四周單邊。浙圖、南開、南圖等藏。○清乾隆校補康熙刻本六卷。南圖藏。○清乾隆二十三年程岫刻本六卷。上圖藏。又一部吳庠批。又一部存卷一至五，清許廷誥校，清季錫疇跋。〇清道光十年王相信芳閣木活字排印《國初十家詩鈔》本六卷。北圖、上圖、南圖等藏。〇清嘉慶十九年繆中刻道光十年繆錦補刻本，作《陋軒詩》十二卷，稱繆氏一草亭本。道光十一年居易書屋據以刷印。川圖、上圖、復旦等藏。〇清嘉慶繆中刻道光二十年泰州夏氏補刻本，作《陋軒詩》十二卷《陋軒詩續》二卷。川圖、上圖、南圖、吉大等藏。〇《陋軒詩續》二卷，夏荃輯，中國社科院文學所藏清鈔本，清劉寶楠批。〇民國年間丹徒楊程祖絕妙好辭齋刻本，作《陋軒詩》六卷《詩續》二卷《詩遺》一卷。吉林圖、黑龍江圖、南圖、浙大等藏。〇《陋軒詩》一卷，稿本，清王士禛評點，劉峙跋。山東博藏。〇《陋軒詩》不分卷，清鈔本，清柳友松題詩。南圖藏。〇《陋軒詩》六卷，清宣統三年長虹社樸菴鈔本。吉林省圖藏。〇《陋軒詩》六卷，抄本，存卷一至三壹册。佚名圈點。廣東中山圖藏。〇《吳嘉紀詩箋校》，楊積慶箋校，一九八〇年上海古籍出版社排印本。

欣然堂集十卷　國朝陶孚尹撰　　五八九三

江蘇巡撫採進本(總目)。〇《總裁王交出書目》：「《欣然堂集》四本。」〇清華大學藏清康熙五十一年陶士銓刻本。題「江陰白鹿山人陶孚尹誕仙著」。半葉十行，行十九字，白口，左右雙邊。寫刻本。前有康熙二十九年庚午王士禛序，康熙三十年辛未尤侗序，康熙三十年曹禾序。後有康熙五十一年壬辰孫男士銓跋云：「訂成詩集六卷、文集四卷，授諸剞劂。」《存目叢書補編》據以影印。北大、復旦等亦有是刻。

定峰樂府十卷　國朝沙張白撰　五八九四

江蘇巡撫採進本(總目)。○《江蘇省第二次書目》:「《定峰樂府》二本。」○《江蘇採輯遺書目録》:「《定峰樂府》十卷,清江陰沙張白著,刊本。」○中國人民大學藏清康熙刻嘉慶增修本十卷附《甲子年定峰山左雜詠》一卷《諸公論樂府書》一卷。正文題「江陰定峰沙張白著(原名一卿),同學峨嵋曹禾評,男震、豫、晉校録」。半葉十行,行二十五字,白口,左右雙邊。前有目録,《附諸公論樂府書》。後有《甲子定峰山左雜詠》一卷,題「江陰一卿沙張白著」。末有識語云:「有詩文數千百篇,貧不能刻,此刻出陸天濤父母竭俸授梓,吉光片羽也。」《諸公論樂府書》末增嘉慶二十一年鮑桂星評語一則,知係嘉慶時增刻本。鈐「鎦家書庫」、「半農讀書」、「江陰劉氏」等印。《存目叢書》據以影印。復旦、西南師大等亦有是刻。○清道光十八年江邑周莊後樂堂刻本。清華、南圖、廣東中山圖、北圖、北圖分館等藏。○清光緒二十四年刻本。吉林圖、吉大、南圖等藏。○《定峰文選》二卷,清光緒二十四年江陰王氏重思齋刻本,《重思齋叢書》之一。北圖、北師大、吉大、復旦等藏。

葭里集六卷葭里二集六卷葭里三集五卷　國朝周鑄撰　五八九五

直隸總督採進本(總目)。○《直隸省呈送書目》:「《葭里集》三本。」

突星閣詩鈔十五卷　國朝王戩撰　五八九六

檢討蕭芝家藏本(總目)。○《翰林院檢討蕭交出書目》:「《突星閣詩鈔》四本。」○吉林大學藏清康熙刻本十五卷。半葉十行,行十九字,黑口,左右雙邊。前有王士禛序,康熙四十一年壬午王戩序，康熙四十九年庚寅王戩又序，又王戩序，行略。後有乾隆十三年冬姪楠跋云：「《突星閣》一集，前五卷叔祖阮亭公付梓。中後九卷，朱愷仲、董養齋兩先生所鐫。末一卷則許謙次、李甸四、張方客三公共剞劂者。」《四庫提要》即本此。按：王戩自序有云：「先是在濟南，有《突星閣詩鈔》一集，新城公序而刻之。自時厥後，……遂排纘爲續集，舟過吴閶，屬繕寫雕於版，合前集共十卷。」康熙四十九年自序云：「壬午冬，鐖驅往京師，……新城公謂余詩續集雕版甚善。」則前五卷王士禛刻於濟南。卷六至十王戩自刻於蘇州。康熙四十九年自序又云：「搜篋中，十年來有詩四卷，朱愷仲兄見之甚喜，且欲爲我授諸梓人。余感其意，遂以歸之。」然則朱愷仲所刻爲卷十一至十四，共四卷。今檢集中，前五卷止於康熙二十八年己巳，王士禛當刻於是年。卷六起爲康熙二十九年庚午作，至卷九爲三十九年庚辰作。卷十題《突星閣新添集外詩》，末有自跋，謂故篋中舊詩一册，其壻向來鈔得數十首，今並以鐫版云云。以上五卷當即自刻於蘇州者。卷十一詩起於康熙四十年辛巳，至卷十四止於四十九年庚寅，庚寅之作有《别朱愷仲二首》。此四卷即康熙四十九年自序所謂「十年來有詩四卷」，朱愷仲等刻此四卷當在是年。卷十五則康熙五十年辛卯以下作，所謂許謙次等所刻者也。卷十五後有康熙五十七年戊戌男鼇、瓚跋，稱「往有《突星閣詩鈔》十四卷行世」，則卷十五當刻於康熙五十七年或稍後。然則王楠跋言之未確。《存目叢書》用吉大此本影印。復旦、河南、湖北圖等藏。

吴季野遺集一卷　國朝吴垌撰　**五八九七**

浙江巡撫採進本（總目）。○《浙江省第六次呈送書目》：「《夢華子集》二卷，明吴垌著，一本。」

○《浙江採集遺書總録》：「《夢華子集》二卷，刊本，明宣城吴坰撰。」

杏村詩集七卷　國朝謝重輝撰　五八九八

山東巡撫採進本(總目)。○《山東巡撫呈送第一次書目》：「《杏村詩集》四本。」○首都圖書館藏清康熙刻本，題「漁洋老人王士禛評，德州方山謝重輝撰」。半葉十行，行二十一字，白口，左右雙邊。前有康熙四十七年王士禛序。書首有清同治二年孫元復手跋，署「同治二年癸亥莄坪氏識於德州客次」，鈐「孫元復印」。書尾有同治二年癸亥拙安手書《讀謝方山詩集，皆引退後作也，因集其句，成四絶句》，係拙安寫呈孫元復者。卷内鈐「玉照樓孫氏金石書畫印」白文方印。《存目叢書》據以影印。北圖、中科院圖亦有是刻。

蕭亭詩選六卷　國朝張實居撰　五八九九

山東巡撫採進本(總目)。○北京師大藏清康熙刻《王漁洋遺書》本。題「鄒平張實居賔公譔，新城王士禛貽上批點」。半葉十行，行二十字，黑口，左右雙邊。前有王士禛序，孫元衡序。後有王啓涑《刻蕭亭詩選後記》云：「家司徒公手爲遴選評次，而吾邑令公孫湘南先生捐俸雕版者也。」據孫元衡序，其任新城縣令在康熙三十二年癸酉春，則捐俸刻書在是年或稍後。時王士禛任户部侍郎。書中禛字挖改爲禎，是乾隆三十九年十一月詔改士禛爲士禎以後修版印本。《存目叢書》據以影印。是本傳世頗多，余亦有一帙。

後圃編年稿十六卷　國朝李嶟瑞撰　五九〇〇

浙江巡撫採進本（總目）。○《浙江省第七次呈送書目》：「《後圃編年稿》十六卷，國朝李嶟瑞著，四本。」○《浙江採集遺書總録》：「《後圃編年稿》十六卷，刊本，國朝盱眙李嶟瑞撰。」○首都圖書館藏清康熙刻本，題「盱眙李嶟瑞蒼存」。半葉十行，行十九字，黑口，左右雙邊。寫刻本。卷一至六《焚餘稿》，卷七卷八《北游稿》，卷九卷十《歸來稿》，卷十一至十四《北游續稿》，卷十五卷十六《歸來續稿》。《焚餘稿》前有康熙三十三年萬斯同序，康熙三十年孔尚任序，康熙二十八年自序。自序云：「乃搜前後諸草，命老蒼頭清録若干篇，授以災木，名之曰《焚餘稿》。」《北游稿》前有康熙二十九年姜宸英序。《北游續稿》前有康熙三十六年丁丑朱元英序云：「得近詩三百餘首，編而鏤之。」《歸來續稿》前有康熙四十一年朱書序云：「李君蒼存刻其丁丑戊寅兩年所爲詩爲《歸來續稿》。」蓋自康熙二十八年至四十一年陸續付梓彙印之本。收詩至康熙三十七年戊寅。鈐「詩龕書畫印」、「北平孔德學校之章」等印記。《存目叢書》據以影印。北圖、南圖亦有是刻。北圖又有十四卷本，殆爲康熙三十六年印本。○《後圃編年續稿》十四卷，王士禛鑒定，清乾隆四年腴道堂刻本。收康熙三十八年至五十一年詩。北圖藏（詳《清人詩文集總目提要》）。

荆樹居文略十卷　國朝李懋緒撰　五九〇一

湖北巡撫採進本（總目）。○《湖北巡撫呈送第三次書目》：「《荆樹居文略》四本。」

五九〇二　冠豸山堂文集三卷　國朝童能靈撰

福建巡撫採進本（總目）。○《福建省呈送第一次書目》：「《冠豸山堂集》十五卷八本。」按：此係全集。○北京圖書館分館藏清乾隆二十年閒味齋刻本二卷。卷一題「連城童能靈寒泉著，弟能良晚亭編，男祖創思承、孫崙宗躋峰、嵩宗繹峰、姪孫際可宸獻、孫壻羅國泰履安同較」。半葉十行，行二十二字，白口，四周單邊。前有乾隆二十二年丁丑雷鋐序，傳，墓志，像。封面刻「乾隆乙亥年鐫」、「閒味齋藏板」。末有門人盧欣松跋，男祖創跋。祖創跋云：「分爲上下兩卷，以授梓人。」《存目叢書》據以影印。中科院圖、福建省圖、西南師大亦有是刻。○清光緒二十三年連城童氏木活字排印《冠豸山堂全集》本二卷。福建省圖、南開藏。

五九〇三　谷水集二十二卷　國朝胡夏客撰

浙江巡撫採進本（總目）。○《浙江省第十一次呈送書目》：「《谷水集》二十二卷，明胡夏客著，四本。」○《浙江採集遺書總録》：「《谷水集》二十二卷，刊本，明生員海鹽胡夏客撰。」○《江蘇省第一次書目》：「《谷水集》四本。」○《江蘇採輯遺書目録》：「《谷水集》二十二卷，海鹽胡夏客撰。」○上海圖書館藏清康熙刻本，題「海鹽胡夏客宣子著，同邑陳光縡謙山箋」。半葉九行，行十九字，白口，左右雙邊。前有康熙十八年己未陳光縡序，陳光縡撰傳，陳光縡《谷水詩箋發凡》十九則。《存目叢書》據以影印。

五九〇四　丁野鶴詩鈔十卷　國朝丁耀亢撰

江西巡撫採進本（總目）。○《提要》云：是集凡分五種：曰《椒邱集》二卷，曰《陸舫詩草》五卷，曰

《江干草》一卷，曰《歸山草》一卷，曰《聽山亭草》一卷。自《陸舫詩草》以前，耀亢所自刻。《江干草》以下，皆其子慎行所續刻也。○北京圖書館藏清順治至康熙遞刻《丁野鶴集》八種，依次爲：《逍遥遊》二卷，題「瑯琊丁耀亢著」。半葉八行，行十八字，白口，四周單邊。前有順治四年丁亥龔鼎孳序，沈復曾序，日乾序，順治四年丁亥自序。《陸舫詩草》五卷，題「孟津王鐸覺斯、渠丘劉正宗憲石兩先生鑒定，諸城丁耀亢野鶴甫著」。半葉九行，行二十一字，白口，四周單邊。前有趙進美序，王鐸序，孫廷銓序。《椒丘詩》二卷，題「鉅鹿楊思聖猶龍、淄川高珩念東兩先生鑒定，東海丁耀亢埜鶴甫著」。半葉九行，行二十一字，白口，四周單邊。前有順治十三年丙申高珩序，順治十二年乙未自序。《丁野鶴先生遺稿》三卷，卷一《江干草》、卷二《歸山草》、卷三《聽山亭草》。前有康熙十二年癸丑龔鼎孳序，康熙十二年張侗序，康熙十二年李澄中序，康熙十二年趙清序，康熙十二年男慎行《乞言小引》。據《小引》及諸序，知此三種刻於康熙十二年。又傳奇三種：《化人游詞曲》一卷，有順治四年丁亥龔鼎孳序，順治五年戊子宋琬題辭。《赤松遊傳奇》三卷，前有順治六年華表人《作赤松遊本末》，順治九年壬辰查繼佐序，順治六年己丑自題辭，詞例。《擬進呈楊忠愍蚺蛇膽表忠記》二卷，封面刻「新編楊椒山表忠蚺蛇膽」，並有刻書識語。前有順治十六年己亥郭棻序。又《家政須知》一卷，封面刻「煮石堂梓」，前有康熙八年己酉自序，康熙二十一年壬戌男慎行刻書序。《存目叢書》據以影印，而未取傳奇三種。中科院圖有《逍遥遊》二卷單本，鄧之誠題記。山東博物館有《丁野鶴詩集三種》順治至康熙刻本，包括《陸舫詩草》五卷、《歸山草》一卷、《聽山亭草》一卷，有吴殘衫、蕭丐批校題跋。○《丁野鶴文》一卷，清鈔本一册。中科院圖藏。

吾好遺稿一卷　國朝章靜宜撰　**五九〇五**

江蘇巡撫採進本(總目)。

萊山堂集八卷遺稿五卷　國朝章金牧撰　**五九〇六**

浙江巡撫採進本(總目)。○《浙江省第八次呈送書目》：「《萊山詩集》八卷又《遺集》五卷，國朝章金牧著，三本。」○《浙江採集遺書總録》：「《萊山詩集》八卷《遺集》五卷，刊本，國朝知縣歸安章金牧撰。」○北京大學藏清刻本，僅《萊山詩集》八卷。題「吳興章金牧著」。半葉九行，行二十字，白口，四周單邊。前有康熙五年丙午序，僅存末葉，揣其文意，似爲自序。末有徐倬撰《行狀》，缺末葉。據《行狀》，知章金牧康熙十一年壬子五月五日卒於梧鄉官舍。是本蓋刻於康熙十一年或稍後。《存目叢書》據以影印。《販書偶記續編》著録是集「康熙丙午刊」本，殆依序定，而未詳《行狀》之卒年。《清人别集總目》據《販書偶記續編》著録，又誤康熙五年丙午爲康熙五十五年。

杲堂文鈔六卷詩鈔七卷　國朝李鄴嗣撰　**五九〇七**

江蘇巡撫採進本(總目)。○《江蘇省第一次書目》：「《杲堂文鈔》《詩鈔》三本。」○《江蘇採輯遺書目録》：「《杲堂文鈔》十三卷，鄞縣諸生李鄴嗣著。」○《浙江省第七次呈送書目》：「《杲堂文鈔》六卷《詩鈔》七卷，國朝李鄴嗣著，六本。」按：涵芬樓本誤作馮班著，吳慰祖本改正。○《浙江採集遺書總録》：「《杲堂文鈔》六卷《詩鈔》七卷，刊本，國朝鄞縣李鄴嗣撰。」○首都圖書館藏清康熙刻本。半葉九行，行二十二字，黑口，左右雙邊。《杲堂文鈔》六卷，題「甬上李鄴嗣著，姚江黃宗羲選，男暾較，孫世法重訂」。前有康熙十七年黃宗羲序，康熙十七年徐鳳垣序。《杲堂詩鈔》七卷，題「甬上李鄴嗣著，吴郡鄧漢儀、同里徐鳳垣選，男暾較，孫世法重訂」。前有林時對序。鈐「北平孔德學校之章」印記。《存目叢書》據以影印。北圖、上圖、南圖等亦有是刻。黃裳《清代版刻一隅》收康熙刻《杲堂文鈔》，卷一題「甬上李鄴嗣著，姚江黃宗羲選，壻萬斯備、男暾仝較」，當是初印面貌。○《杲堂文鈔》不分卷，清笈讀居鈔本二册。中科院圖藏。○《杲堂内集》六卷《外集》四卷《文鈔》四卷，清衣德樓鈔本，清李厚建校。半葉九行，行二十字，藍格，四周雙邊。天一閣文管所藏。○《杲堂詩鈔》七卷《文鈔》六卷，民國二十一年四明張壽鏞約園刻《四明叢書》第一集本。○《杲堂文續鈔》四卷附録一卷，民國三十七年四明張壽鏞約園刻《四明叢書》第八集本。

五九〇八　孔天徵文集無卷數　國朝孔尚典撰

江蘇巡撫採進本（總目）。○《江西巡撫海續購書目》：「《孔天徵集》二本。」○按：《提要》云：「今此本秖二册，詩文雜編，又附以他人之詩，殆編次未成之稿歟？」知館臣所見即江西呈本，尚典亦江西人，《總目》云「江蘇巡撫採進本」，必江西之誤也。

五九〇九　懷葛堂文集十五卷　國朝梁份撰

江西巡撫採進本（總目）。○《江西巡撫海第三次呈送書目》：「《懷葛堂文集》六本。」○清雍正刻本，作《懷葛堂文集》十四卷《詩集》一卷。半葉九行，行二十字，白口，左右雙邊。北圖、中科院圖、上圖、湖南圖藏。南開大學藏初印樣本,不分卷,五册。卷端及版心卷數葉數均作墨丁。卷端題「南豐梁份質人甫著,同學諸子較」。前有姜宸英序,丁亥九月北平同學弟王源序。封面刻「懷葛堂文藁」、「本宅藏板」。以有大題者計之,實止十三卷,無詩。前有墨筆據《豫章叢書》本鈔補缺文五篇、詩十二首、目録。目録後有野民手跋:「右有圈者原刻本皆不闕,無則補抄於後。歲壬申初照《豫章叢書》本校。野民。」卷内鈐「真州吴氏有福讀書堂藏書」、「會稽姒兼山藏」等印記。野民,疑即姒兼山字。《存目叢書》據以影印。○民國八年南昌刻本,作《懷葛堂集》八卷《外集附録》一卷附胡思敬《校勘記》一卷,收入《豫章叢書·明季六遺老集》。

草亭文集一卷　國朝彭任撰　五九一〇

江西巡撫採進本(總目)。○江西省圖書館藏清峴山西向堂刻本,作《草亭文集》不分卷《詩集》不分卷。題「寧都易堂彭任中叔著,同堂八先生鑒定,同堂後學彭揆祖硯、彭咸寧祖友、彭崇泰占初仝校,男涯時汝恕、珩汝誠、仁亦汝熟參訂,孫兆泰季通、顯祖修五、四世孫雲鴻夷鵠、雲駒涵萬編次」。半葉九行,行二十二字,白口,左右雙邊。前有乙丑劉坊《草亭先生詩鈔後序》,《草亭存稿自序》,彭雲鴻、彭雲駒撰《行略》。《存目叢書》據以影印。北圖、中科院圖、太原圖亦有是刻。○清道光五年刻本,作《草亭文集》不分卷。南開本四册。山西大學本二册。○民國十三年刻本三册,社科院文學所藏(見《清人詩文集總目提要》)。○《彭中叔文鈔》一卷,清道光十七年刻民國十四年印《易堂九子文鈔》本。北圖、上圖、南圖等藏。

孔鍾英集十卷　國朝孔毓瓊撰　五九一一

江西巡撫採進本（總目）。○《江西巡撫海第三次呈送書目》：「《孔鍾英集》四本。」

孔惟敘集六卷　國朝孔毓功撰　五九一二

江西巡撫採進本（總目）。○《江西巡撫海第三次呈送書目》：「《孔惟敘集》一本。」

江泠閣詩集十四卷　國朝冷士嵋撰　五九一三

浙江巡撫採進本（總目）。○《浙江省第九次呈送書目》：「《江泠閣詩集》十二卷，國朝冷士嵋，三本。」○上海圖書館藏清康熙刻本，作《江泠閣詩集》十二卷首一卷末一卷。題「京江冷士嵋又嵋氏著」。半葉九行，行十九字，白口，四周雙邊。前有魏禧序，康熙九年笪重光序，宗元豫序，康熙十八年己未何㮣序。又丁未自序，與上圖藏康熙刻《江泠閣文集》前丁未自序全同。末一卷爲詩餘、小令。鈐「丹徒何氏蘭舫藏書」印記。《存目叢書》據以影印。天津師大、哈爾濱師大、日本靜嘉堂文庫亦有是刻。南圖藏清康熙刻《宗冷二子合刻》内有是集，卷數及行款同，當是一刻。唯《江泠閣緒風吟》三卷，收詩二百九十餘首，爲上圖本所無。○清道光二十七年族孫冷鶴、冷鵬重刻本，作《江泠閣文集》四卷《文續集》二卷《詩集》十二卷《詩餘》一卷《詩集續編》十二卷《外集》一卷。首都圖、廣東中山圖藏。○清咸豐十年丹徒冷氏横山草堂刻本，内容同前。山西圖、吉林省圖、東北師大藏。未知與前本同版否。○民國九年丹徒冷氏横山草堂刻本，較前增加《文集補遺》一卷、《外集補遺》一卷。上圖、北圖分館、南開、大連圖、吉大等藏。○民國二十六年南京國學圖書館陶風樓影印本，係《江泠閣緒風吟》三卷附《文集校補》一卷《詩集校補》一卷，柳詒徵校補。中科院圖、吉林省圖、上圖等藏。按：柳詒徵民國二十五年丙子十二月跋略謂：《江泠閣詩文集》係冷士嵋晚年節饔飧，雕板藏焦山枯木堂。道光丙午，族孫冷鶴、冷鵬重刊遺集，僅文集正、續二編完好，依舊刻付梓。至詩集十二卷詩餘一卷，則謂多蟫蠹漫漶，十去四五，乃擇其通首完備者録而壽諸木，其殘闕者删之。嗣又得蔣氏藏本，最録未刊者，别爲續編。原刻次第，遂爲紊亂。其《緒風吟》存詩二百九十餘首，鵬等未之見也。民國庚申，里人李丙榮等詩之冷遹復刊《江泠閣集》，亦未見康熙本，仍以道光本付梓，今所行《横山草堂叢書》本也。民國二十五年十月柳氏見北平通學齋書肆目有《宗冷二子合刻詩文》十册，亟馳書購歸國學圖書館。宗集僅存《焚餘稿》文三卷。冷集則有《文集》四卷二册，《續》卷上、下二册，《詩集》十二卷首末兩卷四册，《緒風吟》三卷，分上、下爲六卷一册，皆康熙原刻也。乃以《緒風吟》影印，更輯民國本所無之詩文，依康熙本次第録其詩目，校字句之舛誤，成校補，一並印行。〇按：冷士嵋字又嵋，《提要》作「又湄」，疑誤。

江泠閣文集四卷續集二卷　國朝冷士嵋撰　**五九一四**

浙江巡撫採進本(總目)。〇《浙江省第十次呈送書目》：「《江泠閣文集》四卷《續集》二卷，國朝冷士嵋著，二本。」〇《浙江採集遺書總録》：「《江泠閣文集》四卷《續集》二卷，刊本，國朝丹徒冷士嵋撰。」〇上海圖書館藏清康熙刻本，題「京江冷士嵋又嵋氏著」。半葉九行，行十九字，白口，四周雙邊。僅《江泠閣文集》四卷，前有丁未自序。吉林大學藏康熙刻本，僅《江泠閣文集續》二卷，行款版式同上，字體微異。末有光緒二十七年明道堂主人手跋，起首即云：「宗泠二子文矩度秩然，叙次議論俱簡潔條達。」顯係《宗泠二子合刻》之總跋，蓋爲合刻本散出者。《存目叢書》以二本配合影印。日本靜嘉堂文庫亦有是刻。南京圖書館藏康熙刻《宗泠二子合刻》内有是集，當出一版。餘參前條。

懷舫集三十六卷　國朝魏荔彤撰 **五九一五**

直隸總督採進本（總目）。○《直隸省呈送書目》：「《懷舫集》十一本。」○北京圖書館藏清康熙雍正間自刻本四十一卷，子目：《懷舫詩集》十二卷《續集》九卷又一卷、《別集》六卷、《懷舫詞》二卷《續》一卷、《詞別集》一卷、《雜著》一卷《續刻》一卷、《紀恩詩》一卷、《懷舫集》二卷、《續彈詞》二卷、《懷舫自述》一卷、《雜曲》一卷。其中《懷舫詩集》至《懷舫詞別集》爲寫刻本，半葉十一行，行二十一字，白口，左右雙邊。《雜著》、《紀恩詩》爲匠體字。以下又皆寫刻本。全書前有雍正四年丙午九月沈德潛序云：「憲副栢鄉魏公刻詩古文辭成，問序於潛。」次總目。次《懷舫註解諸書總目》，列十二種，皆有册數。次康熙五十三年甲午八十六叟詹明章《懷舫詩集序》。《雜著》前有自序。《懷舫集》題「栢鄉魏荔彤念庭著」。《續彈詞》封面刻「廿二史彈詞」、「本衙藏版」，正文題「安齋主人編并註」，有雍正二年甲辰小引。《自述》前有戊申陳恂跋詩二百字。《存目叢書補編》據以影印。上圖、甘肅圖等亦有是刻。

秋水集十六卷　國朝馮如京撰 **五九一六**

御史戈岱家藏本（總目）。○山西省圖書館藏清乾隆五年清暉堂刻本，卷一題「雁門馮如京秋水甫著,北海宗人士標尼甫評,延令季振宜滄葦較,東海范驤文白閱,男雲驤、雲驌輯,孫欽同、鑒同、曾孫光裕、和悦、觀民重梓,曾孫忱詹、覲吉校字」。半葉九行,行二十字,白口,四周單邊。版心刻「清暉堂藏板」。封面刻「乾隆庚申武林重梓」、「清暉堂藏板」。有馮士標序,周拱辰跋。《存目叢書》據以影印。北圖、上圖、南圖等亦有是刻。

偶然云集十卷　國朝湯之錡撰　**五九一七**

江蘇巡撫採進本(總目)。○《江蘇省第一次書目》:「《偶然云集》四本。」○南京圖書館藏清乾隆三十二年璞堂刻本,作《偶然云》十卷首一卷末一卷。題「宜興湯之錡世調父著,門人萬錦雯原編,後學許重炎補録,孫男保極校字」。前有己未夏五邑晚弟張焍序。封面刻「乾隆丁亥年鐫」、「璞堂藏板」。卷内鈐「學須靜室」印。《存目叢書》據以影印。復旦亦有是刻。

臯軒文編一卷　國朝李光坡撰　**五九一八**

福建巡撫採進本(總目)。○山西祁縣圖書館藏清雍正三年李鍾份刻本十卷。題「清溪李光坡茂夫甫著,四男鍾份世質校梓」。半葉九行,行二十二字,白口,四周雙邊。前九卷文,第十卷詩。寫刻本。前有汪瀠跋。後有雍正三年乙巳四男鍾份跋云:「謹分類纂輯,恭付之梓。」跋後有「晋水柯爲章刻」小字一行。封面刻「雍正三年乙巳鐫」、「本衙藏板」。《存目叢書》據以影印。厦門大學亦有是刻。柯愈春《清人詩文集總目提要》著録厦門大學本十卷,稱「雍正三年李鍾份清白堂刻」。○清乾隆三十二年清白堂刻本五卷,清白堂藏板。東北師大、武漢大學藏。

澄江集無卷數　國朝陸次雲撰　五九一九

浙江巡撫採進本(總目)。○《浙江省第七次呈送書目》:「《澄江集》,國朝陸次雲著,一本。」○《浙江採集遺書總録》:「《澄江集》一册,刊本,國朝江陰知縣錢塘陸次雲撰。」○清華大學藏清康熙懷古堂刻本七卷二册。依詩體分卷。各卷題「錢塘陸次雲雲士著,吴門宋實穎既亭、蔡方炳九霞選」。半葉九行,行十九字,白口,左右雙邊。前有康熙二十五年丙寅尤侗序。封面刻「蓉江懷古堂梓」。鈐「江陰劉氏」、「劉復所藏」、「鐂家書庫」、「劉半農藏書」等印記。《存目叢書》據以影印。社科院文學所、上圖、蘇州圖亦有是刻。○清康熙宛羽齋刻《陸雲士雜著》本,作一卷。半葉九行,行十九字,白口,左右雙邊。北圖、北大、清華、上圖等藏。按:劉薔女士以清華藏兩本相校,知《雜著》本係以七卷殘版挖改而成。樂府《雜著》本共七葉,實爲七卷本第三至九葉。五言古七卷本共十七葉,《雜著》本缺《雜感》十一首,《涉江》一首,改刻爲十一葉。七古《雜著》本缺《壯士歌》十一首,因改刻第七至十一葉爲一至五葉。七律《雜著》本缺九至十葉,因將十一至十二葉改刻爲九至十葉。唯清華七卷本五絶原缺第六葉,七絶九葉僅存一至二葉,《雜著》本不缺。

北墅緒言五卷　國朝陸次雲撰　五九二〇

浙江巡撫採進本(總目)。○《兩江第一次書目》:「《北墅緒言》,錢塘陸次雲著,三本。」○清華大學藏清康熙二十三年宛羽齋刻本二卷四册。半葉九行,行十九字,白口,左右雙邊。○北京圖書館藏清康熙二十三年宛羽齋刻增修本五卷,題「錢塘陸次雲雲士著,同學高士奇澹人、汪霦東川評」。

前有康熙二十三年李天馥序，康熙二十三年徐乾學序，康熙二十三年王士禛序，康熙二十三年高士奇序，康熙二十五年尤侗序，康熙二十三年汪霦序。鈐「獨山莫氏銅井文房藏書印」、「莫棠所藏」等印記。封皮有吴梅題籤並識語：「舊藏莫楚生家，戊辰歲暮得之。霜厓。」下鈐「吴梅」小印。《存目叢書》據以影印。上圖、廣東中山圖亦有是刻。康熙宛羽齋刻《陸雲士雜著》本五卷，當出一版。北圖、清華、上圖等藏。

恕齋偶存七卷　國朝方士頴撰　五九二一

浙江巡撫採進本（總目）。○《浙江省第十一次呈送書目》：「《恕齋偶存》七卷，國朝方士頴著，四本。」○《浙江採集遺書總録》：「《恕齋偶存》八卷，寫本，國朝諸生淳安方士頴撰。」○《提要》云：「末附其子棻如《銜血吟》一篇。士頴没後，棻如手寫遺稿刊行，毛奇齡、毛際可諸人爲之序。」

四庫存目標注卷五十六

滕州　杜澤遜　撰

集部七

別集類六

五九二二　耐俗軒詩集三卷　國朝申頲撰

直隸總督採進本(總目)。○《直隸省呈送書目》:「《耐俗軒詩集》二本。」○石家莊市圖書館藏清鈔本九卷,題:永年申頲敬立著,同里張佑啓菴、冀植建中校。半葉九行,行二十二字。凡五古四卷,五律、七律、四古、七古、七絶各一卷。光緒本據此選刻。○清華大學藏清光緒七年刻本,作《耐俗軒詩鈔》五卷一册。題「永年申頲敬立著,江陰夏詒鈺編録」。半葉十行,行二十二字,白口,四周雙邊。内封面有牌記:「光緒七年三月開雕。」前有光緒七年貴筑黄彭年序云:「夏君範卿宰永年，編録申敬立先生詩，使予門人胡景桂校而刊之。既成，屬予爲之序。」《存目叢書》據以影印。上圖、無錫圖亦有是刻。○《耐俗軒新樂府》一卷。清光緒五年定州王氏謙德堂刻《畿輔叢書》本。民國十一年劉承幹嘉業堂刻《留餘草堂叢書》本。民國南海簡氏刻《南園叢書》本(上圖、復旦、中央民大、甘肅圖藏)。民國二十五年商務印書館據《畿輔叢書》本排印，收入《叢書集成初編》。

一溉堂詩集一卷　國朝余光耿撰　五九二三

江西巡撫採進本(總目)。○南京圖書館藏清康熙刻本一册，題「率山余光耿介遵著」。半葉十行，行十九字，黑口，四周單邊。前有目録，無序跋。《存目叢書》據以影印。中國社科院文學所、安徽圖亦有是刻。○中山大學藏清鈔本，與《集唐詩二十律》合函。

尋壑外言五卷　國朝李繩遠撰　五九二四

浙江巡撫採進本(總目)。○《浙江省第七次呈送書目》：「《尋壑外言》五卷，國朝李繩遠著，二本。」○《浙江採集遺書總録》：「《尋壑外言》五卷，刊本，國朝嘉興李繩遠撰。」○吉林大學藏清乾隆金氏刻本。卷一題「嘉興李繩遠斯年」。半葉十一行，行二十一字，黑口，左右雙邊。目録末題「後學金珏校字，元孫春華同校」。卷五末題「曾姪孫集編録，後學金壽彭、金德輿校字」。寫刻甚精。前有康熙三十六年丁丑自序。後有姪孫菊房跋云：「先伯祖尋壑公集凡三鋟版，其初刻曰《秀攬亭詩》，續刻曰《屬雲閣稿》，最後手自删定曰《尋壑外言》。」又云：「及公棄世，而版旅毁棄。金子秀升以昔有三李之目，而《尋壑》、《香草》二集未見於世，欲仿阮亭先生集附見西樵、東亭之例，庶稱全美。余感其厚意，命兒子集及大孫旦華編録《外言》。其持擇商榷，則朱子吉人之力爲多。存詩四卷、雜文一卷。」又云：「公言之數十載前，乾隆初當宁行之，若合符契。」卷内弘字缺末筆，是乾隆刻本無疑。諸家多定爲康熙刻，未碻。《存目叢書》據以影印。首都圖、社科院文學所、廣東中山圖等亦有是刻。清康熙至乾隆刻《李氏家集四種》本，當出一版。北圖、上圖等有藏。

陽山詩集十卷　國朝陳炳撰　**五九二五**

浙江巡撫採進本（總目）。〇《浙江省第九次呈送書目》：「《陽山草堂》十卷，國朝陳炳著，二本。」〇《浙江採集遺書總録》：「《陽山草堂集》十卷，刊本，國朝長洲陳炳撰。」〇蘇州市圖書館藏清雍正九年陳簣山刻本，缺《竺隖遺稿》一卷，存九卷。半葉九行，行十九字，黑口，左右雙邊。正文題「陽山陳炳虎紋」。前有彭開祜序，康熙五十一年壬辰黄中堅序，康熙五十一年王聞遠序，雍正九年蔡家駒序，黄中堅撰小傳，蔡家駒撰小傳，雍正九年徐葆光撰墓表，目録。蔡序云：「陽先陳先生既殁之六年，其高弟陳君簣山以徐太史葆光所撰墓碣來謁，且徵向所爲先生詩集序。」又云：「簣山將梓先生遺稿，並請徐太史表其墓。」因知爲雍正九年弟子陳簣山刻本。《存目叢書》據以影印。上圖有十卷全本。北圖、中科院圖有不全本。

黄葉村莊詩集十卷　國朝吴之振撰　**五九二六**

浙江巡撫採進本（總目）。〇《浙江省第七次呈送書目》：「《黄葉村莊詩集》八卷《續集》一卷，國朝吴之振著，三本。」〇《浙江採集遺書總録》：「《黄葉村莊詩集》八卷《續集》一卷，刊本，國朝中書石門吴之振撰。」○首都圖書館藏清康熙刻本，作《黄葉邨莊詩集》八卷《續集》一卷《後集》一卷，缺《後集》。正文題「州泉吴之振孟舉」。半葉十行，行十九字，黑口，左右雙邊。寫刻頗精。前有葉燮序。《續集》前有姪景淳刻書序。卷内鈐「任氏家藏」、「雙榆書屋」等印記。《存目叢書》據以影印，《後集》用北大藏光緒四年覆刻本配補。北圖、厦門大學有康熙刻全本。天一閣文館所有全本，清沈閬昆跋。○北京大學藏清光緒四年六世孫吴康壽覆刻康熙本，正、續、後三集十卷俱全。末有光緒四年正月六世孫康壽刻書跋云：「板藏家塾，閲二百年庚申之變，付之一炬。壽康兄弟避亂滬上，購得印本，欲謀重栞，而力有未暇。閲數年，服官於吴，稍有俸入，復構祠宇，乃以此本付梓人。……工既竣，謹書緣起於卷尾。」上圖、南圖、復旦等亦有是刻。

白漊文集四卷　國朝沈受宏撰　**五九二七**

江西巡撫採進本(總目)。○《江西巡撫海續購書目》：「《白漊文集》二本。」○清康熙四十四年刻本，作《白漊集》十卷。半葉十行，行十九字，白口，左右雙邊。社科院歷史所、廣東中山圖藏。○清康熙四十四年刻增刻本十二卷。上圖、復旦、浙圖、湖南圖藏。○清乾隆三年沈起元學易堂刻本，作《白漊先生文集》四卷。題「太倉沈受宏台臣著，男起元編輯」。半葉十行，行二十字，白口，左右雙邊。版心下刻「學易堂」。前有乾隆三年戊午李紱序云：「君之子河南按察使起元，余辛丑典禮闈所得士，刻君之文，來請爲序。」北京大學藏。《存目叢書》據以影印。北圖分館亦有是刻。○吉林省圖書館藏民國鈔本，作《白漊集》五卷。

璇璣碎錦二卷　國朝萬樹撰 **五九二八**

安徽巡撫採進本(總目)。○清康熙刻本。半葉十行,行二十四字,白口,四周單邊。有圖。安徽博物館藏。○北京大學藏清乾隆五年揚州江氏柏香堂刻本,題「陽羡豆村農萬樹紅友著」。半葉十二行,行二十八字,白口,四周單邊。有圖。前有乾隆五年江昱序。末有牌記:「乾隆庚申年正月揚州江氏栢香堂校栞藏本。」封面刻「栢香堂刊」。《存目叢書》據以影印。上圖、復旦、山西圖等亦有是刻。臺灣「中央圖書館」藏精鈔本二卷一册,從栢香堂本出,序文、牌記及行款均同。○清道光十三年吴江沈氏世楷堂刻《昭代叢書》丁集新編本,作一卷。

强恕堂詩集八卷　國朝高之騱撰 **五九二九**

山東巡撫採進本(總目)。○《山東巡撫第二次呈進書目》:「《强恕堂集》四本。」○首都圖書館藏清乾隆三年高肇㥞刻本,題「般陽高之騱字仲治著」。半葉九行,行十九字,白口,四周單邊。前有康熙三十四年乙亥張篤慶序。總目後有「乾隆戊午桂月穀旦男肇㥞較梓」一行。卷内鈐「程濱遺印」。《存目叢書》據以影印。山東圖、青島圖、廣東中山圖等亦有是刻。

芙蓉集十七卷　國朝宗元鼎撰 **五九三〇**

兩江總督採進本(總目)。○《兩江第一次書目》:「《芙蓉集》,如臯宗元鼎著,抄本,四本。」○北京大學藏清康熙元年刻本,存卷一至卷十二、卷十四。題「廣陵宗元鼎定九氏詩稿,弟之瑾瑗度氏删定」。半葉九行,行二十字,白口,左右雙邊。前有吴門鄧漢儀序,順治五年許熙載序,康熙壬寅劉梁嵩序,康熙壬寅諸九鼎序。壬寅爲康熙元年。劉序云:「今年夏,所自訂《芙蓉》之集成。先是定九客吴陵,劉藥生使君曾爲梓《芙蓉集》,兹復益以近詩,較前倍之。」寫刻甚精。鈐「陳氏守吾珍藏金石書畫之印」印記。《存目叢書》據以影印。南圖有十四卷本。臺灣「中央圖書館」有康熙元年廣陵宗氏刻本,存卷一至十七,行款版式同北大本。有康熙四年乙巳鄒祗謨序,順治二年李長科序,順治二年方苞序,鄧漢儀序,順治五年許熙載序,順治元年壬寅劉梁嵩序,順治元年壬寅諸九鼎序,康熙三年甲辰汪懋麟序,康熙元年宗之瑾《凡例》。據凡例云兹本分爲二十六卷,可謂全集大觀矣。則十七卷似仍非其全。鈐「宗元鼎印」朱文方印、「字定九」白文方印,是梅氏自藏本(參該館《善本書志初稿》)。《販書偶記續編》著録十二卷本、十四卷本、二十六卷本。其二十六卷本不知現存何處也。○《宗定九新柳堂集》十六卷首一卷末一卷集後一卷,清康熙刻本,半葉九行,行二十一字,白口,左右雙邊。正文卷十六缺。上圖、南圖藏。柯愈春《清人詩文集總目提要》云此係晚年詩文。

不礙雲山樓稿無卷數　國朝周綸撰　五九三一

江蘇周厚堉家藏本(總目)。○《江蘇省第一次書目》:「《不礙雲山樓稿》一本。」○《江蘇採輯遺書目録》:「《不礙雲山樓稿》十卷,松江周綸著。」○《提要》云:「是編詩文以體分,詞以小令、中調、長調分,皆不題卷數,亦無目録及序跋。似爲刊刻未竟之本。」○清康熙二十年序千山艸堂刻本二十四卷,日本内閣文庫藏。上海圖書館殘存卷一至十四。柯愈春《清人詩文集總目提要》云:此集凡詩十卷、詞二卷、文十二卷，康熙二十年千山草堂刻，鄧之誠舊藏，上海圖書館僅藏文稿十二卷。《中國古籍善本書目》云存卷一至十四。略有出入。〇《柯齋選稿》二十卷，清周綸撰，清康熙千山艸堂刻本四册。半葉九行，行二十字，白口，四周單邊。北京圖書館藏。

五九三二　重知堂詩二卷　國朝趙善慶撰

兵部侍郎紀昀家藏本（總目）。

五九三三　寵壽堂詩集三十卷　國朝張競光撰

浙江巡撫採進本（總目）。〇《浙江省第七次呈送書目》：「《寵壽堂詩集》三十卷，國朝張競光著，八本。」〇《浙江省第十次呈送書目》：「《寵壽堂詩集》三十卷，國朝張競光著，三本。」〇《浙江採集遺書總録》：「《寵壽堂詩集》三十卷，刊本，國朝錢塘張競光撰。」〇清康熙二年石鏡山房刻本二十四卷。半葉十行，行十九字，白口，四周單邊。北圖、北京市文物局藏。〇復旦大學藏清康熙二年石鏡山房刻增刻本三十卷。題「虎林張競光覺菴氏著」。版心下刻「石鏡山房」。前有康熙五年蔡方炳序，康熙元年毛先舒序，康熙二年陳祚明序，康熙五年戴揚祖序，項繼甲序，康熙二年姪孫綱孫跋，康熙二年姪曾孫泌跋，康熙二年自序。卷内鈐「四明盧氏抱經樓藏書印」、「吴興劉氏嘉業堂藏書記」等印。《存目叢書》據以影印。北京市文物局亦有是刻。

五九三四　雪菴詩存二卷　國朝丁嗣徵撰

浙江巡撫採進本（總目）。〇《浙江省第九次呈送書目》：「《雪菴詩存》二卷一本。」〇《浙江採集遺書總録》:「《雪菴詩存》二卷,刊本,國朝嘉善丁嗣澂撰。」〇福建省圖書館藏清雍正丁桂芳刻本,題「武永丁嗣澂集虛」。半葉九行,行十九字,黑口,左右雙邊。前有王士駿序,康熙四十八年己丑魏允禮序,魏坤序,蔣光祖序,柯煜序,雍正十一年癸丑孟秋沈樹本序。末有男桂芳跋。魏允禮序云:「近者集虛之令子雲士,出《雪菴詩存》屬余編次,將授剞劂。」雲士,桂芳字。是帙書眉有某氏録惲壽平詩。《存目叢書》據以影印。北圖、津圖等亦有是刻。按:著者丁嗣澂,《總目》誤作丁嗣徵。

天外談四卷　國朝石龐撰　**五九三五**

安徽巡撫採進本(總目)。〇《安徽省呈送書目》:「《天外談》二本。」〇北京大學藏清康熙刻本,存《天外談初集》三卷六册。卷一題「湖上石龐天外氏著,吴門尤侗晦菴父鑒,勝山姚文燮羹湖父選,龍眠馬教思巖仲父訂」。半葉九行,行二十四字,白口,四周雙邊。前有康熙二十六年丁卯姚文燮序。封面刻「文富堂」。卷内鈐「北平孔德學校之章」印記。《存目叢書》據以影印。〇《晦村初集》四卷,清石龐撰,清華大學藏清康熙三十五年刻本四册。半葉九行,行二十二字,白口,四周雙邊。該館《善本書目》云:是書一名《天外談》。鈐「鄞馬氏廉隅卿所珍藏書」印。

復園文集六卷　國朝董聞京撰　**五九三六**

浙江巡撫採進本(總目)。〇《浙江省第十一次呈送書目》:「《復園文集》六卷,國朝董聞京著,六本。」〇《浙江採集遺書總録》:「《復園文集》六卷,刊本,國朝烏程董聞京撰。」〇北京圖書館藏清康熙完璞堂刻本，題「烏程董聞京丹鳴著」。半葉八行，行十九字，白口，四周雙邊。前有詹惟聖序，順治十四年丁酉叔祖若雨序，閔南仲序，順治十四年丁酉自序。董若雨序云：「今丹鳴刻《復園文稿》。」閔南仲序云：「康熙庚申，典郡螺川已再朞矣，……爰録《文集》若干篇，公諸天下。南仲得受而讀之。」則刊成於康熙十九年庚申。《存目叢書》據以影印。復旦亦有是刻。

章江集五卷　國朝安世鼎撰　**五九三七**

内府藏本（總目）。○《武英殿第一次書目》：「《章江集》六本。」

尺五堂詩删六卷　國朝嚴我斯撰　**五九三八**

浙江巡撫採進本（總目）。○《浙江省第九次呈送書目》：「《尺五堂詩删》六卷，國朝嚴我斯著，二本。」○《浙江採集遺書總録》：「《尺五堂詩删》六卷，刊本，國朝吏部左侍郎歸安嚴我斯撰。」○湖北省圖書館藏清康熙二十七年刻本，作《尺五堂詩删初刻》六卷《近刻》四卷。題「苕上嚴我斯存菴著」。半葉十一行，行二十字，大黑口，左右雙邊。《初刻》前有康熙五年正月魏裔介序，序後有嚴我斯識語云：「此序作於丙午春，已二十有四年矣。」則嚴氏此識語作於康熙二十九年。又康熙十五年自序。《近刻》存前二卷，有康熙二十七年自序。全書封面刻「康熙戊辰年刊」、「本衙藏板」。《存目叢書》據以影印，所缺《近刻》卷三卷四用南圖藏本配補。上圖、吉大、蘇州圖、湖北圖等亦有是刻。○《存菴詩集》六卷，嚴我斯撰，清康熙愛澤樓刻本二册。半葉十行，行二十一字，白口，左右雙邊。北圖藏。

讀書堂集四十六卷　國朝趙士麟撰　五九三九

江蘇巡撫採進本(總目)。○《江蘇省第一次書目》:「《讀書堂綵衣全集》二十本。」○《江蘇採輯遺書目録》:「《讀書採衣堂全集》四十六卷,吏部侍郎河陽趙士麟著,刊本。」○北京大學藏清康熙三十五年刻本,作《讀書堂綵衣全集》四十六卷。題「河陽趙士麟玉峰父著,受業梁永淳輯,李用楫録,男宸黼編」。半葉十行,行十九字,白口,四周雙邊。前有康熙三十五年彭寧求序云:「裒輯得正集、續集一百二十卷授之梓。」又康熙三十五年戴名世序云:「至丙子冬,先生長君宸黼同諸受業輯而授諸梓,得若干卷,名曰《綵衣集》,取娱親意也。」又諸序、題辭名篇。是康熙三十五年趙宸黼等刻本。《存目叢書》據以影印。中科院圖、山東圖、復旦、雲南圖亦有是刻。○清光緒十九年浙江書局刻本,書名卷數同上。收入《雲南叢書》初編。北圖、南圖等藏。○《武林草》一卷《附刻》一卷,趙士麟撰,清光緒八年錢塘丁氏八千卷樓刻本,收入《武林掌故叢編》第七集。北圖、上圖等藏。○《紀盛集》一卷,趙士麟撰,清康熙刻本。半葉九行,行十九字,白口,四周雙邊。北圖藏。

珂雪詩無卷數　國朝曹貞吉撰　五九四〇

山東巡撫採進本(總目)。○《山東巡撫第二次呈進書目》:「《珂雪詩》二本。」○《提要》云:「初,王士禎有《十子詩略》之刻,貞吉與焉。因其版分藏各家,故往往各以别本單行。後其曾孫益厚即士禎所録,附以《朝天》、《鴻爪》、《黄山紀遊》等集,總顔之曰《珂雪詩》。」○中山大學藏康熙刻本。《珂雪集》一卷,題「北海曹貞吉升階撰,弟曹申吉澹餘訂,同里王士禎貽上評」。半葉十行,行二十一字，白口，四周單邊。前有李良年序，康熙十一年壬子曹申吉序。申吉序云：「是集也，始於己酉之二月，迄於壬子之四月，予與李子武曾論定而付之梓人。」末有康熙八年己酉曹申吉跋云：「予同阮亭王子擇其尤雅者若干篇，付之梓人。」《珂雪二集》一卷，題「北海曹貞吉實菴著，弟申吉澹餘□」。半葉九行，行十九字，白口，左右雙邊。無序跋。《珂雪詞》二卷《補遺》一卷，題「安丘曹貞吉實菴著，同學諸子評選」。半葉十行，行二十一字，白口，左右雙邊。前有高珩序，王煒序，諸家評，詞話，題辭。卷首有《四庫全書簡明目録》、《四庫全書總目提要》本條，係後來增刻。按《珂雪詞》已入《四庫全書》，唯館臣所見之本缺《補遺》九首，又删去各調之後所附諸家評語。復旦大學藏清康熙刻《朝天集》一卷，題「北海曹貞吉實菴著」，半葉十行，行十九字，黑口，四周單邊。前有宣城袁起旭序，據序所言，時在康熙二十五年丙寅。後有康熙二十五年靳治荆跋。又藏康熙刻《鴻爪集》一卷，題「安丘曹貞吉實菴纂」，半葉十行，行二十一字，白口，左右雙邊。前有新安王煒序，康熙二十六年靳治荆序，又靳治荆題辭。又藏康熙刻《黄山紀遊詩》一卷，題「北海曹貞吉實菴」。半葉九行，行十九字，黑口，四周單邊。前有汪士鉉序，靳治荆題辭，末有吴啓鵬跋，江闓跋。《存目叢書》用中山大學、復旦大學兩家藏本配合影印。北圖、中科院圖亦有是刻。○山東大學藏清光緒鈔《安邱曹氏家集十三種》本，作《珂雪詩集》三卷《朝天集》一卷《鴻爪集》一卷《珂雪詞》一卷《補遺》一卷。○首都圖書館藏清鈔本，作《珂雪詩集》不分卷，十册一匣。半葉九行，行十九字，無格。有佚名評語。○《曹貞吉集》，王佩增、宋開玉點校，一九九四年山東大學出版社排印本。

九谷集六卷　國朝方殿元撰　五九四一

兩江總督採進本（總目）。○《兩江第一次書目》：「《九谷集》，番禺方殿元著，六本。」○清華大學藏清康熙刻本，題「番禺方殿元蒙章甫著」。半葉九行，行十九字，白口，左右雙邊。前有自序。《存目叢書》據以影印。北圖、中山大學亦有是刻。

戒菴詩存一卷　國朝邵遠平撰　五九四二

浙江巡撫採進本（總目）。○《浙江省第十一次呈送書目》：「《詩存》，國朝邵遠平著，一本。」○《浙江採集遺書總録》：「《詩存》一册，刊本，國朝詹事仁和邵遠平撰。」○《提要》云：「此集首行下署曰《京邸集》。」○南開大學藏清康熙刻本，作《戒山文存》不分卷《戒山詩存》二卷《河工見聞録》一卷《熙朝聖德詩》一卷。半葉十行，行二十四字，白口，左右雙邊。《文存》包括《館閣集》、《蓬觀集》、《史傳》、《一統志》、《遂餘集》、《教條》、《策問》，不分卷。《詩存》包括《粤行集》一卷、《京邸集》一卷。《粤行集》前有康熙二十一年壬戌邵遠平小引。《京邸集》前有康熙二十三年甲子自序，韓菼序。《熙朝聖德詩》有章藻功跋。《河工見聞録》前有邵遠平小序。卷内鈐「會稽姒兼山藏」印記。《存目叢書》據以影印。北圖亦有是刻。

雪園詩集六卷　國朝梁珪撰　五九四三

編修鄭際唐家藏本（總目）。

健松齋集二十四卷續集十卷　國朝方象瑛撰　五九四四

浙江巡撫採進本（總目）。○《浙江省第九次呈送書目》：「《健松齋集》二十四卷，國朝方象瑛著，八本。」〇《浙江採集遺書總録》：「《健松齋集》二十四卷，刊本，國朝編修遂安方象瑛撰。」〇《江蘇省第一次書目》：「《健松齋續集》二本。」〇《江蘇採輯遺書目録》：「《健松齋續集》十卷，翰林院編修遂安方象瑛著。」按：是書正集浙撫進，續集蘇撫進，《總目》合并著録，而僅稱浙撫採進，未碻。〇湖北省圖書館藏清康熙世美堂刻《健松齋集》二十四卷，題「遂安方象瑛渭仁著」。半葉十行，行二十字，白口，左右雙邊。前有康熙二十六年丁卯金鋐序，康熙十八年葉方藹序，李澄中序，張烈序，林雲銘序，康熙二十六年毛先舒序，康熙二十六年尤侗序，毛際可序，金德嘉序等。鈐「漢陽葉名灃潤臣甫印」等印記。《存目叢書》據以影印。北圖、上圖、南圖等亦有是刻。〇湖北省圖書館藏清康熙四十年刻《健松齋續集》十卷，題「遂安方象瑛渭仁著」。半葉十行，行二十字，白口，左右雙邊。前有沈珩序，康熙三十一年壬申吴儀一序，王晫題辭，康熙四十年辛巳曹衍琦序。曹序云：「請亟登梨棗，以垂不朽。先生許之。乃與兩世兄同加校正，釐爲文八卷詩二卷。」封面刻「勺圃藏板」。卷内鈐「漢陽葉名灃潤臣甫印」等印記。《存目叢書》據以影印，附《健松齋集》後。社科院文學所、北圖分館亦有是刻。〇《健松齋集》存文集十卷一册，清康熙十四年刻本。半葉九行，行十九字，白口，四周單邊。社科院文學所藏(見該所《善本書目》、《中國古籍善本書目徵求意見稿》)。〇《健松齋集》二十四卷《續集》十卷，首都圖書館藏民國十七年方朝佐活字印本。題「遂安方象瑛渭仁著」。半葉十行，行二十字。有民國十七年後裔朝佐重印弁言云：「召集手民，以活板排印百部。」又有康熙己未馮溥序，康熙己未葉方藹序，諸城李澄中序，大興張烈序，晉安林雲銘序，康熙二十六年毛先舒序，康熙丁卯長洲尤侗序，同里毛際可序，楚黄金德嘉序，慈谿姜宸英序等舊序。友人劉乃英女史函告。又北師大、鎮江圖等亦有此本。別本或附《史傳擬稿》二卷。

五九四五　百尺梧桐閣集二十六卷　國朝汪懋麟撰

兩淮馬裕家藏本（總目）。○清康熙十七年自刻本，作《百尺梧桐閣集詩》十六卷《文》三卷。半葉十行，行二十字，黑口，四周雙邊。北圖、上圖、復旦、南圖等藏。○清康熙十七年自刻增刻本，作《百尺梧桐閣集詩》十六卷《文》十卷。津圖、南開、江西圖、廣東中山圖藏。○《百尺梧桐閣集》八卷，清康熙五十四年汪荃刻本。南圖、湖北圖藏。○《百尺梧桐閣遺稿》十卷，清康熙五十四年汪文著瞻芑堂刻本。北圖、中科院圖、川圖藏。○中國社科院文學研究所藏清康熙十七年自刻五十四年續刻本，作《百尺梧桐閣全集詩》十六卷《文》八卷《遺稿》十卷。是集詩、文卷端均題「百尺梧桐閣集」，次題「揚州汪懋麟」。前有計東序，康熙十七年徐乾學序，康熙十七年汪懋麟《凡例》。文集前有康熙十七年戊午杜濬序，自序，康熙五十四年乙未姪荃序。據汪荃序，文集爲康熙五十四年汪荃增刻，按體重分爲八卷。鈐「餘姚謝氏永耀樓藏書」印。《遺稿》半葉十行，行十九字，白口，四周單邊。前有康熙三十九年宋犖序，康熙四十九年姪荃序，康熙五十四年費錫璜序，康熙五十四年姪文著序，王士禛撰傳。文著序云：「著在猶子之分，爲之授剞劂。」此集寫刻頗精，與《詩》十六卷《文》八卷作匠體字者不同。鈐「趙虹之印」、「頴谷」等印記。《存目叢書》據以影印。

學文堂集四十三卷　國朝陳玉璂撰　　五九四六

江蘇周厚堉家藏本（總目）。○《江蘇省第一次書目》：「《學文堂全集》六本。」○《江蘇採輯遺書目録》：「《學文堂全集》，中書舍人武進陳玉璂著。」○中國社科院文學所藏清康熙刻本十二册。《學文堂文集》題「夫椒山人陳玉璂賡明著」，半葉九行，行十九字，白口，四周雙邊。計有序二十二卷、記五卷、論三卷、辨一卷、説一卷、史論四卷、書三卷、傳二卷、解一卷、議一卷、策一卷、表二卷、書後一卷、碑一卷、墓志銘一卷、墓表一卷、祭文一卷、雜著二卷，共五十三卷。《學文堂詩集》計古樂府一卷、五言古一卷、七言古一卷、五言律四卷、七言律二卷、五言排律一卷、五言絶一卷、七言絶二卷，共十三卷。有謝良琦序，杜濬序。又康熙十一年壬子八月初三日同里黄永艾庵序云：「客歲浪丞長安，今夏還里，鞭弭甫脱，即就話椒峯齋。椒峯方刻其《學文堂集》，凡數十卷，曰爲余序之。」又同里巢震林序，兄維崧序。《耕煙詞》題「夫椒山人著」，小令、中調、長調各一卷。有宣城沈泌序，宜興任繩隗序，徐喈鳳序。《存目叢書補編》據以影印。北圖、中科院圖、南圖皆有是刻，卷數參差。○《四庫全書附存目録》顧廷龍先生手批：「序二十二、記十八、經義四册版口未刻數、祭文二、墓志二、行狀一、説五、讀四、評二、書六、書後五、辨五、解二、議二、制藝五。」未注版本。○清光緒二十三年武進盛宣懷刻本，作《學文堂文集》十六卷《詩集》五卷《詩餘》三卷，收入《常州先哲遺書》第一集。北圖、上圖等藏。

別本學文堂集四十七卷　國朝陳玉璂撰　　五九四七

浙江巡撫採進本（總目）。○《浙江省第六次呈送書目》：「《學文堂集》，國朝陳玉璂著，二本。」

○《浙江採集遺書總録》:「《學文堂集》十册,刊本,國朝中書舍人武進陳玉璂撰。」○北京圖書館藏清康熙刻本,存文集三十四卷、詩集十卷、《耕煙詞》三卷,共四十七卷,與《提要》合。文、詩首葉次行均題「夫椒山人陳玉璂賡明著」。詞題「夫椒山人著」。半葉九行,行十九字,白口,四周雙邊。各卷自爲起訖,不標卷次。有康熙戊戌吴偉業序,殘存第八葉後半及第九第十葉。又康熙七年王崇簡序,康熙辛亥周亮工序,李長祥序,魏際瑞序,姜宸英序,何絜序,周啓嶲序,魏禧序,戚藩序,程世英序,張侗序,目録。詩集前又有謝良琦序,杜濬序,康熙壬子黄永序,巢震林序,兄維崧序。詞前有徐喈鳳序,沈泌序。鈐「尚多齋」、「紅豆書樓」、「慶善字叔美印」等印記。

五經堂文集五卷語録一卷　國朝范鄗鼎撰　五九四八

山西巡撫採進本(總目)。○《山西省呈送書目》:「《五經堂集》五卷。」○中國社科院考古研究所藏清康熙五經堂刻本,僅《五經堂文集》五卷。半葉九行,行二十五字,白口,四周雙邊。版心上刻「草草草」,下刻「五經堂著」。封面刻「婁山范徵君著」、「五經堂文集」、「五經堂藏板」,並鈐「饒陽縣儒學記」官印。書前有康熙二十五年丙寅范鄗鼎《草草草自序》、《草草草二編自序》。又《五經堂合集目》,題「男翂編輯」,僅列文五卷。卷内鈐「王氏收藏」、「鼎甫王氏珍藏」、「何假南面百城」、「退耕堂藏書記」等印記。是本刻印俱佳。《存目叢書》據以影印。

柳村詩集十二卷　國朝董訥撰　五九四九

山東巡撫採進本(總目)。○《山東巡撫呈送第一次書目》:「《柳村詩集》七本。」○吉林大學藏清康熙刻本，卷一題「臣董訥」。卷二題「平原董訥默菴父著」。半葉十行，行二十一字，白口，左右雙邊。前有康熙四十九年張希良序，康熙五十年王戩序。王序述董訥之子選君之語云：「先君詩集將槧版藏於家，盍一爲校閲。」蓋即康熙五十年或稍後所刻。寫刻印俱佳。《存目叢書》據以影印。北大、南圖、浙圖等亦有是刻。〇《華瑄山房詩集》四卷，董訥撰，清康熙三十一年毛端士刻本。半葉十一行，行二十二字，黑口，左右雙邊。北圖藏。

石屋詩鈔八卷補鈔一卷　國朝魏麐徵撰　**五九五〇**

浙江巡撫採進本（總目）。〇《浙江省第十一次呈送書目》：「《石屋詩鈔》八卷《補鈔》一卷，國朝魏麐徵著，二本。」〇《浙江採集遺書總録》：「《石屋詩鈔》八卷《補》一卷，刊本，國朝知府溧陽魏麐徵撰。」〇《提要》云：第二卷爲《西湖和蘇詩》，第三卷爲《閩行日記詩》，第四卷爲《閩中吟》，第五卷爲《擬漢樂府》，第六卷爲《漁山詩》，第七卷爲《和白香山樂府》，第一卷與第八卷則總題曰《雜詩》，《補鈔》一卷，亦無標目。〇中國人民大學藏清康熙四十九年刻本二册，分卷與《存目》合。卷一題「溧陽魏麐徵蒼石稿，綏安連青柳邨選，陳銑丹九訂，廖必儒兆魯較」。半葉九行，行二十一字，白口，左右雙邊。寫刻本。前有康熙四十九年庚寅宋犖序，康熙四十七年連青序。卷八後有康熙四十八年己丑許田序。《補鈔》後有廖必儒跋。《存目叢書》據以影印。清華、北圖分館、上圖亦有是刻。〇北京圖書館藏清康熙刻《石函三種》三卷，子目：《西湖和蘇詩》一卷、《閩行日記》一卷、《閩中吟》一卷。半葉十一行，行二十一字，黑口，左右雙邊。〇北圖又藏清鈔本《石函三種》四卷，《西湖和蘇詩》後附《杭郡雜詠》一卷，餘同前本。半葉八行，行二十字，無格。○《石屋初集》一卷《二集》一卷《三集》一卷《四集》一卷，清康熙刻本。半葉十一行，行二十一字，黑口，左右雙邊。北圖藏。○《石屋剩集》二卷，清康熙五十二年雙笏山房刻本。半葉九行，行二十一字，白口，左右雙邊。中國社科院文學所藏。

縱釣居文集八卷　國朝應是撰　五九五一

江西巡撫採進本（總目）。○北京大學藏清乾隆四年刻本，題「宜黃應是敬菴著，男麒、麟、佺震、霖、霈、大訓、霦、靄、雯、大佐、露、霈編輯」。半葉九行，行二十字，下黑口，左右雙邊。前有乾隆五年孟夏年家姻姪李紱序云：「今先生子麒及麟合先生己未刻古文梓之，來屬爲序。」又乾隆四年帥念祖序云：「集凡若干卷，因舊板久敝，遂取二刻都爲一帙。」又舊序三，傳。封面刻「乾隆四年重鐫」、「本家藏板」。《存目叢書》據以影印。北圖分館、清華、江西圖亦有是刻。

慎修堂詩集八卷　國朝廖騰煃撰　五九五二

福建巡撫採進本（總目）。○《福建省呈送第三次書目》：「《慎修堂詩集》八卷四本。」○《江西巡撫海第三次呈送書目》：「《慎修堂集》十六本。」○吉林大學藏清康熙五十五年刻本，作《慎修堂詩集》八卷。題「將樂廖騰煃蓮山甫著，河南呂履恒元素閱評，休寧汪灝紫滄參校，男長齡維庚、科齡維第、岡齡維高仝校梓」。半葉八行，行二十字，白口，左右雙邊。前有康熙五十五年丙申呂履恒序，康熙五十五年汪灝序。《存目叢書》據以影印。南圖亦有是刻。

匏菴遺集三卷　國朝石璜撰　五九五三

兩江總督採進本（總目）。○《兩江第二次書目》：「《石匏庵集》，如皋石璜著，二本。」○山西大學藏清康熙金陵陳君仲刻本，作《匏菴先生遺集》五卷。卷一題「如皋石璜夏宗甫著，男泄月川甫敬輯」。半葉九行，行十八字，白口，四周單邊。版心下刻「法古堂」。前有康熙八年己酉陳瑚序云：「今匏菴雖殁，而有子月川、王香輩次第其文，出其殘篇斷簡以問諸世。」蓋即康熙八年付梓。封面刻「金陵陳君仲梓」，當係承刻人。卷内鈐「閒田張氏聞三藏書」印記。《存目叢書》據以影印。北圖亦有是刻。

憺園集三十八卷　國朝徐乾學撰　五九五四

兩淮馬裕家藏本（總目）。○遼寧大學藏清康熙冠山堂刻本，作《憺園文集》三十六卷。半葉十行，行十九字，白口，左右雙邊。前有康熙三十六年丁丑宋犖序云：「大司寇健菴徐公文集三十卷，其長君侍御排纂成帙而屬余序者也。」寫刻極精。版心刻工：士玉、子佩、斉卿、世明、卭文、子珍、祥卿、卭臣、倫采、子重、卭順、世維、謙公、漢英、願洪、九上、巨甫、甘明、維伯、達三、志行、悳先、穎涵、欽明、幼臣、卭格、子英、周生、卭九、志伯、公化、憲生、甘典、君俟、洪甫、德先、君宣、甘彝、方明。卷内鈐「研理樓劉氏倭劫餘藏」印。《存目叢書》據以影印。清華、津圖、上圖等亦有是刻。○清光緒九年嘉興金吴瀾鋤月吟館重刻本，作《憺園全集》三十六卷。北圖、上圖、南圖等藏。○《憺園文集》十八卷，清鋤月種梅室鈔本。南圖藏（見《清人別集總目》）。

五九五五　白石山房稿十三卷　國朝李振裕撰

江西巡撫採進本(總目)。○北京大學藏清康熙二十五年刻本,作《白石山房文稿》十四卷。題「吉水李振裕維饒著」。半葉九行,行十九字,白口,四周單邊。封面及卷端均題「白石山房文稿」,版心題「白石山房稿」。有康熙二十五年汪琬序。各卷末有康熙丙寅(二十五年)吴人周公贄挍字識語。是集卷一至三詩,卷四至十二文,卷十三詩,卷十四文。蓋初編十二卷,詩、文各續入一卷爲十三、十四。館臣所見無卷十四,當以續入有先後之故。《存目叢書》據以影印。北圖、中科院圖、復旦、湖北圖亦有是刻。北大有初印十二卷本、增刻十四卷本各一部。

五九五六　別本白石山房稿二十六卷　國朝李振裕撰

浙江巡撫採進本(總目)。○《浙江省第十二次呈送書目》:「《白石山房集》十三卷,國朝李振裕著,四本。」○《浙江採集遺書總録》:「《白石山房集》十四卷,刊本,國朝提學吉水李振裕撰。」按:此浙江呈本卷數與前本合。前本爲江西進呈,而江西進呈書目不載。疑《總目》所注採進者有舛誤。○南京圖書館藏清康熙香雪堂刻本,作《白石山房集》二十七卷,缺卷十二至十五。題「吉水李振裕維饒父著」。半葉十一行,行二十一字,白口,左右雙邊。前有康熙二十五年汪琬序,熊一瀟序,田雯序,姜宸英序,顧圖河序。華東師大有全本。《存目叢書》據南圖藏本影印,缺卷用華東師大本配補。浙圖亦有二十七卷全本。又有二十六卷本,中科院圖、浙圖等藏,卷數與《存目》合。蓋亦有增刻也。

已畦集二十一卷原詩四卷　國朝葉燮撰　五九五七

江蘇巡撫採進本(總目)。○《江蘇省第一次書目》:「《已畦集》四本。」○《江蘇採輯遺書目録》:「《已畦集》二十一卷《原詩》四卷，寶應知縣吴江葉燮著。」○清康熙葉氏二棄艸堂刻本，作《已畦集》二十二卷《原詩》四卷《詩集》十卷《詩集殘餘》一卷附《午夢堂詩鈔》三種三卷。陝西省圖書館藏本僅《已畦集》二十二卷《原詩》四卷，題「吴江葉燮星期」，半葉十行，行十九字，白口，四周雙邊。寫刻本。版心下刻「二棄草堂」。前有康熙二十三年自序。封面刻「二棄艸堂」、「已畦文集」、「原詩内外篇附」、「金閶劉承芳梓」。《原詩》爲匠體字，上黑口，與《已畦集》不同。北京圖書館有全本，其中《已畦詩集》版式字體同《文集》，前有康熙二十三年甲子曹溶序，康熙二十五年丙寅張玉書序，王士禛書。《已畦詩集殘餘》版式字體同，無序跋。《午夢堂詩鈔》字體版式同詩文，前有崇禎十二年己卯曹學佺序，《午夢堂詩鈔述略》。第一種《繡垂館遺稿》，舊名《鸝吹集》，題「吴江沈氏宜修宛君」。第二種《芳雪軒遺集》，舊名《愁言集》，題「吴江葉氏紈紈昭齊」。第三種《疏香閣遺集》，舊名《返生香》，題「吴江葉氏小鸞瓊章」。《存目叢書》用陝西藏本配以北圖藏本影印。中科院圖亦有全本。○民國六年長沙葉氏郋園刻本，作《已畦文集》二十二卷《詩集》十卷《殘餘詩稿》一卷《原詩》四卷，收入《郋園先生全書》。北圖、上圖、南圖等藏。○民國七年葉氏夢篆樓刻本，作《已畦詩集》十卷《文集》二十二卷《詩集殘餘》一卷《原詩》四卷《汪文摘謬》一卷。共十册。上圖、南圖、山西大學、山東師大等藏。○《已畦詩舊存》二卷《語溪倡和》一卷《禾中倡和》一卷，清康熙二棄草堂刻本。半葉十行,行十九字,黑口,四周雙邊。上圖藏。○《已畦詩選餘舊存》二卷,清楊承業輯,清鈔本。南圖藏。○《已畦詩近刻》二卷《西南行草》二卷,清康熙二棄草堂刻本。上圖藏。○《已畦詩近刻》三卷,抄本。上圖藏(以上二本見《清人別集總目》)。

趙恭毅剩稿八卷附裘萼賸稿三卷　國朝趙申喬撰　附趙熊詔撰　五九五八

兩江總督採進本(總目)。○《兩江第一次書目》:「《趙恭毅剩稿》,武進趙申喬著,五本。」○中國社會科學院文學研究所藏清乾隆二年趙侗斆刻本,作《趙忠毅公剩稿》八卷,附趙熊詔《趙裘萼公剩稿》四卷。半葉十二行,行二十四字,黑口,四周雙邊。《趙恭毅公剩稿》題「孫男侗斆謹編」,前有乾隆二年李紱序,乾隆三年張廷璐序,趙侗斆《凡例》。目録後有像,頗精。《趙裘萼公剩稿》題「男侗斆謹編」,目録後有乾隆二年趙侗斆識語。次像,亦精。卷内鈐「冬涵閱過」、「李氏藏書」等印記。是本寫刻頗精。《存目叢書》據以影印。清華、上圖、復旦等亦有是刻。○清光緒十八年浙江書局刻本,僅《趙恭毅公剩稿》八卷。北圖、上圖、南圖、川圖等藏。○清光緒二十三年浙江書局刻本,僅《趙裘萼公剩稿》四卷。上圖、浙圖、南開等藏。○清道光十九年瑞州府鳳儀書院刻《國朝文録》内有《趙忠毅公文録》二卷。

玉巖詩集七卷　國朝林麟焻撰　五九五九

福建巡撫採進本(總目)。○《福建省呈送第五次書目》:「《玉巖詩集》五本。」○北京圖書館分館藏清康熙刻本,作《玉巖詩集》二卷。題「莆田林麟焻石來著,濟南王士禛貽上批點」。半葉十行,行十九字,黑口,四周單邊。前有王士禛序云:「今次其集爲二卷,凡古今體詩若干首。」又康熙二十年陳維崧序，澹亭堯英序，康熙二十三年甲子自序。卷内禎、弘字均不避諱，知係康熙原刻。鈐「侯官楊浚」印。《四庫提要》云：「是編凡前集二卷，皆初年所作。又《星槎草》一卷，《中山竹枝詞》五十首爲一卷，皆出使時所作，《郊居集》一卷，則官提學後家居時作也。」北圖本即其前集。其康熙二十三年自序實爲《星槎草》及《中山竹枝詞》作，有「爰付剞劂語」，知即刻於康熙二十三年。然則北圖本原不止二卷。《存目叢書》據以影印。

五九六〇　孜堂文集二卷　國朝張烈撰

内府藏本（總目）。○《武英殿第一次書目》：「《孜堂初集》二本。」

五九六一　臨野堂文集十卷　國朝鈕琇撰

兩淮馬裕家藏本（總目）。○福建省圖書館藏清康熙刻本，作《臨野堂文集》十卷《詩集》十三卷《詩餘》二卷《尺牘》四卷。半葉十行，行十九字，白口，左右雙邊。題「吴江鈕琇玉樵著」。前有康熙三十八年潘耒序，詩集前有康熙二十九年李因篤序，詩餘前有自序，尺牘前有癸酉康乃心題辭。卷内鈐「松陵柳棄疾藏書之印」、「余亦能高卧」等印，柳亞子故物也。《存目叢書》據以影印。北圖、上圖、湖北圖等亦有是刻。○《臨野堂集》七卷，浙江圖書館藏鈔本（見《清人别集總目》）。○《揖雲齋集》不分卷，鈕琇撰，稿本。山東省圖藏。

五九六二　立命堂二集十三卷　國朝嵇宗孟撰

安徽巡撫採進本（總目）。○《安徽省呈送書目》：「《立命堂集》六本。」○南開大學藏清康熙刻本，作《立命堂二集》六卷。卷一賦,卷二至五詩,卷六文。無館臣所見本附刻各種小集。卷一題「淮東嵇宗孟淑子著,武林沈珩昭子較,男亮、襄仝正字」。各卷校閲者不同,或題「婁江吴偉業駿公閲」。半葉九行,行十九字,白口,四周雙邊。前有吴偉業序,康熙十一年黄機序,康熙十一年沈珩序(缺末葉),康熙十一年張新標序,王録序,李明睿序。李序云:「授篇吴子駿公,梓而行之。」則係吴偉業刻,蓋在康熙十一年也。《存目叢書》據以影印。上圖、南大亦有是刻。柯愈春《清人詩文集總目提要》云鄧之誠藏有全本,附有各小集。沈乃文云可能已歸文物出版社孟憲鈞。〇《楚江蠡史》不分卷,嵇宗孟撰,顧豹文、李天馥等評,清康熙十年嵇氏立命堂刻本二册。半葉七行,行十八字,白口,四周雙邊。北圖藏。

古鉢集選一卷　國朝王士祜撰　五九六三

山東巡撫採進本(總目)。〇清康熙王士禛刻本,題「新城王士祜叔子撰,弟王士禛貽上批點」。半葉十行,行二十字,黑口,左右雙邊。前有資政大夫經筵講官都察院掌院左都御史弟士禛《刻古鉢遺集序》云:「《古鉢山人詩》一卷,凡爲古今體百篇,山人母弟士禛所編録,於是距山人之殁十二年矣。刻成,序之曰。」士祜卒於康熙二十年辛酉,則是本編於康熙三十二年。考士禛康熙三十七年七月始升都察院左都御史,十一月升刑部尚書,則序文當作於康熙三十七年七月至十一月間。蓋至是年始刊成。此本後印入《王漁洋遺書》,禛字改刻爲禎,知係乾隆三十九年十一月詔改士禛爲士禎以後印本。《存目叢書》據余藏本影印,以未覓得初印本也。《遺書》傳本頗多。

有懷堂詩文稿二十八卷　國朝韓菼撰　**五九六四**

内府藏本(總目)。○《武英殿第二次書目》：「《有懷堂詩文稿》六本。」○《江蘇省第一次書目》：「《有懷堂文集》六本。」○《江蘇採輯遺書目録》：「《有懷堂詩集》六卷《文集》十六卷，禮部尚書長洲韓菼著。」○《江西巡撫六次續採書目》：「《有懷堂文詩集》二種共六本。」○中央民族大學藏清康熙四十二年刻本，作《有懷堂文稿》二十二卷《詩稿》六卷。半葉十一行，行二十一字，白口，四周單邊。《文稿》前有康熙四十二年自序，《詩稿》前有康熙四十二年自序，兩序不同。《存目叢書》據以影印。北大、上圖、山東圖等亦有是刻。柯愈春云：日本京都大學附屬圖書館藏是刻多《有懷堂稿詩文補遺》二卷(《清人詩文集總目提要》)。○《瀛洲亭詩初集》二卷，韓菼撰，清康熙刻本，北圖藏(見《清人別集總目》)。○《慕廬先生文稿》五卷，韓菼撰，稿本，南圖藏。○《韓慕廬稿》一册，清鈔本，泰安圖書館藏(見《清人詩文集總目提要》)。○《慕廬先生有懷堂詩箋》二卷，韓菼撰，殷翊箋注，清鈔本。南圖藏。

蘋村類稿三十卷附録二卷　國朝徐倬撰　附徐元正撰　**五九六五**

編修徐天柱家藏本(總目)。○《編修徐交出書目》：「《蘋村類稿》十本。」○《浙江省第六次呈送書目》：「《修吉堂稿》十五卷，國朝徐倬著，十本。」○南京圖書館藏清康熙刻乾隆續刻本，作《修吉堂文稿》八卷《道貴堂類稿》十一種二十一卷《耄餘殘瀋》二卷附徐元正《修吉堂遺稿》二卷。子目與《提要》合，唯《應制集》三卷，《提要》誤作二卷，故總卷數三十一卷，《總目》亦誤作三十卷。《修吉堂文稿》八卷，題「吴興徐倬方虎氏著」。半葉十行，行十九字，黑口，左右雙邊。鈐「當湖徐氏思補齋珍藏」、「嘉惠堂丁氏藏」、「後八千卷樓」、「嘉惠堂丁氏藏書之印」等印記。《道貴堂類稿》二十一卷，題「吴興徐倬蘋村著」，行款版式同前，有康熙四十七年海寧陳元龍序，鈐「海寧陳氏珍藏書畫金石之印」、「步瀛」、「檇李曹氏」、「八千卷樓丁氏藏書」等印記。以上均寫刻本。《耄餘殘瀋》二卷，題「吴興徐倬蘋邨著」，半葉十一行，行二十字，黑口，四周單邊。匠體字。前有八十四歲自序。《修吉堂遺稿》二卷，題「清溪徐元正静園著」，半葉十一行，行二十字，黑口，四周單邊。匠體字。末有乾隆四年男志莘跋云：「敬付梓人，附於先王父文集之後。」末鈐「汪森私印」等印記。《存目叢書》據以影印。清華、社科院文學所、上圖等亦有是刻。

禮山園文集八卷　國朝李來章撰　**五九六六**

浙江巡撫採進本(總目)。○《浙江省第九次呈送書目》：「《禮山園文集》八卷，國朝李來章著，五本。」○《浙江採集遺書總録》：「《禮山園文集》八卷，刊本，國朝舉人襄城李來章撰。」○北京大學藏清康熙賜書堂刻本，作《禮山園詩集》十卷《文集》八卷《文集後編》五卷《續集》一卷。題「襄城李來章禮山(原名灼然)」。半葉九行至十行，行十九至二十一字，黑口間加白口，左右雙邊。《詩集》封面刻「賜書堂藏板」，有冉覲祖序，兄驥序。《文集》封面刻「賜書堂板」，有康熙二十五年丙寅冉覲祖序云：「是歲冬，予從事訓詁，曰與剞劂氏相酬對。李子貽予所刻《禮山園文集》，予輟訓詁而卒讀焉。」又康熙二十五年莫爾潅序，康熙二十六年竇克勤序，康熙二十七年仇兆鰲序，康熙二十七年金居敬序,康熙二十七年張希良序,康熙二十七年張步瀛序,康熙二十八年許子尊序,康熙二十九年耿介序,徐嘉炎序。《禮山園文集後編》五卷,封面刻「賜書堂板」,前有本傳,云康熙六十年五月初八卒。又文一卷,版心卷次、葉次爲墨丁。《存目叢書》據以影印。是刻乾隆間印入《禮山園全集》,北圖、清華、南圖等藏。

殘本經史緒言一卷　國朝朱董祥撰　五九六七

兩江總督採進本(總目)。○《兩江第一次書目》:「《經史緒言》,明朱董祥著,抄本,一本。」

南畇文集十二卷　國朝彭定求撰　五九六八

江蘇巡撫採進本(總目)。○《江蘇省第一次書目》:「《南畇文集》八本。」○《江蘇採輯遺書目録》:「《南畇文稿》十二卷《儒門法語》一卷,翰林院侍講長洲彭定求著。」○中央民族大學藏清雍正四年刻本,作《南畇文稿》十二卷。半葉十二行,行二十三字,細黑口,四周單邊。寫刻本。前有雍正四年王原序云:「《南畇文鈔》若干卷,今年剞劂告竣。」卷内鈐「許氏星臺藏書」、「浮雲軒」、「許卓然印」、「潘光旦先生贈」等印記。紙質暗黄。《存目叢書》據以影印。北圖、中國社科院文學所、河南新鄉圖書館、南圖等藏。○清乾隆三十九年刻本,作《南畇文稿》十二卷,湖南圖、無錫圖藏。○清光緒七年刻《長洲彭氏家集·南畇全集》本,作《南畇文稿》十二卷《小題文稿》一卷。北圖、上圖、福建圖等藏。○《南畇詩稿》十卷《續稿》十七卷,清康熙刻本。南圖、浙大、無錫圖等藏。又光緒七年刻《長洲彭氏家集·南畇全集》本,北圖、上圖、福建圖等藏。○《南畇先生詩選》六卷,稿本，北大藏。

寶嗇堂詩稿四卷　國朝張榕端撰　**五九六九**

直隸總督採進本（總目）。○《直隸省呈送書目》：「《張氏雜著》五種七本。」○清康熙刻本，作《賀蘭雪樵詩集》四卷。半葉十行，行二十一字，白口，四周單邊。版心題「寶嗇堂詩稿」。北圖、南圖、中科院圖、中山圖、山西大學藏。○北京圖書館藏括齋王氏鈔本（見《清人別集總目》）。

河上草二卷　國朝張榕端撰　**五九七〇**

直隸總督採進本（總目）。

蘭樵歸田稿一卷　國朝張榕端撰　**五九七一**

直隸總督採進本（總目）。

彭椒巖詩稿二十二卷　國朝彭開祐撰　**五九七二**

江蘇周厚堉家藏本（總目）。○《江蘇省第一次書目》：「《彭椒巖詩稿》四本。」○《江蘇採輯遺書目録》：「《彭椒巖詩稿》十六卷，武岡刺史華亭彭開祐著。」○《提要》云：是集分四種：《瞻雲稿》、《游琴稿》、《一螺稿》各六卷、《橐丸稿》四卷。○《販書偶記續編》：「《春藻堂一螺稿》四卷，清華亭彭開祜撰，康熙丙子春藻堂刊。」又：「《春藻堂一螺稿》六卷，清華亭彭開祜撰，康熙丙子刊。」注云：「四庫著録祜作祐。」柯愈春《清人詩文集總目提要》云：「康熙三十五年春藻堂刻，中山大學圖書館殘存十三卷。」未知所存爲何種小集。○《春藻堂嘯廬稿》四卷《滌雪稿》四卷，彭開祜撰，清康熙春藻堂刻本。半葉十行，行二十二字，白口，四周雙邊。上圖藏。○《春藻堂嘯廬稿》四卷，上海圖書館藏鈔本（見《清人别集總目》）。○按：本書撰人當作彭開祜，孫殿起所見康熙刻《一藻稿》、上圖藏康熙刻《嘯廬稿》、《明清進士題名碑録》皆作「祜」可證。《四庫總目》作「祐」當係形近之誤。

旭華堂文集十四卷補遺一卷續編一卷　國朝王奐曾撰　**五九七三**

山西巡撫採進本（總目）。○《山西省呈送書目》：「《旭華堂集》十八卷。」○《兩江第二次書目》：「《旭華堂文集》，牟河王奐曾著，六本。」按：牟當作平。○山西省圖書館藏清乾隆十六年趙熟典刻本。目録題「平河王奐曾元亮甫手著，孫壻趙熟典厚五校刊，男何百可編輯，受業姪孫士顒孚若、孫士敏魯齋參訂」。半葉十行，行十八字，白口，四周雙邊。前有乾隆十六年閻廷玠序，乾隆五年張若埪序。後有乾隆十二年丁卯趙熟典跋云：「今摘其文爲十有四卷付之梓。」又姪孫士顒跋，孫士敏跋。卷十四後另有《補遺》一卷，又附墓志銘。卷内鈐「崞縣陳監先藏書」、「安城任亮儕氏藏書」等印記。《存目叢書》據以影印。上圖、南開、祁縣圖、福師大、湖南圖等亦有是刻。别本有《續編》一卷，今未見。按：刻書人趙熟典，《提要》誤作趙勳典。

通志堂集十八卷附録二卷　國朝納喇性德撰　**五九七四**

江西巡撫採進本（總目）。○上海圖書館藏清康熙三十年徐乾學刻本二十卷，其中卷十九卷二十爲附録。正文題「納蘭性德容若（原名成德）」。半葉九行，行十九字，白口，左右雙邊。前有重光協洽之歲（康熙三十年辛未）徐乾學序云：「余里居杜門，檢其詩詞古文遺稿，太傅公所手授者，及友人秦對巖、顧梁汾所藏，并《經解》小序，合而梓之，以存梗概，爲《通志堂集》，碑志哀輓之作附於卷後。」次康熙三十年嚴繩孫序。是本寫刻極精。一九七九年上海古籍出版社據以影印。《存目叢書》更據影印本影印。北圖藏一部有清莫友芝跋。中科院圖、山東省圖等亦有是刻。○《飲水詩集》二卷《詞集》三卷，納蘭性德撰，清康熙三十年張純修刻本。北圖、南圖、復旦等藏。

翠滴樓詩集六卷　國朝馮雲驌撰　**五九七五**

監察御史戈岱家藏本(總目)。○山西省圖書館藏清乾隆刻本，與《秋水集》十六卷合函。○首都圖書館藏清清暉堂刻民國二十五年山西書局補刻本，題「雁門馮雲驌懿生，男欽過亭、璺樞南校字」。半葉十一行，行二十二字，白口，左右雙邊。前有許汝霖序，受業鹿祐序。各卷葉數無多，總計六卷四十一葉。《存目叢書》據以影印。

兼山堂集八卷　國朝陳錫嘏撰　**五九七六**

浙江巡撫採進本(總目)。○《浙江省第九次呈送書目》：「《兼山堂集》八卷，國朝陳錫嘏著，二本。」○《浙江採集遺書總録》：「《兼山堂集》八卷，刊本，國朝編修鄞縣陳錫嘏撰。」○南開大學藏清康熙刻本，題「甬江陳錫嘏介眉著，慈谿鄭梁禹梅選，男汝咸輯」。半葉九行，行二十字，黑口，左右雙邊。前有康熙二十九年庚午十月朔同門鄭梁序云：「己巳南歸，因從先生令子莘學索其遺稿，意欲鋟梓行世，以闢議者之口，而奇零散帙，猝難彙萃，選勝拔尤，僅得文若干卷，詩若干卷，都爲一集。……會余匆匆北上，未遑一言爲序。九月初吉，莘學屢書來促，念鍾期之既逝，流水之絃欲絶矣，率略數語。」蓋即刻於康熙二十九年。鈐「孫華卿印」。《存目叢書》據以影印。福建圖、中共中央黨校、中國社科院文學所亦有是刻。

清芬堂存稿八卷　國朝胡會恩撰　**五九七七**

浙江巡撫採進本（總目）。○《浙江省第十一次呈送書目》：「《清芬堂稿》八卷，國朝胡會恩著，二本。」○《浙江採集遺書總録》：「《清芬堂稿》八卷，刊本，國朝侍郎烏程胡會恩撰。」○浙江圖書館藏清康熙刻本，題「苕上胡會恩」。半葉十一行，行二十一字，黑口，左右雙邊。前有康熙五十年春朱星渚序。卷一至八均詩。卷八後又有「清芬堂存稿卷一」，僅存《宸翰天章賦並序》首葉。又後爲《清芬堂存稿・詩餘》一卷，至第八葉前半止，以下缺。寫刻頗精。鈐「墨澥廔珍藏書畫鈐記」等印。《存目叢書》據以影印。中科院圖、復旦亦有是刻。

蘧廬草一卷　國朝黄鐘撰　**五九七八**

兩江總督採進本（總目）。○《兩江第二次書目》：「《蘧廬草》，如皋黄鐘著，一本。」

西澗初集六卷　國朝劉然撰　**五九七九**

江蘇周厚堉家藏本（總目）。○《江蘇省第一次書目》：「《西澗初集》二本。」○《江蘇採輯遺書目録》：「《西澗初集》六卷，文江劉然著。」

青門簏稿十六卷附邵氏家録一卷青門旅稿六卷青門賸稿八卷　國朝邵長蘅撰　**五九八〇**

安徽巡撫採進本（總目）。○《安徽省呈送書目》：「《青門賸稿》二本。」○青海省圖書館藏清康熙刻本,作《邵子湘全集》,子目:《青門簏稿》十六卷、《青門旅稿》六卷、《青門賸稿》八卷、附《邵氏家録》二卷。題「毗陵邵長蘅子湘纂,蘄州顧景星赤方批點」。半葉十行,行二十一字,黑口,左右雙邊。前有宋犖序,王士禛序。又康熙三十四年彭鵬序云:「分俸刻其稿者爲武進明府河朔王君似軒,元烜其名也。」又康熙三十二年王元烜序云:「乃割薄俸爲梓《簏稿》若干卷,既成,誦前語附中丞公末簡。」知《青門簏稿》爲康熙三十四年武進縣令王元烜捐俸刻本。《旅稿》據自序刻於康熙三十年。《賸稿》據馮景序刻於康熙三十八年,寫刻甚精。鈐「賀廷赤印」、「雪樵」、「梃生」、「毓桐」、「此書畫曾在邵雪樵家」等印。《存目叢書》據以影印。清華、上圖、湖北圖等亦有是刻。○清光緒二十三年武進盛宣懷刻本,作《邵青門全集》三十卷附《邵氏家録》二卷,《常州先哲遺書》之一。北圖、上圖、南圖等藏。○《青門賸稿》八卷,日本江户木活字印本。上圖、南圖、遼圖、北大等藏。

竹垞文類二十六卷　國朝朱彝尊撰　　五九八一

内府藏本(總目)。○《武英殿第一次書目》:「《竹垞文類》六本。」○北京圖書館藏清康熙刻本,目録題「布衣秀水朱彝尊字錫鬯」。半葉十行,行二十字,白口,左右雙邊。有王士禛序,魏禧序。鈐「月波樓畔漁師」印。《存目叢書》據以影印。科圖藏一部有鄧之誠跋。廣東社科院、寶應圖、上圖等亦有是刻。○清康熙二十一年刻本二十五卷。半葉十行,行二十字,白口,左右雙邊。清華、中科院圖、華東師大藏。

受祺堂詩集三十四卷　國朝李因篤撰　**五九八二**

陝西巡撫採進本(總目)。〇《陝西省呈送書目》：「《受祺堂詩集》。」〇北京大學藏清康熙三十八年田少華刻本，作《受祺堂詩》三十五卷，卷四原注未出，實三十四卷。題「中南山人荆東李因篤子德著」。半葉十行，行十九字，黑口，四周雙邊。前有康熙三十八年己卯潘耒序云：「樂昌令田少華，先生之表姪也，擕其稿至粤東，割俸梓之以行世。」鈐「博求文獻」、「西橋黄葉樓藏書印」等印記。《存目叢書》據以影印。北圖、復旦、湖北圖等亦有是刻。〇《受祺堂詩集補佚》一卷(即卷四)，民國二十年富平張鵬一鴛鴦七志齋排印本。北圖、中科院圖藏(見《清人别集總目》)。袁行雲《清人别集叙録》稱爲「近代刻本」，柯愈春《清人詩文集總目提要》稱爲「鴛鴦七志齋石印」，未見原書，附此備考)。〇《受祺堂文集》四卷《續刻》四卷，清道光七年刻十年續刻本。北師大、南開、遼圖、陝西圖等藏。

世恩堂集三十五卷　國朝王頊齡撰　**五九八三**

江蘇巡撫採進本(總目)。〇《江蘇省第一次書目》：「《世恩堂集》十本。」〇《江蘇採輯遺書目録》：「《世恩堂集》三十五卷，大學士華亭王頊齡著。」〇北京圖書館藏清康熙刻本，作《世恩堂詩集》三十卷《詞集》二卷《經進集》三卷。題「華亭王頊齡瑁湖」。半葉十行，行十九字，黑口，左右雙邊。寫刻頗工。前有康熙九年庚戌周茂源序，康熙十二年癸丑田茂遇序等舊序。又康熙三十七年戊寅任丘龐塏序，康熙四十年辛巳張豫章序，康熙四十二年癸未汪霦序，康熙四十二年勞之辨序，康熙五十五年張雲章序。鈐「无竟先生獨志堂物」、「長安寓公」、「曾在古豐李泉山處」等印記。《存目叢書補編》據以影印。復旦、湖北襄陽圖亦藏是刻。

五九八四

深秀亭近草五卷　國朝潘鍾麟撰

江蘇周厚堉家藏本(總目)。○《江蘇省第一次書目》：「《深秀亭近草》一本。」○《江蘇採輯遺書目録》：「《深秀齋近草》十五卷，潘鍾麟著。」○上海圖書館藏清康熙深秀亭刻本，作《深秀亭詩集》二十一卷。題「雲間潘鍾麟層峰」。半葉十一行，行二十三字，白口，左右雙邊。前有康熙三十七年王士禛序，康熙四十一年壬午任奕鏊序，康熙三十六年丁丑錢二白序。鈐「王崐之印」、「和中」等印記。《存目叢書》據以影印。

五九八五

遂初堂詩集十五卷文集二十卷別集四卷　國朝潘耒撰

江蘇巡撫採進本(總目)。○《江蘇省第一次書目》：「《遂初堂集》十六本。」○《江蘇採輯遺書目録》：「《遂初堂詩集》三十七卷，翰林院檢討吴江潘耒著，刊本。」○清康熙刻本，作《遂初堂詩集》十二卷《文集》十五卷。中科院圖藏。上圖藏一部有葉景葵校，佚去詩集第六卷。○吉林省圖書館藏清康熙刻續刻本，作《遂初堂詩集》十六卷《文集》二十卷《別集》四卷。半葉十行，行二十一字，白口，四周單邊。前有康熙四十九年許汝霖序。詩集卷十六爲補遺。卷内鈐「禮耕堂珍藏」印。《存目叢書》據以影印。北大、中科院圖、上圖、川大等亦有是刻。

五九八六

抱經齋集二十卷附焚餘草一卷　國朝徐嘉炎撰　附徐肇森撰

浙江巡撫採進本(總目)。○《浙江省第十二次呈送書目》：「《抱經齋詩集》十四卷《文集》六卷，國朝徐嘉炎著，四本。」〇《浙江採集遺書總録》：「《抱經齋詩集》十四卷《文集》六卷，刊本，國朝内閣學士秀水徐嘉炎撰。」〇浙江圖書館藏清康熙三十八年刻本，作《抱經齋詩集》十四卷《文集》不分卷，附徐肇森《焚餘草》一卷。題「秀水徐嘉炎華隱氏著」。半葉十行，行二十字，白口，四周單邊。前有康熙三十八年宛平王熙序，李天馥序，康熙三十八年沁州吴璵序，王士禛序，康熙三十八年王鴻緒序，康熙三十八年宋犖序，康熙三十八年自序，康熙三十八年田雯題辭。校訂姓氏。《文集》依版心標卷有卷一至九、卷十二，餘爲墨丁。《詩集》卷十四爲《玉臺詞》。《焚餘草》題「檇李徐肇森質可甫著，男嘉炎憶録」。卷内鈐「西簃」、「愛日館藏書印」印記。《存目叢書》據以影印。山西大學藏是刻多韓菼序，有近人郭象升癸酉三月初十日跋，鈐「閒田張閗三藏書」印（見張梅秀《稀見明清文集五種考略》，載《文獻研究》第一輯，北京圖書館出版社一九九九年六月出版）。故宫、北圖分館亦有是刻。〇上海圖書館藏稿本，僅《抱經齋詩集》十四卷。

五九八七　叢碧山房集五十七卷附詩義固説二卷　國朝龐塏撰

内府藏本（總目）。〇《武英殿第二次書目》：「《叢碧山房文集》十本。」〇《直隸省呈送書目》：「《叢碧山房集》十一本。」〇《浙江省第八次呈送書目》：「《叢碧山房文集》八卷《雜著》三卷《詩集》四十卷，國朝龐塏著。」〇《浙江採集遺書總録》：「《叢碧山房文集》八卷《雜著》三卷《詩集》四十一卷，刊本，國朝建寧知府任邱龐塏撰。」〇中國科學院圖書館藏清康熙刻本，作《叢碧山房詩初集》十四卷《二集》六卷《三集》十一卷《四集》十卷《五集》五卷《文集》八卷《雜著》三卷。題「任丘龐塏雪崕著」。半葉十行，行十九字，黑口，四周單邊。前有李天馥序，徐嘉炎序，李澄中序，王澤弘序，康熙十六年丁巳魏裔介序，康熙十八年己未沈珩序，朱彝尊序。《二集》前有康熙三十三年甲戌曹鑑倫序。《三集》前有勵杜訥序，康熙甲戌宋恭貽序。《四集》前有田雯序，李鎧序，吴穆序，朱程履謙後序。《五集》前有張遠序，盛唐序。《文集》前有李鎧序，金德純序，張貞序，康熙三十八年己卯王嗣槐序。卷内鈐「水竹邨人藏書記」等印記。《存目叢書補編》據以影印。北圖、北大、上圖、南圖等亦有是刻。《中國古籍善本書目》著録另一本有《和陶詩集》一卷，今未見。○《叢碧山房詩稿》一卷，稿本，北京市文物局藏。○《叢碧山房詩鈔》六卷，清康熙敬事堂刻王企埥輯《畿輔七名家詩鈔》本。半葉十行，行二十一字，白口，左右雙邊。上圖、保定圖藏。中科院圖有單本。

卧象山房集三卷附録二卷　國朝李澄中撰　**五九八八**

山東巡撫採進本(總目)。○《山東巡撫呈送第一次書目》：「《卧象山房集》三本。」○北京圖書館藏清康熙刻《艮齋文選》一卷，無序跋，各篇自爲起訖，葉碼不連。寫刻本。中國人民大學藏清康熙刻本《卧象山房賦集》一卷、《文集》一卷附《三生傳》《自爲墓志銘》《賜履紀恩二律》《東武吟》諸單篇、《滇南集》一卷、《卧象山房詩集》□□卷(存卷二十二至二十三)、《滇行日記》二卷。半葉十行或十一行，行二十字，白口，四周雙邊或單邊。《存目叢書》用兩家藏本配合影印。南圖亦有是刻。

白雲村集八卷　國朝李澄中撰　**五九八九**

山東巡撫採進本(總目)。○《山東巡撫第二次呈進書目》：「《白雲村集》二本。」○南京圖書館藏清康熙刻本，作《白雲村文集》四卷《卧象山房詩正集》七卷《卧象山房賦集》一卷《滇南集》一卷。《文集》、《正集》半葉十一行，行二十字，白口，四周單邊。前有康熙四十四年龐塏《卧象山房集序》云：「余領郡閩之□□，則麻沙書林隸焉，則剞劂易，以報李君也，乃道途□□，稿不易得。比得付梓，甫半而漁村人亡，余官報罷，天乎人乎，何所遭之不偶乎。維時潘子撝菴方尹建安，……因付託□□□□，又明年果續成全帙。」又康熙三十八年二月張貞《白雲村文集序》，宋恭貽《白雲村文集序》，毛奇齡序，康熙三十八年安致遠序，康熙三十四年乙亥洪嘉植序。又康熙三十八年自序云：「戊寅春，雪崖出守建寧，以書相招。於是取平日所撰著詩存四百餘首、文存七十餘篇，名曰正集，馳寄雪崖。」據此，龐塏出守建寧府在康熙三十八年春，至三十九年李澄中去世，龐塏罷官，刊刻僅及其半。建安知縣潘撝菴續刻成之，時在康熙四十四年，所刊者《白雲村文集》四卷《卧象山房詩正集》七卷。《賦集》前有自序。《滇南集》半葉十行，行二十字，白口，四周雙邊。行款字體不同，非一時所刊。《存目叢書》影印其《文集》四卷《詩正集》七卷。北圖藏是刻有倫明校。中科院圖、華東師大等亦有是刻。○《卧象山房詩集》二十四卷《文集》二卷《艮齋筆記》八卷《雜傳》一卷，稿本（《中國古籍善本書目》著録爲清抄本）。山東省圖藏。○《李漁村先生稿》一卷，稿本，清張石民評點。山東博物館藏。有王獻唐跋，見《雙行精舍書跋輯存》。○《卧象山房詩集》七卷，清稿本四册。正文首題「卧象山房詩集卷之一」，次題「琅邪李澄中漁村著」。半葉十行，行二十字，白口，四周雙邊。卷一前有《卧象山房詩正集》卷一目録。各卷均有目録。卷内鈐「李澄中印」、「繆荃孫藏」、「荃孫」、

「雲輪閣」等印。書簽題「瑯邪李漁村稿本，江陰繆荃孫家藏」。臺灣「中央圖書館」藏，該館《善本書志初稿》著録爲「舊鈔本」。疑即澄中寄建寧龐塏者。

秋錦山房集二十二卷　國朝李良年撰　**五九九〇**

江蘇巡撫採進本(總目)。〇《江蘇省第一次書目》：「《秋錦山房集》六本。」〇《江蘇採輯遺書目録》：「《秋錦山房集》二十五卷，嘉興李良年著，刊本。」〇《浙江省第八次呈送書目》：「《秋錦山房集》二十五卷，國朝李良年著，七本。」〇《浙江採集遺書總録》：「《秋錦山房集》二十二卷《外集》三卷，刊本，國朝徵士嘉興李良年撰。」〇清華大學藏清康熙刻乾隆增刻《李氏家集四種》本，作《秋錦山房集》二十二卷《外集》三卷。半葉十一行，行二十一字，黑口，四周單邊。前有康熙三十五年丙子李繩遠序，係爲前十卷詩集作，并云「古文如千篇，潮偕方續爲編校」。卷十末有康熙三十五年男潮偕跋云：「外文集若干卷，尋當編次，續付剞劂。」則前十卷爲李潮偕康熙三十五年刻。卷十一至二十二爲後來續刻。卷二十二末有朱彝尊撰《行狀》。《秋錦山房外集》三卷爲尺牘，封面刻《秋錦山房尺牘》，并刻「此係家集，如有翻刻，千里必究」告白。末有孫男菊芳跋，謂爲先子所編，蓋潮偕殁後，菊芳所刊也。鈐「結一廬藏書印」、「朱澂之印」等印記。《存目叢書》據以影印。北圖、上圖、復旦等亦有是刻。其前十卷《秋錦山房集》有初出單本，南開、復旦、浙圖、川圖等藏。

別本蓮洋集二十卷　國朝吴雯撰　**五九九一**

刑部員外郎張道源家刻本(總目)。〇《提要》云：「近時乃疊出三本。一爲臨汾劉組曾所刻。一爲山東孫峩所刻。一即此本，爲浮山張體乾所刻。」又云：「劉本詳備於孫本，此本又詳備於劉本。要之詩之工拙，不係篇帙之多少。今繕孫本入秘閣，而此本則存其目焉。」○《提要》卷一七三《蓮洋詩鈔》十卷提要云：「其詩一刻於吴中，再刻於都下，三刻於津門。後士禎爲删定，存千餘首。乾隆辛未，汾陽劉組曾裒其全稿刻之，又以士禎所評者別刊一小册並行。越十三年甲申，蒲州府同知山東孫諤始從雯姪敦厚得士禎所定原本，簡汰重刊，詳載士禎之評，併以劉本所遺者補刻於後，以所見墨迹補之。其士禎所删而劉本誤刻者，咸爲汰去。凡得古詩二卷、近體五卷、補遺一卷、詩餘一卷、文一卷。○《蓮洋集選》十二卷，清乾隆十五年劉組曾刻本。半葉九行，行十九字，白口，左右雙邊。太原圖、齊齊哈爾圖、福建惠安文化館、華中師大、中山大學藏。○《蓮洋集》十二卷《補遺》一卷，清乾隆十五年劉組曾刻十六年宋弼增刻本。中國社科院近代史所、山西圖、太原圖、遼圖、湖北圖等藏。○《蓮洋集》十二卷《補遺》一卷，清乾隆十五年劉組曾刻十六年宋弼增刻五十五年徐昆等增修本。北大、黑龍江大、厦大、川圖等藏。○《蓮洋詩鈔》十卷，清乾隆二十九年甲申蒲州府同知山東孫諤刻本，《四庫全書》據以入録。原刻未見。《四庫》所據爲兩江總督採進本，檢《兩江第一次書目》有「《蓮洋集》，河中吴雯著，四本」，當即其書。○《吴徵君蓮洋詩鈔》八卷，清乾隆三十二年劉贄、蘇爾詒等選刻《晉兩徵君詩鈔》（又名《晉二子詩》、《山右二徵君詩鈔》）本。山東大學藏一部，題「河中吴雯天章著，江左蘇爾詒薇谷、河東劉贄稼莊參訂」。半葉八行，行二十一字，白口，四周單邊，無直格。各卷有大標題，但不標卷數，實依詩體分五古、七古、五律、七律、五言排律、七言排律、五絶、七絶爲八卷。封面刻「乾隆丁亥秋鐫」、「止軒藏板」。前有王士正原序,乾隆三十二年丁亥蘇爾詒刻書序,劉贄《凡例》。此係選本,有王士禛及蘇、劉二人評附於各詩之後。鈐「孝陸」、「趙氏模𨽻閣收藏圖籍書畫印」、「渠丘曹愚盦氏藏書」等印。清華、山西圖、山西大學、川圖、武漢圖等亦藏是刻。○《蓮洋集》二十卷《年譜》一卷《附録》一卷,清乾隆三十九年荆圃草堂刻本。半葉十一行,行二十三字,白口,左右雙邊。人民大學藏本,題「河中吴雯天章著,後學浮山張體乾確齋校」。前有乾隆三十九年翁方綱序,乾隆三十九年曹學閔序,乾隆三十九年張體乾序,舊序,蓮洋先生小像(署「山陰朱如鉉寫」,翁方綱贊)。又《蓮洋吴徵君年譜》一卷,翁方綱編。次《附録》。次正文。鈐「達夫珍藏」印。翁序前有手記:「宣統庚戌耐軒購於桂林省破書肆中。」《存目叢書補編》據以影印。北大藏一部有汪鏞批校。北圖、上圖、南圖、山西圖等亦有是刻。即《提要》所稱浮山張體乾刻本也。○《蓮洋詩》一卷,清馬氏小玲瓏山館鈔本。上圖藏。○《蓮洋詩選》一册,清馬氏小玲瓏山館鈔本。北圖藏。○《蓮洋集》二十卷《年譜》一卷《附録》一卷,民國間上海中華書局排印《四部備要》本。從荆圃草堂本出。

雪石堂詩草無卷數　國朝劉爾㸌撰　　**五九九二**

陝西巡撫採進本(總目)。○《陝西省呈送書目》:「《雪石堂詩集》。」

思復堂集十卷　國朝邵廷采撰　　**五九九三**

浙江巡撫採進本(總目)。○《浙江省第十一次呈送書目》:「《思復堂集》十卷,國朝邵廷采著,六本。」○《浙江採集遺書總録》:「《思復堂集》十卷,刊本,國朝諸生餘姚邵廷采撰。」○南京圖書館藏清康熙刻本，作《思復堂文集》十卷《附載》一卷。半葉九行，行二十五字，白口，四周單邊，或左右雙邊。前有康熙五十一年壬辰王掞序，康熙四十四年劉士林原序，康熙五十年龔翔麟撰傳，康熙五十二年陶思肅撰墓表，康熙五十五年萬經撰傳，康熙五十年叔國麟撰傳。《目録》標題爲《思復堂前集》，次題「餘姚邵廷采念魯著，男師濂主静、承明階程、繼雲二銘較輯」。正文無大標題，版心上刻「思復堂」，下刻「二集」。未知究爲前集爲二集也。《存目叢書》據以影印。浙圖藏一部清傳以禮校並跋。上圖、北大、遼圖、湖南圖亦有是刻。〇清會稽徐氏鑄學齋鈔本，作《思復堂前集》十卷《附録》一卷。半葉十行，行二十字，黑格。清徐維則校。上圖藏。〇清光緒十九年會稽徐氏鑄學齋刻本，收入《紹興先正遺書》第四集。作《思復堂文集》十卷《附録》一卷《末》一卷。〇一九八七年浙江古籍出版社排印祝鴻杰校點本，作《思復堂文集》。

徐都講詩一卷　國朝徐昭華撰　**五九九四**

浙江巡撫採進本（總目）。〇中央民族大學藏清康熙書留草堂刻《西河合集》本，有毛奇齡序曰：「昭華，字昭華，始寧人。」《存目叢書》據以影印。〇清道光二十四年序鄉嬛别館刊《國朝閨閣詩鈔》本。北圖、上圖、山東圖等藏。〇《浣香閣遺稿》一卷，徐昭華撰，清道光二十七年活字印本。附何九娘、胡石蘭詩。北圖、津圖藏。

拙齋集五卷　國朝朱奇齡撰　**五九九五**

浙江巡撫採進本（總目）。〇《浙江省第十次呈送書目》：「《拙齋集》五卷，國朝朱奇齡著，三本。」

○《浙江採集遺書總録》：「《拙齋集》五卷，刊本，國朝海寧朱奇齡撰。」○北京圖書館藏清康熙介堂刻本，題「東海朱奇齡與三著，同學汪儒逸上、查嗣珣東亭選，男嶽徵協慶、元榮協庭仝校」。半葉十行，行二十五字，白口，四周單邊。版心下刻「介堂」二字。卷一卷二係清末民初費寅家抄配，前有費寅手跋並過録清朱恭壽跋。費跋云：「《拙齋集》得殘帙存三至五卷，康熙刊本，有『朱彰之印』、『海塩胥郙朱氏號魯瞻弌字滈亭圖書』二朱記。知濮橋朱澤民兄藏有完本，擬借鈔首册，適它友以朱半塘恭壽手跋全部見眎，爰倩録第一、二卷，全成全璧，并寫坿朱跋於後，以見先哲遺箸得此而三，堪以永存天壤。里後學費寅謹記。」下鈐「景韓」小印，卷内又鈐「費寅之章」、「復齋」、「自怡齋」諸印，皆費寅藏印。朱氏二印在卷三、四、五首葉。《存目叢書》據以影印。南圖、浙圖皆藏四卷本。○清鈔本四卷。半葉十行，行二十五字，無格。北圖藏。

張邇可集四卷　國朝張遠撰　五九九六

浙江巡撫採進本(總目)。○《提要》云：「是集凡分三種，曰《雲嶠集》一卷、《蕉園集》一卷、《梅莊集》二卷。」○《浙江省第十一次呈送書目》：「《雲嶠集》一册《蕉園集》一册《梅莊集》一册《文集》一册，國朝張遠著，四本。」○《浙江採集遺書總録》：「《雲嶠集》一册《蕉園集》一册《梅莊集》一册《梅莊文集》一册，刊本，國朝蕭山張遠撰。」○中國科學院圖書館藏清康熙刻本，僅《梅莊集》七卷《梅莊文集》一卷。《梅莊集》依體分卷，每卷首行題「梅莊集」，次行題「蕭山張遠邇可著」。有襄平彭延禕序，自序。《梅莊文集》正文首行題「梅莊文集」，次行同前。有康熙三十八年己卯張希良序，康熙三十八年方象瑛序，毛際可序。半葉十行，行二十字，白口，四周單邊。《存目叢書補編》據以影印。遼圖亦有是刻。清華、社科院文學所有《梅莊集》四册。北圖有《梅莊文集》一册。

超然詩集八卷　國朝張遠撰　　**五九九七**

福建巡撫採進本（總目）。○《福建省呈送第三次書目》：「《張超然詩集》八卷四本。」○《武英殿第一次書目》：「《無悶堂集》二本。」○《無悶堂集》三十卷，清康熙刻本，黄裳先生藏。題「閩張遠超然」。半葉十一行，行二十字，黑口，四周雙邊。扉葉題「金閶劉汝潔梓」。目録後刻「男繼曾、繼超、繼祖校字，海虞門人言夢奎、王在郊、丘芳、陳雲棟同訂」。卷十三至二十三寫刻，餘匠體字。後有男繼超跋云：「家君《無悶堂集》前爲友人梓於粵東，中多誤入，舛錯殊多，今悉改削，合近刻前後定爲三十卷，藏於家。」（參《前塵夢影新録》、《清代版刻一隅》）南圖亦有是刻。北圖、南圖又有康熙二十四年刻本十二卷，行款版式同。日本内閣文庫藏清刻本二十三卷。均未見。○《無悶堂集》二十四卷，福建師大藏鈔本。○《無悶堂集》二十三卷，福建省圖藏清初鈔本四册。○《仙都紀遊集》一卷，清張遠撰，清刻本。半葉九行，行十八字，黑口，四周單邊。北圖藏。

山曉閣詩十二卷　國朝孫琮撰　　**五九九八**

浙江巡撫採進本（總目）。○《浙江省第十一次呈送書目》：「《山曉閣詩》十二卷，國朝孫琮著，四本。」○《浙江採集遺書總録》：「《山曉閣詩》十二卷，刊本，國朝嘉善孫琮撰。」○中國社會科學院文學研究所藏清康熙刻本。半葉十行，行二十一字，黑口，四周單邊。寫刻頗工。前有魏坤序云：

「先生老矣，嗣君輩恐踏前轍，急欲謀之劂氏，釐爲十二卷。」封面鈐「吴郡寶翰樓發兑」木記。《存目叢書》據以影印。北圖、南圖、復旦、黑龍江圖亦有是刻。

香草居集七卷　國朝李符撰　五九九九

浙江巡撫採進本(總目)。〇《浙江省第八次呈送書目》：「《香草居集》七卷，國朝李符著，二本。」〇《浙江採集遺書總録》：「《香草居集》七卷，刊本，國朝嘉興李符撰。」〇吉林大學藏清康熙至乾隆刻《李氏家集四種》本，題「嘉興李符分虎」。半葉十一行，行二十一字，黑口，左右雙邊。寫刻甚精。前有半完圃老人、汪琬、曹貞吉《耒邊詞原序》三則，又方光琛序。末有姪孫菊房編刻跋，高層雲撰墓表。按：《李氏家集四種·尋壑外言》有菊芳跋云：「金子秀升以昔有三李之目，而《尋壑》、《香草》二集未見於世，欲仿阮亭先生集附見西樵、東亭之例，庶稱完美。」又云：「公言之數十載前，乾隆初當宁行之，若合符契。」蓋《尋壑外言》、《香草居集》同刻於乾隆初年。此本弘字缺末筆，亦與《尋壑外言》同，更無疑也。卷内鈐「王協夢印」印記。《存目叢書》據以影印。北圖、上圖、復旦等亦有是刻。〇《花南老屋詩集》五卷，李符撰，清康熙六十一年嘉興李氏刻《梅會詩人遺集》本。北圖、上圖、南圖藏。

秋水閣文鈔一卷　國朝陳維岳撰　六〇〇〇

江蘇巡撫採進本(總目)。〇《江蘇省第二次書目》：「《秋水閣文集》一本。」〇《江蘇採輯遺書目録》：「《秋水閣文鈔》一册，宜興陳維岳著，抄本。」

寶菌堂遺詩二卷　國朝趙執端撰　**六〇〇一**

山東巡撫採進本(總目)。〇《山東巡撫第二次呈進書目》:「《寶菌堂詩》二本。」〇上海圖書館藏清乾隆三年家刻本,作《寶菌堂遺詩》二卷。題「新城漁洋老人批點,淄川李希梅參評,博山趙執端緩菴譔」。半葉九行,行十八字,黑口,四周雙邊。前有乾隆三年黄叔琳序云:「令嗣芝庭梓行先集,請序於余。」卷内鈐「瑞軒」、「王培孫紀念物」等印記。《存目叢書》據以影印。北圖分館、復旦亦有是刻。

友柏堂遺詩選二卷　國朝馮協一撰　**六〇〇二**

編修周永年家藏本(總目)。

野香亭集十三卷　國朝李孚青撰　**六〇〇三**

浙江巡撫採進本(總目)。〇《浙江省第十一次呈送書目》:「《野香亭集》,國朝李孚青著,六本。」〇《浙江採集遺詩總録》:「《野香亭集》六册,刊本,國朝編修合肥李孚青撰。」〇廣東中山圖書館藏清康熙刻本,題「合肥李孚青丹壑撰」。半葉十行,行十九字,黑口,四周單邊。有王士禛序,陳廷敬序,田雯序,費密序,徐嘉炎序,毛奇齡序,姜宸英序,康熙三十五年丙子戴名世序,王槩序,費錫璜序,章藻功序,查嗣瑮題詩並序。寫刻本。鈐「石卿珍藏」白文小方印。《存目叢書補編》據以影印。湖南圖、社科院文學所等亦有是刻。

夢鼎堂文集四卷若溪集一卷　國朝任觀瀛撰　**六〇〇四**

大理寺少卿劉天成家藏本(總目)。〇《直隸省呈送書目》:「《夢鼎堂文集》二本。」

晚樹樓詩稿四卷　國朝吴震方撰　六〇〇五

江蘇周厚堉家藏本（總目）。〇《江蘇省第一次書目》：「《晚樹樓詩稿》二本。」〇《江蘇採輯遺書目録》：「《晚樹樓詩稿》四卷，監察御史石門吴震方著。」〇北京大學藏清康熙刻本五卷。題「石門吴震方青壇」。半葉十一行，行二十一字，白口，左右雙邊。前有康熙四十四年弟涵序，康熙四十四年自序。鈐「汪魚亭藏閲書」、「振綺堂兵燹後收藏書」等印記。《存目叢書》據以影印。中科院圖、復旦亦有是刻。

雙溪草堂詩集一卷附遊西山詩一卷　國朝王（汪）晉徵撰　六〇〇六

兩淮鹽政採進本（總目）。〇《武英殿第二次書目》：「《雙溪草堂詩集》二本。」〇南京圖書館藏清康熙刻本，作《雙溪草堂詩集》十卷《西山草》一卷。題「休寧汪晉徵涵齋撰」。半葉十行，行十九字，白口，四周單邊。前有康熙四十七年王頊齡序，康熙四十六年勞之辨序，康熙四十七年吕履恒序，康熙四十七年汪晉徵題辭。吕序云：「積之有年，都爲一集，少宗伯王公、御史中丞勞公序而傳之。」蓋刻成於康熙四十七年。末題「男文英、世英謹編」。末又有《雙溪草堂詩》一卷，即《西山草》，前有王士禛序。半葉九行，行十九字，白口，左右雙邊。寫刻。與前十卷行款、字體均異，蓋非一時刊版。《存目叢書》據以影印。首都圖、中科院圖亦有是刻。按：著者汪晉徵，浙本《總目》誤爲王晉徵，殿本不誤。

老雲齋詩删十卷　國朝沈不負撰　六〇〇七

浙江巡撫採進本（總目）。〇《浙江省第八次呈送書目》：「《老雲齋詩删》十卷，國朝沈不負著，二本。」〇《浙江採集遺書總録》：「《老雲齋詩删》十卷，刊本，國朝平湖沈不負撰。」〇清乾隆六年沈方蕙刻本。上圖藏。

馮舍人遺詩六卷　國朝馮廷櫆撰　六〇〇八

山東巡撫採進本（總目）。〇《山東巡撫呈送第一次書目》：「《馮舍人詩》二本。」〇《提要》云：「是集乃廷櫆殁後，趙執信所編，首爲《京集》三卷，次即《晴川集》一卷，又《雪林集》一卷、《曹村集》一卷。」〇遼寧省圖書館藏清雍正十一年刻本，作《馮舍人遺詩》六卷。半葉十行，行十九字，黑口，四周單邊。前有王士禛《晴川集原序》，次雍正十一年癸丑七月既望申詡跋。又雍正十一年三月初四日馮德培序云：「里中前輩及同志諸君子共謀之，乃克付梓。」卷一、卷三、卷四爲《京集》，卷二爲《晴川集》，卷五爲《雪林集》，卷六爲《曹村集》。《四庫提要》云「首爲《京集》三卷」，未確。至袁行雲《清人別集叙録》稱「包括《爲京集》三卷」，乃誤讀《提要》之文。袁氏既見原書，尤不宜粗疏如是。《存目叢書》據以影印。北大、南開、山東圖等亦有是刻。〇清光緒三十四年問影樓北京排印《二馮詩集》本，六卷一册。前有雍正九年辛亥夏六月趙執信序。後有新昌胡思敬跋。版心下印「問影樓」。封面印「馮舍人集」、「光緒戊申仿聚珍版印於京師」。正文首題「馮舍人遺詩卷之二」，次題「德州馮廷櫆著」。從雍正十一年刻本出。北師大、上圖、遼圖等藏。川圖本有趙熙批。余有單本。〇民國三年上海集益書局石印《二馮詩集》本。東北師大、上圖等藏。〇民國十二年上海掃葉山房石印《二馮詩集》本。東北師大、上圖等藏。〇《晴川集》一卷，山東省圖書館藏清鈔本，清王士禛批點。○《晴川集》一卷，濟南市圖書館藏清朱畹抄本，與《十笏草堂詩集》一卷合抄，有清李梃跋。

居業齋文集二十卷別集十卷　國朝金德嘉撰　六〇〇九

湖南巡撫採進本(總目)。○《湖北巡撫呈送第三次書目》：「《居業齋全集》十二本。」○湖北省圖書館藏清康熙刻本，作《居業齋詩鈔》二十二卷《文稿》二十卷《別集》十卷。題「廣濟金德嘉會公」。半葉十行，行十九字，白口，四周單邊。《詩鈔》前有舊序四篇，各集自序十三篇。又康熙五十八年己亥蔣國祥序云：「集凡二十二卷，尚未開雕，因與令似謀付諸梓。」又康熙五十七年戊戌冬月蕭龔序云：「因即其舊選各集凡若干卷，捐俸助梓。」知《詩鈔》爲康熙五十七年至五十八年蔣國祥、蕭龔等刻本。鈐「曾歸徐氏彊誃」朱文印。《文稿》前有康熙四十三年張廷樞序，康熙三十七年戊寅周起渭序，康熙三十五年丙子岳宏譽序。鈐「彤臣氏印」、「雅正山房」、「曾歸徐氏彊誃」印。《別集》無序跋。封面鈐「文學侍從之臣」、「壬戌科第弍人」二印。《存目叢書》據以影印。中科院圖、社科院文學所亦有是刻。○按：是書見湖北進呈書目，著者係湖北廣濟人，《總目》作「湖南巡撫採進本」，恐爲湖北之誤。

艾納山房集五卷　國朝王九齡撰　六〇一〇

江蘇周厚堉家藏本(總目)。○《江蘇省第一次書目》：「《艾納山房詩稿》一本。」○《江蘇採輯遺書目録》：「《艾納山房詩稿》，左都御史華亭王九齡著。」○《蓴香堂詩稿》八卷，王九齡撰，清康熙四十年刻本。半葉十一行，行二十字，白口，四周單邊。北圖、南圖藏。○《聖武北征功成詩》一卷，王九齡撰，清康熙刻本。半葉十行，行十九字，白口，四周單邊。北圖藏。

德星堂文集八卷續集一卷河工集一卷詩集五卷　國朝許汝霖撰　六〇一一

浙江巡撫採進本(總目)。○《浙江省第六次呈送書目》：「《德星堂集》十四卷附《河工集》一卷，國朝許汝霖著，八本。」○《浙江採集遺書》：「《德星堂集》十四卷附《河工集》一册，刊本，國朝禮部尚書海寧許汝霖撰。」○浙江圖書館藏清康熙刻初印本，題「海寧許汝霖時菴著」。半葉十一行，行二十一字，白口，左右雙邊。分卷與《提要》合。鈐「南林劉氏求恕齋藏」、「鏹承幹印」二印記。《存目叢書》據以影印。

素巖文稿二十六卷　國朝王喆生撰　六〇一二

江蘇巡撫採進本(總目)。○《江蘇省第一次書目》：「《素巖文稿》四本。」○《江蘇採輯遺書目録》：「《素巖文集》二十六卷，翰林院編修崐山王喆生著，刊本。」○北京圖書館分館藏清刻本，存卷五至二十五。半葉十一行，行二十四字，白口，左右雙邊。寫刻工緻。鈐「侯官劉筠川藏書印」。首都圖藏同一刻本，存卷一至五、卷九至二十五。北圖本卷二十五後有跋(破損)，則此刻止二十五卷。《存目叢書》用北圖藏本影印，前四卷用首都圖藏本配齊。日本内閣文庫有二十六卷本，未見。○《素巖紀年詩》二十三卷《紀游酬贈》二卷，清康熙刻本，南圖藏(見《清人別集總目》)。

周廣菴全集三十八卷　國朝周金然撰　六〇一三

浙江巡撫採進本(總目)。○《浙江省第十次呈送書目》：「《周廣菴集》，國朝周金然著，六本。」

○《浙江採集遺書總録》：「《周廣菴集》四十一卷，刊本，國朝左春坊左中允華亭周金然撰。」○《江蘇省第一次書目》：「《周廣菴集》十本。」○《江蘇採輯遺書目録》：「《周廣菴集》四十四卷，左春坊左中允華亭周金然著。」○上海圖書館藏清康熙刻本，作《飲醇堂文集》二十卷《抱栔廬詩草》十一卷《娛暉草》二卷《和靖節集》三卷《西山紀遊》一卷《南浦詞》三卷《和昌谷集》一卷。半葉九行，行十九字，白口，左右雙邊。卷端題「雲間周金然廣菴著」。《飲醇堂文集》有康熙九年庚戌周亮工序云：「顧其詩別有刻，君家伯氏宿來先生序之詳矣。」又康熙十八年黄與堅序。《抱栔廬詩草》有康熙三年甲辰張一鵠序，康熙四年涂贄序，康熙五年兄茂源序。《娛暉草》有康熙十八年李天馥序。《西山紀遊》有王崇簡、許自俊、康熙十二年葉方藹、趙澐、程玠題辭。《南浦詞》有喬世埴、李蒸、黄澂之、康熙九年沈白、王顥、董俞、高層雲、路鶴徵引。《和昌谷集》有許自俊序。鈐「王培孫紀念物」印。《存目叢書》據以影印。南圖有不全本。中科院圖僅有《文集》二十卷，鄧之誠跋。

奉使滇南集無卷數　國朝許嗣隆撰　**六〇一四**

兩江總督採進本（總目）。○《兩江第二次書目》：「《奉使滇南集》，江都許嗣隆著，抄本，一本。」

嶺南二紀二卷　國朝茅兆儒撰　**六〇一五**

浙江巡撫採進本（總目）。○《浙江省第六次呈送書目》：「《嶺南二紀》二卷，國朝毛兆儒著，一本。」○《浙江採集遺書總録》：「《嶺南二紀》二卷，刊本，國朝錢塘毛兆儒撰。」

正誼堂集十二卷　國朝張伯行撰　六〇一六

江西巡撫採進本(總目)。○吉林大學藏清乾隆刻本,題「儀封張伯行著,永城後學李汝霖較,男師栻、師載正字」。半葉九行,行二十字,白口,四周雙邊。前有乾隆三年高斌序。正文卷端題《正誼堂文集》。封面刻「正誼堂文集選」、「本衙藏板」。寫刻甚精。鈐「訒菴」、「汪啓淑印」等印記。《存目叢書》據以影印。北圖、南開、吉林省圖等亦有是刻。○《正誼堂續集》八卷,清乾隆刻本。中科院圖、南圖藏。○清同治五年福州正誼書院刻《正誼堂全書》本,作《正誼堂文集》十二卷《正誼堂續集》八卷。北圖、上圖、南圖等藏。○民國二十五年商務印書館據《正誼堂全書》本排印,收入《叢書集成初編》。○清光緒二年刻本,作《正誼堂文集》四十卷首一卷。上圖、川圖、南開、山西大學等藏。

愛日堂詩二十七卷　國朝陳元龍撰　六〇一七

浙江巡撫採進本(總目)。○《浙江省第六次呈送書目》:「《愛日堂詩集》二十七卷,國朝陳元龍著,六本。」○《浙江採集遺書總録》:「《愛日堂詩集》二十八卷,刊本,國朝大學士海寧陳元龍撰。」○清乾隆刻本,作《愛日堂詩集》二十八卷。子目:《敝帚集》四卷《登瀛集》一卷《却掃集》一卷《環召集》五卷《南陔集》三卷《重徵集》一卷《宜人集》二卷《肆覲集》一卷《還朝集》二卷《蘭峪前集》一卷《重臨集》一卷《蘭峪後集》二卷《黄扉集》三卷《林泉集》一卷。半葉十一行,行十九字,白口,左右雙邊。吉林市圖書館藏一部,前有乾隆元年正月黄之雋序,有「知不以《林泉集》而止」語,則當時以《林泉集》終卷。又有某氏手跋。該本佚去《林泉集》。《存目叢書》據以影印,《林泉集》用南圖藏足本配補。首都圖、南開、湖南圖等亦有是刻。

鶴侶齋集三卷　國朝孫勷撰　六〇一八

山東巡撫採進本(總目)。〇《山東巡撫呈送第一次書目》:「《鶴侶堂集》六本。」〇山東省圖書館藏清道光二十三年至咸豐元年延綠吟館刻本,作《鶴侶齋詩》一卷《文稿》四卷。《詩》題「德州孫勷子未著」。半葉十行,行二十一字,白口,四周單邊。版心刻「延綠吟館」。封面刻「道光癸卯」、「延綠吟館藏板」。《鶴侶齋文稿》題「德州孫勷子未著,封大受仲可選」。半葉十行,行二十一字,白口,四周單邊。版心刻「延綠吟館」。封面刻「咸豐辛亥」、「延綠吟館藏板」。前有乾隆十四年己巳宋弼撰《遺事》一篇。則《詩》刻於道光二十三年,《文稿》刻於咸豐元年。《存目叢書》據以影印。上圖、南圖、山東博、青島圖亦有是刻。〇《鶴侶堂文存稿》一卷,清封仲可抄本一册。南開藏。〇《鶴侶齋文存稿》三卷,清抄本三册。半葉九行,行二十二字,無格。清華藏。

寶宸堂集四卷　國朝張希良撰　六〇一九

湖北巡撫採進本(總目)。〇《湖北巡撫呈送第三次書目》:「《寶宸堂全集》四本。」

倚雲閣詩集一卷　國朝汪灝撰　六〇二〇

山東巡撫採進本(總目)。〇《山東巡撫第二次呈進書目》:「《倚雲閣詩》一本。」

岭老編年詩鈔十三卷　國朝金張撰　六〇二一

浙江巡撫採進本(總目)。〇《浙江省第十一次呈送書目》:「《金介全集》,國朝金張著,四本。」

○《浙江採集遺書總録》：「《岕老編年詩鈔》九卷《續鈔》四卷，刊本，國朝錢塘金張撰。」○浙江圖書館藏清康熙刻本，作《岕老編年詩鈔》九卷《續鈔》四卷。題「錢塘金張介山」，下注「俗呼張介山」。半葉十二行，行二十二字，黑口，左右雙邊。前有魏禮序，黄宗羲序，王廷瑜、江煜題詩，李良年跋並題詩。《存目叢書》據以影印。南圖亦有是刻。

崑崙山房集三卷　國朝張篤慶撰　　**六〇二二**

山東巡撫採進本（總目）。○《山東巡撫第二次呈進書目》：「《崑崙山房稿》三本。」○《提要》云：「有文而無詩。」○中國科學院圖書館藏清鈔本，作《崐崘山房集》三卷三册，題「淄川張篤慶歷友」。半葉十行，行十九字，黑口，四周雙邊。書分三卷，係《樂府雜詩》、《壬申草》、《七言古體詩》，不標卷次。無序跋。弘字缺末筆，琰字、寧字不避諱，蓋乾隆間抄本。《存目叢書補編》據以影印。○《崑崙山人詩》二卷，稿本。半葉九行，行二十五字，無格。山東省圖藏。○《漁洋山人評點崑崙山房詩稿》三卷，稿本。半葉十行，行二十八字，無格。清王士禛批。王獻唐跋。山東省圖藏。○《崑崙山房集》二卷，清王士禛評點，清鈔本。半葉十一行，行二十一字，白口，左右雙邊。山東博藏。○《崑崙山房詩集殘稿》三卷《百一詩》二卷，清鈔本六册。北圖藏。○《崑崙山房詩稿》一卷，清鈔本。半葉九行，行字不等。箥堂跋。山東博藏。○《崑崙山房集明季咏史百一詩》一卷，清鈔本。北大藏。李盛鐸故物。○《崑崙山房集》不分卷十七册，臺灣「中央圖書館」藏鈔本。半葉九行，行二十一字，無格。收《班范昉截》四册、《崑崙山房詩集》六册、《郢中集》、《紀盛詩》、《述古雜詩》、《崑崙山房遺詩》、《明季百一詩》、《厚齋自著年譜》。○《崑崙山房全集》不分卷，清鈔本。半葉九行，行二十一字，無格。山東圖藏。○《崑崙山房詩》不分卷，清鈔本。半葉九行，行二十一字。山東圖藏。○《崑崙山房集》三卷，舊鈔本，青島圖藏。○《崑崙山房詩集殘稿》一卷，清刻本。河南圖藏。○《明季詠史百一詩》一卷，民國元年上海國學扶輪社排印《古今説部叢書》第八集本。○《崑崙山房明季百一詩》二卷，民國六年俞鍾鑾排印本。南圖、山東圖、青島圖藏。

鬲津草堂詩集無卷數　國朝田霢撰　**六〇二三**

山東巡撫採進本(總目)。○《山東巡撫第二次呈進書目》：「《鬲津堂詩》二本。」○山東大學藏清康熙乾隆間刻《德州田氏叢書》本，包括：《鬲津草堂五字古體詩》一卷、《香城居士七十以後詩》一卷(次行題《菊隱集》)、《香城居士七十以後詩》一卷(次行題《南遊稿》)、《鬲津草堂五字今體詩》一卷、《鬲津草堂絶句詩》一卷、《鬲津草堂乃了集》一卷，共六卷。半葉九行，行十九字，黑口，左右雙邊。寫刻甚精。前有「香城居士七十二歲像」戴笠半身像，宋來會贊。又王士禛序，乾隆三年吴培源序，孫勷題詩，校閲名氏。《乃了集》乾隆三年其壻張華年刻於金陵，餘皆雍正刻。張華年序《乃了集》云：「華年出守金陵，曾至官舍，登臨遊覽，詠懷古蹟，又刻《南遊集》一册。既而歸老鬲津，優游頤養，復得詩七十六首，名《乃了集》。丁巳冬，舅兄甌餘攜至寧署，囑余續刻。」則《南遊稿》亦刻於金陵。余審全書字體版式一致，推測皆刻於金陵。《存目叢書》據以影印。北圖、上圖、南圖等亦有是刻。余藏一册，存前四種，徐氏南州草堂舊藏。

匡山集六卷　國朝王沛恂撰 六〇二四

山東巡撫採進本（總目）。〇《山東巡撫第二次呈進書目》：「《匡山集》二本。」〇吉林大學藏清雍正刻本，題「瑯邪王沛恂書巘氏著」。半葉八行，行十六字，大黑口，左右雙邊。前有雍正十一年癸丑李紱序，末有吴浩跋。卷六末有「子壻即墨郭延翕敬書」一行，知爲郭延翕手寫上版。楷法甚精，刻印俱佳。《存目叢書》據以影印。北圖分館、北京市文物局亦有是刻。

綺樹閣稿一卷　國朝安箕撰 六〇二五

山東巡撫採進本（總目）。〇南開大學藏清康熙刻本，作《綺樹閣賦稿》一卷《詩稿》一卷《青社先賢詠》一卷，與安致遠《玉磑集》等合函。半葉十行，行十九字，黑口，四周單邊。《賦稿》前有康熙三十五年丙子張貞序，收賦九篇。《詩稿》收龍山遊詩十三首，朐山遊詩十五首。《青社先賢詠》收詩三十五首，係鈔配。又《遊冶泉記》一篇，版心題「綺樹閣稿」，寫刻，字體與前不同。《存目叢書》據以影印。北圖、復旦亦有是刻。又有同治二年自鉏園重印康熙本，書版依舊，封面刻「同治二年癸亥重栞」、「自鉏園藏板」。與《安静子集》合函。參《安靜子集》條。按：「安箕」乃「安簣」之訛。

箐菴遺稿一卷　國朝汪筠撰 六〇二六

内府藏本（總目）。〇天津圖書館藏清康熙刻《鈍翁全集》附刻本，作《汪伯子箐菴遺稿》一卷。題「友人沈塤友篪、范安序鷺公、許與穀五培同挍」。半葉十行，行十九字，黑口，左右雙邊。前有汪琬序，康熙十三年甲寅沈塤序。《存目叢書》據以影印。上圖、復旦、南圖亦有是刻。按：「箐菴」乃

「菁菴」之訛。

學古堂詩集六卷　國朝沈季友撰　**六〇二七**

浙江巡撫採進本(總目)。○《浙江省第九次呈送書目》:「《學古堂詩集》六卷,國朝沈季友著,二本。」○《浙江採集遺書總録》:「《學古堂詩集》六卷,刊本,國朝貢生平湖沈季友撰。」○南京圖書館藏清乾隆二十九年沈鑰刻本,題「平湖沈季友客子著」。半葉十行,行十九字,白口,左右雙邊。前有乾隆二十九年甲申沈德潛序,今釋序,康熙二十一年毛奇齡序,葉燮序,陸嘉淑序,丙子陸競烈序。末有乾隆二十九年孫男鑰跋云:「詩集手定而已梓者名《南疑集》,分體凡九卷。未梓者名《秋蓬集》,編年而不分體,凡四卷。……彙存六卷,即付梓工。」此本前三卷曰《南疑集》,後三卷曰《秋蓬集》。《存目叢書》據以影印。北圖分館亦有是刻。○《南疑集》九卷,清康熙十六年刻本一册。中國社科院文學所藏。○按:「南疑集」《四庫提要》誤爲「南旋集」。其孫沈鑰,《四庫提要》誤作「鑰」。

半菴詩稿無卷數　國朝勞㦷撰　**六〇二八**

山東巡撫採進本(總目)。○《山東巡撫第二次呈進書目》:「《半庵稿》二本。」○《販書偶記續編》:「《半庵詩稿》二卷,清倪城勞㦷撰,乾隆十七年怡怡堂刊。」又:「《半庵詩稿》五卷,清倪城勞㦷撰輯,乾隆十七年怡怡堂刊。」

東湖文集三卷　國朝朱璘撰　**六〇二九**

江蘇周厚堉家藏本(總目)。○《江蘇省第一次書目》:「《東湖文集》二本。」○《江蘇採輯遺書目録》：「《東湖文集》三卷，南陽知府常熟朱璘著。」

藥亭詩集二卷　國朝梁佩蘭撰　六〇三〇

江蘇周厚堉家藏本（總目）。〇《江蘇省第一次書目》：「《藥亭集》一本。」〇《江蘇採輯遺書目録》：「《藥亭詩集》二卷，翰林院庶吉士番禺梁佩蘭撰，休甯汪觀選，刊本。」〇《六瑩堂詩》八卷，梁佩蘭撰，清康熙刻《嶺南三大家詩選》本。半葉十行，行十九字，黑口，四周單邊。北大、中科院圖、津圖、安慶圖藏。〇《六瑩堂集》九卷《二集》八卷，梁佩蘭撰，清康熙四十七年刻本。半葉十行，行十九字，黑口，四周雙邊。北大、中科院圖、北圖藏。南圖藏一部有清李芝綬跋並録孫星衍批及跋。〇《六瑩堂集》九卷《二集》八卷《評詞》一卷《附録》一卷，清道光二十年南海伍氏詩雪軒刻《粵十三家集》本。版心刻「詩雪軒校刊本」，末有道光二十年伍元薇跋，謂爲譚瑩玉生藏康熙戊子本，重梓之。《存目叢書》據首都圖書館藏本影印。北圖、上圖等亦有藏。

鉢山堂詩集十九卷　國朝陳阿平撰　六〇三一

浙江巡撫採進本（總目）。〇《浙江省第十一次呈送書目》：「《鉢山堂詩集》十九卷，國朝陳阿平著，二本。」〇《浙江採集遺書總録》：「《鉢山堂詩》十九卷，刊本，國朝寶安陳阿平撰。」〇《陳獻孟遺詩》一卷《附録》一卷，民國八年東莞陳氏刻本，收入《聚德堂叢書》。北圖、上圖、南圖等藏。

紺寒亭詩集十卷文集四卷　國朝趙俞撰　六〇三二

江西巡撫採進本（總目）。〇首都圖書館藏清康熙刻本，作《紺寒亭文集》四卷《紺寒亭詩別集》一卷

《紺寒亭詩集》十卷。題「嘉定趙俞著」。半葉十一行，行二十一字，白口，左右雙邊。《文集》前有康熙四十九年庚寅王原序。《詩集》前有康熙三十三年甲戌姜宸英序，張雲章序。《存目叢書》據以影印。上圖、浙圖亦有是刻。

杕左堂詩集六卷詞四卷續集三卷　國朝孫致彌撰　六〇三三

江西巡撫採進本(總目)。○首都圖書館藏清乾隆刻本，僅《杕左堂詩》六卷《詞》四卷。題「嘉定孫致彌愷似著」。半葉九行，行二十字，黑口，左右雙邊。前有雍正十年朱厚章序，甲戌汪霦序，乾隆元年樓儼序，雍正十年張鵬翀序。寫刻甚精。《存目叢書》據以影印。○中國科學院圖書館藏清乾隆二十年程宗傅刻《杕左堂續集》三卷，題「嘉定孫致彌愷似著」。半葉九行，行二十字，黑口，左右雙邊。寫刻亦精。有乾隆十八年秦倬《重刻杕左堂詩集序》云：「壬申秋，先生之外孫悅巘程君，蒐羅散佚，將彙付剞劂，索序於余。」又乾隆二十年王鳴盛《續集序》云：「今先生外孫程君宗傅復盡刻先生詩以傳於世。」《存目叢書補編》據以影印。玩秦、王兩序，知正續集皆外孫程宗傅刻本。

峇⿰山盧山人集無卷數　國朝謝乃實撰　六〇三四

山東巡撫採進本(總目)。○《山東巡撫第二次呈進書目》：「《峇盧山人集》一本。」○中國科學院圖書館藏清康熙刻本，作《峇盧山人詩集》七卷《詩餘》一卷《文集》一卷。題「福山謝乃實字華函」。詩集半葉九行，行十九字，白口，四周雙邊。各卷不標卷次。詩餘一卷附詩集後，再後爲壬辰施養浩跋。文集半葉九行，行二十字，白口，四周雙邊。《存目叢書補編》據以影印。

過江集四卷　國朝史申義撰　六〇三五

兩淮馬裕家藏本（總目）。○《兩淮商人馬裕家呈送書目》：「《過江集》四卷，國朝史申義，一本。」○吉林大學藏清康熙刻本，題「江都史申義叔時甫」。半葉十行，行十九字，黑口，左右雙邊。寫刻本。前有康熙四十七年陳廷敬序，康熙四十七年宋犖序，汪士鋐序，康熙四十七年儲在文序。《存目叢書》據以影印。北圖、南圖、復旦、中科院圖亦有是刻。○《過江二集》四卷，清康熙五十一年刻本。半葉十行，行十九字，黑口，左右雙邊。清華、社科院文學所、湖北圖藏。○《燕城集》三卷，史申義撰。清康熙刻本。半葉十行，行十九字，黑口，四周單邊。清華、上圖藏。○《使滇集》三卷，史申義撰。清康熙刻本。半葉十行，行十九字，黑口，左右雙邊。清華、中科院圖、常熟圖藏。○《才冶樓詩》一卷，史申義撰。清康熙刻本。半葉十行，行十九字，黑口，四周單邊。北圖藏。按：各本或題史仲，或題史申義。申義原名仲，更名申義。

寒村集三十六卷　國朝鄭梁撰　六〇三六

江蘇周厚堉家藏本（總目）。○《江蘇省第一次書目》：「《鄭寒村集》十本。」○《江蘇採輯遺書目録》：「《鄭寒村集》三十六卷，鄭梁著。」○《浙江省第十一次呈送書目》：「《寒村集》三十六卷，國朝鄭梁著，十本。」○《浙江採集遺書總録》：「《寒村集》三十六卷，刊本，國朝高州知州慈谿鄭梁撰。」○中央民族大學藏清康熙刻本，作《寒村詩文選》三十六卷。半葉九行，行二十字，黑口，左右雙邊。子目十八種，見《中國古籍善本書目》。前有黄宗羲序兩篇，又書兩通，康熙二十九年乙丑萬言序。又《寒村詩文選總目》,據此目計三十六卷。其中最後二種,《半生亭詩集》一卷,前半爲《半生亭詩集》,後半爲《半生亭文集》,葉碼各自起訖,可以二卷計之。《息尚編》四卷,各卷均前半爲詩,後半爲文,葉碼各自起訖,可以八卷計之。如是,則總計四十一卷。此帙封面刻「二老閣藏板」。北圖、南圖、復旦等亦有是刻。《存目叢書》用民族大學藏本影印。北圖、清華又有康熙紫蟾山房刻本二十九卷,無《雜録》二卷、《雜録補》一卷、《半生亭集》一卷、《息尚編》四卷,餘同二老閣本,版亦無異,是刷印在前者。又《四庫提要》列其子目,《寶善堂集》二卷、《白雲軒集》二卷,均誤爲一卷。

雙雲堂文稿六卷詩稿六卷　國朝范光陽撰　**六〇三七**

浙江巡撫採進本(總目)。〇《浙江省第三次書目》:「《雙雲堂文稿》六卷《詩稿》六卷,國朝范光陽著,六本。」〇《浙江採集遺書總録》:「《雙雲堂文稿》六卷《詩稿》六卷,刊本,國朝知府鄞縣范光陽撰。」〇天津圖書館藏清康熙四十六年鄭風刻本。半葉九行,行二十字,黑口,左右雙邊。《文稿》題「甬上筆山范光陽著,慈水寒村鄭梁選,孫堉謝爲雯閲,孫從律較」。《詩稿》題「甬上筆山范光陽著,慈水寒村鄭梁選,年家子鄭性閲,男廷諤、廷彦較」。有康熙四十六年丁亥鄭風序云:「其子廷諤、廷彦始承先志,屬余較刻。」又趙俞序。《行述》一卷,其子廷諤、廷彦撰。卷内鈐「四明沈氏雙泉草堂珍賞印」朱文方印。《存目叢書》據以影印。北圖、北大、上圖等亦有是刻。

藜乘初集一卷二集二卷　國朝劉以貴撰　**六〇三八**

山東巡撫採進本(總目)。〇《山東巡撫第二次呈進書目》:「《藜乘集》二本。」〇北京圖書館分館藏清康熙刻本，半葉九行，行二十字，白口，四周雙邊。初集目録題「濰水劉以貴滄嵐著，當利王道炷藻庵評」。二集目録題「濰水劉以貴滄嵐父著」。二集卷二題「北海劉以貴滄嵐父著」。書前有甲戌十月王道炷序。

六〇三九

嶢山文集四卷詩集一卷　國朝田從典撰

山西巡撫採進本（總目）。○《山西省呈送書目》：「《嶢山集》五卷。」○浙江圖書館藏清雍正九年賜書樓刻本，作《賜書樓嶢山集》四卷《補刻》一卷《詩集》一卷。目録題「三晉田從典克五甫著」。半葉九行，行二十三字，白口，左右雙邊。版心下刻「賜書樓」。前有儲大文序。卷四末有雍正九年辛亥男懋跋。次《補刻》一卷。又《賜書樓嶢山詩集》一卷，有新安吕履恒序云：「余故强而梓之。」《存目叢書》據以影印。人民大學藏是刻，封面鎸「賜書樓藏板」、「雍正辛亥年刻」。北圖、清華、上圖、南圖等亦有是刻。○《賜書堂嶢山集》三卷，清康熙六十一年賜書堂刻本。半葉八行，行二十二字，白口，四周雙邊。版心下刻「賜書堂」。封面刻「康熙六十一年」、「賜書堂梓行」（見人民大學《善本書目》）。北圖、中科院圖亦有是刻。

六〇四〇

潘中丞集四卷　國朝潘宗洛撰

江蘇巡撫採進本（總目）。○《江蘇省第一次書目》：「《潘中丞文集》二本。」○《江蘇採輯遺書目録》：「《潘中丞文集》四卷，湖南巡撫宜陽潘宗洛著，刊本。」○首都師大藏清乾隆二十二年潘文熙等刻本，作《潘中丞文集》四卷。題「宜興潘宗洛巢雲著，男承權平重、孫文熙繼大、曾孫玉珂鳴和、玉璋儀曾編校」。半葉九行，行二十一字，白口，左右雙邊。前有乾隆十二年聊城受業鄧鍾岳序，乾隆二十二年同郡劉綸序，儲掌文序，萬松齡序。儲序云：「歲在丁丑，公嫡孫繼大、曾孫鳴和，篤念先緒，彙鐫成帙。」卷内鈐「潘氏珍藏」、「瑶章」、「誠一堂」、「西谿藏書」、「浮雲軒」、「修直藏書」等印記。卷四末有「嘉慶九年歲次甲子貳月初五日五世孫瑶章補」三則。又首尾各一跋，似出一人，不知名氏。前跋云：「陽羨潘巢雲文集，世不多見，蓋由原刻以後，絶未重刊，流傳者尠也。是集於乙丑年間得於舊都。辛未九月朔記於海上寓次。」後跋云：「是集卷首有潘氏瑶章及潘氏珍藏印，卷末復有補抄文一頁，注嘉慶九年歲次甲子二月初五日五世孫瑶章補録字，爲潘氏家藏之物無疑，尤爲可貴，允宜珍藏之耳。」跋稱舊都，則民國人也。《存目叢書》據以影印。

楝亭詩鈔五卷附詞鈔一卷　國朝曹寅撰　六〇四一

江蘇巡撫採進本(總目)。○《江蘇省第一次書目》：「《楝亭詩鈔》一本。」○《江蘇採輯遺書目録》：「《楝亭詩鈔》六卷，江寧織造奉天曹寅著。」○《提要》云：「其詩一刻於揚州，計盈千首。再刻於儀徵，則寅自汰其舊刻而吴尚中開雕於東園者。此本即儀徵刻也。」○《楝亭詩鈔》六卷《詞鈔》一卷，清康熙四十八年真州吴尚中刻本。《販書偶記》著録云：「康熙己丑精刊。有王朝瓛序。據序稱，楝亭詩集千首，自删存什之六，廣陵諸同志以詩請益者，既手鈔付梓矣。既而楝亭重加精採，又去三分之一，並詩餘一卷，命小胥録置案頭，聊共吟玩，真州吴尚中力請以歸，别於東園開雕。」北圖、上圖、北大、山西大藏。○《楝亭詩鈔》八卷《詩别集》四卷《詞鈔》一卷《詞鈔别集》一卷《文鈔》一卷，清康熙刻本。揚州市圖書館藏一部，題「千山曹寅子清譔」。半葉十行，行十九字，白口，左右雙邊。寫刻極精。《詩鈔》前有康熙十八年己未顧景星序，杜岕序，毛際可序，康熙四十四年乙酉冬十月朱彝尊序，姜宸英序。《詩別集》前有郭振基序云：「《楝亭詩鈔》者，吾師通政公所作也。《楝亭刪詩》者，公手自刊落，不欲付梓，命小胥鈔録藏諸篋衍者也。公既殁，門下士……共挍刻，附《詩鈔》之後，名曰《別集》。」又云：「前刻《詩鈔》八卷，今刻《別集》四卷附詞二卷雜文一卷。」又顧昌序。《詞鈔》前有康熙五十二年癸巳閏五受業王朝瓛序。《文鈔》前有受業唐繼祖序云：「楝亭先生没，門人裒其刪佚古近體及詞若干首，刻爲別集，而以雜記序箴銘之屬附焉。」《存目叢書》據以影印。一九七八年上海古籍出版社影印此刻，所據爲上海圖書館藏本，其影印説明云：「寅於康熙五十一年自編其詩爲《楝亭詩鈔》八卷，旋即付刻，集中詩收到該年初秋爲止，距寅之死才數月，其爲晚年定本無疑。」又云：「《楝亭詩別集》四卷及所附《詞鈔》一卷《詞鈔別集》一卷《文鈔》一卷，則係寅殁後其門人輯集《楝亭詩鈔》刪餘詩及寅所作詞、文而成，刊於康熙五十二年。」北圖、南圖等亦有是刻。○《楝亭詩鈔》四卷《詞鈔》一卷，清康熙刻本。復旦藏。○《楝亭詩鈔》七卷《詞鈔》一卷，清康熙刻本。半葉十行，行十九字，白口，左右雙邊。清華、北圖、社科院歷史所藏。

時用集無卷數　國朝陳訏撰　　**六〇四二**

浙江巡撫採進本（總目）。○《浙江省第九次呈送書目》：「《時用集》，國朝陳訏著，二本。」○《浙江採集遺書總録》：「《時用集》二册，刊本，國朝教諭海寧陳訏撰。」○《江蘇省第二次書目》：「《時用集》三本。」○《江蘇採輯遺書目録》：「《時用集》一册《續編》一册不分卷，清淳安訓導海寧陳訏著，刊本。」○南京圖書館藏清康熙松柏堂刻本，題「海昌陳訏言揚著」。半葉十二行，行二十二字，黑口，左右雙邊。前有康熙四十八年門人方棨如序，康熙四十八年己丑男師簡主人序。末題「男世倕、世偓、世佶敬校」。《時用集》凡百十二葉。《時用續集》凡五十四葉。均不分卷。封面刻「松柏堂藏板」。《存目叢書》據以影印。北圖、大連圖亦有是刻。

善卷堂四六十卷　國朝陸繁弨撰　吴自高註　　六〇四三

浙江巡撫採進本(總目)。○《浙江省第八次呈送書目》：「《善卷堂四六》十卷，國朝陸繁弨著，四本。」○《浙江採集遺書總録》：「《善卷堂四六》十卷，刊本，國朝仁和陸繁弨撰，桐城吴自高注。」○《提要》云：「本止四卷。雍正甲寅自高爲之註，始分十卷。」○清康熙刻本四卷《集外文》一卷，半葉十二行，行二十三字，白口，左右雙邊。上圖藏。○清乾隆刻本十卷，吴自高注。半葉十行，行二十二字，白口，四周單邊。清華藏。○劉大軍先生藏清乾隆三十五年陳明善亦園刻本，題「武林陸繁弨拒石撰，桐城吴自高若山氏注，武進陳明善服旃校閲」。半葉九行，行二十一字，白口，左右雙邊。前有乾隆九年孟冬張廷玉序，又章藻功、徐炯、陳廷會舊序跋三則。又吴自高例言。例言後有陳明善識語：「國朝四六，首推是集，習駢體者苦不易購。余因出家藏原本，細加校訂，繕寫付梓，公諸同好云。乾隆庚寅十二月六日，明善識。」又傳，吴自高乾隆七年壬戌《善卷堂四六注緣起》。封面刻「乾隆庚寅年新鐫」、「善卷堂四六」、「亦園藏版」。書凡十卷七册，卷十爲集外文、拾遺。《存目叢書》據以影印。北圖、上圖、川圖等亦有是刻。〇清道光二年金閶步月樓刻本。川圖、大連圖、吉林省圖等藏。〇清道光二十四年刻本。南圖藏(見《清人別集總目》)。〇清同治十二年成都經濟堂刻本。川圖、南圖等藏。〇清同治十三年大文堂刻本。鎮江圖、湖南圖藏。〇清光緒元年江西漁古山房刻本。川圖、東北師大、北圖等藏。〇清光緒元年味經堂刻本。北師大藏。

湖海集十三卷　國朝孔尚任撰 **六〇四四**

山東巡撫採進本(總目)。〇《山東巡撫呈送第一次書目》:「《湖海集》四本。」〇山西大學藏清康熙介安堂刻刻本,卷一題「闕里孔尚任季重著,吴門鄧漢儀孝威、海陵黄雲仙裳、廣陵宗元鼎定九同閲」。半葉九行,行十九字,白口,左右雙邊。版心下刻「介安堂第五刻」。前有康熙二十六年丁卯鄧漢儀序,康熙二十七年宗元鼎序,康熙二十七年黄雲序。《存目叢書》據以影印。此帙各卷間有缺葉,計缺二十葉。首都圖書館本缺葉情形略同。知刷印時即如是。北圖、復旦等亦有是刻。中科院圖書館藏一部有鄧之誠跋。〇一九五七年古典文學出版社據南京圖書館藏康熙刻本排印本。〇《長留集》九卷,孔尚任撰。清康熙五十四年岱寶樓刻《長留集孔劉合刻》本。半葉九行,行十九字,細黑口,左右雙邊。北圖、中科院圖、南圖等藏。〇《岸堂稿》一卷,孔尚任撰。清康熙三十一年刻《輦下和鳴集》本。上圖藏。〇《孔尚任詩》,汪蔚林輯校。一九五八年科學出版社排印本。〇《孔尚任詩文集》,汪蔚林編校。一九六二年中華書局排印本。較備。

六〇四五

幸跌草三卷　國朝黄百家撰

浙江巡撫採進本（總目）。〇《浙江省第七次呈送書目》：「《幸跌草》一卷，國朝黄百家著，二本。」〇《浙江採集遺書總録》：「《幸跌草》一卷，刊本，國朝監生餘姚黄百家撰。」〇《提要》云：「書首題曰《學箕五稾》。」〇《學箕初稿》二卷，清康熙箭山鐵鐙軒刻本。半葉十二行，行二十四字，白口，左右雙邊。無錫市圖藏一部，無序跋。《存目叢書》據以影印。開篇《續鈔堂藏書目序》頗可考見黄宗羲藏書狀況。《四部叢刊》影印康熙刻《南雷文案》附有是集。〇《黄竹農家耳逆草》不分卷，清康熙刻本。半葉十一行，行二十二字，白口，四周單邊。北圖藏。〇《黄竹農家慰饑草》一卷，清康熙刻本。半葉十一行，行二十二字，白口，四周單邊。上圖藏。

六〇四六

眺秋樓詩八卷　國朝高岑撰

浙江巡撫採進本（總目）。〇《浙江省第十一次呈送書目》：「《眺秋樓詩集》八卷，國朝高岑著，二本。」〇《浙江採集遺書總録》：「《眺秋樓詩集》八卷，刊本，國朝知縣商邱高岑撰。」〇遼寧省圖書館藏清乾隆二十二年十研居刻本，作《眺秋樓詩》八卷。題「商邱高岑峴亭著」。半葉九行，行十九字，白口，左右雙邊。前有乾隆二十二年丁丑八月沈德潛序，湯懋綱序，顧師仁序，乾隆二十二年杭掄序，張若駒序，又原序、詩話、訂校名氏。訂校名氏後有刻工：江寧穆周氏、穆殿衡鐫。《存目叢書》據以影印。北大、中央民大亦有是刻。

赤嵌集四卷　國朝孫元衡撰　**六〇四七**

兩淮馬裕家藏本(總目)。〇《兩淮商人馬裕家呈送書目》:「《赤嵌集》四卷,國朝孫元衡,一本。」〇中國科學院圖書館藏清康熙刻本,作《漁洋先生評點赤嵌集》四卷。題「桐城孫元衡湘南」。半葉十行,行十九字,黑口,左右雙邊。寫刻本。前有康熙四十八年蔣陳錫序,張實居序,王士禛評六則。卷四末有「發干蘇恒録」一行。鈐「家在清風明月間」、「錫生」等印記。《存目叢書補編》據以影印。北圖、南圖等亦有是刻。

四香樓集四卷　國朝范纘撰　**六〇四八**

江蘇巡撫採進本(總目)。〇《江蘇省第一次書目》:「《四香堂集》二本。」〇《江蘇採輯遺書目録》:「《四香樓集詩》三卷《詞》一卷,松江范纘著,刊本。」〇中國科學院圖書館藏清刻本,作《四香樓詩鈔》三卷。題「雲間范纘武功著」。半葉九行,行十九字,黑口,四周單邊。前有康熙五十六年丁酉陳元龍序云:「耕南昆仲刻笏溪遺稿,凡詩、詞、四六若干卷,以行世而傳後。」後有黄之雋後序云:「笏溪范先生集既刻成,予喜而誦之,不禁潸然也,于是先生之殁二十年矣。」據陳序,纘卒於庚寅(康熙四十九年),則此集刻成於雍正八年。鈐「水竹邨人藏書記」印。《存目叢書補編》據以影印。

釀川集十三卷　國朝許尚質撰　**六〇四九**

浙江巡撫採進本(總目)。〇《浙江省第十二次呈送書目》:「《釀川集文》二卷《詩》五卷《詞》五卷,國朝許尚質著，二本。」○《浙江採集遺書總録》：「《釀川翁集》十卷，刊本，國朝山陰許又文撰。」○北京圖書館分館藏清刻本，作《釀川集》十二卷。半葉十一行，行二十一字，白口，左右雙邊。賦、雜文共二卷，詩五卷，填詞五卷。前有陶及申序，范時尹序，填詞前有蘇輪序，唐芳第序，毛奇齡序。卷内鈐「雙鑑樓珍藏印」等印記，即《藏園訂補郘亭書目》所載康熙刻本。《存目叢書》據以影印。首都圖、上圖、南圖亦有是刻。

問山詩集十卷文集八卷紫雲詞一卷　國朝丁煒撰　六〇五〇

《總目》不載，據《四庫全書附存目録》單本補。○《兩淮商人馬裕家呈送書目》：「《問山集》八卷，國朝丁煒，四本。」○《福建省呈送第三次書目》：「《問山詩集》四卷四本。」○《武英殿第一次書目》：「《問山詩集》五本。」○清康熙希鄴堂刻本，作《問山文集》八卷《問山詩集》十卷《紫雲詞》一卷。半葉十行，行二十一字，白口，左右雙邊。泉州圖藏全本。南圖有詩集詞集。北圖有詩集卷一至三。清華、社科院文學所有文集。○清康熙刻本，作《問山文集》六卷《問山詩集》十卷。《文集》黄與堅、葉映榴選，《詩集》王士禛、施閏章選。半葉十行，行二十字，白口，四周雙邊。江西圖藏。○清咸豐四年族孫拱辰雁江景義堂刻本，作《問山文集》八卷《問山詩集》十卷《紫雲詞》一卷。北圖、上圖、山東圖等藏。又有光緒八年、二十四年、民國十年修版印本。

南園詩鈔十卷　國朝尤世求撰　六〇五一

江蘇巡撫採進本（總目）。○《江蘇省第二次書目》：「《南園詩鈔》一本。」○《江蘇採輯遺書目録》：「《南園詩鈔》十卷，長洲進士尤世求著，刊本。」〇復旦大學藏清乾隆刻本，題「長洲尤世求念修」。半葉十行，行二十一字，黑口，左右雙邊。無序跋。卷内弘字缺筆，蓋乾隆刻本。鈐「私立滬江大學圖書館印」印記。《存目叢書補編》據以影印。按：殿本《總目》此條在《墻東雜著》後。

六〇五二

舟車初集二十卷　國朝陶季撰

浙江巡撫採進本（總目）。〇《浙江省第十一次呈送書目》：「《舟車集》二十卷，國朝陶季著，二本。」〇《浙江採集遺書總録》：「《舟車集》二十卷，刊本，國朝寶應陶季深撰。」〇清康熙刻本，作《舟車集》二十卷《後集》十卷《集唐》一卷。吉林省圖書館藏一帙，《舟車集》存卷一至十，《後集》、《集唐》全。卷一題「寶應陶季以字行原名澂」。半葉十行，行十九字，黑口，左右雙邊。寫刻本。前有喬萊序云：「先生字季深，寶應人，福王南渡後，不治舉子業，肆力詩古文詞，耽遊覽，嘗之燕、之齊、之晉、之吴越，踄八閩，浮三湘七澤，足跡及天下太半。」又云：「今年辛未，先生年七十有六。」知序於康熙三十年，初集蓋刻於是年。《後集》宋體字，收康熙三十二年至三十八年詩，知爲續刻。華東師大藏一帙，鈐「王箴愚印」。《存目叢書》用吉林藏本影印，所缺初集後十卷用華東師大藏本配補。較館臣所見者爲完足。中科院圖書館藏初集二十卷，鄧之誠跋。〇首都圖書館藏鈔本，僅《舟車後集》十卷《集唐》一卷。

六〇五三

燕堂詩鈔八卷　國朝朱徑撰

户部尚書王際華家藏本（總目）。〇上海圖書館藏清康熙刻本，作《燕堂詩鈔》八卷《賦稿》一卷《究東集》二卷《小紅詞集》一卷。題「寶應朱經恭亭」。半葉十行,行十九字,黑口,左右雙邊。《詩鈔》前有沈嘉植序,康熙三十九年庚辰秋八月陶澂序,康熙三十九年自序。《燕堂賦稿》前有康熙四十年王式丹序。《兖東集》上卷爲《兖東遊記》,下卷爲《兖東遊詩》,前有康熙四十四年乙酉宫鴻曆序。《小紅詞集》前有康熙四十年辛巳黄雲序,後有高銑跋。鈐「王培孫紀念物」印。《存目叢書》據以影印。首圖、復旦、中山圖有《詩鈔》八卷。按: 著者朱經《總目》誤作朱徑。

鈍齋文鈔七卷　國朝楊兆嶒撰　六〇五四

江西巡撫採進本(總目)。〇《江西巡撫海續購書目》:「《鈍齋文鈔》六本。」

集古梅花詩無卷數　國朝張吴曼撰　六〇五五

浙江巡撫採進本(總目)。〇《浙江省第十一次呈送書目》:「《集古梅花詩》,國朝張曼輯,一本。」〇《浙江採集遺書總録》:「《集古梅花詩》一册,寫本,國朝吴縣張曼輯。」〇吉林大學藏清光緒張汝翼刻本,作《集梅花詩》十八種十九卷。封面刻「楳花詩」、「張梅禪先生集」、「九世孫汝翼重刊」。子目與《中國叢書綜録》所載上海圖書館藏本同。《存目叢書》據以影印。

根味齋詩集二十卷　國朝徐志莘撰　六〇五六

編修徐天柱家藏本(總目)。〇《編修徐交出書目》:「《根味齋詩集》四本。」〇《江蘇省第一次書目》:「《根味齋詩集》四本。」〇《江蘇採輯遺書目録》:「《根味齋詩集》十七卷,順天府治中德清徐志莘著,刊本。」〇中國科學院圖書館藏清乾隆七年刻本十七卷八册。柯愈春《清人詩文集總目提要》云：分《趨庭》、《壯圖》、《小草》、《棄擔》、《起乾》諸集。詩編年，自康熙三十五年迄乾隆四年。乾隆七年蔡軾序。澤遜按：此較徐天柱呈本少《老傳集》三卷。○清乾隆四十二年刻本十七卷。半葉十一行，行二十一字，白口，左右雙邊。復旦、北圖藏。以上二本是否一版待定。

六〇五七　笏峙樓集五卷　國朝張祖年撰

江蘇周厚堉家藏本（總目）。○《江蘇省第一次書目》：「《笏峙樓集》一本。」○《江蘇採輯遺書目録》：「《笏峙樓集》十七卷，金華張祖年著。」

六〇五八　觀樹堂詩集十四卷　國朝朱樟撰

浙江巡撫採進本（總目）。○《浙江省第十次呈送書目》：「《觀樹堂詩集》十四卷，國朝朱樟著，八本。」○《浙江採集遺書總録》：「《觀樹堂詩集》十五卷，刊本，國朝澤州知府錢塘朱樟撰。」○蘇州市圖書館藏清乾隆刻本八種十六卷。半葉十行，行十九字，白口，左右雙邊。《叱馭集》一卷，康熙五十五年丙申石爲崧序。《問絹集》一卷，康熙五十三年甲午余甸序。《白舫集》二卷，雍正四年丙午周京序云：「在蜀詩不一，有《問絹》、《叱馭》、《古廳》諸集，《白舫集》其一也。」《古廳集》四卷，王晪序，康熙四十九年庚寅趙適序。《剡曲集》一卷，自序。《一半勾留集》二卷，雍正八年倪國璉序，雍正三年方棨如序，海岳序，雍正七年周京題辭。《郎潛集》一卷，第一首詩《富春晚望》下注「丁未」，爲雍正五年。《冬秀亭集》四卷，第一首詩《初抵澤州》下注「甲寅」，爲雍正十二年，有乾隆三年田嘉穀序云：「凡歷一官，其詩各爲一集。」《白舫集》卷上末有「武林芹香齋鐫」小字一行。《存目叢書》據以影印。北大、上海辭書社有不全本。

恕谷後集十卷續刻三卷　國朝李塨撰　六〇五九

直隸總督採進本(總目)。〇《直隸省呈送書目》:「《李塨集》十六本。」〇《江西巡撫海續購書目》:「《恕谷後集》四本。」〇中國人民大學藏清雍正刻本,作《恕谷後集》十卷《續刻》三卷。卷一題「蠡吾李塨著,門人馮辰校」。半葉十一行,行二十二字,白口,左右雙邊。前有雍正四年門人閻鎬序,像(王孫裔繪)。據目録,其卷十一至十三爲續刊。閻序云十卷,則續刊在雍正四年後。《存目叢書補編》據以影印。中科院圖藏一部有鄧之誠跋。南開亦有是刻。〇清光緒五年定州王氏謙德堂刻《畿輔叢書·李恕谷遺書》本。〇民國二十五年商務印書館據《畿輔叢書》本排印,收入《叢書集成初編》。〇民國十二年四存學會排印《顔李叢書》本。北圖、上圖等藏。

東山草堂文集二十卷詩集八卷續集一卷　國朝邱嘉穗撰　六〇六〇

户部尚書王際華家藏本(總目)。〇《總裁王交出書目》:「《東山草堂集》十六本。」〇《福建省呈送第四次書目》:「《東山草堂全集》二十卷八本。」〇四川省圖書館藏清康熙四十九年刻《東山草堂文集》二十卷,半葉十行,行二十二字,黑口,四周單邊。前有康熙四十九年庚寅陳隨貞序。鈐「查日華子穆父審定群籍金石書畫之印」、「日華私印」、「體才」、「子穆」等印記。吉林大學藏清康熙四十九年刻《東山草堂詩集》八卷《續編》一卷,封面刻「康熙庚寅年鐫」、「本衙藏板」。卷一題「閩上杭邱嘉穗實亭譔著,子壻鍾佺、男紫瀾校」。有康熙二十八年自序。又《東山草堂邇言》六卷,當亦同時刻。《存目叢書》用川圖、吉大藏本配合影印。清華有是刻全帙。厦門圖有《文集》二十卷。○清光緒八年漢陽邱氏刻《東山草堂全集》本。中科院圖、首都圖、中央民大、湖北圖等藏。

在陸草堂集六卷　國朝儲欣撰　六〇六一

兩淮馬裕家藏本(總目)。○《兩淮商人馬裕家呈送書目》：「《在陸草堂集》六卷，國朝儲欣，二本。」○清康熙二十九年吴曹直刻本，作《在陸草堂文》不分卷。半葉九行，行二十字，白口，左右雙邊。北圖藏一部四册。南圖亦有此本。○首都圖書館藏清雍正元年儲掌文淑慎堂刻本，作《在陸草堂文集》六卷。題「宜興儲欣同人著，後學吴之彦碩夫編次，邢維信韓潮仝編，男芝五采校字」。半葉九行，行二十二字，黑口，左右雙邊。前有雍正元年曹鳴序，雍正元年吴之彦序，凡例，校閲姓氏，雍正元年儲掌文識語，傳。鈐「王氏信芳閣藏書印」、「粹芬閣」等印記。《存目叢書》據以影印。北圖、津圖、南圖等亦有是刻。○清光緒十七年宜興儲氏刻本，書名卷數同前本。上圖、南圖、川圖等藏。

息廬詩一卷　國朝陶爾燧撰　六〇六二

江蘇周厚堉家藏本(總目)。○《江蘇省第一次書目》：「《息廬詩》一本。」○《江蘇採輯遺書目録》：「《息廬詩》五卷，松江陶爾燧著。」○《丙寅集》一卷，陶爾燧撰，清康熙刻本一册。半葉十行，行二十一字，黑口，左右雙邊。北圖藏。○《伊想集》一卷，陶爾燧撰，清康熙刻本一册。行款版式同上。北圖藏。

陳恪勤集三十九卷　國朝陳鵬年撰　六〇六三

浙江巡撫採進本(總目)。〇《浙江省第十次呈送書目》:「《陳恪勤集》三十九卷,國朝陳鵬年著,四本。」〇《浙江採集遺書總録》:「《陳恪勤集》三十九卷,刊本,國朝總河湘潭陳鵬年撰。」〇稿本,作《陳恪勤公集》不分卷五册。北圖藏。〇北京大學藏清康熙刻本,半葉十一行,行二十字,黑口,四周單邊。子目:《耦耕集》五卷、《武夷集》二卷、《于山集》二卷、《香山集》二卷、《朐山集》二卷、《淮海集》三卷、《浮石集》七卷、《秣陵集》四卷、《水東集》三卷、《蒿廬集》三卷、《喝月詞》六卷。前有瞿龍躍序,戊寅自序,庚午吴綺序。《存目叢書》據以影印。上圖、清華亦有是刻。按:《提要》未及《秣陵集》四卷,殆偶脱之也。〇《滄洲近詩》十卷,陳鵬年撰。清乾隆二十七年刻本。半葉九行,行十九字,白口,左右雙邊。北大、遼圖、湖北圖等藏。

道榮堂文集六卷　國朝陳鵬年撰　六〇六四

兩江總督採進本(總目)。〇《兩江第一次書目》:「《道榮堂文集》,湘潭陳彭年著,八本。」〇湖北省圖書館藏清乾隆二十七年刻本六卷首一卷。卷一題「湘潭臣陳鵬年北溟著」。半葉十行,行十九字,白口,左右雙邊。前有乾隆元年濟南孫勷序,乾隆七年李馥序。封面刻「乾隆壬午年鐫」。《存目叢書》據以影印。人民大學、遼圖等亦有是刻。

固哉叟詩鈔八卷　國朝高孝本撰　六〇六五

浙江巡撫採進本(總目)。〇《浙江省第九次呈送書目》:「《固哉叟詩鈔》八卷,國朝高孝本著,二本。」○《浙江採集遺書總録》：「《固哉叟詩鈔》八卷，刊本，國朝績溪知縣嘉興高孝本撰。」○吉林大學藏清乾隆三十一年金永昌刻本，題「嘉興高孝本大立著，同里金永昌際和校」。半葉九行，行十九字，白口，左右雙邊。前有雍正十一年癸丑劉統勳序，雍正六年戊申陸奎勳序，康熙四十八年己丑吴陳琰《葛園集序》，康熙四十三年甲申陳鵬年《葛園集序》，七十八歲自序，門人沈廉序。又乾隆三十一年十二月朔同里金永昌撰傳云：「公遺集甚富，詩皆生前所手定，未經梓行。兹從閑閑居士曹汝咸舅翁論詩，授余全帙讀之，喜不自勝，因鈔其尤佳者，分列八卷，付剞劂以公諸世。既竣，復爲傳略，志公之梗概，以附卷末。」則是本爲乾隆三十一年金永昌刻。目録前有高孝本戴笠半身像，左下角署「蔣型寫」，後有諸錦贊，版心刻「秀水王慶餘刻」。全書寫刻甚精，卷尾署「毘陵吴令聞書」。封面刻「凝雪書屋藏版」。按：琰字作玫，似避嘉慶帝諱，當是嘉慶間印本。《存目叢書》據以影印。南圖亦有是刻。

葛莊詩鈔十三卷　國朝劉廷璣撰　　六〇六六

内府藏本（總目）。○《武英殿第二次書目》：「《葛莊詩鈔》二本。」○《浙江省第十次呈送書目》：「《葛莊詩鈔》四卷，國朝劉廷璣著，四本。」○《浙江採集遺書總録》：「《葛莊詩鈔》四册，刊本，國朝按察使遼東劉廷璣撰。」○中國社科院文學所藏清康熙刻本，作《葛莊分體詩鈔》十二卷《補遺》一卷。題「通議大夫江南分巡淮徐道按察使司僉事前江西按察使遼海劉廷璣」。半葉九行，行十九字，黑口，左右雙邊。前有康熙二十三年甲子王士禛序，康熙二十五年林雲銘序，康熙二十四年高士奇序，張愸序，宋犖序，康熙三十七年吴陳琰序，康熙三十八年吴陳琰題詩，魏坤序並題詩，康熙五十三年吴之振序，康熙五十三年自序。自序云「出而問世」，蓋刻於康熙五十三年。此本寫刻甚精。版心刻工：圣玉、文云、子文、石书、又序、卬良。鈐「李敷榮印」、「春煇」、「張壽鏞印」、「約園」等印記。《存目叢書》據以影印。清華、上圖、浙圖等亦有是刻。○《葛莊詩鈔》十五卷，清康熙四十年刻本。半葉九行，行十九字，黑口，四周單邊。北圖、上圖、遼圖藏。又康熙四十年刻增刻本二十五卷，吉大藏。

葛莊編年詩無卷數　國朝劉廷璣撰　　**六〇六七**

江西巡撫採進本（總目）。○吉林大學藏清康熙刻本，三十六卷《補遺》一卷。卷一題「遼海劉廷璣玉衡一字在園著」。半葉九行，行十九字，白口，左右雙邊。前有康熙二十三年甲子王士禛序，康熙二十五年林雲銘序，康熙二十四年高士奇序，張愸序，宋犖序，康熙五十三年甲午吴之振序，康熙五十一年楊大鶴序，自序。卷尾有康熙五十三年自識云：「余躭吟咏垂三十餘年矣，凡以因時志事，慮其久而遺忘也，隨所託興，筆之於詩，故編年一集，累刻成帙。」則是集刻成在康熙五十三年。寫刻甚精。卷内鈐「許氏星臺藏書」、「碧葉館藏」、「芸子」等印。《存目叢書》據以影印。首都圖、中科院圖、津圖亦有是刻。安徽圖藏十五卷本。南圖藏三十二卷本。社科院文學所藏十六卷舊鈔本，可見該集陸續編刊，「累刻」之説可信。○《長留集》十一卷，劉廷璣撰。清康熙五十四年岱寶樓刻《長留集孔劉合刻》本。北圖、中科院圖、南圖藏。

咸齋文鈔七卷　國朝查旭撰 六〇六八

浙江巡撫採進本(總目)。○《浙江省第九次呈送書目》:「《咸齋文鈔》七卷,國朝查旭著,二本。」○《浙江採集遺書總録》:「《咸齋文鈔》七卷,刊本,國朝海寧查祥撰。」按:祥字恐誤。

冰齋文集四卷　國朝懷應聘撰 六〇六九

浙江巡撫採進本(總目)。○《浙江省第八次呈送書目》:「《冰齋文集》四卷,國朝懷應聘著,二本。」○《浙江採集遺書總録》:「《冰齋文集》四卷,刊本,國朝貢生秀水懷應聘撰。」○北京圖書館藏清康熙刻本,卷一題「繡水懷應聘莘臯著,子用中舜端、紹中孔時、標中復昌鈔」。半葉九行,行二十字,白口,左右雙邊。前有康熙二十八年己巳孫琮序,康熙三十二年尹延英序。卷内鈐「吴興劉氏嘉業堂藏書印」、「劉承幹字貞一號翰怡」等印記。《存目叢書》據以影印。

清端集八卷　國朝陳瓆撰 六〇七〇

江西巡撫採進本(總目)。○《江西巡撫六次續採書目》:「《陳清端文集》四本。」○廣東中山圖書館藏清乾隆三十年兼山堂刻本,作《陳清端公文集》八卷《紀恩録》一卷。半葉九行,行二十一字,白口,四周雙邊。前有乾隆三十年乙酉周煌序,乾隆十一年丙寅孫人龍序,乾隆三十年顧鎮序,家傳。封面刻「乾隆乙酉冬鐫」、「兼山堂刻本」。卷内鈐「隴西友蘭氏審定書畫」、「黄氏憶江南館珍藏印」、「禹山黄氏」、「蔭普珍藏」等印記。《存目叢書補編》據以影印。中山大學、南開、川圖等亦有是刻。○《海康陳清端公詩集》十卷附丁宗洛撰《海康陳清端公年譜》二卷,清道光六年沛上東署不負齋刻本。北師大、南開、中科院圖等藏。○《陳清端公文集》十卷，清同治七年羊城富文齋刻本。山西大、上圖、南圖等藏。

夢月巖詩集二十卷　國朝呂履恒撰　**六〇七一**

浙江巡撫採進本(總目)。○《浙江省第十一次呈送書目》：「《夢月巖詩集》二十卷，國朝呂履恒著，四本。」○《浙江採集遺書總録》：「《夢月巖詩》二十卷，刊本，國朝侍郎新安呂履恒撰。」○《江蘇省第一次書目》：「《夢月巖詩集》六本。」○《江蘇採輯遺書目録》：「《夢月巖詩集》二十卷，户部侍郎新安呂履恒著，刊本。」○青海省圖書館藏清乾隆初年呂氏刻本二十卷《詩餘》一卷。題「新安呂履恒元素著」。半葉十行，行十九字，白口，左右雙邊。寫刻甚精，初印清朗。前有康熙三十四年七月張希良序，康熙二十八年己巳仲伙雲間周雅廉序，雍正三年乙巳三月石屏受業張漢序，沈德潛序，王廉夫書，王士禛等評語，選編訂閲名氏，凡例，目録。按：據張漢序可定爲雍正三年呂氏家刻。更考乾隆十五年呂宣曾刻《冶古堂文集》卷末呂宣曾跋云：「詩集二千餘首，丙辰、丁巳間守曾持奉沈確士先生删存千五百五十九首，詩餘附後，隨授梓於崑山。」則詩集刊成當在乾隆二年丁巳或稍後。諸家定爲雍正三年刻，恐誤。《存目叢書》據以影印。北大、上圖、南圖等亦有是刻。

冶古堂文集五卷　國朝呂履恒撰　**六〇七二**

浙江巡撫採進本(總目)。○《浙江省第十一次呈送書目》：「《冶古堂文集》五卷，國朝呂履恒著，五本。」○《浙江採集遺書總録》：「《冶古堂文集》五卷，刊本，國朝侍郎新安呂履恒撰。」○安徽省圖書館藏清乾隆十五年吕宣曾刻本，題「新安吕履恒元素著」。半葉十行，行十九字，白口，左右雙邊。前有歙縣程御龍序，石屏張漢序，鑒定評閱名氏。後有周棐跋。又男宣曾跋云：「然後敢鐫板，時在乾隆庚午之春，集凡五卷。」卷内鈐「石棣陳氏伯愚藏書」印。《存目叢書》據以影印。北圖、復旦、浙圖、南陽圖亦有是刻。

雪鴻堂文集四卷　國朝李鍾璧撰 六〇七三

山東巡撫採進本（總目）。○《山東巡撫第二次呈進書目》：「《雪鴻堂集》六本。」○北京大學藏清康熙五十七年刻《雪鴻堂全集》本，題「通江李鍾璧鹿嵐甫著」。半葉十一行，行二十一字，黑口，左右雙邊。前有康熙五十六年丁酉陳邦彦序，康熙五十六年查雲標序，康熙五十七年戊戌李鍾僑序，康熙五十七年古歙宋和序，陳書序。版心中刻「燕喜堂」或「燕喜堂詩」、「燕喜堂文」。寫刻本。末有康熙五十五年丙申弟鍾峩跋。此乃其弟鍾峩視閩學時所刻，詳李鍾峩《雪鴻堂集》二卷朱評跋。《存目叢書》據以影印。北圖、津圖、川圖等亦有是刻。按：李鍾璧《總目》誤作李鍾璧。

克念堂文鈔二卷　國朝雷鐸撰 六〇七四

江蘇巡撫採進本（總目）。○《江蘇省第一次書目》：「《克念堂文鈔》一本。」○《江蘇採輯遺書目録》：「《克念堂文鈔》二卷，蒲城舉人雷鐸著，刊本。」

殘本賦清草堂詩鈔六卷　國朝張棠撰 六〇七五

江蘇巡撫採進本（總目）。○《江蘇省第二次書目》：「《賦清草堂詩鈔》二本。」○復旦大學藏清乾隆張卿雲刻本,作《賦清草堂詩鈔》六卷。題「雲間張棠吟樵」。半葉十行,行十九字,黑口,左右雙邊。前有乾隆二十四年己卯沈大成序云:「今年夏養疴潭東,先生之伯子栖靜將校刊先生之詩,過□□序。」蓋即刻於是年。又原序二條。卷末題「男卿雲、景星恭校」。寫刻頗精。卷内鈐「劉承幹字貞一號翰怡」、「吴興劉氏嘉業堂藏書印」等印記。《存目叢書》據以影印。上圖亦有是刻。

山舟堂集十二卷　國朝周士彬撰　　**六〇七六**

江蘇巡撫採進本(總目)。○《江蘇省第一次書目》:「《山舟堂詩集》四本。」○《江蘇採集遺書目録》:「《山舟詩集》十二卷,華亭副榜周士彬著,刊本。」○清乾隆四年周忠炘刻本,作《山舟學詩草》十二卷。上圖、南圖等藏。

湛園未定稿六卷　國朝姜宸英撰　　**六〇七七**

浙江巡撫採進本(總目)。○《浙江省第三次書目》:「《湛園未定稿》六卷,國朝姜宸英著,六本。」○《浙江採集遺書總録》:「《湛園未定稿》六卷,刊本,國朝編修慈谿姜宸英撰。」○福建省圖書館藏清康熙二老閣刻本六卷,半葉十行,行二十字,下黑口,左右雙邊。前有錢澄之、韓菼、秦松齡三序。封面刻「二老閣藏板」。《存目叢書》據以影印。湖南圖藏一部有清王士禛跋。又藏一部有清馮登府跋。天一閣文管所藏一部有清王定祥校並跋。○清光緒十五年毋自欺齋馮氏刻《姜先生全集》本十卷。北圖、上圖、南圖等藏。○北京圖書館藏紅格鈔本一卷。○天一閣文管所藏稿本,作《重訂湛園未定稿》不分卷,姜宸英撰,王定祥重訂。楊嗣衡、王定祥、黄侃、柳詒徵、馬浮、余紹宋、汪辟疆、葉玉麐、張宗祥跋。

真意堂文稿一卷　國朝姜宸英撰　六〇七八

浙江巡撫採進本（總目）。○《兩江第一次書目》：「《真意堂稿》，慈谿姜宸英著，一本。」○清光緒十五年毋自欺齋馮氏刻《姜先生全集》内有《真意堂佚稿》一卷，未知與館臣所見異同。

苑青集無卷數　國朝陳至言撰　六〇七九

浙江巡撫採進本（總目）。○《浙江省第十二次呈送書目》：「《苑青集》，國朝陳至言著，二本。」○《浙江採集遺書總録》：「《苑青集》一册，刊本，國朝檢討蕭山陳至言撰。」○復旦大學藏清康熙四十八年芝泉堂刻本，作《苑青集》二十一卷。題「蕭山陳至言字山堂又青厓稿，同邑毛西河先生鑒定，門人方苞靈皋較」。半葉九行，行二十字，白口，四周單邊。版心刻「芝泉堂」。前有康熙十五年丙辰毛奇齡序，康熙三十一年壬申毛奇齡序，康熙四十八年己丑毛奇齡序。卷一至十二詩，卷十三賦，卷十四表策，卷十五至十九雜文，卷二十至二十一詩餘。卷内鈐「吴興劉氏嘉業堂藏書記」、「劉承幹字貞一號翰怡」等印記。《存目叢書補編》據以影印。別本或作十九卷，或作十四卷，似爲陸續刊版者。南開大學有康熙刻本一卷一册，與《存目》合，未知内容同否。

華鄂堂集二卷　國朝周彝撰　六〇八〇

江蘇周厚堉家藏本（總目）。○《江蘇省第一次書目》：「《華鄂堂詩稿》一本。」○《江蘇採輯遺書目録》：「《華鄂堂詩稿》二卷，松江周彝著。」○北京圖書館藏清康熙刻本，作《華鄂堂詩稿》二卷《研山十詠》一卷。《詩稿》題「古婁周彝策銘」。半葉九行,行二十一字,白口,四周單邊。《研山十詠》題「雲間周彝寒谿稿」。半葉十行,行十九字,黑口,左右雙邊。鈐「雲間第八峯周氏藏書」印,又鈐「翰林院印」滿漢文大方印。封面有進書木記:「乾隆三十九年正月江蘇巡撫薩載送到周厚堉家藏華鄂堂詩稿壹部計書壹本。」卷内又鈐「孫壯藏書印」。即館臣所見周厚堉進呈原本。《存目叢書補編》據以影印。《販書偶記》著録清康熙四十一年精刊《華鄂堂詩稿》十一卷。

樸學齋詩集十卷　國朝林佶撰　六〇八一

福建巡撫採進本(總目)。○《福建省呈送第五次書目》:「《樸學齋詩集》四本。」○北京圖書館分館藏清乾隆九年揚州刻本,作《樸學齋詩稿》十卷。半葉十行,行十九字,黑口,左右雙邊。有康熙四十四年乙酉自序,目録後有「乾隆九年甲子刻於維揚」一行。寫刻甚精。卷十之後,又有《補編》六十餘葉,版心卷、葉數均作墨丁,鈐「雙鑑樓珍藏印」印記。《存目叢書》據以影印。上圖、復旦、福建圖、厦大亦有是刻。○清道光二十九年荔水莊重刻本,作《樸學齋詩稿》十卷《文稿》二卷。上圖、華東師大、福建師大藏。

柳塘詩集十二卷　國朝吴祖修撰　六〇八二

浙江巡撫採進本(總目)。○《浙江省第十二次呈送書目》:「《柳堂詩集》十二卷,國朝吴祖修著,三本。」○《浙江採集遺書總録》:「《柳塘詩集》十二卷,刊本,國朝錢塘吴祖修撰。」○蘇州市圖書館藏清康熙四十四年刻本,作《柳塘詩集》十二卷。半葉十一行,行二十二字,白口,左右雙邊。前有吴門顧希喆撰行狀。寫刻頗精。鈐「莫棠字楚生印」、「銅井文房」等印記。《存目叢書》據以影印。中科院圖藏一部有鄧之誠跋。復旦、北圖、南圖等亦有是刻。

畏壘山人詩集四卷　國朝徐昂發撰　**六〇八三**

浙江巡撫採進本（總目）。〇《浙江省第六次呈送書目》：「《畏壘山人詩集》四卷，國朝徐昂發著，二本。」〇北京圖書館藏清康熙徐氏德有隣堂刻本，作《畏壘山人詩集》四卷《筆記》四卷《乙未亭詩集》六卷《畏壘山人文集》四卷。半葉十一行，行二十一字，白口，左右雙邊。《畏壘山人詩集》題「長洲徐昂發大臨」，封面刻「德有隣齋藏板」。《乙未亭詩集》有韓菼序。《筆記》無序跋。《文集》爲倫明手鈔，前有倫明識語：「《畏壘文集》無刻本，假得經鉏舊録本照寫一本，足成完書。哲如記。」半葉十一行，行二十一字，無格。《存目叢書補編》影印其詩文集三種，《筆記》已入《存目叢書》子部。社科院文學所、上圖、南京博物院亦有是刻，無《文集》。〇《畏壘山人文集》四卷，北京大學藏清經鉏堂鈔本二册。〇《畏壘山人文集》四卷，臺灣「中央圖書館」藏清經鉏堂緑格鈔本二册。鈐「虞山周大輔左季藏書」、「鴿峯草堂」等印。〇清道光十年王氏信芳閣木活字印《國初十家詩鈔》本，作《畏壘山人詩》十卷。北圖、上圖、南圖等藏。

澄懷園全集三十七卷　國朝張廷玉撰　**六〇八四**

通政司使張若渟家刊本（總目）。〇清乾隆十三年刻本，子目：《澄懷園文存》十五卷、《澄懷園載賡集》六卷、《澄懷園語》四卷、《澄懷老人自訂年譜》六卷。上圖、浙圖、安徽圖藏。〇《澄懷園詩選》

十二卷，清乾隆二年刻本。半葉十行，行十九字，白口，左右雙邊。安徽圖、中山大學藏。○《澄懷園文存》十五卷，清光緒十七年張紹文雲間重刻本。北圖、南圖、安徽圖等藏。○《澄懷園詩選》十二卷，清光緒十八年張紹棠金陵重刻本。上圖、南圖、安徽圖等藏。○《四庫全書存目叢書》影印本。《澄懷園文存》、《澄懷園語》用北圖分館藏清乾隆十三年刻《澄懷園全集》本。《文存》前有乾隆十三年自序云：「今年弟姪輩書來固請付梓，予以雍正癸卯居室罹火災，舊稿散失，記憶不周，其後之僅存者，得若干卷，手自釐定之，名曰《文存》。」《澄懷園語》前有乾隆十一年丙寅自序，後有乾隆十一年沈樹德跋。《澄懷園載賡集》六卷，用安徽省圖藏乾隆十三年刻本，題「桐城張廷玉硯齋」。半葉十行，行十九字，白口，左右雙邊。前有乾隆十三年自序。寫刻甚精。《澄懷園詩選》十二卷，用安徽省圖藏光緒十八年張紹棠刻本，題「桐城張廷玉硯齋」。半葉十行，行十九字，白口，左右雙邊。前有乾隆二年吴華孫序，乾隆二年自序，後有光緒十八年來孫紹棠重刻跋。前有牌記：「光緒辛卯仲冬月重刊于金陵」。又《澄懷園主人自訂年譜》六卷，用安徽省圖藏光緒六年張紹文刻本。題「六世孫紹文重校」。半葉十行，行十九字，上黑口，左右雙邊。有乾隆十三年自序。記事至乾隆十四年七十八歲。

秋江詩集六卷　國朝黄任撰　　**六〇八五**

福建巡撫採進本(總目)。○《福建省呈送第三次書目》：「《秋江詩集》六卷，四本。」○吉林大學藏清乾隆刻本，作《秋江集》六卷。題「永福黄任莘田」。半葉十一行，行二十二字，白口，左右雙邊。前有乾隆十九年甲戌許廷鑅序，陳兆崙序，乾隆二十一年丙子桑調元序。卷尾有天放閣主康千里過録《國朝先正事略》、《四庫提要》各一條。卷首有康千里藏書大印：「康千里守藏子孫宜永壽」二行，印内刻題記云：「集楊守敬氏激素飛青閣雙鈎漢張表碑字，用作天放閣藏書圖記，時爲柔兆執徐歲也。」此印寬十點八五厘米，高十八點八厘米，亦稀見之大印。《存目叢書》據以影印。南圖、南開亦有是刻。○清道光二十三年東山家塾刻本，作《秋江集注》六卷，王元麟注。北圖、上圖、南圖等藏。

秋葉軒詩四卷　國朝張琳撰　**六〇八六**

江蘇巡撫採進本（總目）。○《江蘇省第一次書目》：「《秋葉軒詩草》二本。」○《江蘇採輯遺書目録》：「《秋葉軒詩草》四卷，錢塘張琳著，刊本。」○清康熙刻本。中科院圖藏。

黑蝶齋詩鈔四卷　國朝沈岸登撰　**六〇八七**

浙江巡撫採進本（總目）。○《浙江省第八次呈送書目》：「《黑蝶齋詩刪》十卷，國朝沈不負著，一本。」○《浙江採集遺書總録》：「《黑蝶齋詩鈔》四卷，刊本，國朝平湖沈岸登撰。」○上海圖書館藏清康熙沈黼熊等春及堂刻本，作《黑蝶齋詩鈔》四卷。題「平湖沈岸登覃九稿，猶子黼熊肅度編」。半葉十行，行二十一字，白口，左右雙邊。寫刻頗精。鈐「積學齋徐乃昌藏書」、「徐乃昌讀」等印記。《存目叢書》據以影印。吉林省圖亦有是刻。

樓邨集二十五卷　國朝王式丹撰　**六〇八八**

安徽巡撫採進本（總目）。○《安徽省呈送書目》：「《樓邨集》四本。」○北京師大藏清雍正四年王懋訥吴興縣署刻本，作《樓邨詩集》二十五卷。題「寶應王式丹方若」。半葉十一行，行二十一字，白口，左右雙邊。前有田雯序，康熙六十一年陳鵬年序，查慎行序，雍正三年季冬吴瞻淇序。後有雍正四年丙午二月子壻歙浦洪公寰跋云：「遺稿若干卷，嗣君抑夫令吴興，始從開雕。余於今春棹舟訪抑夫於官舍，……抑夫囑爲校訂，因識數語於卷末。」又吴興吴斯洺題詞。卷二十五末刻「男懋訥、孫箴輿謹同校字」一行。《存目叢書補編》據以影印。清華、上圖、浙圖等亦有是刻。中科院圖藏一部有鄧之誠跋。〇清道光十六年刻本，作《樓邨詩集》二十五卷。南開、人民大學、復旦等藏。〇清康熙四十二年商丘宋犖宛委堂刻《江左十五子詩選》内有《王式丹詩選》一卷。北圖、上圖、南圖等藏。

古劍書屋文鈔十卷　國朝吴廷楨撰　六〇八九

江蘇巡撫採進本（總目）。〇《江蘇省第一次書目》：「《古劍書屋詩文鈔》四本。」〇《江蘇採輯遺書目録》：「《古劍書屋詩文鈔》十卷，翰林院侍讀長洲吴廷楨著。」〇中國人民大學藏清乾隆二十一年吴士端黔藩官舍刻本，作《古劍書屋詩鈔》八卷《補遺》一卷《詩餘》一卷《文鈔》二卷。二册。半葉十行，行十九字，白口，四周雙邊。前有乾隆二十一年丙子沈德潛序，乾隆三十四年彭啓豐序。末有乾隆二十一年丙子男士端跋云：「郵寄沈宗伯歸愚先生删定詩文共十卷，付梓行世。」末署「識於黔藩官舍」。寫刻本。鈐「鄞林氏藜照廬藏書印」印記。《存目叢書》據以影印。中山大學、福建師大亦有是刻。按：是書書名當總題「古劍書屋詩文鈔」，《總目》脱「詩」字。〇清康熙四十二年商丘宋犖宛委堂刻《江左十五子詩選》内有《吴廷楨詩選》一卷。北圖、上圖、南圖等藏。

六〇九〇　緯蕭草堂詩六卷　國朝宋至撰

浙江巡撫採進本（總目）。〇《浙江省第十一次呈送書目》：「《緯簫草堂詩》六卷，國朝宋至著，二本。」〇《浙江採集遺書總録》：「《緯蕭草堂詩》六卷，刊本，國朝商邱宋至撰。」〇《緯蕭草堂詩》三卷，清康熙寫刻本，附宋犖《綿津山人詩集》後。半葉十行，行十九字，白口，四周單邊。有康熙二十七年汪琬序。中央民大、江西省圖等藏。參《綿津山人詩集》條。〇北京大學藏清康熙刻本六卷，題「商丘宋至山言」。半葉八行，行十八字，白口，四周單邊。寫刻甚精。前有康熙六十一年壬寅周龍藻序。鈐「何氏仲公」等印。《存目叢書》據以影印。上圖、南圖、川圖等亦有是刻。

六〇九一　績學堂文鈔六卷詩鈔四卷　國朝梅文鼎撰

兩江總督採進本（總目）。〇《兩江第一次書目》：「《績學堂詩文鈔》，宣城梅文鼎著，六本。」〇清華大學藏清乾隆梅瑴成刻本，作《績學堂文鈔》六卷《首》一卷《詩鈔》四卷《首》一卷。題「宛陵梅文鼎定九甫著，孫瑴成循齋甫校梓」。半葉九行，行十九字，白口，四周雙邊。前有乾隆二十二年張必剛序，己丑張自超序，丁亥姪庚撰傳。詩鈔前有乾隆十七年壬申沈起元序云：「今先生之孫御史大夫循齋先生以先生所著《勿庵詩集》見示，屬余擇其尤以壽諸梓。」封面刻「績學堂詩文鈔」、「本家藏版」。《存目叢書》據以影印。中科院圖藏一部有鄧之誠跋。北圖、北大、復旦亦有是刻。〇《績學堂詩文鈔》，一九九五年黄山書社排印本。

六〇九二　滋蘭堂詩集十卷　國朝沈元滄撰

浙江巡撫採進本(總目)。〇《浙江省第九次呈送書目》:「《滋蘭堂詩集》十卷,國朝沈元滄著,二本。」〇《浙江採集遺書總録》:「《滋蘭堂詩集》十卷,刊本,國朝文昌知縣仁和沈元滄撰。」〇上海圖書館藏清乾隆十四年沈廷芳等刻本,作《滋蘭堂集》十卷,均詩作。題「仁和沈元滄麟洲」。半葉九行,行二十一字,白口,四周單邊。前有吴廷華序,康熙四十六年丁亥盧軒序,康熙五十五年丙申周彝序,康熙五十七年戊戌陳鵬年序,雍正元年癸卯查慎行序,雍正三年乙巳宋和序。目録後有乾隆十四年男廷芳序云:「乃與兩兄校刻以行於世。」卷十末有「山陰門下後學高源敬録」一行。寫刻甚精。鈐「許氏星臺藏書」印。《存目叢書》據以影印。〇《滋蘭堂文集》四卷,清乾隆十七年刻本二册。南開藏。〇《鷄肋草》一卷《東隅集》一卷《靜樹編》一卷《看雲草》一卷。沈元滄撰。日本靜嘉堂文庫藏鈔本。

六〇九三　滄初詩稿八卷附見山堂詩鈔一卷　國朝沈翼機撰　附沈廷薦撰

編修程晉芳家藏本(總目)。〇南京圖書館藏清乾隆三十年門人桑調元濟南濼源書院刻本。題「海寧沈翼機西園」。半葉十行,行二十字,白口,左右雙邊。前有乾隆六年辛酉門人張鵬翀序,乾隆二十二年丁丑門人孫人龍序,乾隆三十年門人桑調元序,乾隆三十四年己丑後學胡彦昇序。桑序云:「時調元應崔大中丞之招掌教濼源書院,心齋來省,得與款洽,因出公詩集十卷,屬校對而付之梓。……謹次其先後而悉鐫諸版。」寫刻頗精。無附沈廷薦詩。鈐「八千卷樓所藏」等印記。《存目叢書》據以影印。中山圖書館藏本附《年譜》一卷。

集虛齋學古文十二卷　國朝方楘如撰　**六〇九四**

浙江巡撫採進本(總目)。〇《浙江省第三次書目》：「《集虛齋學古文》十二卷，國朝方楘如著，四本。」〇《浙江採集遺書總録》：「《集虛齋學古文》十二卷，刊本，國朝淳安方楘如撰。」〇《江蘇省第一次書目》：「《集虛齋學古文》六本。」〇《江蘇採輯遺書目録》：「《集虛齋古文》十二卷，知縣淳方楘如著，刊本。」〇《江西巡撫海第四次呈送書目》：「《集虛齋集》一套六本。」〇中國社會科學院近代史所藏清乾隆十九年佩古堂刻本，目録題「還淳方楘如文輈屬稿，同學諸先生閱定，男超然異渠開雕，孫男亹西堂校」。半葉十一行，行二十五字，白口，左右雙邊。前有乾隆二十年端陽日王應奎序。封面刻「乾隆甲戌年鐫」、「佩古堂藏本」。附有《離騷經解略》一卷。《存目叢書》據以影印。《離騷》已入楚辭類，此不復收。湖北圖、浙大、浙江遂昌圖、齊齊哈爾圖亦有是刻。〇清嘉慶十六年浙江武林友益齋刻本，附《離騷經解略》。劉咸炘批點。川圖藏。〇清光緒十年岳陽李詩淳安縣署刻本，附《離騷經解略》。上圖、南圖、安徽圖等藏。

絸齋詩選二卷　國朝張謙宜撰　**六〇九五**

山東巡撫採進本(總目)。〇《山東巡撫第二次呈進書目》：「《絸齋詩選》二本。」〇北京圖書館藏清乾隆二十四年法輝祖刻本二卷《補遺》一卷。題「膠州張謙宜稚松甫著」。半葉十行，行二十一字，白口，左右雙邊。末有乾隆二十四年己卯同里世姪法輝祖跋云：「謹依原本公同好，亦仍續前刻之志。」封面刻「乾隆己卯鐫」。《補遺》後有康熙四十八年己丑桐城左宰跋。跋後有清李文藻手書：「鏡因研近螺頻換，書爲香多蠹不來。吴梅村句，李竹屋書。」《存目叢書》據以影印。山東博、青島圖亦有是刻。○《綅齋詩集》十二卷《焚餘》一卷，北京師大藏鈔本十三册。半葉八行，行二十四字，無格。鈐「磊磊道人」、「六石居士」等印（見該校《善本書目》）。○《張稚松先生文集》不分卷，張謙宜撰。中國科學院圖書館藏清鈔本四册。半葉八行，行二十五字，無格。

蓼村集四卷　國朝王苹撰　**六〇九六**

編修周永年家藏本（總目）。○山東大學藏清乾隆三十八年胡德琳刻本，正文題「歷城王苹秋史」，《目録》題「桂林胡德琳書巢編定，秀水盛百二秦川參訂，益都李文藻素伯、歷下周永年書昌同較」。半葉十行，行二十一字，白口，左右雙邊。前有乾隆三十八年胡德琳刻書序。《存目叢書》據以影印。上圖、津圖、東北師大等亦有是刻。○清光緒間據胡氏刻本重刻本四卷一册。南開藏。○清木活字本。山東圖藏。○《二十四泉草堂集》十二卷，王苹撰，稿本。半葉十二行，行二十字，無格。山東圖藏。○《二十四泉草堂集》十二卷，清康熙五十六年于熙學刻本。半葉十二行，行二十二字，白口，左右雙邊。山東圖、山東博、清華、復旦等藏。

雪鴻堂文集二卷　國朝李鍾峩撰　**六〇九七**

山東巡撫採進本（總目）。○《山東巡撫第二次呈進書目》：「《雪鴻堂集》六本。」○北京大學藏清康熙五十七年刻《雪鴻堂全集》本，題「通江李鍾峩芝麓甫著」。半葉十一行，行二十一字，黑口，左右雙邊。卷一賦頌，卷二詩。前有戊戌車景錞序。末有康熙五十八年已亥朱評跋云：「通江李夫子視吾閩學，歲試竣，重鋟贈公太夫子《雪鴻堂全集》，既校訂成帙，方彙刻賦、頌、詩三種共二卷，仍名曰《雪鴻堂文集》，明紹述也。」然則此二卷刊於康熙五十八年。版心中均刻「垂雲亭」三字。寫刻甚工。《存目叢書》據以影印。北圖、津圖、川圖等亦有是刻。

六〇九八　王石和文集無卷數　國朝王珻撰

山西巡撫採進本（總目）。〇《山西省呈送書目》：「《王石和文》九卷。」〇清雍正七年培風齋刻本，作《王石和文》六卷。山西大學藏。〇清雍正七年培風齋刻增刻本七卷。半葉九行，行二十二字，白口，四周單邊。封面刻「培風齋藏板」。人民大學、山西大學藏。〇清雍正七年培風齋刻乾隆初增刻本八卷。半葉九行，行二十二字，白口，四周單邊。北圖、南圖等藏。〇山西大學藏清乾隆六年江西重刻本，作《王石和文》九卷。卷一題「晉陽三立書院受業諸子參編」。半葉九行，行二十二字，白口，四周雙邊。眉上刻評。前有乾隆六年江西新城後學黃祐序，雍正七年己酉自序。黃序云：「乾隆六年，予方家居，時坊人以先生時文久膾炙於海内，而古文集僅傳播北地。乃於先生季弟瀘溪令署中覓得先生文集，欲重梓之，以公四方，介友屬予爲序。」新城、瀘溪爲鄰縣，皆在江西建昌府，則此係江西重刻本。《存目叢書》據以影印。中科院圖、北圖等亦有是刻。〇民國十四年盂縣教育會排印本九卷。北圖、山西師大藏。〇民國排印《山右叢書初編》本九卷。

十峯集五卷　國朝徐基撰　六〇九九

江蘇周厚堉家藏本(總目)。○《江蘇省第一次書目》:「《十峯集》二本。」○《江蘇採輯遺書目録》:「《十峯集》五卷,華亭徐基著。」○中山大學藏清康熙刻本,題「雲間徐基宗項氏」。半葉九行,行十九字,白口,左右雙邊。前有康熙四十五年丙戌陳元龍序,此序係集《聖教序帖》中字而成,元龍手蹟上版。又諸序,又康熙四十三年自作例言。末有十峯先生笠履像。《存目叢書》據以影印。上圖、南圖、南開等亦有是刻。

蓬莊詩集六卷　國朝沈虹撰　六一〇〇

江西巡撫採進本(總目)。○清華大學藏清雍正至乾隆刻本,作《蓬莊詩集》十卷,與《蓬莊唐詩小識》十卷合刻。題「長洲沈虹渭梁」。半葉十行,行二十一字,白口,左右雙邊。寫刻本。封面刻「晚香堂藏板」。卷九前有乾隆十一年丙寅小序。卷十小序謂「迄庚午長至共成一卷」,庚午爲乾隆十五年。檢前數卷,真、嗔字缺末筆,避雍正帝諱禛字之同音字。弘、泓則不缺筆。知係雍正至乾隆年間陸續刻成者。《存目叢書》據以影印。浙圖存卷一至五。

雄雉齋選集六卷　國朝顧圖河撰　六一〇一

江蘇周厚堉家藏本(總目)。○《江蘇省第一次書目》:「《雄雉齋選集》一本。」○《江蘇採輯遺書目録》:「《雄雉齋選集》八卷,翰林院編修江都顧圖河著。」吴慰祖改爲六卷。○中國社科院文學所藏清康熙刻本六卷。題「江都顧圖河書宣」。半葉十行,行二十一字,黑口,左右雙邊。前有康熙二十六年丁卯汪懋麟序，康熙二十八年己巳汪琬序，康熙三十一年壬申史申義序。眉上有某氏手批。《存目叢書》據以影印。復旦、南圖、安徽博、中山圖亦有是刻。中科院圖藏一部有鄧之誠跋。

青溪詩偶存十卷　國朝蔣錫震撰 六一〇二

江蘇巡撫採進本（總目）。○《江蘇省第二次書目》：「《青溪詩偶存》二本。」○《江蘇採輯遺書目録》：「《青溪詩偶存》十卷，廣雲知縣宜興蔣錫震著。」○南京圖書館藏清雍正刻本，卷一題「宜興蔣錫震契潛」。半葉九行，行二十字，白口，四周單邊。前有自序云：「爰簡次而存之，起己巳，迄壬寅，前後凡三十四年，釐爲十卷，并付之剞氏。」封面鈐「悠然樓」印，即錫震堂號，知係自刻原印本。《存目叢書》據以影印。大連圖書館藏乾隆刻本，作《青溪草堂文偶存》二卷《詩偶存》十卷，其《詩偶存》未知同版否。○《增刻青溪草堂文》二卷卷首一卷，清光緒九年太倉張文藝齋刻本。東北師大、上圖、南圖等藏。

退谷文集十五卷詩集七卷　國朝黄越撰 六一〇三

兩江總督採進本（總目）。○《兩江第一次書目》：「《退谷集》，上元黄越著，八本。」○山西祁縣圖書館藏清雍正五年光裕堂刻本，作《退谷文集》十五卷《詩集》七卷附《行述》一卷。題「退谷黄越際飛著」。半葉八行，行二十一字，白口，左右雙邊。前有康熙五十七年丁灝序，雍正五年丁未自序，紀略。自序云：「兒子白麟發予篋，搜索序記書傳賦頌論策雜著，得若干卷，益以古今體詩七卷，總名之曰《文集》，請予自序，將以災梨。」末有黄白麟撰《顯考退谷府君行述》一卷，據《行述》，黄越即於雍正五年十月初四下世。封面刻「雍正丁未歲鐫」、「光裕堂行」。《存目叢書》據以影印。上圖、復旦、中科院圖、保定圖亦有是刻。

圭美堂集二十六卷　國朝徐用錫撰　六一〇四

浙江巡撫採進本(總目)。○《浙江省第十二次呈送書目》:「《圭美堂集》二十六卷,國朝徐用錫著,八本。」○《浙江採集遺書總録》:「《圭美堂集》二十六卷,刊本,國朝侍講宿遷徐用錫撰。」○清華大學藏清乾隆十三年刻本,半葉九行,行二十一字,白口,左右雙邊。前有阿克敦序,雷鋐序。目録後有乾隆十三年戊辰周毓崙序云:「會楓亭由滇入覲,議鋟版於京邸,歸損俸錢屬崙以校勘之役,閲數月工甫竣。」後有受業姪鐸跋。封面刻「版藏本宅」。《存目叢書補編》據以影印。北大、浙圖、福建圖等亦有是刻。

青要集十二卷　國朝吕謙恒撰　六一〇五

浙江巡撫採進本(總目)。○《浙江省第七次呈送書目》:「《青要集》十二卷,國朝吕謙恒著,二本。」○《浙江採集遺書總録》:「《青要集》十二卷,刊本,國朝光禄寺卿河南新安吕謙恒撰。」○浙江圖書館藏清雍正十三年刻本,卷一題「新安吕謙恒天益著,受業仁和范咸九池編」。半葉十二行,行二十二字,白口,四周雙邊。前有雍正七年張漢序,方苞撰《墓志》,方苞序,康熙四十一年吕履恒序,評語,訂正姓氏。封面刻「雍正十三年鐫」、「本衙藏板」。《存目叢書》據以影印。北大、津圖、復旦、河南圖亦有是刻。○清乾隆十五年吕肅高重刻本十三卷。東北師大、首都圖、上圖等藏。

〇《青要山房詩選》十二卷，清乾隆六年門人張人崧選刻本。半葉十行，行十九字，白口，左右雙邊。北圖、北大、南圖、復旦等藏。〇《青要山房文集》一卷，清乾隆二年刻本。首都圖藏（見《清人詩文集總目提要》）。

吾廬遺書無卷數　國朝陶成撰　六一〇六

江西巡撫採進本（總目）。〇《江西巡撫海第三次呈送書目》：「《吾廬遺筆》二本。」〇清乾隆二十年觀我堂刻本，作《吾廬先生遺書》十二卷。包括《四書講習録》八卷《日程》四卷。江西省圖藏。〇清華大學藏清鈔本，作《吾廬先生遺書》，包括《學規》一卷《四書講習録》六卷《日程》四卷。題「南城陶成存軒著，後學寧化雷鋐翠庭、進賢舒圖南運滄、分宜林有席儒珍、新建夏之翰檀園參較，及門諸子纂記，孫其愫簡夫編次」。半葉九行，行二十字，白口，四周雙邊。前有乾隆二十年乙亥陳世倌《吾廬先生全集序》，次編較姓氏。按：《提要》云「其子其愫所編」，其子當作其孫。

性影集八卷　國朝王時憲撰　六一〇七

江蘇巡撫採進本（總目）。〇《江蘇省第一次書目》：「《性影集》二本。」〇《江蘇採輯遺書目録》：「《性影集》八卷，翰林院庶吉士太倉王時憲著，刊本。」〇北京大學藏清康熙五十年高玥刻本，題「太倉王時憲若千」。半葉十一行，行二十一字，白口，左右雙邊。前有康熙五十一年壬辰毛奇齡序，姪掞序，康熙五十年辛卯自序，康熙五十一年唐孫華序，康熙五十年高玥序。玥序云：「吴門方子礎臣在粤署，亦執經先生門下者，工書法，迺手録先生詩以登梨棗。玥即爲鳩工，剋期告成。」卷末有

「柘原受業方桂謄寫」識語。則此本爲吳門方桂手寫，高玥刻於廣東者，非尋常刻本也。鈐「獨志堂印」印記，紙質枯黃。《存目叢書》據以影印。中科院圖亦有是刻。社科院文學所藏本有《續集》。

六一〇八

改堂文鈔二卷　國朝唐紹祖撰

江蘇巡撫採進本(總目)。○《江蘇省第一次書目》：「《改堂文鈔》一本。」○《江蘇採輯遺書目録》：「《改堂文鈔》二卷，刑部郎中江都唐紹祖著。」○揚州市圖書館藏清乾隆十八年吳嗣爵刻本，作《改堂先生文鈔》二卷。半葉十行，行十九字，黑口，四周雙邊。前有康熙四十三年甲申郭元釪序，張照序，姚世鈺序。又乾隆十八年癸酉子壻吳嗣爵序云：「兹敬刊其遺稿。」《存目叢書》據以影印。北圖分館、南圖、復旦、湖北圖亦有是刻。

六一〇九

石川詩鈔三卷　國朝方覲撰

浙江巡撫採進本(總目)。○《浙江省第十二次呈送書目》：「《石川詩鈔》三卷，國朝方覲著，一本。」○《浙江採集遺書總録》：「《石川詩鈔》三卷，刊本，國朝太常寺卿江都方覲撰。」○復旦大學藏清乾隆刻本，題「皇清通奉大夫陝西西安布政使贈太常寺卿江都方覲」。半葉十行，行十九字，黑口，左右雙邊。前有乾隆六年辛酉歸安姚世鈺序。鈐「吳興劉氏嘉業堂藏書記」、「劉承幹字貞一號翰怡」等印記。《存目叢書》據以影印。北圖分館亦有是刻。

六一一〇

師經堂集十八卷　國朝徐文駒撰

浙江巡撫採進本(總目)。○《浙江省第十二次呈送書目》：「《師經堂集》十八卷，國朝徐文駒著，六本。」〇《浙江採集遺書總録》：「《師經堂集》十八卷，刊本，國朝鄞縣徐文駒撰。」〇中國社會科學院文學所藏清康熙五十一年自刻本，目録題「甬江徐文駒子文著，門人陳世份均之、胞弟文炳季輝、男甲昌東起校」。半葉九行，行二十一字，黑口，左右雙邊。前有康熙五十年德州孫勷序。又康熙五十一年自序云：「積累既久，裒然成集，因倣錢宗伯排比《震川集》例，冠以經解，而序記次之，凡各體文十三卷，今古詩五卷，梓以問世。」《存目叢書》據以影印。北圖、上圖、復旦等亦有是刻。

墨瀾亭集無卷數　國朝帥我撰　六一一一

江西巡撫採進本（總目）。〇《江西巡撫六次續採書目》：「《墨瀾亭集》四本。」〇《提要》云：「舊刊版於南昌，所載未備。雍正乙卯，其子念祖屬徐廷槐彙取已刻未刻諸稿，裒爲此本，凡一百四十篇。」〇江西省圖書館藏清光緒六年帥之憲重刻本，《帥氏清芬集》之一。作《墨瀾亭文集》不分卷。題「奉新帥我備皆父箸，族後學之憲石生甫重栞，逵男大伊同校字」。前有牌記：「光緒六年緑窗重栞」。版心下刻「緑窗藏版」或「緑囱臧本」。末有徐廷槐跋，光緒六年帥之憲跋。跋後有「江西省翰墨居鄭文貴刻」小字二行。《存目叢書》據以影印。北圖、上圖、川圖亦有是刻。〇《帥子古詩選》一卷，清光緒十四年刻本，帥氏緑窗刻《帥氏清芬集》之一。

殘本雲川閣詩集九卷　國朝杜詔撰　六一一二

兩江總督採進本（總目）。〇《兩江第二次書目》：「《雲川閣集》，無錫杜詔著，二本。」〇清康熙刻本，作《雲川閣集詩》六卷《詞》一卷。半葉十行，行二十一字，白口，左右雙邊。北圖、上圖藏。〇中國社科院文學所藏清雍正刻本，作《雲川閣集詩》十四卷《詞》六卷。半葉十行，行二十一字，白口，四周單邊。前有雍正三年楊繩武序，雍正九年門人王會汾序。寫刻本。《存目叢書》據以影印。別本《詞》七卷，此本缺卷七。復旦、南圖、川圖、中山圖有是刻。

閭邱詩集六十卷　國朝顧嗣立撰　**六一一三**

兩淮馬裕家藏本（總目）。○《兩淮商人馬裕家呈送書目》：「《閭邱集》六十卷，國朝顧嗣立，八本。」○北京圖書館藏清康熙刻本，作《閭丘詩集》六十卷《味蔗詩集》三卷。寫刻甚精。《目録》卷三十八至四十八、卷五十七至六十原注未刻。《閭丘詩集》子目：《秀埜草堂集》五卷、《小秀埜集》三卷、《金焦集》一卷、《山陰集》一卷、《大小雅堂集》五卷、《噉茘集》二卷、《梧語軒集》三卷、《書館閒吟》十卷、《羅浮集》七卷、《書館續吟》一卷（未刻）、《河西集》四卷（未刻）、《殿西集》二卷（未刻）、《秋風櫂歌》一卷（未刻）、《寒廳集》一卷（未刻）、《長干集》一卷（未刻）、《暢軒集》一卷（未刻）、《桂林集》八卷、《話語軒集》一卷（未刻）、《蕪城集》一卷（未刻）、《學詩樓集》二卷（未刻）。未刻者共十五卷。半葉十一行，行二十一字，白口，左右雙邊。鈐有「鶴巢藏書」、「百城侯」印記。《味蔗詩集》三卷即《嵩岱集》卷上卷中卷下，有康熙五十八年王苹序。康熙本未刻各集，道光二十八年潯州郡署重刻本均有之。卷三十八至四十八兩本目録同。康熙本卷五十七至六十所列未刻三集道光本在卷四十九至五十二。《存目叢書》用康熙本影印，未刻各集用南開大學藏道光本配補，唯卷次不盡合。道光本匠體字，半葉十一行，行二十二字，白口，左右雙邊。○清道光二十八年潯州郡署重刻本，作

《秀埜草堂詩集》六十六卷附《年譜》一卷。南開、北圖、上圖等藏。

今有堂詩集六卷附茗柯詞一卷　國朝程夢星撰　**六一一四**

編修程晉芳家藏本（總目）。○天津圖書館藏清雍正至乾隆十二年刻本，作《今有堂詩集》四卷《今有堂詩後集》六卷《茗柯詞》一卷。題「江都程夢星午橋」。半葉九行，行十九字，白口，四周單邊。《今有堂詩集》包括：《江峯集》一卷《分藜集》一卷《香溪集》一卷《暢餘集》一卷，前有江山唐建中序，湘門同學弟張璨序。《後集》包括：《盋餘集》一卷《漪南集》一卷《五貺集》一卷《山心集》一卷《琴語集》一卷《就簡集》一卷，前有乾隆十二年丁卯胡期恒序，又自序云：「余向刻《今有堂集》凡四卷，皆五十以前所作詩也。自雍正乙巳遭家多故，……丁卯初春，雨窗獨坐，偶檢近年諸作，自加刪汰，得若干首，釐爲六卷，……因梓附《今有堂集》。」然則前集四年刻於雍正三年乙巳前，後集六卷刻於乾隆十二年。寫刻頗精。《存目叢書補編》據以影印。中科院圖亦有是刻全帙。

二水樓詩集十八卷文集十卷　國朝李茹旻撰　**六一一五**

江西巡撫採進本（總目）。○《江西巡撫海第三次呈送書目》：「《二水樓集》十本。」○江西省圖書館藏清乾隆十三年無逸軒刻本，目録作《李鷺洲詩集》二十卷《李鷺洲文集》十卷。卷端及版心均名《李鷺洲集》。封面刻「二水樓稿」、「附鴻雪集句」、「李穆堂先生鑒定」、「乾隆十三年春鐫」、「無逸軒藏板」。正文題「臨川李茹旻覆如譔，嫡孫若膺屏獻編次，重姪孫鐃義念皇梓」。半葉十行，行二十字，白口，四周雙邊。前有康熙五十五年周彝序，雍正庚戌羅復晉序，乾隆十三年戊辰正月族弟紱序，乾隆十三年族孫安民序。《存目叢書》據以影印。○清乾隆二十二年李葆元等刻本，作《二水樓文集》二十卷《詩集》十八卷《首》一卷。半葉九行，行二十字，黑口，左右雙邊。北大、南圖、江西圖、揚州圖等藏。○清光緒十七年後裔鳴梧味憩樓重刻本，同前。南開、清華、浙圖、南圖等藏。

朱圉山人集十二卷　國朝鞏建豐撰　六一一六

陝西巡撫採進本(總目)。○《陝西省呈送書目》：「《朱圉山人集》。」

三華集四卷　國朝梁機撰　六一一七

兵部侍郎紀昀家藏本(總目)。○江西省圖書館藏清光緒五年棲鳳樓刻本，作《三華文集》五卷《豫章唱和詩》一卷。半葉九行，行十九字，白口，左右雙邊。封面刻「泰和梁太史三華集」、「光緒己卯年重鐫」、「棲鳳樓藏板」。版心上刻「三華集」。依次爲《入洛志勝》一卷、《燕雲詩鈔》一卷、《北遊草》一卷、《徵草》一卷、《還草》一卷(二種合稱《徵還隨草》)、《豫章書院唱和詩》一卷(此卷前有《學箴》一卷)。《存目叢書補編》據以影印。上圖、安徽圖亦有是刻。

練溪集五卷　國朝傅米石撰　六一一八

山東巡撫採進本(總目)。○《山東巡撫第二次呈進書目》：「《練溪集》四本。」

約園詩鈔二卷　國朝郭雍撰　六一一九

福建巡撫採進本(總目)。○《福建省呈送第五次書目》：「《約園詩鈔》二本。」○《集虛堂小草》一卷《餘草》一卷，郭雍撰，福建省圖書館藏清康熙刻乾隆四年續刻本。半葉八行，行十八字，白口，四周單邊。《小草》卷端題「緜亭郭雍自訂並書」。前有庚子同學弟楊振綖序。目録後有郭可光手跋：「葯園先生書法規摹鍾、王，此集爲其手書，筆甚遒勁可寶。《福建藝文志》收《約園詩鈔》及《集虛堂餘草》，未及此集，豈未之見耶？己卯冬月購于後街聚書堂，本年得書十二珍本，此其一也。白陽識。」又識云：「沈祖牟見此集甚喜，余家存有一本，因以贈之。庚辰立秋日識。」下鈐「郭可光」、「白陽」二小印。卷内鈐「郭氏珍藏」、「郭氏白陽藏書」、「閩郭白昜藏書」、「伯暘圖書」、「莫等閒齋」等印記。此集作者手書上板，書法妍妙，殊爲可貴。《集虛堂餘草》行款同，末刻「受業林飛馭晨敬書」識語，知係林飛手書上板。目録後有乾隆四年己未受業諸子刻書序云：「癸卯後欲爲續刻者屢矣，越十餘年至今，乃與《四書文》並梓。」癸卯爲雍正元年，則《小草》刻於康熙末年（江西省圖有康熙五十九年刻《約園詩存》一卷，又名《集虛堂小草》，蓋即同版），《餘草》刻於乾隆四年。鈐「大通樓藏書印」、「龔少文收藏書畫印」等印記。似原各單行，後乃合爲一帙也。《存目叢書》據以影印。上圖、湖南師大亦有是刻。

瓦缶集十二卷　國朝李宗渭撰　　六一二〇

浙江巡撫採進本（總目）。〇《浙江省第七次呈送書目》：「《瓦缶集》十二卷，國朝李宗渭著，四本。」〇《浙江採集遺書總録》：「《瓦缶集》十二卷，刊本，國朝舉人嘉興李宗渭撰。」〇清康熙刻本，作《瓦缶集》三卷《永懷集》一卷。半葉十行，行十九字，白口，左右雙邊。復旦藏。〇南京圖書館藏清乾隆十六年高衡刻本,作《瓦缶集》十二卷。題「嘉興李宗渭秦川」。半葉十行,行二十一字,白口,左右雙邊。前有丁亥陳鵬年序,康熙丁亥朱彝尊序,康熙戊戌張雲章序,金介復序。又乾隆十六年辛未子婿高衡序云:「今年夏養疴杜門,乃取陸堂先生所定前後集重加裒次,得古今體凡十二卷,付剞劂氏。」《存目叢書》據以影印。北圖分館亦有是刻。按:《提要》謂高衡「編爲樂府一卷、古體九卷、近體二卷」。今驗此本,卷一樂府,卷二至九古體,卷十至十二今體。則當作古體八卷、今體三卷。館臣偶誤計也。

若菴集五卷　國朝程庭撰　六一二一

兩江總督採進本(總目)。○《兩江第二次書目》:「《程若菴集》,江都程庭著,五本。」○北京大學藏清康熙刻本五卷,卷一文,卷二詩,卷三詩餘,卷四《停驂隨筆》,卷五《春帆紀程》。題「江南程庭且碩」。半葉十行,行十九字,白口,左右雙邊。寫刻頗精。前有康熙六十年辛丑宋和序,李驎序,吴瞻泰序。各卷又有序。鈐「木犀軒藏書」、「麐嘉館印」等印記。《存目叢書》據以影印。○清康熙刻雍正增修本六卷,增卷六《石城新草》。北師大、北圖、清華、上圖、浙圖等亦有是刻。○清康熙刻本六卷。北圖等藏。

嗜退山房稿五卷　國朝帥仍祖撰　六一二二

江西巡撫採進本(總目)。○《江西巡撫六次續採書目》:「《嗜退山房集》五本。」○《别本嗜退山房稿》一卷,清光緒十五年奉新帥氏緑窗刻本,《帥氏清芬集》之一。北圖、上圖、川圖、江西圖藏。

空明子詩集十卷又八卷文集六卷又二卷雜録一卷詩餘一卷　國朝張榮撰　六一二三

江蘇巡撫採進本(總目)。○《江蘇省第一次書目》：「《空明子集》六本。」○《江蘇採輯遺書目録》：「《空明子集詩》十卷《文》六卷《續集詩》八卷《文》二卷《詞》二卷《雜録》一卷，華亭張榮著。」○華東師大藏清康熙謙益堂刻《空明子全集》本，前有參訂姓氏，《空明子全集總目》。封面刻「空明子初集」、「謙益堂藏板」。收詩文詞集六種：《空明子詩集》十卷，有康熙五十三年張雲章序，錢柏齡序，康熙五十五年自序。《空明子文集》二卷，有李如泌序，康熙十九年符兆昌序。《空明子雜録》一卷，末有康熙四十五年朱棅《空明先生詩文後序》，鍾吴來《空明先生全集序》。《空明子詩集》八卷，有李如泌《空明先生續集叙》，康熙五十二年吴文炎序，康熙五十四年乙未俞楷題詞。《空明子文集》六卷，末有康熙五十七年戊戌王鑄《讀空明子集書後》，姪師實《空明先生續集後序》。《空明子詩餘》二卷，前有李如泌題詞。後有朱嵩《空明集後叙》，康熙五十七年戊戌季駿《空明先生全集序》。半葉十一行，行二十一字，黑口，左右雙邊。寫刻本。《存目叢書》據以影印。北圖、上圖、山東圖等亦有是刻。山東省圖本前有總目，凡詩八卷文六卷詩餘二卷又詩十卷文二卷雜録一卷又詩八卷文二卷雜録一卷《葺城賦注》一卷《挹青軒詩稿》一卷《空明子贈言》一卷《崇川節婦傳》一卷《獨行傳》一卷《六齡童子贈言》一卷。封面刻「謙益堂藏板」。據柯愈春《清人詩文集總目提要》、李靈年等《清人別集總目》，空明子詩、文集有初刻、續刻、再續、三續，凡四批。初刻：《空明子詩》十卷《文》二卷《空明子雜録》一卷。二刻：《詩》八卷《文》六卷《詩餘》二卷。三刻：《詩》八卷《文》二卷《雜録》一卷。四刻:《詩》八卷《文》二卷《偶吟雜稿》一卷《雜録》一卷。各家藏本參差,加之前後各集同名,故著録淆亂。

挹青軒詩稿一卷　國朝華浣芳撰　六一二四

江蘇巡撫採進本(總目)。〇華東師大藏清康熙謙益堂刻本,作《挹青軒稿》三卷,包括《挹青軒詩稿》一卷、《挹青軒詩餘》一卷、《挹青軒自怡録》一卷。封面刻「附刻挹青軒藁」、「華亭空明子選」、「謙益堂藏板」。有康熙五十七年張榮序。此集附於其夫張榮《空明子全集》内。《存目叢書》據以影印。

龍溪草堂集十卷　國朝王世睿撰　六一二五

山東巡撫採進本(總目)。〇《山東巡撫第二次呈進書目》:「《龍溪草堂集》一本。」

陳玉几詩集三卷　國朝陳撰撰　六一二六

禮部主事任大椿家藏本(總目)。〇南京圖書館藏清康熙刻本,作《玉几山房吟卷》三卷,包括三集:《繡俠集》,題「鄞人陳撰楞山」,半葉十一行,行二十一字,黑口,左右雙邊,前有康熙五十五年丙申魏周琬序,康熙五十五年程鳴序。《唫卷》,半葉十行,行十九字,白口,四周單邊,前有魏周琬、程鳴二序,康熙五十一年趙虹序。《擬古》,半葉十一行,行二十四字,白口,左右雙邊,前有馬樸臣、趙信、江濴、史鳳輝、厲鶚各序,康熙六十年辛丑符曾序。三集行款版式及字體不同,非一時付梓。《存目叢書》據以影印。北圖分館、上圖、吉大等亦有是刻。〇民國二十五年四明張氏約園刻《四明叢書》第四集本，作《玉几山房吟卷》三卷。〇按：「繡佽集」《提要》誤作「繡鋏集」。

雲溪文集五卷　國朝儲掌文撰　六一二七

兩江總督採進本（總目）。〇《兩江第一次書目》：「《儲越漁集》，宜興儲掌文著，五本。」〇清華大學藏清乾隆三十六年宜興儲氏在陸草堂刻本，卷端書名《雲溪文集》。封面刻「儲越漁先生文集」、「乾隆辛卯秋八月鐫」、「在陸草堂藏板」。半葉九行，行二十二字，黑口，左右雙邊。前有潘永季序，乾隆三十年乙酉任道南序，乾隆三十五年庚寅自序，凡例，評閲姓氏，男樵辛卯四月識語。末附傳、行狀。《存目叢書》據以影印。北圖分館、復旦、安徽圖亦有是刻。

據梧詩集十五卷　國朝管棆撰　六一二八

兩淮馬裕家藏本（總目）。〇《兩淮商人馬裕家呈送書目》：「《據梧詩集》十五卷，國朝管棆，四本。」〇吉林大學藏清康熙刻本，題「武進管棆青村」。半葉十行，行二十一字，白口，四周單邊。卷一卷二《吹萬集》，有邵長蘅序。卷三卷四《柏軒草》，康熙三十年張希良序。卷五卷六《修琴閣集》，康熙三十二年弟淵序。卷七卷八《鷗馴集》。卷九卷十《天外集》，宋犖序。卷十一卷十二《圃華集》，蔣金式序。卷十三至十五《寓檗稿》。後有康熙五十四年十一月張大受總序。後又有《都門贈行詩》一卷，不標卷次。又《萬里小遊僊集》一卷，標「據梧詩集卷三十四」，有康熙五十四年張雲章序。全書寫刻甚精。鈐「稽瑞樓」、「慎德堂藏書」、「希詵讀過」等印記。《存目叢書》據以影印。北圖、中科院圖亦有是刻。又有乾隆嘉慶間修版印本。〇民國二十五年毘陵管氏小書樓濟南排印本,作《據梧詩集》十五卷《外》一卷《附録》一卷四册。北圖、上圖、南開、山東師大等藏。○《管檎詩選》一卷,清康熙四十二年商邱宋犖刻《江左十五子詩選》本。北圖、上圖等藏。

近道齋文集六卷詩集四卷　國朝陳萬策撰　**六一二九**

吏部主事張慎和家藏本(總目)。○《福建省呈送第五次書目》:「《近道齋集》六本。」○湖北省圖書館藏清乾隆八年陳冕世刻本,文六卷詩四卷附一卷。題「晉江陳萬策謙季甫著」。半葉九行,行二十字,白口,四周雙邊。前有乾隆八年錢陳群《近道齋全集序》云:「令嗣孝廉冕世始爲詮次,將付之剞劂。」附録在文集末。封面刻「本衙藏版」。此本寫刻甚精。《存目叢書》據以影印。清華、津圖亦有是刻。

白田草堂存稿二十四卷　國朝王懋竑撰　**六一三〇**

兩江總督採進本(總目)。○《江蘇省第一次書目》:「《白田草堂存稿》四本。」○《江蘇採輯遺書目録》:「《白田草堂存稿》二十四卷,翰林院編修寶應王予中著,刊本。」○《兩江總督高第三次進到書目》:「《白田草堂集》五本。」○青海省圖書館藏清乾隆十七年王箴聽等刻本,半葉十一行,行二十二字,白口,左右雙邊。前有乾隆十七年壬申雷鋐序,義例,乾隆十七年男箴聽等撰《行狀》一卷,《崇祀鄉賢録》一卷。《目録》末有「山陽後學邱敦美寫」一行。寫刻甚精,刷印稍晚,有漫漶。《存目叢書》據以影印。北大、清華、南開等亦有是刻。○《白田草堂稿》不分卷,稿本,清王惟賢跋。南圖藏。○《白田草堂續稿》八卷,稿本。上海辭書出版社藏。○《白田草堂存稿》不分卷,稿本四册。

録》：「《王已山文集》十四卷，翰林院檢討金壇王步青撰，甯化雷鋐删定。」○北京師大藏清乾隆敦復堂刻本，作《已山先生文集》十卷《别集》四卷附《傳》一卷。目録題「金壇王步青罕皆氏著，受業門人編輯，男士鼇山抃録，孫維甸稼先、乃畇南仲、尚畬畊三、爾畯季良校」。半葉九行，行二十字，白口，左右雙邊。封面刻「敦復堂藏板」。前有陳祖范序，乾隆十七年雷鋐序，從孫廷琬撰《家傳》，陳弘謀撰傳。寫刻頗精。《存目叢書》據以影印。清華、上圖、復旦、湖北圖等亦有是刻。

江聲草堂詩集八卷　國朝金志章撰　**六一六八**

浙江巡撫採進本(總目)。○《浙江省第十一次呈送書目》：「《江聲草堂詩集》八卷，國朝金志章著，二本。」○《浙江採集遺書總録》：「《江聲草堂詩集》八卷，刊本，國朝口北道錢塘金志章撰。」○天津圖書館藏清乾隆十九年刻本，題「錢唐金志章繪卣」。半葉十一行，行二十二字，白口，左右雙邊。前有乾隆十九年甲戌自序云：「一二同志聞而惜之，復爲搜羅散佚，薈萃見貽，且相佽助，慫恿付梓。……爰感知己之意，取燼餘所拾，稍加詮次，復追憶舊作，十得二三，增定前後，仍其集名，釐爲八卷，不揣妄庸，遽災梨棗。」《存目叢書》據以影印。浙圖藏是刻有清葉慶垣跋。

謙齋詩稿二卷補遺一卷　國朝曹庭樞撰　**六一六九**

浙江巡撫採進本(總目)。○《浙江省第十一次呈送書目》：「《謙齋詩稿》二册，國朝曹庭樞著，一本。」按：二册當作二卷。○《浙江採集遺書總録》：「《謙齋詩稿》二卷，刊本，國朝貢生嘉善曹庭樞撰。」○《提要》云：「乾隆元年嘗薦舉博學鴻詞，是集亦皆其游京師時所作。」○浙江圖書館藏清乾隆刻本，作《謙齋詩稿》二卷《補遺》一卷。題「嘉善曹庭樞六薌」。半葉十行，行二十一字，黑口，左右雙邊。無序跋。初印本。鈐「柴夢魁印」。《存目叢書》據以影印。上圖有乾隆九年刻本，當出一版。○中國社科院文學所藏鈔本二卷一册。

司業文集四卷　國朝陳祖范撰　六一七〇

江蘇巡撫採進本（總目）。○《江蘇省第一次書目》：「《陳司業文集》六本。」○《江蘇採輯遺書目録》：「《陳祖范詩文集》十一卷（《文》四卷《經咫》一卷《詩》四卷《掌録》二卷），國子監司業常熟陳祖范著。」○浙江圖書館藏清乾隆二十九年日華堂刻《陳司業集》本，題「海虞陳祖范著」。半葉十行，行二十三字，白口，四周雙邊。前有乾隆二十九年顧鎮序云：「今先生之長君道光彙萃諸種，都爲一帙，謹承定本刊布。」鈐「南林劉氏求恕齋藏」印。《存目叢書》據以影印。北圖、上圖等亦有是刻。

司業詩集四卷　陳祖范撰　六一七一

江蘇巡撫採進本（總目）。○進呈本參前條。○浙江圖書館藏清乾隆二十九年日華堂刻《陳司業集》本，版式行款及字體同《文集》。前有乾隆十七年自序。末有列名：「男鋆、祉、增編次，孫杲、昂、景較梓。」卷内鈐「南林劉氏求恕齋藏」印。《存目叢書》據以影印。北圖、上圖等亦有是刻。○民國十五年丙寅拏雲精舍排印本，作《陳司業詩集》四卷。版心下有「拏雲精舍」四字。北圖、上圖、蓬萊慕湘藏書樓等藏。

山陰集一卷歸田遺草一卷　國朝林其茂撰 六二三九

編修鄭際唐家藏本(總目)。

史復齋文集四卷　國朝史調撰 六二四〇

陝西巡撫採進本(總目)。〇《陝西省呈送書目》:「《史復齋文集》。」〇北京大學藏清乾隆刻本,題「男猶龍敬輯」。半葉十行,行二十字,白口,左右雙邊。前有周長發序,乾隆十六年諸錦序。《存目叢書》據以影印。

瑜齋詩草一卷　國朝郭趙璧撰 六二四一

庶吉士盧遂家藏本(總目)。

卓山詩集十二卷　國朝帥家相撰 六二四二

江西巡撫採進本(總目)。〇《提要》云:「又名《三十乘書樓集》。」〇《江西巡撫六次續採書目》:「《三十乘書樓集》十二本。」〇江西省圖書館藏清嘉慶二年刻本十六卷。正文首行題「卓山詩集卷一」,次行題「奉新帥家相伯子甫著」。半葉九行,行十八字,白口,左右雙邊。版心上刻「卓山詩集」,下刻「三十椉書樓」。封面刻「賜書樓藏版」。前有雍正五年周學健序,乾隆十九年汪士通序,徐煒《題三十椉樓詩集》。末有嘉慶二年丁巳仲秋男焕刻書跋,「嘉慶二年」被挖改爲「乾隆五年」,不知乾隆五年非丁巳也,且跋稱「前御纂《四庫全書》」云云,又安能在乾隆五年預言之? 書估伎倆,甚可笑也。《存目叢書》據以影印。山東圖亦有是刻。〇清光緒十一年奉新帥氏刻《帥氏清芬集》本，作《卓山詩集》十二卷《三十乘書樓詩集》（一名《卓山詩續集》）一卷。北圖、上圖、川圖、江西圖藏。

瓠息齋前集二十四卷　國朝凌樹屏撰　**六二四三**

浙江巡撫採進本（總目）。○《浙江省第七次呈送書目》：「《瓠息齋前集》二十四卷，國朝凌樹屏著，四本。」○《浙江採集遺書總録》：「《匏息齋前集》二十四卷，刊本，國朝教授烏程凌樹屏撰。」○首都圖書館藏清乾隆二十四年刻本，作《瓠息齋全集》二十四卷。題「烏程凌樹屏保釐」。半葉十行，行十九字，黑口，左右雙邊。前有乾隆二十四年己卯自序云：「今歲長夏無事，料理故帙，懼復有失，爰並其後所作都差次爲一編，以付開雕。秀水友人槵樹翁朱芬，雅好余詩，實率諸友人佽助焉。」次校閲姓氏，其中門人二十九人，陸費墀、曹秉鈞在焉。封面刻「本衙藏板」。鈐「讀書養氣」、「北京市文化局文物調查研究組藏書印」等印記。《存目叢書》據以影印。上圖、南圖、山東圖等亦有是刻。

問義軒詩鈔二卷賸草一卷　國朝莊綸渭撰　**六二四四**

國子監助教張義年家藏本（總目）。○北京圖書館分館藏清乾隆刻本，僅《問義軒詩鈔》二卷。題「武進莊綸渭對樵」。半葉九行，行十九字，白口，四周雙邊。前有梁同書撰《行狀》，乾隆二十三年戊寅楊述曾序。後有唐爲坤跋，復齋勇成《癸巳夏日題葦塘詩卷後》，男世駿跋。寫刻極精。鈐「長樂鄭振鐸西諦藏書」印。《存目叢書》據以影印。首都圖亦有是刻。東北師大有乾隆三十九年刻北大藏。○清光緒二十年廣雅書局刻本，僅其中雜著八卷，收入《廣雅書局叢書》，非全本。

莊元仲集一卷　國朝莊亨陽撰　**六一三一**

福建巡撫採進本（總目）。○《福建省呈送第五次書目》：「《莊亨陽集》三本。」○南開大學藏清嘉慶二十一年刻本，作《秋水堂集》十五卷十册（見該校《綫裝書目録》）。福建師大藏嘉慶二十一年刻本僅《秋水堂遺集》六卷，題「南靖莊亨陽復齋著」。半葉九行，行二十三字，白口，四周單邊。前有乾隆四十二年丁酉門侍生官獻瑶序，又嘉慶二十一年丙子曾孫樹金、樹程、應熼、樹貞識語云：「先曾祖復齋公《秋水堂遺集》，經先伯父與先君子編録成卷，乾隆丁酉歲蒙石溪官太年祖鑒定而弁以序言，閲今四十載矣，族中諸同志恐致湮没，請刊之以垂久遠。謹將原集付梓。再搜舊篋，得詩文若干首，輯補爲一卷，及諸先輩贈輓詩章併傳誌附焉。」封面刻「嘉慶丙子夏鐫」、「龜山藏板」。此本原爲五卷，卷六爲雜録、補輯、附録。鈐「楙復之印」印記。《存目叢書》用福師大藏本影印。○上海圖書館藏清道光二十八年重刻本，作《秋水堂文集》六卷《餘集》二卷《詩集》六卷（見《清人别集總目》）。○清光緒十五年南靖莊氏刻本，作《秋水堂遺集》二十二卷，包括《秋水堂文集》六卷《餘集》一卷《詩集》六卷、《莊氏算學》八卷、《曆法問答》一卷。北大、清華、上圖藏。

緑蘿山房文集二十四卷詩集三十三卷　國朝胡浚撰　**六一三二**

江蘇巡撫採進本（總目）。○《江蘇省第二次書目》：「《緑蘿山莊集》二十二本。」○《江蘇採輯遺書目録》：「《緑蘿山莊集駢文》二十四卷《詩》三十二卷共五十六卷，會稽胡浚著。」○《緑蘿山莊文集》二十四卷，中國社科院近代史所藏清乾隆二十一年刻本，題「會稽胡浚（字希張）撰注」。半葉十行，行二十二字，白口，四周雙邊。前有乾隆八年癸亥李紱序，乾隆十八年魯曾煜序。封面刻「緑蘿山莊四六全集」、「乾隆丙子年鐫」。《存目叢書》據以影印。南圖、北大、浙大、山西祁縣亦有是刻。〇《緑蘿山莊詩集》三十二卷，中國社科院近代史所藏清乾隆二十七年刻本，行款版式同《文集》。前有乾隆二十六年辛巳孫人龍序，乾隆二十三年戊寅齊召南序。封面刻「乾隆壬午年鐫」。《存目叢書》據以影印。上圖、南圖、北大亦有是刻。〇《緑蘿山莊文集》二十四卷，清嘉慶元年浙江胡氏刻本。川圖、南開等藏。〇《緑蘿山莊詩集》三十三卷，清嘉慶八年浙江刻本。川圖、南圖藏。〇《緑蘿山莊駢體文集》十二卷，清光緒刻《刻鵠齋叢書》本。北圖、上圖等藏。

寒香閣詩集四卷　國朝鄧鍾岳撰　**六一三三**

山東巡撫採進本（總目）。〇《山東巡撫呈送第一次書目》：「《寒香閣詩》一本。」〇《江蘇省第一次書目》：「《寒香閣集》一本。」〇《江蘇採輯遺書目録》：「《寒香閣集詩》四卷《知非録》一卷，禮部侍郎東昌鄧鍾岳撰，刊本。」〇南京圖書館藏清乾隆刻本，題「東昌鄧鍾岳悔廬」。半葉九行，行十七字，白口，左右雙邊。無序跋。書衣有程銘敬題簽並跋：「光緒己亥孟春，購於武林梅花碑之書攤，爰付閫人香蘋重裝。以庵識。」下鈐「銘敬」小印。又跋云：「按悔庵先生又號東長，山東東昌人，康熙辛丑狀元，官禮部侍郎。詳《國朝館選姓氏爵里謚法考》。」卷内鈐「吴越程銘敬藏」、「侍史方云所掌」等印。《存目叢書》據以影印。山東圖、青島圖亦有是刻。

墨麟詩十二卷　國朝馬維翰撰　六一三四

浙江巡撫採進本(總目)。○《浙江省第七次呈送書目》:「《墨麟詩》十二卷,國朝馬維翰著,二本。」○《浙江採集遺書總録》:「《墨麟詩》十二卷,刊本,國朝川東道海鹽馬維翰撰。」○天津圖書館藏清雍正刻本,半葉十行,行二十二字,黑口,左右雙邊。無序跋。卷内泓、曆字不避諱,當是雍正刻本。寫刻甚精。《存目叢書》據以影印。復旦、南開、中山大等亦有是刻。

秋塍文鈔十二卷三州詩鈔四卷　國朝魯曾煜撰　六一三五

浙江巡撫採進本(總目)。○《浙江省第三次書目》:「《秋塍文鈔》十二卷《詩集》四卷,國朝魯曾煜著,五本。」○《浙江採集遺書總録》:「《秋塍文鈔》十二卷《詩鈔》四卷,刊本,國朝庶吉士會稽魯曾煜撰。」○南京圖書館藏清乾隆刻本。《秋塍文鈔》十二卷,題「會稽魯曾煜啓人」。半葉九行,行二十二字,白口,四周單邊。前有乾隆九年甲子納蘭常安序,乾隆九年胡浚序,乾隆十年彭啟豐序,乾隆十一年葉士寬序。封面刻「乾隆甲子年鐫」、「鳴野山房藏板」。知係乾隆九年鳴野山房刻本。《秋塍三州詩鈔》四卷,題「會稽魯曾煜啓人」。半葉十行,行十九字,白口,左右雙邊。前有乾隆十一年丙寅自序,收詩至丙寅,當即乾隆十一年刻本。鈐「八千卷樓藏閲書」印記。《存目叢書》據以影印。北圖、上圖、復旦等亦有是刻。○《歸田詩存》三卷《文存》二卷,魯曾煜撰,清雍正鳴野山房刻本。半葉十行,行十九字,白口,左右雙邊。北圖藏。

最古園二編十八卷　國朝羅人琮撰　六一三六

江蘇周厚堉家藏本（總目）。○《江蘇省第一次書目》：「《最古園二編》六本。」○《江蘇採輯遺書目録》：「《最古園二編》十八卷，桃源羅人琮著。」○《最古園集》二十四卷，清康熙三年刻五年六年十一年遞增本，六册。中科院圖藏。按：此初刻二十四卷，館臣云未見。○中國人民大學藏《最古園二編》十八卷，清康熙羅天緒等刻本，六册。題「楚桃源羅人琮紫羅著」。半葉九行，行二十二字，白口，四周雙邊。前有胡悉寧序，康熙十四年冬至後三日劉友光序，康熙二十三年甲子陳鳴堈序，康熙十年楊山松序，康熙二十四年龍之池序，康熙二十三年張愫跋。封面刻「本衙藏板」，又刻「初集二十四卷，計詩九百六十四首，雜著一百五十七篇」。《存目叢書》據以影印。

陸堂文集二十卷詩集十六卷續詩集八卷　國朝陸奎勳撰　六一三七

浙江巡撫採進本（總目）。○《浙江省第三次書目》：「《陸堂文集》二十卷《詩集》二十三卷，國朝陸奎勳著，十二本。」○《浙江採集遺書總録》：「《陸堂文集》二十卷《詩集》二十三卷，國朝檢討平湖陸奎勳撰。」○復旦大學藏清乾隆小瀛山閣刻《陸堂詩集》十六卷《續集》六卷。《詩集》卷一題「平湖陸奎勳坡星著，同里沈鐔荻廬校」。《續集》卷一題「平湖陸奎勳坡星著，同里俞錫齡樫塘校」。半葉十一行，行二十一字，白口，左右雙邊。前有雍正十三年柯煜序。又自序云：「丁未閏三月至丁巳閏九月，定爲《續集》六卷。」丁巳爲乾隆二年，則是集刻於乾隆二年或稍後。鈐「劉承幹字貞一號翰怡」、「吳興劉氏嘉業堂藏書印」等印記。○天津圖書館藏清乾隆四年刻《陸堂文集》二十卷，題「平湖陸奎勳坡星著，受業甥張雲錦鐵珊校」。半葉十一行，行二十四字，白口，左右雙邊。前有乾隆四年自序云：「卯冬就養梧州，《易學》始脱稿，五經皆已行世，所餘詩歌古文，本無關於重輕，張甥龍威、姪壻沈荻廬輩，願爲鋟版，正續詩集外，選存文集二十卷，次第開雕。」又乾隆五年黄之雋序。《存目叢書》用天津、復旦兩家藏詩文集配合影印。

𢈪堂集六十一卷　國朝黄之雋撰　**六一三八**

江蘇巡撫採進本（總目）。○《江蘇省第一次書目》：「《𢈪堂集》十二本。」○《江蘇採輯遺書目録》：「《𢈪堂集》六十卷《冬録》一卷，左中允華亭黄之雋著，刊本。」○陝西省圖書館藏清乾隆刻本，作《𢈪堂集》五十卷《續》八卷《補遺》二卷附《冬録》一卷。題「華亭黄之雋石牧」。半葉十行，行二十一字，白口，左右雙邊。前有乾隆六年自序，總目後有門人王永祺序。《𢈪堂集》卷四十九至五十爲詞。《補遺》前有乾隆九年自序，卷二末有詞十二首。《續》前有乾隆十二年自序，卷八末有詞五首。卷内鈐「然藜閣藏」、「華亭封氏蕢進齋藏書印」、「華亭封漣校藏經籍金石印」、「華亭封漣」、「筱谿」等印記。《存目叢書》據以影印。清華、南開、川圖等亦有是刻。

雲在詩鈔九卷　國朝查祥撰　**六一三九**

浙江巡撫採進本（總目）。○《浙江省第七次呈送書目》：「《雲在詩鈔》九卷，國朝查祥著，二本。」○北京圖書館分館藏清乾隆刻本，卷一題「海昌查祥星南氏著，男虞昌、鳴昌校字，孫耀、鵬扶、和敏、鶚荐、外孫陳念本校刻」。半葉十行，行二十一字，黑口，左右雙邊。前有自序云：「丙午、丁未間罷官家居，一病幾殆。家人輩焚燬殘廢卷帙,誤入灰燼中,五十歲以前所作遂無一存者。」又云:「病起無聊,從人唱和,或即景留連,越三十年,笥篋存留又與前帙相等。爲去其煩冗率易及應酬諸詩,得如干首,付兒子收庋,防散失,毋累剞劂也。」查祥康熙五十七年進士,丙午、丁未則爲雍正四年、五年,越三十年,則爲乾隆二十一年、二十二年,即作序之時,因推知爲乾隆刻本。《存目叢書》據以影印。

小蘭陔集十二卷　國朝謝道承撰　六一四〇

福建巡撫採進本(總目)。○《福建省呈送第五次書目》:「《小蘭陔詩文集》三本。」○北京大學藏清乾隆三十八年刻本,作《小蘭陔詩集》八卷。題「晉安古梅謝道承著」。半葉九行,行十九字,白口,左右雙邊。前有乾隆六年錢陳群序,乾隆十三年沈德潛序,乾隆三十八年蔣允焄序,乾隆八年吴文煥序,乾隆十三年黄任序,乾隆三十一年朱景英序。蔣序云「集開雕既竣」,知係乾隆三十八年刊。《存目叢書補編》據以影印。福建圖、厦大、復旦亦有是刻。

桐村詩九卷　國朝馮詠撰　六一四一

江西巡撫採進本(總目)。○《江西巡撫海續購書目》:「《桐村集》四本。」○南京圖書館藏清康熙五十三年清鑑居刻本四卷。題「金谿馮詠夔颺」。半葉十一行,行二十字,白口,左右雙邊。前有康熙五十三年甲午自序。封面刻「清鑑居藏板」。寫刻甚精。《存目叢書》據以影印。江西圖亦藏是刻。

崇德堂集八卷　國朝王植撰　六一四二

直隸總督採進本(總目)。○《直隸省呈送書目》:「《崇雅堂稿》八本。」○蘇州市圖書館藏清乾隆刻本，作《崇雅堂稿》八卷。題「深澤王植𧫴思甫著」。半葉九行，行二十字，白口，四周雙邊。目録題「崇德堂稿」。有乾隆九年鄭其儲序，乾隆十一年自序，乾隆二十四年王鳴盛序。王序字體不同，似後加，且未言刻書事。當即乾隆十一年刻本。《存目叢書》據以影印。北大、清華、南開亦有是刻。清華又有乾隆十一年刻《崇德堂稿》四卷，行款版式同，疑係初印四卷本。

偶存草無卷數　國朝王植撰 六一四三

直隸總督採進本（總目）。○《直隸省呈送書目》：「《偶存草》一本。」

牆東雜著一卷　國朝王汝驤撰 六一四四

浙江巡撫採進本（總目）。○《浙江省第二次書目》：「《牆東雜著》一卷，國朝王汝驤著，一本。」○《浙江採集遺書總録》：「《墻東雜著》一卷，寫本，國朝通江知縣金壇王汝驤撰。」

與梅堂遺集十二卷耳書一卷鮓話一卷　國朝佟世思撰 六一四五

江蘇巡撫採進本（總目）。○《江蘇省第二次書目》：「《與梅堂遺集》四本。」○《江蘇採輯遺書目録》：「《與梅堂遺集》十二卷，思恩縣知縣佟世思著，刊本。」○浙江圖書館藏清康熙四十年佟世集刻本，題「遼陽佟世思儼若氏著，春浦范青筠谿氏重訂」。半葉十行，行十九字，白口，四周單邊。前有康熙四十年辛巳范承勳序，康熙四十年范承烈序，康熙四十年韓菼序，康熙四十年王士禛序，康熙四十年范青序，康熙四十年六弟世集序。世集序云：「裒而輯之，質之兄同學老友，更加點定，諸大人先生各惠弁言，登諸梨棗。」王士禛已挖改爲王士正，是雍正時修版印本。卷内鈐「吴興劉氏嘉業堂藏書記」、「劉承幹字貞一號翰怡」等印記。《存目叢書》據以影印。北圖、遼圖、中山圖亦有是刻。

金閶齋集十二卷　國朝金敞撰　**六一四六**

江蘇巡撫採進本(總目)。○《江蘇省第二次書目》：「《金閶齋集》三本。」○《江蘇採輯遺書目録》：「《金閶齋集》十二卷，常州金敞著，刊本。」○華東師大藏清康熙三十九年共學山居刻本，作《金閶齋先生集》十二卷。半葉九行，行十九字，白口，四周單邊。前有李顒序。又康熙三十九年庚辰朱鳳臺序云：「先生没後，諸同人彙輯編次，卷分十有二，不佞即爲較訂，鳩工而授之梓。」封面刻「共學山居藏板」。《存目叢書補編》據以影印。

前溪集十四卷　國朝唐靖撰　**六一四七**

浙江巡撫採進本(總目)。○《浙江省第七次呈送書目》：「《前溪集》，國朝唐靖著，四本。」○《浙江採集遺書總録》：「《前溪集》四册，刊本，國朝諸生武康唐靖撰，康熙辛酉邑宰韓逢休序而刻之。」○日本内閣文庫藏清康熙刻本，作《前溪集》十八卷，包括《前溪詩集》十一卷《文集》五卷《雜詩》一卷《雜詠二集》一卷(參《清人詩文集總目提要》)。上圖本存《文集》五卷《詩》二卷。

華林莊詩集四卷　國朝姚孔鋼撰　**六一四八**

江蘇巡撫採進本(總目)。○《江蘇省第一次書目》：「《華林莊詩集》二本。」○《江蘇採輯遺書目録》：「《華林莊書》四卷，桐城姚孔鋼著，刊本。」○北京圖書館分館藏清乾隆三年刻本，題「桐城姚孔鋼于巢」。半葉九行，行十九字，白口，左右雙邊。寫刻本。前有乾隆三年戊午約齋撰傳，伯兄孔鈉撰行狀，乾隆三年伯兄孔鈉序。《存目叢書》據以影印。

瓠尊山人詩集十七卷　國朝夏熙臣撰 六一四九

檢討蕭芝家藏本（總目）。○《慕巖詩略》六卷《瓠尊山人佚詩》一卷，民國二十四年夏氏尚忠堂活字印本。津圖藏。

道腴堂詩集四卷　國朝曹煜曾撰 六一五〇

江西巡撫採進本（總目）。○清華大學藏清乾隆十四年曹氏五畝園刻《石倉世纂》本，題「海上曹煜曾爔蒿著，男傑士電發、姪孫壻葉承子敬、孫錫寶鴻書、錫衮補亭、姪孫錫黼誕文同較」。半葉十行，行二十一字，白口，左右雙邊。寫刻本。末有曹錫寶跋，葉承跋，曹錫黼跋。《存目叢書》據以影印。北圖、福建師大亦有是刻。

長嘯軒詩集六卷　國朝曹煐曾撰 六一五一

江西巡撫採進本（總目）。○清華大學藏清乾隆十四年曹氏五畝園刻《石倉世纂》本，題「海上曹煐曾春浦著，姪孫壻葉承子敬、姪孫錫端菽衣、姪孫錫黼誕文同較」。半葉十行，行二十一字，白口，左右雙邊。寫刻本。前有喬龍序，乾隆十四年己巳胡二樂序，乾隆己巳陸培序。《存目叢書》據以影印。北圖、福建師大亦有是刻。

放言居詩集六卷　國朝曹炳曾撰 六一五二

江西巡撫採進本（總目）。○清華大學藏清乾隆十四年曹氏五畝園刻《石倉世纂》本，題「海上曹炳曾巢南著,姪傑士電發、孫壻葉承子敬、孫男錫黼誕文同較」。半葉十行,行二十一字,白口,左右雙邊。寫刻本。前有雍正二年甲辰張雲章序,乾隆十四年己巳來謙鳴序,乾隆十三年戊辰沈潮序。《存目叢書》據以影印。北圖、福建師大、社科院文學所亦有是刻。

隨村遺集六卷　國朝施璟撰　六一五三

江西巡撫採進本(總目)。○天津圖書館藏清乾隆四年家刻本,附於康熙至乾隆刻《施愚山先生全集》内,作《隨村先生遺集》六卷。目録題「宣城施璟隨村著,仁和杭世駿堇浦訂」。半葉十一行,行二十一字,白口,四周雙邊。前有乾隆元年吴芮序。封面刻「乾隆己未年鐫」、「施隨邨先生遺集」、「本衙藏板」。《存目叢書》據以影印。北圖、上圖、南圖等亦有是刻。

有懷堂詩文集一卷　國朝田肇麗撰　六一五四

江西巡撫採進本(總目)。○天津圖書館藏清乾隆七年田同之刻本,康熙乾隆間刻《德州田氏叢書》之一,作《有懷堂文集》一卷《詩集》一卷。題「濟南田肇麗蒼厓甫」。半葉九行,行十九字,白口,左右雙邊。前有乾隆七年壬戌羅克昌序云:「及捐館後,吾師方搜葺所遺,將付剞劂氏。」後有乾隆七年兒同之序云:「迨雍正乙卯秋,撿點篋笥,以所著悉丙,幸搜剔未盡,斷簡中尚遺詩若干首,古文詞若干篇,……遂編次梓之。」《存目叢書》據以影印。北圖、上圖、山東圖等亦有是刻。

靜便齋集十卷　國朝王曾祥撰　六一五五

浙江巡撫採進本(總目)。○《浙江省第十一次呈送書目》:「《靜便齋集》十卷,國朝王曾祥著，二本。」○《浙江採集遺書總録》：「《静便齋集》十卷，刊本，國朝仁和王曾祥撰。」○北京大學藏清乾隆二十八年刻本，題「仁和王曾祥麐徵著」。半葉十行，行二十一字，白口，四周單邊。前有乾隆二十八年汪沆序。《存目叢書》據以影印。北圖、南圖、浙圖、中山圖亦有是刻。

鍾水堂詩三卷　國朝顔肇維撰 六一五六

山東巡撫採進本（總目）。○《山東巡撫第二次呈進書目》：「《鍾水堂集》一本。」○南京圖書館藏清雍正刻本，半葉十一行，行二十一字。寫刻甚精。末有雍正八年夏日次男懋僑跋。卷内弘字不避諱，當是雍正刻本。蟲蛀殘損，卷一第一葉缺。《存目叢書》據以影印。山東圖、青島圖亦有是刻。《孔子故里著述考》著録北大藏是刻，卷端題「曲阜顔肇維次雷氏著」，前有雍正十一年癸丑侯嘉繙序，末有雍正八年次男懋僑、季男懋傚二跋。較南圖藏本完善。

帶月草堂詩集一卷　國朝顔懷禮撰 六一五七

山東巡撫採進本（總目）。○《山東巡撫第二次呈進書目》：「《帶月草堂集》一本。」○《山東文獻書目》著録山東省博物館藏清雍正顔士塤刻本。

青嶼稿存無卷數　國朝張安絃撰 六一五八

浙江巡撫採進本（總目）。○《浙江省第七次呈送書目》：「《青嶼稿存》，國朝張安絃著，四本。」○《浙江採集遺書總録》：「《青嶼稿存》四册，寫本，國朝烏程張安絃撰。」

桐乳齋詩集十二卷　國朝梁文濂撰　六一五九

浙江巡撫採進本(總目)。○《浙江省第十一次呈送書目》：「《桐乳齋詩集》十二卷，國朝梁文濂著，四本。」○《浙江採集遺書總録》：「《桐乳齋詩集》十二卷《後洋書屋詩鈔》一册，刊本，國朝贈大學士錢塘梁文濂撰。」○上海圖書館藏清乾隆十二年梁啓心等刻本，題「錢唐梁文濂谿父」。半葉十行，行十九字，白口，左右雙邊。前有乾隆十二年丁卯杭世駿序。目録末列名：「男啓心、詩正、夢善編，孫同書、敦書校字。」次「谿父先生小像」，署「北山僧明中寫」。卷内鈐「卷盦六十六以後所收書」印記。《存目叢書》據以影印。南圖、浙圖、東北師大、中山圖亦有是刻。南圖本另附《後洋書屋詩鈔》二卷《補遺》一卷《欠伸餘句》一卷《鳴盛集》一卷(見《清人别集總目》)。

橡村集四卷　國朝朱緗撰　六一六〇

山東巡撫採進本(總目)。○《山東巡撫第二次呈進書目》：「《橡村詩稿》一本。」○《提要》云：「是集分四種：曰《風香集》，曰《吴船書屋集》，曰《觀稼樓詩》，曰《雲根清壑集》。」按：風字乃楓字之誤。○《雲根清壑山房詩》一卷，清康熙刻本，半葉十行，行二十字，黑口，左右雙邊。中科院圖、泰州圖藏。○《楓香集》二卷，山東省圖書館藏清康熙刻本，一册。正文首行題「楓香集」，次行題「濟南朱緗子青」。半葉十行，行十八字，黑口，左右雙邊。寫刻本。版心標卷一、卷二。前有陵州田雯序，乙亥仲冬銀城李興祖序，康熙三十三年甲戌秋分日安丘張貞序。末有丙子竹醉日錢塘沈名蓀跋，魏塘魏坤題詞，同里鍾轅《題楓香集卷後》長詩。書衣鈐「楓香艸堂藏書」朱文方印，正文首行下方鈐「楓香堂」朱文長方印，是朱氏自藏本。詩題上方及書眉有加紅圈者。書中夾有簽條云：「《楓香集》，新刻本共詩一百〇二首，舊刻本一百九十二首，中相同者七十六首。又舊本詩見《觀稼樓詩》一首，用墨圈誌出。新本用墨點誌於格上，舊本用紅圈誌於格上。」按：此與後刻一卷本出入甚大，非但多寡不同，順序亦異，詩題及詩句亦偶有改易。如此本《病起》，一卷本改題《病起雨夜同沈碉房子驄弟分韻》，詩末二句「微凉不成寐，殘漏響山城」，一卷本改爲「澆書攤飯罷，殘漏響山城」。此本《登華不注》二首在開篇，一卷本則改在第十三葉。此册傳世極罕，初印清晰，唯竹紙枯黄霉變，不堪揭幅矣。〇《吴船書屋詩》一卷，清康熙刻本。北圖、南圖藏（見《清人別集總目》）。〇《觀稼樓詩》二卷，清康熙刻本。北圖、臺大藏（見《清人別集總目》、《清人詩文集總目提要》）。〇山東省圖書館藏清康熙至乾隆間刻彙印《橡村集》四種五卷一函。子目：《楓香集》一卷一册，題「魚邱朱緗子青」。半葉十行，行十八字，黑口，左右雙邊。與二卷本出入頗大，係重編付刻者。前有乙亥仲冬李興祖序（凡二版，第一版係新刻，第二版係覆刻康熙本，字體不同），康熙三十三年甲戌秋分張貞序（仍用康熙刻二卷本舊版），田雯序（係重刻），魏坤題詞（用康熙刻二卷本舊版），海南梁佩蘭序。末有鍾轅題詩。書名葉鈐「石君辛巳以後所得書」朱文小方印，正文首葉鈐「愛日樓」朱文方印。此蓋即前本簽條所謂新刻本也。《觀稼樓詩》二卷一册，題「新城王阮亭先生評，濟南朱緗子青」。半葉十行，行十八字，黑口，左右雙邊。宋體字。前有王士禛題詞，手蹟上版，禛字缺末筆。末有庚辰中元前三日安丘張貞於厚書菴跋。《吴船書屋詩》一卷一册，題「新城王阮亭先生評，濟南朱緗子青」。半葉十行，行十八字，黑口，左右雙邊。宋體字。前有康熙四十五年漁洋老人王士禛題詩，禛字缺末筆。《雲根清壑山房詩》一卷一册，題「新城王阮亭先生評，濟南朱緗子青」。半葉十行，行十八字，黑口，左右雙邊。寫刻本，字體與前三種不同。有王士禛序(禛字作正)，朱彝尊序。此四種各有書名葉，無總名，無刊刻年月，山東省圖定爲乾隆刻，似亦約略言之。世傳清道光刻《濟南朱氏詩文彙編》，收有此四種五卷，北圖、山東圖、山東大、青島圖有藏，《存目叢書》用山大藏本影印，余以山東省圖藏康熙至乾隆刻彙印《橡村集》相校，知係同版，非道光刻也。

蒼雪山房稿一卷　國朝朱綗撰　六一六一

山東巡撫採進本(總目)。○《山東巡撫第二次呈進書目》：「《蒼雪山房稿》一本。」○山東省圖書館藏清康熙刻本，題「新城王阮亭先生評，濟南朱綗子驄」。半葉十行，行十九字，黑口，左右雙邊。寫刻本。前有王士禛序。禛字不避雍正帝諱，當係康熙刻本。卷内鈐「楓香堂」印，猶是其兄朱緗藏初印本。《存目叢書補編》據以影印。山東博亦有是刻。清道光刻《濟南朱氏詩文彙編》收有是集，仍用康熙版刷印，非重刻也。《彙編》所收除朱緗、朱綗集外，另有乾隆刻《倚華樓詩》四卷一册，歷城朱琦景韓撰；乾隆刻《桐陰書屋詩》二卷，歷城朱崇勳彝存撰；乾隆刻《湖上草堂詩》一卷，歷城朱崇道帶存撰；道光刻《養中之塾文集》一卷一册，濟南朱曾喆鈍甫撰。非一時刊版，道光中彙印。《中國叢書綜録》著録爲道光刻，不妥。

吾友于齋詩鈔八卷　國朝張錫爵撰　六一六二

浙江巡撫採進本(總目)。○《浙江省第九次呈送書目》：「《吾友于齋詩鈔》八卷，國朝張錫爵著，二本。」○《浙江採集遺書總録》：「《吾友于齋詩鈔》八卷，刊本，國朝嘉定張錫爵撰。」○復旦大學藏清乾隆六年刻本，題「嘉定張錫爵擔伯」。半葉十行，行十九字，白口，左右雙邊。寫刻極佳。前有乾隆六年八十五翁高不騫序云：「今冬建子月伻來把似吾友于齋古今體詩若干卷問序以傳同好。」又乾隆五年沈德潛序，乾隆六年朱稻孫序，雍正三年張雲章序。鈐「吴興劉氏嘉業堂藏書記」、「劉承幹字貞一號翰怡」等印記。《存目叢書》據以影印。北圖分館、南圖、華東師大亦有是刻。

蔗尾詩集十五卷文集二卷　國朝鄭方坤撰　　六一六三

福建巡撫採進本（總目）。○《浙江省呈送第五次書目》：「《蔗尾詩文集》四本。」○《蔗尾詩集》十卷，清乾隆元年刻本。半葉十行，行十九字，白口，左右雙邊。北大、清華、上圖藏。清華藏本鈐「萊陽張氏桐生藏書之印」印記。○《蔗尾詩集》十五卷，清乾隆元年刻增刻本。北圖分館、南圖、中山圖藏。東北師大藏本存卷一至五、卷十至十五計十一卷，且間有缺葉。題「晉安鄭方坤荔鄉」，寫刻頗精。前有乾隆元年張振義序，乾隆元年杭世駿序，乾隆十八年金德瑛序，乾隆十一年傅王露序，乾隆十一年吴文煥序，胡天游序，雍正十一年鄭方城序。《存目叢書補編》據以影印，非善本也。○《蔗尾文集》二卷，東北師大藏清刻本，半葉十行，行十九字，白口，四周雙邊。匠體字。無序跋。鈐「畊隣經眼」印。《存目叢書補編》據以影印。福建省圖亦有是刻。

樹人堂詩七卷　國朝帥念祖撰　　六一六四

江西巡撫採進本（總目）。○《江西巡撫六次續採書目》：「《樹人堂集》二本。」○江西省圖書館藏清光緒五年奉新帥氏緑窗刻本,作《樹人堂詩》七卷《蒐遺》一卷《多博唫》一卷。收入《帥氏清芬集》。題「奉新帥念祖宗憙父著,族後學之憲石生甫重栞」。前有牌記「光緒五年緑窗重刊」。版心刻「緑窗重栞」。《存目叢書》據以影印。北圖、上圖、川圖亦有是刻。○《宗憙文鈔》一卷,清光緒十三年帥氏緑窗刻本,《帥氏清芬集》之一。

涵有堂詩文集四卷　國朝游紹安撰　**六一六五**

福建巡撫採進本(總目)。○《福建省呈送第六次書目》:「《涵有堂詩文集》。」○江西省圖書館藏稿本八册,不分卷。題「性門游紹安自訂」。半葉十行,行十八字,白口,四周單邊。前有乾隆十八年癸酉鄭方坤序。正文首行下鈐「紹安」印。《存目叢書》據以影印。

南陔堂詩集十二卷　國朝徐以升撰　**六一六六**

編修徐天柱家藏本(總目)。○《編修徐交出書目》:「《南院堂詩集》四本。」院當係陔之形誤。○《提要》云:「是編爲其孫天柱、天驥所刊。」○北京師大藏清乾隆二十六年徐天柱刻本,題「德清徐以升階五」。半葉十行,行十九字,黑口,左右雙邊。前有乾隆二十六年齊召南序,乾隆二十六年沈德潛序。沈序云:「今文孫擎士刻先生遺集成,問序於予。」目録後有「孫天柱、天驥謹校」一行。擎士當即天柱字。是本寫刻甚精。《存目叢書》據以影印。上圖、吉大、保定圖亦有是刻。

王已山文集十卷別集四卷　國朝王步青撰　**六一六七**

江蘇巡撫採進本(總目)。○《江蘇省第一次書目》:「《王已山文集》六本。」○《江蘇採輯遺書目

王艮齋集十四卷　國朝王峻撰　　六一七二

江蘇巡撫採進本（總目）。○《江蘇省第一次書目》：「《王艮齋詩文集》二本。」○《江蘇採輯遺書目録》：「《王艮齋詩集》十卷《文集》四卷，監察御史常熟王峻著，刊本。」○吉林大學藏清乾隆十八年蔣棨刻本，作《王艮齋詩集》十卷《文集》四卷。題「常熟王峻次山著，長洲蔣棨誦先刊」。半葉九行，行十九字，黑口，左右雙邊。前有乾隆十八年孟冬月雷鋐序，乾隆十八年七月沈德潛序，陳祖范序，乾隆十八年蔣棨序。蔣序云：「予慟哭，復從先生令子索遺稿，謀鋟板垂久遠。」沈序云：「蔣司馬之不忘死友，刻其遺集。」是本寫刻極精。沈序末有「吴趨後學錢襄書」一行。《存目叢書》據以影印。北圖分館、社科院文學所、復旦等亦有是刻。

鋤經餘草十六卷　國朝王文清撰　　六一七三

侍講劉亨地家藏本（總目）。○南京圖書館藏清乾隆五徵堂刻本十三卷。題「寧鄉王文清九溪甫著」。半葉十行，行二十六字，白口，左右雙邊。版心下刻「五徵堂」。封面刻「五徵堂藏板」。有乾隆十四年己巳夏之蓉序。鈐「曾藏毗陵胡氏豹隱廬」印記。《存目叢書》據以影印。中央黨校亦有是刻。○民國三十年王氏後裔刻《九溪遺書》本，作《鋤經餘草》十六卷《鋤經續草》四卷。中科院圖、湖南圖藏。

明史雜詠四卷　國朝嚴遂成撰　　六一七四

浙江巡撫採進本（總目）。○《浙江省第十一次呈送書目》：「《明史雜詠》四卷，國朝嚴遂成著，一本。」○《浙江採集遺書總録》：「《明史雜咏》四卷，刊本，國朝知州烏程嚴遂成撰。」○清華大學藏清乾隆刻本，題「烏程嚴遂成海珊」。半葉十行，行二十一字，白口，四周雙邊。有乾隆十三年齊召南序。寫刻本。《存目叢書》據以影印。北圖、上圖、湖北圖等亦有是刻。川圖藏乾隆二十二年驥溪世綸堂刻嚴遂成撰《海珊詩鈔》十一卷《補疑》一卷《明史雜詠》四卷共二册，其《明史雜詠》未知即此版否。○清道光七年刻本，嚴兆元箋注。中山圖、南圖、華東師大藏。《鄭堂讀書記》著録《明史雜詠箋注》四卷，云「書成於道光乙酉，自爲之序，越三載，順德何藜閣太青屬南海葉蘭谷夢龍刊於廣東。」○清鈔本。南圖藏。○日本昭和二年名古屋雅聲社排印本。

絳跗閣詩稿十一卷　國朝諸錦撰　**六一七五**

浙江巡撫採進本（總目）。○《浙江省第十二次呈送書目》：「《絳跗閣詩集》十一卷，國朝諸錦著，四本。」○《浙江採集遺書總録》：「《絳跗閣詩稿》十一卷，刊本，國朝贊善秀水諸錦撰。」○福建師大藏清乾隆二十七年刻本，題「秀水諸錦草廬著，受業雩都管樂編，子婿范成校」。半葉十一行，行二十三字，白口，左右雙邊。前有康熙五十八年徐天秩序，後有范長發跋，雍正三年乙巳鮑鉁跋，趙永祚跋，乾隆十二年丁卯孟思誼跋。目録後刻「受業嘉興徐士鳳編寫」一行。寫刻甚精。封面鈐「春暉堂藏板」印。卷内鈐「甬上林集虚記」印。《存目叢書》據以影印。北圖、北大、津圖等亦有是刻，上圖藏一部有翁方綱跋。○《絳跗閣文集》不分卷，稿本。復旦藏。○《草廬詩稿》七卷二册，臺灣「中央圖書館」藏清乾隆間著者手定底稿本。起康熙四十三年甲申，至乾隆七年壬戌，收古今體詩三百餘首。卷端題「草廬詩稿卷一」，次行題「秀水諸錦著録」。鈐「繆遵義印」、「陳炳之印」、「彭紹升印」、「陳文述印」、「石湖王臨川珍藏圖書」等印記(詳該館《善本書志初稿》)。

賜書堂詩選八卷　國朝周長發撰　六一七六

編修吴壽昌家藏本(總目)。○北京大學藏清乾隆刻本，作《賜書堂詩鈔》八卷。題「會稽周長發蘭坡」。半葉十行，行二十一字，白口，左右雙邊。前有乾隆八年癸亥齊召南序。又商盤序云：「先生捐館後，兩嗣君以先生自訂全稿若干篇請余編定，并述。先生及門少司寇西齋蔡公、殿撰秋帆畢公合資開雕。」按：袁行雲《清人詩集叙録》考定周長發卒於乾隆二十六年。此集當刻於是年或稍後。或據齊序定爲乾隆八年刻，誤。《存目叢書》據以影印。清華、南開、河北大、山西師大亦有是刻。

小山全稿二十卷　國朝王時翔撰　六一七七

江蘇周厚堉家藏本(總目)。○《江蘇採輯遺書目録》：「《小山詩文集》二十卷，成都知府太倉王時翔著。」○清華大學藏清乾隆十一年王景元涇東草堂刻本，作《小山詩文全稿》二十卷，十四册二函，包括《小山詩初稿》二卷《續稿》四卷《後稿》二卷《詩餘》四卷《文稿》八卷。題「婁東王時翔抱翼著」。半葉十一行，行二十一字，白口，左右雙邊。各卷末有「男景元校刊」五字。封面刻「小山詩文全稿」、「詩稿八卷、文稿八卷、詩餘四卷」、「涇東草堂藏板」。前有舊序、贈詩、墓銘。後有乾隆十一年丙寅顧陳垿跋云：「今小山之令似善長亦已能詩，刊小山集竣，屬余綴語。」鈐「雲間第八峰周氏藏書」、「詩龕鑑藏」、「詩龕居士存素堂圖書印」等印記。紙墨瑩潔。《存目叢書》據以影印。北圖亦有是刻。

就正草一卷　國朝徐壐撰　六一七八

江西巡撫採進本（總目）。〇《江西巡撫海續購書目》：「《就正草》、《月湖賸稿》共二本。」

松源集無卷數　國朝孫之騄撰　六一七九

兩江總督採進本（總目）。〇《提要》云：是集凡五種，曰《松源紀行》，曰《龍泉舟中雜記》，曰《經説》，曰《敦行録》，曰《雜文》。刻於雍正己酉庚戌間。

春及堂詩集四十三卷　國朝倪國璉撰　六一八〇

太常寺卿倪承寬家藏本（總目）。〇《提要》云：「是集乃乾隆壬辰其子承寬所刊。」〇四川省圖書館藏清乾隆三十七年倪承寬刻本，題「錢唐倪國璉穟疇」。半葉十行，行二十一字，白口，左右雙邊。前有乾隆三十七年武進劉綸序云：「少宗伯敬堂倪公，奉其先公穟疇給諫前輩詩稿，哀繕成帙。謂綸侍前輩教有年，宜預名排校，且屬爲導言。」又云：「他年家刻成，如獲訪倪公於武林，升春及之堂，問遺琴無恙，當共拈集中句，比弦而樂之。」《存目叢書》據以影印。浙圖、復旦、華中師大等亦有是刻。

四焉齋詩集六卷附梯仙閣餘課一卷拂珠樓偶鈔二卷　國朝曹一士撰　附陸鳳池、曹錫珪撰　六一八一

江西巡撫採進本（總目）。〇《江蘇省第一次書目》：「《四焉齋詩文集》六本。」〇《江蘇採輯遺書目

録》：「《四焉齋詩文集》十四卷，兵科給事中上海曹一士著，刊本。」〇《兩江第一次書目》：「《四焉齋集》，上海曹一士著，六本。」〇《提要》云：「是編乃其詩集，《石倉世纂》之第四種也。附載《梯仙閣餘課》，爲一士繼室陸氏鳳池作，刻於康熙壬辰。又《佛珠樓偶鈔》，一士之女錫珪所作，刻於雍正甲寅。」〇中央民族大學藏清乾隆十三年曹錫黼、曹錫端等刻本。《四焉齋詩集》題「海上曹一士濟寰著，壻葉承子敬、男錫端菽衣、姪錫黼誕文同較」。半葉十行，行二十一字，白口，左右雙邊。前有黄文蓮序，後有葉承跋，曹錫黼跋。葉跋云：「戊辰夏，誕文商之菽衣昆弟，乃偕承較訂而付之梓。」是此集付刻於乾隆十三年夏。《梯仙閣課餘》題「秀林山人陸鳳池著」，有儲大文序，陳鵬年序，焦袁熹序，沔浦生曹一士引，乾隆十三年曹錫黼跋。《佛珠樓偶鈔》題「海上葉曹錫珪采蘩著，華亭曹玉芸香窗較」，前有雍正甲寅陳以剛序，乾隆十三年葉承序，後有飛霞閣主人雪暉跋，乾隆十四年己巳苧西女史王芸跋。鈐「浭陽張氏書畫記」、「張」、「紱」、「韋孺」、「潘光旦先生贈」等印記。《存目叢書》據以影印。民大又藏一部鈐「晚聞居士」印。北大、上圖、津圖等亦有是刻。《石倉世纂》所收亦即此刻。〇清宣統二年刻本。南開、復旦、上圖、南圖等藏。

四焉齋文集八卷　國朝曹一士撰　　**六一八二**

江西巡撫採進本（總目）。〇《提要》云：「《石倉世纂》之第五種也，與其《詩集》同刻於乾隆庚午。」〇進呈本參前條。〇中央民族大學藏清乾隆十四年曹錫黼等刻本，卷一題「海上曹一士濟寰著，姪錫黼誕文訂，壻葉承子敬、内姪張熙紳赤垂、男錫端菽衣、錫圖起南同校」。前有乾隆十五年庚午焦以敬序云：「猶子誕文，年少嗜學，懼其述作之散佚也，裒集付之剞劂，而屬序於余。」則是集爲曹錫黼編刻。又有乾隆十四年己巳正月顧棟高序云：「曹子濟寰既殁之十有三年，其子錫端等刻其遺文若干卷，介其友王子學舒郵書屬余爲叙。」後有葉承跋，從子錫黼跋。又乾隆十四年己巳春曹錫黼書後，爲全集總跋。蓋刻成於乾隆十四年。《存目叢書》據以影印。北大、上圖、津圖等亦有是刻。○《石倉世纂》所收亦即是刻。○清宣統二年刻本，詩文合刻。南開、復旦、上圖、南圖等藏。

寒香草堂集四卷　國朝劉元燮撰　　**六一八三**

檢討蕭芝家藏本（總目）。

金管集一卷　國朝顧成天撰　　**六一八四**

江蘇巡撫採進本（總目）。○《江蘇省第一次書目》：「《東浦草堂各刻九種》二本。」○《江蘇採輯遺書目録》：「《東浦草堂》三册，翰林院侍講南匯顧成天著。」原注：「此集《花語山房小鈔》《金管集》《三重賦》共三册。」○《浙江省第二次書目》：「《東浦草堂文集》十六卷《後集》二卷《詩集》二卷，國朝顧成天著，七本。」○《浙江採集遺書總録》：「《東浦草堂文集》十六卷《後集》二卷《詩集》二卷，寫本，國朝侍講南匯顧成天撰。」○浙江圖書館藏清雍正七年聞子紹刻《東浦草堂詩》二卷，一爲《金管集》一卷，一爲《燕京賦》一卷。《金管集》題「鶴沙小厓顧成天著，中峰蔡嵩閲」。半葉十行，行二十一字，黑口，左右雙邊。前有雍正六年戊申蔡嵩序，雍正七年姚弘緒序。寫刻本。《存目叢書》據以影印。北圖、上圖亦有是刻。

花語山房詩文小鈔一卷附三重賦一卷燕京賦一卷　國朝顧成天撰　六一八五

江蘇巡撫採進本（總目）。〇進呈本參前條。〇《花語山房詩文小鈔》一卷，上海圖書館藏清雍正刻本，題「東浦顧成天稿，同里受業葉承校輯」。半葉十行，行二十一字，白口，左右雙邊。前有雍正九年辛亥曹一士序云：「不可不急公於世，爰裒集而傳之。」又雍正九年自序。蓋即刻於是年。《存目叢書》據以影印。北圖分館亦有是刻。〇《三重賦》一卷，上海圖書館藏清刻本。半葉九行，行二十二字，四周單邊。〇《燕京賦》一卷，浙江圖書館藏清雍正七年閏子紹刻《東浦草堂詩集》本。前有雍正二年張照題詞，雍正二年嚴民法題詞，末有雍正元年淩如焕跋。《存目叢書》據以影印。北圖、上圖亦有是刻。〇《東浦草堂課餘文集》十二卷《後集》二卷《闕餘別集》四卷，上海圖書館藏清鈔本。半葉八行，行二十字，黑格。

桑弢甫集八十四卷　國朝桑調元撰　六一八六

浙江巡撫採進本（總目）。〇《浙江省第七次呈送書目》：「《桑弢甫文集》三十卷《詩集》十四卷《續集》二十卷《五嶽集》二十卷，國朝桑調元著，十八本。」〇《浙江採集遺書總録》：「《桑弢甫文集》三十卷《詩集》十四卷《續集》二十卷《五岳集》二十卷，刊本，國朝工部主事錢塘桑調元撰。」〇吉林大學藏清乾隆刻彙印本。《弢甫集》十四卷，乾隆七年蘭陔草堂刻本。皆古今體詩，凡五百七首。半葉十一行，行二十字，白口，四周單邊。版心刻「蘭陔草堂」。前有乾隆七年重九日自序云：「詩先録版成，門人請書一言爲序。」刻印甚精。《弢甫集》三十卷，皆文，乾隆二十八年蘭陔草堂刻本。行款版式同前集。有乾隆二十八年中秋日自序，據自序知刻於是年。《弢甫續集》二十卷，皆古今體詩，凡一千四百五十四首，乾隆三十二年修汲堂刻本。半葉十一行，行二十一字，白口，四周單邊。前有乾隆三十二年丁亥桑調元自序云：「前既刻《弢甫詩集》十四卷，年來所作尤多。鴛湖錢載謂予曰：『唯《五岳集》單行，餘當收拾作一處。』予是之，合《台蕩》、《洞庭》、《中州》、《閩嶠》諸遊草及居恒所作都爲一集。」當即刻於是年。《弢甫五岳集》二十卷，包括《嵩山集》二卷、《華山集》三卷、《泰山集》三卷、《衡山集》五卷、《恒山集》七卷，各集及《五岳集》封面均刻「脩汲堂藏板」。半葉十一行，行二十字，白口，四周單邊。版心刻「修汲堂」。《嵩山集》前有乾隆二十一年十一月桑調元總序，乾隆十六年《嵩山集序》。《華山集》有乾隆十七年自序。《泰山集》有乾隆十九年自序。《衡山集》有乾隆二十年自序。《恒山集》有乾隆二十一年自序。蓋爲乾隆二十一年付刻者。寫刻甚精，各集後有「門人梁曰源謄寫」七字，知係梁曰源手寫上板者。《存目叢書》據以影印。北師大、復旦等亦有是刻。各集又有單行本。

柯橼集一卷　國朝周宣猷撰　六一八七

侍講劉亨地家藏本(總目)。○《提要》云：「似乎未定之稿，其後人録之成帙也。」○《柯橼集》四卷，清乾隆五十四年刻本。上圖藏。

雪舫詩鈔八卷　國朝周宣猷撰　六一八八

侍講劉亨地家藏本(總目)。○《提要》云：「前七卷名《菤葹小草》，後一卷則《南巡紀盛》、《皇太后萬壽詩》各三十首。」

柳漁詩鈔十二卷　國朝張湄撰　**六一八九**

浙江巡撫採進本（總目）。○《浙江省第十一次呈送書目》：「《柳漁詩鈔》十二卷，國朝張湄著，四本。」○《浙江採集遺書總録》：「《柳漁詩鈔》十二卷，刊本，國朝御史錢塘張湄撰。」○中國人民大學圖書館藏清乾隆聖雨齋刻本，題「錢唐張湄鷺洲」。半葉九行，行二十一字，黑口，四周單邊。前有乾隆九年甲子鄭江序，乾隆十年乙丑厲鶚序。卷十二後刻：「門人汪啟淑慎儀、許振端書，婿沈咸熙熙人，男霽懷月校□」。封面刻「聖雨齋藏版」。《存目叢書》據以影印。北圖分館、南圖、浙圖、復旦亦有是刻。

秋水齋詩集十五卷　國朝張映斗撰　**六一九〇**

浙江巡撫採進本（總目）。○《浙江省第九次呈送書目》：「《秋水齋詩集》十五卷，國朝張映斗著，二本。」○《浙江採集遺書總録》：「《秋水齋詩集》十五卷，刊本，國朝編修烏程張映斗撰。」○《江蘇省第一次書目》：「《秋水齋詩集》二本。」○《江蘇採輯遺書目録》：「《秋水齋詩集》十五卷，翰林院編修烏程張映斗著。」○上海圖書館藏清乾隆十八年張守約等刻本，作《秋水齋詩》十五卷。題「烏程張映斗雪子」。半葉十一行，行二十一字，黑口，四周單邊。卷一末刻「後學吳縣沈志祖、受業震澤周日藻同校訂，男守約、守愚同編次，孫文瓚、文綬校刊」。餘卷編次、校刊者同，校訂者異。前有乾隆十三年戊辰齊召南序云：「兩君能讀父書，勤於編輯，將以付之梓人。先生雖殁，不朽矣。」又康熙乙未湯右曾序。目録後有乾隆十八年孟冬月既望男守約、守愚跋云：「用是舉詩十五卷，敬謹校閱，先付梓人。」卷十五至第十葉止，後缺。書衣有樊灝手記：「乙卯春二次赴都，得于舊書肆，間有佚葉，俟借鈔以足之。南徐樊氏縢園識。」下鈐「樊灝」、「酆生」二印。卷内又鈐「彫蟲館」、「張寶德印」、「張容園藏書印」等印記。卷一至卷四眉上有某氏詳注。《存目叢書》據以影印。柯愈春《清人詩文集總目提要》記中科院圖書館藏是刻，書衣有丙辰清明文如居士鄧之誠跋，並録鄧氏跋文。復旦、浙圖、蘇州圖等亦有是刻。

六一九一　寧遠堂詩集一卷　國朝朱成點撰

侍講劉亨地家藏本(總目)。

六一九二　松桂讀書堂集八卷　國朝姚培謙撰

江蘇周厚堉家藏本(總目)。○《江蘇省第一次書目》：「《松桂讀書堂集》二本。」○《江蘇採輯遺書目録》：「《松桂讀書堂集》八卷，華〔亭姚培謙著〕。」○吉林大學藏清乾隆姚氏松桂讀書堂刻本，文集七卷、詩集八卷。文、詩卷端均題《松桂讀書堂集》，次行題「華亭姚培謙平山」。半葉十行，行十九字，黑口，左右雙邊。文集卷一至三讀經，卷四卷五讀史，卷六詩話，卷七對問。封面題《讀經史》，左下方刻「松桂讀書堂」。前有乾隆五年陸奎勳序，乾隆六年自序，乾隆八年《對問》自序。鈐「敦復」印。詩集字體版式同，前有康熙五十九年庚子顧嗣立《春帆集序》，陸奎勳《自知集序》，雍正二年杜詔《自知集序》，乾隆二年陸奎勳《樂府序》，乾隆四年黄之雋《樂府序》，陳崿《覽古詩序》，乾隆五年自序。即《提要》所謂「乾隆庚申裒合諸編删爲一集」者也。寫刻極精。鈐「韵蓮家藏」、「韵蓮書記」等印。《存目叢書》合詩文影印，較館臣所見完備。柯愈春《清人詩文集總目提要》著録北圖藏是刻，文七卷、詩八卷之外，另有賦頌二卷。

舒曉齋存稿三卷　國朝黄溶撰 **六一九三**

山東巡撫採進本（總目）。○《山東巡撫第二次呈進書目》：「《曉齋存稿》三本。」

桐陰書屋集二卷　國朝朱崇勳撰 **六一九四**

山東巡撫採進本（總目）。○《山東巡撫第二次呈進書目》：「《棣華書屋稿》一本。」○山東大學藏清康熙至道光刻彙印《濟南朱氏詩文彙編》本，作《桐陰書屋詩》二卷。題「歷城朱崇勳彝存」。半葉十行，行十九字，黑口，左右雙邊。前有乾隆二十五年庚辰宋弼序，魯鴻序。蓋刻於乾隆間，道光中收入《彙編》。《存目叢書》據以影印。北圖、山東圖、青島圖亦有是刻。山東博有單本。

湖上草堂詩一卷　朱崇道撰 **六一九五**

山東巡撫採進本（總目）。○《湖上草堂詩稿》一卷，稿本，西安評並跋。山東博藏。○山東大學藏清康熙至道光刻《濟南朱氏詩文彙編》本，附刻其兄崇勳《桐陰書屋詩》後。題「歷城朱崇道帶存」。半葉十行，行十九字，黑口，左右雙邊。當亦乾隆間刻，道光中收入《彙編》。《存目叢書》據以影印。北圖、山東圖、青島圖亦有是刻。

蠶桑樂府一卷　國朝沈炳震撰 **六一九六**

江西巡撫採進本（總目）。○《提要》云：「此乃其《增默齋詩集》之一種。」○北京圖書館藏清鈔本，題「歸安沈炳震東甫氏著」。半葉八行,行二十字,白口,紅格。鈐「吴興劉氏嘉業堂藏書記」印。封面某氏題:「沈東甫《蠶桑樂府》手寫本。」《存目叢書》據以影印。○湖南圖書館藏清光緒刻本。○《增默齋詩集》不分卷,原刻本。南圖藏。

無悔齋集十五卷　國朝周京撰　六一九七

浙江巡撫採進本(總目)。○《浙江省第十二次呈送書目》:「《無悔齋詩集》十五卷,國朝周景著,二本。」○《浙江採集遺書總録》:「《無悔齋集》十五卷,刊本,國朝錢塘周京撰。」○南京圖書館藏稿本三卷三册,係卷三十一、卷三十二及另一卷。丁丙《善本書室藏書志》著録者即此帙。○浙江圖書館藏清乾隆十七年滿洲舒瞻刻本十五卷附録一卷。題「錢唐周京少穆著」。半葉十一行,行二十二字,白口,左右雙邊。前有乾隆十七年壬申厲鶚序,乾隆十六年辛未舒瞻序,施安序。厲序云:「鏤板以行者,故人舒明府雲亭。」卷内鈐「元尚齋吴氏藏」、「華宜館」等印。《存目叢書》據以影印。北圖分館、復旦、南圖、社科院文學所亦有是刻。

實嬾齋詩集四卷　國朝張實泰撰　六一九八

浙江巡撫採進本(總目)。○《浙江省第八次呈送書目》:「《實嬾齋集》四卷,國朝張時泰著,二本。」○《浙江採集遺書總録》:「《實嬾齋集》四卷,寫本,國朝嘉興知縣張實泰撰。」

亦廬詩集二十八卷　國朝湯斯祚撰　六一九九

江西巡撫採進本(總目)。○首都圖書館藏清乾隆刻本,作《亦廬詩》三十卷。題「南豐湯斯祚衎之」。半葉十一行，行二十一字，白口，左右雙邊。寫刻本。目録僅二十七卷，蓋刊成後續有增刻也。前有萬承蒼序，鄧牧序。又乾隆二十二年丁丑自序云：「遂不違諸子意，始鋟槧以質世之君子。」次贈言，次魯鴻跋，次同人姓氏。姓氏末爲「繕寫：新昌門人熊考祥履周」。《存目叢書》據以影印。復旦、江西圖均有二十八卷本。

芝壇集二卷　國朝張鵬翼撰 六二〇〇

山東巡撫採進本（總目）。○《山東巡撫呈送第一次書目》：「《芝壇文集》二本。」

江湖閒吟八卷　國朝王道撰 六二〇一

福建巡撫採進本（總目）。○《提要》云：「此集題曰《江湖閒吟》，其版心則題曰《鹿臯詩集》。」○《福建省呈送第六次書目》：「《鹿臯詩集》。」○《江蘇省第一次書目》：「《江湖閒吟》四本。」○《江蘇採輯遺書目録》：「《江湖閒吟》八卷，漳浦王道著。」○清華大學藏清乾隆學詩堂刻本，題「漳浦王道直夫氏著」。半葉十行，行二十一字，白口，左右雙邊。各卷首行標題《江湖閒吟》，版心及卷尾標題作《鹿臯詩集》。前有乾隆十二年丁卯沈德潛序，乾隆六年黄之雋序。據黄序，此集之前已有《鹿臯詩集》。《存目叢書》用清華藏本影印。津圖、南圖、復旦亦有是刻。○《鹿臯詩集》七卷，清雍正刻本，半葉九行，行十九字，白口，左右雙邊。上圖、中山圖藏。當即黄之雋序所云先出之《鹿臯詩集》也。

慎獨軒文集八卷　國朝劉青霞撰 六二〇二

浙江巡撫採進本（總目）。○《浙江省第十二次呈送書目》：「《慎獨軒文集》八卷，國朝劉青霞著，四本。」○《浙江採集遺書總録》：「《慎獨軒文集》八卷，刊本，國朝襄城劉青霞撰。」○河南省圖書館藏清乾隆二十年序刻《劉氏傳家集》本。卷一題「襄城劉青霞嘯林著，從弟青芝芳草編，男伯陽、伯朋、伯梁校」。半葉十行，行二十一字，大黑口，左右雙邊。前有康熙四十六年元旦後二日陳詵序，康熙四十一年鄭廉序，王心敬撰《別傳》，彭啟豐撰《傳》，劉青蓮撰《事略》，劉青芝撰《傳》，方鴻撰《傳》，王丕烈撰《傳》，乾隆十九年六月朔盛支焯跋。《存目叢書》據以影印。北圖、清華、上圖亦有是刻。

孱守齋遺稿四卷　國朝姚世鈺撰　　六二〇三

江西巡撫採進本（總目）。○《江西巡撫海續購書目》：「《孱守齋集》二本。」○北京圖書館藏清乾隆十八年張四科刻本，作《孱守齋遺稿》四卷。題「吳興姚世鈺玉裁」。半葉十行，行二十一字，黑口，左右雙邊。前有乾隆十八年沈德潛序云：「今喆士梓其遺集，問序於予。」後有乾隆十八年清河學侶張四科跋云：「今年令弟山甫抄得雜文一卷至，因益以友朋所收拾及題跋手畢復數十首，勒爲詩文各二卷，授諸梓。」《存目叢書》據以影印。上圖、南圖、復旦亦有是刻。

藴亭詩稿二卷　國朝金綎撰　　六二〇四

江蘇巡撫採進本（總目）。○《江蘇省第一次書目》：「《藴亭詩稿》一本。」○《江蘇採輯遺書目録》：「《藴亭詩稿》三卷，宣城訓導吴縣金綎著，刊本。」

翰村詩稿六卷　國朝仲昰保撰　　六二〇五

編修周永年家藏本（總目）。○北京圖書館分館藏清乾隆十九年趙念刻本。題「青州趙飴山先生鑒定，常熟仲是保羹梅自訂」。半葉十行，行二十一字，白口，四周單邊。前有乾隆十九年甲戌博山同學弟南溪張竹序，後有乾隆十九年同學世弟飴山季子趙念在軒跋。張序云：「先生病中自删訂其詩爲行卷者五，殁後其友人趙在軒又補次其遺詩一卷，今合刻焉。」趙跋記仲是保從學趙執信始末及是集刊刻事甚詳。卷首校閲姓氏後有刻工：「歷城劉人傑、徐得安刊字。」封面刻「因園趙氏藏板」。卷内鈐「鐵琴銅劍樓」印。《存目叢書》據以影印。常熟市圖藏是刻一部有王振聲批注並跋。中科院圖亦有是刻。○常熟市圖書館藏常熟徐兆瑋虹隱樓抄本。○常熟市圖書館藏抄本，有金鶴翀跋（常熟藏本均見《清人别集總目》）。

梧江雜詠一卷　國朝劉雲峰撰　六二〇六

編修汪如藻家藏本（總目）。○《國子監學正汪交出書目》：「《梧江雜詠》一本。」

在亭叢稿二十卷　國朝李果撰　六二〇七

江蘇巡撫採進本（總目）。○《提要》云：「是集凡雜文十二卷，後附《詠歸亭詩鈔》八卷。」○《江蘇省第一次書目》：「《在亭叢稿》五本。」○《江蘇採輯遺書目録》：「《在亭叢稿》二十卷（序四卷雜文八卷《詠歸亭詩鈔》八卷），長洲李果著。」○《在亭叢稿》十二卷，北京圖書館藏清乾隆刻本。題「長洲李果碩夫」。半葉十行，行二十一字，白口，左右雙邊。前有乾隆十年韓孝基序，沈德潛序，康熙辛丑杜詔序，周準序，乾隆七年尤秉元序。寫刻甚精。《存目叢書補編》據以影印。清華、上圖、復旦、南圖等亦有是刻。○《詠歸亭詩鈔》八卷，蘇州市圖書館藏清乾隆十七年朱昂刻本。題「長洲李果碩夫」。半葉十行,行十九字,白口,左右雙邊。前有乾隆十七年雅爾哈善序云:「其門下士朱子適亭所刻。」又乾隆四年繆嗣寅序,乾隆十八年沈德潛序,惠棟序,乾隆十六年朱昂序,雍正十年自序。朱昂,字適亭,新安人,居長洲,即其所刻也。《存目叢書補編》據以影印。復旦、遼圖、南圖等亦有是刻。○《石閭集》二卷《在亭集》一卷《溪堂集》一卷《藝圃集》二卷,李果撰,南京圖書館藏清鈔本。

樸庭詩稿十卷　國朝吴𤁺文撰　六二〇八

編修吴壽昌家藏本(總目)。○北京大學藏清乾隆刻本十卷,題「會稽吴𤁺文璞存」。半葉十行,行十九字,白口,四周單邊。前有胡浚序,乾隆八年王霖序。又自序云:「僕詩自丁未至癸亥凡十七年,王弇山師選定十卷。迨丁卯歲友人嚴海珊爲合後四年作共輯六卷付梓。忽忽又十六年矣,……續成四卷,命兒子璜録而存之。」則前六卷爲嚴遂成海珊定,刻於乾隆十二年。後四卷𤁺文自定,序於乾隆十八年,刊板當在是年或稍後。《存目叢書》據以影印。上圖亦有是刻。首都圖、中科院圖、浙圖藏有六卷本,蓋爲初印。按:《提要》云:「前四卷其友人嚴遂成所選,後六卷則晚年所自訂也。」前四卷當作前六卷,後六卷當作後四卷。

孤石山房詩集六卷　國朝沈心撰　六二〇九

浙江巡撫採進本(總目)。○《浙江省第九次呈送書目》:「《孤石山房詩集》六卷,國朝沈心著,二本。」○《浙江採集遺書總録》:「《孤石山房詩集》六卷,刊本,國朝貢生仁和沈心撰。」○北京圖書館分館藏清乾隆刻本，題「仁和沈心房仲」。半葉十行，行二十一字，白口，左右雙邊。前有乾隆三十二年十一月既望陳浩序，查慎行序，查嗣瑮序，乾隆五年沈德潛序。《存目叢書》據以影印。南圖、復旦亦有是刻。

抗言在昔集一卷　國朝沈冰壺撰　六二一〇

江西巡撫採進本（總目）。○《江西巡撫六次續採書目》：「《周易明善録》、《抗言在昔集》共二本。」○上海辭書出版社藏稿本不分卷。○清沈氏鳴野山房鈔稿本不分卷六册，諸暨陳氏仰逋居藏。此書就顧亭林《日知録》以詩麗事，得絶句四百三十六首，未刊行。首有乾隆戊辰年自序（見《浙江文獻展覽會專號》）。按：《提要》不及《日知録》事。

二須堂集二卷　國朝丁詠淇撰　六二一一

户部尚書王際華家藏本（總目）。○《總裁王交出書目》：「《二須堂文集》二本。」又：「《二須堂詩集》三本。」《存目》載其文集而遺其詩集。

雙樹軒詩鈔一卷　國朝僧湛性撰　六二一二

編修李中簡家刊本（總目）。○南京圖書館藏清乾隆三十七年李中簡、胡德琳山東刻本，題「江都湛汛蘗根著」。半葉十行，行十九字，白口，左右雙邊。依五言古、七言古、五言律、七言律、七言絶析爲五卷，每卷首行題「雙樹堂詩鈔」，不標卷數。前有李中簡《蘗根上人小傳》。次乾隆三十六年辛卯長至後五日吾邱文園李中簡於山左學署之采山書屋《重刻蘗根詩序》云：「蘗公有故刻古近體詩一卷，序跋者數家。……辛卯十月，余將赴山左，檢藥公餉余諸作，都已散落，獨攜舊刻置行篋中，欲弁以小傳、引言而重刻之。適晤東昌守桂林胡君書巢，亦藥公夙好，即前爲藥庵集書後者，極爲贊成，且許代董其事。余惟藥庵集既刻又二十餘年，藥公乃歿，今集後詩百無一存，是刻乃管豹耳。」次乾隆三十六年辛卯除夕桂林書巢胡德琳於性其情齋《重刻藥上人詩序》云：「丁亥余令歷城，得其和章，時卓錫保定青蓮禪舍。方思邀爲濟南之遊。忽其徒持上人小照一幀，自鐫印一方，貽余，且曰：此吾師遺命也。而後知上人化去矣。越四載，余守東郡，任邱李文園先生視學山左，謂與上人有舊，出遺詩見示，且將重刻之。」次程夢星序，辛未昭文邵齊然序，乾隆十七年壬申趙青藜序，壬申金兆燕序，周長發序，韋謙恒序。次《題贈》一卷，收李中簡、方觀承、陳兆崙、觀保、謝墉、汪永錫、沈初、胡德琳詩。是本寫刻甚精，正文共四十二版。鈐「桂林胡氏書巢圖書」朱文長印，猶是胡德琳自藏原印本。又鈐「儀徵劉氏」朱文方印。《存目叢書補編》據以影印。

香域内外集十二卷　國朝釋敏膺撰　六二一三

兩淮馬裕家藏本(總目)。○《兩淮商人馬裕家呈送書目》：「《香域内外集》十四卷，國朝釋敏膺，四本。」○復旦大學藏清康熙刻本，作《香域自求膺禪師内外集》十四卷首一卷。卷一題「門人聖藥等編」。半葉十行，行二十一字，白口，左右雙邊。卷首爲御製詩，敏膺和御製詩，奏疏，法語等。寫刻甚精。《存目叢書》據以影印。臺灣「中央圖書館」亦有是刻。按：進呈書目及傳本均十四卷，《總目》作十二卷恐誤。

敲空遺響十二卷　國朝僧如乾撰　六二一四

内府藏本(總目)。○《武英殿第二次書目》:「《敲空遺響》四本。」○中國社科院文學所藏清康熙刻本,作《憨休和尚敲空遺響》十二卷。題「關中張恂穉恭編閲,益州記室繼堯校訂」。半葉十行,行二十字,白口,四周雙邊。前有郃陽王錫命序云:「乙丑夏客長安,訪興善,見案頭一帙,名曰《敲空遺響》。」《存目叢書補編》據以影印。北大、河南圖亦有是刻。

餐秀集二卷　國朝黄千人撰　六二一五

浙江巡撫採進本(總目)。○《浙江省第九次呈送書目》:「《餐秀集》二卷,國朝黄千人著,一本。」○《浙江採集遺書總録》:「《餐秀集》二卷,刊本,國朝縣丞餘姚黄千人撰。」

梯青集無卷數　國朝項大德撰　六二一六

檢討蕭芝家藏本(總目)。○《翰林院檢討蕭交出書目》:「《梯青集》二本。」

月湖賸稿一卷　國朝王樑撰　六二一七

江西巡撫採進本(總目)。○《江西巡撫海續購書目》:「《就正草》、《月湖賸稿》共二本。」

夢村集二卷　國朝朱緯撰　六二一八

編修周永年家藏本(總目)。○清乾隆刻《其順堂三世遺詩》本六卷(見孫殿起《叢書書目拾遺》)。

後海書堂遺文二卷　國朝王孝詠撰　六二一九

江蘇巡撫採進本(總目)。○《江蘇省第一次書目》:「《後海書堂遺文三種》六本。」○《江蘇採輯遺書目録》：「《後海書屋遺文》六卷(《散文》二卷《雜録》二卷《嶺西雜述》二卷)，長洲舉人王孝詠著，抄本。」

薇香集一卷燕香集二卷燕香二集二卷　國朝方觀承撰　六二二〇

内閣中書方維甸家藏本(總目)。○福建師大藏清嘉慶十四年方維甸刻《述本堂詩續集》本，題「桐城方觀承宜田」。半葉十行，行十九字，白口，左右雙邊。前有嘉慶十四年己巳姚鼐序云：「今南耦尚書將以公《後集》付工雕板，俾述爲序。」南耦即觀承之子維甸。寫刻甚精。《存目叢書》據以影印。復旦、津圖、湖北圖等亦有是刻。按：《提要》云：「舊所著有《東園剩稿》。」園字當作閭。該集有乾隆二十年刻《述本堂詩集》本，《存目叢書補編》第三十册收入。

晚晴樓詩草二卷　國朝曹錫淑撰　六二二一

大理寺卿陸錫熊家藏本(總目)。○北京圖書館藏清鈔本，作《晚晴樓詩稿》四卷《詩餘》一卷，共一册。題「申江女史曹錫淑采苓」。半葉八行，行二十字，無格。前有四庫提要一則，乾隆四十六年梁國治序，黄之雋題詩，壬子夏蔣季錫序，庚寅陸秉笏序，乾隆十一年丙寅陸秉笏題詩。後有乾隆八年陸秉笏撰《行略》，乾隆九年曹錫端跋，歸懋儀題詩。卷内鈐「鳳初珍賞」印。按：此本陸秉笏題詩末有「晚晴樓」小印，是時錫淑殁已三年，當是秉笏所加。各序跋題詩及《行略》字體與正文多異。陸秉笏《行略》末云：「乾隆十一年丙寅長夏命熊兒録母遺稿，因書以勗。」則此本當係乾隆十一年陸錫熊手録，序跋提要等皆後來增入。《存目叢書》據以影印。又按：《提要》云：「適同里舉人陸正笏。」正笏乃秉笏之誤。

藍户部集二十六卷　國朝藍千秋撰　**六二二二**

江西巡撫採進本(總目)。○《江西巡撫海第四次呈送書目》:「《藍户部集》一套六本。」○吉林大學藏清乾隆十二年丁卯東塘書屋刻本,題「宜黄藍千秋長青」。半葉九行,行二十字,白口,左右雙邊。前有乾隆十二年丁卯余棟序,乾隆十一年丙寅李紱序。封面刻「乾隆丁卯年鐫」、「東塘書屋藏板」。《存目叢書補編》據以影印。中科院圖、南圖等亦有是刻。

豐川全集二十八卷　國朝王心敬撰　**六二二三**

内府藏本(總目)。○清康熙五十五年額倫特刻本,包括《豐川全集正編》二十八卷《外編》五卷《續編》二十二卷。山西大學藏《豐川全集正編》二十八卷,又名《存省稿正編》。卷一題「豐川王心敬爾緝甫著,同學諸子參閲,愚男功、勷、勍謹録,及門諸子校」。半葉十行,行二十字,白口,四周雙邊。封面刻「豐川全集」、「二曲書院藏板」。前有康熙五十五年額倫特序云:「猶幸於四十年之後爲之叙其事,梓其書。」又云:「是書之成,爲余延禮參編者江夏令金廷襄,簡材監梓者標下中軍副將丁沂,至讐校訂正,則江漢書院先生諸及門有與其力者。剛工既竣,并志其端云。」卷内鈐「閒田張氏聞三藏書」印。中國社科院文學所藏《豐川全集續編》二十二卷,題「豐川王心敬爾緝甫著,金壇後學許培榮録,同學諸子參閲,及門諸子校」。封面刻「二曲書院藏板」。《存目叢書》用山西大學、社科院文學所藏本配合影印。《豐川全集外編》五卷,北圖、鎮江圖藏。《存目叢書》未及收入。中科院圖藏一部作《豐川全集正編》二十五卷《外編》三卷《續編》二十二卷。

豐川續集三十四卷　國朝王心敬撰　**六二二四**

陝西巡撫採進本(總目)。○《陝西省呈送書目》:「《豐川文集》。」○遼寧省圖書館藏清乾隆十五年刻本,題「豐川王心敬爾緝甫著,男功、勣、勍謹録,平湖後學陸綸懷雅、黄岡門人靖道謨誠合同校」。半葉十行,行二十一字,白口,四周雙邊。前有乾隆十三年陳世倌序,乾隆十六年陳弘謀序。男勍《凡例》云:「經始於乾隆己巳之仲秋,迨庚午孟夏而工訖於成。」是刻成於乾隆十五年。《存目叢書》據以影印。復旦藏一部封面刻「豐川文集」、「本衙藏板」,鈐「周氏涣農」印。北圖、上圖等亦有是刻。

緑筠軒詩四卷　國朝張元撰　**六二二五**

編修周永年家藏本(總目)。○清乾隆四十二年張廷寀刻本。半葉十一行,行二十一字,白口,左右雙邊。山東圖、上圖、北圖、青島圖藏。○山東省圖書館藏清鈔本,題「淄川張元殿傳」。半葉十一行,行二十一字,無格。前有乾隆二十五年沈廷芳序,田同之序,鄧汝功序,又舊序碑志等。次總目,題「受業朱崇禧祐存、羅以書素文、羅以深淵碧、朱琦景韓、翟建書笏山、周永年書昌編次,小門生鄭銘秋池楷書,男作賓叔尚、孫廷鈞秉夫、廷銘警夫、廷敘惇夫校對」。目録後有乾隆四十二年丁西孫男廷寀識語云:「是刻因久而未成,去年冬杪乃得告竣。茲復詳加校對,改正訛誤,遂成完本。」又歷下小門生鄭銘《楷書緑筠軒詩集刻成恭題五絶句》,第五首云:「楷法舍人敢並論(原

注：林吉人舍人嘗爲漁洋先生寫《精華録》），程門立雪憶寒温；當年三世傳經日，衣鉢猶留黄葉村。」知乾隆四十二年張廷宷刻本爲歷下鄭銘楷書上板。此則從刻本録出。鈐「繆荃孫藏」、「雲輪閣」、「荃孫」諸印。原定爲稿本，未妥。《存目叢書》據以影印。○山東博物館藏清鈔本二卷，清沈廷芳跋。半葉十行，行二十一字，無格。

質園詩集三十二卷　國朝商盤撰 **六二二六**

編修程晉芳家藏本（總目）。○清華大學藏清乾隆刻本，題「會稽商盤寶意」。半葉十行，行二十一字，白口，四周單邊。前有何世璂序，沈德潛序，秀水李宗仁序，自序，蔣士銓撰《傳》。據《傳》，商盤生於康熙四十年辛巳，卒於乾隆三十二年丁亥。《存目叢書補編》據以影印。上圖、川圖、紹興魯迅圖等亦有是刻。人民大學藏一部封面刻「斟雉山房藏板」。

竹香詩集四卷　國朝席鏊撰 **六二二七**

大理寺卿陸錫熊家藏本（總目）。○北京圖書館分館藏清乾隆席紹雯刻本，作《竹香詩集選》四卷。正文首行題「竹香詩集選卷之一」，次題「海虞席鏊景溪著，錢塘杭世駿大宗、華亭葉鳳毛超宗兩先生鑒定，姪紹雯、紹淦、子光河編輯，外甥吴德生、德安、姪孫世榮同校」。半葉十行，行十九字，黑口，左右雙邊。前有杭世駿序，乾隆十五年庚午張湄序，葉鳳毛序，乾隆十四年十二月席景溪自序。後有乾隆二十八年葉鳳毛哀辭，席雯跋。據杭序，知爲席鏊殁後十年由其姪兩浙轉運使紹雯刊於浙江者，時當在乾隆二十八年。寫刻甚精。《存目叢書》據以影印。常熟市圖亦有是刻。○《竹香集》四卷，常熟市圖書館藏鈔本。

冰壑詩鈔六卷　國朝朱令昭撰　六二二八

編修周永年家藏本（總目）。○臺灣「中央圖書館」藏清乾隆四十三年周永年進呈乾隆間鈔本六卷二册。正文首題「冰壑詩集卷一」，次題「歷城朱令昭次公」。半葉九行，行十九字，無格。前有乾隆二十八年癸未冬至後五日德州宋弼於都城寓舍序，乾隆二十九年甲申春二月既望萊陽張象恩序。卷内鈐「翰林院印」滿漢文大方印。書衣有「乾隆四十三年正月翰林院編修周永年交出家藏冰壑詩集壹部計書貳本」長方木記。即《存目》所據原本也。一九九八年五月廿七日閲。○《冰壑集》六卷《詩餘》一卷，清乾隆二十八年刻本。中科院圖藏。○《冰壑堂詩稿》二卷，山東省圖藏稿本，存卷二。○《冰壑詩全稿》三卷，山東省圖藏稿本，存卷二至三。○《皇華集》一卷附《石湖草》一卷，山東省圖藏稿本。清張希傑跋。○清乾隆二十六年柏香堂刻《歷城三子詩》内有《朱令昭詩》一卷，上圖藏。

鷺浦集六卷　國朝朱懷樸撰　六二二九

編修周永年家藏本（總目）。

菱溪遺草一卷　國朝蔣麟昌撰　六二三〇

編修程晉芳家藏本（總目）。○南京圖書館藏清乾隆七年蔣炳刻本，題「陽湖蔣麟昌靜存」。半葉九行，行二十一字，白口，左右雙邊。古詩一卷、詩餘一卷，附《輓詩》一卷、哀辭二篇。前有乾隆七年仲冬劉綸序，晴崖序。後有乾隆七年壬戌友人金鑑跋云：「静子以今年九月二十八日病以殁，年二十二。既殯，其尊人京兆晴崖公收其書案，得詩詞如干首，刊板以藏，名曰《菱溪遺草》。」晴崖，即蔣炳。《存目叢書》據以影印。北圖分館、中科院圖亦有是刻。

松泉詩集六卷　國朝江昱撰　六二三一

編修程晉芳家藏本（總目）。〇北京圖書館藏清乾隆二十六年小東軒刻本，題「廣陵江昱賓谷著」。半葉十行，行二十一字，白口，左右雙邊。前有乾隆二十一年丙子陳以剛序，長沙陶士偰序，乾隆二十四年己卯李繼聖序，曠敏本序，段永孝序。封面刻「乾隆辛巳鐫」、「小東軒藏板」。鈐「真州吴氏有福讀書堂藏書」印。《存目叢書》據以影印。中科院圖亦有是刻。

閨房集一卷　國朝陳珮撰　六二三二

編修程晉芳家藏本（總目）。〇南京圖書館藏清刻本一卷，題「天長陳珮懷玉氏纂」。半葉十行，行十九字，黑口，左右雙邊。前有錢唐媊女弟許徐悳音序。後有附録一卷，收唐建中撰傳，方求愉撰誄，江昱《亡妻陳君墓碣》，諸名媛挽詩。江昱云：「故於其手纂曰《閨房集》、《雪香詞》皆序而刻之。」珮卒於雍正六年，此本當刻於是年。寫刻甚精。《存目叢書》據以影印。

白雲詩集七卷別集一卷　國朝盧存心撰　六二三三

兩江總督採進本（總目）。〇《兩江第一次書目》：「《盧白雲集》，錢塘盧存心著，四本。」〇天津圖書館藏清乾隆錢塘盧氏數間草堂刻本，作《白雲詩集》七卷《咏梅詩》一卷。題「錢塘盧存心敬甫」。

半葉十行，行十九字，黑口，左右雙邊。版心下刻「數間草堂」。前有桑調元序。卷末題「男文弨、文韶校字」。卷内鈐「陽湖陶氏涉園所有書籍之記」、「鹽城孫人和蜀丞珍藏」印記。《存目叢書》據以影印。北圖分館、北大亦有是刻。○《白雲文集》不分卷，南京圖書館藏清數間草堂藍格鈔本一册。

萬青樓詩文殘編一卷　國朝邵昂霄撰　**六二三四**

國子監助教張羲年家藏本(總目)。

隨園詩集十卷附録一卷　國朝邊連寶撰　**六二三五**

御史戈源家藏本(總目)。○南京圖書館藏清乾隆四十年邊廷掄刻本，作《隨園詩草》八卷《禪家公案頌》一卷。題「任邱邊連寶肇畛」。半葉九行，行十九字，白口，左右雙邊。寫刻本。前有乾隆丁丑戈濤序。又乾隆四十年乙未蔣士銓序云：「先生兄子霽峯都轉既鐫其集，以先生視予厚，予又知先生之深，屬一語爲弁。」檢道光《任邱續志》上《人物》：「邊廷掄，字子擢，號霽峯，乾隆丁丑進士，官兩淮都轉運使。」即其人也。《存目叢書》據以影印。北大、人民大學、上圖等亦有是刻。按：傳世者均八卷，《總目》作十卷恐誤。又《提要》云：「第四卷以下題曰《病餘草》。」實則僅第四卷大題下有小注「係《病餘草》」，第五卷以下均無注。○《隨園詩集》四十二卷，清乾隆間手稿本十二册，人民大學藏。鈐「邊連寶印」、「趙珍」等印。清戈濤、李學禮、李養誠、于大鯤評點。卷四至八又題《霽雪軒詩集》(見人大《善本書目》)。○《隨園詩草》一卷，北京圖書館藏稿本。○《隨園病餘草》五卷，北京大學藏清鈔本六册。○《隨園文鈔》二卷，賀培新輯，民國武强賀氏鈔本。北圖藏。

隱拙齋集五十卷　國朝沈廷芳撰　六二三六

浙江巡撫採進本(總目)。○《浙江省第九次呈送書目》：「《隱拙齋集》五十卷，國朝沈廷芳著，八本。」○《浙江採集遺書總録》：「《隱拙齋集》三十卷，刊本，國朝山東按察使仁和沈廷芳撰。」○湖北省圖書館藏清乾隆二十二年則經堂刻四十四年沈世偉續刻本，作《隱拙齋集》五十卷《續集》五卷。題「仁和沈廷芳椒園」。半葉十行，行二十一字，白口，左右雙邊。前有乾隆三十二年丁亥桑調元序，乾隆二十二年丁丑彭端淑序，乾隆十五年庚午毛贄序，又原序、題辭若干，又粵秀書院及門校刊姓名，受業門人編次姓名，像(瑞金賴俶寫)。《隱拙齋集》封面刻「乾隆丁丑新鐫」、「則經堂藏板」。《續集》五卷，原附卷一至卷五後，有乾隆四十四年己亥男世煒刻書跋。又《續集》受業門人編校姓名。《存目叢書補編》據以影印。北大、南開等亦有是刻。傳世《隱拙齋集》有二十二卷、二十六卷、三十二卷、五十卷各本，知係陸續增刻者。○《隱拙齋文鈔》六卷，乾隆十九年刻本。半葉九行，行十九字，白口，四周雙邊。上圖、南開藏。

東山草堂集六卷　國朝潘安禮撰　六二三七

江西巡撫採進本(總目)。○天津圖書館藏清乾隆四年門人戴廷魁等刻本。卷一題「南城潘安禮立夫著，鄧士錦太初訂，廖理緒五註」。半葉十行，行二十一字，上黑口，四周雙邊。前有乾隆四年潘安禮序云：「門人戴生廷魁……請參注而鏤諸板，與天下共見之，適廖子緒五與戴生分任注事，余弗能禁也。」目録後有戴廷魁序。然則是本爲門人戴廷魁等所刻。《存目叢書》據以影印。清華亦有是刻。○清道光二十年刻本九卷，包括文一卷、詩一卷、律賦七卷。江西省圖藏。

黄静山集十二卷　國朝黄永年撰　六二三八

江蘇巡撫採進本(總目)。○《江蘇省第一次書目》：「《黄静山集》六本。」○《江蘇採輯遺書目録》：「《黄静山集》十二卷，常州知府黄永年著。」○《浙江省第十一次呈送書目》：「《南莊類稿》八卷，國朝黄永年著，四本。」○《浙江採集遺書總録》：「《南莊類稿》八卷《奉使集》一卷《静子日記》一卷，刊本，國朝知府廣昌黄永年撰。」○《提要》云：「此本僅《南莊類編稿》八卷、《白雲詩鈔》二卷、《奉使集》一卷、《静子日録》一卷。」又云：「又一别本僅有《南莊類稿》、《奉使集》、《静子日録》三種。」○清華大學藏清乾隆集思堂刻《南莊類稿》八卷，題「廣昌黄永年静山著」。半葉十行，行十九字，白口，左右雙邊。前有乾隆十八年雷鋐序，行狀，墓志銘。《存目叢書》據以影印。北圖、浙圖亦有是刻。○江西省圖書館藏清乾隆刻《白雲詩鈔》二卷《奉使集》一卷《静子日記》一卷。半葉十行，行十九字，白口，左右雙邊。封面刻「希文祠補刊」，當係後印本。《存目叢書》據以與清華藏本配合影印。北大有乾隆集思堂刻本，行款版式同，當爲一版。上圖有《黄静山所著書》乾隆集思堂刻本，包括《南莊類稿》八卷、《白雲詩鈔》二卷、《匡遊草》一卷、《奉使集》一卷、《静子日記》一卷。○《崧甫初學文類》一册，北京圖書館藏清刻本。○《南莊類稿選鈔》四册，華東師大藏清鈔本，清王芑孫校並跋。半葉十行，行二十一字，無格。

《問義軒剩草》一卷。河南省圖藏本兩集俱全。〇《問義軒文鈔》二卷，清乾隆刻本。北圖、中科院圖藏（見《清人詩文集總目提要》）。

詠史六言一卷　國朝周宣武撰　**六二四五**

侍講劉亨地家藏本（總目）。〇清乾隆十三年刻本，作《詠史六言全韻》五卷。上圖藏。〇中科院圖書館藏鈔本，作《全韻六言詠史詩》五卷，共百首（見《清人詩文集總目提要》）。

月坡詩集四卷　國朝郭植撰　**六二四六**

福建巡撫採進本（總目）。〇《江蘇省第二次書目》：「《月坡詩集》一本。」〇《江蘇採輯遺書目録》：「《月坡詩集》四卷，三山舉人郭植著，刊本。」

玉芝堂集九卷　國朝邵齊燾撰　**六二四七**

江蘇巡撫採進本（總目）。〇《江蘇省第一次書目》：「《玉芝堂集》三本。」〇《江蘇採輯遺書目録》：「《玉芝堂集文》六卷《詩》二卷，翰林院編修昭文邵齊燾著，刊本。」〇湖北省圖書館藏清乾隆家刻本，作《玉芝堂文集》六卷《詩集》三卷。半葉十行，行二十字，白口，左右雙邊。各卷末刻「吳門穆大展局刻字」一行。前有鄭虎撰《墓志銘》，後有彭啟豐跋。據墓志，邵齊燾卒於乾隆三十四年。封面刻「玉芝堂文集」、「本衙藏板」。《存目叢書》據以影印。北圖分館、北大、浙圖亦有是刻。〇清光緒五年湖南節署刻本。首都圖、川大、人民大學等藏。〇清光緒八年寧波群玉山房刻巾箱本，僅《玉芝堂文集》六卷。南圖、復旦、吉林圖等藏。

嬾真初集詩選八卷　國朝張用天撰　**六二四八**

江蘇巡撫採進本(總目)。○《江蘇省第二次書目》:「《嬾真初集》四本。」○《江蘇採輯遺書目録》:「《懶真初集》八卷,松江張用天著,刊本。」○清乾隆九年刻本,一名《張誠菴詩集》。上圖藏。

燕川集六卷　國朝范泰恒撰　**六二四九**

江蘇巡撫採進本(總目)。○《江西巡撫海續購書目》:「《燕川集》二本。」○首都圖書館藏清乾隆家刻本,目録題「覃懷范泰恒無崖著,男楣騆可、姪楹立可仝校字」。半葉九行,行二十三字,白口,左右雙邊。前有乾隆二十一年丙子楊紱序,乾隆二十二年丁丑除日自序。封面刻「本衙藏板」。寫刻本。《存目叢書補編》據以影印。津圖、南圖亦有是刻。柯愈春《清人詩文集總目提要》云:「陸續付梓,先有五卷本,乾隆間初刻,河南省圖書館藏。後增爲六卷,乾隆二十二年刻,中科院圖書館藏。又增爲八卷,乾隆二十五年刻,中國社科院文學所藏。」○清嘉慶十四年范照藜顧起廬安徽刻本,作《燕川集》十四卷,范照藜重編。川圖、首都圖、清華、蘇州圖等藏。

敝帚集二卷附蘆中集一卷　國朝趙秉忠撰　**六二五〇**

國子監助教張羲年家藏本(總目)。

凝齋遺集八卷　國朝陳道撰　**六二五一**

江西巡撫採進本(總目)。○《江西巡撫海第一次呈送書目》:「《陳凝齋集》三本。」○福建省圖書館藏清乾隆二十七年集思堂刻本,作《凝齋先生遺集》十卷末一卷。據卷首目録,書分十卷,卷末一卷。卷九卷十葉碼連編，總標《凝齋先生制義》，不標卷次。正文半葉九行，行二十字，白口，左右雙邊。前有乾隆二十七年朱仕琇序，乾隆二十七年黃祐序，涂瑞序，魯仕驥凡例。末有乾隆二十七年魯仕驥跋云：「仕驥承命爲之編次授梓。」封面刻「集思堂藏板」。《存目叢書》據以影印。清華、復旦亦有是刻。○清嘉慶四年善餘堂重刻本，作《凝齋先生遺集》十卷。首都圖、江西圖、湖北圖等藏。○清光緒四年陳同恩刻本，作《陳凝齋先生遺集》十卷。東北師大、江西圖、浙江圖等藏。

柘坡居士集十二卷　國朝萬光泰撰　**六二五二**

浙江巡撫採進本（總目）。○《浙江省第十二次呈送書目》：「《柘坡居士集》十二卷，國朝范光泰著，一本。」○《浙江採集遺書總録》：「《柘坡居士集》十二卷，刊本，國朝舉人秀水萬光泰撰。」○南京圖書館藏清乾隆二十一年汪孟鋗刻本，半葉十二行，行二十三字，白口，四周單邊。前有乾隆二十一年丙子汪孟鋗刻書序。鈐有「安越堂藏本」印。《存目叢書》據以影印。北圖、上圖、南開等亦有是刻。

浩波遺集三卷　國朝鄭際熙撰　**六二五三**

庶吉士梁上國家藏本（總目）。○《提要》云：「其弟際唐等所刊。」按：鄭際唐、梁上國皆四庫館臣，書既爲鄭際唐所刻乃兄詩文集，固無煩梁上國進呈。蓋事出請託，以避嫌也。

觀光集五卷　國朝蔡以封撰　**六二五四**

浙江巡撫採進本（總目）。○《浙江省第九次呈送書目》：「《觀光集》五卷，國朝蔡以封著，一本。」

○《浙江採集遺書總録》：「《觀光集》五卷，寫本，國朝教諭嘉善蔡以封撰。」

六二五五　緑杉野屋集四卷　國朝徐以泰撰

浙江巡撫採進本（總目）。○《浙江省第七次呈送書目》：「《緑杉野屋集》四卷，國朝徐以泰著，一本。」○《浙江採集遺書總録》：「《緑杉野屋集》四卷，刊本，國朝德清徐以泰撰。」○吉林大學藏清乾隆刻本，題「德清徐以泰陶尊」。半葉十一行，行二十二字，黑口，四周雙邊。末題「姑蘇陳聖如刊刻」。刀法峻峭，别是一格。《存目叢書》據以影印。北大、上圖、復旦等亦有是刻。

六二五六　強恕齋文鈔五卷　國朝張庚撰

浙江巡撫採進本（總目）。○《浙江省第十次呈送書目》：「《強恕齋文鈔》五卷，國朝張庚著，一本。」○《浙江採集遺書總録》：「《強恕齋文鈔》五卷，刊本，國朝秀水張庚撰。」○浙江圖書館藏清乾隆刻本，作《強恕齋詩鈔》四卷《文鈔》五卷。題「秀水張庚浦山著，男時敏校」。半葉十行，行二十一字，黑口，四周單邊。《詩鈔》前有乾隆十七年舒瞻序，乾隆十七年魯克恭序，乾隆十七年自序。《文鈔》前有劉青芝序，乾隆二十二年自序，乾隆二十一年雷鋐題辭。舒瞻序云：「吾友魯君伯敬將選其尤者付資開雕。」知《詩鈔》爲乾隆十七年魯克恭刻本。《文鈔》自序云：「吴興太守李肯菴以余文慎而質，爲有道之言，訂鈔付梓。」李堂，字也升，號肯菴，湖北沔陽人，乾隆七年進士，十七年任湖州知府。則《文鈔》爲乾隆二十二年湖州知府李堂刻本。《存目叢書》據以影印。北圖、上圖、遼圖等亦有是刻。

冬心集四卷　國朝金農撰　六二五七

江蘇巡撫採進本(總目)。○《江蘇省第一次書目》：「《冬心集》一本。」○《江蘇採輯遺書目録》：「《冬心集》四卷，錢唐金農著。」○浙江圖書館藏清雍正十一年廣陵般若庵刻本，作《冬心先生集》四卷。半葉十行，行十八字，白口，左右雙邊。各卷末有「雍正癸丑十月開雕于廣陵般若庵」雙行篆文牌記。卷四末有「吴郡鄧弘文仿宋本字畫録寫」一行。前有雍正十一年自序，像(廣陵高翔繪)。《存目叢書》據以影印。北圖、上圖、南圖等亦有是刻，多附《冬心齋研銘》一卷。上圖藏一部有清楊澥跋，無《研銘》。○北京市文物局藏清鈔本《冬心先生集》四卷，清錢大昕跋。○《冬心先生續集自序》一卷，清乾隆刻本。半葉四行，行十二字，白口，左右雙邊。北圖藏。○《冬心先生續集》一卷，清乾隆刻本。半葉十二行，行二十四字，白口，四周單邊。復旦藏。○《冬心先生三體詩》一卷，清乾隆刻本。半葉十行，行十八字，白口，左右雙邊。有像。北圖、揚州圖、天一閣文管所藏。北圖又藏一部，清吴昌綬跋。○《冬心先生續集》二卷《補遺》一卷《詩》一卷《甲戌近詩》一卷，清道光十二年葉廷琯家鈔本，葉廷琯跋。南圖藏。○《冬心先生詩續集》二卷《補遺》一卷《續補遺》一卷《三體詩》一卷《甲戌近詩》一卷，上海圖書館藏清平江貝氏千墨菴鈔本。題「錢唐金農壽門」。半葉十行，行二十一至二十二字不等，藍格，藍口，四周雙邊。左欄外下方刻「平江貝氏千墨菴鈔藏本」小字一行。鈐「守甓齋藏書」、「武林葉氏藏書印」、「合衆圖書館藏書印」等印記。《中國古籍稿鈔校本圖録》著録。○《冬心先生集》四卷《續集》一卷《拾遺》一卷《三體詩》一卷《自度曲》一卷《雜著》六卷

《隨筆》一卷,清同治七年至光緒六年錢塘丁氏當歸草堂刻本,《西泠五布衣遺著》之一。北圖、上圖、南圖等藏。

産鶴亭詩集七卷　國朝曹庭棟撰　**六二五八**

浙江巡撫採進本(總目)。○《浙江省第十一次呈送書目》:「《産鶴亭詩》,國朝曹庭棟著,四本。」○《浙江採集遺書總録》:「《産鶴亭詩》四册,刊本,國朝貢生嘉善曹庭棟撰。」○浙江圖書館藏清乾隆刻本十一卷。題「嘉善曹庭棟六圃」。半葉十行,行二十一字,黑口,左右雙邊。前有乾隆七年自序。封面刻「古魏塘中阿里慈山居士手訂」雙行牌記。卷内鈐「柴夢魁印」印記。《存目叢書》據以影印。此係陸續付刻者,北圖分館有七卷本。上圖、復旦有九卷本。北大、南圖、中山圖有十卷本。

西澗草堂集四卷　國朝閻循觀撰　**六二五九**

編修周永年家藏本(總目)。○北京師大藏清乾隆三十八年閻循霦、韓夢周刻本,作《西澗草堂集》四卷《西澗草堂詩集》四卷。半葉十行,行二十二字,白口,左右雙邊。前四卷即文集,封面刻「乾隆癸巳年鐫」、「樹滋堂藏板」,有乾隆三十七年韓夢周序,乾隆三十七年汪縉序,任瑗序,從兄循霦序。據循霦序知文集爲閻循霦刻。《詩集》有乾隆三十八年孟秋韓夢周序,據此序知詩集爲韓夢周刻。二集均韓夢周輯。《存目叢書》據以影印。福建圖亦有是刻。南開、煙臺圖、昌樂圖有不全本。

巖峿山人集八卷　國朝汪舸撰　**六二六〇**

禮部主事任大椿家藏本(總目)。○南京圖書館藏清乾隆原刻本。柯愈春云:「乾隆三十五年杭世駿爲之序，集蓋刻於此時。書中朱筆校改處甚多，知爲刻印時作者手校樣本。」(《清人詩文集總目提要》)○日本京都大學文學部中哲文研究室藏鈔本(《清人別集總目》)。

睫巢集六卷後集一卷　國朝李鍇撰　六二六一

江西巡撫採進本(總目)。○《江西巡撫海續購書目》：「《睫巢集》三本。」○北京大學藏清乾隆六年洪肇楙刻十年杜甲續刻本。《睫巢集》題「廌青山人李鍇鐵君」，半葉十行，行二十一字，白口，左右雙邊。前有周京序，劉震序，祝維喆序，歙門人洪肇楙序。末有「乾隆六年歲在重光作噩冬十月己丑鋟版」篆文雙行牌記。《睫巢後集》行款同。分樂府一卷、詩二卷，但葉碼連編，故又可視爲一卷。前有乾隆九年秦蕙田序云：「通州牧補堂杜君刊其近稿爲《後集》。」又自序。末有乾隆十年刊上杜甲刻書跋。寫刻甚精。卷内鈐「宛陵李之郇藏書印」、「宣城李氏瞿硎石室圖書印記」等印。《存目叢書》據以影印。北圖、南圖、中科院圖等亦有是刻。○民國七年劉氏嘉業堂刻本，作《睫巢集》六卷《後集》二卷，爲《遼東三家詩鈔》之一。北圖、南圖等藏。○《睫巢集》二卷，上海圖書館藏稿本。清韓應陛跋，民國葉景葵跋。○《廌青山人集杜》一卷，清刻本。半葉九行，行十四字，白口，左右雙邊。北圖藏。○《含中集》五卷，遼寧省圖書館藏手稿本，存卷一至三。○民國二十年至二十三年遼海書社排印《遼海叢書》第六集内有李鍇《李鐵君先生文鈔》二卷《含中集》五卷，附金毓黻《含中睫巢兩集校録》一卷。

石閭詩一卷　國朝陳景元撰　六二六二

江西巡撫採進本(總目)。○《提要》云：「是集乃其手書擬古詩六十餘首以貽雷鋐者。前有短札，亦其手書。鋐並鈎摹筆蹟刻之,紙版頗爲精好。」又云:「此本以篇頁較少,不能成帙,舊附於李鍇《睫巢集》以行。」○北京圖書館藏稿本,作《陳石閭詩》三十卷。鈐「□□陳景元字子文號石閭又號不其山人」、「畏菴」、「詩龕鑑藏」、「法式善印」、「詩龕居士存素堂圖書印」、「朱嘉賓」、「吴興劉氏嘉業堂藏」、「張叔平」等印記。《存目叢書》據以影印。○《四庫全書附存目録》顧廷龍先生手批:「民十七年懷德榮文祚雪石軒刊本。」按:此民國十七年刻本從稿本出。北圖、上圖、南圖等藏。

南阜山人詩集七卷　國朝高鳳翰撰　六二六三

山東巡撫採進本(總目)。○《山東巡撫第二次呈進書目》:「《南阜山人集》二本。」○南開大學藏清乾隆二十八年高元質刻本,作《南阜山人詩集類稿》七卷。題「德州宋弼蒙泉選,膠州高鳳翰西園撰,同里族弟元質研村梓行」。半葉十行,行十九字,白口,左右雙邊。前有《南阜山人戴笠圖》,旁署「新安從游汪廷愷敬書」,後有南阜山人自題。又乾隆二十七年壬午正月二日宋弼《刻南阜山人詩序》,盧見曾序,盧見曾哭高鳳翰詩二首,沈榮昌序,李翰序,乾隆二十八年高元質序,雍正甲寅自序,宋弼《訂選南阜老人詩卷畢有感題句》二首。書末有乾隆十年自跋。自序、自跋均爲全集作。據自跋,《南阜山人詩集類稿》三十九卷,凡詩二千三百六十六首。此集選四百二十七首。鈐「春星帶艸堂」、「謨偉」等印。《存目叢書》據以影印。清華、中科院圖、南圖等亦有是刻。○民國八年上海聚珍倣宋印書局排印《書畫名人小集》本七卷二册。川圖、上圖、南圖等藏。○美國哈佛大學哈佛燕京圖書館藏稿本,作《南阜山人詩集類稿》五卷《斅文存稿》十五卷共八册。《詩集類稿》凡五集：《擊林集》二百十首，《湖海集》四百五十首，《岫雲集》五十一首，《鴻雪集》一千一百四十首，《歸雲集》四百六十七首，合計二千三百十八首。全書爲高鳳翰及其甥王泰來二人手書。第一册封面有高氏手書題記（詳沈津《書城挹翠録》）。按：封面題記已刊於乾隆二十八年刻本卷首。○上海辭書出版社藏稿本，作《南阜山人詩集類稿》三十九卷《斅文存稿》十五卷。○北京大學藏稿本，作《南阜山人詩集類稿》十卷。子目：《擊林集》一卷、《湖海集》二卷、《岫雲集》一卷、《鴻雪集》四卷、《歸雲集》二卷。半葉九行，行十八字，白口，左右雙邊。版心下刻「高氏家塾藏本」。按：《北京大學善本書目》著録爲《南阜山人詩集類稿、文存稿》二十五卷十一册，清稿本。○北京圖書館藏清鈔本，作《南阜山人詩集類稿》二十一卷《斅文存稿》十五卷。半葉十行，行十八字，無格。按：《藏園群書經眼録》卷十六著録此本，稱「原稿本」，謂爲潘祖蔭滂喜齋遺書。○山東博物館藏清道光二十八年鈔本，作《南阜山人全集》四十四卷，清劉喜海跋。○山東博物館藏一九六五年該館鈔本，作《南阜山人詩》四十一卷附《夷白草文》十五卷。○《春草堂詩訂》一卷《江行草》一卷《竹西亭稿》一卷《鷄肋編餘》一卷，高鳳翰撰，南京博物院藏稿本。○《南阜詩集》七卷，清乾隆刻本，王獻唐手校。山東博藏。○《南阜詩刻》不分卷，清孔繼熥輯，清刻本。濟南張景栻藏。○《南州草》一卷，高鳳翰撰，影鈔清康熙刻本。張景栻藏。○《高鳳翰手札》不分卷，稿本，李之雍跋。山東圖藏。

拙齋集一卷　國朝李遠撰　**六二六四**

編修周永年家藏本（總目）。○《提要》云：「其刊版字畫悉從《説文》，以小篆改隸。詭形怪態，則殊爲好異。」○余藏清乾隆益都李氏家刻本，題「益都李遠」。半葉九行，行十九字，大黑口，雙黑魚尾，左右雙邊。共三十三首詩，八葉。相其字體，即館臣所見本。無序跋。與其子文淵《李靜叔遺文》一卷合訂一册。《李靜叔遺文》爲乾隆三十六年李文藻廣東恩平縣署刻本，半葉九行，行二十一字，白口，左右雙邊。匠體字。與《拙齋集》寫刻者不同，蓋非一時所刻。余藏李文藻乾隆四十年廣州刻惠棟《易例》二卷，末有文藻跋，手書上版，字體相近，亦偶用篆字變楷。疑《拙齋集》亦李文藻寫刻於廣東者。余與輯《存目叢書》，此書訪求不獲，不意於濟南古舊書店得之，時二千又二年十二月五日也。

密娱齋詩稿一卷　國朝鄧汝功撰　**六二六五**

編修周永年家藏本(總目)。○《提要》云：「是集乃其友桂林府同知李文藻所刊。」○山東省圖書館藏清乾隆桂林府同知李文藻刻本。題「聊城鄧汝功謙持」。半葉十行，行十九字，白口，左右雙邊。寫刻甚精。前有乾隆三十年乙酉盛百二序，乾隆三十年李文藻序。鈐「山東省立圖書館點收海源閣書籍之章」印記。《存目叢書》據以影印。北圖分館亦有是刻。按：鄧汝功，榜名汝勤，乾隆四十年進士，即於是年病逝。李文藻乾隆三十七年調廣東潮陽知縣，任滿升桂林府同知，亦當在乾隆四十年，乾隆四十三年卒於任。此集之刻當在乾隆四十年至四十三年間。周永年爲四庫館臣，與李文藻爲至交，故能得其本進呈四庫館。紀昀爲李文藻房師，故提要中能道其詳也。

放鶴村文集五卷　國朝張侗撰 六二六六

山東巡撫採進本(總目)。○《山東巡撫第二次呈進書目》:「《放鶴村集》四本。」○清刻本。山東博物館、社科院文學所藏。○《其樓詩文集》九卷,張侗撰。民國七年石印本。山東圖、山東博、青島圖藏。

東坪集八卷　國朝胡慶豫撰 六二六七

浙江巡撫採進本(總目)。○《浙江省第十次呈送書目》:「《東坪詩集》八卷,國朝胡慶豫著,二本。」○《浙江採集遺書總録》:「《東坪詩集》八卷,刊本,國朝貢生平湖胡慶豫撰。」○浙江圖書館藏清乾隆三十二年刻本,作《東坪詩集》八卷。題「平湖胡慶豫雝來」。半葉十行,行十九字,白口,左右雙邊。前有康熙五十一年壬辰錢栢齡序,自序。後有乾隆三十二年丁亥馬恒錫跋云:「近且梓成,以行世傳後。」《存目叢書》據以影印。首都圖、復旦、南圖亦有是刻。

六湖遺集十二卷　國朝張文瑞撰 六二六八

浙江巡撫採進本(總目)。○《浙江省第十一次呈送書目》:「《張六湖集》十二卷,國朝張文瑞著,二本。」○吉林大學藏清乾隆九年孝友堂刻本,作《六湖先生遺集》十二卷。題「蕭山張文瑞雲表著」。半葉十行,行十九字,白口,左右雙邊。前有會稽周長發序,乾隆十年乙丑三月海寧陳世琯序,乾隆八年山陰金以成序,同里周琰序。卷尾有「大清乾隆九年歲次甲子春月男學懋盥手恭謄寫。後學韓棟頓首填諱」識語。封面刻「乾隆九年春鐫」、「孝友堂藏板」。《存目叢書》據以影印。

北圖、厦大、南圖、浙圖等亦有是刻。

念西堂詩集八卷　國朝王令撰　六二六九

陝西巡撫採進本(總目)。○《陝西省呈送書目》:「《念西堂詩集》。」○《浙江省第十二次呈送書目》:「《念西堂詩集》,明王令著,四本。」○《浙江採集遺書總録》:「《念西堂詩集》二册,刊本,明參政渭南王令撰。」○北京圖書館藏清康熙刻本,題「關西渭川王令仲錫父著,秣陵竹谿吴藴去華父校,平原函山張爲仁致堂父閲」。半葉八行,行十八字,白口,四周雙邊。前有張爲仁序,乙卯匋貞白序,自序。《存目叢書》據以影印。

古雪堂文集十九卷　國朝王令撰　六二七〇

浙江巡撫採進本(總目)。○《陝西省呈送書目》:「《古雪堂文集》。」○《浙江省第十二次呈送書目》:「《古雪堂文集》十九卷,明王令著,四本。」○《浙江採集遺書總録》:「《古雪堂文集》十九卷,刊本,明參政渭南王令撰。」又:「《古雪堂詩集》二册,刊本,明參政渭南王令撰。」○《古雪堂文集》十九卷,山東省圖書館藏清康熙刻本。題「關中王令渭川父著,渤海何凝秋水父較」。半葉九行,行二十字,白口,四周雙邊。前有戊午何凝序,自序。《存目叢書》據以影印。北圖、西安市文管會亦有是刻。

有蘭書屋存稿四卷　國朝石球撰　六二七一

江蘇周厚堉家藏本(總目)。○《江蘇省第一次書目》:「《有蘭書屋存稿》二本。」○《江蘇採輯遺書目録》:「《有蘭書屋存稿》四卷,嘉定石球著。」○南開大學藏清乾隆二十六年質行堂刻本。題「嘉定石球鳴虞」。半葉八行，行十九字，白口，左右雙邊。前有王爾達序。又乾隆甲申葉昱于嘉樹園之平安小榭序云：「鳴虞遽以疾卒，難弟鳴珮輯其遺稿若干篇，將以付梓，而屬序于文叔及余。余逡巡四載未及爲，今鳴佩、文叔又相繼謝世，鳴佩猶子芑亟請一言。」又徐樹紳序云：「厥弟鳴珮誼篤友于，不忍其伯兄一生之學行既没而泯泯無聞也，爲刻其遺詩。」各卷末題「姪芑、嗣男藻、外孫朱淞潤恭校」。書末有乾隆二十六年同懷弟琳刻書跋。卷内鈐「木雁齋」、「黄裳藏本」印記，又黄裳題識：「壬辰冬十二月半武林所收。草草亭記。」《存目叢書補編》據以影印。

寒玉屏集二卷碎金集二卷　國朝閔南仲撰 **六二七二**

浙江巡撫採進本（總目）。○《浙江省第七次呈送書目》：「《寒玉居集》二卷《碎金集》二卷，國朝閔南仲著，二本。」○《浙江採集遺書總録》：「《寒玉居集》二卷《碎金集》二卷，刊本，國朝閔南仲撰。」○清華大學藏清康熙六十一年潘尚仁刻本。《寒玉居集》題「石漁閔南仲湘人著，南林潘尚仁似山選，補亭陳可升日如較」。《碎金集》題「石漁閔南仲湘人著，南林潘尚仁似山選，霽堂翁照朗夫較」。半葉十行，行十九字，白口，左右雙邊。前有費錫璜序，沈默序，康熙六十一年壬寅潘尚仁序，又題詩。潘序云：「用是鈔從縑素，帝虎無訛；鋟入文梨，魯魚不舛。」《存目叢書補編》據以影印。

按：《總目》書名「屏」字乃「居」字之形誤。

薪櫄集四卷　國朝許昌國撰 **六二七三**

江蘇巡撫採進本（總目）。○《江蘇省第二次書目》：「《薪櫄集》二本。」○《江蘇採輯遺書目録》：「《薪槱集》四卷附《遺集》《年譜》，荆溪貢生許昌國撰，刊本。」○南京圖書館藏清乾隆刻本，題「荆溪許昌國仔賡氏(原字一清)著，次男重炎編輯」。半葉十行，行二十五字，白口，左右雙邊，無直格。前有雍正戊申周沅序，目録後有許重炎跋。書末有史問和跋。正文後接許重炎撰《先大夫愧菴先生年譜》一卷《行略》一卷。《年譜》末有乾隆二十一年孫男錫宫跋。《存目叢書》據以影印。

六二七四　璞堂文鈔十一卷　國朝許重炎撰

江蘇巡撫採進本(總目)。○《江蘇省第二次書目》：「《璞堂文鈔》三本。」○《江蘇採輯遺書目録》：「《璞堂文鈔》十一卷，荆溪諸生許重英著，刊本。」按：英字吴慰祖改炎。

六二七五　禹門集四卷　國朝郭振遐撰

内府藏本(總目)。○《武英殿第一次書目》：「《郭中洲禹門集》四本。」○上海圖書館藏清康熙二十二年刻本，作《郭中州禹門集》四卷。題「臨汾郭振遐中州詩稿」，下注「並自註」。半葉八行，行十八字，白口，四周雙邊。前有康熙二十年王賔序。又康熙二十二年自序云：「因付梓，質於諸君子，以代繕寫之勞。」鈐「壽椿堂王氏家藏」、「靖廷」等印記。《存目叢書》據以影印。按：《提要》云「字中洲」，依康熙本署名，當作中州。

六二七六　彙書六卷　國朝王鳳九撰

浙江巡撫採進本(總目)。

天門詩集六卷文集六卷　國朝吴盛藻撰　六二七七

内府藏本(總目)。○《武英殿第二次書目》："《天門詩集》、《文集》四本。"○福建師大藏清康熙刻本，作《天門集》六卷《文集》五卷。《天門集》卷一題"歷陽吴盛藻觀莊撰，南蘭史樹駿庸菴評"。半葉九行，行十八字，白口，左右雙邊。正文書名《天門集》，目録題《天門詩集目録》。前有史樹駿序，張爲仁序，汪璽序，戴移孝序，韋之璛序，乙卯朱四輔序，康熙十七年戊午夏煜序，自序。《文集》題"歷陽吴盛藻觀莊撰，海陵宫夢仁宗衮較"。前有王令序，宫夢仁序。後有韋之璛跋。王令序云："戊午長至月先生文集初成，……先生於是遂供剞劂。"知刻於康熙十七年。《存目叢書》據以影印。

○按：吴盛藻字觀莊，浙本《提要》莊誤作壯。殿本不誤。

歲寒堂存稿一卷　國朝林璐撰　六二七八

浙江巡撫採進本(總目)。○《浙江省第十一次呈送書目》："《歲寒堂存稿》，國朝林璐著，一本。"○《浙江採集遺書總録》："《歲寒堂存稿》二册，刊本，國朝郎中錢塘林璐撰。"○《提要》云："相其版式，蓋陸續開雕，尚未編定成帙。"○湖北省圖書館藏清康熙武林還讀齋刻本，作《歲寒堂初集》五卷《存稿》不分卷。《初集》題"錢塘林璐鹿菴撰，受業霍秉衷子厚、甥邵錫蔭樾森較"。封面刻"武林還讀齋梓行"。前有康熙十八年己未丁澎序，康熙十七年孫治序，康熙十七年毛先舒序。《存稿》題"同學諸子論定，錢唐林璐鹿菴著"。前有康熙二十三年顔光敏序。卷碼葉碼皆作墨丁，即《提要》所稱未編定之本。二集行款均半葉九行，行二十字，白口，左右雙邊。鈐"孝感秦氏家藏"印。

《存目叢書》據以影印。北圖、上圖有《初集》五卷。南圖有《存稿》不分卷。〇《歲寒堂存稿》十二卷，清康熙二十五年崇道堂刻增刻本，行款同前本，當即前刻增刻本。北圖、中科院圖、湖北圖藏。〇《林鹿菴先生文集》二卷，清康熙六十一年倪兆蛟鈔本(與《林西仲先生文集》等合函)。中科院圖藏。〇《歲寒堂文集》二卷，清同治十三年錢寶琠鈔本。上圖藏(見《清人別集總目》)。

天香閣詩集十卷　國朝唐之鳳撰　**六二七九**

浙江巡撫採進本(總目)。〇《浙江省第十二次呈送書目》：「《天香閣集》十卷，國朝唐之鳳著，四本。」〇《浙江採集遺書總録》：「《天香閣詩集》十卷，刊本，國朝烏程唐之鳳撰。附《碎玉合編》二卷，唐雲禎、唐德遠撰。」〇上海圖書館藏清康熙四十三年刻本，作《天香閣文集》八卷《詩集》十卷《詞》六卷附《碎玉合編》二卷。半葉十行，行十九字，黑口，四周單邊。《文集》前有康熙四十三年甲申黃容序云：「唐君武曾先生裒其所爲古文若干卷，將壽諸梓，屬余序之。」《詩集》前有錢琰序，康熙四十二年癸未盛杲序。附《碎玉合編》，上卷烏程唐雲禎著，下卷烏程唐德遠著。卷上末有康熙四十一年弟之鳳跋。下卷末有康熙四十二年眷弟勞佑鑌跋。《天香閣詞》末有缺佚，無序跋。《存目叢書》據以影印。

笑門詩集二十五卷　國朝戚玾撰　**六二八〇**

内府藏本(總目)。〇《武英殿第一次書目》：「《笑門詩集》六本。」〇上海圖書館藏清康熙四十五年林任刻本，題「泗濱戚玾莞爾譔，鍾山黃周星九煙選，壻林任雨莘校訂，男慎緘子編輯，外孫林中柟莊貽仝校」。半葉十行，行十九字，黑口，左右雙邊。前有黄周星序，李天馥序，施□序，黄沆序，康熙二十六年丁卯葛翊宸序，康熙二十五年自序，劉果序，康熙四十五年丙戌館甥林任序。據林任序知係康熙四十五年林任刻本。《存目叢書》據以影印。江蘇寶應圖亦有是刻。中科院圖藏本僅十卷。

偶存草堂集六卷　國朝林之蒨撰　**六二八一**

山東巡撫採進本(總目)。○《山東巡撫第二次呈進書目》：「林蒨《偶存詩學草》二本。」○北京圖書館分館藏清雍正刻本。正文首題「偶存草詩集卷一」，次行題「古澴林蒨素園氏著」。半葉九行，行二十字，白口，四周雙邊。前有雍正元年癸卯楊琰序，康熙六十年辛丑胡宗緒序，康熙六十一年九月林蒨素園氏自序。《存目叢書》據以影印。華東師大亦有是刻。○清雍正十三年居易齋刻本十三卷，中國社科院文學所藏(見《清人詩文集總目提要》)。○按：此書書名武英殿本《總目》作《偶存草詩集》，與雍正刻本合。此「堂」字當誤。是書撰人林之蒨，雍正刻本卷端及自序均作「林蒨」，《呈進書目》同，則當以林蒨爲正。林蒨籍貫，《提要》云「楊夢琬序稱其産於魯，客於楚。其自署曰孝感，蓋寓籍也」。考本書自序云：「予籍山東任城。」又云：「吾鄉王阮亭先生。」則係山東濟寧人。古澴州在湖北孝感，故曰自署孝感也。

右清代下

四庫存目標注卷五十七

滕州　杜澤遜　撰

集部八

總集類一

文選句圖一卷　宋高似孫撰　**六二八二**

江蘇巡撫採進本(總目)。○明弘治十四年華珵刻《百川學海》庚集本,作《選詩句圖》。下同。北圖、上圖、山東大等藏。民國十年上海博古齋影印華珵刻《百川學海》本。○明嘉靖十五年鄭氏宗文堂刻《百川學海》本。北圖、北大藏。○明鈔《百川學海》本。南圖藏。○明鈔《百川學海》本。北圖藏。○南京圖書館藏清鈔本,作《選詩句圖》,題「高氏似孫集」。半葉八行,行二十一字,白口,四周雙邊。前有壬午自序。鈐「丁氏八千卷樓藏書記」、「四庫坿存」印。前有丁丙手跋,稱「舊鈔本」。

卷内玄字缺筆。《存目叢書》據以影印。○民國十六年陶湘刻《百川學海》本。○民國二十五年商務印書館據《百川學海》本排印,收入《叢書集成初編》。○清乾隆二十四年敦本堂刻《詩學指南》本,作《選詩句圖》。上圖、復旦、上師大藏。

六二八三　文選纂注十二卷　明張鳳翼撰

江蘇巡撫採進本(總目)。○明萬曆刻本。半葉十一行,行二十二字,白口,左右雙邊。有刻工。中科院圖、首都師大、南圖、安徽圖藏。南圖又藏一部有清隨赫德圈點並跋。上圖藏一部有清汪學基録清錢謙益批校。○明萬曆刻本。半葉十一行,行二十二字,白口,四周單邊。清祁墳批。河南新鄉圖藏。○廣西師大藏明萬曆刻本,版心、卷端均題「文選」,正文次行題「梁昭明太子蕭統選,明吴郡張鳳翼纂註」。半葉十一行,行二十二字,白口,左右雙邊。前有萬曆八年庚辰張鳳翼《文選纂註序》。《存目叢書》據以影印。北圖、清華、津圖、上圖等多有是刻。○明萬曆十年書林余碧泉刻本。半葉十一行,行二十二字,白口,左右雙邊。中科院圖、上圖、川圖、安徽圖、山東大藏。○明萬曆刻本,目録及版心題「文選纂註評林」。半葉十一行,行二十二字,白口,四周單邊。眉欄刻評。北師大、上圖、復旦、山東大等藏。復旦另一部有清華長發評點並録明孫鑛評,近人王欣夫跋。浙江博物館藏一部有清沈淑埏録清朱彝尊、吴農祥、何焯批校並跋。○明葉敬溪刻本,作《文選纂註評林》十二卷十二册。半葉十一行,行二十二字,白口,四周單邊。眉欄刻評。大連圖藏。○明何敬塘刻本,封面題「文選纂註評林」。半葉十一行,行二十二字,白口,四周單邊。眉欄刻評。華東師大、廣東社科院藏。○明萬曆二十九年惲紹龍刻本，正文首題「梁昭明文選卷第一」，次題「明吴郡張鳳翼纂註，晉陵惲紹龍參訂」。目録及版心題「文選纂註評林」。半葉十一行，行二十二字，白口，四周單邊。清華、上圖、湖北圖等藏。復旦藏一部有清陳疇批。○明萬曆二十九年三衢舒氏四泉刻本，亦惲紹龍參訂，書名同前本。半葉十一行，行二十二字，白口，四周單邊。錦州圖藏。○明末刻本，版心刻「文選纂註評林」。半葉十一行，行二十二字，白口，四周單邊。眉欄刻評。揚州圖、重慶圖、天一閣、黑龍江大藏。○明萬曆刻本，卷端題「梁昭明文選」，目録及版心題「文選纂註評林」。半葉十一行，行二十二字，白口，四周雙邊。北大、人大、復旦、山東大等多處藏。○明天啓六年盧之頤刻本，作《梁昭明文選》二十四卷。半葉九行，行二十字，白口，四周單邊。眉上刻評。清華、上圖、遼圖、山東圖等藏。上圖另一部有清鮑桂星批校。○明萬曆克勤齋余碧泉刻本，作《文選纂註評苑》二十六卷，張鳳翼纂註，陸弘祚訂。半葉九行，行十八字，白口，四周單邊。安徽圖、江西圖、南通圖、温州圖藏。○明萬曆十四年刻本，作《新纂六臣註漢文選》二十四卷。半葉十一行，行二十二字，白口，左右雙邊。上圖、南大、重慶圖等藏。○清康熙十一年願好堂刻本，作《梁昭明文選》十二卷，又名《文選纂註》。南開藏一部有清王芑孫批校，清吴東發題款。又一部有清梁章鉅批校。

選詩約註十二卷　明林兆珂撰　　**六二八四**

内府藏本(總目)。○《武英殿第二次書目》：「《選詩約註》六本。」

文選章句二十八卷　明陳與郊編　六二八五

内府藏本（總目）。○《武英殿第二次書目》：「《文選章句》十二本。」○中國人民大學藏明萬曆二十五年刻本，題「梁昭明太子蕭統撰，唐江都李善注，明浙汜陳與郊編」。半葉十行，行二十字，白口，左右雙邊。前有李善行略，《賜緋堂校栞文選姓氏》：「參閲馮紹功、陳愇、張明昌、梁學顔，考訂陳鎣、陳瓛，摩勘朱廷欽、祝以芹，繕寫金三枝、葉應芳。」又昭明太子小傳，李善上表，文選序，萬曆二十五年陳與郊序。《存目叢書》據以影印。北大、清華、南圖、浙圖等亦有是刻。臺灣「中央圖書館」《善本書志初稿》著録是刻，云「目録末有『萬曆戊戌刻丙辰重修』一行」，因而定爲萬曆二十六年刻四十四年修補本。人民大學本無此一行。○明萬曆間世馨堂刻本，行款版式及序文同，唯《賜緋堂校栞文選姓氏》改爲《世馨堂校栞文選姓氏》，所列名氏同。臺灣「中央圖書館」藏（見該館《善本書志初稿》）。

文選尤十四卷　明鄒思明編　六二八六

内府藏本（總目）。○《武英殿第二次書目》：「《文選尤》十四本。」○中央民族大學藏明天啓二年刻三色套印本，卷一題「梁昭明太子蕭統選，明西吴鄒思明評閲，男德延校」。半葉八行，行十八字，白口，四周單邊。前有朱國禎序，韓敬序，凡例。凡例云：「綴言有朱、有緑、有墨，各有所取。總評分脈則用朱，細評探意則用緑，釋音義、解文辭、考古典則用墨，觀者辨之。」末有天啓二年鄒思明《鐫文選尤序》。《存目叢書》據以影印。清華、中科院圖、南圖、山東圖等亦有是刻。

文選瀹注三十卷　明閔齊華編　**六二八七**

内府藏本(總目)。○《武英殿第二次書目》:「《文選瀹注》十二本。」○廣西師大藏明末烏程閔氏刻本,作《孫月峯先生評文選》三十卷,題「烏程閔齊華瀹注」。半葉九行,行十九字,白口,四周單邊。眉上刻評。序、凡例、版心均題「文選瀹注」。前有崇禎七年甲戌錢謙益序,天啓二年閔齊華凡例。卷内鈐「愚溪」、「蔣鍾尹印」印記。《存目叢書》據以影印。北大、山東圖、湖北圖等亦有是刻。又有康熙二十年柯維楨修版印本,清華、浙圖、湖北圖等藏。

昭明文選越裁十一卷　國朝洪若臯編　**六二八八**

内府藏本(總目)。○《武英殿第一次書目》:「《梁昭明文選越裁》十二本。」○廣西師大藏清康熙名山聚刻本,作《梁昭明文選越裁》十一卷。題「天台洪若臯虞鄰父評定」。半葉九行,行二十字,白口,四周雙邊。前有康熙十三年甲寅洪若臯序。封面刻「名山聚梓行」,並刻識語三行。卷内鈐「南海康氏萬木草堂珍藏」印記。《存目叢書》據以影印。中科院圖亦有是刻。

選詩定論十八卷　國朝吴湛撰　**六二八九**

内府藏本(總目)。○《武英殿第一次書目》:「《選詩定論》十二本。」○南京圖書館藏清康熙書林陳君錫、華玉森刻本。正文首行題「六朝選詩定論」,次題「睢陽後學吴淇伯其甫著」。半葉九行,行二十二字,白口,左右雙邊。封面及版心均題「選詩定論」。封面刻「書林陳君錫、華玉森梓行」。前有康熙八年己酉周亮工序,康熙九年吴偉業序。卷内玄字作伭,疑爲避康熙帝諱。胤、弘等字不避。《存目叢書補編》據以影印。按：撰人吴淇,《四庫提要》誤爲吴湛。

文選音義八卷　國朝余蕭客撰　**六二九〇**

安徽巡撫採進本(總目)。○《安徽省呈送書目》:「《文選音義》二本。」○宋平生先生藏清乾隆静勝堂刻本,題「吴郡余蕭客仲林輯著,同郡金旦評又劭、朱燦華和中參定」。半葉八行,行十九字,小字雙行同,白口,四周雙邊。封面刻「静勝堂藏板」。前有乾隆二十三年戊寅七月沈德潛序,乾隆二十三年七月自序。寫刻頗精。鈐「陳澤寰珍藏」橢圓印。《存目叢書》據以影印。中央民大藏一部鈐「南澗艸廬」印。清華、浙圖等亦有是刻。○清光緒二十二年鴻寶齋石印《文林綺繡》本。

馮氏校定玉臺新詠十卷　國朝馮舒校　**六二九一**

兵部侍郎紀昀家藏本(總目)。○《侍讀紀交出書目》:「《玉臺新咏》二本。」○東北師大藏清康熙硯豐齋刻本,作《玉臺新詠》十卷。題「陳尚書左僕射太子少傅東海徐陵字孝穆撰」。半葉九行,行十九字,白口,四周雙邊。寫刻工緻。版心下刻「硯豐齋」。封面刻「虞山二馮先生校閲」、「玉臺新詠」、「硯豐齋梓」。前有康熙五十三年甲午陳鵬年序,馮舒序,上黨馮鰲《重刻玉臺新詠例言五則》。末有陳玉父跋,崇禎六年趙均跋,李維楨跋,馮班跋,南陽轂道人跋,康熙五十三年馮鰲跋。馮鰲跋云:「是集向藏錢遵王齋中,壬辰夏友人持示,謂是固君家故物也。……偶得汲古閣藏本,字句一遵宋刻,後有黄筆點定,翻閲後跋,知爲鈍吟公筆也。因更覓趙氏、楊氏本查核,……因謀登梓。」是康熙五十三年馮鰲刻。《存目叢書》據以影印。

玉臺新詠箋註十卷　國朝吴兆宜撰　六二九二

兵部侍郎紀昀家藏本(總目)。○吉林省圖書館藏清乾隆三十九年程琰刻本，正文首題「玉臺新詠卷一」，次題「陳尚書左僕射太子少傅東海徐陵孝穆編，吴江吴兆宜顯令原注，長洲程際盛東冶删補」。半葉十行，行二十一字，白口，四周雙邊。寫刻本。前有徐陵序，陳玉父等序，朱彝尊序，乾隆三十九年程際盛序，乾隆三十九年阮學濬序。據程、阮二序，知係程際盛刻本。鈐「華陽高氏」、「華陽高世異」等印記。《存目叢書》據以影印。按：此本「際盛」二字原作「琰」字，後經挖改。際盛原名琰，蓋以避嘉慶帝諱改名際盛。則此本刷印在嘉慶間或更晚。上圖藏一部有王文燾録紀昀批校。天津圖藏一部有佚名録紀昀批校。浙圖、湖南圖等亦有是刻。○清光緒五年宏達堂刻本。安徽圖、吉林省圖等藏。○民國四年上海掃葉山房石印本。○民國上海中華書局排印《四部備要》本。

二馮評點才調集十卷　國朝馮舒、馮班評點　六二九三

内府藏本(總目)。○《武英殿第一次書目》：「《才調集》二十本。」○劉大軍先生藏清康熙四十三年甲申新安汪文珍垂雲堂刻本。卷端題「才調集」，次題「蜀監察御史韋縠集」。半葉八行，行十九字，白口，左右雙邊。版心下刻「垂雲堂」。前有蜀韋縠叙，七十八歲老人馮武《二馮先生評閲才調集凡例》，目録。後有康熙甲申八月新安汪文珍書城氏跋云：「甲申春，余獲交鈍吟次君服之馮丈，始知汲古閣毛氏收藏鈍吟手閲定本，默庵評閲即附載其中，丹黄甲乙，各有原委。其從子簡緣先生實能道其所以然。因託友人假汲古所藏，並借影寫宋刻，取沈刻本暨錢校本重加校讎，而乞例

言於簡緣,遂謀登梓。」寫刻頗精,惜版有漫漶。封面刻「虞山二馮先生閲定」、「宋本校刊」、「才調集」、「金閶書業堂梓行」。蓋版歸書業堂後刷印也。《存目叢書》據以影印。山東師大、中共中央黨校等亦有是刻。

諸儒性理文錦八卷　舊本題兵部尚書常珽編　六二九四

内府藏本(總目)。○《武英殿第一次書目》:「《諸儒性理文錦》八本。」○《兩淮鹽政李呈送書目》:「《性理文錦》八卷,元常珽,十本。」

桃花源集一卷　宋姚孳編　六二九五

永樂大典本(總目)。

詩準三卷附録一卷詩翼四卷　舊本題宋何無適、倪希程同撰　六二九六

兩江總督採進本(總目)。○《兩淮商人馬裕家呈送書目》:「《詩准》四卷《詩翼》四卷,宋何無適,二本。」○北京圖書館藏宋刻本,存《詩準》卷一卷二、《詩翼》卷一卷二。半葉十一行,行十八字,白口,左右雙邊。上海商務印書館涵芬樓故物,見張元濟《涵芬樓燼餘書録》、傅增湘《藏園群書經眼録》,云有「季振宜藏書」印記。○臺灣「中央圖書館」藏明嘉靖三年郝梁刻本,作《詩準》四卷《詩翼》四卷。半葉十行,行十八字,白口,左右雙邊。前有淳祐三年癸卯金華處士王柏序。《詩翼》末有嘉靖三年甲申春三月三日龍渠山人郝梁子高父於翠文樓之西燕軒跋。鈐「温葆淳讀」、「閩中督學使者」、「劉承幹字貞一號翰怡」等印記(見該館《善本書志初稿》)。清華大學藏明刻本,行款版式同,

當係一刻，唯佚去郝梁序。鈐「傳是樓」、「聖清宗室盛昱伯羲之印」等印記。《存目叢書》據以影印。南圖藏一帙，爲丁丙善本書室故物，《善本書室藏書志》著録，云有「何元錫印」印記。杜信孚《明代版刻綜録》第五卷三十六葉著録爲「明嘉靖三年江都郝梁萬玉堂刊」。上圖、湖南圖有不全本。黄裳有《詩翼》卷一卷二共一册，棉紙精印，見《前塵夢影新録》、《來燕榭讀書記》。○傅增湘藏明萬曆十二年新樂王刻本，作《詩準》四卷附録一卷《詩翼》四卷。半葉十行，行十八字，白口，雙邊，版心下記刻工、字數。卷端題「宋何無適、倪希程編類，明進士沈大忠附葺補注」。前有淳祐癸卯王柏序，明新樂王序，青州知府四明沈大忠序。後有嘉靖甲申郝梁跋。新樂王序署「青社載壐信父」(見《藏園群書題記》、《藏園訂補郘亭書目》)。新樂王朱載壐，嘉靖三十六年襲封，萬曆二十一年薨。即其人。○按：王柏序云：「友人何無適、倪希程前後相與編類，取之廣，擇之精，而又放黜唐律，法度益嚴。予因合之，前曰《詩準》，後曰《詩翼》。」知係宋何無適、倪希程原編，王柏合編。明嘉靖三年郝梁刻本仍王柏之舊。萬曆十二年新樂王朱載壐刻本始經沈大忠附葺補注，所輯附録十七葉在《詩準》卷二之後(傅增湘云)。《四庫存目》所據即沈大忠本，故館臣疑爲明人僞託。又「倪希程」杜信孚《明代版刻綜録》誤作「程希」，黄裳《來燕榭讀書記》因之。附糾於此。

發蒙宏綱三卷　宋羅黄裳編

永樂大典本(總目)。

宋四家詩四卷　不著編輯者名氏　六二九八

兩江總督採進本(總目)。○《兩江第一次書目》:「《宋四家詩》,抄本,一本。」○《提要》云:「一爲施樞《漁隱橫舟稿》,一爲徐集孫《竹所吟稿》,一爲林希逸《竹溪十一稿詩選》,一爲敖陶孫《臞翁詩集》。」

宋名臣獻壽集十二卷　不著撰人名氏　六二九九

兩淮馬裕家藏本(總目)。○《兩淮商人馬裕家呈送書目》:「《宋名臣獻壽集》二卷一本。」○上海商務印書館涵芬樓藏明寫本,存卷一至五。半葉十行,行十九字。鈐「竹泉珍玩」、「謏聞齋」二印。各家未經著録,多罕見之人。民國十八年己巳正月初三日傅增湘見(詳《藏園群書經眼録》)。此帙恐已付劫灰。

群公四六續集十卷　不著編輯者名氏　六三〇〇

浙江范懋柱家天一閣藏本(總目)。○《浙江省第五次范懋柱家呈送書目》:「《群公四六續集》十卷,缺名編,四本。」○《浙江採集遺書總録》:「《群公四六續集》四册,天一閣寫本,不著編次人姓名。自甲至癸凡十集,其庚辛二集闕。」按:《提要》不言殘闕,蓋偶未詳檢也。○涵芬樓藏《群公四六》十集,不著撰人。明寫本,棉紙紅格。半葉十一行,行二十字。所採皆南宋啓劄之文,分甲至癸十集。民國十八年己巳正月傅增湘見(詳《藏園群書經眼録》、《藏園訂補郘亭書目》)。此本恐已付上海一二八倭劫。

大全賦會五十卷　不著編輯者名氏　六三〇一

永樂大典本(總目)。

啟劄錦繡一卷　舊本題清曠趙先生編　六三〇二

永樂大典本(總目)。

宋遺民録一卷　不著編者　六三〇三

兩淮馬裕家藏本(總目)。

唐詩鼓吹箋註十卷　金元好問編　國朝錢朝鼒、王俊臣註　王清臣、陸貽典箋　六三〇四

通行本(總目)。〇清順治十六年陸貽典、錢朝鼒等刻本，作《唐詩鼓吹》十卷。半葉十一行，行二十一字，黑口，左右雙邊。北圖藏一部有清何焯批校、何煌箋注並跋。復旦藏一部有清陳景雲評校並録何焯批校，顧廣圻題籤，王大隆跋。中國社科院文學所藏一部有清佚名録何焯、程樹華批。山西省圖藏一部有清法式善、董文焕批校並跋。〇湖北省圖書館藏清乾隆十一年懷德堂重刻順治十六年本，封面刻「唐詩鼓吹箋注」、「乾隆十一年新鐫」、「懷德堂藏板」。另藏一部同版，無封面，有佚名録清趙執信、紀昀批。卷一首題「唐詩鼓吹」，次題「元資善大夫中書左丞郝天挺註，古岡後學廖文炳解，虞山後學錢朝鼒、王清臣、王俊臣、陸貽典參校」。卷二題「元資善大夫中書左丞郝天挺註，古岡後學廖文炳解，虞山後學錢朝鼒、王俊臣校注，王清臣、陸貽典參解」。半葉十一行，行二十一字，黑口，左右雙邊。有順治十六年錢謙益序，順治十六年陸貽典序，王俊臣引，王清臣引，萬曆七年廖

文炳序,至大元年趙孟頫序。紀昀批及趙批,原在康熙刻朱三錫評本上,某氏迻録於此。《存目叢書》據以影印。〇乾隆二十七年壬午光霽敬業堂刻本。山東圖、浙圖藏。〇乾隆五十七年刻本。湖北圖藏。〇按:《四庫全書》所收《唐詩鼓吹》十卷,元郝天挺註,明廖文炳解。實亦出陸貽典等箋註本,觀《提要》引陸貽典題辭可知也。

濂洛風雅六卷　元金履祥編　六三〇五

浙江巡撫採進本(總目)。〇《浙江省第一次書目》:「《濂洛風雅》六卷,宋金履祥輯,二本。」〇《浙江採集遺書總録》:「《濂洛風雅》六卷,刊本,宋金履祥輯。」〇明弘治十五年刻本七卷,缺卷四卷五。天一閣文管所藏。〇明鈔本七卷。臺灣「故宫」藏。〇清康熙五十六年刻本。江西圖藏。〇南京圖書館藏清雍正十年金律刻本六卷。各卷首行題「宋金仁山先生選輯濂洛風雅」,次題「滇海後學趙元祚、檇李後學戴錡鑒定,吴寧後學王崇炳、瀫水後學章藜照參閲,金華後學黄廷元較,十八世孫律重梓」。半葉十行,行二十字,下黑口,左右雙邊。前有王崇炳序,雍正十年戴錡序,元貞丙申唐良瑞序,次《濂洛詩派圖》,次《濂洛風雅姓氏目次》。戴序云:「兹編僅百餘葉,乃先生親手鈔本,裔孫律藏之已久,今附刻《文集》之後,屬予序。」《存目叢書》據以影印。光緒印《率祖堂叢書》本當即是刻。〇清光緒三年刻本六卷首一卷,《金華叢書》之一。〇北京圖書館藏清鈔本七卷一册。半葉九行,行二十一字,無格。〇朝鮮肅宗四年(清康熙十七年)芸閣活字印本,作《增删濂洛風雅》七卷,朝鮮朴世采重編。臺灣「中央圖書館」藏。〇上海圖書館藏朝鮮鈔本,作《增删濂洛風雅》七卷。

中州啟劄二卷　元吳宏道撰　　六三〇六

永樂大典本（總目）。○陸氏皕宋樓藏元刻本四卷。半葉十三行，行二十二字。有大德辛丑四月朔承事郎江西等處儒學副提舉許善勝序云：「江西省檢校掾史吳君仁卿，裒中州諸老往復書尺，類爲一編，凡若干卷。輟已俸鋟梓，徵余言。」知係大德五年吳宏道江西刻本（參《儀顧堂續跋》卷十四、《皕宋樓藏書志》卷一百十七）。此本二册，現存日本静嘉堂。○南京圖書館藏清張氏愛日精廬鈔本四卷。半葉十三行，行二十四字，無格。前有大德辛丑許善勝序。又有丁申手跋，署「同治九年正月上元春燈下記，竹舟」，謂「是帙爲古虞張月霄所藏影元抄本，猶有中郎虎賁之似，宜黄蕘圃、琴六諸公稱爲稀有」。又柳詒徵跋。末有某氏過録黄丕烈跋。鈐「四庫坿存」印。《存目叢書補編》據以影印。○北京圖書館藏清鈔本四卷。半葉十三行，行二十二字，無格。○陸氏皕宋樓藏舊鈔本四卷，有黄丕烈乙亥二月十四日手跋（詳《皕宋樓藏書志》卷一百十七）。按：黄丕烈跋云：「郡城故家李鑑明古遺書，殘鱗片甲約有百餘種，其可取者三四十册而已。至宋元舊刻，無可爲披沙之揀，唯此《中州啟劄》尚屬元刻。」然則黄丕烈所跋爲得自李明古家舊藏元刊本，陸氏此舊鈔本所存之黄跋當是過録者，非親筆也。此本一册，現存日本静嘉堂。○臺灣「中央圖書館」藏「影鈔元大德刊本」四卷一册。半葉十三行，行二十二字，無格。有元大德辛丑許善勝序。書末有某氏過録黄丕烈跋。又勞權手跋：「癸卯九月十七日借高宰平影元鈔本影録，并校一過。原本稍有譌處，且多闕文，未得爲佳者也。巽卿。」下鈐「巽卿」印。卷内又鈐「丹鉛精舍」、「吳興劉氏嘉業堂藏書記」等印（見該館《善本題跋真跡》、《善本書志初稿》）。○臺灣「中央圖書館」又藏「影鈔元大德刊本」四卷一册。半葉十二行，行二十二字。有許善勝序，某氏過録黄丕烈跋。書衣題「影元刻精鈔秘册」、「芙川珍藏」。卷内鈐「張蓉鏡印」、「蓉鏡珍藏」、「芙川」、「張乃熊印」、「菦圃收藏」、「芹伯」等印記（見該館《善本書志初稿》）。○明成化刻本四卷。半葉十二行，行二十四字，黑口，四周雙邊。有許善勝序，成化三年翁世資重刊序。《愛日精廬藏書志》、《藏園群書經眼録》著録。

唐詩説二十一卷　元釋圓至撰　六三〇七

兩淮鹽政採進本（總目）。○《兩淮鹽政李續呈送書目》：「《唐詩説》二十一卷，元釋圓至，二本。」○《提要》云：「此書蓋取宋周弼所選《三體唐詩》爲之註釋。」又云：「坊本或題曰《磧沙唐詩》。」○中國社科院文學研究所藏明嘉靖二十八年吴春刻本，作《箋注唐賢絶句三體詩法》二十卷。題「汶陽周弼伯弜選，高安釋圓至天隱註」。半葉九行，行十七字，黑口，四周雙邊。前有嘉靖二十八年山東按察司副使奉勅巡察海道吴春序云：「春不敢湮前賢功，免太師教，因壽諸梓，以公同好。」書首有民國翟文選手跋並倩鹽山楊蔚村補録元方回序。《存目叢書》據以影印。上圖亦有是刻。○明刻本，書名卷數及行款同前，開版較大。北大、故宫、津圖藏。○明刻本，書名卷數及行款同前。中國社科院歷史所、故宫、上圖、吉大、江西圖、福建師大藏。○明刻本，書名卷數及行款同前。清姚世鈺跋，佚名跋並録清何焯批校。杭州市圖藏。○明刻本，書名卷數及行款同前。佚名評點並録清何焯評點。北圖藏。○明刻本，書名卷數及行款同前。佚名録清何煌批校並跋，清袁芳瑛批校。故宫藏。○明刻本，書名卷數及行款同前。葉德輝跋並録清何煌、袁芳瑛評校並跋。北圖藏。○明火錢刻本，作《箋註唐賢三體詩法》二十卷。行款同前。北圖、北大、社科院文學所、上圖、津圖藏。○明刻本，作《新刊唐賢絶句三體詩注》二十卷。半葉十行，行二十二字，黑口，四周雙邊。清華藏，存卷一至八。○清康熙十九年刻本，作《磧砂唐詩》三卷，宋周弼輯，元釋圓至注，清盛傳敏、王謙釋。半葉十行，行二十一字，細黑口，左右雙邊。湖北圖、湖南師大藏。○清光緒十二年夏時瀘州鹽局刻套印本，作《唐賢三體詩句法》六卷，宋周弼輯，元釋圓至注，清高士奇補注，清何焯評。遼大、吉大、東北師大等藏。○日本明應三年（明弘治七年）葉巢子刻本，作《增註唐賢三體詩法》三卷，宋周弼編，元釋圓至註，元裴庾增註。遼圖藏。○日本萬至二年（清順治十六年）西村又左衛門刻本，書名卷數及編注者同前本。華東師大藏。○日本天和二年（清康熙二十一年）書生堂刻本。書名卷數及編注者同前本。上圖藏。○日本元禄五年（清康熙三十一年）刻本。書名卷數及編注者同前本。南圖藏。○日本元禄八年京師書肆西村喜兵衛印本。書名卷數及編注者同前本。大連圖藏。○日本元禄九年銅駝坊書華堂刻本。書名卷數及編注者同前本。上圖、遼圖藏。○日本元禄十六年刻本。書名卷數及編注者同前本。遼圖藏。○日本文政四年（清道光元年）刻本，作《箋注唐賢絶句三體詩法》二十卷，宋周弼選，元釋圓至注。復旦、雲大藏。

元朝野詩集無卷數　不著編輯者名氏　六三〇八

浙江范懋柱家天一閣藏本（總目）。○《提要》云：「一名《元風雅》。」○《浙江省第五次范懋柱家呈送書目》：「《皇元風雅》不分卷，一名《元朝野詩集》，缺名編，二本。」○《浙江採集遺書總録》：「《皇元風雅》二卷，天一閣寫本，蔣易撰。」○北京圖書館藏元後至元三年建陽梅溪書院刻本，作《皇元風雅》三十卷，元建陽蔣易輯。半葉十行，行十八字，黑口，四周雙邊。目録後有墨圖記曰「梅溪書院」。有至元三年正月初吉建陽蔣易於思勉齋序云：「易嘗輯録當代之詩，見者往往傳寫，蓋亦疲矣，咸願鋟梓，與同志共之。因稍加詮次。……是集上自公卿大夫，下逮山林閭巷韋布之士，言之善者靡所不録，故題之曰《皇元風雅》。第恨窮鄉寡聞，采輯未廣，烏能備朝廷之雅而悉四方之風哉。姑即其所得者刻而傳之云爾。」又至元四年戊寅閏月丁未黄清老序云：「東陽蔣師文甫始集本朝諸公之詩凡若干卷，名曰《皇元風雅》，徵予序。」又至元五年己卯七月三日虞集序云：「建陽蔣易師文著《皇元風雅》三十卷，而以保定劉静修先生爲之首，許文正公繼之，終之以雜編三卷。」又自序。末有黄丕烈手跋云：「《皇元風雅》三十卷，蔣易編次者，載諸焦竑《國史經籍志》。近《浙江採輯遺書目》止二卷，天一閣寫本。知此書之流傳非廣矣。向嘗收得元刻殘本，又從香嚴書屋借得元刻殘本影鈔，媿之總不得三十卷之數，亦第藏諸篋衍，備元詩舊本之一家耳。頃有書友携一部來，竟三十卷，序目都有，遇缺失處已鈔補，驗其裝潢，識是金星軺家故物，非出自尋常藏書人家者，宜可信爲全本也。」按：此本由金星軺文瑞樓輾轉經黄丕烈士禮居、張金吾愛日精廬、瞿氏鐵琴銅劍樓而歸於北京圖書館，《蕘圃藏書題識》卷十、《愛日精廬藏書志》卷三十五、《鐵琴銅劍樓藏書目録》卷二十三、《鐵琴銅劍樓藏書題跋集録》卷四、《藏園訂補郘亭知見傳本書目》卷十六上、《北京圖書館善本書目》卷八著録，其蹤跡固歷歷可循也。○北京圖書館藏元刻本，作《國朝風雅》不分卷《雜編》三卷共四册。行款同前本。有清黄丕烈跋。按：此當即前本黄跋所云「向嘗收得元刻殘本」也。據黄跋知此與前本同出一版，唯版心因修版而歧異耳。黄云此本「每卷各有子目。於一卷而列諸人者，則題『國朝風雅』、『蔣易編集』。於一卷而列一人者，則曰『某人詩目録』、『建陽蔣易編集』。間於目録板心填某卷。於卷中起處，則以人姓名爲大題，官銜籍貫表字爲小題，不載書名卷數。每葉板心各載每人名，無卷數」。至於前本，則「子目都無，間存王繼學詩目一葉」，「每卷各標卷數，其板心亦如之」。所以有此差異，黄丕烈如是解釋：「想子目本與舊藏本同，此皆失之」，「當是板片不全，子目盡失，遂按人姓名分卷，加此題頭及板心刻入，故字跡各異。否則本書字跡同出一刻，何中多歧異耶？」○上海圖書館藏元刻本，作《皇元風雅》三十卷，存卷六至七、卷九至十、卷十二、卷十六至十八共八卷。行款同北圖三十卷本，當出一版。○臺灣「故宫博物院」藏元後至元三年梅溪書院刻本，作《皇元風雅》三十卷，存卷一至十四。《天禄琳琅書目後編》卷十一元版集部著録《皇元風雅》一函二册十四卷，録元人詩自劉因至王艮三十五家，有至元四年黄清老序，三年易自序，鈐「周亮節印」者，當即此帙。與北圖藏三十卷本當出一版。○潘祖蔭滂喜齋藏元刻本，作《皇元風雅》六册，元建陽蔣易師文編。家自爲編，總目既佚，不能得其舊第。存揭傒斯、揭祐民、黄溍、吴師道、范梈、劉濩、柳貫、盧亘、王士熙、黄清老、薛漢十一家。每家前有目録。半葉十行，行十八字。板心題作者之字。鈐「周允元印」、「葛雲薜印」、「嘯園」等印（見《滂喜齋藏書記》卷三）。

按：此本版式與黄丕烈藏殘元本近似。〇清嘉慶間阮元進呈精鈔本，《宛委別藏》三編之一，作《元風雅》三十卷十册。臺灣「故宫」藏。一九八一年臺灣商務印書館影印《宛委別藏》本。一九八八年江蘇古籍出版社影印《宛委別藏》本。〇臺灣「中央圖書館」藏清嘉慶黄丕烈士禮居影鈔周錫瓚香嚴書屋藏殘元刻本，作《皇元風雅》，存八卷一册。首葉首行題「范德機詩目録」，下題「建陽蔣易師文編」。半葉十行，行十八字，黑口，四周雙邊。版心記詩人字號及葉次。存范梈、劉濩、柳貫、黄溍、吴師道、王士熙、黄清老、薛漢八家詩。鈐「汪士鐘印」、「閬源真賞」、「蔡廷楨印」、「克文與梅真夫人同賞」、「逅圃收藏」等印記。有袁克文跋（詳該館《善本書志初稿》）。〇臺灣「中央圖書館」藏清嘉慶黄丕烈士禮居影鈔周錫瓚香嚴書屋藏殘元刻本，存一册，格式字體紙張同前本，鈐「汪士鐘印」、「蔡廷楨印」、「群碧樓」、「正闇」等印記。存揭祐民、揭傒斯、盧亘三人詩。係流傳中分離者（詳該館《善本書志初稿》）。

武夷山詩集二卷　不著編輯者名氏　**六三〇九**

兩淮鹽政採進本（總目）。〇《兩淮鹽政李續呈送書目》：「《武夷詩集》一卷，元人編，一本。」〇北京圖書館有《武夷詩集》二卷一册，清鈔本，無編者。似即此書。

庚辛唱和詩一卷　元繆思恭等撰　**六三一〇**

兩淮鹽政採進本（總目）。〇《兩淮鹽政李續呈送書目》：「《庚辛唱和詩三種》，元繆思恭等，一本。」

靜安八咏詩集一卷　元釋壽寧編　六三一一

浙江汪啟淑家藏本（總目）。○《浙江省第四次汪啟淑家呈送書目》：「《靜安八詠詩集》一卷，元釋壽寧輯，一本。」○《浙江採集遺書總録》：「《靜安八咏》一册，寫本，元釋壽寧輯。」○臺灣「中央圖書館」藏元刻本一册。正文首題「靜安八詠詩集」，次題「吴淞釋壽寧無爲哀輯，江陰王逢原吉校正，會稽楊維禎廉夫批評」。半葉十行，行二十字，黑口，四周雙邊。前有楊維禎序（殘）。又錢鼒《靜安八詠事蹟》。後有錢鼒後序，楊維禎《緑雲洞志》。鈐「韓應陛鑒藏宋元名鈔名校各善本于讀有用書齋印記」、「甲子丙寅韓德均錢潤文夫婦兩度携書避難記」、「蔣祖詒讀書記」、「密均樓」、「張乃熊印」、「莪圃收藏」、「遐庵經眼」等印記（詳該館《善本書志初稿》）。○南京圖書館藏明刻本，卷端署名同前本。半葉八行，行十八字，白口，四周單邊。前有楊維禎《緑雲洞志》一篇。又《靜安八詠事蹟》一卷，題「吴興錢鼒德鉉述」。後有錢鼒後序。此本相其字體版式，當是萬曆間重刻本。鈐「陽湖陶氏涉園所有書籍之記」、「遐庵經眼」等印。《存目叢書》據以影印。

殘本諸儒奥論策學統宗二十卷　元譚金孫編　六三一二

浙江巡撫採進本（總目）。○《浙江省第七次呈送書目》：「《諸儒奥論策學》八卷，元陳繹曾輯，八本。」○《浙江採集遺書總録》：「《諸儒奥論策學》八卷，元刊本，元汝陽陳繹曾輯。」○《提要》云：「凡《後集》八卷《續集》七卷《别集》五卷，而闕其《前集》，蓋不完之本。原本又以陳繹曾《文筌》、石桓《詩小譜》冠於卷首，而總題曰《新刊諸儒奥論策學統宗增入文筌詩譜》。……今析《文筌》、《詩譜》别入詩文評類，而此書亦復其本名。」○清嘉慶間阮元進呈影元鈔本，《宛委别藏》續編之一。僅《前編》五卷二册。目録首題「新刊精選諸儒奥論策學統宗」，次題「古雲後學心易譚巽中叔剛校正，古雲後學存理譚金孫叔金選次，古雲後學桂山譚正孫叔端訂定」。阮元《揅經室外集》有此書提要云：「《四庫全書提要》載《後集》八卷《續集》七卷《别集》五卷，共二十卷，而闕其《前集》。今從元板影録，以成完書。」民國二十四年商務印書館《選印宛委别藏》據以影印。《存目叢書》又據商務本影印。○臺灣「中央圖書館」藏元刻本，作《新刊增入文筌諸儒奥論策學統宗前集》五卷《後集》三卷《古文小譜》一卷《詩小譜》二卷，四册。半葉十一行，行二十一字，四周雙邊。《古文小譜》、《詩小譜》在《前集》之前，首行題「新刊諸儒奥論策學統宗增入文筌詩譜」，次行題「古文小譜一」，下題「汶陽左客陳繹曾撰」。前有至順三年歲在壬申七月汶陽左客陳繹曾《新刊諸儒奥論統宗文筌序》云：「余成童剽聞道德之説於長樂敖君善先生，痛悔雕蟲之習久矣，迺得《諸儒奥論統宗》觀讀，議論精當，文章有法，手録以還。」又云：「因感其言，悉書童習之要，命曰《文筌》焉。」又云：「亡友石桓彦威嘗共爲《詩小譜》二卷，因以附於其後云。」然則《文筌》一名《古文小譜》，陳繹曾撰。《詩小譜》二卷，石桓、陳繹曾同撰。○臺灣「中央圖書館」藏明萬曆四十五年張惟任刻本，作《諸儒奥論前集》二卷《後集》二卷《續集》二卷《别集》二卷。半葉九行，行十八字，白口，四周雙邊。有萬曆四十五年丁巳關中張惟任序。又萬曆丁巳關中後學秦一鵬序云：「萬曆丁巳秋，直指張公以觀風至汝，因出《諸儒奥論》一編。鵬不佞，循覽久之，則勝國時汶陽陳君所纂，其自叙云得自長樂敖君善。夫此兩君子名氏不經見，何哉？至考《經籍志》，元有敖繼翁者，以閩人寓於湖，趙孟頫嘗師之。意其必陳君所稱者。」又云：「宜直指公留意於此而廣之以嘉惠後學也。」則是本爲張惟任刻於汝州者。北京圖書館有《前集》二卷《續集》二卷，該館《善本書目》云「四周單邊」。長春市圖有全帙。皆未寓目。

贈言小集一卷　不著編輯者名氏　**六三一三**

編修汪如藻家藏本（總目）。○《國子監學正汪交出書目》：「《贈言小集》一本。」

風林類選小詩一卷　明朱升編　**六三一四**

兩江總督採進本（總目）。○《兩江第二次書目》：「《風林類選》，明朱升著，抄本，一本。」

尺牘筌蹄三卷　元陳桱編　**六三一五**

永樂大典本（總目）。

麟溪集二十二卷別篇二卷　明鄭太和編　**六三一六**

編修勵守謙家藏本（總目）。○《編修勵第一次至六次交出書目》：「《鄭處士麟溪集》，明義門鄭太和輯，二本。」○北京圖書館藏明成化十一年鄭瑚、鄭琥刻本，作《麟溪集》二十二卷《別篇》二卷《附録》二卷。半葉十二行，行二十二字，黑口，四周雙邊。前有當塗潘庭堅序，濟南程益序，洪武丁丑張紞序，洪武三十年丁丑王鈍序。目録後有至正十三年鄭濤序，成化十一年義門十一世孫璽序。《別篇》末有至正十年王禕序。次《附録》二卷。鄭璽序云：「一日吾兄有曰瑚、曰琥者，慨然有感於心，遂募工重壽諸梓。乃命璽采後得諸名公之文辭，類入各卷。」詩以天干標卷，文以地支標卷，亥集僅《義門賦》第一葉，餘缺。鈐「葉啟勳」、「定侯所藏」、「葉啟發藏」、「東明審定」、「葉啟發東明審定善本」、「石林後裔」等印記。《存目叢書》據以影印。福建省圖藏是刻缺《別篇》、《附録》。山東博、天一閣文管所亦有殘帙。○明初刻本，作《麟溪集》十二卷。半葉十二行，行二十字，黑口，四周雙邊。北圖藏。○明刻本，作《麟溪集》十二卷。半葉十二行，行二十字，黑口，四周雙邊。寅集末附刻嘉靖丙午毛鳳韶撰倪氏墓志銘。丁立中跋。南圖藏。○清初刻本，作《麟溪集》二十二卷《別篇》一卷。半葉十行，行二十二字，白口，四周單邊。北圖、清華、南圖藏。

餘姚海隄集一卷　明葉翼編　**六三一七**

浙江范懋柱家天一閣藏本(總目)。○《浙江省第五次范懋柱家呈送書目》：「《餘姚海堤集》四卷，明葉翼輯，一本。」○《浙江採集遺書總録》：「《餘姚海堤集》四卷，刊本，明葉翼彙輯。」○南京圖書館藏清鈔本四卷，題「嗣孫葉翼斯跋述刊」。半葉十行，行二十字，無格。鈐「汪魚亭藏閱書」、「丁氏八千卷樓藏書記」、「四庫坿存」等印記。前有丁丙跋。卷内玄字不避諱，似猶清初鈔本。《存目叢書》據以影印。

殘本光嶽英華十五卷　明許中麗編　**六三一八**

浙江范懋柱家天一閣藏本(總目)。○《浙江省第五次范懋柱家呈送書目》：「《光嶽英華》十五卷，殘本，明許中麗編，二本。」○《浙江採集遺書總録》：「《光嶽英華》十五卷，刊本，明汝南許中麗輯。」○北京圖書館藏明洪武十九年自刻遞修本，作《光嶽英華》十五卷四册。録唐、元、明三朝詩。卷一至三題「有唐」，卷四至十題「大元」，卷十一至十五題「皇明」。皆七律。各卷題「汝南許中麗仲孚編輯，豫章揭軌孟同校正」。半葉十一行，行二十字，黑口，四周雙邊。前有洪武十九年丙寅揭軌序云：「既刻二代之詩於環翠亭，又采聖朝治世之音，并刻於後。」怡府明善堂、王懿榮天壤閣、傅增湘、董康等舊藏。詳《藏園群書題記》卷十八。○北京圖書館藏清鈔本，作《光嶽英華》十三卷二册。題「汝南許中麗仲孚編輯，豫章揭軌孟同校正」。半葉十行，行二十字，無格。前有洪武十九年揭軌序。又康熙二十二年王士禛序云：「自第一卷至第三卷皆唐人詩，第四卷至第十卷則元人詩，後五卷以明初詩附焉。」又云：「余乃删去唐詩三卷，别次爲七卷，定爲《元詩光嶽英華集》，仍以明初詩五卷附之，通十二卷，藏之篋中云。」按：此本無唐詩，即王士禛删去前三卷者。唯王士禛云元詩次爲七卷，此本卷一至八爲元詩，故總爲十三卷。卷内鈐「雪苑宋氏蘭揮藏書記」印，爲宋犖之子宋筠藏書，卷内不避雍正帝諱，猶康熙間鈔本也。又鈐「延古堂李氏珍藏」印。《存目叢書》據以影印。非足本也。○南京圖書館藏清譚吉璁鈔本，存卷八至十、卷十一至十五，又補遺一卷，清譚吉璁校並跋，清徐時棟跋。

五倫詩五卷　明沈易編　**六三一九**

浙江汪啟淑家藏本（總目）。○《浙江省第四次汪啟淑家呈送書目》：「《五倫詩選》十卷，元沈易輯。」○《浙江採集遺書總録》：「《五倫詩選》十二卷，小山堂藏寫本，元雲間沈易輯。」○南京圖書館藏明洪武刻本五卷。各卷首行題「幼學日誦五倫詩選」，次題「雲間沈易翼之編選，曲江錢惟善思復校正」。半葉十二行，行二十字，黑口，左右雙邊。前有洪武五年壬子樊浚序，洪武十六年癸亥錢鼒序，洪武十二年己未錢惟善序，洪武六年癸丑束宗癸跋。末有洪武二十年九月二十四日益齋王彦文跋。卷内鈐「曾在李鹿山處」印。《存目叢書》據以影印。○上海圖書館藏清初鈔本。書名卷數同前本。○北京圖書館藏清鈔本。半葉十二行，行二十字，無格。書名卷數同前二本。

姑蘇雜詠二卷　明周希孟、周希夔同編　六三二〇

浙江巡撫採進本（總目）。○《浙江省第七次呈送書目》：「《姑蘇雜詠》二本。」○《浙江採集遺書總録》：「《姑蘇雜咏》四卷，刊本，明周希孟、周希夔同編。」○《提要》云：「上卷爲高啟原唱，下卷爲其祖南老續作。」○《高季迪賦姑蘇雜詠》一卷，明高啟撰，明洪武三十一年蔡伯庸刻本。北圖藏。正文首題「高季迪賦姑蘇雜詠」，次題「郡人周傅叔訓編」。半葉十三行，行二十字，黑口，四周雙邊。鈐「嘉興新豐鄉人唐翰題收藏印」、「海豐吳重熹印」等印記。有唐翰題手跋。《中國版刻圖録》著録。○《姑蘇雜詠》一卷《附録》一卷，明高啟撰，明成化二十二年張習刻本。半葉十行，行二十字，黑口，四周雙邊。北圖藏。○《姑蘇雜詠》一卷，明高啟撰，明成化二十二年張習刻殷轄重修本。清黄廷鑑跋，近人繆荃孫、鄧邦述跋，吳昌綬題詞，陳士廉題詩。北圖藏。○《高季迪姑蘇褉詠》二卷，明高啟撰，明刻本。半葉九行，行十八字，白口，左右雙邊。傅增湘校並跋。北圖藏。○明萬曆四十六年周氏刻本，作《姑蘇雜詠合刻》，明周希夔編。子目：《姑蘇雜詠》二卷，明高啟撰；《姑蘇

襍詠》二卷，明周南老撰。半葉八行，行十八字，白口，左右雙邊。山東大學藏本僅存高啟二卷，題「長洲高啟季迪著」，前有萬曆四十六年戊午錢允治《姑蘇雜詠合刻序》，洪武四十二年高啟序，後有洪武三十一年周傅跋。目録後有「後學周希夔校梓」一行，卷下末有「郡後學周希夔校梓」一行。版心有刻工：吴門姚可達書、章欽刻。卷内鈐「陸廷燦印」、「三十六峰主人」、「陸紹良印」、「寅恭」等印記。上海圖書館藏此刻全帙，版心寫刻工「姚可達」等與山東大本同，其周南老二卷又有刻工「趙邦賢刻」，目録及上下卷末均有「裔孫瑄校梓」一行，其「瑄」字係挖改。卷内鈐「黄虞稷印」、「璜川吴氏收藏圖書」印記。高啟二卷末有盉山手跋：「黄蕘圃先生手校本高青邱先生《雜詠》，卷下第九葉朱筆可證。經藏千頃堂黄氏及璜川吴氏，予校《大全集》頗多出入，可寶也。丁丑新正下浣得自覺民書社，爲朱梁任先生故物。盉山記。」《存目叢書》用山東大藏本高啟二卷，上圖藏本周南老二卷配合影印。南圖亦有不全本。臺灣「中央圖書館」藏此刻僅存周南老二卷，卷末尾題前三行刻「裔孫希孟、希夔校梓」。希孟、希夔並列。則上圖本係挖版無疑。

六三二一　金蘭集三卷附録一卷　明徐達左編

山東巡撫採進本（總目）。○《山東巡撫呈送第一次書目》：「《金蘭集》一本。」○《浙江省第四次鮑士恭呈送書目》：「《金蘭集》三卷，元徐達左編，一本。」○《浙江採集遺書總録》：「《金蘭集》三卷《附録》一卷，寫本，元徐達左輯。」○北京圖書館藏清鈔本，作《金蘭集》四卷《補録》一卷共一册。半葉九行，行二十一字，無格。清朱之赤校並跋，黄丕烈跋。○北京圖書館藏清錢氏萃古齋鈔本，書名卷數同前本。半葉十行,行二十字,白口,四周單邊。左欄外下方印「萃古齋鈔本」五字。卷尾有卧庵老人之赤識語,知係從清初朱之赤校跋本録出者。鈐「四明盧氏抱經樓藏書印」、「延古堂李氏珍藏」等印記。《存目叢書》據以影印。○臺灣「中央圖書館」藏舊鈔本,作《金蘭集》四卷《續集》一卷,徐達左輯,徐墳續輯。半葉十一行,行二十字,無格。前有至正二十二年八月二日介休王行《畊漁軒詩序》,元楊基《畊漁軒記》,至正二十五年二月十八日汴沙門道衍《畊漁軒詩後序》。鈐「禮耕所藏」、「湘舟」、「許氏星瑞」、「莚圃收藏」等印(見該館《善本書志》)。○上海圖書館藏清鈔本,作《金蘭集》四卷。半葉九行,行十九字,無格。清袁廷檮校。○上海圖書館藏清鈔本,作《金蘭集》四卷,附梅益徵輯《補》一卷。半葉十行,行二十字,無格。清梅益徵校。○南京圖書館藏清初曹氏倦圃鈔本,作《金蘭集》三卷,附清徐堅輯《續集》一卷、徐達左撰《畊漁軒遺書》一卷,所附二種係另一清鈔本。正集三卷版心有「檇李曹氏倦圃藏書」八字,鈐「檇李曹氏藏書印」、「古香樓」、「休寧汪季青家藏書籍」等印記。丁氏八千卷樓故物,《善本書室藏書志》著録。○清乾隆二十四年二十五年徐堅滸溪草堂刻本,分卷與前本同。半葉十行,行二十字,白口,左右雙邊。北大、清華、南圖等藏。北圖藏一部傅增湘校並跋,《藏園訂補郘亭書目》著録。

文章類選四十卷　不著編輯者名氏　六三二二

安徽巡撫採進本(總目)。○《安徽省呈送書目》:「《文章類選》十六本。」○《提要》云:「前有洪武三十一年凝真子序,并慶府圖章。以史考之,蓋慶王㮵也。」○北京圖書館藏明初刻本,半葉十四行，行二十字，黑口，四周雙邊。前有洪武三十一年正月望凝真子序云：「予故於暇日會諸儒員，將昔人所集《文選》、《文粹》、《文鑑》、《文苑英華》、《翰墨全書》、《事文類聚》諸書所載之文，類而選之，……凡五十八體，釐爲四十卷，名曰《文章類選》，鳩工鋟梓。」《存目叢書》據以影印。北圖另一部有清賀濤跋，賀培新跋。原北平圖書館藏一部，現存臺北「故宫」。

虎邱詩集一卷　明王賓編　**六三二三**

兩淮馬裕家藏本（總目）。○《兩淮商人馬裕家呈送書目》：「《虎邱詩集》一卷，明王賓，一本。」

燕山八景圖詩一卷　明鄒緝等倡和之作　**六三二四**

兩淮鹽政採進本（總目）。○《兩淮鹽政李續呈送書目》：「《燕山八景圖詩》一卷，明鄒緝等，一本。」

文章辨體五十卷外集五卷　明吴訥編　**六三二五**

江蘇巡撫採進本（總目）。○《江蘇省第一次書目》：「《文章辨體》十二本。」○《江蘇採輯遺書目録》：「《文章辨體》五十五卷，明副都御史海虞吴訥輯，刊本。」○《浙江省第十二次呈送書目》：「《文章辨體》，明吴訥輯，十六本。」○《浙江採集遺書總録》：「《文章辨體》五十卷，刊本，明副都御史常熟吴訥輯。」○吉林省圖書館藏明天順八年劉孜等刻本，題「海虞後學吴訥編集」。半葉十三行，行二十四字，黑口，四周雙邊。前有天順八年彭時序。《外集》末列名：「蘇州府提調官同知盧忠、常熟縣知縣孟璡、儒學教諭謝紘、訓導諸倫、商旦、資助義士劉倣、顧岳、趙謙、王玄、李南、魏祺、錢昌、周堂、徐慎、郁宗、湯智、張木,天順八年歲次甲申秋九月吉日海虞王濟刊。」彭序云:「先生之孫淳爲監察御史,嘗攜是編至京。今都憲萬安劉公顯孜昔與淳同官,獲一見焉而愛好之不忘。至是奉命巡撫南畿,訪求於先生仲子銓、曾孫木,得之,親爲校正訛謬,將付諸梓以廣其傳。於是邑人之尚義者争捐貲爲助,而板刻遂成。」《存目叢書》據以影印。南圖藏是刻有丁丙跋。北圖有此刻修板後印本,補板細黑口,左右雙邊。○臺灣「中央圖書館」藏明嘉靖三十四年徐洛刻本。半葉十三行,行二十四字,白口,四周雙邊。卷五十末題:「浙江湖州府知府前陝西道監察御史徐洛重刻,推官方敏、歸安縣儒學教諭楊子充、生員徐堪、施箕、嚴大節、施于家、沈繼龍、張朝雄、張嘉、陸秀、吴應埈同校正,嘉靖三十四年六月望吉日。」(見該館《善本書志初稿》)北圖、上圖、南圖等亦有是刻。○臺灣「中央圖書館」藏明刻本。半葉十三行,行二十四字,細黑口,左右雙邊。版心下方有刻工:李清、馬龍、李綬、李受、竟悦、張恩、章祥、景華、李澤、陸鍫、章懼、章傑、章桀、張敖、陸宣、李經、陸潮、六朝、陸先、陸淮、陸奎、六奎、葉堂、葉棠、李潮、章浩、章應等(見該館《善本書志初稿》)。福建圖、河南圖、無錫圖、温州圖、天一閣文管所亦有是刻。○明鍾原刻本。半葉十行,行二十三字,白口,四周單邊。安徽博、湖南圖、故宫、蘇州圖藏。

橋門聽雨詩一卷　明金庠編　六三二六

浙江范懋柱家天一閣藏本(總目)。○《浙江省第五次范懋柱家呈送書目》:「《橋門聽雨詩》一卷,明金庠編,一本。」○《浙江採集遺書總録》:「《橋門聽雨詩》一卷,刊本,明陳燧等撰。」

鼓吹續編九卷　明朱紹、朱積同編　**六三二七**

浙江范懋柱家天一閣藏本（總目）。○《浙江省第五次范懋柱家呈送書目》：「《鼓吹續編》十卷，明朱紹、朱積仝選，二本。」○《浙江採集遺書總録》：「《鼓吹續編》十卷，刊本，明江陰朱紹與弟積同輯。」

士林詩選一卷　明懷悦編　**六三二八**

兩淮馬裕家藏本（總目）。○《兩淮商人馬裕家呈送書目》：「《士林詩選》二卷，明懷悦，一本。」○北京圖書館藏明天順五年自刻本二卷，題「嘉禾懷悦用和編次，吴興丘吉大祐校正」。半葉十行，行二十一字，黑口，四周雙邊。前有天順五年吕原序，天順五年柯潛序。末有某氏跋，佚其尾頁。卷内鈐「雙鑑樓」、「江安傅氏洗心室藏」、「江安傅沅叔收藏善本」等印記。《存目叢書補編》據以影印。

興觀集一卷附山村遺詩雜著一卷　明瞿暹編　**六三二九**

浙江巡撫採進本（總目）。○《浙江省第九次呈送書目》：「《興觀集》一本。」○《浙江採集遺書總録》：「《興觀集》一册，寫本，宋錢塘仇遠、瞿祐撰，明瞿暹編。」按：祐當作佑。○南京圖書館藏清鈔本，作《興觀集》一卷《山邨遺稿》一卷《山邨詞》一卷。題「元錢唐仇遠仁近」。半葉十行，行二十一字，無格。前有蕭山魏驥仲房甫序。卷端有丁丙跋，稱「三百年之舊本」。卷内舷、弦諸字不缺筆。按：《提要》謂《興觀集》收仇遠、瞿佑二人詩，此本僅仇遠詩三十八首，無瞿佑七律五十首。然魏驥仲序猶稱「仇山邨、瞿存齋二先生所著七言近體詩凡八十八首」，則此本係鈔録者未取瞿佑詩，故丁丙謂「此本二卷實《興觀集》之一」也。○重慶市圖書館藏清乾隆鮑氏知不足齋鈔本，作《興觀集》一卷,清鮑廷博校。《中國古籍善本書目》入別集類,當亦無瞿佑詩。○臺灣「中央圖書館」藏舊鈔本,與《湛淵集》一卷合鈔,作《興觀集》一卷《山村遺稿》一卷。半葉十行,行二十一字,無格。此《興觀集》亦僅仇遠詩三十八首。《山村遺稿》收仇遠詩六十六首、詞四首(缺一首)、雜著文十二篇。附《稗史》一卷,出《説郛》。又附《元詩選》仇教授小傳及方鳳、方回等諸家酬贈二十七首(見該館《善本書志初稿》)。○臺灣「中央圖書館」藏清初何堂手鈔本,作《山村遺稿》一册。分五部分:第一部分收詩三十八首,即《興觀集》所收者。第二部分收詩四十一首。第三部分收詩二十三首。第四部分收文六篇。第五部分收詩三十二首,是何堂從《珊瑚木難》中輯出者,有何堂跋文(見該館《善本書志初稿》)。○臺灣「中央圖書館」藏舊鈔本,作《山村遺稿》二卷《附録》一卷共一册。內容分四部分,與前本前四部分内容合。鈐「金元功藏書記」等印記(見該館《善本書志初稿》)。《中國古籍善本書目》元別集類亦著録《山村遺集》等數種,當亦無瞿佑詩,與《四庫》據以著録之乾隆五年項夢昶古香書屋刻《仇山村遺集》相近,不俱録。

柳黄同聲集二卷　明杜桓編　六三三〇

浙江鮑士恭家藏本(總目)。○《浙江省第四次鮑士恭呈送書目》:「《柳黄同聲集》二卷,元柳貫、黄溍著,一本。」

存存稿十卷續稿三卷　明周泰編　周宷續編　六三三一

兩江總督採進本(總目)。○《兩江第一次書目》:「《存存稿》,明周霆震等著,抄本,四本。」○江西省圖書館藏清乾隆三十七年周希元活字印本。凡《存存稿舊編》四種：《石初集》五卷，元末周霆震撰；《達止集》三卷，霆震子周莊撰；《提舉集》一卷，莊長子周靜撰；《蹄涔集》一卷，莊次子周庸撰。《存存稿續編》二種：《愚直存稿》一卷，周永錫撰；《佩韋存稿》二卷，周正方撰；附《穀似堂詩》一卷，周寀撰。周莊以下均明人。諸舊序外，有乾隆三十七年周希元《存存稿三修序》云：「近今撿字活版，可以減省。」又云：「乃設局而延剞人，照依原本成版，不敢一字損益，命兒姪等逐版查封，無得一字訛漏，歷月餘而工竣，成部六十。」《存目叢書》據以影印。北大亦有是本。

雙桂集六卷　明徐塤編　六三三二

江蘇巡撫採進本（總目）。〇《兩淮鹽政李呈送書目》：「《雙桂軒集》六卷，元徐氏，一本。」

詩學權輿二十二卷　明黄溥編　六三三三

兩淮馬裕家藏本（總目）。〇《兩淮商人馬裕家呈送書目》：「《詩學權輿》二十二卷，明黄溥，四本。」〇明成化五年自刻本，缺卷十。半葉十行，行二十一字，黑口，四周雙邊。北圖藏。〇明成化六年熊斌刻本。半葉十行，行二十一字，黑口，四周雙邊。南大藏。〇蘇州市圖書館藏明天啓五年黄氏復禮堂刻本。總目題「信州石崖居士黄溥登濟父編，後學玄孫啓蒙孟項父重校」。半葉九行，行二十一字，白口，四周單邊。前有成化五年夏塤宗序，序後有「天啓癸亥春古瀛黄鶴允白書於潭石之復禮堂」二行，此序版心下有「復禮堂」三字。又天啓五年黄啓蒙重刻序。又成化己丑黄溥序，天啓三年沈鼎新重書。《存目叢書》據以影印。

六三三四　二麓正議三卷　明湯光烈及其子頀所著

浙江巡撫採進本(總目)。○《浙江省第九次呈送書目》:「《二麓正議》三卷一本。」○《浙江採集遺書總録》:「《二麓正議》三卷,明艾璞刊本,明無棣學諭湯光烈撰(上卷),子頀撰(中下卷)。」

六三三五　齊山詩集七卷　明釋祖浩與其徒道瑠同編

兩江總督採進本(總目)。○《兩淮鹽政李續呈送書目》:「《齊山詩》一卷,明釋道瑠,一本。」

六三三六　雍音四卷　明胡纘宗撰

陝西巡撫採進本(總目)。○《陝西省呈送書目》:「《雍音》。」○劉大軍先生藏明嘉靖二十七年清渭草堂刻本,半葉十行,行二十字,白口,四周單邊。題「天水胡纘宗編次」。版心下刻「清渭艸堂」。前有嘉靖二十七年戊申謝蘭序,又嘉靖二十七年自序云:「閲月梓人告成事。」次《詩考》一卷,末題「元川胡被玫」。後有胡纘宗題後,胡初跋。後有牌記二。其一曰:「承務郎皮永、從仕郎石岳、承事郎楊綸、朱文繡校。」其一曰:「可泉公於舒撰《安慶志》,刻于皖郡。於秦撰《鞏郡記》,刻于隴水。於留都編《秦漢文》,刻于吴門,又刻于冀盜。今居林泉,編《雍音》,刻于成紀。然尚有所撰《儀禮集註》、《春秋集傳》、《讀子録》、《漢音》、《魏音》、《唐雅》未刻,刻其在天水乎?《雍音》之刻,任賢有微勞。倘仍刻《儀禮》、《春秋》諸書,任賢亦何敢辭勞邪。是編刻於丁未初冬,成於戊申仲春,盖嘗呵凍矣。交河王任賢志。」卷内有補版。《存目叢書》據以影印。北大、復旦、津圖等亦有是刻。又有與《鳥鼠山人小集》合印本,傳本較廣。

石鐘山志八卷　明王恕撰　**六三三七**

浙江范懋柱家天一閣藏本(總目)。○《浙江省第五次范懋柱家呈送書目》:「《石鍾山志》八卷,明王恕輯,二本。」○《浙江採集遺書總録》:「《石鐘山集》八卷,刊本,明王恕原輯,王元佐續輯。」○臺灣「中央圖書館」藏明刻本,作《石鐘山集》九卷。正文首題「石鐘山集卷之一」,次題「明武林龍洲外史沈詔删輯,古鄮月山野史伍禮校正」。半葉九行,行十八字,白口,四周雙邊。有成化七年三月商輅序。末有成化十年二月中沐廣東布政司右參議邑人王恕序云:「將繡諸梓以傳不朽。」是當時有刻本。此則沈詔增删之本也。《存目叢書補編》據以影印。該館《善本書志初稿》著録,稱王恕爲三原人,誤。當據《四庫提要》改爲江西湖口人,觀原書序文稱「邑人王恕」可知也。

江南春詞一卷　明沈周等追和元倪瓚作　**六三三八**

浙江巡撫採進本(總目)。○《提要》云:「嘉靖十八年袁表序而刻之,後有袁袠跋。」○《浙江省第九次呈送書目》:「《江南春詞》,明袁表輯,一本。」○《浙江採集遺書總録》:「《江南春詞》一册,刊本,明吴郡袁表輯。」○北京大學圖書館藏明嘉靖刻本,作《江南春》一卷。半葉十行,行二十字,白口,左右雙邊。末有缺葉,無原書序跋。《存目叢書》據以影印。○臺灣「中央圖書館」藏明鈔本,作《江南春》一卷。半葉十行,行二十字,無格。鈐「姚希孟印」、「黄美鎏印」、「蓉鏡珍藏」、「芷圃收藏」等印。有黄丕烈題詞二首,跋三則,見《蕘圃藏書題識》。該館《善本題跋真跡》、《善本書志初稿》著録。

新安文粹十五卷　明金德玹撰　六三三九

兩淮馬裕家藏本(總目)。○原北平圖書館藏明天順四年刻本十五卷附録一卷。卷一題「休陽汪谿金德玹仁本集,休陽鈍齋蘇大景元訂正」。半葉十一行,行二十字,黑口,四周雙邊。前有天順三年徽州府知府福山孫遇序,天順二年郡人程富序。後有新安汪敬思跋,歙邑棠川鮑寧跋,天順二年蘇大跋,助刊君子姓名。助刊姓名後有天順四年冬十一月蘇大識語云:「吾郡多富家助錢刊書以光斯文者此耳,故識其名姓于後,與此書並傳而無窮焉。」刻工:文善刊(在程富序末)、歙西黄文敬刊(在蘇大跋後)、歙西黄文善刊(在卷十五末)、黄文斌刊(在卷一末)、黄文敬刊(在卷二末)。現存臺北「故宫」。《存目叢書》據北圖存膠卷影印。

聯句録五卷　明李東陽編　六三四〇

兩淮鹽政採進本(總目)。○南京圖書館藏明成化二十三年周正刻本。半葉十行,行二十字,黑口,四周雙邊。前有成化十年甲午李東陽序。後有成化二十三年雲南等處承宣布政使司左布政使文江周正跋。據周跋,此本係成化二十三年周正刻於雲南者。鈐「八千卷樓」、「四庫坿存」等印記。《存目叢書》據以影印。

雅音會編十二卷　明康麟編　六三四一

内府藏本(總目)。○《武英殿第二次書目》:「《雅音會編》十二本。」○臺灣「中央圖書館」藏明初刻本,題「羊城康麟文瑞集次,後學剡溪王鈍校正」。半葉九行,行二十字,大黑口,四周雙邊。前有康麟序。鈐「檇李曹氏藏書印」、「曹溶」、「明善堂覽書畫印記」、「安樂堂藏書記」、「張乃熊」、「菦伯」、「張氏圖書」、「韞輝齋」等印記(見該館《善本書志初稿》)。○臺灣「中央圖書館」藏明天順七年漳州刻本，編校署名同前本。半葉九行，行二十字，白口，四周雙邊。內框每半葉成一方框。前有天順七年癸未序云：「天順癸未春，余按清漳，……用鋟諸梓，以廣其傳。」又天順七年癸未夏四月既望漳州府儒學訓導後學剡溪王鈍希敏序云：「先生按清漳日，出以示鈍。……顧鈍少且賤，何敢與議此也，特慮其傳之不永，請壽諸梓。」卷內鈐「宛平王氏」、「慕齋鑑定」等印(見該館《善本序跋集録》、《善本書志初稿》)。南圖、西南師大、北京市委圖亦有是刻。○明嘉靖二十四年瀋藩勉學書院刻本，半葉九行，行二十字，白口，四周雙邊，內框每半葉爲一方框，無直格。北圖、北大、中科院圖、南圖等藏。南圖藏本編校署名同前二本，有天順七年癸未王鈍序。鈐「嘉惠堂藏閲書」印。《存目叢書補編》據以影印。○明萬曆二十二年瀋藩刻本。半葉九行，行二十字，白口，左右雙邊。北圖藏。○沈津《書城挹翠録》著録明崇禎四年周藩刻本。半葉九行，行十八字，白口，四周雙邊。前有崇禎四年朱朝瞌重刻序，天順癸未自序，天順癸未王鈍後序。普林斯敦大學葛思德東方圖書館藏。臺灣「國防研究院」亦有是刻。○臺灣「中央圖書館」藏明刻本。半葉十行，行二十字，白口，左右雙邊。版心下有刻工：山、朱、人、中、劉等。鈐「真州吴氏有福讀書堂藏書」等印(見該館《善本書志初稿》)。

詠史集解七卷　明程敏政編　林喬松註　六三四二

浙江巡撫採進本(總目)。○《浙江省第九次呈送書目》：「《詠詩集解》七卷，明林喬松輯，二本。」

○《提要》云：「止七言絶句一體。」○《詠史絶句詩註》二卷，明程敏政輯，詹貴補註。明刻本。半葉九行，行十八字，細黑口，左右雙邊。鈐「濟南周氏藉書園印」等印記(見人民大學《善本書目》)。

唐氏三先生集二十八卷附録三卷　明程敏政編　**六三四三**

安徽巡撫採進本(總目)。○《江蘇省第一次書目》：「《唐氏三先生集》七本。」○《江蘇採輯遺書目録》：「《唐氏三先生集》三十卷，新安唐元、唐桂芳、唐文鳳著。」○《提要》云：「正德戊寅，唐氏裔孫澤濂得其副於程師魯，因重爲補輯，徽州府知府張文林刊之。」○北京圖書館藏明正德三年張芹刻本三十卷附録三卷。半葉十行，行二十字，白口，四周單邊。子目：《筠軒詩稿》八卷《文稿》五卷，元唐元撰；《白雲詩稿》四卷《文稿》三卷，明唐桂芳撰；《梧岡詩稿》四卷《文稿》六卷，明唐文鳳撰。

明珠玉八卷　明王諤編　**六三四四**

浙江范懋柱家天一閣藏本(總目)。○《浙江省第五次范懋柱家呈送書目》：「《皇明珠玉》八卷，明王諤輯，六本。」○《浙江採集遺書總録》：「《皇明珠玉》八卷，刊本，明江陰王諤輯。」

海釣遺風集四卷　明蕭鳴鳳編　**六三四五**

兩淮馬裕家藏本(總目)。○《兩淮商人馬裕家呈送書目》：「《海釣遺風集》四卷，明蕭顯，子鳴鳳編，四本。」

春秋詞命三卷　舊本題明王鏊撰　王徹註　**六三四六**

江蘇巡撫採進本(總目)。○《江蘇省第一次書目》：「《春秋詞命》二本。」○《江蘇採輯遺書目録》：

「《春秋詞命》三卷，明大學士吳縣王鏊著，刊本。」○《兩淮商人馬裕家呈送書目》：「《春秋詞命》三卷，明王鏊，三本。」○天津圖書館藏明正德刻本。半葉九行，行二十一字，白口，左右雙邊。前有引。版心刻工：孝、魁、臣、坤、仲、罗、周、相。卷内鈐「容川氏珍藏印」印記。《存目叢書》據以影印。遼圖、天一閣、重慶圖亦有是刻。○明正德刻本。半葉十一行，行二十字，白口，左右雙邊。上圖藏。○明刻本。半葉八行，行二十字，白口，四周單邊。無錫圖、華南師大藏。○明刻本。半葉九行，行二十字，白口，四周單邊。佚名批校。浙圖藏。○明萬曆二十七年喻繩祖刻本。半葉十行，行二十一字，白口，四周單邊。天一閣文管所藏。○南京圖書館藏明萬曆刻本。半葉八行，行十七字，白口，左右雙邊。前有正德丙子王鏊序。書衣有「乾隆三十八年四月兩淮鹽政李質穎送到馬裕家藏王鏊春秋詞命壹部計書叁本」木記。首葉鈐「翰林院印」滿漢文大官印。吳縣葉承丙舊藏（參江澄波《古刻名鈔經眼録》）。湖北襄陽地區圖書館亦有是刻。○清康熙三十二年周金然刻本。明王鏊輯，清周明璵注。半葉八行，行十七字，白口，左右雙邊。有丁丙跋。南圖藏。參《善本書室藏書志》。

浙元三會録無卷數　明楊守阯編　六三四七

浙江巡撫採進本（總目）。○《浙江省第九次呈送書目》：「《浙元三會録》，明楊守阯輯，一本。」○《浙江採集遺書總録》：「《浙元三會録》一册，刊本，明侍郎鄞縣楊守阯輯。」

二戴小簡二卷　不著編輯者名氏　六三四八

浙江范懋柱家天一閣藏本（總目）。○《浙江省第五次范懋柱家呈送書目》：「《二戴小簡》二卷，輯者佚名，一本。」○《浙江採集遺書總録》：「《二戴小簡》二卷，寫本，明太平戴豪、戴顒撰。」○《提要》云：「所載一曰《贅言録》，明戴豪撰；一曰《筠溪集》，戴顒撰。」

宸章集録一卷　明費宏編　六三四九

左都御史張若溎家藏本(總目)。○北京大學藏明鈔本，首載嘉靖五年賜費宏等詩及六、七年輔臣贊和詩，次《勅議或問》、《御製正孔子祀典説》、《御製火警或問》等，終之以《御製明堂或問》。書凡一册，有民國七年戊午袁克文跋，李滂跋(參《木犀軒藏書書録》)。按：《正孔子祀典説》、《火警或問》、《明堂或問》均另入《四庫存目》。此帙天一閣舊藏，半葉九行，行二十字，藍格，白口，四周單邊。白綿紙。鈐「蟫隱廬祕籍印」、「蒼芒齋高氏藏書記」、「蒼茫齋所藏鈔本」、「高世異圖書印」、「華陽國士」、「蒼芒齋」、「寒雲」、「麐嘉館印」等印記。書衣題簽下有高世異題識：「天一閣原藏題簽。尚同誌。」卷尾袁克文手跋：「《宸章集録》一册，天一閣鈔本。此書未見刊刻，頗爲罕秘，且可從考當時朝廷掌故，豈得以明人著作輕之哉。高氏獲於上滬，予以初印《澤存堂叢刻》易得。戊子春月，寒雲。」李滂跋在卷内，謂「四明范氏舊藏，惜爲俗估改裝，幸存書簽可稽」。《存目叢書》據以影印。○明鈔《國朝典故》本。北圖、上圖、陝西圖、臺灣「中央圖書館」均有收藏。○明嘉靖十八年龍大有輯刻《交泰録》本。半葉十行，行二十字，白口，四周雙邊。大連圖藏。

振鷺集一卷　明陳鎬編　六三五〇

衍聖公孔昭焕家藏本(總目)。○《衍聖公交出書目》：「孔子六十二代孫聞韶入朝廷臣贈答《振鷺集》一本。」○浙江圖書館藏明正德元年刻本。半葉十行，行十九字，白口，四周單邊。前有正德元年山東等處提刑按察司副使奉勅提督學政江東陳鎬序云：「宜鍥諸棗以傳，而名其集曰《振鷺》。」卷内鈐「蕉林居士」、「詒莊樓藏書印」等印記。《存目叢書》據以影印。

聯句私鈔四卷　明毛紀編 六三五一

兩江總督採進本（總目）。○遼寧圖書館藏明嘉靖刻本，作《聯句詩抄》四卷。半葉十行，行二十字，白口，四周雙邊。前有嘉靖十四年乙未海翁毛紀引，聯句名氏。寫刻頗精。末有殘缺。《存目叢書》據以影印。北圖亦有是刻。

古黄遺蹟集一卷　明盧濬編 六三五二

兩淮鹽政採進本（總目）。○《兩淮鹽政李續呈送書目》：「《古黄遺蹟集》一卷，明盧濬，一本。」○南京圖書館藏明弘治刻本。半葉九行，行二十字，黑口，四周雙邊。鈐「丁氏八千卷樓藏書記」、「四庫坿存」等印。《存目叢書》據以影印。

文翰類選大成一百六十三卷　明李伯璵、馮原同編 六三五三

兩淮馬裕家藏本（總目）。○《兩淮商人馬裕家呈送書目》：「《文翰類選》一百六十三卷，明李伯璵，八十本。」○《浙江省第五次范懋柱家呈送書目》：「《文翰類選大成》一百六十三卷，明李白璵著，六十四本。」○《浙江採集遺書總録》：「《文翰類選大成》一百六十三卷，刊本，明淮府左長史上海李伯嶼、伴讀馮厚同編。」○明成化淮府刻弘治十四年增刻本。半葉十二行，行二十三字，黑口，

四周雙邊或左右雙邊。北圖藏。上圖有不全本。○北京大學藏明成化刻弘治十四年嘉靖二十五年遞修本。題「左長史上海李伯璵編輯，伴讀慈谿馮厚校正」。前有成化八年西江頣仙序，嘉靖二十五年丙午淮藩坦仙《重訂文翰類選序》。後有成化九年十月淮府紀善馮厚跋，弘治十四年辛酉淮府長史司左長史奉政大夫修正庶尹臣林祥敬跋。書凡百六十三卷，卷四分上下二子卷，實有百六十四卷。據《明史》卷一百十九《諸王》四，淮府成化八年在位者爲康王朱祁銓，即頣仙。嘉靖二十五年在位者爲憲王朱厚燾，即坦仙。《存目叢書》據以影印。中科院圖、津圖、遼圖等亦有是刻。

按：校正者馮厚，《四庫總目》誤作馮原，當據原刻本訂正。

古括遺芳四卷　舊本題南山鄭宣撰　六三五四

浙江巡撫採進本（總目）。○《浙江省第一次書目》：「《古括遺芳》四卷，明鄭宣著，四本。」○《浙江採集遺書總録》：「《古括遺芳》四卷，寫本，明進士麗水鄭宣輯。」

群公小簡六卷　不著編輯者名氏　六三五五

浙江范懋柱家天一閣藏本（總目）。○《浙江省第五次范懋柱家呈送書目》：「《群公小簡》六卷，明陳廷璉編，一本。」○《浙江採集遺書總録》：「《群公小簡》六卷，刊本，不著編者名氏。」

太白樓集十卷　明蔡鍊編　六三五六

浙江范懋柱家天一閣藏本（總目）。○《浙江省第五次范懋柱家呈送書目》：「《太白樓集》十卷，明蔡鍊輯，二本。」○《浙江採集遺書總録》：「《太白樓集》十卷，刊本，明工部郎中餘姚蔡鍊輯。」

○《兩淮商人馬裕家呈送書目》：「《太白樓集》十卷，明蔡鍊，一本。」

六三五七　東甌詩集七卷補遺一卷續集八卷　明趙諫編

江蘇周厚堉家藏本（總目）。○《江蘇省第一次書目》：「《東甌詩集》四本。」○《江蘇採輯遺書目録》：「《東甌詩集》，明鄧淮輯。」○温州市圖書館藏明刻本。半葉九行，行二十字，白口，四周單邊。正集前有明弘治十六年八月既望温州知府吉水鄧淮於鹿城書院序。《續集》前有弘治十六年八月既望郡人東山歸老趙諫序云：「集既成，鄉之好義者康培十數輩亦皆争相出帑，以助鋟刻。」末有後序，佚其尾，内云：「正德丁卯《東甌詩集》成，東山先生不寡於激，命鄙言以厠諸簡末。」則刊成在正德二年丁卯。《存目叢書》據以影印。按：臺灣「中央圖書館」藏是刻，僅《東甌續集》八卷，後序完好，末署「正德丁卯孟秋望後三日東溟王激拜書于鹿城書院」，内云：「先生乃於東山歸老之暇，參考而採擇之，仲子謙夫又與諸同志鋟梓以永其傳。」則是本刊成確在正德二年。上圖有全帙。浙圖殘存《續集》卷一至三，定爲弘治刻本。

六三五八　金華正學編十二卷　明趙鶴編　唐邦佐重輯

兩江總督採進本（總目）。○《兩江第一次書目》：「《金華正學編》，明趙鶴編，唐邦佐重輯，四本。」○明正德七年楊鳳刻遞修本十卷二册。正文首題「金華正學編卷第一」，下題「後學趙鶴編」。半葉十行，行十八字，黑口，四周雙邊。鈐「徐㶿字惟起一字興公」、「魏錫曾印」、「稼孫」及丁氏印，丁丙《善本書室藏書志》卷九著録，今藏南京圖書館。中科院上海圖書館亦有是刻。○

浙江圖書館藏明萬曆十八年刻本十二卷。題「楊州後學趙鶴編輯,海州後學張朝瑞重編,鉛山後學周尚禮校閲,里後學唐邦佐仝校」。半葉十行,行二十字,白口,四周單邊。前有正德六年辛未趙鶴序,萬曆十八年庚寅張朝瑞《重刻正學編叙》。末有萬曆十八年周尚禮重刻序,萬曆十八年葉永盛重刻跋。版心刻工:董思政刊。《存目叢書》據以影印。故宫、山東圖、南圖、華東師大亦有是刻。

金華文統十三卷　明趙鶴編　六三五九

副都御史黄登賢家藏本(總目)。○《都察院副都御史黄交出書目》:「《金華文統》,明趙鶴,六本。」○《兩淮商人馬裕家呈送書目》:「《金華文統》十三卷,明趙鶴,六本。」○《浙江省第五次范懋柱家呈送書目》:「《金華文統》十三卷,明趙鶴輯,五本。」○《浙江採集遺書總録》:「《金華文統》十三卷,刊本,明知府江都趙鶴輯。」○明正德七年趙鶴、李玘刻本。半葉十行,行十八字,黑口,四周單邊。北圖、遼圖、湖南師大、上海辭書出版社藏。《浙江文獻展覽會專號》著録金華胡氏夢選樓藏明正德刻本十三卷六册,鈐「翰林院印」滿漢文大官印。○北京大學藏明正德七年刻萬曆重修本。前有正德六年金華府知府江都趙鶴序,凡例。後有正德七年壬申金華知縣玉山李玘跋云:「《文統》一十三卷,爲文一百三十五篇,前太守近齋趙先生續輯金華先哲遺文,以啓後學者也。文成,遷視山西學政,行間以授玘曰:『子其畢吾意。』至錢塘,復慮玘之拙於政也,封旋俸金二百二十銖,曰:『以相不及。』玘亟圖之,三月而梓人、墨人始克稱事。」李跋後刻「萬曆柒年歲己卯三月吉旦金華府重修」。《存目叢書》據以影印。中科院圖、川圖亦有是刻。〇明萬曆刻本。半葉九行，行二十字，白口，四周雙邊。吉林大學藏。

來蘇吴氏原泉詩集八卷　明吴宗周編　**六三六〇**

内府藏本(總目)。〇《武英殿第二次書目》：「《泉詩集》四本。」

唐文鑑二十一卷　明賀泰編　**六三六一**

安徽巡撫採進本(總目)。〇《安徽省呈送書目》：「《唐文鑑》六本。」〇南京圖書館藏明正德六年孫佐刻本。題「明文林郎監察御史東吴賀泰編集，建陽縣知縣孫佐校刊」。半葉十行，行二十一字，細黑口，四周雙邊。前有明正德六年林翰序。卷内鈐「勉齋」、「全美私印」、「嘉惠堂藏閲書」、「四庫坿存」等印記。有丁丙手跋。《存目叢書補編》據以影印。上圖、江蘇出版總社亦有是刻。天一閣藏本存卷三至二十一。

洞庭君山集三卷　明胥文相編　**六三六二**

兩淮馬裕家藏本(總目)。〇《兩淮商人馬裕家呈送書目》：「《洞庭君山集》三卷，明胥文相，一本。」〇北京圖書館藏明萬曆元年胥焯刻本，作《洞庭湖君山詩集》三卷。題「郡人石泉胥文相重編」。半葉九行，行十六字，白口，四周雙邊。後有嘉靖七年漢嘉彭汝寔《刻洞庭君山詩集序》，萬曆元年癸酉七澤胥焯《重刻洞庭君山詩集跋》。鈐「汪魚亭藏閲書」、「振綺堂兵燹後收藏書」等印記。《存目叢書》據以影印。北大藏本存二卷四册。

六三六三　廣文選六十卷　舊本題明劉節編

副都御史黄登賢家藏本（總目）。○《都察院副都御史黄交出書目》：「《廣文選》，明劉節，十八本。」○《江蘇省第一次書目》：「《廣文選》十六本。」○《江蘇採輯遺書目録》：「《廣文選》二千餘篇，明都察院右副都御史大庾劉節輯。」○《浙江省第四次汪啟淑家呈送書目》：「《廣文選》六十卷，明劉節著，陳蕙等增，十八本。」○《浙江採集遺書總録》：「《廣文選》六十卷，刊本，明劉節輯。」○臺灣「中央圖書館」藏明嘉靖十二年揚州知府侯秩刻本八十二卷目録二卷。題「明通議大夫都察院右副都御史大庾劉節廣」。半葉十二行，行二十一字，白口，左右雙邊。各卷末刻「江都葛澗校」。前有嘉靖十二年二月朔旦奉政大夫南京尚寶司卿前翰林院修撰經筵講官兼修國史高陵吕柟序云：「長垣侯君季常，方守揚州，謂可遠傳，乃命學生葛澗校正無訛既，且入梓，遣使問序。」又云：「書凡二千餘篇，爲卷者八十二。」又嘉靖十一年八月望劉節序。卷六十六至六十八佚去。鈐「風雨樓」等印（詳該館《善本序跋集録》、《善本書志初稿》）。北大、上圖、湖南圖等有是刻足本。○首都圖書館藏明嘉靖十六年陳蕙揚州書院刻本六十卷。題「明都察院右副都御史大庾劉節廣，巡按直隸監察御史晉江陳蕙校」。半葉十一行，行二十一字，白口，四周單邊。版心下有刻工：雇文華、張朝、徐敖、王文、廷珮、何免、刘順、王矣、周全、刘正、王五、王禾、晏仁、王賢、周宣、王倫、王武、張尊、李昆、萬章、王爵、吴文、胡之、張經、易里、刘濟、刘元。前有王廷相序，嘉靖十二年吕柟序，嘉靖十一年劉節序，凡例。後有嘉靖十六年陳蕙《重刻廣文選後序》云：「迺以視鹺之暇，與揚郡守王子松、郡庠教授林壁、訓導曾宸、李世用共校讎增損之，苟完是集，刻置維揚書院。」又云：「是集删去者二百七十四篇，增入者三十篇。」《存目叢書》據以影印。北大、南圖、上圖等亦有是刻。按：《四庫提要》「林壁」誤作「林璧」，「曾宸」誤作「曾辰」，「維揚書院」誤作「淮揚書院」，皆當據原書訂正。

六三六四　文苑春秋四卷　明崔銑編

山東巡撫採進本（總目）。○《山東巡撫呈送第一次書目》：「《文苑春秋》四本。」○《兩江第二次書目》：「《文苑春秋》，明崔銑著，四本。」○《武英殿第二次書目》：「《文苑春秋》四本。」○北京大學藏明嘉靖十七年刻本。題「相臺崔銑輯」。半葉十行，行二十字，白口，左右雙邊。前有自序。末有嘉靖十六年丁酉王三省跋，嘉靖十七年戊戌徐芳齊後序，嘉靖十七年呂調音後序，嘉靖十六年丁律跋，崔銑跋。據崔跋，刻成於戊戌春三月。鈐「巴陵方氏碧琳瑯館珍藏古刻善本之印」、「功惠珍藏」印記。《存目叢書》據以影印。北圖、南圖、津圖等亦有是刻。○明萬曆二十年陳簡刻本。半葉十行，行二十字，白口，左右雙邊。有刻工。北大、故宫、南圖等藏。

六三六五　二陸集三卷

兩江總督採進本（總目）。○《兩江第二次書目》：「《二陸集》二本。」○《提要》云：「《長白山人集》二卷，明陸之箕撰；《南門續集》一卷，其弟之裘撰。」○《南門仲子續集》二卷，明陸之裘撰，明嘉靖四十年王道刻本。半葉十一行，行二十字，白口，左右雙邊。北圖藏。

六三六六　殘本成仁遺稿五卷　明舒芬編

安徽巡撫採進本（總目）。○《安徽省呈送書目》：「《成仁遺稿》四本。」○北京圖書館藏明正德十五年書林余氏刻本，作《重訂成仁遺稿》七卷，包括《文山先生集》五卷，宋文天祥撰；《疊山謝先生文集》二卷，宋謝翱撰。半葉九行，行二十字，細黑口，四周雙邊。《文山先生集》首行題「重訂成仁遺稿文山先生文集卷之一」，次題「盧陵儒學教諭金華麥芳校正，賜進士及第進賢縣舒芬重校」。《疊山謝先生文集》首行題「新刊重訂疊山謝先生文集卷之一」，次題「里生潭石黃溥編，賜進士及第進賢縣舒芬校正」。前有正德十五年舒芬《重刊成仁遺稿序》云：「付書林余氏刻之。」正文末有牌記：「正德庚辰孟冬新安余氏甫齋」二行。後有景泰四年黃溥跋。卷内鈐「莫氏祕笈之印」、「莫友芝圖書印」印記。《存目叢書》據以影印。

六三六七　蓉溪書屋集四卷續集五卷　正集明方豪編　續集高第編

浙江巡撫採進本（總目）。○《浙江續購書》：「《蓉溪書屋集》二本。」○《浙江採集遺書總録》：「《蓉溪書屋集》四卷《續集》五卷，刊本，明主事開化方豪輯。」

六三六八　金石古文十四卷　明楊慎撰

兩淮鹽政採進本（總目）。○《兩淮鹽政李呈送書目》：「《金石古文》十四卷，明楊慎，二本。」○《浙江省第四次鮑士恭呈送書目》：「《金石古文》十四卷，明楊慎輯，二本。」○《浙江省第四次汪啟淑家呈送書目》：「《金石古文》十四卷，明楊慎著，二本。」○《浙江採集遺書總録》：「《金石古文》十四卷，刊本，明楊慎輯。」〇《國子監學正汪交出書目》：「《金石古文》三本。」〇明鈔本。臺灣「中研院」史語所藏。〇清乾隆綿州李調元萬卷樓刻嘉慶十四年李鼎元重校印《函海》本。首都圖書館藏單本，題「成都楊慎輯，綿州李調元校定」。半葉十行，行二十字，白口，四周單邊。前有嘉靖三十三年孫昭序，後有李調元跋。《存目叢書》據以影印。北圖、上圖等多有是刻。〇清乾隆李調元刻道光五年李朝夔補刻印《函海》本。北圖、上圖等藏。〇清光緒七年至八年廣漢鍾登甲樂道齋刻《函海》本。北圖、上圖等藏。〇清光緒八年崇川葛氏學古齋刻本，《學古齋金石叢書》第四集之一。北圖、上圖、南圖等藏。〇清咸豐間潘道根手鈔本，潘道根校並增注。臺灣「中央圖書館」藏。〇民國二十五年商務印書館影印《函海》本，收入《叢書集成初編》。

古雋八卷　明楊慎撰　**六三六九**

浙江巡撫採進本（總目）。〇《浙江省第六次呈送書目》：「《古雋》八卷，明楊慎著，四本。」〇《浙江採集遺書總録》：「《古雋》八卷，刊本，明楊慎撰。」〇《兩江第一次書目》：「《古雋》，明楊慎輯，四本。」〇南京圖書館藏明刻本，題「成都楊慎編，孫宗吾校」。半葉九行，行十六字，白口，每半葉爲一框，每框四周雙邊。版心上刻書名卷數，次刻一圓圈，再次爲葉數，下方刻一小方框。鈐「東亞同文書院大學圖書館印」等印記。《存目叢書》據以影印。南開、湖南師大、上海辭書出版社亦有是刻。臺灣「中央圖書館」《善本書志初稿》著録明萬曆三十二年甲辰王象乾刻《楊太史別集》本。題「成都楊慎編，孫宗吾校」。半葉九行，行十六字，白口，四周雙邊。每半葉爲一方框。版心上方刻書名卷數，次刻一空圈，下方刻一方框。與南圖本全同，當係同版。該館《善本序跋集録》載是本卷前冠王象乾《楊太史別集序》云：「乃其家藏，自詩文外，約七十餘種，蠹簡殘編，幾與豐城神物俱隱矣。余奉命撫蜀之餘，戢戈講藝，於地方文獻懼有湮没，乃檄取先生遺書，得《餘冬序録》、《古今謡諺》、《詞品》、《敵秀》、《韻寶》、《古雋》共七種。可以拓識，可以娱神，可以爲秉彤染翰者之赤幟。爰合爲一集，付之梓人。」序末署「萬曆甲辰孟秋之吉總督川湖貴州軍務兵部左侍郎兼都察院右僉都御史新城王象乾書」。是萬曆三十二年王象乾刻於四川官署者。傳世各本佚去王序，故僅稱明刻，而不知年代。

風雅逸篇十卷　明楊慎編　**六三七〇**

浙江吴玉墀家藏本（總目）。○《浙江省第四次吴玉墀家呈送書目》：「《風雅逸篇》十卷，明楊慎著，二本。」○《浙江採集遺書總録》：「《風雅逸篇》十卷，刊本，明楊慎輯。」○原北平圖書館藏明嘉靖間莫如德刊本六卷一册。半葉十行，行十六字。鈐「萬卷樓藏」、「韓氏藏書」等印。有正德十一年自序（見王重民《善本提要》）。今存臺北「故宫」。○臺灣「中央圖書館」藏明嘉靖十四年滇刻本十卷二册。半葉九行，行二十字，小黑口，四周單邊。前有嘉靖十四年乙未冬月吉旦東吴周復俊序云：「方伯南湖公一見而累深致焉，且曰余必刻兹于滇雲，以諗同好。」又正德十三年戊寅二月慶陽韓奕序。後有楊慎自序（參該館《善本序跋集録》、《善本書志初稿》）。上圖亦有是刻。○天一閣文管所藏明刻本十卷一册。半葉九行，行十八字，白口，四周單邊。○南京圖書館藏明鈔本十卷四册。前有周復俊序，後有自序。丁丙《善本書室藏書志》著録。○清乾隆李調元萬卷樓刻嘉慶十四年李鼎元重校印《函海》本。○清乾隆李調元刻道光五年李朝夔補刻印《函海》本。○清光緒七年至八年廣漢鍾登甲樂道齋刻《函海》本。吉林省圖藏是刻題「新都楊慎輯，綿州李調元校定」。前有牌記：「光緒七年八月重鋟于廣漢。」半葉十行，行二十字，白口，四周雙邊。前有楊慎序，後有正德戊寅韓奕跋。《存目叢書》據以影印。○民國二十八年商務印書館據《函海》本排印，收入《叢書集成初編》。

翰苑瓊琚八卷　舊本題明楊慎編 **六三七一**

内府藏本（總目）。○《武英殿第一次書目》：「《翰苑瓊琚》四本。」○《浙江省第十二次呈送書目》：「《翰苑瓊琚》十二卷，明孫鑛輯，六本。」○《浙江採集遺書總録》：「《翰苑瓊琚》十二卷，刊本，明尚書餘姚孫鑛撰。」○吉林省圖書館藏明天啓刻本，作《古今翰苑瓊琚》十二卷《皇明宸藻》一卷，明楊慎輯，孫鑛續輯並評。卷一題「蜀都楊慎選，浙姚孫鑛評，吴郡陳元素校」。半葉九行，行二十字，白口，左右雙邊。版心刻工：吴郡章欽刻。前有天啓元年吴郡陳元素序，孫鑛序，孫鑛《凡例》。無《皇明宸藻》。卷内鈐「静遠堂鑒藏寶書之印」、「鹽山劉千里藏書」、「真賞」、「劉駒賢印」等印記。《存目叢書補編》據以影印。北大、清華、南圖等亦有是刻。

三蘇文範十八卷　舊本題明楊慎編 **六三七二**

内府藏本（總目）。○《武英殿第二次書目》：「《三蘇文範》八本。」○廣西師大藏明天啓二年刻本，作《嘉樂齋三蘇文範》十八卷首一卷。題「成都楊慎用脩甫原選，公安袁宏道中郎父參閲」。半葉九行，行十八字，白口，四周單邊。眉欄刻評。前有天啓二年陳元素《刻三蘇文序》云：「是集也，雕坊翁精其木，云經用修之手，出中郎之帳。」又楊廷和評，袁宗道序，王世貞題辭。陳序末有刻工：吴郡章欽刻。版心寫工刻工：吴郡姚可達書，章欽刻，李仁父、胡振宇刻，李思。鈐「江夏張氏」、「醉六珍藏」等印記。北大、上圖、南圖等亦有是刻。○《合諸名家評註三蘇文定》十八卷，題明楊慎輯，李維楨評註，明崇禎刻本。半葉九行，行二十字，白口，四周單邊。人民大學、南京師大、河南圖等藏。○《合諸名家評註三蘇文選》十八卷，明楊慎輯，李維楨評註，明崇禎刻本。半葉九行，行二十字，白口，四周單邊。復旦、安徽博、武漢市圖等藏。

李太白詩選五卷杜少陵詩選六卷　不著編輯者名氏　**六三七三**

内府藏本(總目)。○《提要》云：「烏程閔氏所刊朱墨版。」○北京師大藏明刻朱墨套印本，作《李詩選》五卷《杜詩選》六卷，合稱《李杜詩選》。明張含輯，楊慎等評。半葉八行，行十八字，白口，四周單邊。眉上行間刻評。前有楊慎序。鈐「葉氏鐵研齋珍藏書畫印」等印記。《存目叢書》據以影印。清華、南圖、浙圖等亦有是刻。

婺賢文軌四卷拾遺一卷　明戚雄編　**六三七四**

江蘇巡撫採進本(總目)。○《江蘇省第一次書目》：「《婺賢文軌》二本。」○《江蘇採輯遺書目録》：「《婺賢文軌》四卷，明金華戚雄選，刊本。」○《兩淮商人馬裕家呈送書目》：「《婺賢文軌》四卷，明戚雄，一本。」○《浙江省第四次汪啟淑家呈送書目》：「《婺賢文軌》四卷《拾遺》一卷，明戚雄輯，二本。」○《浙江採集遺書總録》：「《婺賢文軌》四卷，天一閣寫本，明郡人戚雄輯。」○福建省圖書館藏明嘉靖三十八年戚寵常熟縣學刻本四卷，第四卷末有《拾遺》，與正文葉碼相連。或作一卷計，或不作一卷計，以此。卷一題「金華後學戚雄選」。半葉十一行，行二十二字，白口，左右雙邊。前有嘉靖十七年戊戌戚雄序。卷四末有男寵識語云：「嘉靖己未冬十一月朔不肖男寵百拜謹刻于常熟縣學之雙桂堂。」識語後有「常熟呂虛舟書刻」一行。卷内鈐「徐惟起印」、「徐𤊹私印」、「徐氏興公」、「鄭氏注韓居珍藏記」、「大通樓藏書印」、「鄭杰之印」、「注韓居士」、「龔少文藏書畫印」、「霖郇李氏珍藏」等印記。《存目叢書》據以影印。浙圖藏殘帙，存卷一卷二。

南華合璧集五卷　明黃魯曾編　**六三七五**

内府藏本（總目）。○《武英殿第一次書目》：「《南華合璧》四本。」○天一閣文管所藏明嘉靖刻《吴中二集》本，存卷一至四。前有黃魯曾《吴中二集摠序》云：「魯曾是以精選，慎鋟諸梓。」《存目叢書》據以影印。按：二集爲吴中蔡羽與王寵集。館臣僅見王寵集。

六藝流別二十卷　明黃佐撰　**六三七六**

兩淮馬裕家藏本（總目）。○《浙江省第四次孫仰曾家呈送書目》：「《六藝流別》二十卷，明黃佐著，九本。」○《浙江採集遺書總録》：「《六藝流別》二十卷，刊本，明黃佐撰。」○中山大學藏清康熙二十六年黃逵卿、黃銘刻本。半葉十行，行二十字，白口，四周雙邊。目録題「南海門人歐大任校正」。目録後有嘉靖四十一年壬戌男在素識語云：「今兹編自歲辛卯告完，日就蠹矣。歐君彦楨因加精校，懼其湮也，乃命工鋟諸梓。」則是書先有明嘉靖四十一年歐大任刻本。王重民《善本提要》著録美國國會圖書館藏本，有嘉靖十年黄佐自序，嘉靖十年黄在素跋，嘉靖四十一年歐大任後序。自序後題「康熙丁卯秋七月玄孫逵卿、雲孫銘重梓」。王重民謂「重梓者謂重梓自序，非全書也，全書猶是嘉靖間原板」。因而定爲「明刻清印本」。《存目叢書》據以影印之中山大學藏本，自序及黄在素跋、歐大任後序均佚去，目録首二葉係抄配，故僅據目録後黄在素識語定爲嘉靖四十一年歐大任刻本。沈津先生告余：此係康熙丁卯重刻本，哈佛藏一部，康熙丁卯重梓題記被割去，中山大學本亦然。余重審《存目叢書》影印中山大學藏本，雖玄字不避諱，字體風格則是康熙刻本無疑。

南滁會景編十二卷　明趙廷瑞編　林烴增十景圖　六三七七

内府藏本(總目)。○《武英殿第二次書目》：「《南滁會景》六本。」○《江蘇省第一次書目》：「《南滁會景編》六本。」○《江蘇採輯遺書目録》：「《南滁會景編》十四卷，明太僕寺卿嶺南李覺斯輯。」○《兩淮商人馬裕家呈送書目》：「《南滁會景編》十二卷，明趙廷瑞，六本。」○《浙江省第五次范懋柱家呈送書目》：「《南滁會景編》十二卷，明趙廷瑞著，林烴補圖，四本。」○《浙江採集遺書總録》：「《南滁會景編》十卷，刊本，明太僕寺卿趙廷瑞輯。」○臺灣「中央圖書館」藏明嘉靖十六年丁酉滁州原刊本十二卷八册。半葉十一行，行二十字，白口，左右雙邊。前有嘉靖十六年丁酉趙廷瑞序(見該館《善本書志初稿》)。○北京圖書館藏明嘉靖三十四年高□刻本十二卷十二册。行款版式同前本(見《北京圖書館古籍善本書目》)。○北京大學藏明嘉靖刻萬曆增刻本。行款版式同前。前有嘉靖十六年丁酉趙廷瑞序,後有嘉靖十六年丁酉朱廷立跋。趙序云:「編既成,遂槧於木而自序之。」北大據自序定爲嘉靖十六年刻本。檢集中所收詩文,已至萬曆間。王重民《善本提要》著録明嘉靖刻萬曆補刻本二部。其一原北平圖書館藏,自序、朱廷立跋外,又有嘉靖三十四年章焕序,稱爲重刻,而收文已有萬曆十五年者。其一美國國會圖書館藏,自序、朱跋、章序外,又有萬曆三十四年林烴序。王重民云:「凡扁體字皆廷瑞原刻,高體字則烴所新補而另爲刊板者。」則北大藏本亦嘉靖刻萬曆補刻本。《存目叢書》據以影印。○明崇禎九年刻本十四卷。半葉九行,行二十字,白口,四周單邊。南圖、臺灣「中研院」史語所藏。

九代樂章二十三卷　明劉濂撰 **六三七八**

浙江鄭大節家藏本(總目)。○《浙江省第五次鄭大節呈送書目》:「《九代樂章》二十三卷,國朝劉濂輯,四本。」○《浙江採集遺書總録》:「《九代樂章》二十三卷,刊本,明劉濂輯。」○《江蘇省第一次書目》:「《九代樂章》二本。」○《江蘇採輯遺書目録》:「《九代樂章》二十三卷,明南宫劉濂著,刊本。」○浙江圖書館藏明嘉靖二十九年刻本。題「南宫微山劉濂著」。半葉十行,行二十一字,白口,四周單邊。前有嘉靖二十九年自序。鈐「墨瀣慶珍藏書畫鈐記」印。《存目叢書》據以影印。故宫、津圖、上圖亦有是刻。原北平圖書館藏一部,現存臺北「故宫」。○明精寫本。十行二十一字。盧址抱經樓藏書(見《藏園訂補郘亭書目》)。

六三七九

石洞遺芳二卷　明郭鈇編

浙江吴玉墀家藏本(總目)。○《浙江省第四次吴玉墀家呈送書目》:「《石洞遺芳集》二卷,明郭鈇著,一本。」○《浙江採集遺書目録》:「《石洞遺芳集》二卷,曝書亭藏刊本,明金華郭鈇編。」○清光緒三年胡鳳丹退補齋刻本,《金華叢書》之一,作《石洞貽芳集》二卷附《補遺》一卷《考異》一卷。附録二卷胡鳳丹輯。卷端題「明郭鈇撰,郡後學胡鳳丹月樵校梓」。前有牌記:「退補齋開雕」。版心下刻「退補齋藏板」。有光緒三年胡鳳丹序云:「依郭氏本刊而布之。」又康熙丁巳若繹序。《存目叢書》用中央民大藏本影印。○民國二十八年商務印書館據《金華叢書》本排印,收入《叢書集成初編》。

六三八〇

滕王閣集十卷　明董遵編

内府藏本(總目)。○《武英殿第二次書目》:「《滕王閣集》四本。」○《江蘇省第一次書目》:「《滕王閣集》三本。」○《兩淮商人馬裕家呈送書目》:「《滕王閣集》十卷,明董遵,二本。」○《浙江省第五次范懋柱家呈送書目》:「《滕王閣集》十卷,明董遵輯,二本。」○《浙江採集遺書總録》:「《滕王閣集》十卷,刊本,明南昌訓導董遵編。」○北京圖書館藏明正德元年南昌府學刻本。半葉九行,行十八字,黑口,四周雙邊。前有序,序尾署款被割去。序云:「余自弘治戊午承乏來參江藩,八載餘矣。自愧疏迂無似,恒切憂念,未敢自暇自逸,而其登斯閣也亦不多焉。乙丑春,因偕僚佐餞别尋登。……因思自唐迄今,……詩文不知其幾作矣。……不有以裒集而録傳之，則作者之意荒矣，殆非古人重惜詩文之義也。遂以録梓之事謀諸憲副二泉邵公。公曰，是固在我。即命南昌府學訓導董遵編校成集。集垂成，而公已長憲兩浙矣。僉以序屬余。」乙丑爲弘治十八年。考臺灣《中央圖書館善本序跋集録》載有此序，末署：「正德元年中秋後一日賜進士出身江西右參政前户科左給事中瀛王綸書。」則是書正德元年由南昌府學刊成。北圖因佚去署款，定爲明刻本。鈐「黄丕烈印」、「蕘圃」、「韓繩大印」、「价藩」、「甲子丙寅韓德鈞錢潤文夫婦兩度携書避難記」、「吴興張氏圖書記」、「韞輝齋」等印記。《存目叢書》據以影印。天一閣文管所亦有是刻。臺灣「中央圖書館」藏本鈐「何元錫印」、「夢華館藏書印」、「鐵琴銅劍樓」等印，刷印漫漶模糊（參該館《善本書志初稿》）。〇明崇禎七年南昌府刻本。作《滕王閣集》十六卷《滕王閣續集》十九卷，明董遵編，李嗣京補續。半葉八行，行十八字，白口，四周單邊。上圖藏。臺灣「中央圖書館」藏是刻，《續集》僅十八卷，且卷十三有殘。版心下有寫工：李森；刻工：鄒元弼、萬國臣。前有崇禎七年甲戌八月既望奉勑巡撫江西兼理軍務都察院右副都御史廣陵解學龍《重刻滕王閣集序》云：「鄬故有集十卷，繇唐迄明，作者略備。而德、靖以降賡詠缺然，夫亦事理之有待，而採擷編摩必不容已於今日者也。乃勑掌故，獮弋名篇，用以續諸初集，合爲卷者十有八焉。剞劂成書，披襟把讀。」又正德元年王綸序。卷末有崇禎七年閏八月之望南昌府推官李嗣京《滕王閣續集後叙》述解學龍語云：「余聞江藩記曹，舊有《滕王閣集》，刻自康陵之初，迄今百有餘載。蚪文漶滅，幾同無字之碑。况德、靖以後，篇什寥寥，無亦蒐獮翰墨，繇唐及明，凡有詠於斯閣者悉録,而吾與子大夫臨江賡和,不妨彙入新編。」又云:「嗣京吏不嫻文,爰從悉索郵致名篇,輯爲《滕王閣續集》若干卷。而其人與文在弘治以前者,並以補入舊集。詮次校讎,統授剞劂。」(參該館《善本序跋集録》、《善本書志初稿》)。則正集原十卷,經李嗣京增補爲十六卷。《續集》十八卷,李嗣京編。崇禎七年同刻於南昌。上圖《續集》作十九卷,當係刻成後增刻者。《中國古籍善本書目》著録崇禎七年刻《滕王閣集》十六卷,僅云「明董遵輯」,不及李嗣京補輯。未確。

宏正詩鈔十卷　不著編輯者名氏　六三八一

江蘇周厚堉家藏本(總目)。○《江蘇省第一次書目》:「《宏正詩鈔》四本。」○《江蘇採輯遺書目録》:「《宏正詩抄》十卷,明南都楊二山輯。」○北京圖書館藏明嘉靖三十六年曹忭刻本,作《弘正詩抄》十卷。半葉八行,行十八字,白口,四周單邊。前有嘉靖三十六年丁巳仲冬之吉南郡黄鵠居士曹忭序云:「二山楊君,蓋工於詩者,……抄成以示余。余愛而序之。弘、正名家不止此,二山方就所得者抄録成帙,所續得者蓋有待焉。余先請捐俸鋟諸梓。」卷内鈐「蕉林藏書」、「妙因居士」、「蒼巖山人書屋記」等印記。《存目叢書》據以影印。上圖亦有是刻。

吴興絶唱集四卷續集二卷　明邱吉編　六三八二

浙江巡撫採進本(總目)。○《浙江採集遺書總録》:「《吴興絶倡》四卷《續集》二卷,寫本,明歸安邱吉輯。」

皇華集二卷續集一卷　明翰林院修撰唐皐、兵科給事中史道於正德十六年以頒世宗即位詔奉使朝鮮，與其藩臣日有唱和。國王李懌特命書局編爲此集　六三八三

安徽巡撫採進本（總目）。○《安徽省呈送書目》：「《皇華集》二本。」○《提要》云：「卷首有嘉靖元年議政府左議政南袞序。」又云：「《皇華續集》卷首有嘉靖元年李荇序。」○北京大學藏明朝鮮活字印本，作《皇華集》二卷，爲嘉靖元年使臣與朝鮮大臣唱酬之作。○北京大學藏明朝鮮活字印本，存《皇華集》二十三卷，内有嘉靖元年唱酬之作，較前本僅有上卷。版本亦不同。餘參下條。

皇華集十三卷　明朝鮮國所刊使臣唱酬之作　六三八四

内府藏本（總目）。○《武英殿第二次書目》：「《皇華集》十三本。」○《提要》云：「所録唯天順元年、二年、三年、四年、八年、成化十二年、宏治元年、五年、正德十六年、嘉靖十六年之詩。」○臺灣大學藏明朝鮮活字本，作《皇華集》一卷一册，明倪謙等撰。按《獻徵録》卷三十六陳鎬《倪公謙傳》：「己巳奉使朝鮮。」《四庫總目·朝鮮紀事》提要：「景泰元年謙奉使朝鮮頒詔。」則此本當係景泰初年朝鮮活字本。○北京圖書館分館藏明朝鮮活字本，朝鮮權擘等編。此本未見，當係天順元年詩。○美國國會圖書館藏明弘治元年朝鮮活字印本，作《皇華集》二卷。明董越出使詩，並副使王敞詩，高麗許琮唱和詩（參王重民《善本提要》）。○北京大學藏明朝鮮活字印本，作《皇華集》二十三卷。或標卷次，或不標卷次。計存：天順元年二卷，前有天順元年六月權擘序。天順二年一卷。天順八年一卷。成化十二年二卷（卷上卷下）。嘉靖元年殘存卷上一卷。嘉靖十六年五卷（卷一至五）。

嘉靖十八年五卷（卷一至五）。嘉靖二十四年一卷。嘉靖二十五年一卷。隆慶元年端陽月一卷。隆慶元年八月一卷。萬曆元年二卷（卷上卷下）。各集多有序。前後字體一致。萬曆元年集卷上前有盧守慎序云：「萬曆元年正月，我殿下出《皇華集》二帙，俾有司入梓，命臣爲之序。」《存目叢書》據以影印。嘉靖元年卷下用北大另一本配入，故有二十四卷。○北京大學藏明朝鮮活字印本，作《皇華集》二卷，爲嘉靖元年詩。卷上内容與前本嘉靖元年卷上同，唯並非一版。卷下爲前本所缺，遂配入影印。○原北平圖書館藏明萬曆間刻本，作《皇華集》五卷《附録》一卷。爲嘉靖十八年二月華察出使朝鮮，與副使薛廷寵、朝鮮大臣成世昌等唱和詩（參王重民《善本提要》）。現存臺北「故宫」。○原北平圖書館藏清初曹氏倦圃鈔本。作《皇華集》五卷五册。内容較前本約多四分之一。年代同（參王重民《善本提要》）。○臺灣「中央圖書館」藏明萬曆三十年朝鮮刻本，作《皇華集》一卷。爲萬曆二十九年顧天埈出使朝鮮，與朝鮮伴送使李好閔等唱和之作。○臺灣「中央圖書館」藏明萬曆三十四年朝鮮刻本，作《皇華集》六卷六册。爲萬曆三十三年出使朝鮮使臣朱之蕃、梁有年與朝鮮遠接使柳根等唱和之作。○臺灣「中央圖書館」藏明天啓六年朝鮮刻本，作《皇華集》四卷三册。爲天啓五年出使朝鮮使臣姜曰廣、王夢尹與朝鮮遠接使金瑬等唱和之作（以上三本均見該館《善本書志初稿》）。

輔臣贊和詩集一卷　此集乃嘉靖六年除夕，世宗作五言律詩一首，以示閣臣。於是大學士楊一清、謝遷、張璁、翟鑾等並和韻録進。帝彙書成帙　六三八五

左都御史張若淮家藏本（總目）。○南京圖書館藏清鈔本一卷一册。半葉八行，行十三字，無格。

前有嘉靖七年御製序。鈐「八千卷樓藏書之記」、「錢塘丁氏正修堂藏書」、「四庫坿存」等印記。丁丙《善本書室藏書志》著録。《存目叢書》據以影印。

翊學詩一卷　此集乃嘉靖七年五月經筵官進講大學衍義，世宗因製五言古詩一章並序，以賜閣臣。大學士楊一清等奉表謝並和以進，命集爲一册　六三八六

左都御史張若溎家藏本（總目）。

詩學正宗十六卷　明浦南金編　六三八七

内府藏本（總目）。○《武英殿第二次書目》：「《詩學正宗》四本。」○《江蘇省第一次書目》：「《詩學正宗》八本。」○《江蘇採輯遺書目録》：「《詩學正宗》十六卷，明國子監助教海州浦南金輯，刊本。」○浙江圖書館藏明嘉靖三十六年五樂堂刻本。各卷目録題「皇明國子監助教東海浦南金纂輯」。前有嘉靖三十七年戊午二月吴子孝序。半葉九行，行十八字，白口，左右雙邊。版心下刻「五樂堂」。卷末雙行記寫工刻工。卷一末「姑蘇吴曜寫，章衮刻」。卷三末「吴曜寫，章衮刻」。卷九末「吴曜寫，唐官刻」。卷十二末「吴曜寫，章儒刻」。卷十六末「丁巳歲仲冬朔吉吴曜寫完，章衮刻」。卷内鈐「天一閣」、「古司馬氏」、「退一居珍藏印」、「墨海樓」、「章秋蟾青箱長物」、「千秋鑑」等印記。《存目叢書》據以影印。北圖、北大、湖南圖、湖南師大亦有是刻。

明文範六十六卷　明張時徹編　六三八八

通行本（總目）。○中國人民大學藏明萬曆刻本，作《皇明文範》六十八卷《目録》二卷。半葉十一

行,行二十二字,白口,左右雙邊。版心有刻工:茹子淩。前有隆慶三年己巳六月朔張時徹序。卷内鈐「唐則趙祕笈印」、「忠孝傳家」、「曾藏唐普善家」等印記。《存目叢書》據以影印。臺灣「中央圖書館」《善本書志初稿》著録三部,均有萬曆三年皇甫汸序。人大本佚去。北大、上圖、湖北圖等亦有是刻。

四明風雅四卷　明宋宏之編　戴鯨增删　張時徹又增删　**六三八九**

浙江范懋柱家天一閣藏本(總目)。○《浙江省第五次范懋柱家呈送書目》:「《四明風雅》四卷,明宋宏之編,戴鯨、張時徹重輯,四本。」○《浙江採集遺書總録》:「《四明風雅》四卷,刊本,明張時徹輯。」

樂府原十五卷　明徐獻忠撰　**六三九〇**

内府藏本(總目)。○《武英殿第一次書目》:「《樂府原》四本。」○《兩淮商人馬裕家呈送書目》:「《樂府原》十五卷,明徐獻忠,二本。」○《浙江省第十二次呈送書目》:「《樂府原》十五卷,明徐獻忠輯,二本。」○《浙江採集遺書總録》:「《樂府原》十五卷,刊本,明知縣華亭徐獻忠撰。」○明嘉靖四十年高應冕刻本。半葉十行,行二十字,細黑口,左右雙邊。上圖藏。北師大本存卷一至十。黄裳《前塵夢影新録》著録明嘉靖刻本,殘存卷五至十五。題「華亭徐獻忠著,仁和高應冕校」。末有高應冕跋。黄皮紙。天一閣書。又見《來燕榭讀書記》二六八頁。○北京大學藏明萬曆三十七年張所望衢州府署刻本。題「雲間徐獻忠著,張所望校」。半葉九行,行十八字,上黑口,四周雙邊。

前有萬曆三十七年己酉八月既望漳南鄭懷魁輅思甫於衢玉潤軒序云：「姑蔑守叔翹君，元超猶子也，手爲伯臣討正是編，屬予序而鋟諸郡。」姑蔑，春秋越地，在衢州境。叔翹，張所望字。卷内鈐「巴陵方氏碧琳瑯館藏書之印」、「碧琳瑯館主人」、「巴陵方氏功惠柳橋甫印」等印記。上圖、北師大、東北師大、臺灣「中央圖書館」亦有是刻。○福建省圖書館藏清康熙五十四年盧秋海抄本十五卷一册。清藍漣跋。鈐「藍漣之印」、「侯官藍氏藏書」、「福州何氏珍藏」、「鄭杰之印」、「鄭氏注韓居珍藏記」、「大通樓藏書印」等印記。

六三九一　金石文七卷　明徐獻忠撰

兩淮鹽政採進本（總目）。○《兩淮鹽政李續呈送書目》：「《金石文》七卷，明徐獻忠，二本。」○《浙江省第四次鮑士恭呈送書目》：「《金石文》七卷，明徐獻忠輯，二本。」○《浙江採集遺書總録》：「《金石文》七卷，寫本，明知縣華亭徐獻忠輯。」○明嘉靖刻本。半葉十行，行十六字，白口，左右雙邊。中國社科院歷史所、臺灣「故宫」藏。○臺灣「中央圖書館」藏清康熙鈔本七卷三册。題「大明徐獻忠看詳」。半葉十行，行十六字。前有徐獻忠叙。後有嘉靖十九年庚子華亭朱警後語。玄、弦缺筆，胤、弘、曆不避諱。鈐「璜川吴氏收藏圖書」等印記（參該館《善本書志初稿》）。○北京圖書館藏清雍正十三年施禮耕抄本。○上海圖書館藏清漢南葉氏鈔本，清奚世榮跋。○北京圖書館藏清鈔本。

六三九二　六朝聲偶七卷　明徐獻忠編

浙江范懋柱家天一閣藏本（總目）。○《浙江省第五次范懋柱家呈送書目》：「《六朝聲偶集》七卷,明徐獻忠輯,四本。」〇《浙江採集遺書總録》:「《六朝聲偶集》七卷,刊本,明徐獻忠輯。」〇遼寧省圖書館藏明嘉靖華亭徐氏文房刻本,作《六朝聲偶集》七卷。題「吴人徐獻忠選」。半葉十行,行十六字,白口,左右雙邊。左欄外上方有書耳,刻「華亭徐氏文房」。每卷末有「長水書院刻」一行。版心記刻工:「姑蘇顧俊刊。」前有知寧波府事沈愷序。後有徐獻忠後序云:「鳳峰先生以爲可刻而傳,因序而俾予刻之。」鳳峰即沈愷。《存目叢書》據以影印。北圖、上圖、中山大、臺灣「中央圖書館」亦有是刻。臺灣「中央圖書館」本爲黄丕烈故物,分上下二册,上册綿紙,下册竹紙。下册前扉葉有黄丕烈跋,已收入《蕘圃藏書題識再續録》卷三。後歸韓應陛,又歸蔣祖詒、張乃熊。有諸家印記(詳該館《善本書志初稿》)。〇上海圖書館藏明鈔本,作《六朝聲偶集》七卷。〇臺灣「中央圖書館」藏舊鈔本配黄氏士禮居鈔本。前四卷爲舊鈔本,後三卷爲黄丕烈士禮居據明嘉靖徐氏文房刻本抄配。前有黄丕烈跋二則、韓應陛跋三則。黄跋及韓第一跋已入《蕘圃藏書題識》卷十。鈐「雪苑宋氏蘭揮藏書記」、「士禮居藏」、「古婁韓氏應陛載陽父子珍藏善本書籍印記」、「松江讀有用書齋金山守山閣兩後人韓德均錢潤文夫婦之印」、「蔣祖詒讀書記」等印記(詳該館《善本題跋真蹟》、《善本書志初稿》)。綜黄丕烈三跋及韓應陛跋,知黄氏先得鈔本前四卷一册,繼得刻本後三卷竹紙本一册,後又得刻本前四卷綿紙本一册。遂以兩册刻本配爲一部,又據刻本下册録副,配成抄本一部。兩部均歸松江韓氏,展轉歸臺灣「中央圖書館」。

五十家唐詩無卷數　不著編輯者名氏　六三九三

内府藏本(總目)。○《武英殿第二次書目》：「《五十家唐詩》二十四本。」○《提要》云：「自唐太宗、元宗至儲光羲，凡五十家。」○明銅活字印本，作《唐人詩集》五十種一百五十九卷。半葉九行，行十七字，細黑口，左右雙邊。北圖有全本，杭大、天一閣、南圖有不全本。一九八九年上海古籍出版社用杭州大學藏本、天一閣藏本、北圖藏本配全影印，名《唐五十家詩集》。以杭大、天一閣藏本爲主，北圖藏本僅用二種。末附杭大藏本原印目録，首題「唐人詩集總目」，次題「宋錢著作集選，宋王石甫校訂」。以唐太宗、唐玄宗爲起首，與《四庫提要》合，唯僅三十八種。上海影印本，各集順序已重排，版式已全部拼接爲每面上中下三欄，每欄容原書壹葉半，即二十七行，原書版心邊框不復存在，甚覺遺憾。書前有徐鵬先生《前言》，足資參考。陳尚君先生另撰《明銅活字本〈唐五十家詩集〉印行者考》一文，據何良俊《四友齋叢説》卷二十四「今徐崦西家印《五十家唐詩》活字本」一語，考定此《五十家唐詩》爲明正德、嘉靖間吴縣徐縉所印，尤足信從。陳文載《中華文史論叢》一九九零年一期。

麻姑集十二卷　明陳克昌編　六三九四

兩淮馬裕家藏本(總目)。○《兩淮商人馬裕家呈送書目》：「《麻姑集》十卷，明陳克昌，二本。」○浙江圖書館藏明嘉靖二十二年朱廷臣刻本。半葉十行，行二十字，白口，四周單邊。前有嘉靖二十二年知建昌府事朱廷臣序。後有嘉靖二十二年癸卯鄭嶸跋，嘉靖二十二年陳克昌跋。據序跋，此係陳克昌奉朱廷臣之命增輯舊本重刻者。《存目叢書》據以影印。中科院圖、上圖、華東師大亦有是刻。

六三九五　武夷遊詠一卷　明田汝成、蔡汝楠同撰

浙江巡撫採進本(總目)。○《浙江省第九次呈送書目》:「《武夷遊詠》一本。」○《浙江採集遺書總録》:「《武夷游咏》一册,刊本,明提學田汝成、蔡汝楠撰。」○明嘉靖四十二年刻《田叔禾小集》卷端列有《已刻雜集》目録,内列此書,云「嘉靖二十年公與蔡子木作,板存武夷山豫陽講宇」。

六三九六　驪珠隨録五卷　明楊儀編

浙江汪啟淑家藏本(總目)。○《浙江省第四次汪啟淑家呈送書目》:「《驪珠隨録》五卷,明楊儀輯,一本。」○《浙江採集遺書總録》:「《驪珠隨録》五卷,刊本,明常熟楊儀輯。」○上海圖書館藏明萃清齋鈔本。據卷端目録,此書十卷,又續録一卷。此本殘存卷一至五。半葉十行,行二十字,四周雙邊。版心上鐫「萃清齋」三字。前有嘉靖三十六年丁巳楊儀序。卷内鈐「卷盦六十六以後所收書」、「杭州葉氏藏書」、「武林葉氏藏書印」、「合衆圖書館藏書印」等印記。《存目叢書》據以影印。

六三九七　古虞文録二卷文章表録一卷　明楊儀撰

浙江范懋柱家天一閣藏本(總目)。○《浙江省第五次范懋柱家呈送書目》:「《古虞文録》二卷《文章表録》一卷,明楊儀著,一本。」○《浙江採集遺書總録》:「《古虞文録》二卷,刊本,明工部郎楊儀輯。」○常熟市圖書館藏清初鈔本。半葉十行,行二十字,無格。前有嘉靖十六年胡纘宗序,嘉靖十六年楊儀新刊自序。卷内鈐「趙」、「舊山樓秘匧」、「吴卓信」、「項儒」、「金竹山房」等印記。卷上末有行書識語：「乾隆辛未五月許瓚川具呈後借閱較定誤抄幾字并悮點句讀」二行。與全書楷體不同，是讀者手記，辛未爲乾隆十六年。卷下支遁《詠利城山居》詩末有行書批云：「胤伽按：晉張勃《吴地志》云：武帝以海虞北境之土山立利城以處流民。」胤字不避諱，字體亦與乾隆間手記不同，當係更早批語。正文玄字不避。定爲清初鈔本，當以此。《存目叢書》據以影印。○北京圖書館藏清鈔本。○上海圖書館藏清鈔本，作《古虞文録》一卷《續録》一卷《古虞文表》一卷。丁祖蔭校。○上海圖書館藏清魚氏閑止樓鈔本，作《古虞文録》二卷《續録》一卷《古虞文章表録》一卷。清魚元傅校。

浯溪詩文集二卷　明黄焯編　**六三九八**

兩淮馬裕家藏本（總目）。○《兩淮商人馬裕家呈送書目》：「《浯溪詩文集》二卷，明黄焯，一本。」

訂補浯溪集二卷　明陳斗編　**六三九九**

浙江朱彝尊家曝書亭藏本（總目）。○《提要》云：「斗所訂補者，當即黄焯書。」○《浙江省第三次書目》：「《浯溪集》二卷，明黄焯輯，一本。」○《浙江採集遺書總録》：「《浯溪集》二卷，寫本，明知府延平黄焯輯。」○中國科學院圖書館藏明嘉靖陳斗刻本，作《訂補浯溪集》二卷《首》一卷。殘存卷首、卷上。半葉七行，行十五字，黑口，四周雙邊。

三賢集三卷　明楊名編　**六四〇〇**

浙江范懋柱家天一閣藏本（總目）。○《浙江省第五次范懋柱家呈送書目》：「《三賢集》三卷，明楊名編，二本。」○《浙江採集遺書總録》：「《三賢集》三卷，刊本，明翰林蜀中楊名輯。」○常熟博物館藏明嘉靖十二年自刻本。題「後學蜀人楊名編校」。半葉九行，行二十二字，白口，四周雙邊。前有嘉靖十三年中秋張儉序。後有嘉靖十二年癸巳季秋楊名跋云：「三賢固各有集矣，復併刻之。」卷内鈐「葛士鼎」、「曾在海虞沈氏希任齋」等印。書分三卷，卷三分上下，實爲四卷。《存目叢書》據以影印。

六四〇一　秉忠定義集二卷　不著編輯者名氏

内府藏本(總目)。

六四〇二　玉峰詩纂六卷　明周復俊編

兩淮馬裕家藏本(總目)。○《兩淮商人馬裕家呈送書目》：「《玉峰詩纂》六卷，明周復俊，二本。」○北京圖書館藏明隆慶六年孟紹曾刻本。卷一題「南京太僕寺卿周復俊編，光禄寺署正孟紹曾校刊」。半葉十一行，行十八字，白口，四周單邊。前有隆慶六年壬申夏五朔旦吴郡張文柱序。後有隆慶六年周復俊題辭，隆慶六年季冬孟紹曾跋。紹曾跋云：「爰遂刻之而俾覽者知吾邑文獻之有在也。」寫刻甚精。鈐「虚靜齋」、「伯繩秘笈」等印記。《存目叢書補編》據以影印。中國社科院文學所、臺灣「中央圖書館」亦有是刻。

六四〇三　名家表選八卷　明陳壋編

江西巡撫採進本(總目)。○山東省圖書館藏明嘉靖二十六年崇正書院刻本。半葉十一行，行二十二字，細黑口，四周單邊。版心刻工：江盛刻。前有嘉靖二十六年丁未陳塏序云：「予用校士之暇，取唐宋諸名家所爲表，選其尤工者抄之，而尤多於宋，類爲八卷，刻之崇正書院，以與嶺海諸士子共之。」後有廣州府儒學教授殷從儉跋。《存目叢書補編》據以影印。北圖亦有是刻。

清泉精舍小志一卷　明黎民表編 六四〇四

浙江巡撫採進本（總目）。○《浙江續購書》：「《清泉小志》二本。」○《浙江採集遺書總録》：「《清泉小志》一册，刊本，明職方司郎中廣東黎民表輯。」○北京大學藏明隆慶三年刻本。正文首行題「清泉精舍」，版心題「清泉小志」。卷尾同版心。前有隆慶三年己巳紀振東《清泉精舍小志序》，據此序知爲隆慶三年紀振東刊。又嘉靖乙丑黎民表序。末有隆慶三年蜴黄在衮跋云：「張司理曾奉梓焉，未竣也。紀使君晉泉後至，閲之，三復嗟嘆，謂是志誠美，不可無傳，因請之，竣其事。使君則公都下社友也。」版心下記刻工：世清。卷内鈐「李盛鐸」、「木齋」、「木犀軒藏書」、「李滂」、「少微」等印記。《存目叢書》據以影印。

平吴凱旋録四卷　明朱澤編 六四〇五

浙江巡撫採進本（總目）。○《浙江省第五次范懋柱家呈送書目》：「《平吴凱旋録》四卷，明朱澤編，二本。」○《浙江採集遺書總録》：「《平吴凱旋録》四卷，明諸生定海朱澤撰。」

郴州文志七卷　明王心編 六四〇六

兩淮鹽政採進本（總目）。○《兩淮鹽政李續呈送書目》：「《郴州文志》七卷，明王心，三本。」

六四〇七

二温詩集四卷

浙江孫仰曾家藏本（總目）。〇《提要》云：「《太谷詩集》二卷，明温新撰。《中谷詩集》二卷，新弟秀撰。」〇《浙江省第四次孫仰曾家呈送書目》：「《太谷詩集》二卷，明温新著，二本。《中谷詩集》二卷，明温秀著，二本。」〇《浙江採集遺書總録》：「《大谷詩集》二卷，刊本，明主事洛陽温新撰。《中谷詩集》二卷，刊本，明襄陽府同知洛陽温秀撰，明嘉靖間秀子合其兄新集並刊之，題曰《二温集》。」

六四〇八

盛明百家詩三百卷　明俞憲編

浙江范懋柱家天一閣藏本（總目）。〇《浙江省第五次范懋柱家呈送書目》：「《盛明百家詩》三百卷，明俞憲編，一百本。」〇《浙江採集遺書總録》：「《盛明百家詩》三百卷，刊本，明無錫俞憲輯。」〇浙江圖書館藏明嘉靖至萬曆刻本三百二十四卷。半葉十行，行二十一字，白口，四周單邊。前有隆慶四年皇甫汸序，隆慶四年薛應旂序，隆慶五年辛未俞憲《刻盛明百家詩總序》，凡例，總目。開篇爲《高陽張徐集》，前有嘉靖四十五年丙寅俞憲序云：「遂用彙刻，以便傳覽。」知此四人合集刻於嘉靖四十五年。《王止一集》前有萬曆二年甲戌春仲俞淵序，謂先大夫彙刻《盛明百家詩》歲凡十易，刻甫成，遽爾觀化。萬曆改元，銅梁張公奉簡命保釐南土，出是編檄下刻之。則全書刻成在萬曆初年。自序首葉版心有刻工：邑何鑰刻。卷内鈐「墨瀨廔珍藏書畫鈐記」。以浙圖此本與《北京圖書館古籍善本書目》所載北圖本子目相校，北圖有而浙圖無者凡四種：《俞二子集》一卷《續集》一卷，明俞淵、俞沂撰；《續俞繡峯集》一卷，明俞寰撰；《續俞伯子集》一卷，明俞淵撰；《續俞仲子集》一卷，明俞沂撰。浙圖有而北圖無者五種：《王止一集》一卷，明王珂撰；《秦方伯集》一卷，明秦梁撰；《王禮部集》一卷，明王表撰；《王翰林集》一卷，明王立道撰；《續李滄溟集》一卷，明李攀龍撰。《存目叢書》用浙圖藏本影印。北大、上圖、南圖等亦有是刻。

越望亭詩集二卷　明陳鶴編　**六四〇九**

浙江巡撫採進本（總目）。〇《浙江省第九次呈送書目》：「《越望亭詩集》二本。」〇《浙江採集遺書總録》：「《越望亭詩集》二卷，刊本，明紹興守湯紹恩輯。」

名筆私鈔六卷　明曾佩編　**六四一〇**

浙江范懋柱家天一閣藏本（總目）。〇《浙江省第五次范懋柱家呈送書目》：「《名筆私抄》六卷，明曾佩輯，六本。」〇《浙江採集遺書總録》：「《名筆私抄》六卷，刊本，明監察御史臨川張佩輯。」

黎川文緒四卷　明王材編　**六四一一**

江西巡撫採進本（總目）。〇《江西巡撫海第三次呈送書目》：「《黎川文緒》四本。」

二妙集十二卷　明萬士和編　**六四一二**

浙江范懋柱家天一閣藏本（總目）。〇《浙江省第五次范懋柱家呈送書目》：「《二妙集》十二卷，明唐順之輯，萬士和改編，五本。」〇《浙江採集遺書總録》：「《二妙集》十二卷，刊本，明唐順之輯。」

遊峨集一卷　明殷綺編　**六四一三**

浙江巡撫採進本（總目）。〇《浙江省第九次呈送書目》：「《遊峨集》，明謝瑜輯，一本。」〇《浙江採集遺書總録》:「《遊嶽集》一册,刊本,明御史上虞謝瑜輯。」

唐詩選七卷　舊本題明李攀龍編　唐汝詢註,蔣一葵直解　六四一四

内府藏本(總目)。○《唐詩選》七卷,明李攀龍輯,王穉登評。明閔氏刻朱墨套印本。半葉八行,行十八字,白口,左右雙邊。復旦、山東圖、川大等藏。○《唐詩選》七卷《附録》一卷,明李攀龍輯,蔣一葵箋釋。明萬曆二十八年武林一初齋刻本。半葉九行,行十八字,白口,四周單邊。山東圖、即墨圖、南大藏。○清華大學藏明萬曆刻本,書名卷數輯釋者同前本。半葉九行,行十八字,白口,四周雙邊。卷端書名《唐詩選註》。封面書名《刻李于鱗註釋唐詩選箋》,作雙行大字,中間小字一行:「依京版重梓,校正無訛。」卷端題「濟南李攀龍編選,晉陵蔣一葵箋釋」。前有萬曆二十一年癸巳李攀龍序,萬曆二十一年吴亮序。行間及書眉有某氏批注。鈐「豐華堂書庫寶藏印」印記。《存目叢書》據以影印。○《唐詩選》七卷,明李攀龍輯,蔣一葵箋釋,陳繼儒訂。明刻本。半葉九行,行二十字,白口,左右雙邊。蘇州圖、常州圖等藏。○《唐詩選》七卷,明李攀龍輯,蔣一葵箋釋,高江批點。明刻本。半葉九行,行二十字,白口,四周單邊。遼圖、重慶圖、揚州圖藏。○《唐詩選》七卷《彙釋》七卷《詩韻輯要》五卷《附録》一卷,明李攀龍輯,蔣一葵彙釋,王穉登輯要。明施大猷刻朱墨套印本。半葉八行,行十九字,白口,四周單邊。北圖、遼圖、山東圖等藏。○《郊庵重訂李于鱗唐詩選》七卷《郊庵增訂唐詩評》一卷,明李攀龍輯,蔣一葵箋釋,黄家鼎輯評。明崇禎元年刻本。半葉九行,行十八字,白口,四周單邊。中科院圖、中國社科院文學所、浙圖藏。○《鐫李及泉參于鱗箋釋唐詩選》七卷，明李攀龍輯，李頤參閲。明晏良棨刻本。半葉九行，行十九字，白口，左右雙邊。重慶圖藏。○《硃批唐詩苑》七卷《附録》一卷，明李攀龍輯，孫鑛評點。明刻朱墨套印本。半葉八行，行二十字，白口，四周單邊。鈐「劉家書庫」、「劉復所藏」等印記。清華藏。○《鍾伯敬評註唐詩選》七卷《附録》一卷，明李攀龍輯，鍾惺評註，劉孔敦批點。明末刻本。半葉十行，行二十字，白口，四周單邊。湖北圖、安徽博藏。○《新刻李袁二先生精選唐詩訓解》七卷首一卷，明李攀龍輯，袁宏道校。明萬曆四十六年居仁堂余獻可刻本。半葉九行，行二十字，白口，四周單邊。遼圖、浙大藏。○《李于鱗唐詩廣選》七卷，明李攀龍輯，凌瑞森、凌南榮輯評。明萬曆三年凌氏盟鷗館刻朱墨套印本。半葉八行，行十八字，白口，四周單邊。北大、山東大、川圖等藏。

尺牘清裁六十卷補遺一卷　明王世貞編　　六四一五

内府藏本（總目）。○《武英殿第二次書目》：「《尺牘清裁》六本。」○《兩江第一次書目》：「《尺牘清裁》，明王世貞編，五本。」○北京大學藏明隆慶五年自刻本。題「吴郡王世貞編」。半葉九行，行十八字，白口，左右雙邊。前有隆慶五年王世懋序，又序，補遺前有自序。卷内鈐「榮木山房」、「苦雨齋藏書印」、「作人長壽」、「會稽周氏鳳皇專齊臧」等印記，周作人藏書。《存目叢書》據以影印。上圖、浙圖、山東大等亦有是刻。○明刻本。半葉九行，行二十字，白口，左右雙邊。北大、浙圖、南圖等藏。○明萬曆三十年金陵徐龍池、徐東山刻本。半葉十行，行二十二字，白口，四周雙邊。華東師大、南京市博藏。

六四一六　蓬萊觀海亭集十卷　明潘滋編

浙江范懋柱家天一閣藏本（總目）。○《浙江省第五次范懋柱家呈送書目》：「《蓬萊觀海集》十卷，明潘滋輯，三本。」○《浙江採集遺書總録》：「《蓬萊觀海集》十卷，刊本，明推官新安潘滋輯。」○潘編未見。傳世有明王雲鷺輯《蓬萊閣集》十卷，明萬曆十九年王雲鷺等刻本，北圖藏。又明王雲鷺輯、程試等續輯《蓬萊閣集》十卷，明萬曆三十一年馬行健刻本，北圖、北大、清華藏。

六四一七　三異人集二十二卷　明李贄編

浙江巡撫採進本（總目）。○《兩江第一次書目》：「《三異人集》，明李贄編，六本。」○臺灣「中央圖書館」藏明刻本四册二十六卷。子目：《李卓吾評選方正學文集》十一卷《附録》一卷；《李卓吾評于節闇奏疏》四卷《文集》一卷《詩集》三卷《附録》一卷；《李卓吾批評楊椒山奏疏》一卷《詩集》一卷《文集》一卷《自著年譜》一卷《附録》一卷。正文首題「李卓吾評選方正學文集卷一」，次題「吳山俞允諧汝欽閱」。半葉九行，行二十字，白口，四周單邊。前有李贄《題三異人文集小引》，末署「希聲居士俞允諧書」，爲俞氏行草書寫上板者（詳該館《善本書志初稿》）。北圖、北大、上圖等亦有是刻。《存目叢書補編》用浙圖藏本影印，《附録》、《年譜》均無，故僅二十二卷。其方正學文集目録末左框外下方有「吳山俞氏文房」小牌記一行。卷内鈐「邵弘仁印」印記。

六四一八　文章正論十五卷緒論五卷　明劉祐（祜）編

内府藏本（總目）。○《武英殿第二次書目》：「《文章正論》八本。」○首都圖書館藏明萬曆十九年徐圖揚州刻本，二十卷。題「巡撫大同都察院右僉都御史東萊劉祐選，巡按直隸監察御史東萊徐圖校」。半葉十行，行二十字，白口，四周雙邊。眉上鐫評。前有巡按山東監察御史武林文陸鍾化民序云：「東萊中丞劉公所輯《文章正論》成，直指徐公將刊布焉，走使濟上，問序於不佞。」又萬曆十九年辛卯劉祐序云：「吾鄉徐侍御雅意崇古，今按治淮陽，將闡揚理道以鼓率群吏，爰付剞劂氏。」又徐圖序。末有萬曆十九年潘可大跋，兩淮都轉運鹽使司運使蕭騰鳳跋。刻工：付燮刊、易正文刊、正文、吴廷、段本、李仁、付亮、刘国彦、郭述、刘松、董仁、施選、付立、王應龙、何栢、刘欽、刘四、刘信、郭文、陳章、伊科、吴錦、梁合、吴夆文、李仁、楊亮、蕭椿、尚圣、戴夆、戴聘、彭存、戴序、刘文、晏福、李元、刘其、大兆、大式、刘仕、陶仲良、陳迁、張隆、盛先、方文夆、盛子先、李坤、刘完宗、刘三、郭洪、王梓、楊祥、戴式、陳志、刘人、馬華、王科、邢昱、易玆、王朋、張春、潘文孝、張武、林孟龙、謝應春、傅子和、桂天成、刘應登、韓邦彦、蔣守文、余奉、郑青、正青、王堂、吴夆、余海、陳於、陳丙、胡卿刻、付汝虔、陶良、雷夆、王應龍、明夆、付子和、尚勝、刘登、刘应登、晏夫、陶大順、李申、李文、李太。《存目叢書》據以影印。故宮、上圖、南圖、浙圖等亦有是刻。

文體明辨八十四卷　明徐師曾撰　　**六四一九**

兩江總督採進本（總目）。○《兩江第一次書目》：「《文體明辨》，明徐師曾纂，二十五本。」○北京大學藏明萬曆建陽游榕活字印本，作《文體明辯》六十一卷《首》一卷《目録》六卷《附録》十四卷《附録目録》二卷。卷一題「大明吴江徐師曾伯魯纂，歸安茅乾健夫校正，建陽游榕活板印行」。半葉十行，行十九字，白口，四周單邊。前有萬曆改元三月朔旦徐師曾序。序後有「歸安少溪茅乾健夫校正，閩建陽游榕製活板印行」二行。卷内鈐「巴陵方氏功惠柳橋甫印」、「巴陵方氏藏書印」、「大學堂藏書樓之章」等印記。按：萬曆十九年刻本吴興顧爾行序所稱「余舅氏鹿門茅公雅慕之，以活字傳學士大夫間」者，即是本也。《存目叢書》據以影印。西北大學、上海辭書出版社亦有全本。北圖、天一閣、湖南圖、厦大有殘本。○臺灣「中央圖書館」藏明萬曆十九年吴江縣刻本，八十四卷八十四册。題「大明吴江徐師曾伯魯纂」。半葉十行，行十九字，白口，左右雙邊。版心下偶刻「壽檜堂」三字。前有萬曆十九年辛卯夏月吉旦陝西道監察御史吴興顧爾行《刻文體明辨序》云：「是編爲先生藏本，余舅氏鹿門茅公雅慕之，以活字傳士大夫間，一時争購，至令楮貴。前令仁宇徐公擊節而嘆曰：是吾邑先賢手澤也，盍梓之？請于直指知吾邢公，捐贖佐工，工甫半而以赴召行。廣武趙公來令，首先教化，亟謀畢梓，會直指雍野李公行部下檄，遂告竣焉。先生伯子詢、仲子論能讀父書，丐一言於余。」又萬曆十九年辛卯三月上巳知吴江縣事廣平趙夢麟序。又萬曆改元徐師曾自序，自序後有三行牌記：「大明萬曆八年庚辰仲秋望日吴江董邦寧書于壽檜堂刊。」蓋是書付刊歷有年所，雖人事更迭，而承刻者始終爲董邦寧壽檜堂，萬曆八年殆即開雕之年也。而刻成則在十九年。鈐「莚圃收藏」印。北大、津圖、上圖等亦有是刻。○上海圖書館藏明鈔本。○明崇禎十三年沈芬、沈騏刻本，作《文體明辯》四十八卷。題「吴江徐師曾伯魯父纂，嘉興沈芬石夫父、沈騏鸛山父箋」。半葉九行，行二十五字，白口，四周單邊。有沈芬、沈騏崇禎十三年兩序。首都圖、津圖、復旦等藏。王重民《善本提要》著録，云此係沈氏取《文體明辯》八十四卷中之文編刻而成。〇《詩體明辯》二十六卷，明崇禎十三年沈芬、沈騏刻本。署名及版式同前書。有崇禎十三年丘民瞻序，沈芬序，沈騏序。臺灣「中央圖書館」《善本書志初稿》著録，云係沈氏摘出《文體明辯》中之詩詞，稍作箋解而獨立成書者。曲阜師大、南通圖、蘇州圖、無錫圖亦有是刻。

六李集三十四卷　明内鄉李氏二氏六人之詩　**六四二〇**

浙江汪汝瑮家藏本（總目）。〇《浙江省第四次汪汝瑮家呈送書目》：「《六李集》三十四卷，明李宗木等著，四本。」〇《浙江採集遺書總録》：「《六李集》三十三卷，刊本。明内卿李宗木等撰。」〇北京圖書館藏明萬曆三十五年刻本。子目：《李杏山集》九卷，明李宗木撰；《李太史集》六卷，明李蓘撰；《李比部集》九卷，明李蔭撰；《李侍御集》四卷，明李雲鵠撰；《李白羽集》二卷，明李雲鴈撰；《李秋羽集》五卷，明李雲鴻撰。共三十五卷。半葉九行，行十八字，白口，四周單邊。前有萬曆三十二年甲辰李化龍序，序末有「吴下陸士仁書」一行。又萬曆三十二年甲辰祝世禄序，序後有「丁未人日吴郡薛明益重録」一行。又萬曆三十二年舒曰敬序，序後有「丁未人日長洲陳元素重書」一行。後有萬曆三十五年丁未韓光祜跋。《存目叢書補編》據以影印。按：《李杏山集》九卷，《四庫提要》云「《杏山集》八卷」，故總卷數較北圖本少一卷。

泰山蒐玉四卷　明袁稽撰　**六四二一**

兩淮馬裕家藏本（總目）。〇《兩淮商人馬裕家呈送書目》：「《泰山蒐玉》四卷，明袁稽，二本。」

○明萬曆七年刻增修本,作《泰山蒐玉集》三卷三册。半葉九行,行十九字,白口,四周單邊。中科院圖藏。○北京圖書館分館藏泰州新華書店古舊部鈔本二卷。卷一題「荆人袁稓輯,訓導王化校正,生員張重光編次」。半葉十行,行十七字,白口,左右雙邊。前有萬曆七年己卯泰安州儒學訓導六安王化序,後有萬曆七年泰安州儒學訓導昆陵周希旦跋。鈐「泰州新華書店古舊部傳鈔」印記。《存目叢書》據以影印。泰安市圖、泰安市檔、泰山區檔皆藏一九七三年泰州古舊書店鈔本(見周郢《泰山歷代專著叙録》)。

三台文獻録二十三卷　明李時漸編　六四二二

江蘇巡撫採進本(總目)。○《江蘇省第一次書目》:「《三台文獻録》八本。」○《江蘇採輯遺書目録》:「《三台文獻集》二十三卷,明陝西按察司副使齊州趙鴻漸輯,刊本。」按:「趙鴻漸」,吴慰祖改爲「李時漸」。○北京圖書館藏明萬曆五年自刻本,作《三台文獻録》二十三卷。半葉十行,行二十一字,白口,四周雙邊。前有萬曆五年八月望日應大猷序云:「今盤石李公,以泰嶽所鍾,來守吾郡。……間以政暇謀於同僚九澤王公輩,暨鄉老華峰秦公輩,盡取郡中諸先哲之文若詩而類選之,共若干篇爲二十三卷,刻而名曰《三台文獻録》。」次目次,次三台文獻録姓氏。末有陳錫跋。《存目叢書補編》據以影印。臨海博亦有是刻。上圖有殘本。○臨海項士元藏蔭玉閣鈔本二十三卷八册(見《浙江文獻展覽會專號》)。

詞海遺珠四卷　明勞堪編　六四二三

浙江汪啟淑家藏本(總目)。○《浙江省第四次汪啟淑家呈送書目》:「《詞海遺珠》四卷,明勞堪輯，一本。」○《浙江採集遺書總録》：「《詞海遺珠》二卷，刊本，明潯陽勞堪輯。」○《國子監學正汪交出書目》：「《詞海遺珠》一本。」○南京圖書館藏明萬曆四年盧整、吴邦刻本。半葉九行，行二十字，白口，四周雙邊。卷端題「潯陽勞堪編，東陽王乾章校」。半葉九行，行二十字，白口，四周雙邊。前有萬曆四年丙子浙東震所王乾章序云：「向推南康守盧君整、節推吴君邦刻之，工竟乃敢僭引諸首。」又萬曆三年自序。鈐「鳴野山房」、「嘉惠堂藏閲書」、「四庫坿存」等印。前有丁丙手跋，即《善本書室藏書志》本條原稿。《存目叢書》據以影印。北圖、中國社科院文學所亦有是刻。

名公翰藻五十卷　明凌迪知編　　**六四二四**

浙江汪啟淑家藏本（總目）。○《浙江省第四次汪啟淑家呈送書目》：「《名公翰藻》五十卷，明凌迪知輯，四十二本。」○《浙江採集遺書總録》：「《群公翰藻》五十卷，刊本，明凌迪知輯。」○南京圖書館藏明萬曆十年刻本，作《國朝名公翰藻》五十二卷《氏名爵里》一卷。題「吴興凌迪知稚哲選」。卷五十二爲余中元輯。半葉九行，行二十字，白口，四周單邊。版心寫工刻工：徐二、卞、六、云、希、子英、仕、士、罗、吴門高洪書，章右之刻，顧時中、何道甫、顧植、陶英、戴文、英信、汜英、陶誠、彭恩刻，汝加、陶昂、徐禎、陶可、陶子英、罗直、国汜、戴士、江洪、陶英刻，邦彦、信自、英巳、文巳、顧言刊，章扞刻。前有萬曆九年屠隆序，萬曆九年盧舜治序，萬曆十年春王穉登序，吴京序，凡例，氏名爵里。《存目叢書》據以影印。上圖亦有是刻，有梁振聲跋。復旦亦藏一帙。

六四二五　宋文鈔無卷數　明查志隆編

浙江巡撫採進本（總目）。○《武英殿第一次書目》：「《宋文鈔》四本。」○清華大學藏明刻本十册，不標卷次，依序、記、論至墓志銘、墓表、傳集諸體分類編次。依版心葉碼起訖，可分爲十一卷。半葉十行，行二十二字，白口，四周單邊。目録題「海昌查志隆鳴治甫集，庶子允賢補校，孫大科正訛」。前有自序，序後有「虎林沈鼎新書」一行。卷内鈐「思誠齋藏書」印。《存目叢書》據以影印。

六四二六　徽郡詩八卷　明陳有守、汪淮、李敏仝編

安徽巡撫採進本（總目）。○《安徽省呈送書目》：「《徽郡詩》四本。」○北京大學圖書館藏明嘉靖三十八年汪淮刻本，八卷，又《詩人爵里》一卷。題「休寧陳有守批評，李敏選輯，汪淮參訂」。半葉十行，行十八字，白口，四周單邊。版心刻工：黄漢刻、黄鐺、錬、大有刻、黄愛、黄鎦、黄大鎮、黄仲元、黄鏜、黄鉶刊、鉽、堂、黄鍍、欽、鑪。前有汪淮序云：「已未仲夏鳩工鋟梓，庚申仲春始克成書。」又詩人爵里，凡例。《存目叢書補編》據以影印。復旦、南圖、重慶亦有是刻。○《徽郡詩略》二十一卷，明李敏輯，明嘉靖三十九年刻本。半葉十行，行二十字，白口，四周單邊。蘇州圖藏。○《皇明徽詩彙編》四十二卷《附録》一卷，明李敏輯，明嘉靖四十年刻本。半葉十行，行二十字，白口，四周單邊。中科院圖、重慶圖藏。

六四二七　崑山雜咏二十八卷　明俞允文編

浙江汪啟淑家藏本（總目）。○《浙江採集遺書總録》：「《崑山雜詠》二十八卷，刊本，明河間俞允文輯。」○北京圖書館藏明隆慶四年孟紹曾刻本。題「河間俞允文編次，平昌孟紹曾校正」。半葉十行，行十八字，白口，四周單邊。卷七、卷十四、卷二十一、卷二十八末均記寫工刻工：「周可順寫，唐尹刻。」寫刻極精。前有隆慶四年庚午俞允文序。後有隆慶四年孟紹曾跋云：「因亟鋟板，以繼先志。」卷内鈐「王宗炎所見書」、「陸康稷印」、「長樂鄭振鐸西諦藏書」、「長樂鄭氏藏書之印」等印記。前有鄭振鐸跋，已入《西諦書跋》。《存目叢書》據以影印。南圖、臺灣「中央圖書館」亦有是刻。津圖藏一部有徐時棟跋。《明代版本圖録》著録。○《提要》云：「宋嘉定中龔昱嘗輯《崑山雜咏》三卷《續集》一卷，開禧中知嘉定縣事徐挺之曾刊之縣齋。至明王綸，又集近代詩歌百篇，附益其後，已非舊本。……二家之書遂亡。」按：《崑山雜詠》三卷，宋龔昱輯，宋開禧三年崑山縣齋刻本，北圖藏。《崑山襍詠》六卷，明王理之輯，明嘉靖二十年孟紹曾刻本。清陸梅圈評並跋。北圖藏。王綸，字理之，以字行。

荆溪唱和詩一卷　明俞允文編　**六四二八**

浙江范懋柱家天一閣藏本(總目)。○《浙江省第五次范懋柱家呈送書目》：「《荆溪唱和詩》一卷，明俞仲蔚著，一本。」○《浙江採集遺書總録》：「《荆溪唱和詩》一册，刊本，明顧從義等撰，俞仲蔚輯。」

衡門集十五卷　明鄭履淳編　其子心材續編　**六四二九**

浙江汪汝瑮家藏本(總目)。○《浙江省第四次汪汝瑮家呈送書目》：「《衡門集》十五卷，明鄭履淳編，子心材續成，十二本。」○《浙江採集遺書總録》：「《衡門集》十五卷，刊本，明光禄寺少卿海鹽鄭履淳撰。」○天津圖書館藏明隆慶三年至萬曆十三年刻本。半葉十行，行二十字，白口，四周單邊。前有隆慶三年己巳鄭履淳序云：「孤因竊紀所玩若干篇，輯而授梓，總名之曰《衡門集》。」末有萬曆十三年乙酉子鄭心材後敘云：「蓋梓已什九而孤忽罹大戚，又十年而始克終焉。」卷内鈐「内府藏書」、「巴陵方氏碧琳瑯館珍藏古刻善本之印」、「方功惠印」、「柳橋」等印記。《存目叢書》據以影印。北大、上圖、西北大學、臺北市圖亦有是刻。

西湖八社詩帖無卷數　明祝時泰等撰　六四三〇

浙江范懋柱家天一閣藏本(總目)。○《浙江省第五次范懋柱家呈送書目》：「《西湖八社詩》不分卷，明祝時泰、高應冕等著，二本。」○《浙江採集遺書總録》：「《西湖八社詩》一册，刊本，明祝時亨、高應冕等撰。」○南京圖書館藏清鈔本一卷。半葉八行，行十六字，無格。前有嘉靖四十一年壬戌方九叙序。次《西湖八社詩帖》，次《春社詩》，次《秋社詩》。有羅以智朱筆校。末有童漢臣跋，朱筆鈔補。卷内胤字不避諱。鈐「錢塘丁氏正修堂藏書」、「辛卯劫後所得」等印。《存目叢書》據以影印。○清光緒七年錢唐丁氏刻本，《武林掌故叢編》之一。又光緒丁氏刻《西湖集覽》亦收此書，當是一刻。

文章指南五卷　舊本題明歸有光編　六四三一

兩淮馬裕家藏本(總目)。○《兩淮商人馬裕家呈送書目》：「《文章指南》五卷，明歸有光，二本。」

〇湖北省圖書館藏清光緒二年古歙許佐皖江節署刻本。半葉九行，行二十五字，白口，左右雙邊。封面刻「歸震川先生選本」、「文章指南」、「許筱蓮蒐輯」，有牌記：「光緒二年閏五月皖江節署校栞。」末有光緒二年古歙許佐於皖江節署幕府跋。據跋知係許佐據目録重輯付梓者。《存目叢書》據以影印。清華、南圖、江西圖等亦有是刻。〇臺灣「中央圖書館」藏舊鈔本，正文首行題「歸震川先生古文選」，書根題「批本文章指南」。半葉十行，行二十四字，無格。鈐「鐵琴銅劍樓」、「魏士觀印」、「顒望」、「四如山樓」、「陳氏述盧癸丑劫後所得」等印記(見該館《善本書志初稿》)。

桃花源集三卷　明馮子京撰 六四三二

兩淮馬裕家藏本(總目)。〇《兩淮商人馬裕家呈送書目》：「《桃花源集》三卷，明馮子京，一本。」

少林古今録二卷　明劉思温撰 六四三三

浙江范懋柱家天一閣藏本(總目)。〇《浙江省第五次范懋柱家呈送書目》：「《少林古今録》二卷，明劉思温輯，二本。」〇《浙江採集遺書總録》：「《少林古今録》二卷，刊本，明知縣劉思温輯。」

青溪詩集七卷　明徐楚編　李高續輯 六四三四

兩淮馬裕家藏本(總目)。〇《兩淮商人馬裕家呈送書目》：「《青溪詩集》七卷，明徐楚，二本。」〇北京圖書館藏明嘉靖刻本。半葉十行，行二十字，白口，四周雙邊。前有嘉靖四十五年丙寅徐楚序，作者姓氏爵里。此本六卷。《存目》所據爲崇禎李高增輯七卷本，未見。此本鈐「秀埜艸堂顧氏藏書印」、「顧嗣立印」、「振綺堂兵燹後收藏書」、「長樂鄭振鐸西諦藏書」、「長樂鄭氏藏書之印」等印記。《存目叢書》據以影印。

廣中五先生詩選二卷　明陳暹編　六四三五

江蘇周厚堉家藏本(總目)。○《江蘇省第一次書目》:「《廣中五家詩集》二本。」○《江蘇採集遺書目録》:「《廣中五家詩集》二卷,明廣東布政使無錫談愷輯,刊本。」○《提要》云:「五先生者,孫蕡、王佐、黄哲、李德、趙介也。」又云:「嘉靖丁巳無錫談愷刻五先生詩,僅得孫、王、黄、李四家。以汪廣洋嘗爲廣東行省參政,因合而刻之,以足五人之數。」又云:「此本乃嘉靖乙丑陳暹重訂,謂得舊本趙臨清集,命工刻之,以補五先生之闕。而以汪右丞詩別自爲集。」○《廣中五先生詩集》二卷《附刻》五卷,明談愷編,明嘉靖三十六年王國楨刻本。遼圖藏。

清江二家詩四卷　明熊逵編　六四三六

浙江范懋柱家天一閣藏本(總目)。○《浙江省第五次范懋柱家呈送書目》:「《清江二家詩》四卷,明熊逵編,二本。」○《浙江採集遺書總録》:「《清江二家詩》各二卷,刊本,明鶴慶知府孫偉、河南提學敖英撰,熊逵選。」

彤管新編八卷　明張之象編　六四三七

兩淮馬裕家藏本(總目)。○《兩淮商人馬裕家呈送書目》:「《彤管新編》八卷,明張之象,四本。」○北京圖書館藏明嘉靖三十三年魏留耘刻本。題「雲間張之象玄超采撰,吳門魏留耘夏甫校梓」。半葉十行,行十八字,白口,左右雙邊。前有嘉靖三十三年魏學禮序云:「雲間張之象更而新之,首周終蒙古，視昔倍而舉例飭。余兄子留耘鏤諸木焉。」序首葉鈐「翰林院印」滿漢文大方印。《存目叢書補編》據以影印。中科院圖、津圖亦有是刻。○明萬曆二十五年茅文燿刻本。半葉十行，行十八字，白口，左右雙邊。上圖藏。

唐雅二十六卷　明張之象編 **六四三八**

内府藏本（總目）。○《武英殿第二次書目》：「《唐雅》五本。」○《江蘇省第二次書目》：「《唐雅》二本。」○《江蘇採輯遺書目録》：「《唐雅》二十六卷，未詳姓氏，刊本。」○《陝西省呈送書目》：「《唐雅》。」○浙江圖書館藏明嘉靖二十年長水書院刻本。題「清河張之象編」。半葉九行，行十七字，白口，左右雙邊。前有嘉靖二十年辛丑何良俊序，姓氏，總目。卷二十六末有「大明嘉靖辛丑歲刊于長水書院」一行。卷内鈐「南林劉氏求恕齋藏」印記。《存目叢書補編》據以影印。中科院圖亦有是刻。○明嘉靖三十一年無錫縣刻本。半葉九行，行十七字，白口，左右雙邊。北圖、上圖、南圖等藏。《善本書室藏書志》著録云：「前有大明嘉靖壬子歲直隸常州府無錫縣置版一行。」○明萬曆吴勉學刻本。半葉九行，行十九字，白口，四周雙邊。北大、上圖、山東圖等藏。

唐詩類苑二百卷　明張之象編 **六四三九**

内府藏本（總目）。○《武英殿第一次書目》：「《唐詩類苑》四十八本。」○北京大學藏明萬曆二十九年曹仁孫刻本。題「明雲間張之象玄超甫纂輯，嶺南趙應元葆初甫編次，雲間王徹叔朗甫補訂，梁谿曹仁孫伯安甫校正」。半葉十行，行二十字，白口，四周雙邊。前有馮時可序。又萬曆二十九年趙應元《刻唐詩類苑序》云：「邑中有綴文之士伯安曹君，欣然請以梨人棗人爲任。」次王徹撰《傳》。次凡例，引用書目，《四唐年號詩人總目》。《存目叢書》據以影印。上圖、南圖、山東大等亦有是刻。○明萬曆十四年卓明卿崧齋活字印本，一百卷。題「卓明卿編輯，張之象、毛文蔚同校」。半葉十行，行二十字，白口，四周單邊。版心有「崧齋雕本」四字。北圖、南圖等藏。《四庫提要》云：「是集未刊之先，其稿爲浙江卓明卿所得，割取初盛唐詩刊之，遂掩爲己有。華亭王徹重爲辨正釐定，乃復之象之舊。故世有二本。」

古詩類苑一百二十卷　明張之象編　六四四〇

浙江汪啟淑家藏本（總目）。○《浙江省第四次汪啟淑家呈送書目》：「《古詩類苑》一百三十卷，明張之象輯，四十本。」○《浙江採集遺書總録》：「《古詩類苑》一百三十卷，刊本，明布政使經歷張之象輯。」○《兩江第二次書目》：「《古詩類苑》，明張之象輯，十六本。」○北京大學藏明萬曆三十年俞顯謨、王頎、陳甲刻本，一百三十卷。題「雲間張之象玄超纂輯，俞顯卿子如補訂，張所敬長輿、徐光啟子先校正，俞顯謨子昭、王頎玄跂、陳甲伯子參閲」。半葉十行，行二十一字，白口，左右雙邊。前有俞顯卿序，黃體仁序，俞顯謨《凡例》。《凡例》云：「是書經始於張先生玄超，補訂於先兄子如，校正於長輿諸君，而董其成於不佞。……賴社中同調各爲損貲，得度諸木。」黃序云：「歲庚子，《唐詩類苑》始刻於吳門曹氏家。而壬寅歲子如弟顯謨……竟亦偕其壻王君頎、陳君甲讎對發刻《古詩類苑》於海上。」刻工：吳桂芳、子才、李、潘、陶、陳、元、京、朱、仕、馮、本、季、文、江、心、何、施、湯、范、西、志、王、奢。《存目叢書》據以影印。北圖、上圖、南圖等亦有是刻。○按：《汪啟淑目》、《浙江總録》均作一百三十卷，與傳世刻本同，則《總目》作一百二十卷誤。

吴越錢氏傳芳集二卷　明錢笴、錢箭同編　**六四四一**

兩淮鹽政採進本（總目）。○《兩淮鹽政李呈送書目》：「《傳芳集》二卷，宋錢氏，二本。」○清錢泳重輯本，嘉慶十五年刊。封面刻「吴越錢氏傳芳集」、「嘉慶十有五年九月金匱錢氏謹校重刊」。正文題「吴越武肅王第三十世孫泳謹輯」。南圖藏。○光緒七年重刻本。末有錢泳跋，又「光緒七年八月裔孫陽湖淵、太倉泰階謹校重刊」一行。吉林省圖藏。○光緒二十三年刻本。江西圖藏。○民國二十六年排印本。南圖、華東師大、人民大學藏。

百花鼓吹五卷梅花鼓吹二卷　明王化醇撰　**六四四二**

兩淮鹽政採進本（總目）。○《兩淮鹽政李續呈送書目》：「《百花鼓吹》五卷《梅花》二卷，明王化醇，二本。」○清華大學藏明萬曆三十六年九松居士尊生齋刻本，作《古今名公百花鼓吹》十六卷。子目：《唐詩百花鼓吹》五卷、《宋元名家梅花鼓吹》二卷、《中峯禪師梅花百詠七言律詩》一卷、《中峯禪師梅花百詠七言絶句》一卷、《和中峯和尚梅花百詠詩》一卷、《于肅愍公和梅花百詠七言律詩》一卷、《□前韻梅花百詠七言律詩》一卷、《周先生和梅花韻七言律詩》一卷、《馮海粟梅花百詠》一卷、《韋德珪梅花百詠》一卷、《張豫源牡丹百詠七言律詩》一卷。半葉九行，行二十字，白口，四周單邊。《唐詩百花鼓吹》各卷卷端題「梁溪九松居士尊生齋鋟梓」。其餘各卷題「梁溪王化醇彙輯」。

前有萬曆三十六年戊申嚴一鵬《序百花鼓吹刻》，萬曆三十六年王化醇序。據嚴序，刻成於萬曆三十六年。《存目叢書補編》據以影印。社科院文學所、河北大、無錫圖亦有是刻。

六四四三　經世宏辭十五卷　明沈一貫編

浙江巡撫採進本(總目)。〇《浙江省第八次呈送書目》：「《經世宏辭》十五卷，明沈一貫輯，十六本。」〇《浙江採集遺書總録》：「《經世宏辭》十五卷，刊本，明沈一貫編。」〇明萬曆十八年周曰校萬卷樓刻本，作《增定國朝館課經世宏辭》十五卷，明王錫爵、沈一貫輯。半葉十二行，行二十四字，白口，四周單邊。無直格。眉欄刻評。北大、上圖、南圖等藏。王重民《善本提要》著録北大藏本，云原題「太原王錫爵元馭父增定，四明沈一貫肩吾父參訂」。沈一貫序後題「萬曆庚寅孟夏金陵後學對峯周曰校勒於萬卷樓」，下鈐「周曰校印」、「萬卷樓主人」二印。各卷末間刻「周氏萬卷樓藏板」七字。人民大學藏一部，殘存卷一、卷三、卷四、卷六、卷七。〇人民大學藏明末翻刻周曰校萬卷樓本。卷端題署、沈序後三行大字識語均同北大本。卷十五末有「周氏萬卷樓藏板」殘餘。《存目叢書補編》據以影印。臺灣「中央圖書館」藏周曰校本兩部，該館《善本書志初稿》亦云「顯非同版」。〇《經世宏辭》十卷，明萬曆十八年刻清康熙二年豫儀周在浚删訂本。正文首題「經世宏辭卷之一」，次題「太原王錫爵元馭增定，四明沈一貫肩吾參訂」。前有王錫爵、沈一貫二序，萬曆十九年癸卯陳文燭序，康熙二年癸卯陽月既望豫儀周在浚雪客例言七則。臺灣「中央圖書館」《善本書志初稿》云：「是書係清周在浚依明隆萬年間原板《國朝館課經世宏辭》重加删定，並予刊刻。原集十五卷，是本去其詩歌之目，其後附名臣奏議數篇亦删去。」中國科學院圖書館亦有是刻，該館《善本書目》定爲「康熙二年周在浚刻本」。〇《皇明館課經世宏辭續集》十五卷，明王錫爵、陸翀之輯，明萬曆二十一年周曰校刻本。北圖、北大、中科院圖等藏。

吴越遊稿一卷　明沈明臣、沈一貫、余寅唱和之詩　六四四四

浙江巡撫採進本（總目）。〇《浙江省第九次呈送書目》：「《吴越游稿》一本。」〇《浙江採集遺書總録》：「《吴越游稿》一册，刊本，明沈明臣、余寅、沈一貫同撰，卞衮彙刻。」〇按：《提要》云「是編乃嘉靖丙寅三人結伴於錢塘，北遊至揚州，積途中題咏，得詩五十首，因合刻之」。又云「後有揚州卞蓑跋，一貫亦有卞長卿園燕集詩一首，長卿殆即蓑字歟」。考經部小學類存目有「《古器銘釋》十卷，明卞蓘撰，蓘揚州人」。卞衮、卞蓑、卞蓘當爲一人。《浙江省第六次呈送書目》、《浙江採集遺書總録》著録《古器銘釋》均作卞蓘撰，似當以蓘字爲是。

靈洞山房集二卷　明趙志皐編　六四四五

浙江汪啟淑家藏本（總目）。〇《浙江省第四次汪啟淑家呈送書目》：「《靈洞山房集》二卷，明趙志皐著，二本。」〇《靈洞山房集》二卷《内閣奏稿》十卷，刊本，明大學士蘭溪趙志皐撰。」〇北京圖書館藏明萬曆十七年自刻本。題「六虚堂主人趙志皐著」。半葉八行，行十六字，白口，四周雙邊。前有萬曆十七年己丑趙用賢序，萬曆十七年王穉登序。末有萬曆十四年丙戌楊汝諷跋。刻工：張玉。鈐「夢選廔胡氏宗楙藏」印記。《存目叢書》據以影印。

滑耀編無卷數　明賈三近編　**六四四六**

浙江巡撫採進本(總目)。○《浙江省第七次呈送書目》:「《滑耀編》,明賈三近輯,四本。」○《浙江採集遺書總録》:「《滑耀編》四册,刊本,明常州賈三近輯。」○南京圖書館藏明萬曆刻本,不分卷。題「東海承人賈三近彙集」。半葉十行,行十八字,白口,四周雙邊。前有萬曆商横執徐歲月應無射蘭陵散客貞忠居士寧鳩子序。刻工:魁、登、云、金、孝、万、京、士、才、本等。《存目叢書》據以影印。北圖、浙圖等亦有是刻。上圖藏一部有清方濬師跋。○明末毛晉汲古閣刻本,四卷。題「東海石葵賈三近彙集,濟上康宇王象晉重較,虞山子九毛鳳苞訂梓」。半葉八行,行十九字,白口,左右雙邊。北圖、津圖、上圖等藏。王重民《善本提要》、臺灣「中央圖書館」《善本書志初稿》著録。按:王士禛《香祖筆記》卷十二:「吾鄉賈公三近嘗輯《滑耀編》若干卷,先王父方伯贈尚書府君曾屬毛子晉刻之汲古閣。」又《分甘餘話》卷三:「先方伯贈大司寇公嘗刻賈侍郎三近《滑耀編》。」即此本也。

唐詩紀一百七十卷　明吴琯編　**六四四七**

内府藏本(總目)。○《武英殿第一次書目》:「《唐詩紀》二十本。」○《江蘇省第一次書目》:「《唐詩紀》三十本。」○《江蘇採輯遺書目録》:「《唐詩紀》一百七十卷(初唐六十卷盛唐一百十卷),明吴郡黄德水、□郡吴琯分編,刊本。」○北京大學藏明萬曆十三年吴琯刻本,一百七十卷目録三十四卷。卷一題「吴郡黄德水彙編,鄣郡吴琯校訂」。半葉九行,行十九字,白口,四周雙邊。前有萬曆十三年乙酉李維楨序，萬曆十三年方沆序，《刻唐詩紀凡例》。方序云：「古鄣吳太學琯，既校刻六朝以上《詩紀》傳之四方矣。復彙編有唐一代之業，而以初、盛詩百七十卷先之。」鈐「璜川吳氏收藏圖書」印。《存目叢書補編》據以影印。北圖、上圖、南圖等亦有是刻。北圖又有一部有傅增湘跋並録清何焯批校題識，殘存卷二十一至三十。○明覆刻吳琯本，行款版式字體及刻工（何鯨、金世科、士周、器之等）同。卷一題「豫章李明睿閱，海寧方天眷重訂」。卷二以下題「滁陽方一元彙編，海寧方天眷重訂」（參臺灣「中央圖書館」《善本書志初稿》）。中科院圖、南圖、山東圖等藏。又有是刻文樞堂印本，中科院圖、首都圖藏。首圖本王士禛批。

岳陽紀勝彙編四卷　明梅淳撰　　**六四四八**

浙江汪啟淑家藏本（總目）。○《浙江省第四次汪啟淑家呈送書目》：「《岳陽紀勝彙編》四卷，明張振先輯，四本。」○《浙江採集遺書總録》：「《岳陽紀勝彙編》四卷，明按察副使錢塘張振先輯。」○北京大學藏明萬曆十三年張振先刻本。半葉九行，行二十一字，白口，四周雙邊。前有萬曆十三年乙酉撫治荆岳湖廣按察司副使張振先序云：「岳守梅君，政成多暇，因取舊集，彙爲一編。……予既付之梓，復序其意。」次凡例。鈐「椹雪堂珍藏書畫圖章」朱文方印。《存目叢書》據以影印。上圖、津圖、中山大亦有是刻。○明崇禎三年程道行增訂重刻本。半葉九行，行二十一字，白口，四周雙邊。有萬曆十三年張振先序，又崇禎三年凡例。凡例末題「崇禎三年歲次庚午孟春月吉旦岳州府知府蜀程道行重刊，同知南拱極、通判蔡士芹、推官莫爾平、巴陵知縣安汝盤、府學訓導郭昌賢效正」(見王重民《善本提要》)。上圖、社科院歷史所亦有是刻。

六四四九　詩女史十四卷拾遺二卷　明田藝蘅編

内府藏本(總目)。○《武英殿第二次書目》:「《詩女史》四本。」○上海圖書館藏明嘉靖三十六年刻本,正文十四卷,《拾遺》一卷。題「錢塘田藝蘅撰」。半葉十行,行二十字,白口,四周雙邊。前有嘉靖三十六年自叙,凡例,目録。鈐「曉霞藏本」、「曉霞」、「愛日館藏書印」等印記。《存目叢書》據以影印。原北平圖書館藏一部,無《拾遺》。王重民《善本提要》著録。現存臺北「故宫」。

六四五〇　梅塢貽瓊四卷　明周履靖編　姚士粦删定

兩江總督採進本(總目)。○清華大學藏明刻本,周履靖輯,姚士粦删定。半葉八行,行十九字,白口,四周單邊。○明萬曆二十五年金陵荆山書林刻《夷門廣牘》本,六卷,題「新安汪顯節子建校編」。半葉九行,行十八字,白口,四周單邊。前有萬曆辛巳張之象序,彭輅識語。據兩序,爲周履靖輯。民國二十九年商務印書館影印荆山書林刻《夷門廣牘》本。《存目叢書》又用商務本影印。

六四五一　國雅二十卷續國雅四十卷　明顧起綸編

浙江巡撫採進本(總目)。○《浙江省第四次汪啟淑家呈送書目》:「《國雅》二十卷,明顧起綸輯,十二本。」○《浙江採集遺書總録》:「《國雅》二十卷,刊本,明錫山顧起綸輯。」○中國社會科學院文學所藏明萬曆元年顧氏奇字齋刻本,作《國雅》二十卷《續》四卷《雜附》一卷《國雅品》一卷。題「勾吴顧起綸玄言選」。半葉十行,行二十一字,細黑口,左右雙邊。前有萬曆元年皇甫汸序,張佳胤來書，萬曆二年夏施觀民《國雅品序》，凡例。次《國雅品》一卷，末有姚咨識語，又有表方牌記：「勾吴武陵郡奇字齋新雕」。張佳胤來書版心有「癸酉冬刻」四字。正文卷二十末有萬曆元年姚咨跋，男顧祖源於奇字齋刻書跋。又姚咨識語云：「校是編者，友人周天球、童珮、朱在明、俞淵、葉之芳、成滀、從子道瀚、子祖源、祖河、祖漢偕余也。」尾題後有刻工寫工四行：「梓授：吴郡顧植、顧賢、羅鑑、張璥、方之善、同邑何鑰、何鎡、何釗、邵埴、王伯才。筆授：同郡顧櫰、施雲、侯愚、家產子顧相、戴卿、朱謨。」又萬曆改元冬孟望勾吴顧起綸覆校識語。版心刻工另有：邵在、珮之、何之源等。《存目叢書補編》據以影印。北圖、上圖、南圖等亦有是刻。

市隱園詩文無卷數　明姚潊及其子之裔編　**六四五二**

浙江巡撫採進本(總目)。○《浙江省第十次呈送書目》：「《市隱園詩文初紀》二册《二紀》二册，四本。」○《浙江採集遺書總録》：「《市隱園詩文初紀》二册《二紀》二册，刊本，明金陵姚潊編初紀，姚元允二紀。」按：《江蘇藝文志·南京卷》：姚之裔，字伭允。

四庫存目標注卷五十八

滕州　杜澤遜　撰

集部九

總集類二

六四五三　今文選十二卷　明孫鑛撰

兩江總督採進本(總目)。○《兩江第二次書目》:「《今文選》,明孫鑛輯,八本。」○《武英殿第一次書目》:「《正續今文選》三本。」○稿本,十四卷。明孫鑛、余寅、唐鶴徵輯並評。半葉十行,行二十二字,無格。湖北圖藏。○北京大學藏明萬曆三十一年刻本,十二卷。題「餘姚孫鑛選,鄞余寅、武進唐鶴徵訂」。半葉十行,行十九字,白口,左右雙邊。前有萬曆三十年壬寅唐鶴徵序,萬曆三十一年唐鶴徵又序。又《諸公姓號》。鈐「佐伯文庫」、「方功惠藏書印」、「大學堂藏書樓之章」等印記。

《存目叢書》據以影印。北圖、遼圖、湖北圖等亦有是刻。

三忠集十四卷　明郭惟賢撰　六四五四

安徽巡撫採進本（總目）。○《安徽省呈送書目》：「《三忠集》十本。」

文府滑稽十二卷　明鄒迪光編　六四五五

兩江總督採進本（總目）。○《兩江第一次書目》：「《文府滑稽》，明鄒迪光輯，二十四本。」○《武英殿第一次書目》：「《文府滑稽》六本。」○湖北省圖書館藏明萬曆三十七年鄒同光刻本。卷一題「梁谿鄒迪光彦吉甫選，弟同光彦公甫校，男德基公履甫、姪振基興公甫輯」。半葉十行，行二十字，白口，四周雙邊。前有王穉登序，許令典序。又萬曆三十七年己酉鄒迪光序云：「家弟彦公見之，謂今時牙簽緗帙徧滿大地，無如此書也者，遂取以付剞劂氏。」序後有「弟同光書」四字，下鈐「鄒同光印」、「字彦公」二木記。版心刻工：六安崔継堯刊。卷内鈐「春霆印信」印記。《存目叢書》據以影印。北圖、上圖、南圖等亦有是刻。

釣臺集六卷　明陳文焕編　六四五六

兩江總督採進本（總目）。○《兩江第二次書目》：「《釣臺集》，明陳文焕輯，二本。」○《提要》云：「是集成於萬曆丙子。因《釣臺集》舊本，續以後來詩文。」○北京大學藏明萬曆十三年楊束刻二十一年劉嵩增刻本，有萬曆四年陳文焕序。蓋楊束據陳文焕原版增修刷印，劉嵩又據楊束版增修刷印。楊束去陳文焕僅九年，劉嵩去楊束僅八年，舊版尚存，不必重刻，唯增刻新作而已。北大藏本正文分上下二卷，目録則分四卷，是草草增修，未及畫一。明代書帖本往往如是。參下文楊束《釣臺集》條。

詩宿二十八卷　明劉一相編　**六四五七**

内府藏本（總目）。〇《武英殿第二次書目》：「《詩宿》十八本。」〇《兩淮鹽政李續呈送書目》：「《詩宿》二十八卷，明劉一相，四十八本。」〇甘肅省圖書館藏明萬曆三十六年刻本，二十八卷《詩人考世》二卷。正文卷一題「長山劉一相彙輯，男鴻訓、鴻範、鴻采參閱，章丘术良知、稷山梁蕙、鄭寅校次，關中何補之、來臨訂正」。半葉九行，行十九字，白口，四周雙邊。前有萬曆三十六年戊申李維楨序，萬曆三十六年門人朱之蕃《刻詩宿序》，萬曆三十五年劉一相《刻詩宿叙》，萬曆三十六年劉一相識語，義例。據一相識語，知刻成於萬曆三十六年。《詩人考世》上下二卷，版心刻「詩宿爵里」。次《目録》二百餘葉。次正文二十八卷。《目録》末題「書記石懋學詳檢」。卷一至卷四末題「段一讓楷書，古自寵校刊，張贇督刊」。卷五、卷十一下、卷十二、卷十九至二十八末均題「張三畏楷書，古自寵校刊，張贇督刊」。卷六至卷十一上末均題「張茂春楷書，古自寵校刊，張贇督刊」。卷十三至十八末均題「袁擢楷書，古自寵校刊，張贇督刊」。《存目叢書》據以影印。北圖、山東圖、南圖等亦有是刻。

翰墨選註十二卷　舊本題明屠隆撰　**六四五八**

浙江巡撫採進本（總目）。〇《浙江省第五次范懋柱家呈送書目》：「《歷朝翰墨選註》十四卷，明屠隆輯,十二本。」○《浙江採集遺書總録》:「《歷朝翰墨選注》十四卷,刊本,明尚書鄞屠隆輯注。」○上海圖書館藏明萬曆二十四年唐廷仁世德堂刻本,作《歷朝翰墨選註》十四卷。卷一題「古鄞屠隆道民父,南昌涂山子壽父參閲,繡谷唐廷仁國壽父校梓」。半葉十一行,行二十三字,白口,四周單邊。前有萬曆二十四年丙申涂山子壽甫序。鈐「毓奇」等印。《存目叢書》據以影印。中共北京市委圖書館亦有是刻。厦門市圖有殘本。

鉅文十二卷　舊本題明屠隆撰　**六四五九**

安徽巡撫採進本(總目)。○《安徽省呈送書目》:「《鉅文》四本。」○福建省圖書館藏明刻本。題「甬東屠隆緯真氏摘取,西吴茅元儀止生氏品次」。半葉九行,行十九字,白口,左右雙邊。前有屠隆題詞。《存目叢書補編》據以影印。北大、清華、山東大亦有是刻。南圖有是刻曼山館印本。

四六叢珠彙選十卷　明王明嶅編　**六四六〇**

副都御史黄登賢家藏本(總目)。○《都察院副都御史黄交出書目》:「《四六叢珠彙選》四本。」○《浙江省第四次汪啟淑家呈送書目》:「《四六叢珠彙選》十卷,舊題明王明嶅輯,五本。」○《浙江採集遺書總録》:「《四六叢珠彙選》十卷,刊本,明當塗教諭晉江王明嶅輯。」○天津圖書館藏明萬曆陳璧刻本,作《宋四六叢珠彙選》十卷。半葉十行,白口,四周雙邊。前有署當塗縣儒學事晉江王明嶅懋艮甫序云:「宋季葉氏,採當代名家,彙集成編,名曰《四六叢珠》。」又云:「郡守荆山陳公,政清刑理之暇,出是編以示小子明嶅,命與繁昌諭黄君金璽同校選之,……集成十卷。公閲而可之，命曰《彙選》而付之剞劂氏。」則係王明嶅、黄金璽用宋葉氏本重輯。北圖亦有是刻。○清康熙内府鈔本。故宫藏。○《提要》云：「宋葉適所編《四六叢珠》凡四十卷，見於《千頃堂書目》。」

按：《千頃堂書目》於類書類、總集類兩見《四六叢珠》四十卷，均不注撰人。《皕宋樓藏書志》卷六十著録《聖宋名賢四六叢珠》一百卷，舊鈔本，題「建安葉蕡子實編」，有慶元丙辰錦谿吴奂然序，目後有「建安陳彦甫刻梓于家塾」兩行。當即王明嶅序所云「宋季葉氏」書也。然則葉氏名蕡，字子實，建安人。《提要》以《千頃目》所記四十卷本爲葉適編，蓋揣測之詞也。此書又見《存目》類書類。

詩所五十六卷　明臧懋循編　　**六四六一**

通行本（總目）。○《江蘇省第一次書目》：「《詩所》三十二本。」○《浙江省第七次呈送書目》：「《詩所》五十六卷，明臧懋循輯，十六本。」○《浙江採集遺書總録》：「《詩所》五十六卷，刊本，明吴興臧懋循輯。」○北京大學藏明萬曆雕蟲館刻本。半葉十行，行二十一字，白口，四周單邊。有萬曆三十一年自序，凡例。凡例後有「金陵徐智督刻」一行。鈐「明善堂覽書畫印記」、「安樂堂藏書記」印記。又藏一部鈐「巴陵方氏功惠柳橋甫印」等印記（見王重民《善本提要》）。甘肅省圖藏一部有自序，凡例，目録，《歷代名氏爵里》。卷五十六爲補遺，十二葉、十三葉殘損，以下佚去。《存目叢書》據以影印。○明萬曆雕蟲館刻臧賡重修本。南圖、内蒙圖藏。

唐詩所四十七卷　明臧懋循編　　**六四六二**

通行本（總目）。○北京大學藏明萬曆刻本。半葉十行，行二十一字，白口，左右雙邊。有萬曆三十四年丙午於秦淮僧舍自序。封面刻「雕蟲館藏版」。鈐「巴陵方氏功惠柳橋甫印」等印記。《存目叢書》據以影印。上圖、南圖等亦有是刻。

六四六三　詞致録十六卷　明李天麟編

兩江總督採進本(總目)。○《兩江第一次書目》:「《唐宋詞致録》,明李天麟著,八本。」○《安徽省呈送書目》:「《詞致録》八本。」○《武英殿第一次書目》:「《詞致録》十六本。」○北京師大藏明萬曆十五年刻本,作《詞致録》十六卷。目録題「巡按浙江監察御史古燕李天麟彙輯,杭州府知府豫章余良樞、兩浙都轉運鹽使司同知莆陽唐守欽、杭州府同知南郡姜奇方同校」。半葉十行,行二十字,白口,四周單邊。前有萬曆十五年李天麟序,萬曆十五年温純序。末有萬曆十五年唐守欽跋。刻工:范子章刊。《存目叢書》據以影印。北大、上圖、南圖等亦有是刻。山西文物局藏一部存卷一至十二,清楊深秀跋。○明刻本,更名《八代四六全書》。半葉十行,行二十字,白口,四周單邊。眉欄刻評。清華、津圖、河南圖等藏。

六四六四　廣廣文選二十三卷　明周應治編

副都御史黃登賢家藏本(總目)。○《都察院副都御史黃交出書目》:「《廣廣文選》,明周應治,二十四本。」○《兩江第二次書目》:「《廣廣文選》,明周應治輯,十三本。」○清華大學藏明萬曆粵東官署自刻崇禎七年至八年周元孚重修本。二十四卷。卷一題「周應治纂,嶺南門人彭必鳴校」。半葉九行,行十九字,白口,四周雙邊。前有李維楨序,萬曆三十一年癸卯屠隆序,萬曆二十八年庚子周應賓序，萬曆二十四年自序，議例。目録後有崇禎八年男元孚識語云：「是集纂於南郡，刻於東粵。因王事馳驅，未暇訂正。居平每以爲念。今手澤空存，九原莫起。不肖仰體先志，手自校讎，歷甲戌乙亥竣事。」考應治自序署「廣東布政使司左參議」，其子元孚謂「刻於東粵」，知即刻於萬曆間周應治官粵東時，崇禎七年至八年元孚修版刷印。原定爲崇禎七年至八年周元孚刻，未碻。《存目叢書補編》據以影印。江西樂平縣圖有殘本。《國學圖書館總目》有十七卷本，鈐「王士禛印」。

江皐小築集三卷　明李元弼撰　**六四六五**

兩淮馬裕家藏本（總目）。○《兩淮商人馬裕家呈送書目》：「《江皐小築集》三卷，明李元弼，三本。」○天津圖書館藏明萬曆四十年自刻本。卷上題「江皐主人靖吾李元弼輯，社友約吾洪信、青霞温皐謨校，甥恪存趙響、儆弦梁天植編，門人文峯張聞詩、侄海雲李榿録」。半葉八行，行十七字，白口，四周雙邊。前有萬曆四十年壬子方遂序。末有萬曆四十年姚應陽後序云：「既彙成帙，猶慮其後稍散逸也，爰命梓人。」《存目叢書》據以影印。○臺灣「中央圖書館」藏舊鈔本，不分卷，四册。不題編者，無序跋。半葉八行，行十七字，無格。鈐「宋犖之印」、「賓尚阿印」、「陶齋鑑藏書畫」印記（見該館《善本書志初稿》）。當即李元弼書。行款同萬曆本，當即從萬曆本出。

順則集八卷　明程文潞編　**六四六六**

編修勵守謙家藏本（總目）。○《編修勵第一次至六次交出書目》：「《順則集》，明程文潞輯，四本。」

六四六七　塤篪音二卷　明虞淳熙、虞淳貞同撰

兩江總督採進本(總目)。○《兩江第一次書目》:「《塤篪吟》,明虞淳熙等著,二本。」

六四六八　韓文杜律二卷　明郭正域編

内府藏本(總目)。○《武英殿第二次書目》:「《杜律韓文》四本。」○故宫博物院藏明閔齊伋刻套印本。其中《韓文》一卷,明萬曆四十五年閔齊伋刻朱墨套印本,有郭正域《評選韓昌黎文序》,目録作《郭明龍先生評選韓昌黎文》,末有「萬曆丁巳夏六月烏程閔齊伋識」一行。《杜子美七言律》一卷,明閔齊伋刻三色套印本,前有郭正域《批點杜工部七言律序》,末有烏程閔齊伋識語。二種均半葉八行,行十八字,白口,左右雙邊。《存目叢書》據以影印。上圖、南圖等亦有是刻。

六四六九　頻陽四先生集四卷　明劉兑編

陝西巡撫採進本(總目)。○《陝西省呈送書目》:「《頻陽四先生集》。」○南京圖書館藏明萬曆十二年刻本。作《頻陽集》四卷。題「新安景澤甫劉兑選,米脂子謙甫杜本益校,郿縣宗伊甫程希洛輯」。半葉九行,行二十字,白口,四周單邊。前有萬曆十二年甲申仲冬之望渭上陽谷山人南軒序云:「頻陽令劉君景澤甫,政成之暇,爰稽鶡菴張公、石疊李公、斛山楊公暨今立山孫公之文若詩,選且彙焉,付之剞劂。既成袠,乃文學杜君子謙甫持而過余。」卷内鈐「嘉惠堂丁氏藏書」、「四庫坿存」等印。《存目叢書》據以影印。北圖、社科院文學所、津圖、臺灣「中央圖書館」亦有是刻。

明文徵七十三卷　明何喬遠編　**六四七〇**

浙江巡撫採進本（總目）。○《浙江省第十次呈送書目》：「《皇明文徵》七十三卷，明何喬遠輯，二十本。」○《浙江採集遺書總録》：「《皇明文徵》七十二卷，刊本，明侍郎晉江何喬遠輯。」○吉林省圖書館藏明崇禎四年自刻本，作《皇明文徵》七十四卷。題「晉江何喬遠穉孝選」。半葉九行，行十八字，白口，左右雙邊。前有崇禎四年南京工部尚書靳於中序，崇禎三年門人韓如璜序，崇禎四年自序。卷七十四第五十二葉之後殘闕。自序後有較刻名氏：黄居中明立，晉江；韓如璜姬命，博羅；梁稷非馨，南海。又參較名氏。卷内鈐「魏唐金氏偶園珍藏」、「真州吴氏有福讀書堂藏書」、「可楫」、「汝濟」等印記。《存目叢書》據以影印。北大、上圖、南圖等亦有是刻。

評註八代文宗八卷　舊本題明袁黄編　**六四七一**

内府藏本（總目）。○《武英殿第二次書目》：「《評註八代文宗》四本」。○明作德堂葉儀廷刻本，作《新刊八代文宗評註》八卷，明袁黄輯，程子侃評，劉宣化注。半葉九行，行十九字，白口，四周單邊。南大藏。

釣臺集二卷　明楊束編　**六四七二**

兩淮馬裕家藏本（總目）。○《兩淮鹽政李續呈送書目》：「《釣臺集》二卷，明鄺才，四本。」○《提要》云：「嚴光釣臺詩文，宏治中嚴州府推官龔宏始輯録而未成，同知鄺才乃續成十卷刊之。後新安程敏政爲增補記文銘贊等六十餘篇。至萬曆四年，知府陳文煥又屬教諭劉伯潮重編。萬曆十四年，束復删補以成此本。」○中共中央黨校藏明萬曆十三年刻本，二卷。題「授文林郎桐廬知縣建安楊束選校」。半葉九行，行十八字，白口，四周雙邊。前有嘉靖十四年霍韜序，弘治元年彭韶序，嘉靖十四年乙未廖道南序。又萬曆十三年乙酉鄭鋭《重刻釣臺集序》云：「桐廬令楊子束雅慕先生，重刻《釣臺集》成，請予序首簡。」目録後有《釣臺圖》、《嚴陵先生遺像》各半葉。末有萬曆十三年楊束後序。版心刻工：蘭谿張惟良刊、新安吴文馨刻。寫刻甚精。《存目叢書》據以影印。上圖、浙圖、中科院圖亦有是刻。○北京大學藏明萬曆十三年刻增修本。題「知桐廬縣事建安楊束、番禺曾振宣、巴蜀劉嵩重刊」。行款版式字體同前本，唯内容增益頗多，書版有增刻，有改刻，版心葉碼亦多改刻。前有嘉靖十四年霍韜序，弘治元年彭韶序，弘治元年鄭紀叙，弘治元年胡拱辰序，弘治二年程敏政序，嘉靖十四年廖道南序，萬曆四年丙子陳文焕序，圖，像，目録。末有萬曆十三年楊束重刻跋，萬曆二十一年劉嵩跋。蓋係劉嵩就楊束舊版增刻修版刷印者。正文首葉係改刻，版心刻工：南昌萬唯新刊。北圖、上圖、南圖等亦有是刻。臺灣「中央圖書館」《善本書志初稿》著録是刻增修本，題「知桐廬縣事建安楊束、番禺曾振宣、巴蜀劉嵩、豫章孫梗重刊」。又一增修本題「知桐廬縣事建安楊束、番禺曾振宣、巴蜀劉嵩、豫章孫梗、古篠劉一典重刊」，有萬曆二十六年戊戌孫梗續刻跋。其遞增改刻之蹟略可尋繹。○《釣臺集》八卷，明吴希孟輯，明嘉靖十五年焦煜刻本。半葉九行，行十八字，白口，左右雙邊。南京圖書館藏一部，丁丙故物，見《善本書室藏書志》卷三十九，云題「東陽縣知縣吴希孟編」，有霍韜、廖道南序，徐階跋。則在程敏政本之後，陳文焕本之前，館臣未見。

嵩少集四卷　明鄭太原編　**六四七三**

兩淮馬裕家藏本（總目）。○《兩淮商人馬裕家呈送書目》：「《嵩少集》二卷，明鄭太原，二本。」

古文輯選六卷　明馮從吾編　**六四七四**

内府藏本（總目）。○《武英殿第二次書目》：「《古文輯選》五本。」

中原文獻二十四卷　舊本題明焦竑編　**六四七五**

兩江總督採進本（總目）。○《兩江第一次書目》：「《中原文獻》，明焦竑著，十二本。」○清華大學藏明萬曆二十四年汪元湛等刻本，作《新鐫焦太史彙選中原文獻》二十四卷。正文首題「新鐫焦太史彙選中原文獻經集卷一」。次題「脩撰漪園焦竑選，少傅穎陽許國校，編修石簣陶望齡評，修撰蘭嵎朱之蕃註，新安庠生汪元湛若水父、許繼登爾先父、汪宗淳啟文父、汪宗伋予淑父閱梓」。半葉十行，行二十一字，白口，四周單邊。全書分經集六卷、史集六卷、子集七卷、文集四卷、通考一卷。前有自序。封面書名「翰林選註中原文獻」，雙行大字，中刻「内附通考圖説，新安有斐軒梓」二行小字。封面眉欄有刻書識語十三行，末云「因付梓人，用公同志」，署「萬曆丙申歲春正月有斐主人識」。版心刻工：黄鈐、黄鷹熊刻、黄池刻。《存目叢書》據以影印。北大、山東圖、南圖等亦有是刻。

三忠文選三卷　明吴達可編　**六四七六**

江西巡撫採進本（總目）。○《江西巡撫海第二次呈送書目》：「《三忠文選》三本。」

世玉集選二卷　明孫梗編　六四七七

江西巡撫採進本(總目)。○《江西巡撫六次續採書目》:「《世玉集選》二本。」

小孤山詩集一卷　明陳恪編　六四七八

浙江巡撫採進本(總目)。○《浙江省第九次呈送書目》:「《小孤山詩集》,明陳恪輯,一本。」○《浙江採集遺書總録》:「《小孤山集》一册,刊本,明知縣吴興陳恪輯。」

明文雋八卷　舊本題曰袁宏道精選　邱兆麟參補　陳繼儒標旨　張鼐校閱　吴從光解釋　陳萬言彙評　六四七九

江蘇巡撫採進本(總目)。○《江蘇省第一次書目》:「《明文雋》四本。」○《江蘇採輯遺書目録》:「《明文雋》八卷,明吏部郎中公安袁宏道編,刊本。」○南京圖書館藏明師儉堂蕭少衢刻本,作《鼎鐫諸方家彙編皇明名公文雋》八卷。題「石公袁宏道精選,毛伯丘兆麟參補,眉公陳繼儒標指,侗初張鼐校閲,寧埜吴從先解釋,居一陳萬言彙評」。半葉九行,行二十字,白口,四周單邊。有眉欄。前有泰昌元年庚申吴郡周宗建序,陳之美序。卷八末有大字雙行牌記:「師儉堂蕭少衢依京板刻。」卷内鈐「傳經樓藏書印」印記。《存目叢書》據以影印。北師大、社科院文學所、津圖等亦有是刻。○明金陵奎壁堂鄭思鳴刻本,書名行款同前本。北大、南圖、山東大等藏。○按:吴從先《提要》誤作吴從光。

明百家詩選三十四卷　明朱之蕃編　六四八〇

通行本(總目)。○華東師大藏明萬曆間周時泰刻本,作《盛明百家詩選》三十四卷首一卷。卷一題

「金陵蘭嵎生朱之蕃選，授門人周時泰校梓」。半葉九行，行二十字，白口，四周單邊。前有總目，又《盛明詩家姓氏爵里考》一卷。卷内鈐「愚齋圖書館」印。《存目叢書》據以影印。北圖亦有是刻。

按：據《提要》引自序，知是本刻於萬曆四十四年丙辰。

鳳山鄭氏詩選二卷　明曹學佺編 **六四八一**

福建巡撫採進本(總目)。○《福建省呈送第六次書目》：「《鳳山鄭氏詩選》。」

湛園雜詠一卷　明米萬鍾撰 **六四八二**

兩淮馬裕家藏本(總目)。○《兩淮商人馬裕家呈送書目》：「《湛園雜詠》一卷，明米萬鍾，一本。」

百家論鈔十二卷　明王思任編 **六四八三**

浙江巡撫採進本(總目)。○《浙江省第十二次呈送書目》：「《百家論鈔》十二卷，明王思任輯，六本。」○《浙江採集遺書總録》：「《清暉閣百家論鈔》十二卷，刊本，明山陰王思任輯。」

謫仙樓集三卷　明駱駸曾編 **六四八四**

浙江巡撫採進本(總目)。○《浙江採集遺書總録》：「《謫僊樓集》三卷，刊本，明武康駱駸曾輯。」

唐音戊籤二百一卷閏餘六十四卷　明胡震亨編 **六四八五**

江蘇巡撫採進本(總目)。○《兩江第一次書目》：「《唐音戊籤》，明胡震亨編，二十二本。」○《編修勵第一次至六次交出書目》：「《唐音戊籤》三十二本。」○臺灣「中央圖書館」藏胡氏手輯底稿本，存戊籤餘七卷一册。有費寅、區農羲、吴騫手跋。○故宫博物院藏清康熙刻本一千三十六卷一百二十册十二函。計：甲籤唐帝王詩七卷，乙籤初唐詩七十九卷，丙籤盛唐詩一百二十五卷，丁籤中唐詩三百四十三卷，戊籤晚唐人集詩二百一卷餘諸國主詩一卷餘閏六十三卷，己籤五唐雜詩五十四卷，庚籤唐僧詩三十九卷唐道士詩六卷唐宫閨詩九卷唐外夷詩一卷，辛籤唐樂章十卷唐雜曲五卷唐填詞十卷唐歌謡諺語四卷唐諧謔四卷唐謎酒令二卷唐題語判語一卷唐讖記一卷唐占辭一卷唐蒙求一卷唐章咒四卷唐偈頌二十四卷，壬籤唐仙詩三卷唐神詩一卷唐鬼詩二卷唐夢詩一卷唐物怪詩一卷，癸籤唐詩史三十三卷。各籤目録題「海鹽胡震亨遯叟編」。癸籤題「海鹽胡震亨遯叟著」。半葉十行，行十九字，白口，左右雙邊。癸集首葉版心下有刻工：金陵劉鳳鳴刻。丙、己、辛、壬四籤間有鈔配，鈔配之葉刻印框欄與刻本同。甲籤卷端鈐「邢村文若范氏家藏」、「希仁號文若」印。丁、己、庚、辛、壬籤目録前均有「邢村范希仁文若抄補」一行。各册有范希仁題籤。原藏清宫寧壽宫花園之萃賞樓。朱家溍《故宫退食録》、《中國古籍善本書目徵求意見稿》、《中國古籍善本書目》著録。《存目叢書補編》、《續修四庫全書》據以影印。依原書甲至壬籤統編卷數，爲一千卷，又癸籤三十三卷，共一千三十三卷。戊籤清康熙二十六年胡氏南益堂刻，流傳較多，北大、上圖、津圖等有藏。上圖本何焯校，又一本清沈巖録何焯校。南圖本清焦循跋並録何焯批校，存一百九十六卷。按：《提要》謂康熙乙丑始以戊籤刊行，尚欲相繼刊布全書，迨御定《全唐詩》出，而諸籤遂廢，惟癸籤僅有續刊云云。今觀故宫藏本，知當時全書陸續刊版。館臣所言不碻。

六四八六　清源文獻十二卷　明何炯編

禮部尚書曹秀先家藏本（總目）。〇《總裁曹交出書目》：「《清源文獻》八本。」〇《安徽省呈送書目》：「《清源文獻》十本。」〇《江蘇省第一次書目》：「《清源文獻》十本。」〇《江蘇採輯遺書目録》：「《清源文獻》十八卷，明靖江教諭泉州何炯著。」〇《兩淮鹽政李續呈送書目》：「《清源文獻》十八卷，明何炯，十本。」〇北京圖書館藏明萬曆二十五年程朝京刻本，十八卷。題「明郡人前靖江教諭何炯纂輯，知泉州府事新安程朝京選刻」。半葉十行，行二十字，白口，四周雙邊。前有萬曆二十五年丁酉莊國禎序云：「今郡守新安蘿陽程公憑熊……聞先生有兹集，則就厥嗣儀部君稚孝請，銓刻以傳。」又萬曆二十五年黄鳳翔序，姓氏爵里，刻書名氏。版心刻工：吴恩、李郁、詹达隆、刘三、林喬芳、林一松、詹良、葉冬、葉郎、李良、蔡奇、沈春、郑昷、沈林、陳賓、部柱、楊五。卷内鈐「慈谿李氏藏書」、「四明張氏約園藏書之印」等印記。《存目叢書》據以影印。南圖有殘本。按：《存目》據曹秀先呈十二卷本著録，不知江蘇、兩淮有十八卷足本，失檢。

六四八七　嶺南文獻三十二卷　明張邦翼編

江蘇周厚堉家藏本（總目）。〇《江蘇省第一次書目》：「《嶺南文獻》六本。」〇《江蘇採輯遺書目録》：「《嶺南文獻》三十〔二〕卷，明廣東按察使蘄陽張邦翼著。」〇廣東中山圖書館藏明萬曆四十三年至四十四年刻本。卷一題「明蘄陽張邦翼輯」。半葉十行，行二十字，白口，四周單邊。前有萬曆四十四年丙辰張邦翼序云：「是役也始於乙卯之冬，至丙辰之春而竣。」卷内鈐「黄葉邨莊」、「徐紹棨」、「信符」等印記。封面有手跋：「嶺南文獻，張邦翼輯，明萬曆刻本，有黄葉邨莊印，曾經吴孟舉藏。南州書樓藏此書最難得。」蓋徐紹棨手筆。《存目叢書補編》據以影印。北圖、山西大、臺大亦有是刻。

文瑑清娱四十八卷　明華國才編　六四八八

内府藏本(總目)。○《武英殿第一次書目》：「《文瑑清娱》十二本。」○揚州市圖書館藏明崇禎四年筌膏堂刻本。卷一題「鶴溪閒叟霞雪華國才選」。半葉十行，行二十字，白口，左右雙邊。版心下刻「筌膏堂」。前有崇禎四年辛未許令典序，安廣譽序，崇禎四年鄭鄤序，馬世奇序，崇禎三年華琪芳序，崇禎四年自序，凡例。末有崇禎四年自跋。《存目叢書》據以影印。故宫、南博、安博、湖北圖亦有是刻。

續文選三十二卷　明湯紹祖編　六四八九

浙江汪啟淑家藏本(總目)。○《浙江省第四次汪啟淑家呈送書目》：「《續文選》三十二卷，明湯紹祖輯，六本。」○《浙江採集遺書總録》：「《續文選》三十二卷，刊本，明海鹽湯紹祖輯。」○《安徽省呈送書目》：「《續文選》二本。」○浙江圖書館藏明萬曆三十年希貴堂刻本。題「明平原湯紹祖公孟撰。」半葉十行，行二十字，白口，左右雙邊。版心下刻「希貴堂」三字。又有刻工：思、中、楊、潘、陶、夏、陳等。前有萬曆三十年八月海鹽湯紹祖序云：「於是捐彼負郭，援此殺青，集成，總計三十二卷，名曰《續文選》，傳之通都，公諸同好。」《存目叢書》據以影印。北圖、上圖、南圖等亦有是刻。

梁園風雅二十七卷　明趙彥復編　**六四九〇**

浙江鮑士恭家藏本(總目)。○《浙江省第四次鮑士恭呈送書目》:「《梁園風雅》二十七卷,明趙彥復著,六本。」○《浙江採集遺書總録》:「《梁園風雅》二十七卷,刊本,明按察使雍邱趙彥復輯。」○明刻本。半葉九行,行十八字,白口,四周單邊。有刻工。遼大藏。無錫市圖有殘本。○蘇州大學藏清康熙四十三年陸廷燦刻本。卷一題「雍丘趙彥復微生選,東郡汪元范明生校」。半葉十行,行十九字,白口,左右雙邊。前有萬曆四十四年自序。又康熙四十三年宋犖序云:「會嘉定陸生廷燦請重付剞劂,以永其傳,遂欣然序之以行。」次凡例,次汪元范《諸公爵里》。封面刻「大中丞宋漫堂先生發刻」。寫刻甚精。卷内鈐「秋封齋藏書記」印。《存目叢書》據以影印。首都圖、北大、人民大等亦有是刻。

尺牘雋言十二卷　明陳臣忠編　**六四九一**

江西巡撫採進本(總目)。○首都圖書館藏明閔邁德刻朱墨套印本。題「閩莆陳臣忠景周甫輯,吳興閔邁德日斯甫校」。半葉九行,行二十字,白口,四周單邊。眉上刻評。前有陳玉輝序。鈐「北平孔德學校之章」印記。《存目叢書》據以影印。人民大、上圖、遼圖等亦有是刻。○明刻本。半葉九行,行二十字,白口,四周單邊。安徽圖、福建圖藏。福建本鈐「虞山錢牧齋藏書」印記。○明刻本,四卷,陳臣忠輯,曹學佺評。半葉九行,行二十字,白口,四周單邊。眉上刻評。福建圖藏。鈐「康修其藏書記」印記。

古論元箸八卷　明傅振商編　六四九二

浙江巡撫採進本(總目)。○《浙江省第九次呈送書目》:「《古論元箸》八卷,明傅振商輯,二本。」○《浙江採集遺書總録》:「《古論元箸》八卷,刊本,明御史汝南傅振商輯。」○武漢圖書館藏明萬曆四十年順德國士書院刻本,作《古論玄箸》八卷。題「汝南傅振商君雨父輯」。半葉九行,行二十字,白口,四周單邊。前有萬曆四十年壬子仲冬望日傅振商於邢臺國士書院序云:「因屬棗梨,以訂韻人。」卷尾列屬下吏真定府知府冀守謙、順德府知府潘文等校讎銜名。又有「萬曆壬子孟冬刻於順德之國士書院」雙行識語。卷内鈐「雅泉柯氏藏書之印」長方印。《存目叢書》據以影印。首都圖、中科院圖、南圖等亦有是刻。○明萬曆四十六年刻本。半葉九行,行二十字,白口,四周單邊。北大、臺灣「中央圖書館」藏。

緝玉録五卷　明傅振商撰　六四九三

兩淮馬裕家藏本(總目)。○《兩淮商人馬裕家呈送書目》:「《緝玉録》五卷,明傅振商,三本。」○重慶市圖書館藏明萬曆四十七年刻本。題「汝南星垣傅振商君雨評輯,晉江季翀林欲楫删訂」。半葉九行,行十八字,白口,四周單邊。前有萬曆四十七年己未自序。又萬曆四十七年屬吏蘇起雝小言云:「輯成,檄諭雝校讎入梓。」《存目叢書》據以影印。

蜀藻幽勝集四卷　明傅振商編　六四九四

安徽巡撫採進本(總目)。○《安徽省呈送書目》:「《蜀藻幽勝集》四本。」○北京圖書館藏明刻本,作《蜀藻幽勝録》四卷。卷一題「汝南傅振商君雨甫彙輯，東吴錢龍錫稚文甫删訂」。半葉九行，行十九字，白口，四周單邊。前有傅振商序。鈐「江安傅沅叔藏書記」印記。《存目叢書》據以影印。

河南省圖藏明萬曆四十七年刻本，與《秦藻幽勝録》合刻，行款同，當係一版。

四家詩選四卷　明傅振商編　六四九五

内府藏本（總目）。○《武英殿第一次書目》：「《四先生詩集》六本。」

嶺南文獻補遺六卷　明楊瞿崍編　六四九六

江蘇周厚堉家藏本（總目）。○《江蘇省第一次書目》：「《嶺南文獻續》三十二本。」○《江蘇採輯遺書目録》：「《嶺南文獻》六卷，明晉江楊瞿倈著。」○山西大學藏明刻本，作《嶺南文獻軌範補遺》六卷。卷一題「明晉江楊瞿崍輯」。半葉九行，行十八字，白口，四周單邊。前有廣東提刑按察司僉事奉敕提督通省學校晉江楊瞿崍《補刻嶺南文獻序》。卷内鈐「閒田張氏聞三藏書」印記。《存目叢書》據以影印。北圖、中山圖、中山大、臺灣「中央圖書館」亦有是刻。

豳風槩一卷　明蔣如苹編　六四九七

兩江總督採進本（總目）。○《浙江省第四次汪啟淑家呈送書目》：「《豳風槩》一卷《續》一卷，明蔣如苹輯，一本。」○《浙江採集遺書總録》：「《豳風槩》一卷《續》一卷，刊本，明東魯蔣如苹輯。」

古文瀆編二十三卷　明王志堅撰　六四九八

通行本（總目）。○山東省圖書館藏明崇禎六年刻本，八種二十九卷。計韓文三卷、柳文三卷、歐文六卷、蘇洵文二卷、蘇軾文七卷、蘇轍文三卷、曾鞏文二卷、王安石文三卷。半葉九行,行二十字,白口,四周單邊。前有崇禎六年魏説序云:「王公聞修先生……以嘗所選《古文瀾編》刊示多士,以爲修古之的。已復進多士而詔之曰:古文之體裁榘矱正大暢達,則無踰於唐宋八大家者。並付梓人。」則刊於崇禎六年,時志堅方督學於楚。又李長庚序,崇禎六年蔣允儀序,林增志序,王志堅序。版心寫工:吉水鄧美書。鈐「山東省立圖書館點收海源閣書籍之章」印記。《存目叢書》據以影印。貴州省博亦有是刻。東北師大有殘本。按:《總目》作二十三卷,有誤。

文儷十四卷　明陳翼飛編　六四九九

浙江巡撫採進本(總目)。○《浙江省第六次呈送書目》:「《文儷》十四卷,明陳翼飛輯,十二本。」○《浙江採集遺書總録》:「《文儷》十八卷,刊本,明荆溪知縣漳州陳翼飛輯。」○明萬曆刻本,十八卷十八册二函。題「明閩漳陳翼飛元明删輯,新安畢懋康孟侯參訂」。半葉十行,行二十字,白口,四周單邊。前有萬曆三十八年庚戌廣西道監察御史新都畢懋康序,後有萬曆三十九年辛亥陳翼飛跋。鈐「定武楊氏素園藏書印」朱文方印。一九九九年五月廿七日見於濟南古舊書店,標價四萬五千元。臺灣「中央圖書館」藏是刻兩部又一殘本,定爲萬曆三十八年新都畢懋康刻本,所據蓋爲陳翼飛跋語:「庚戌春粗了公車事,久滯長安,孟侯乘瘦馬頻來,語輒移日,因徵往緒。余出自篋中。孟侯既持斧入秦,屬其兄懋之來荆溪,攜之而去,參訂三閱月,名之曰《文儷》,捐月俸緡梓之。……孟侯趣余竣此。」陳跋在萬曆三十九年辛亥秋中,則付梓在三十八年,刊成當在三十九年秋。上圖、浙圖、川圖等亦有是刻。○南京圖書館藏明末刻本，十四卷。卷一題「明閩中陳翼飛元明删定，昆明傅宗龍仲綸較閲，新安畢懋康孟侯參訂」。半葉九行，行十八字，白口，四周雙邊。前有畢懋康序，顧起元序。卷十四後有陳翼飛跋。《存目叢書補編》據以影印。西北大亦有是刻。臺灣「中央圖書館」《善本書志初稿》著録一部，定爲「明啟禎間重刊本」，謂卷前陳翼飛序係覆刊畢懋康本，年代地點均删去。卷目不盡同，内容減於前本。

天籟集二卷　明釋無相編　**六五〇〇**

庶吉士戴震家藏本（總目）。

四大家文選八卷　明陶珽編　**六五〇一**

此條《總目》不載，今據《四庫全書附存目録》補。○《武英殿第二次書目》：「《四大家文選》四本。」○四川省圖藏《四大家文選》八卷，韓、柳、歐、蘇各二卷，明孫鑛評選。未知與陶本異同。

詩歸五十一卷　明鍾惺、譚元春同編　**六五〇二**

内府藏本（總目）。○《武英殿第二次書目》：「《古唐詩歸》六本。」又：「《古詩歸》四本。」○《提要》云：「凡古詩十五卷、唐詩三十六卷。」○清華大學藏明萬曆四十五年刻本。題「景陵鍾惺伯敬、譚元春友夏同選定」。半葉九行，行十八字，白口，左右雙邊。《古詩歸》十五卷，無序跋。《唐詩歸》三十六卷，前有鍾惺序，譚元春序，均爲全書作。《存目叢書》據以影印。北大、山東大、浙圖等亦有是刻。○明刻本。半葉九行，行十八字，白口，四周單邊。川大、津師大、内蒙圖、甘肅圖藏。

○明君山堂刻本。半葉九行,行十八字,白口,左右雙邊。南圖、貴州圖藏。○明崇禎刻本。半葉八行,行二十二字,白口,四周單邊。復旦、山東大、蘇州大藏。○明閔振業、閔振聲刻三色套印本。半葉九行,行十八字,白口,四周單邊。故宫、上圖、浙圖等藏。○明末刻本。明鍾惺、譚元春輯,明劉斆重訂。半葉十行,行十九字,白口,左右雙邊。津圖、遼圖、山東大等藏。○明末刻本。明鍾惺、譚元春輯,明林夢熊重訂。半葉九行,行二十字,白口,四周單邊。眉上刻評。上圖、重慶圖藏。

明詩歸十卷補遺一卷　舊本題明鍾惺、譚元春編,其邑人王汝南校刊,汝南又爲之補綴　**六五〇三**

内府藏本(總目)。○清初積秀堂刻本十卷首一卷末一卷。湖北圖、内蒙圖藏。○東北師大藏清金閶文翰樓刻本十卷首一卷《補遺》一卷。卷一題「景陵鍾惺伯敬父、譚元春友夏父選定」。半葉八行,行二十字,白口,四周單邊。前有同邑後學王汝南序云:「出而梓之。」又康熙癸未宫夢仁序,乃爲《賦程》作,混入此書。又季雍氏王汝南《凡例》。前有卷首一卷,末有《補遺》一卷。封面刻「金閶文翰樓梓」。山東圖亦有是刻。○清華大學藏清鈔本。題「景陵鍾惺伯敬、譚元春選定,秋濤鯨手書」。前有王汝南序。有卷首一卷、《補遺》一卷。《存目叢書》據以影印。

名媛詩歸三十六卷　舊本題明鍾惺編　**六五〇四**

内府藏本(總目)。○《武英殿第二次書目》:「《名媛詩歸》十本。」○中國人民大學藏明刻本。題「景陵鍾惺伯敬點次」。半葉九行,行十九字,白口,左右雙邊。前有自序云:「其裒輯爲難,獨一二有心之士，偶與之論述，爰命梓人永之。」版心寫工：周明徵書。鈐「天涯老」印記。《存目叢書》據以影印。北圖、上圖、浙圖等亦有是刻。

周文歸二十卷　明鍾惺編　　**六五〇五**

内府藏本(總目)。○《武英殿第二次書目》：「《周文歸》七本。」○清華大學藏明崇禎刻本。卷一題「竟陵伯敬鍾惺選，武林亥一陳淏子輯，瀫西仲衍胡揆參，古婺建白范德建閲」。半葉九行，行十九字，白口，四周單邊。眉上刻評。前有旃蒙單閼顧錫疇序，胡揆序，包士瀛序。又崇禎十三年古杭陳淏《大凡》云：「今工尚貴，倍賞良工。金木方新，暑寒歷故。詎謂鐫成靡誤，較于坊刻庶幾。」則刻成於崇禎十三年。《存目叢書》據以影印。北大、上圖、南圖等亦有是刻。

宋文歸二十卷　明鍾惺編　　**六五〇六**

兩江總督採進本(總目)。○《兩江第一次書目》：「《宋文歸》，明鍾惺輯，十本。」○故宫博物院藏《歷代文歸》本。《歷代文歸》包括：《左傳文歸》十卷、《國語文歸》六卷、《秦文歸》十卷、《漢文歸》二十卷、《後漢三國兩晉論贊》四卷、《晉文歸》八卷、《南北朝文歸》四卷、《唐文歸》二十四卷、《宋文歸》二十卷。半葉九行，行二十五字或二十六字，白口，四周單邊。○山東省圖書館藏明末古香齋、集賢堂刻《漢晉南北朝唐宋文歸》本。卷一題「竟陵鍾惺伯敬父選評，古吴楊彝子常父參閲」。半葉九行，行二十六字，白口，四周單邊。版心下刻「集賢堂」，眉上鐫評。鈐「山東省立圖書館點收海源閣書籍之章」印記。《存目叢書》據以影印。故宫本未見，不知二本異同。

合評選詩七卷　明凌濛初編　六五〇七

内府藏本(總目)。○《武英殿第二次書目》:「《昭明詩選》六本。」○《都察院副都御史黄交出書目》:「《選詩》四本。」○遼寧大學藏明凌濛初刻朱墨套印本,作《選詩》七卷。題「梁昭明太子蕭統選,江夏郭正域批點,吳興凌濛初輯評」。半葉八行,行十八字,白口,四周單邊。前有凌濛初序,凡例,批評選詩名公姓氏,詩人世次爵里,目録。鈐「王秉信字執誠」、「執誠真賞」等印記。《存目叢書》據以影印。北圖、上圖、南圖等亦有是刻。

陶韋合集十八卷　明凌濛初編　六五〇八

内府藏本(總目)。○《武英殿第二次書目》:「《陶韋合集》六本。」○中國人民大學藏明凌濛初刻朱墨套印本。子目:《陶靖節集》八卷《總論》一卷,宋湯漢注;《韋蘇州集》十卷《補遺》一卷,宋劉辰翁、明高棅、顧璘、楊慎、鍾惺、譚元春等評。半葉八行,行十八字,白口,四周單邊。眉上刻評。前有萬曆三十一年焦竑序,凌濛初序。凌序後有「凌南榮校」一行。卷内鈐「英龢私印」、「煦齋」、「樂賢堂藏書印」等印記。《存目叢書補編》據以影印。北圖、上圖、南圖等亦有是刻。

八代文鈔無卷數　明李賓編　六五〇九

江蘇巡撫採進本(總目)。○《江蘇省第二次書目》:「《八代文鈔》六十本。」○《江蘇採輯遺書目録》:「《八代文鈔》不分卷,明梁山李賓纂。」○天津圖書館藏明末刻本,一百六種一百六卷。半葉九行,行二十字,白口,左右雙邊。前有梁山李賓序云:「兹刻以文篇自爲頁。」當係自刻本。《存目叢書》據以影印。北大、人民大、山東圖等亦有是刻。

六五一〇　晉安風雅十二卷　明徐熥編

福建巡撫採進本（總目）。〇《福建省呈送第五次書目》：「《晉安風雅》六本。」〇福建師大藏明萬曆刻本。題「郡人徐熥選輯，陳薦夫校訂，董養斌編次」。半葉九行，行十八字，白口，四周單邊。前有萬曆二十五年丁酉徐熥序，萬曆二十六年陳薦夫序，凡例，詩人爵里，目録。版心刻工：張照、張祐。封面刻「可閒堂藏板」。卷内鈐「趙在田印」、「天水趙氏珍藏」、「棶復之印」、「古魚」、「在林鑒古」、「趙在林印」、「光享貞吉」、「麓原氏」、「麓原瓣香」等印記。《存目叢書》據以影印。北圖、北大、福建圖、湖南師大亦有是刻。

六五一一　閩南唐雅十二卷　明徐㶿編　費道用、楊德周等補

浙江汪啟淑家藏本（總目）。〇《浙江省第四次汪啟淑家呈送書目》：「《閩南唐雅》十二卷，明費道用輯，六本。」〇《浙江採集遺書總録》：「《閩南唐雅》十二卷，刊本，明石阡費道用輯。」〇湖北省圖書館藏明崇禎刻本。題「明石阡費道用闇如輯，古鄞楊德周齊莊訂，三山徐㶿興公較」。半葉九行，行十八字，白口，左右雙邊。前有解學伊序，崇禎六年癸酉邵捷春序，費道用序，崇禎六年楊德周序。邵序云：「費、楊二令君……得友人得興公所藏祕册，嚴加參纘而授之梓。」當即刻於崇禎六年。卷内鈐「鄭氏注韓居珍藏記」、「鄭杰之印」等印記。《存目叢書》據以影印。北大、中科院圖亦有是刻。

六五一二

古逸書三十卷　明潘基慶編

原任工部侍郎李友棠家藏本(總目)。○《總裁李交出書目》:「《古逸書》十二本。」○《江蘇省第一次書目》:「《古逸書》十本。」○《江蘇採輯遺書目録》:「《古逸書》,明吴西潘基慶著。」○明萬曆刻本,三十卷首一卷《附語》一卷。半葉八行,行二十字,白口,四周單邊。北大、上圖、南圖等藏。○中央民大藏明末刻本,三十卷首一卷《附語》一卷。各卷目録題「西吴潘基慶良耜選註」。半葉八行,行二十字,白口,四周單邊。《存目叢書補編》據以影印。復旦、津圖、南圖等亦有是刻。

六五一三

秦漢鴻文二十五卷　明顧錫疇編

内府藏本(總目)。○《武英殿第二次書目》:「《秦漢鴻文》六本。」○北京師大藏明崇禎刻本。題「太史顧瑞屏錫疇評選,門人徐漢臨開雍、男顧諟明鎣參訂」。半葉九行,行二十字,白口,四周單邊。眉上刻評。前有崇禎六年癸酉顧錫疇序。《存目叢書》據以影印。清華、津圖、浙圖等亦有是刻。

六五一四

六朝聲偶删補七卷　明邵一儒編

内府藏本(總目)。○《武英殿第一次書目》:「《六朝聲偶删補》五本。」○福建師大藏明泰昌元年刻本。題「海陽邵一儒仲魯甫訂次」。半葉九行,行十八字,白口,四周單邊。前有李維楨序,畢懋康序,泰昌元年邵一儒引。末有汪先岸跋。邵引云「特張剞劂」,知刻於泰昌元年。《存目叢書補編》據以影印。中科院圖、文登縣圖亦有是刻。

蔡氏九賢全書九卷　明蔡鵾編　**六五一五**

福建巡撫採進本(總目)。○《福建省呈送第一次書目》:「《蔡氏九儒書》九卷六本。」○清雍正十一年蔡重刻本,作《蔡氏九儒書》九卷首一卷。半葉十行,行二十二字,白口,四周單邊。南開藏。○遼寧省圖藏清雍正十一年蔡重刻道光五年蔡本源修補印本。封面刻「潭陽蔡氏九儒書」、「雍正癸丑冬重鐫」、「廬峰書院藏板」。正文及版心均名「蔡氏九儒書」。卷首目録題「廬峯十七代裔孫重重輯」,次補刻一行云「道光乙酉重元孫本源重修」。前有清蔡世遠序,雍正十一年張焯序,周學健序。又舊序若干,內有明萬曆三十三年乙巳秋八月既望麻沙十五代裔孫蔡有鵾序。又雍正十一年蔡重跋云:「九儒遺文,吾族沖揚有鵾公延考亭朱氏斌孔手訂成集,梓以佑我後人者也。萬曆至今百餘載,潭邑兵燹頻仍,不惟版籍云亡,……今幸祠宇工竣,不揣綿力,照原本繕寫,付之剞劂。如集內有待增補者《經世指要》、《律吕新書》等卷,不辭搜討,續而補之。更我聖朝之寵錫,當道之優崇,一一分類,附諸卷端。」則是書輯自蔡有鵾(《四庫總目》作蔡鵾似誤),增輯重刻於蔡重,重玄孫本源又修版刷印。館臣所見當係雍正十一年蔡重本,而《提要》但言蔡鵾,不及蔡重,恐係疏漏。又書名本作《蔡氏九儒書》,福建進呈目亦同,而《總目》作《蔡氏九賢全書》,亦有未安。《存目叢書》用遼圖藏本影印。

奕世文集十六卷　明蕭自開編　**六五一六**

兩江總督採進本(總目)。○《兩江第二次書目》:「《奕世文集》四本。」○子目:《二休居士集》一卷,蕭纘撰;《石巖山房集》四卷,蕭乾元撰;《小石集》二卷,蕭暘撰;《修業堂集》五卷,蕭廩撰;《復菴集》四卷,蕭中行撰。

漢魏名家無卷數　明汪士賢編　六五一七

通行本(總目)。○中國社會科學院文學所藏明萬曆天啟間新安汪氏刻本,作《漢魏六朝二十一名家集》一百二十三卷。半葉九行,行二十字,或十八字,白口,四周單邊,或左右雙邊。各集多題「明新安汪士賢校」,或題「明河東呂兆禧校」(《東方先生集》、《潘黄門集》),或題「明秣陵焦竑校」(《謝康樂集》),或題「新安程榮校」(《嵇中散集》、《阮嗣宗集》),或不題校者(《曹子建集》)。《陶靖節集》十卷,其卷九卷十爲《聖賢群輔録》,各卷無校者,末有跋,署「萬曆丁亥休陽程氏梓」。《任彦升集》題「明河東呂兆禧校」,末有萬曆庚寅季夏廿九日河東呂兆禧跋云:「近樵李特袁沈文,不及任集,慕古者闕焉,爰蒐載集,得詩若文七十有奇篇,次爲六卷。」蓋非汪氏一人刊。《存目叢書補編》據以影印。北大、津圖等有殘本。

玉屑齋百家論鈔十二卷　明張文炎編　六五一八

浙江巡撫採進本(總目)。○《浙江省第十次呈送書目》:「《玉屑齋百家論鈔》十二卷,明張文炎輯,十本。」○《浙江採集遺書總録》:「《玉屑齋百家論鈔》十二卷,刊本,明仁和張文炎輯。」

經濟文鈔十一卷　明張文炎編　六五一九

浙江巡撫採進本(總目)。○《浙江省第十一次呈送書目》:「《經濟文鈔》十卷,明張文炎輯,四本。」○《浙江採集遺書總録》:「《經濟文鈔》十卷,刊本,明仁和張文炎輯。」○《兩江第二次書目》：「《經濟文鈔》，明張文炎輯，四本。」○北京大學藏明萬曆十五年玉屑齋刻本，作《國朝名公經濟文鈔》，共十一類，前十類每類一卷，第十一類「刑法類」正文未標卷數，仍當以一卷計，故總爲十一卷。正文卷端題「武林後學張文炎校輯」。半葉九行，行二十字，白口，四周雙邊。版心下刻「玉屑齋元板」。序首葉版心有刻工，殘損，似爲「涂安刊」。又有刻工：蕭山孫宗刊。《存目叢書》據以影印。北圖亦有是刻。

尚元齋三世詩十二卷　明姚悦及其子究孫舜聰之詩　六五二〇

兩江總督採進本(總目)。○子目：《西郭遺稿》一卷，姚悦撰；《尚元草》八卷《詠物詩》二卷，姚究撰；《汗漫游草》一卷，姚舜聰撰。

唐樂府十八卷　明吴勉學編　六五二一

兩江總督採進本(總目)。○《兩淮商人馬裕家呈送書目》：「《唐樂府》十八卷，明吴勉學，四本。」○北京大學藏明刻本。題「明新安吴勉學師古編輯，吴士奇無奇校正」。半葉九行，行十九字，白口，左右雙邊。前有目録。無序跋。鈐「星吾海外訪得祕笈」、「楊守敬印」、「宜都楊氏藏書記」、「飛青閣藏書印」等印記。《存目叢書》據以影印。北圖、津圖、重慶圖等亦有是刻。○臺灣師大藏舊鈔本。

情采編三十六卷　明屠本畯撰　六五二二

浙江巡撫採進本(總目)。○《浙江省第六次呈送書目》：「《情采編》三十六卷，明屠本畯輯，八本。」○《浙江採集遺書總録》：「《情采編》三十六卷，刊本，明知府鄞屠本畯輯。」○北京大學藏明萬曆二十六年自刻本，三十六卷《目録》二卷。題「甬東屠本畯彙輯」。半葉九行，行十八字，白口，四周單邊。前有萬曆二十六年戊戌陳性學序，萬曆二十六年張鼎思序，萬曆二十五年自序。據陳、張二序，知爲屠本畯視閩鹺時輯刻。版心下有刻工：黄汝。鈐有「何文星印」等印記。《存目叢書》據以影印。北圖亦有是刻。

文壇列俎十卷　明汪廷訥編　六五二三

内府藏本（總目）。○《武英殿第一次書目》：「《文壇列俎》八本。」○南京圖書館藏明萬曆三十五年汪氏環翠堂刻本。題「明新都無如汪廷訥昌朝父編輯，了我王尚哲鏡遠父參閲」。半葉十行，行二十字，白口，四周單邊。版心下刻「環翠堂藏板」。前有萬曆三十三年乙巳祝世禄序云：「汪昌朝刻《文壇列俎》成。」則刊於萬曆三十三年。鈐「家在雲間」、「嘉惠堂藏閲書」等印記。《存目叢書》據以影印。沈津《哈佛燕京善本書志》著録一部，祝序外另有萬曆三十五年焦竑、俞彦、汪廷訥三序。《四庫全書附存目録》顧廷龍先生手批：「萬曆丁未環翠艸堂刊，廿册，文奎，一百四十元。」北大、中科院圖、浙圖等亦有是刻。

寒山蔓草十卷　明趙宧光編　六五二四

直隸總督採進本（總目）。○北京圖書館藏明刻本，存卷一至四。題「朝雲宔人趙宧光凡夫氏輯録」。半葉十行，行二十字，白口，左右雙邊。前有自序，首尾殘缺。卷内鈐「振綺堂兵燹後收藏書」、「長樂鄭振鐸西諦藏書」等印記。《存目叢書》據以影印。

六五二五　啟雋類函一百九卷　明俞安期編

內府藏本(總目)。○《武英殿第一次書目》：「《啟雋類函》二十四本。」○《安徽省呈送書目》：「《啟雋類函》三十本。」○《江蘇省第一次書目》：「《啟雋類函》三十本。」○《江蘇採輯遺書目録》：「《啟雋類編》一百卷，明東吴俞安期、豫章李國祥同編，刊本。」○《浙江省第四次汪啟淑家呈送書目》：「《啟雋類函》一百卷，明俞安期著，四十八本。」○《浙江採集遺書總録》：「《啟雋類函》一百卷，刊本，明東吴俞安期輯。」○遼寧大學藏明萬曆四十六年刻本，正文一百七卷，目録九卷。卷一題「東吴俞安期羡長彙編，豫章李國祥休徵輯撰，侯官曹學佺能始訂定」。半葉十行，行二十字，白口，四周單邊。版心刻工：葉昱、章少、高廷、朱二。《存目叢書》據以影印。王重民《善本提要》著録北大、美國國會圖書館藏本，另有萬曆四十六年李維楨序。上圖、吉林省圖等亦有是刻。

六五二六　古文品外録十二卷　明陳繼儒編

江蘇巡撫採進本(總目)。○《江蘇省第一次書目》：「《古文品外録》六本。」○《武英殿第二次書目》：「《古文品外録》十二本。」○宋平生先生藏明刻本，二十四卷十二册。題「陳繼儒仲醇選評，董其昌玄宰、蔡祖芬曼倩仝校」。半葉九行，行二十一字，白口，四周單邊。前有太倉王衡序，海鹽姚士粦序。目録第二十四葉版心記寫工：顧文華寫。卷内鈐「查子穆父祕笈之印」、「麗圃」、「查日華」、「子穆校藏」、「濟陽經訓堂查氏圖書」、「子穆父」、「紫藤華館」、「日華私印」、「查日華子穆父審定群籍金石書畫之印」、「古猷州查子穆藏書印」、「松森居士家藏」、「酉山手校」、「涇川查氏紫藤華館藏書之印」、「麗圃審定」等印記。首册有查子穆手寫扉頁,前面:「古文品外録,道光丙午仲春花朝子穆日華書」,下鈐「日華印信」、「子穆手翰」二印。後面:「古猷州查氏紫藤花館藏」。《存目叢書》據以影印。上圖、南圖、山東圖等亦有是刻。○明喬山堂劉龍田刻本,二十四卷。半葉九行,行二十一字,白口,四周單邊。濟南圖、甘肅圖藏。○山東大學藏明天啟五年朱蔚然刻本,十二卷。題「華亭陳繼儒仲醇選評,仁和朱蔚然茂叔參閲」。半葉九行,行二十字,白口,四周單邊。前有姚士粦序,王衡序。次乙丑孟夏朱蔚然序云:「余不敏,師眉公而志眉公之志,敬爲之梓之。」乙丑爲天啟五年。次凡例,目録。卷内鈐「鬻及借人爲不孝」、「周榮起符」、「一字榮公」、「周榮起印」、「中榮」、「廷用」、「蕉寝」、「蕭穀斠讀」等印記。周榮起,清初人。清華、中科院圖、浙圖等亦有是刻。

古論大觀四十卷　明陳繼儒編　六五二七

副都御史黄登賢家藏本(總目)。○《江蘇省第一次書目》:「《古論大觀》二十本。」○《兩江第一次書目》:「《古論大觀》,明陳繼儒編,二十二本。」○首都圖書館藏明刻本,作《新刊陳眉公先生精選古論大觀》四十卷。題「華亭陳繼儒仲醇父選,婁東吴震元長卿甫編次」。半葉九行,行二十四字,白口,四周單邊。前有陳繼儒序。鈐「明善堂覽書畫印記」。《存目叢書補編》據以影印。中科院圖、南圖、山東圖等亦有是刻。

秦漢文膾五卷　明陳繼儒編　六五二八

內府藏本(總目)。○《武英殿第二次書目》：「《秦漢文膾》五本。」○吉林省圖書館藏明鄒彥章刻本，作《先秦兩漢文膾》五卷。各卷目録次行題「雲間陳繼儒仲醇父選」。半葉九行，行二十字，白口，左右雙邊。前有鄒迪光序云：「吾宗彥章氏付之棗而行于世。」卷內鈐「丁福保讀書記」印記。《存目叢書》據以影印。河南圖、北圖分館亦有是刻。

唐詩選脈會通評林六十卷　明周珽編　六五二九

通行本(總目)。○清華大學藏明崇禎八年縠采齋刻本，作《删補唐詩選脉箋釋會通評林》六十卷。題「汝南青羊周珽無瑕父集註，雲間眉公陳繼儒仲醇父批點」。他卷或題董其昌鑒定，或題陳仁錫鑒定。半葉十行，行十八字，白口，左右雙邊。眉欄刻評。前有崇禎八年乙亥陳繼儒序，崇禎三年庚午陳仁錫序，崇禎元年戊辰倪元璐序，成化己丑周敬序，自序。總目題「海昌澹齋周敬尚禮父原編，曾孫青羊周珽無瑕補輯」。目録末刻「縠采齋重訂」一行。目録版心刻「縠采齋」三字。次附《古今名家論括》一卷二十七葉，次凡例，次援引書目，次年號，次詩人爵里詳節。封面刻「本衙藏板」，並鈐「讀易艸堂」印。《存目叢書補編》據以影印。上圖、安徽圖等亦有是刻。南充師院藏本有清廣業手跋。

秦漢文鈔十二卷　明馮有翼編　六五三〇

內府藏本(總目)。○《武英殿第二次書目》：「《秦漢文鈔》六本。」○北京師大藏明萬曆十一年清音館刻本。題「古杭馮有翼君卿甫輯」。半葉九行,行二十字,白口,左右雙邊。眉欄刻字音。目録首葉版心下刻「清音館雕」。版心下偶記刻工:蔣曙刊、徐安刊、杭郡郁文瑞書。前有萬曆十一年癸未汪道昆序,凡例。《存目叢書》據以影印。北圖、山東圖、上圖等亦有是刻。○臺灣「中央圖書館」藏明萬曆古歙汪氏重刻本。題「古杭馮有翼君卿甫輯,古歙汪德元政叔甫重訂」。半葉九行,行十七字,白口,四周單邊。眉欄刻字音。前有萬曆十一年汪道昆序,凡例。序首葉版心有刻工:黄少川(參該館《善本書志初稿》)。津圖、山東圖、安徽圖等亦有是刻。

師子林紀勝二卷　明釋道恂撰　**六五三一**

兩淮馬裕家藏本(總目)。○《兩淮鹽政李呈送書目》:「《師子林紀勝集》二卷,元釋道恂,二本。」○《兩淮商人馬裕家呈送書目》:「《師子林紀勝》二卷,明釋道恂,一本。」○浙江圖書館藏清初鈔本。○上海圖書館藏清鮑氏知不足齋鈔本,作《師子林紀勝集》二卷。○南京博物院藏清嘉慶十六年貝氏千墨菴鈔本。清貝墉跋,清趙光照題款。○上海圖書館藏清鈔本,作《師子林紀勝集》二卷,附文徵明《拙政園題詠》一卷。○華東師大藏清咸豐七年活字印本。封面刻「咸豐丁巳冬刊」。是本包括:《師子林紀勝集》二卷,題「明住山釋道恂重編,元和徐立方校」。《師子林紀勝集補遺》一卷,題「元和徐立方輯」。圖十二葉,末署「元和趙霆摹圖」,有咸豐七年徐立方跋,謂十二圖爲元徐幼文繪,明錢叔寶有臨本,趙霆摹寫藏之,缺《含暉峰》一幅,據黄受益藏真本摹入補齊,刊入補遺。《師子林紀勝校勘記》一卷,釋杲朗撰。《師子林紀勝續集》三卷首一卷,題「元和徐立方稼甫輯,住持釋杲朗映月參，長洲汪世昭鐵心校」。前集前有咸豐七年釋祖觀序，末有「乾隆元年歲次丙辰小春東吴小痴顧渚茶山氏校録於杞龍軒」識語。《校勘記》前有咸豐七年釋杲朗序云：「余藏是書二十餘年，今冬始假琳琅主人排字板刷印若干部。偶有誤處，經徐稼甫徵君用小紅字校正於旁。復以士禮居黄氏藏本校勘一過，異同處較勝此本，余别疏爲札記如左。」《續集》目録後有咸豐七年徐立方序云：「《師子林紀勝集》二卷爲東吴小痴顧渚茶山氏手鈔本，士禮居黄復翁購得收藏，向未梓行。先君子夢蓮居士曾借鈔一帙，並録副本交師林丈師映月曰：『此係寺中掌故，其藏之勿失。』此二十年前事也。丙辰初夏，映月上人在寺傳戒，方屢往瞻仰。一日上人出是集屬爲校正，意欲鏤版。當即攜歸，商諸琳琅主人，向借士禮居原本，互相參校。」又輯《續集》四卷《補遺》一卷，「映公見而可之，出净資合刊行世」。則此本係師子林住持釋杲朗出淨資，借琳琅主人（蓋即胡珽）活字排印。前集底本爲乾隆顧渚鈔本之傳録本。卷内鈐「孫毓修印」、「小緑天藏書」等印記。《存目叢書》據以影印。

三僧詩三卷　三僧均不著其名，皆當明季　**六五三二**

兩江總督採進本（總目）。○子目：《二楞詩稿》、《高松詩稿》、《中峰詩稿》。

西曹秋思一卷　明黄道周、葉廷秀、董養河倡和詩　**六五三三**

庶吉士梁上國家藏本（總目）。○北京圖書館藏清鈔本。題「上虞倪元璐鴻寶校閲，濮州葉廷秀潤山、晉安董養河漢橋、鎮海黄道周石齋仝著」。半葉十二行，行二十字，無格。前有葉廷秀小序，謂作於辛巳之秋。末有萬銑印跋,時在南明年間。首葉鈐「翰林院印」滿漢文大官印。《存目叢書》據以影印。

六五三四　古文奇賞二十二卷續奇賞三十四卷三續奇賞二十六卷明文奇賞四十卷　明陳仁錫編

通行本(總目)。〇浙江圖書館藏明萬曆四十六年至天啟刻本,作《古文奇賞》二十二卷《續古文奇賞》三十四卷《奇賞齋廣文苑英華》二十六卷(版心題「三續奇賞」)《四續古文奇賞》五十三卷《明文奇賞》四十卷。題「古吳陳仁錫選評」。半葉十行,行二十字,白口,四周單邊。前有萬曆四十六年戊午初集自序,天啟元年二集序,天啟四年三集序,天啟五年四集序。又萬曆四十六年自序。次《略紀》十六葉。鈐「宜仲氏」、「會稽包氏宜仲家藏」、「賦月館」、「劉鳴玉印」等印記。《存目叢書》據以影印。北大、人民大、津圖等亦有是刻。山東省圖有楊以增跋本,僅存正、續二編。

六五三五　古文彙編二百三十六卷　明陳仁錫編

内府藏本(總目)。〇《武英殿第二次書目》:「《古文彙編》六十四本。」〇北京大學藏明崇禎七年刻本,作《奇賞齋古文彙編》二百三十六卷。題「史官陳仁錫明卿父評選」。半葉十行,行二十字,白口,四周單邊。眉上刻評。前有《略紀》一篇,題「奇賞齋主人詮次」。《存目叢書》據以影印。南圖、浙圖、山東圖等亦有是刻。

六五三六　秦漢文尤十二卷　明倪元璐編

内府藏本(總目)。〇《武英殿第二次書目》:「《秦漢文尤》四本。」〇南京圖書館藏明末書林來儀堂刻本。卷一題「始寧倪元璐鴻寶甫輯，古吴項煜仲昭甫參，清江楊廷麟伯祥甫定」。半葉九行，行二十字，白口，四周單邊。眉上刻評。前有楊廷麟序。此本未見書林來儀堂標識，毛裝本，有朱筆圈點。《存目叢書》據以影印。浙圖、浙博、川圖亦有是刻。

國瑋集六十一卷　明方岳貢編　**六五三七**

通行本（總目）。〇首都師大藏明刻本，作《歷代古文國瑋集》一百四十一卷。題「襄西方岳貢禹修評選」。半葉九行，行二十字，白口，四周單邊。眉上刻評。前有徐汧序，方岳貢序，凡例，參較姓氏。内容計：周秦文二十四卷、兩漢六朝文五十六卷、唐宋文六十二卷，共一百四十二卷。其中唐宋文卷五十五卷五十六合卷，故實有一百四十一卷。西漢文卷十一、晉文卷三闕，故此本現存一百三十九卷。鈐「忠州李芋仙隨身書卷」、「真州吴氏有福讀書堂藏書」等印。《存目叢書》據以影印。臺灣大學藏《國瑋集》明崇禎間松江府刊本，存唐文十卷唐文補遺一卷共十二册。當係是刻殘本。〇《諸子國瑋集》七十四卷，明刻本。行款同前書。川圖藏。〇《國瑋集》五十五卷，明刻本。半葉九行，行十九字，白口，左右雙邊。眉上刻評。川圖藏。

經濟文輯三十二卷　明陳其愫編　**六五三八**

内府藏本（總目）。〇首都圖書館藏明天啟七年自刻本，作《皇明經濟文輯》二十三卷。題「餘杭陳其愫點輯，同社姚明彦閲訂」。半葉八行，行十八字，白口，四周單邊。前有天啟七年丁卯自序云：「總爲二十三卷，題曰《皇明經濟文輯》，梓以公之有志者。」《存目叢書》據以影印。北圖、上圖、南圖等亦有是刻。按:《總目》作三十二卷,乃二十三卷之誤。

唐詩解五十卷　明唐汝詢撰　**六五三九**

通行本(總目)。○吉林大學藏明萬曆四十三年楊鶴刻本。卷一題「侍御楊鶴命梓,司理吴之甲、邑侯鄭元昭會訂,華亭唐汝詢仲言父選釋,兄汝諤士雅父參定,友人張所望叔翹父校閱」。半葉九行,行二十字,白口,四周單邊。前有萬曆四十三年乙卯陳所藴序,陳繼儒序,凡例,詩人爵里詳節,引用書目。版心刻工:張紹祖刻。據陳序,係楊鶴等捐資刊刻。卷内鈐「王氏珍藏印信」印記。《存目叢書》據以影印。清華、安徽圖、重慶圖等亦有是刻。○清順治十六年趙孟龍萬笈堂刻本。半葉九行,行十九字,白口,四周單邊。版心下刻「萬笈堂」。北大、上圖、浙圖等藏。

古詩解二十四卷　明唐汝諤撰　**六五四〇**

江蘇巡撫採進本(總目)。○《江蘇省第一次書目》:「《古詩解》四本。」○《江蘇採輯遺書目録》:「《古詩解》二十四卷,明華亭唐汝諤選釋,刊本。」○中國社會科學院文學所藏明崇禎李潮刻本。題「華亭唐汝諤士雅父選釋,弟汝詢仲言父參定,建鄴李潮時行父梓行」。半葉九行,行二十字,白口,四周單邊。前有崇禎王春仲之吉錢龍錫序,目録,凡例。《存目叢書》據以影印。復旦亦有是刻。○暨南大學藏傳鈔李潮刻本。

古今濡削選章四十卷　明李國祥編　**六五四一**

江蘇周厚堉家藏本(總目)。○《江蘇省第一次書目》:「《古今濡削選章》十六本。」○《江蘇採輯遺書目録》：「《濡五雜選章》四十卷，明豫章李國祥著。」按：書名有誤，吴慰祖已改正。○清華大學藏明萬曆刻本。題「豫章李國祥休徵父選，兄李鼎長卿父校」。半葉十行，行二十字，白口，左右雙邊。前有萬曆二十九年辛丑李國祥序。序後有「秣陵蔡拱日書」一行。《存目叢書補編》據以影印。北大、上圖、南圖等亦有是刻。

滕王閣續集十九卷　明李嗣京撰　**六五四二**

兩淮鹽政採進本（總目）。○《兩淮商人馬裕家呈送書目》：「《滕王閣續集》十九卷，明李嗣京，二本。」○上海圖書館藏明崇禎七年刻本。半葉八行，行十八字，白口，四周單邊。版心刻工：李森寫、鄒元弼刊。末有崇禎七年八月之望南昌府推官李嗣京跋。據此跋知刻於崇禎七年。《存目叢書》據以影印。臺灣「中央圖書館」藏一部十八卷，附《滕王閣集》十六卷之後。參《滕王閣集》條。

金華詩粹十二卷　明阮元聲編　**六五四三**

浙江汪啟淑家藏本（總目）。○《浙江省第四次汪啟淑家呈送書目》：「《金華詩粹》十二卷，明阮元聲輯，三本。」○《浙江採集遺書總録》：「《金華詩粹》十二卷，刊本，明滇南阮元聲輯。」○《兩江第一次書目》：「《金華詩粹》，明阮元聲輯，六本。」○蘇州市圖書館藏明崇禎刻本。卷一缺首葉。卷二題「明滇南阮元聲評選，四明楊德周參訂，長山戴應鰲編次」。半葉九行，行二十字，白口，四周單邊。前有崇禎五年壬申李日華叙，韓敬序。又崇禎四年辛未臘後立春日阮元聲序云：「集成而命之曰《粹》，梓人復請一言以弁之。」則爲崇禎四年冬付梓，刊成當在崇禎五年。總目後有《金華詩粹姓氏傳略》一卷。《存目叢書》據以影印。民國《文瀾學報・浙江文獻展覽會專號》著録胡氏夢選樓藏明崇禎刻本，云總目版心有刻工：南京韓仕鉉刻。美國國會圖亦有是刻。

古文正集二編無卷數　舊本題葛鼐、葛鼒評輯　**六五四四**

兩江總督採進本(總目)。○《提要》云：「此爲續集，所録凡二十二家。」○《兩江第一次書目》：「《唐宋元二十二家文集》，明葛鼐等著，二十二本。」○常熟市圖書館藏明崇禎六年葛氏永懷堂刻《古文正集》十卷。明葛鼐、葛鼒輯。半葉十行，行二十七字，白口，四周單邊。前有崇禎六年癸酉孟冬陳仁錫序，鄭以偉序，崇禎六年癸酉冬葛鼒附記。又崇禎六年癸酉葛鼒自序云：「因相與録出，梓而行之。」末署「書于永懷堂」，知係崇禎六年葛氏永懷堂刻本。是集卷一《左傳》、《國語》，卷二《公羊》、《穀梁》、《檀弓》、《國策》，卷三卷四《史記》，卷五《漢書》，卷六《後漢書》，卷七《唐文》，卷八至十《宋文》。各卷目録題「吴郡葛鼐靖調、葛鼒端調評輯，弟葛鼎竑調、葛⿰鼎彗毅調同參」。卷内鈐「江天遠章」印記。《存目叢書補編》據以影印。上圖亦有是刻。○北京師大藏明崇禎九年吴門葉碧山等刻《古文正集二編》不分卷。封面刻「古文正集二編」、「金閶葉碧山梓」，又刻《顏魯公集》至《劉靜修集》二十二家名目。正文前有崇禎九年丙子顧絪叙，崇禎九年楊廷樞序，崇禎九年葛鼒序，述略，目録。各集前有書名葉，均題「永懷堂評選」，又題受梓名氏。《顏魯公文集》、《陸宣公奏議》、《李文饒文集》、《杜樊川集》、《司馬文正公傳家集》五種均刻「吴門葉聚甫受梓」。《韓忠獻王集》、《黄山谷集》、《楊龜山集》、《文文山集》四種均刻「吴門葉碧山受梓」。《范文正公集》、《張宛丘集》

（一名《張文潛文集》）、《真西山集》、《朱子大全》、《陸象山集》、《王梅溪集》、《陳龍川文集》七種均刻「吴門周交甫受梓」。《范忠宣公集》、《二程全書》、《李旴江文集》、《鄒道鄉集》四種均刻「吴門葉顯吾受梓」。餘二種未見書名葉。二集版式字體行款與初集同。《存目叢書補編》據以影印，與常熟市圖藏初集相配。北師大亦有初集。遼寧博物館有二集。四庫館臣僅見二集，非完帙也。

漢魏詩乘二十卷　明梅鼎祚編　　**六五四五**

通行本（總目）。○《安徽省呈送書目》：「《漢魏詩乘》三本。」○《武英殿第二次書目》：「《漢魏詩乘》二本。」○北京大學藏明萬曆十一年刻本，二十卷附《吴詩》一卷。題「宣城梅鼎祚禹金編校」。半葉十行，行二十字，白口，左右雙邊。前有萬曆十一年癸未梅鼎祚序，次《總録》一卷，次正文二十卷，附吴詩一卷。各卷末多記校閲者：「彭城劉文顯公謨閲于頌酒齋」、「吴興沈有則士範閲」、「東海徐嘉慶伯善閲于英鑒堂」、「汝南梅蕃祚茂卿閲于一枝園」、「上谷麻一驥伯顧閲于閒閒園」、「彭城劉文逵公朗閲于嘉生堂」、「上谷麻一鳳長靈閲于振美堂」、「彭城劉文兼公武閲于蒼然閣」、「徐家慶氏閲于曠齋」、「鎦文顯氏閲于振藻堂之西偏」、「徐家慶閲于臨高臺」、「麻一鳳氏閲于脩齋」、「劉文顯閲于太乙庢」、「沈有則閲于賦郊園」、「梅蕃祚閲于樹蕙軒」（以上卷一至卷十六，每卷一條）、「劉文達閲于鴻寶軒」、「麻一鳳閲于九曲館」、「劉文顯閲于氿粍館」、「徐家慶閲于品泉所」（以上卷十七至二十）、「劉文兼閲于畊塢居」（以上《吴詩》末）。版心下記刻工：逕川徐禎刻、希文、才、陶、罗、武、陶禎、徐信、元、禎信。似有二人合刻一版合署名者。卷内鈐「柯逢時印」。《存目叢書補編》據以影印。

書記洞詮一百十六卷　明梅鼎祚編　六五四六

内府藏本（總目）。○《武英殿第一次書目》：「《書記洞詮》十二本。」○《江蘇省第一次書目》：「《書記洞詮》一百十六卷，明宣城舉人梅鼎祚著，刊本。」○《浙江省第四次汪啟淑家呈送書目》：「《書記洞詮》一百十六卷，國朝梅鼎祚輯，二十八本。」○《浙江採集遺書總録》：「《書記洞詮》一百十六卷，刊本，國朝梅鼎祚輯。」○蘇州市圖書館藏明萬曆二十五至二十七年玄白堂刻本。作《書記洞詮》一百二十卷《目録》十卷。其中卷一百十七至一百二十原注「未刻」。題「江東梅鼎祚纂輯」。半葉十行，行二十字，白口，左右雙邊。前有萬曆二十五年丁酉劉鳳序，序後有「新都劉然書」一行。次《文心雕龍·書記》，《凡例》。《凡例》末有「萬曆歲丙申春玄白堂識」一行。次引用書目，次目録。目録末有「大明萬曆歲丁酉仲夏汝南郡鏤版已亥孟秋竣工」一行。卷内鈐「筠圃」等印記。《存目叢書》據以影印。北圖、上圖、浙圖等亦有是刻。

宛雅十卷續宛雅八卷宛雅三編二十四卷　明梅鼎祚編　國朝蔡蓁春、施閏章續編　國朝施念曾、張汝霖三編　六五四七

浙江巡撫採進本（總目）。○《浙江省第五次曝書亭呈送書目》：「《宛雅》十卷，國朝梅鼎祚輯，三本。」○《浙江省第七次呈送書目》：「《宛雅初編》八卷，明梅鼎祚輯，四本。」又：「《宛雅二編》八卷，國朝蔡蓁春輯，四本。」又：「《宛雅三編》二十四卷，國朝施念曾、張汝霖仝輯，六本。」○《浙江採集遺書總録》：「《宛雅初編》八卷，刊本，國朝梅鼎祚輯。」又：「《宛雅二編》八卷，刊本，國朝象山蔡蓁春、施閏章同輯。」又：「《宛雅三編》三十四卷，刊本，國朝施念曾、張汝霖同輯。」吴慰祖曰：「《三編》庫目、國學目並作二十四卷，此作三十四卷，恐譌。」○首都圖書館藏清乾隆十四年西陂艸堂刻本，初編作八卷，餘同《存目》。初編題「甘木梅鼎祚原編，竹牕施念曾、芸墅張汝霖補輯」。二編題「愚山施閏章、象山蔡蓁春原編，竹牕施念曾、芸墅張汝霖補緝」。三編題「竹牕施念曾、芸墅張汝霖編緝」。半葉十行，行二十一字，白口，左右雙邊。前有乾隆十七年梅㲄成序，乾隆十四年張汝霖序等。封面刻「乾隆己巳秋鐫」、「西陂艸堂藏板」。《存目叢書》據以影印。社科院文學所、上圖等亦有是刻。○按：《存目》既據浙撫進本，《浙江七次目》初編作八卷，《浙總録》亦八卷，與傳世刻本合，則《存目》作十卷恐誤。唯《曝書亭目》作十卷，或另有所據。

文致無卷數　明劉士鏻編　六五四八

内府藏本（總目）。○《武英殿第二次書目》：「《文致》六本。」○明皎兮閣刻本。半葉九行，行二十字，白口，四周單邊。故宫、吴縣圖藏。○明末刻本。半葉九行，行二十字，白口，四周單邊，無直格。北大、上圖、遼圖等藏。○明天啟元年閔元衢刻朱墨套印本。明劉士鏻輯，閔無頗、閔昭明集評。半葉八行，行十八字，白口，四周單邊。山東省圖藏一部，卷前沈聖岐序題下有黄叔琳手識：「雍正十有七年北平黄崑圃識。」又《劉越石文致原序》末有翁方綱手跋：「劉越石先生之選撮有細祥佳麗，後學之人亦未嘗如此之妙乎。壬子秋於都門密院東山艸亭閲讀，翁方綱。」下鈐「覃谿」印。卷内又鈐「天水尹氏家藏書畫」印。上圖、南圖等亦有是刻。○明崇禎元年刻本。作《蘭雪齋增訂文致》八卷。半葉九行，行二十字，白口，四周單邊。眉上刻評。中科院圖、浙圖、吉大藏。○遼寧大學藏明天啟刻本。作《删補古今文致》十卷。題「虎林劉士鏻越石原選，閩中王宇永啓增删」。半葉九行，行二十字，白口，四周單邊。眉上刻評。目録題「新鐫王永啓先生評選古今文致」。前有壬子劉士鏻序，金維城序，天啟三年癸亥閩中王宇序。鈐「楊慶簪藏」、「盋齋珍藏書畫之印」等印記。《存目叢書》據以影印。北大、山東大、浙圖等亦有是刻。北師大有是刻寶翰樓印本。○明末刻本。作《删補古今文致》十卷，明劉士鏻輯，王宇增删。半葉九行，行二十字，白口，四周單邊。中央黨校圖、湖北圖藏。○明末翁少麓刻本。書名、撰人、卷數、行款同前本。首都圖、復旦藏。○一九九八年岳麓書社排印蔡鎮楚校點本。所據爲韓國姜銓燮藏舊鈔本。傳世明刻未嘗一見。

史漢文統十五卷　明童養正編　　六五四九

内府藏本(總目)。○《武英殿第二次書目》：「《史漢文統》六本。」○四川省圖書館藏明崇禎刻本。題「山陰王思任季重定，會稽邵元禎君徵參，童養正聖功選」。半葉九行，行二十字，白口，四周單邊。眉上刻評。凡《史記文統》五卷、《西漢文統》五卷、《東漢文統》五卷。前有王思任序，崇禎九年丙子葛徵奇序。又童養正《凡例》云：「是役也始于乙亥仲夏，竣於季冬。」蓋刻於崇禎八年也。《存目叢書》據以影印。安徽圖有崇禎九年正窺園刻本十一册，當是一版。

六五五〇

同時尚論録十六卷　明蔡士順編

江蘇巡撫採進本（總目）。〇《兩淮商人馬裕家呈送書目》：「《同時尚論録》十六卷，明蔡士順，六本。」〇《都察院副都御史黄交出書目》：「《同時尚論録》，明蔡士順，八本。」〇南京圖書館藏明崇禎刻本。題「古吴蔡士順輯」。半葉十行，行二十一字，白口，四周單邊。前有楊廷樞序，朱國材序，崇禎十年丁丑蔡士順序，姓氏，目録。《存目叢書》據以影印。北圖、上圖亦有是刻。〇清李文田家鈔本。李文田校注。半葉十行，行二十一字，緑格，白口，四周單邊。北圖藏。

六五五一

南園五先生集二卷　明葛徵奇編

安徽巡撫採進本（總目）。〇《安徽省呈送書目》：「《南園五先生集》二本。」〇首都圖書館藏清同治九年南海陳氏重刻本。趙介、孫蕡、王佐、李德、黄哲詩各一卷，總題《南園前五先生詩》。有牌記：「同治九年仲春南海陳氏重栞。」前有嘉靖乙丑陳暹序，崇禎十一年葛徵奇序，陳子壯序，康熙庚子李瑄朗重刻序。末有「番禺陳起榮奎垣校字」一行。版心刻「樵山草堂」四字。《存目叢書》據以影印。又同刻者爲《南園後五先生詩》二十五卷，牌記及版心堂號同。前有乾隆二十七年王懿德序，乾隆三十年熊繹祖序，乾隆三十八年檀萃序。末有《南園花信附刻》一卷。《四庫》别存其目。

六五五二

三忠文選十六卷　明胡接輝編

内府藏本（總目）。〇《武英殿第一次書目》：「《三忠文選》七本。」〇復旦大學藏明崇禎十年廬陵胡氏刻本。作《里先忠三先生文選》十四卷。目録題「廬陵後學胡接輝篤父父集選，友人文江劉同升孝則父點定,毘陵薛寀偕孟父批評,男胡先庚編次,門人宋世臣、季光灊、李枝秀、彭起雲仝校」。半葉九行,行二十字,白口,四周單邊。前有錢春序,李建泰序,周鳳翔序,崇禎十年丁丑戴澳序,崇禎十年丁丑侯峒曾《合刻三忠文選序》,崇禎十年阮大鋮序,陳函煇序,崇禎十年楊文驄序。據諸序,此係崇禎十年廬陵胡氏刻本。《存目叢書》據以影印。吉大有殘本,存《宋胡忠簡先生文選》六卷、《宋周文忠先生文選》二卷。

小瀛洲社詩六卷　明錢孺穀、鍾祖述同編　**六五五三**

浙江巡撫採進本(總目)。○《浙江省第十一次呈送書目》:「《小瀛洲社詩》六卷一本。」○《浙江採集遺書總録》:「《小瀛洲社詩》六卷,刊本,明錢孺穀、鍾祖述同編。」○中國社會科學院文學研究所藏清順治刻本。作《小瀛洲十老社詩》六卷《瀛洲社十老小傳》一卷。題「東圩翁孫錢孺穀、西皐翁孫鍾祖述輯,曾孫錢千秋、鍾令聞較」。半葉九行,行二十字,白口,左右雙邊。前有正德辛未徐咸《小瀛洲社會圖記》,萬曆癸丑俞安期《觀小瀛洲社會圖題以長句》,癸丑沈孝題詩,胡震亨題詞,癸丑鍾祖保跋。次《凡例》、《目録》。次錢孺穀《瀛洲社十老小傳》。卷内鈐「真州吴氏有福讀書堂藏書」印記。《存目叢書補編》據以影印。北圖、上圖、南圖等亦有是刻。

成氏詩集五卷　明大名成氏之家集　**六五五四**

直隸總督採進本(總目)。○《直隸省呈送書目》:「《成氏詩集》五本。」子目:《適和堂初集》一卷,明成宰撰。《適和堂繼集》一卷,明成之蓮撰。《東壁園詩集》一卷,明成仲龍撰。《鴝鵒園集》一卷，成少龍撰。《永言集》一卷，明成象珽撰。

玉臺文苑八卷續玉臺文苑四卷　明江元禧編　江元祚續編　六五五五

兩淮馬裕家藏本（總目）。○《兩淮商人馬裕家呈送書目》：「《玉臺文苑》八卷《續》四卷，明江元禧，六本。」○《浙江省第八次呈送書目》：「《玉臺文苑》八卷，明江元禧輯；《玉臺文苑》四卷，明江元祚輯。六本。」○《浙江採集遺書總録》：「《玉臺文苑》八卷《續玉臺文苑》四卷，刊本，明醴陵江元禧輯，江元祚續輯。」○中國人民大學藏明崇禎刻本。作《玉臺文苑》八卷《續玉臺文苑》四卷。前編題「醴陵江元禧邦申甫編輯，弟元禨邦善甫較政」，有韓敬序，天啟二年黄光若序。續編題「横山江元祚邦玉甫編輯，姪長訂政」，有崇禎五年壬申葛徵奇序。半葉九行，行二十字，白口，四周單邊。《存目叢書》據以影印。上圖、南圖等亦有是刻。

漢魏名文乘無卷數　明張運泰、余元熹同編　六五五六

江蘇巡撫採進本（總目）。○《武英殿第一次書目》：「《漢魏六十名家》十六本。」吴慰祖云：「即《漢魏名文乘》。」○北京大學藏明末刻本。曹子桓、曹子建集配鈔本。題「江陰沈鼎科弁江、豫章黄國琦五湖鑒定，古潭張運泰來倩、余元熹延穉彙評」。半葉十行，行二十七字，白口，四周單邊。前有閩書林張運泰序云：「爰發架上叢書、《奇賞》、《文歸》、《別解》、《奇略》及受先先生《兩漢文》、天如先生《百名家》，吾閩所鐫《七十二家》，偕余延穉彙分遴訂。」又閩書林余延熹序。又壬午孟夏張來倩《選例》。壬午爲崇禎十五年，知係崇禎十五年閩書林張運泰、余延熹編刻本。《存目叢書補編》據以影印。華東師大、廣東社科院等亦有是刻。

六五五七　元四家詩二十六卷　明毛晉編

江蘇巡撫採進本(總目)。○《江蘇省第一次書目》:「《元四家詩》八本。」○《江蘇採輯遺書目録》:「《元四家詩》二十六卷,明常熟毛晉刊。」○北京師大藏明崇禎毛氏汲古閣刻本。封面刻「元詩四大家」、「虞伯生、范德機、楊仲弘、揭曼碩」、「汲古閣藏板」。半葉九行,行十九字,白口,左右雙邊。版心下刻「汲古閣」。計《虞伯生詩》八卷《補遺》一卷、《楊仲弘詩》八卷、《范德機詩》七卷、《揭曼碩詩》三卷,共二十七卷。各集末有毛晉跋。《存目叢書》據以影印。上圖、南圖等亦有是刻。

六五五八　吴興藝文補四十八卷　明董斯張、閔元衢、韓千秋同編

浙江巡撫採進本(總目)。○《浙江省第七次呈送書目》:「《吴興藝文補》四十八卷,明董斯張輯,十八本。」○《浙江採集遺書總録》:「《吴興藝文補》四十八卷,刊本,明烏程董斯張輯。」○復旦大學藏明崇禎六年刻本,七十卷。卷一題「烏程董斯張遐周彙編,閔元衢康侯參輯,韓千秋聖開增定」。半葉九行,行二十一字,白口,四周單邊。前有崇禎六年陳以誠序,崇禎五年朱國禎序,崇禎五年韓敬序,崇禎六年韓昌箕紀事,子董説《刻吴興藝文補感言》。據韓昌箕紀事,知係吴郡守陳以誠命門生韓國箕付梓者,崇禎六年冬梓成,費時二十有二月。鈐「當湖徐步瀛眉似父之印」印記。《存目叢書》據以影印。北京市文物局、美國國會圖書館亦有是刻。○浙江圖書館藏清鈔本七十卷三十四册。

十六名家小品三十二卷　明陸雲龍編　**六五五九**

浙江巡撫採進本(總目)。○《浙江省第十二次呈送書目》：「《十六名小品》，明陸雲龍輯，十二本。」○《浙江採集遺書總録》：「《十六名家小品》十二册，刊本，明錢塘陸雲龍輯。」○《兩江第一次書目》：「《十六名家小品》，明陸雲龍編，十六本。」○浙江圖書館藏明崇禎六年陸雲龍刻本，作《皇明十六家小品》三十二卷。半葉九行，行十九字，白口，四周單邊。前有丁允和序，何偉然序，癸酉仲夏錢塘翠娛閣主人陸雲龍序，馮元仲序。各家小品均題「翠娛閣評選某某先生小品」，次題「西湖何偉然仙郎選，錢塘陸雲龍雨侯評」，或題「仁和丁允和叔介選，錢塘陸雲龍雨侯評」。《屠赤水先生小品》封面刻「崢霄館藏板，翻刻必究」。各家小品前多有崇禎壬申陸雲龍序。《存目叢書》據以影印。選評者定爲「明何偉然、丁允和選，陸雲龍評」。北圖、上圖、南圖等亦有是刻。

唐詩韻匯無卷數　明施端教編　**六五六〇**

江蘇巡撫採進本(總目)。○《江蘇省第一次書目》：「《唐詩韻匯》四十本。」○《浙江省第六次呈送書目》：「《唐詩韻會》四十卷，國朝施端教輯，四本。」按：四本當係四十本之脱誤。○《浙江採集遺書總録》：「《唐詩韻匯》四十册，刊本，國朝宣城施端教輯。」○北京大學藏清康熙嘯閣刻本，作《唐詩韻匯》無卷數。題「泗濱施端教匪莪輯，男于國許公、于朝止立校」。半葉十一行，行二十字，白口，左右雙邊。版心下刻「嘯閣」二字。前有門人王震緣起，康熙二十年辛酉盥官胡應麟漫園序，陳璜序，黄廷才序，蔡啟僔序，王度序，胡澂序，李士瑜序。次《合緝諸書》，次《四唐年號詩人總目》，次《唐詩韻匯譜》三卷,次正文。卷内鈐「明善堂覽書畫印記」、「安樂堂藏書記」等印。《存目叢書》據以影印。遼圖、山東圖、上海辭書社、臺灣「中央圖書館」亦有是刻。

文字會寶無卷數　明朱文治撰　六五六一

江蘇巡撫採進本(總目)。○《江蘇省第一次書目》:「《文字會寶》十本。」○《江蘇採輯遺書目録》:「《文字會寶》不分卷十册,明錢塘朱文治著,刊本。」又:「《文字會寶》,明朱文治輯。」○清華大學藏明萬曆三十六年自刻本。題「明錢唐朱文治蔄叔甫輯」。行字不等,白口,四周單邊。前有萬曆三十六年戊申胡來朝序,萬曆三十六年戊申聶心湯序,萬曆三十六年李培序,萬曆三十六年朱文治序,凡例。此書以名人墨蹟上版。刻工:錢唐顧文振雅氏鐫、錢塘顧文鐫、伯雅刻。鈐「滿州使者丁士源印」、「庚申第六人」等印。《存目叢書補編》據以影印。山東大學藏是刻兩部。其一部初印,有嘉慶十九年夏五月邑後學時大昕手跋十七行,跋後鈐「時大昕蕙坪氏印」、「三事道人」。其一卷内又鈐「苑鍾山印」。又有民國初年傅年跋三則。其一則云:「是書爲錢塘朱氏小西庫藏板,其初非賣品也,珍重祕惜,不肯輕易印刷出板,未久即被燬於兵燹。」又一則云:「民國四五年時,齊照岩總長、梁素文、馮公度諸公各得一部,曾與序對證。此書有複刻本,齊總長耀珊、梁素文部郎、馮公度參事三公所新購者珍惜如獲至寶。經予指出,三公猶未深信。嗣將此本攜之入都,當面比較,三公均爽然若失矣。」又云:「複刻本則訛字有三處,《捕蛇者説》、《赤壁賦》等皆有訛字,顯係刻誤。」王重民《善本提要》著録北大藏本,謂封面有刻書識語,署「武林朱衙藏板」。湖南省圖藏一部有清張金吾跋。

集古文英八卷　明顧祖武編　**六五六二**

江蘇巡撫採進本（總目）。○《江蘇省第一次書目》：「《集古文英》八本。」○《江蘇採輯遺書目録》：「《集古文英》八卷，明無錫顧祖武編。」○浙江圖書館藏明嘉靖四十一年自刻本。卷一題「勾吴後學顧祖武編輯，陳恭階、錢察同校」。半葉十行，行十九字，白口，左右雙邊。前有嘉靖四十一年壬戌勾吴錢鍾義序。卷一目録末有牌記「壬戌端昜日武陵家墅刻」二行。卷二目録末有牌記「壬戌歲臯月下瀚顧氏臨濠別業梓」二行。卷三目録末牌記「太歲在壬戌六月三□之修景錫山顧氏鋟于承志園」三行。卷四目録末牌記漫漶。卷五末牌記「壬戌八月旬又四日秋分顧氏嘉樹齋刊」二行。卷六目録末牌記「歲壬戌壯月寒露日思玄室鐫」二行。卷七末牌記「壬戌玄月下玄雕于樂壽山堂」二行。卷八目録末牌記「歲在壬戌昜月盈旬日刊于顧仲子圖籍之寓」二行。版心下記刻工：何鎡、陸忠翊書，談紹寫，吴應龍書，何鑰刻。卷内鈐「端居室」、「華以忠氏」印記。《存目叢書》據以影印。北圖、臺灣「中央圖書館」亦有是刻。

天台詩選五卷　明許鳴遠編　**六五六三**

浙江巡撫採進本（總目）。○《浙江省第十一次呈送書目》：「《天台詩選》五卷，明許鳴遠輯，二本。」○《浙江採集遺書總録》：「《天台詩選》五卷，刊本，明天台許鳴遠輯。」○吉林省圖書館藏民國元年木活字印本，作《天台詩選》六卷《補遺》一卷《續補遺》一卷。前有牌記：「民國元年季秋排印。」正文題「明許鳴遠帶存輯，裔孫佩蓀重校」。前有民國元年壬子褚傳誥序，民國元年金潛序，崇禎壬午陳函輝序，崇禎壬午自序，本傳，凡例。凡例末云：「排印經費係祀下公産提拨，其不足者多從叔新連、堂兄芬同行担任。」知係許氏公刊。末有民國元年許佩蓀跋。《存目叢書補編》據以影印。津圖、南開、北圖分館亦有是刻。

古表選十二卷　明張一卿編　**六五六四**

浙江巡撫採進本（總目）。○《浙江續購書》：「《古表選》六本。」○《浙江採集遺書總録》：「《古表選》十二卷，刊本，明涇縣張一卿輯。」○中國科學院圖書館藏明萬曆四十八年刻本，作《新鐫古表選》十二卷八册。半葉九行，行二十一字，白口，四周單邊。

唐詩近體集韻三十卷　明施重光編　**六五六五**

内府藏本（總目）。○《武英殿第一次書目》：「《唐詩近體集韻》十本。」○天津圖書館藏明刻本。題「芝山施重光慶徵甫選」。半葉九行，行十八字，白口，四周雙邊。無序跋。版心寫刻工：「長洲刘廷憲寫并刻。」按：萬曆三十四年練川明德書院刻《併音聯聲韻學集成》有刻工：「剞劂長洲劉廷憲。」則是本亦當刻於萬曆年間。《存目叢書》據以影印。

唐詩廣選七卷　明凌宏憲編　**六五六六**

内府藏本（總目）。○《武英殿第二次書目》：「《唐詩廣選》六本。」○北京圖書館分館藏明吴興凌瑞森等刻朱墨套印本，作《李于麟唐詩廣選》七卷。不標編者。半葉八行，行十八字，白口，四周單邊。眉上刻評。前有凌濛初《唐詩廣選序》云：「猶子輩以家篋之本付剞劂，且編緝諸名家所揚搉者具載之。」次王世貞、李攀龍序。次評詩名家姓字。次吴興凌瑞森、凌南榮識語云：「余輩既謀刻子與先生所評《唐詩選》矣，已而思寥寥數語，恐未足以盡詩之變，因廣採唐宋以及國朝諸名家議論，裒益之，亦爛焉成帙。」則是本爲李攀龍選輯，凌瑞森、凌南榮輯評並刊刻。版心題《唐詩廣選》。鈐「延古堂李氏珍藏」印。《存目叢書補編》據以影印。臺灣「中央圖書館」《善本書志初稿》著録是刻兩部，其一印本較佳，序文識語同北圖本。另一部有渤海凌弘憲序，無凌濛初序及凌瑞森、凌南榮識語，與四庫館臣所見本同。疑館臣所見爲修版後印本。北大、人民大學、上圖等亦有是刻。

西園遺稿無卷數　明汪茂槐編　**六五六七**

安徽巡撫採進本(總目)。○《安徽省呈送書目》：「《西園遺稿》二本。」

海虞文苑二十四卷　明張應遴編　**六五六八**

江蘇巡撫採進本(總目)。○《江蘇省第一次書目》：「《海虞文苑》八本。」○《江蘇採輯遺書目録》：「《海虞文苑》二十四卷，明常熟張應遴選，刊本。」○中國社會科學院文學研究所藏明萬曆三十八年刻本。題「邑後學張應遴選卿甫輯」。半葉十行，行二十一字，白口，四周單邊。前有萬曆三十八年王錫爵序，萬曆三十八年陳禹謨序。鈐「虞山徐子讀書記」、「虞山徐璘茗史氏印」等印記。《存目叢書》據以影印。北圖、南圖亦有是刻。

荆溪外紀二十五卷　明沈敕編　六五六九

安徽巡撫採進本（總目）。○《浙江省第九次呈送書目》：「《荆溪外紀》二十五卷，明沈敕輯，六本。」○《浙江採集遺書總録》：「《荆溪外紀》二十五卷，刊本，明宜興沈敕撰。」○明嘉靖二十四年宇邨書屋自刻本。題「邑人楚山沈敕編輯，真州雲壁李文校正」。半葉十行，行二十二字，細黑口，左右雙邊。有嘉靖二十四年李文序，嘉靖二十四年沈敕後序（參王重民《善本提要》）。原北平圖藏一部現存臺北「故宮」。上圖、南圖等亦有是刻。○清宣統三年盛宣懷刻本，《常州先哲遺書》之一。題「邑人沈敕編輯」。前有牌記「武進盛氏重雕」。末有明嘉靖二十四年乙巳沈敕跋，宣統辛亥盛宣懷跋。北師大藏本鈐「宜興任氏天春園所有圖書」印。《存目叢書》據以影印。

名媛彙詩二十卷　明鄭文昂編　六五七〇

內府藏本（總目）。○《兩淮商人馬裕家呈送書目》：「《名媛彙詩》二十卷，明鄭文昂，五本。」○《浙江省第四次汪啟淑家呈送書目》：「《名媛彙詩》二十卷，明鄭文昂輯，八本。」○《浙江採集遺書總録》：「《名媛彙詩》二十卷，刊本，明鄭文節輯。」○北京大學藏明泰昌元年張正岳刻本，作《古今名媛彙詩》二十卷。題「閩中鄭文昂季卿甫編輯」。半葉九行，行十八字，白口，四周單邊。前有泰昌元年季冬望金陵朱之蕃序云：「僑寓南中，欣逢益友延平張君士貞，相視而莫逆於心，問奇而倍傾其赤。爰搜垂橐，獲此夜光。亟捐賣賦之金，用佐壽梓之費。刻既竣事……」又泰昌元年余文龍序，張正岳序（序末有「張正岳印」、「字士貞」二木記），凡例，總目，同校姓氏。次《古今名媛姓氏字里詳節》六十餘葉。《存目叢書》據以影印。北圖、社科院歷史所、安徽博亦有是刻。

六五七一　漢鐃歌發一卷　明董説編

兩淮馬裕家藏本(總目)。○《兩淮商人馬裕家呈送書目》:「《漢鐃歌發》一卷,明董説,一本。」

六五七二　翰墨鼎彝十卷　不著編輯者名氏,但標曰車書樓選刻

江蘇周厚堉家藏本(總目)。○《江蘇省第一次書目》:「《翰墨鼎彝》四本。」○《江蘇採輯遺書目録》:「《翰墨鼎彝》四本,清餘姚朱錦編。」○北京圖書館分館藏明刻本。正文首題「車書樓選刻歷朝翰墨鼎彝卷一」,次題「浙姚朱錦文敬甫鑒定,繡谷王世茂爾培甫參閲」。半葉九行,行十九字,白口,左右雙邊。前有聶文麟序云:「王君養恬輯古名公牋札……曰《翰墨鼎彝》。」《四庫提要》云「不知養恬爲誰」。按:北京大學藏明末刻《新刻蒐集群書記載大千先鑑》六卷,題「金陵車書樓儒生養恬王世茂、南太學博古堂敬竹周時泰梓行」。則養恬爲明末金陵書坊車書樓主人王世茂,即是書編輯者。《總目》云「不著編輯者名氏」,《江蘇目録》云「清餘姚朱錦編」,皆當訂正。《存目叢書》據北圖本影印。

六五七三　吟堂博笑集五卷　不著編輯者名氏

浙江范懋柱家天一閣藏本(總目)。○《浙江省第五次范懋柱家呈送書目》:「《唫堂博笑集》五卷,缺名著,一本。」○《浙江採集遺書總録》:「《唫堂博笑集》五卷,寫本,不著撰人。」

六五七四　二十六家唐詩無卷數　不著編輯者名氏

内府藏本(總目)。○《武英殿第二次書目》:「《二十六家唐詩》十八本。」○《提要》云:「前後無序跋,惟目録後題曰:「姑蘇吴時用書,黄周賢、金賢刻。疑明末書賈所爲云。」○臺灣「中央圖書館」藏明嘉靖三十三年甲寅江夏黄氏浮玉山房刻本,二十六家五十卷。封面簽題《二十六家唐詩》。前有嘉靖三十二年癸丑臘月望日士雅山人黄姬水《刻唐詩二十六家序》云:「叔氏浮玉子梓唐人詩自武德迄建中二十有六家成。」次嘉靖三十二年癸丑冬仲長至日江夏黄貫曾《刻唐詩二十六家序》,嘉靖三十五年丙辰秋日華陽皇甫沖《黄一之刻二十六家唐詩序》。目録末有雙行牌記:「嘉靖甲寅首春江夏黄氏刻于浮玉山房。」正文半葉十行,行十九字,白口,左右雙邊。卷末及目録末或有刻工:「吴時用書,黄周賢、金賢刊。」(見該館《善本書志初稿》)北師大藏本《李嶠集》卷中末有「吴時用書,黄周賢、金賢刊」二行。《顧況集》卷上末同,唯「刊」作「刻」。無皇甫序。卷内鈐「董康暨侍姬玉奴珍藏書籍記」、「毗陵董康審定」、「曾在趙元方家」等印記。《存目叢書》據北師大藏本影印。北圖、上圖等亦有是刻。館臣所見本無序跋,故不知爲嘉靖間黄貫曾輯刻,而臆測爲「明末書賈所爲」。

三蘇文粹七十卷　不著編輯者名氏　六五七五

内府藏本(總目)。○《武英殿第二次書目》:「《三蘇文粹》十本。」○日本宫内廳書陵部藏南宋初年刻本,作《重廣分門三蘇先生文粹》一百卷《目録》二卷,二十八册。半葉十四行,行二十四字,黑口,左右雙邊。版心有刻工。卷内避宋諱敬、驚、懲、殷、桓、弘、恒、匡等字缺筆。卷一百末葉匡外墨書「正統丙寅孟秋重裝於金谿義塾」。鈐「五福五代堂寶」、「八徵耄念之寶」、「太上皇帝之寶」、

「乾隆御覽之寶」、「天禄琳琅」、「謙牧堂藏書記」、「謙牧堂書畫記」、「陳氏齊嚴寶玩」等印記(見嚴紹璗《日本藏宋人文集善本鈎沉》)。按:此即《天禄琳琅書目後編》著録者。○日本靜嘉堂文庫藏南宋寧宗時刻大字本,作《三蘇先生文粹》七十卷三十二册。半葉十行,行十八字,白口,左右雙邊。版心記刻工:田彦直、吴志、吴寶、吕拱、孝友、宋杲、宋瑜、李士通、狄永、狄杞、林杞、馬祥、張桂、陳孝友、黄企、蔣祖等。避宋諱至擴字止。卷十一至十八、卷二十二至二十四、卷二十九至三十五、卷四十八至五十、卷五十三至五十九、卷七十均係鈔配。有清李兆洛手跋,道光七年邵淵耀手跋,道光八年孫原湘手跋。鈐「季振宜藏書」、「張金吾藏」、「月霄」、「虞山張蓉鏡芙川私印」、「郁松年印」等印記。《愛日精廬藏書志》、《皕宋樓藏書志》、《儀顧堂題跋》、《靜嘉堂秘籍志》、《藏園群書經眼録》、《日本藏宋人文集善本鈎沉》著録。○上海圖書館藏宋婺州吴宅桂堂刻小字本,作《三蘇先生文粹》七十卷。半葉十四行,行二十六字,白口,四周雙邊。楊氏海源閣嘗有此刻,民國辛巳傅增湘從文禄堂見之,謂版心有刻工吴正、劉正、翁彬、何昌等,宋諱避至慎字,目録後有雙行牌子:「婺州義烏青口吴宅桂堂刊行。」鈐「忠孝」白文葫蘆印,又楊紹和及宋存書室諸印。詳《藏園群書經眼録》。上圖本未知即楊氏書否。北圖有此刻殘本,存卷一至十一,即老泉先生文之全部。《藏園群書經眼録》所記另一殘本存卷正同,鈐「舊山樓藏」、「葉奕之印」等印記。當即其書。○北京圖書館藏宋婺州吴宅桂堂刻王宅桂堂修補印本。《鐵琴銅劍樓藏書目録》載有此刻,云目後有真書墨圖記「婺州東陽胡倉王宅桂堂刊行」。疑即一帙。○上海圖書館藏宋刻本,作《重廣分門三蘇先生文粹》，存卷十三至十五，卷二十七至三十，卷三十七至四十二，卷五十至五十一。其中卷十三至十五、卷五十配吴宅桂堂刻本。半葉十四行，行二十四字，黑口，四周雙邊。有清翁同龢、韓德鈞兩跋。○臺灣「中央圖書館」藏明覆宋刻本，作《三蘇先生文粹》七十卷。半葉十四行，行二十六字，白口，左右雙邊。有强梧大荒舒月結一廬主人朱學勤手跋，謂「各家書目未見有著録者，雖《四庫書目》亦未載此書」云云。不知《天禄琳琅書目》著録明板兩部，《後編》著録宋板兩部，《四庫》則入《存目》。失檢殊甚也。○北京大學藏明刻本，行款版式同前本，不題編者，亦無序跋。鈐「四明西郭范氏寳藏」白文長方印，蓋明范大沖西郭草堂故物。北圖、上圖、南圖等多有是刻。○浙江圖書館藏明嘉靖十年金鏊刻本，行款版式同前本。○莫友芝云：「明有數刊，皆翻宋本，每葉二十八行，行二十六字。陸粲謫都鎮驛丞，曾刊于平越衛，邵亭在皖所收有此本。」

賦苑八卷　不著編輯者名氏　**六五七六**

兵部侍郎紀昀家藏本(總目)。○山東省圖書館藏明萬曆刻本。半葉十行，行二十字，白口，四周單邊。版心或卷末記寫工刻工：桂伯宗、桂德化、桂子通刻，桂宗、練廷彬寫，桂子龍、桂尨、桂明刊、桂伯安刊，桂安、王吾刻。前有蔡紹襄序，稱李君輯，又云「不負君斯梓」，知係李氏自刻。次《凡例》云「自甲午歲始輯」，又云「亟以授梓」。《明代刊工姓名索引》載桂德化嘗刻萬曆本《紀録彙編》。則《四庫提要》謂「相其版式是萬曆以後書」，大體可信。《千頃堂書目》載「李鴻《賦苑》八卷」，當即其人其書。鈐「欽訓堂書畫記」印。《存目叢書》據以影印。北師大、遼圖、南圖等亦有是刻。

諸儒文要八卷　不著編輯者名氏　六五七七

内府藏本(總目)。○《武英殿第二次書目》:「《諸儒文要》四本。」○北京圖書館藏明刻本八卷,正文及目録均題《諸儒文要》。半葉十行,行二十一字,白口,左右雙邊。卷八末有「武進陳奎鏤板」一行。無序跋。鈐「謙牧堂藏書記」、「謙牧堂書畫記」印。按:明嘉靖刻《六朝詩集》嘉靖癸卯薛應旂序尾有「毘陵陳奎刊」一行(見王重民《善本提要》),則此本亦嘉靖間刻本。《存目叢書》據以影印。南開、華東師大亦有是刻。

蕭氏世集無卷數　國朝蕭伯升編　六五七八

山東巡撫採進本(總目)。○《江蘇省第一次書目》:「《蕭氏世集》十四本。」○《江蘇採輯遺書目録》:「《蕭氏世集》,刊本。子目:《正固先生集》不分卷,平凉府訓導蕭岐著;《雪厓集》不分卷,南京禮部尚書蕭暄著;《起信論解》不分卷,太常寺卿蕭士瑋著;《春浮園前、别集》不分卷,前人著;《陶菴雜記》四卷,諸生蕭士瑀著。」○《山東巡撫第二次呈進書目》:「《正固集》三本。」○《江西巡撫海第二次呈送書目》:「《蕭正固集》二本。」○臺灣「中央圖書館」藏清初刻本,作《蕭氏世集》三卷三册。包括明蕭岐《正固先生詩集》一卷《正固先生文集》一卷、明蕭暄《雪厓先生詩集》一卷。《正固集》題「明西昌蕭尚仁」,封面刻「蕭正固先生集」,下鈐「硯鄰藏版」朱記。正文半葉八行,行十八字,白口,左右雙邊。書前有黄岡杜濬《蕭氏世集總序》,首葉鈐「翰林院印」滿漢文大官印。書衣有「乾隆三十□年□月山東巡撫徐積送到蕭氏世集一部計書三本」長方進書木記,進書年月未填。卷内另鈐「周永年印」、「借書園印」等印記。一九九八年五月二十七日見。該館《善本書志初稿》亦著録。《存目叢書補編》據以影印。○按:山東呈本不全,《四庫提要》已云「士瑋、士琦之書各有别本,而此帙之内均不載,未知何故」。而江蘇呈本全帙十四本,遠勝山東進呈三册不全本。館臣檢核未周,故有舍全取殘之憾。

六五七九　太倉十子詩選十卷　國朝吴偉業編

浙江巡撫採進本(總目)。○《浙江省第十二次呈送書目》:「《太倉十子詩》二本。」○《浙江採集遺書總録》:「《太倉十子詩選》二册,刊本,國朝吴偉業選。」○蘇州市圖書館藏清順治刻本。半葉十一行,行二十字,黑口,左右雙邊。前有康熙元年壬寅錢謙益序,順治十七年庚子吴偉業序,順治十七年程邑序。鈐「王鑑之印」、「湘碧」等印記。《存目叢書》據以影印。北圖、蘇州大學亦有是刻。

六五八〇　樂府英華十卷　國朝顧有孝編

江蘇巡撫採進本(總目)。○《江蘇省第一次書目》:「《樂府英華》四本。」○《江蘇採輯遺書目録》:「《樂府英華》十卷,清吴江顧有孝纂。」○上海圖書館藏清許閒堂刻本。卷一題「吴江顧有孝茂倫纂録,同學諸子參訂」。半葉九行,行二十五字,白口,左右雙邊。前有自序云,嘗請正於錢牧齋,牧齋謂宜付梓,「今特壽之梨棗者,承宗伯之意也」。則刊刻於順治康熙年間。封面刻「許閒堂藏板」。《存目叢書補編》據以影印。中科院圖、社科院文學所亦有是刻。

同人集十二卷　國朝冒襄編　六五八一

兩江總督採進本(總目)。○《兩江第一次書目》:「《同人集》,明冒襄輯,十二本。」○北京師大藏清康熙冒氏水繪庵刻本。題「如皋冒襄辟疆甫輯,男禾書穀梁、丹書青若原較訂」。半葉十行,行二十三字,白口,四周單邊或左右雙邊。版心下刻「水繪庵」。前有李清序,康熙十二年癸丑韓則愈序,康熙十四年乙卯張大心序,吴綺序。目録後有像,題「姪孫念祖敬摹」。又傳、墓志銘。《存目叢書》據以影印。山東圖、山西祁縣圖、陽泉圖亦有是刻。中科院圖藏一部有鄧之誠跋。○清乾隆十七年冒氏水繪庵刻本。半葉十一行,行二十三字,白口,四周單邊或左右雙邊。有乾隆十七年壬申序。封面刻「水繪庵版」。東北師大、河北師院、西北師大藏。○清咸豐九年冒溶活字印本。半葉九行,行二十三字,白口,四周雙邊。版心下印「水繪庵」。有鈔配。雲南大學藏。

唐宮閨詩二卷　國朝費密編　六五八二

内府藏本(總目)。○《武英殿第一次書目》:「《唐宮閨詩》四本。」○清康熙夢香閣刻本。半葉九行,行十九字,白口,左右雙邊。版心下刻「夢香閣」。山東省圖藏。○湖北省圖藏民國交通圖書館影印康熙夢香閣刻本。前有費密序云:「吾友淮南劉子云份,總唐一代婦人之詩爲書,有后妃,有公主。」知係劉云份輯。《四庫提要》誤爲費密編,蓋未詳閲費序也。又劉云份序。影印本前有仿瓦當牌記「交通圖書館」。《存目叢書補編》更據影印。

牘雋四卷　國朝蕭士琦撰　六五八三

兵部侍郎紀昀家藏本(總目)。〇北京大學藏清順治刻本。題「西昌蕭士珂輯」。半葉八行，行十九字，黑口，左右雙邊。前有武林方外今釋序，茅州張芳序。又男伯升緣起云：「謹用鏤板，傳之子孫。」卷内鈐「長白靈杰蔚生圖書記」、「紅葯山房」印記。《存目叢書》據以影印。清華亦有是刻。

按：輯者蕭士珂，《總目》誤作「蕭士琦」，當據原刻本訂正。

斯文正統十二卷　國朝刁包編　六五八四

直隸總督採進本(總目)。〇《直隸省呈送書目》：「《斯文正統》十二本。」〇北京師大藏清同治三年刁懷瑾重刻本，《用六居士所著書》之一。題「祁陽後學蒙吉刁包選輯，從子再雍校正」。半葉九行，行二十字，白口，左右雙邊。眉上刻評。前有孫奇逢序，張鳳翔序，順治十一年甲午胡延年序，李甲黄序，刁包序，唐際盛序，刁包《凡例》。封面刻「同治甲子重鐫」、「刁蒙吉先生選輯，八世孫懷瑾重梓」、「祁陽惇德堂藏板」。《存目叢書補編》據以影印。清華、復旦、南圖、河南圖亦有是刻。

樂府廣序三十卷　國朝朱嘉徵編　六五八五

編修勵守謙家藏本(總目)。〇《編修勵第一次至六次交出書目》：「《樂府廣序》六本。」〇上海師大藏清康熙清遠堂刻本。題「浙西止谿圃人朱嘉徵論正」。半葉十一行，行二十一字，白口，左右雙邊。前有康熙十五年許三禮序云：「樂府自漢魏六代以歷三唐，業次第梓以行世。」又黄宗羲序，自序。據許序，則康熙十五年刊成。封面刻「本衙藏板」。卷内鈐「孫嘉駒印」、「幼魯」、「孫嘉駒字幼魯」、「綬珊六十以後所得書畫」、「九峰舊廬藏書記」等印記。《存目叢書》據以影印。上圖，復旦、川圖等亦有是刻。

三蘇談十卷　國朝高阜撰　六五八六

兵部侍郎紀昀家藏本（總目）。○陳垣所見《四庫全書總目》原本提要云：「此書以烏絲欄繕寫，板心有賴古堂字，猶亮工家舊鈔本也。」（陳垣《四庫提要中之周亮工》，原載一九三六年十月故宫博物院十一周年紀念專刊《文獻論叢》。此轉引自《四庫全書之纂修研究》，一九八〇年香港大東圖書公司出版）

柳洲詩集十卷　國朝陳增新等編　六五八七

浙江巡撫採進本（總目）。○《浙江省第十次呈送書目》：「《柳州詩集》五本。」○《浙江採集遺書總録》：「《柳州詩集》十卷，刊本，明嘉善魏允枏、曹鑑平等選梓。」○北京大學藏清順治刻本。卷一題「同學陳增新、李煒、毛蕃、魏允枏、李炳、魏允枚、蔣瑑、曹鑑平仝選」。半葉九行，行十九字，白口，左右雙邊。前有順治十六年己亥魏學渠序，凡例。《存目叢書》據以影印。

三家文鈔三十二卷　國朝宋犖編　六五八八

此條《總目》不載，今據《四庫全書附存目録》補。○清康熙三十三年刻本，作《國朝三家文鈔》三十二卷，宋犖、許汝霖編。包括《侯朝宗文鈔》八卷、《魏叔子文鈔》十二卷、《汪鈍翁文鈔》十二卷。北大、湖北圖、川大、中山大等藏。

江左十五子詩選十五卷　國朝宋犖編　**六五八九**

内府藏本(總目)。○《武英殿第二次書目》：「《江左十六家詩選》六本。」○《兩江第一次書目》：「《江左十五子詩選》，商邱宋犖輯，十本。」○蘇州大學藏清康熙四十二年宋犖刻本，作《江左十五子詩選》十五卷。題「商丘宋犖牧仲選，毗陵邵長蘅子湘訂，商丘宋至山言校」。半葉十行，行十九字，黑口，左右雙邊。前有康熙四十二年癸未宋犖序云：「予嘗舉是集與老友邵子湘氏共精選而存之，得三之一，授之梓。」封面有木記兩行：「吴趨宛委堂書坊發兑。」寫刻頗精。鈐「桐鄉傳經樓沈氏藏書」印記。《存目叢書》據以影印。北大、南開、湖北圖等亦有是刻。

溯洄集十卷　國朝魏裔介撰　**六五九〇**

浙江汪啟淑家藏本(總目)。○《浙江省第四次汪啟淑家呈送書目》：「《溯洄集》十卷，國朝魏裔介輯，六本。」○《浙江採集遺書總録》：「《溯洄集》十卷，刊本，國朝魏裔介輯。」○北京大學藏清康熙元年刻本。卷一題「栢鄉魏裔介石生選評，禹航嚴曾榘方貽、錢唐顧之瑜不瑕校訂」。半葉九行，行十九字，白口，左右雙邊。前有順治十八年辛丑十二月朔前一日盧傳序，康熙元年壬寅七月錢棻序，康熙元年正月嚴沆序，順治十八年十二月自序，康熙元年三月顧豹文序。又《論詩》一卷、《詩話》一卷。次正文。封面刻「清詩溯洄集」、「本府藏板」。《存目叢書》據以影印。北圖、上圖、蘇州圖亦有是刻。○裔介又有《今文溯洄集》十卷，順治刻本。北圖、中科院圖、吉大藏。

高言集四卷　國朝田茂遇、董俞同編 六五九一

江蘇周厚堉家藏本(總目)。○《江蘇省第一次書目》:「《高言集》四本。」○上海圖書館藏清康熙九年刻本。正文首題「十五國風高言集」,次題「華亭田茂遇髴淵父、董俞蒼水父選定,同里顧開雍偉南父、張淵懿硯銘父參評」。半葉九行,行十八字,白口,四周單邊。前有康熙九年王廣心序,董俞序,田茂遇題詞,康熙八年田茂遇《凡例》。卷内鈐「膠西法輝祖珍藏書畫印」朱文方印,又「清逸書屋」、「念廬」等印。《存目叢書補編》據以影印。

古文輯略無卷數　國朝曹本榮編 六五九二

湖北巡撫採進本(總目)。○《湖北巡撫呈送第三次書目》:「《古文輯略》九十六本。」○江西省圖書館藏清鈔本,不分卷,九十四册,九百餘葉。前有目次,題「楚黄曹本榮編次」。半葉九行,行二十字,白口,四周雙邊。首葉鈐「翰林院印」滿漢文大官印。卷内玄字作亢,禛字作禎,弘字作宏,是乾隆間鈔呈四庫館者。《存目叢書》據以影印。

臨川文獻八卷　國朝胡亦堂編 六五九三

兩淮馬裕家藏本(總目)。○南京圖書館藏清康熙十九年夢川亭刻本,二十五卷。題「慈谿胡亦堂二齋選輯」。半葉十二行,行二十二字,白口,左右雙邊。前有序,缺尾。又序,缺尾。又康熙十九年庚申胡亦堂序。原書不標卷數,依卷内書名出現次數,可分二十五卷。若依原刻封面,則分八册,即《存目》分八卷之由來。《存目叢書》據以影印。中科院圖、北大亦有是刻。

詩原二十五卷　國朝顧大申撰 六五九四

江蘇周厚堉家藏本(總目)。○《江蘇省第一次書目》:「《詩原》八本。」○山東省圖書館藏清順治十七年雲間顧氏鶴巢刻本。題「雲間顧大申編輯」。半葉十行,行二十一字,白口,左右雙邊。版心下刻「鶴巢藏書」。前有順治十七年庚子顧大申序,序末署「題於水署之鶴巢」。目録末有「雲間顧氏鶴巢藏書」小字二行。卷内鈐「山東省立圖書館點收海源閣書籍之章」印記。《存目叢書補編》據以影印。北圖、中科院圖、社科院文學所亦有是刻。

滕王閣集十三卷滕王閣續集無卷數　國朝蔡士英編 六五九五

江西巡撫採進本(總目)。○福建省圖書館藏清順治十四年刻本,作《滕王閣全集》十三卷《滕王閣徵彙詩文》十一卷。半葉九行,行二十字,白口,四周單邊。前有順治十四年蔡士英序云:「於是廣搜坊逸,密訪笥藏,得舊帙數種,俾彙全集,並壽諸梓。」又周岐序。《滕王閣彙徵詩文》不標卷數,唯以文體分十一卷。前有順治十三年錢謙益序,順治十三年吕宫序,順治十三年熊文舉序,孫中彖序,凡例。《存目叢書》據以影印。北圖、北大、山西大亦有是刻。

宋金元詩永二十卷補遺二卷　國朝吴綺選 六五九六

内府藏本(總目)。○《武英殿第二次書目》:「《宋金元詩永》十本。」○中國人民大學圖書館藏清康熙十七年思永堂刻本。題「延陵吴綺園次選,崑山徐乾學健菴訂,濟陽江闓辰六、江湘文江較」。半葉九行,行十九字,白口,左右雙邊。前有康熙十七年戊午吴綺序,凡例。封面刻「思永堂藏板」。

卷内鈐「謝宗陶藏書印」印記。《存目叢書》據以影印。清華、川大、湖南圖等亦有是刻。

澄遠堂三世詩存八卷　國朝李繩遠編 六五九七

浙江巡撫採進本（總目）。○《浙江省第十二次呈送書目》：「《澄遠堂三世詩存》二本。」○北京圖書館藏清康熙三十六年李繩遠刻本。半葉十一行，行二十一字，黑口，四周單邊。前有康熙三十一年壬申蔣薰序，後有康熙三十六年丁丑李繩遠刻書跋。寫刻本。鈐「江安傅氏藏園鑑定書籍之記」印。《存目叢書》據以影印。復旦亦有是刻。

古詩選三十二卷　國朝王士禎（禛）編 六五九八

山東巡撫採進本（總目）。○《武英殿第二次書目》：「《阮亭古詩選》八本。」○湖北省圖書館藏清康熙天藜閣刻本，作《阮亭選古詩》，包括《五言詩》十七卷、《七言詩歌行鈔》十五卷。正文首行題「五言詩卷一」，次行題「濟南王士禛選」。半葉十行，行二十一字，大黑口，左右雙邊。前有姜宸英《阮亭選古詩序》，康熙三十六年丁丑蔣景祁後序，次五言詩凡例，凡例末題「門人陽羨蔣景祁京少、江上惠潤沛蒼録」。次五言詩總目，題「濟南王士禛選，商丘宋犖校」。七言版式同。鈐「曾歸徐氏彊誃」朱文長方印。《存目叢書補編》據以影印。北大藏是刻一部有翁方綱批並跋。上圖藏一部有清王慶麟批。浙江海寧縣圖藏一部有清王綱録董熜、朱琰評點並題款。山西省圖藏一部有清董文焕録梅曾亮、姚鼐評點並跋。吉大藏一部有清徐渭仁批校。○清康熙天藜閣刻乾隆元年印本。作《王阮亭古詩選》三十二卷。甘肅省圖書館藏一部有清黄運興録董熜批並題款。中山大藏一部有清唐仲實批校並跋。

十種唐詩選十七卷　國朝王士禎〔禛〕編 六五九九

山東巡撫採進本（總目）。○山東師大藏清康熙三十一年北京刻本。半葉十行，行十九字，黑口，左右雙邊。前有徐乾學序，尤侗序，盛符升序。後有康熙三十一年徐乾學跋。封面刻「阮亭删纂十種唐詩選」、「南芝堂藏板」。北大藏一帙同，白紙初印，殊爲難得。目録題「新城王士禛删纂」。較山東師大本多韓菼序。徐跋云：「今新城先生選定《唐賢三昧集》，又選刻《十種唐詩》。」又云：「獨阮亭佐司農在京師。」知係康熙三十一年刻於京邸者。《存目叢書》用北大藏本影印。○清康熙間羅延齋重刻本。行款字體版式同，唯文字寫法偶異，斷版處亦不合，知係翻刻。封面刻「十種唐詩選」、「羅延齋重梓」。余藏《王漁洋遺書》所收即是刻，後印漫漶，「禛」挖改爲「禎」，偶有漏改者仍作「禛」。

載書圖詩一卷　國朝王士禎〔禛〕編 六六〇〇

浙江巡撫採進本（總目）。○清康熙刻《王漁洋遺書》本。半葉十行，行十九字，白口，左右雙邊。《存目叢書》據以影印。浙圖有單本，作《大司寇新城王公載書圖詩》不分卷一册。

新安二布衣詩八卷　國朝王士禎〔禛〕編 六六〇一

此書《總目》不載。今據《四庫全書附存目録》補。○《浙江採集遺書總録》：「《新安二布衣詩》八卷，刊本，明休寧吳兆、歙縣程嘉燧撰，國朝新城王士禎選。」○清康熙四十三年新安汪洪度等刻本。鄧之誠跋。中科院圖藏。卷一至四吴非熊詩，卷五至八程孟陽詩。北圖、上圖、安徽圖等亦有是刻。

六六〇二　樵川二家詩四卷　國朝朱霞編

福建巡撫採進本（總目）。○《福建省呈送第五次書目》：「《樵川二家詩》四本。」○南京圖書館藏清康熙綏安雙笏山房刻本，作《樵川二家詩》四卷附《滄浪詩話》一卷《附録》一卷。題「同郡綏安後學朱霞天錦訂」。半葉八行，行十八字，白口，左右雙邊。前有康熙六十一年朱霞序，據此序知刻於康熙六十一年。封面刻「綏安雙笏山房藏板」。寫刻甚精。《存目叢書》據以影印。北圖分館、福建師大亦有是刻。○蘇州大學藏清光緒七年徐榦刻本，卷一卷二《滄浪吟》，卷三《滄浪詩話》，卷四至六《秋聲集》，編次與朱霞本稍異。題「邑人徐榦小笏編輯」。前有光緒七年徐榦序，稱《樵川二家詩》宋元以來傳誦已久，咸豐四年太守周鐵臣先生以嚴粲之《華谷集》、黄清老之《樵水集》附之，名曰《樵川四家詩》，光緒七年徐榦以《華谷》、《樵水》二集刻入《昭陽扶雅集》中，仍復二家之舊重刻之。鈐「無錫國學專修學校圖書館藏」印記。○按：依康熙刻本，編刻者朱霞，字天錦，康熙末年福建邵武府綏安人。邵武無綏安縣。建寧縣晋、唐爲綏成縣，當即其地。檢民國《建寧縣志》卷十四有朱霞傳，云霞字天錦，號曲廬，庠貢生，有《樵川二家詩》。即其人無疑。《提要》疑爲順治十二年進士浙江建德人朱霞，年代及里籍均不合。

六六〇三　宋四名家詩無卷數　國朝周之鱗、柴升同編

内府藏本（總目）。○《武英殿第二次書目》：「《宋四名家詩》八本。」○清康熙三十二年弘訓堂刻本。子目：「《東坡先生詩鈔》七卷、《山谷先生詩鈔》七卷、《石湖先生詩鈔》六卷、《放翁先生詩鈔》七卷。半葉十行，行二十一字，黑口，左右雙邊。湖北圖、黑大、齊齊哈爾圖藏。北師大藏清康熙刻本，題「禹航周之鱗雪蒼、仁和柴升錦川仝選」。行款版式同。前有柴望序。《東坡先生詩鈔》前有康熙三十二年癸酉柴升序，周之鱗序。《山谷先生詩鈔》前有柴升、周之鱗序，署款均被剷去。《石湖》、《放翁》二詩鈔前亦均有二人序。封面刻「有文堂藏板」。此本漫漶，當是弘訓堂刻有文堂修版後印本。《存目叢書》據以影印。

楊氏五家文鈔十二卷　國朝楊長世及其從子以叡、以儼、從孫兆鳳、兆年合刻稿　**六六〇四**

江西巡撫採進本(總目)。〇《江西巡撫海續購書目》：「《楊氏文鈔五種》共七本。」〇南京圖書館藏清康熙刻本，作《楊氏五家文鈔》十二卷。半葉十行，行二十一字，黑口，左右雙邊。寫刻甚精。前有康熙五十六年丁酉張尚瑗《楊氏五家文鈔序》，據此序知即刻於康熙五十六年。又楊兆嶦序。卷内鈐「黄丕烈印」、「蕘圃」、「風雨樓」等印記。《存目叢書》據以影印。

翠樓集三卷　國朝劉之〔云〕份編　**六六〇五**

内府藏本(總目)。〇《武英殿第二次書目》：「《翠樓集》五本。」〇首都圖書館藏清康熙野香堂刻本。題「淮南劉云份平勝選訂(亦號青夕)」。半葉九行，行十九字，白口，左右雙邊。版心下刻「野香堂」三字。寫刻本。前有康熙十二年癸丑阮玉鉉序，劉云份序。《存目叢書》據以影印。北圖分館、復旦、中山大亦有是刻。〇按：劉云份，《總目》誤作劉之份。

詩苑天聲二十一卷　國朝范良撰　六六〇六

江蘇巡撫採進本（總目）。〇《江蘇省第一次書目》：「《詩苑天聲》四本。」〇首都圖書館藏清順治十六年旋采堂刻本，包括《應制集》四卷、《應試集》三卷、《朝堂集》七卷、《館課集》六卷、《歷代樂章》二卷，計二十二卷。題「黄海范與良眉生評選」。半葉十行，行二十二字，白口，左右雙邊。《應制集》封面刻「旋采堂藏板」。前有順治十七年庚子二月錢謙益序，李楷序，順治十六年自序，凡例。《存目叢書補編》據以影印。社科院文學所、浙圖等亦有是刻。〇清初金閶童晉之、武林還讀齋刻本。二十二卷。半葉十行，行二十二字，白口，左右雙邊。北圖藏。二版異同待核。〇按：是書卷數《總目》作二十一卷，恐誤。編者原書題「范與良」，《總目》作「范良」，當脱「與」字。

練音集補七卷　國朝王輔銘編　六六〇七

浙江汪啟淑家藏本（總目）。〇《浙江省第四次汪啟淑家呈送書目》：「《練音集補》七卷，明翟校原輯，清王輔銘補，二本。」〇《浙江採集遺書總録》：「《練音集補》四卷，刊本，明博士翟校原輯，國朝王輔銘補。」〇南京圖書館藏清乾隆八年金尚東刻本，作《練音集補》四卷首一卷附卷一卷外卷一卷，共七卷。題「嘉定翟校起英采，後學王輔銘翌思補」。半葉十一行，行二十一字，白口，左右雙邊。前有雍正十一年王輔銘引，乾隆八年王輔銘序。據序知係乾隆八年金尚東刻本。目録後刻二行小字：「蘇州城隍廟橋西堍南首劉文斗鐫刻書籍局。」封面刻「飛霞閣藏版」。是本刻印工緻。《存目叢書》據以影印。中國社科院文學所藏是刻與《明練音續集》、《國朝練音初集》合函，字體版式同。《補》、《初集》封面均刻「飛霞閣藏版」。《續集》封面刻「爾雅堂藏版」。《補》、《初集》目録末均有劉文斗書籍局識語。《補》末有丙子邑人俞介禧手書長跋:「此《練音集補》七卷,刻於雍正癸丑。清康熙間王如齋氏據明翟校《練音》補綴而成之者也。翟書刊於正德丙子,版燬於倭變,清初僅傳鈔本,中多脱譌。如齋因搜采釐訂之,凡補入者三十四人,其原有姓氏編什未備而爲之增益者凡二十有六人。始宋天聖,迄明宏治,練川五百年間文獻賴此畧備,兩先生纂輯之功不可没也。是書采録簡賅,雅有體裁,可稱善本,然亦間有疏舛。如以翟信爲翟智之兄。考之殷奎《翟處士墓誌》,則信其季也。秦昺,字文剛。宋濂《鑾坡集》有秦文剛母金氏墓誌,知其曾官監察御史。而此僅書以博士上禮部。楊大綸《寄葉煉師詩》,應作孫煉師,此詩如齋所補,承韓志之譌也。又集中陳達觀、游君傳、平秩、居簡諸人,皆未能詳其出處。今可考者,戴表元《剡源集》有《次韻陳達觀少府並簡叔高詩》,知陳係淳祐、至大間人。案戴詩與《全唐詩》唐彦謙一首題□並同,但唐詩題無達觀兩字,嘉定在唐時屬崑山縣境,練川尚未著明,陳詩題《練川道中》,則其爲宋元間人,與戴同時,殆無可疑。但是詩何以羼入彦謙集中,則不可考。居簡,字敬叟,宋嘉熙間人,著有《北磵集》,潼川王氏子也。又鄭元祐《滬瀆壘詩》小註有隆安四十年袁崧重修之句。案隆安僅五年,十菴衍字,而袁本名山松,此作崧字者,當沿元人之譌也。崧字沿元人之譌,其説詳見王西莊《始存稿》嘉定趙志跋。又案《滬瀆壘詩》,錢竹汀以爲楊瑀作,而王西莊又以爲殷弼作。並見兩先生《練川褉詠》小註。《乾隆宝山縣志》亦作殷弼詩,共三首。此僅録一。元祐有《僑吴集》,考集中無此詩。楊、殷兩人無集傳世，究屬誰作，不可辨矣。然是集中龔宗元、孫載、龔況三人詩不載於《崑山雜詠》。鄧文原《送俞觀光赴沈氏義塾詩》不載於《巴西集》。高啟《織女廟詩》亦不載於《大全集》。又如校正之彝老本非釋子。皆僅賴此得以考見。零章殘什，彌可珍貴。而兩先生摭拾之勤，可概見也。又案蘇眉涵瀜云：校書獨缺建文一代，而補以己作遜國諸臣詩，可想其所尚。考校詩，如齋已删去置入《續集》中。又考鄭濟川和御製詩，首列御作，今亦不存。則是書已與原本有别，而如齋自序無片言及之，殊不解也。民國二十五年歲在丙子清明後三日邑後學俞介禧識。」下鈐「新吾」小印。按：明正德以前詩入《練音集補》，正德以後詩入《明練音續集》，清人詩入《國朝練音集》。

國朝練音集十二卷　國朝王輔銘編　六六〇八

浙江汪啟淑家藏本（總目）。○《浙江省第四次汪啟淑家呈送書目》：「《國朝練音集》十卷又附一卷，國朝王輔銘輯，四本。」○《浙江採集遺書總録》：「《國朝練音初集》十卷附一卷，刊本，王輔銘輯。」○中國社科院文學所藏清乾隆八年金尚柬（西園）刻本，作《國朝練音初集》十卷首一卷末一卷。題「嘉定王輔銘翌思采，寓嘐金尚柬翰枚校」。半葉十一行，行二十一字，白口，左右雙邊。前有康熙六十年辛丑張尚瑗序，雍正六年戊申張鵬翀序，乾隆七年沈德潛序，雍正甲辰王輔銘序，乾隆八年王輔銘又序。據王輔銘序知係乾隆八年王輔銘（西園）刻本。目録後有「蘇州城隍廟橋西堍南首劉文斗鐫刻書籍局」二行。封面刻「飛霞閣藏版」。又《明練音續集》十卷首一卷末一卷，題「嘉定王輔銘翌思采」。半葉十一行，行二十一字，白口，左右雙邊。前有雍正二年聞喜趙向奎序，雍正元年張雲章序，康熙五十八年己亥王輔銘序，康熙五十八年唐孫華序，凡例。趙序云「將授之梓」。凡例云：「會聞喜梅塘趙公令吾邑，趣付剞劂，並捐貲以助。」則是集爲雍正二年趙向奎刻本。封面刻「爾雅堂藏版」。寫刻工緻，爲四庫館未見之書。卷内弘字缺筆，蓋乾隆八年《練音集補》、《國朝練音初集》刊成，取是集修版合印。鈐「俞介禧印」、「銘祚之印」等印記。《存目叢書》同時影印《明練音續集》、《國朝練音初集》，合前《練音集補》，配爲全璧，較館臣所見自稱完善。吴江縣圖書館亦三集俱全。

姑蘇楊柳枝詞一卷　國朝汪琬編　**六六〇九**

内府藏本（總目）。○北京圖書館藏清初刻本，題周枝楙輯，周靖箋注。半葉十行，行十九字，黑口，左右雙邊。有圖。○南京圖書館藏清康熙刻《鈍翁全集》本，作《姑蘇楊柳枝詞》一卷《補》一卷《補注》一卷。首行上題「姑蘇楊柳枝詞」，下題「鈍翁别稿」，次行題「長洲周枝楙編次，吴縣周靖箋注」。半葉十行，行十九字，黑口，左右雙邊。前有汪琬序，葉舒崇序，汪琬《倡和姑蘇楊柳枝詞約》，嚴熊、周靖、周公贄三跋。目録後有校刻姓氏：吴士縉、金賁、江接芹、吴林、毛枚詹。正文末有「專諸巷朱圭上如刻」一行。《存目叢書》據以影印。

金華文略二十卷　國朝王崇炳編　**六六一〇**

副都御史黄登賢家藏本（總目）。○《都察院副都御史黄交出書目》：「《金華文略》，本朝王崇炳輯，十六本。」○《浙江省第三次書目》：「《金華文略》二十卷，國朝王崇炳輯，十六本。」○《浙江採集遺書總録》：「《金華文略》二十卷，刊本，國朝東陽王崇炳輯。」○清康熙四十八年刻本。半葉十行，行二十二字，白口，四周單邊。上虞圖藏。華東師大藏康熙四十八年蘭谿唐氏刻乾隆七年金華夏之正修補本，卷一題「東陽王崇炳虎文撰録，蘭谿唐正位存素、正學思臣、正身文度較輯，金華夏之正聖善重梓」。前有康熙四十八年己丑毛奇齡序，康熙四十八年王崇炳序，乾隆七年崇炳之子國陛《誌補刻金華文略後》，乾隆七年曹成玉跋。又《金華文略姓氏》十六葉，撰例六條，目録二十四葉。據王國陛誌，此本初刻於蘭谿唐氏，乾隆七年夏氏補版印行。封面刻「夏衙藏版」。卷内鈐「真州吴氏有福讀書堂藏書」印記。《存目叢書》據以影印。首都圖亦有是刻。

尺牘新語二十四卷　國朝徐士俊、汪淇同編　六六一一

内府藏本(總目)。○湖北省圖書館藏清康熙二年刻本，作《分類尺牘新語》二十四卷。題「西湖徐士俊野君、汪淇憺漪評箋，同學查望于周、駱仁埏方流參訂」。半葉九行，行二十四字，白口，四周雙邊。版心下刻「蜩寄自怡」。前有康熙二年癸卯查望序，汪淇例言八則。封面有刻書識語。《存目叢書》據以影印。北大、上圖亦有是刻。按：汪淇字憺漪，《提要》誤作瞻漪。○《分類尺牘新語二編》二十四卷，徐士俊、汪淇輯並評，康熙六年刻本。北大、復旦藏。○《分類尺牘新語廣編》二十四卷《補編》一卷，汪淇、吴雯清輯並評，康熙刻本。北大、上圖、華東師大、川圖藏。

説唐詩二十二卷　國朝徐增撰　六六一二

内府藏本(總目)。○《武英殿第二次書目》：「《説唐詩》六本。」○吉林大學藏清康熙九誥堂刻本，

作《而庵説唐詩》二十二卷首一卷。題「吴門徐增子能父述」。半葉九行，行十九字，白口，四周單邊。前有陳鑑序，康熙元年自序。自序後記刻工：「旌邑劉永日刊」。又康熙五年季圖南序。《存目叢書》據以影印。蘇州圖、武大等亦有是刻。○清乾隆二十三年文茂堂刻本，書名卷數同前本。山東圖、浙圖、内蒙圖等藏。○清嘉慶七年二南堂刻本九卷。湖南圖藏。

百名家詩選八十九卷　國朝魏憲編　**六六一三**

福建巡撫採進本(總目)。○《福建省呈送第五次書目》：「《百名家選》十本。」○湖南圖書館藏清康熙十年魏氏枕江堂刻本。題「福清魏憲惟度輯選，宣城施閏章愚山、黄岡程啟朱念伊、含山李衷燦梅邨、無錫顧貞觀華峰參」。半葉九行，行十八字，白口，左右雙邊。版心下鐫「枕江堂」。前有《御製詩》九葉，登選姓氏，魏禧小引。《御製詩》前有康熙二十一年序。蓋爲康熙十年刻二十一年印本。鈐「葉啟勳」、「定侯所藏」、「葉啟發讀書記」、「葉氏啟勛讀過」、「葉啟發藏書記」等印記。《存目叢書》據以影印。津圖、吉大亦有是刻。清華、上圖有是刻康熙二十一年聚錦堂印本，中科院圖藏聚錦堂印本有鄧之誠跋。南圖、川圖有是刻康熙二十四年聖益齋印本，北圖藏聖益齋印本有鄭振鐸跋，見《西諦書跋》。

皇清詩選三十卷　國朝孫鋐編　**六六一四**

内府藏本(總目)。○《武英殿第二次書目》：「《皇清詩選》十本。」○中國人民大學藏清康熙二十七年鳳嘯軒刻本。題「雲間孫鋐思九輯評，黄朱芾奕藻編校」。半葉九行，行十九字，白口，四周雙邊。前有康熙二十七年汪琬序，康熙二十六年徐乾學序，康熙二十七年陸慶臻序，孫鋐《盛集初編刻略》。《存目叢書》據以影印。中科院圖、上圖、津圖亦有是刻。

國雅初集無卷數　國朝陳允衡編 **六六一五**

副都御史黄登賢家藏本（總目）。○《都察院副都御史黄交出書目》：「《國雅》，本朝陳允衡，四本。」○北京圖書館藏清康熙刻本。題「豫章陳允衡選」。半葉十一行，行二十三字，白口，四周單邊。前有康熙元年王士禛序，喻周序。又康熙元年陳允衡《凡例》云：「衡篋中諸集一手丹鉛者，存五十餘種。辛丑裝至吴越，欲授梓又不果。壬寅夏過邗上，阮亭王公、崑崙程公見而欣賞，臺使道南胡公方建安定書院，談經之暇，揚扢風雅，采諸公之言，捐俸見贈。因得經始是書。曰《國雅初集》者，蓋即篋中之藏先以行世。」據此可知是本康熙元年胡文學捐貲刻於揚州。卷内鈐「長樂鄭振鐸西諦藏書」、「長樂鄭氏藏書之印」等印記。《存目叢書》據以影印。

宋詩删二十五卷　國朝顧貞觀編 **六六一六**

内府藏本（總目）。○《武英殿第二次書目》：「《宋詩删》十二本。」○清康熙刻本，作《積書巖宋詩删》。半葉九行，行十九字，黑口，左右雙邊。北圖藏。○北京圖書館又藏清康熙刻寶翰樓印本，作《積書巖宋詩選》。各卷首行題「積書巖宋詩選」。卷一次行題「錫山顧貞觀梁汾選，武陵胡獻徵存人閱」。前有己卯七月既望世弟魏裹序，康熙三十五年丙子初夏張純修序。封面刻「寶翰樓梓行」，又鈐「金聲玉振」印。《存目叢書補編》據以影印。○清康熙刻春草堂印本。中科院圖藏。○臺灣

「中央圖書館」藏《積書巖宋詩選》不分卷，舊鈔本，存五言古詩。

歷朝賦格十五卷　國朝陸菜編　**六六一七**

内府藏本(總目)。○《武英殿第一次書目》：「《歷朝賦格》八本。」○清華大學藏清康熙二十五年刻本，分上中下三集，集五卷。題「當湖陸菜雅坪氏評選，同學沈季友客子氏、曹三才希文氏、戴彦鎔貢九氏校輯」。半葉九行，行十九字，白口，四周單邊。前有康熙二十五年丙寅自序，康熙二十五年曹三才序。又陸菜《凡例》云：「始乙丑之杪夏，訖丙寅之肇秋。」《存目叢書》據以影印。寶定市圖、上海辭書出版社亦有是刻。

續垂棘編三集十卷四集九卷　國朝范鄗鼎編　**六六一八**

山西巡撫採進本(總目)。○《山西省呈送書目》：「《續垂棘編》三集十卷四集九卷。」○上海圖書館藏清康熙十一年至三十四年范氏五經堂刻本。作《續垂棘編》初集六卷二集十卷三集十卷四集九卷。半葉九行，行二十五字，白口，左右雙邊。初集題「晉婁山范鄗鼎彪西選定，受業范一偉个臣、任重任莘叟、范爾梅梅臣、男范翼孝前手録」。前有康熙十二年癸丑曲沃同學賈鳴璽序，康熙十一年自序，康熙十一年自作凡例。自序云：「先刻《續垂棘編》，聊以見自邇卑之意。」版心下刻「五經堂藏板」或「五經堂選定」。封面刻「五經堂藏板」。二集題署同初集。前有康熙十六年丁巳任楓序。三集題「洪洞范鄗鼎彙選，受業絳州閻擢、垣曲石雲根、聞喜楊廷用、靈石房作所參閱」。前有康熙二十三年自序。四集題「洪洞范鄗鼎彪西甫彙選，男翶、翽、孫銑、鏞、金抄録」。前有康熙三十四年自序。《存目叢書補編》據以影印。北大僅存四集三卷。館臣僅見三集、四集。上圖足本殊罕秘。

傳是樓宋人小集無卷數　不著編輯者名氏　**六六一九**

江蘇巡撫採進本（總目）。○《江蘇省第一次書目》：「《宋人小集》六本。」○《提要》云：「卷尾有嘉定戴范雲跋語云是崑山徐氏所輯，故仍題之曰《傳是樓宋人小集》。然則徐乾學家本也。」

榕村講授三卷　國朝李光地編　**六六二〇**

兩淮馬裕家藏本（總目）。○中國人民大學藏清康熙間李氏教忠堂刻本，分上中下三編，六册一函。半葉十一行，行二十字，白口，左右雙邊。前有李光地序。封面原鈐「御賜教忠堂」、「國子監印」印記。卷内玄字缺筆，弘字不避。《存目叢書補編》據以影印。○清乾隆元年李清植刻嘉慶六年補刻《李文貞公全集》本。上圖、川圖、福建圖等藏。○清道光九年李維迪刻《榕村全書》本。北圖、上圖、南圖等藏。

古文精藻二卷　國朝李光地編　**六六二一**

内府藏本（總目）。○《武英殿第二次書目》：「《古文精藻》一本。」○清乾隆元年李清植刻嘉慶六年補刻《李文貞公全集》本。上圖、川圖、福建圖等藏。○北京大學藏清道光九年李維迪刻《榕村全書》本。半葉九行，行二十五字，白口，四周雙邊。前有李光地序。《存目叢書》據以影印。北圖、上圖等亦有是刻。

群雅集十二卷　國朝李振裕編　六六二二

内府藏本(總目)。○《武英殿第二次書目》:「《群雅集》十二本。」○首都圖書館藏清康熙二十四年刻本,四卷。卷一題「吉水李醒齋先生鑒定,會稽魯超校閲」。半葉九行,行二十字,白口,左右雙邊。前有康熙二十六年孫在豐序,康熙二十六年施世綸序。又康熙二十四年魯超序云:「拔其尤彙爲一集,名曰《群雅》,命超編次授之梓。」又康熙二十六年興化縣儒學教諭宋實穎序,康熙二十五年陸次雲序。鈐「北平孔德學校之章」印記。《存目叢書補編》據以影印。北圖藏一部有鄭振鐸跋,見《西諦書跋》。

瑞竹亭合稿四卷　國朝王愈擴及其弟王愈融撰　六六二三

江西巡撫採進本(總目)。○江西省圖書館藏清光緒三十一年泰和蕭氏趣園刻本。半葉九行,行二十字,黑口,左右雙邊。卷上題「泰和王愈擴若先著,邑後學蕭敷政蒲邨甫、蕭敷教敬五甫校刊」。卷下題「泰和王愈融侶薪著,邑後學蕭敷政蒲邨甫、蕭敷教敬五甫校刊」。卷下末有《附録》。再後有《王竹亭先生遺詩》一卷,王愈擴撰。又《補遺》一篇。前有牌記:「光緒乙巳春蕭氏趣園刊。」卷前有康熙十二年魏禧序,康熙十五年彭士望序,康熙十五年魏禧序。後有光緒三十年甲辰王琨跋。《存目叢書補編》據以影印。

姚江逸詩十五卷　國朝黄宗羲編　六六二四

浙江巡撫採進本(總目)。○《浙江省第九次呈送書目》:「《姚江逸詩》十五卷,國朝黄宗羲輯,四本。」〇《浙江採集遺書總録》：「《姚江逸詩》十五卷，刊本，國朝邑人黄宗羲輯。」〇中國社科院文學所藏清康熙南雷懷謝堂刻五十七年倪繼宗重修本。題「後學黄宗羲輯選，鄖景從梟刻，倪繼宗重訂」。半葉十二行，行二十二字，白口，左右雙邊。版心下刻「南雷懷謝堂」。前有黄宗羲序，康熙五十七年倪繼宗跋。《存目叢書》據以影印。北圖、南圖、湖北圖亦有是刻。

明文授讀六十二卷　國朝黄宗羲編　　**六六二五**

浙江巡撫採進本（總目）。〇《浙江省第十一次呈送書目》：「《明文授讀》六十二卷，國朝黄百家著，二十八本。」〇《浙江採集遺書總録》：「《明文授讀》六十二卷，刊本，國朝監生餘姚黄百家輯。」〇中國社科院近代史所藏清康熙三十六年張錫琨味芹堂刻本。題「姚江黄梨洲先生選授，門人張錫琨、男百家校讀」。半葉九行，行二十字，白口，左右雙邊。版心下刻「味芹堂」。前有康熙三十八年徐秉義序，康熙三十七年靳治荆序，康熙三十七年黄百家序。又康熙三十六年張錫琨序云：「余刻梨洲先生《明文授讀》既成。」《存目叢書》據以影印。上圖藏一部有清吴騫批。北圖藏一部有清李慈銘校並跋。

洛如詩鈔六卷　國朝朱彝尊選録　陸奎勳編次　　**六六二六**

浙江巡撫採進本（總目）。〇《浙江省第九次呈送書目》：「《洛如詩鈔》六卷一本。」〇南京圖書館藏清康熙四十七年陸氏尊道堂刻本。題「小長蘆朱彝尊竹垞選」。半葉十三行，行二十三字，白口，左右雙邊。版心下刻「尊道堂」。前有康熙四十八年己丑彭始摶序，殘存末葉。又康熙四十七年朱彝尊序。寫刻頗精。《存目叢書補編》據以影印。北圖、上圖亦有是刻。

漢詩音註五卷漢詩評五卷　國朝李因篤撰　**六六二七**

直隸總督採進本(總目)。○《直隸省呈送書目》:「《漢詩音註》二本。」○《江蘇省第一次書目》:「《漢詩音註》四本。」○《浙江採集遺書總録》:「《漢詩音註》十卷,刊本,國朝關中李因篤輯。」○《漢詩音註》十卷,武漢圖書館藏清康熙三十五年王梓孝昌官署刻本。卷一題「頻陽李因篤子德評,二曲李顒中孚閱,洽陽王梓適菴較」。半葉九行,行十九字,白口,四周單邊。前有康熙三十六年季夏之望胡在恪於孝昌西湖書院序,康熙三十七年戊寅四月丁灝序。又康熙三十五年丙子王梓《刻漢詩音註序》云:「兹者承乏孝昌,歲值賓興大典,徵調入闈。公事餘閒,追憶舊遊,莫有先先生者。因編輯成帙,付諸剞劂。」末署「敬題於孝昌槐蔭堂」。封面刻「槐蔭堂藏板」。知係王梓刻於孝昌官署者。鈐「高仰山印」、「敬亭」、「敬亭書畫之章」、「柯逢時收藏印」等印記。《存目叢書》據以影印。湖北省圖、川圖、寧夏圖亦有是刻。○《漢詩音註》十卷,民國排印《關中叢書》本。○《漢詩》十卷,清康熙刻本。正文首題「漢詩卷一」。次行題「中南山人李因篤音評」。半葉九行,行二十字,白口,左右雙邊。版心上刻「漢詩評」。前有康熙二十八年李因篤《康孟謀手録漢詩評序》。後有康乃心《李先生手評漢詩跋》。武漢圖書館藏。上圖亦有是刻。按:此書内容與《漢詩音註》略同,唯《音註》評註均夾注句下,而此書則大字附於各詩之後。蓋康乃心、王梓均據李因篤手批本編輯,各自刊行,故雖格式不同,而評註無大别也。王梓本卷九題「頻陽李因篤子德評，莘野康乃心孟謀閲，洽陽王梓適菴較」，蓋以康乃心手録在康熙二十八年，王梓得是稿在康熙二十九年，王梓所據本先經康乃心閲過也。四庫館臣所見直隸進呈本，其前五卷一册係王梓本，名《漢詩音註》，後五卷一册係康乃心本，名《漢詩評》，所謂配補本也。館臣不察，故《提要》云：「一書而中分二名」，「體例亦迴不同，不知其何所取也」。○《漢詩》十卷，清鈔本。半葉九行，行二十字，無格。清陳古民批，張廷枚跋。上圖藏。

詩觀十四卷別集二卷　國朝鄧漢儀編　六六二八

内府藏本（總目）。○《武英殿第二次書目》：「《詩觀》六本。」○南京圖書館藏清康熙慎墨堂刻本，作《詩觀初集》十二卷《二集》十四卷《閨秀別卷》一卷《三集》十三卷《閨秀別卷》一卷。半葉十行，行二十三字，白口，四周單邊。《初集》版心下刻「慎墨堂篋中藏稿」。《二集》、《三集》版心下刻「慎墨堂定本」。《初集》卷一題「東吴鄧漢儀孝威評選，司學李文胤鄴嗣參閲」。前有康熙十一年壬子鄧漢儀序，凡例十三則。據凡例，《初集》刻於康熙十一年壬子，黄九河等捐刻。卷一第一人錢謙益詩，目録及正文均挖去錢謙益名氏，目録並批「抽燬」二字。屈大均、陳恭尹同。鈐「積學齋徐乃昌書」長印。《二集》前有康熙十七年戊午鄧漢儀序，凡例十四則。據凡例，《二集》刻成於康熙十七年。卷一目録及卷一正文前二葉被抽去。《三集》前有康熙二十八年己巳自序。正文首葉及目録一、二、五、六均被抽去。《三集》之後有《詩觀二集閨秀別卷》一卷、《詩觀三集閨秀別卷》一卷。據《三集》卷前目録，此閨秀兩集原在《三集》之末。《存目叢書補編》據以影印。中國社科院文學所亦有是刻。○清康熙慎墨堂刻乾隆十五年至十七年仲之琛深柳讀書堂重修本。北圖、湖北圖、山西祁縣圖藏。

朱子論定文鈔二十卷　國朝吴震方編　**六六二九**

浙江巡撫採進本(總目)。○《浙江省第十二次呈送書目》:「《朱子論定文鈔》二十卷,國朝吴震方輯,十本。」○《浙江採集遺書總録》:「《朱子論定文鈔》二十卷,刊本,國朝石門吴震方輯。」○清華大學藏清康熙刻本。題「石門吴震方青壇手輯」。半葉十行,行二十五字,白口,左右雙邊。版心下記刻工:劉文開、洪思召、劉景伊、劉子云、劉乾一、劉允功、劉直士、劉志熙、劉越千、劉如松、劉惠生、劉道生、湯鳴預、劉載銘、劉德華、劉永令、劉採山、湯光雅、劉子熙、吕時暘、俞學海、洪尔賢。寫刻工緻。前有康熙四十二年癸未陳廷敬序,康熙四十二年仇兆鰲序,康熙四十一年自序,凡例。《存目叢書》據以影印。上圖、浙圖、山西大學亦有是刻。

鳳池集無卷數　國朝沈玉亮、吴陳琬〔琰〕同編　**六六三〇**

内府藏本(總目)。○《武英殿第一次書目》:「《鳳池集》四本。」○北京大學藏清康熙四十四年刻本,十卷。題「德清徐倬方虎氏定,武康沈玉亮瑤岑氏、錢塘吴陳琰寶崖氏集録」。半葉十一行,行二十二字,黑口,四周單邊。前有康熙四十四年吴陳琰序。又沈玉亮序,殘。《存目叢書》據以影印。清華、暨大亦有是刻。

續三體唐詩八卷　國朝高士奇編　**六六三一**

内府藏本(總目)。○《江西巡撫六次續採書目》:「《續唐三體詩》四本。」○浙江圖書館藏清康熙朗潤堂刻本，作《續唐三體詩》。題「江邨高士奇竹窗選」。半葉十一行，行二十字，黑口，四周單邊。前有康熙三十二年自序。《存目叢書》據以影印。北大、上師大、華東師大等亦有是刻。○復旦大學藏清鈔本，佚名録何焯批校。○清光緒十二年瀘州鹽局刻朱墨印本，正續俱全。

唐詩掞藻八卷　國朝高士奇編　　六六三二

内府藏本（總目）。○《武英殿第二次書目》：「《唐詩掞藻》六本。」○故宫博物院藏清康熙三十二年刻本。卷一題「錢塘高士奇澹人輯選」。半葉十一行，行十九字，黑口，左右雙邊。前有康熙三十二年高士奇序，凡例，姓氏。卷末題「男輿、軒校字」。寫刻本，刀法峻峭。《存目叢書》據以影印。清華、遼圖、湖北圖、社科院文學所亦有是刻。○故宫藏清康熙内府鈔本。半葉十一行，行二十字，黑口，左右雙邊。

楚風補五十卷　國朝廖元度編　　六六三三

浙江巡撫採進本（總目）。○《浙江省第六次呈送書目》：「《楚風補》五十卷，國朝廖元度輯，十六本。」○《浙江採集遺書總録》：「《楚風補》四十八卷附《拾遺》一卷，刊本，國朝長沙廖元度輯。」○《湖北巡撫呈送第二次書目》：「《楚風補》十四本。」○湖北省圖書館藏清乾隆十四年際恒堂刻本，作《楚風補》四十八卷《前編》一卷《末編》一卷。題「長沙太守吕南村先生鑒定，長沙廖元度大隱甫彙輯，善化孫良貴鄰初、益陽陳益謙甫、茶陵譚之綱履常、茶陵高翔紫庭參訂」。半葉十二行，行二十字，白口，四周雙邊。版心下刻「際恒堂」。前有乾隆十四年長沙夏之蓉序，長沙知府河南吕肅高南村氏序，凡例，乾隆十四年己巳譚之綱《校刊楚風補題詞》。《存目叢書》據以影印。北大、上圖、遼圖等亦有是刻。

四家詩鈔二十八卷　國朝王企埥編　六六三四

江西巡撫採進本（總目）。○《提要》云四家爲：清苑郭棻《學源堂集》六卷，鉅鹿楊思聖《且亭集》八卷，任邱龐塏《叢碧山房集》六卷，文安紀炅《桂山堂集》八卷。○《中國叢書綜録》著録《五家詩鈔》，清王企埥輯，清康熙六十年序刻本。子目：《桂山堂詩鈔》八卷，清紀炅撰；《學源堂詩鈔》六卷，清郭棻撰；《中山集詩鈔》六卷，清郝浴撰；《茨菴集詩鈔》六卷，清王炘濟撰；《且亭詩鈔》八卷，清楊思聖撰。上圖藏。與《四庫總目》所載四家合觀之，實有六家。唯昔年與輯《四庫全書存目叢書》，上圖僅覓得《桂山堂》、《學源堂》、《且亭》三種。《桂山堂詩鈔》前有康熙六十年王企埥序云：「謹録其尤者若干首付之剞劂。」《學源堂詩鈔》前有康熙六十年十二月朔王企埥序云：「梓而傳之。」《且亭詩鈔》前有康熙六十年十二月朔王企埥序云：「序而梓之。」知均刻於康熙六十年。半葉十行，行二十一字，白口，左右雙邊。卷内鈐「王培孫紀念物」印記。《存目叢書》據以影印。

濂洛風雅九卷　國朝張伯行編　六六三五

兩江總督採進本（總目）。○《兩江第一次書目》：「《濂洛風雅》，儀封張伯行輯，二本。」○吉林市圖書館藏清康熙張氏正誼堂刻本。《總目》題「儀封張伯行孝先甫訂，溧陽魏麐徵劍峰校」。半葉十一行，行二十一字，白口，左右雙邊。前有康熙四十七年戊子張伯行序，康熙四十七年門人張文炅序，康熙四十七年受業蔡世遠序，參校受業姓氏，凡例。全書寫刻，唯姓氏爲宋體字，姓氏版心下刻「正誼堂」。《存目叢書》據以影印。〇清同治五年福州正誼書院刻《正誼堂全書》本。〇民國二十四年商務印書館《叢書集成初編》據《正誼堂全書》本排印本。

歷朝賦楷八卷　國朝王修玉編　六六三六

内府藏本（總目）。〇《武英殿第一次書目》：「《歷朝賦楷》十二本。」〇福建省圖書館藏清康熙尚德堂刻本。卷一題「西陵顧豹文且菴鑒定，王修玉松壑選輯，兄鳳翼來阿參閱，男儒旦滄升、儒曾孝升較訂」。半葉十行，行二十一字，白口，四周雙邊。前有康熙二十五年自序，選例，目録。卷一前有首卷一卷，收清朝御試賦四首。《存目叢書》據以影印。北大、建甌縣圖亦有是刻。

于野集七卷　國朝王原編　六六三七

江西巡撫採進本（總目）。〇北京圖書館藏清康熙遂安堂刻本，十卷。題「青浦王原西亭選」。半葉十行，行十九字，黑口，四周單邊。寫刻工緻。前有康熙五十年辛丑顧嗣立序，康熙六十年王原序。封面刻「遂安堂鐫版」。卷内鈐「巴陵方氏碧琳琅館藏書」、「方家書庫」、「方功惠印」、「柳橋」等印記。《存目叢書補編》據以影印。上圖、福建圖、湖南圖、湖北圖亦有是刻。福建師大有康熙六十年石渠閣刻本，該校中文系教授連鎮標學長函告：封面刻「石渠閣梓」，行款字體與遂安堂本全同，實係一版。

唐宋十大家全集録五十一卷　國朝儲欣編　六六三八

通行本(總目)。○南開大學藏清康熙刻本,五十二卷,缺《孫可之集》二卷、《蘇老泉集》五卷、《河東集》卷二至六及《外集》一卷。半葉九行,行二十五字,黑口,左右雙邊。前有康熙四十四年正月儲欣序云:「是書門下士生校讎精到,而商酌出入往往起予。又力贊其尊大人捐貲以公諸世者,吴生蔚起豹文也。」則是本爲康熙四十四年吴蔚起捐貲刻本。《存目叢書》據以影印。所缺《可之》、《老泉》二集用山東大學藏光緒覆本配補,《河東》缺卷用湖北圖藏光緒覆本配補。復旦藏康熙本存四十六卷,有清王芑孫、沈欽韓評點,王芑孫跋。人民大學藏康熙本,《河東先生全集録》存卷四至六,餘全。○清光緒八年江蘇書局翻刻康熙本。北圖、清華、山東大等藏。

松風餘韻五十一卷　國朝姚宏〔弘〕緒編　六六三九

浙江汪啟淑家藏本(總目)。○《浙江省第四次汪啟淑家呈送書目》:「《松風餘韻》五十卷,國朝姚宏諸〔緒〕輯,八本。」○《浙江採集遺書總録》:「《松風餘韻》五十卷附《閨秀方外詩》一卷,刊本,國朝姚宏緒輯。」○首都圖書館藏清乾隆九年姚培謙等刻本,五十卷末一卷。題「胥浦姚弘緒聽巖編次」。半葉十一行,行二十一字,白口,左右雙邊。前有雍正十二年自序,乾隆元年又自序,凡例,乾隆九年姪男培謙識語。據識語,此係乾隆九年姚培謙等刻本。卷端冠四庫提要一則,末署「舉人臣姚湘恭録」。卷尾有嘉慶十年乙丑曾孫湘跋,提要亦即是年補刻。據此跋,汪啟淑於乾隆三十九年甲午進呈此本。《存目叢書補編》據以影印。南開、吉大、廣東圖等亦有是刻。

述本堂詩集十八卷　國朝桐城方氏三世家集也　**六六四〇**

内閣中書方維甸家藏本（總目）。○遼寧大學藏清乾隆二十年及嘉慶十四年刻本，收清方登嶧、方式濟、方觀承集，正集十八卷，續集五卷，共十九種。半葉十行，行十九字，白口，左右雙邊。寫刻甚精。正集前有乾隆十八年黄叔琳序，乾隆二十年方桑如序。後有乾隆十八年顧光序，張鳳序。續集前有嘉慶十四年己巳姚鼐序。卷内鈐「龍山慹廬藏書之章」等印記。《存目叢書補編》據以影印。清華、復旦、福師大等亦有是刻。

青溪先正詩集無卷數　國朝鮑楹編　**六六四一**

浙江巡撫採進本（總目）。○《浙江省第十二次呈送書目》：「《青溪先正詩集》不分卷，國朝鮑楹輯，四本。」○《浙江採集遺書總録》：「《青溪先正詩集》四卷，刊本，國朝訓導餘杭鮑楹輯。」○《中國古籍善本書目》著録康熙二十九年至三十年刻本。存：《青溪魯道原先生詩集》一卷，元魯淵撰；《青溪玄同子雪舟脞詩》一卷，元邵桂子撰；《青溪何介夫詩集》一卷，元何景福撰。半葉十行，行二十一字，白口，左右雙邊。華東師大藏。按：華東師大未檢得，故《存目叢書》未收。

延陵書塾合璧四卷　國朝吴季長編　**六六四二**

江蘇周厚堉家藏本（總目）。○《江蘇省第一次書目》：「《延陵合璧》四本。」○《江蘇採輯遺書目録》：「《延陵合璧》，嘉定吴兆侯、吴莊著。」

六六四三　八劉唐人詩集八卷　題淮陰劉青夕選，不著其名

内府藏本(總目)。○《武英殿第一次書目》：「《八劉唐人詩集》四本。」○清康熙四十二年金閶寶翰樓刻《中晚唐詩》本。《中晚唐詩》凡二集，一曰《八劉唐人詩》八種八卷，一曰《十三唐人詩》十四種十四卷。清劉云份輯。山東大學藏是刻，半葉九行，行十九字，白口，左右雙邊。前有康熙四十二年癸未吴門李翰熙維緝氏序云：「淮南劉子青夕，好搜羅中晚唐人秘本，……今年秋坊人復以其所輯劉氏唐詩見示索序。」正文首葉版心下刻「野香堂」。卷内鈐「新化歐陽銘字慧虚印」、「一粟山房」兩藍色印記。《存目叢書補編》據以影印。上圖、復旦、河南圖亦有是刻。

六六四四　唐詩叩彈集十二卷續集三卷　國朝杜詔、杜庭珠同編

内府藏本(總目)。○《武英殿第一次書目》：「《唐詩叩彈集》四本。」○遼寧大學藏清康熙四十三年采山亭刻本，作《中晚唐詩叩彈集》十二卷《續集》三卷。題「錫山杜詔紫綸、秀水杜庭珠詒穀集」。半葉十一行，行二十字，白口，左右雙邊。版心下刻「采山亭」。前有康熙四十三年甲申秦松齡序，杜詔序。又康熙四十三年杜庭珠《例言》云：「是選始於癸未春，余與紫綸兄手自摘鈔，本爲巾箱吟賞之具，未敢公之同好也。家大人督課之暇偶見副本，喜曰：二子用心良苦，盍出而是正乎。遂興梨棗之工。」版心刻工：陳章、昰公、張玉、君甫、吕元貞、宇涵、陳茂园、芮宇涵。卷内鈐「宋鉞私印」、「宋鉞之印」、「雪鋒」等印記。《存目叢書》據以影印。厦門大學藏是刻一部有清温啟封跋。北大、福師大等亦有是刻。

邱海二公文集合編十六卷　國朝焦映漢、賈棠所刻邱濬、海瑞集也　六六四五

副都御史黄登賢家藏本（總目）。○《都察院副都御史黄交出書目》：「《邱海二公集》，本朝焦映漢輯，八本。」○《廣東省呈送書目》：「《邱海集》十本。」○《兩江第一次書目》：「《邱海合集》八本。」○《直隸省呈送書目》：「《邱海文集》八本。」○清康熙四十七年刻本，作《丘海二公文集合編》十六卷。子目：《丘文莊公集》十卷、《海忠介公集》六卷。半葉十行，行二十二字，白口，四周雙邊。中科院圖、南開、上圖等藏。○中央民族大學藏清乾隆十八年邱氏可繼堂重刻本。題「焦映漢雯濤、賈棠青南、王贄獻甫選定，吴纘姬、伍衡文、吴位和、符詩、吴必禄、鄭應瑞、馮廷瑛、何士瓚、詹登翰重編」。半葉十行，行二十二字，白口，四周雙邊。有乾隆十八年癸酉党維世重刻序。封面刻「乾隆癸酉重刊」、「板藏邱氏可繼堂」。《存目叢書》據以影印。

明文遠無卷數　國朝徐文駒編　六六四六

直隸總督採進本（總目）。○《直隸省呈送書目》：「《明文遠》二十四本。」○東北師大藏清刻本。或標卷，或不標卷，爲刊而未定之本，約計一百九十七卷，都二千一百餘葉。卷端題「甬江徐文駒子文論次，西昌羅景浵亦潭同選，受業羅仰錡慎調參閲」。各卷參閲人或有不同。半葉九行，行二十二字，黑口，左右雙邊。無序跋。《存目叢書》據以影印。中國社科院歷史所有清學古樓刻本二十一卷。山東省圖書館藏清刻本四十九卷二十四册。行款版式並同，當出一版。

尺牘嚶鳴集十二卷　國朝王相編　六六四七

内府藏本(總目)。○《武英殿第二次書目》:「《尺牘嚶鳴集》十本。」

文章鼻祖六卷　國朝楊繩武編　六六四八

江蘇巡撫採進本(總目)。○《江蘇省第二次書目》:「《文章鼻祖》四本。」○中央民族大學藏清乾隆二十八年刻本。題「婁水沈敬亭先生鑒定,古吴楊皐里先生評選,後學沈祖齡與之、金昇慎周、沈光春彙蘇、聞思訥慎餘同校」。半葉九行,行二十字,白口,左右雙邊。眉欄刻評。前有乾隆二十八年癸未沈起元序。《存目叢書》據以影印。人民大學、浙圖、東北師大亦有是刻。

唐四家詩八卷　國朝汪立名編　六六四九

内府藏本(總目)。○《武英殿第二次書目》:「《唐四家詩》四本。」○湖北省圖書館藏清康熙三十四年汪立名刻本。半葉十行,行十九字,黑口,左右雙邊。寫刻甚精。鈐「雙玉堪」、「雙玉龕藏書記」、「成都顧印愚印伯一字所特記」等印記。華陽顧愚,字印愚,一字印伯,又字所特,室名雙玉龕。此其故物也。《存目叢書》據以影印。南開藏一部有清王鳴盛批校並跋。川圖藏一部有清鄭珍批。上圖藏一部有清張鳴珂批校,又藏一部有清王慶麟批。復旦藏一部有清黄二吾批。天津師大藏一部有清張進批校並跋。北圖藏一部有傅增湘校並跋。

二家詩鈔二十卷　國朝邵長蘅編　六六五〇

内府藏本(總目)。○《武英殿第二次書目》:「《二家詩鈔》八本。」○中國人民大學藏清康熙三十四年刻本。半葉十行，行二十一字，黑口，四周單邊。寫刻甚精。前有康熙三十四年乙亥邵長蘅序。封面刻「毗陵邵子湘選」、「二家詩鈔」、「王氏漁洋詩集」、「宋氏綿津詩集」，鈐「鄧氏所藏」印。卷内鈐「桐蔭館」印記。《存目叢書補編》據以影印。遼圖、中山大等亦有是刻。

棣華書屋近刻四卷　國朝歷城朱緗、朱絳、朱綗兄弟三人之合集　**六六五一**

山東巡撫採進本（總目）。○《山東巡撫第二次呈進書目》：「《棣華書屋稿》一本。」○子目：朱緗《嶺南草》一卷、《端江集》一卷，朱絳《嶺南草》一卷，朱綗《濟南草》一卷。○山東省圖書館藏清刻本，存朱絳《嶺南草》一卷（佚去正文首葉之前半）、朱綗《濟南草》一卷。《濟南草》首行「棣華書屋近刻」，次行「魚丘朱綗子驄」，三行「濟南草」。半葉十行，行十九字，黑口，左右雙邊。《存目叢書》據以影印。山東博、北圖分館聞有是書，待訪。

誠求堂彙編六卷　國朝徐開錫撰　**六六五二**

江蘇周厚堉家藏本（總目）。○《江蘇省第一次書目》：「《誠求堂集》四本。」○《江蘇採輯遺書目録》：「《誠求齋集》六卷，杞縣知縣三衢徐開錫著，刊本。」

明文在一百卷　國朝薛熙編　**六六五三**

江蘇巡撫採進本（總目）。○《江蘇省第一次書目》：「《明文在》八本。」○《浙江省第十一次呈送書目》：「《明文在》一百卷，國朝薛熙輯，十本。」○《浙江採集遺書總録》：「《明文在》一百卷，刊本，國朝常熟薛熙輯。」○《武英殿第二次書目》：「《明文在》十二本。」○遼寧大學藏清康熙三十二年古渌水園刻本。卷一題「常熟薛熙纂，丹徒何挈輯」。半葉十二行，行二十五字，黑口，左右雙邊。前有康熙三十二年薛熙序，康熙三十二年門人錢大鏞序，康熙三十一年秋吴郡半園學人錢大鏞、徐龍驤《凡例》。《凡例》末條云：「古本俱係能書之士各隨其字體書之，無有所謂宋字也。明季始有書工專寫膚廓字樣，謂之宋體。庸劣不堪，於今爲甚。是編鏞輩特請同門生倪子赤雲，用趙文敏公小楷法書之，間有字畫不依洪武正體者，從唐宋名人法書也。至於編次卷帙，校對差悮，俱出其手，尤不可泯。又選剞劂良工，厚其既廪，監視鋟梓。頓改陋習，亦復古之漸云。」此節頗可見康熙間刻書字體由宋體變爲楷體之緣由，故録之。目録末有「半園學人倪霱校字並書」一行。此倪霱手寫上板之本極精工。鈐「葉德輝焕彬甫藏閲書」印。《存目叢書》據以影印。北圖、上圖、南圖等亦有是刻。〇清光緒十五年江蘇書局刻本。山東師大、遼圖、吉大等藏。

漢詩説十卷　國朝費錫璜、沈用濟同編　六六五四

浙江巡撫採進本（總目）。〇《浙江省第十一次呈送書目》：「《漢詩説》十卷，國朝沈用濟、費錫璜同輯，二本。」〇《浙江採集遺書總録》：「《漢詩説》十卷，刊本，國朝錢塘沈用濟、成都費錫璜同輯，毛奇齡審定。」〇《武英殿第一次書目》：「《漢詩説》四本。」〇遼寧大學藏清康熙製鯨堂刻本，作《漢詩説》十卷《總説》一卷。題「錢塘沈用濟方舟、成都費錫璜滋衡仝述，蕭山毛奇齡大可、會稽姚陶次耕論正」。半葉九行，行十九字，黑口，左右雙邊。前有費錫琮、沈用濟、費錫璜序，後有毛奇齡、王源跋。鈐「何煜私印」、「萬竹山莊」等印記。《存目叢書》據以影印。北圖、南圖、山東圖等亦有是刻。

嶺南五朝詩選三十五卷　國朝黄登編　六六五五

浙江汪啟淑家藏本(總目)。○《浙江省第四次汪啟淑家呈送書目》:「《嶺南五朝詩選》三十五卷,國朝黄登輯,十四本。」○《浙江採集遺書總録》:「《嶺南五朝詩選》三十五卷,刊本,國朝番禺黄登輯。」○北京圖書館藏清康熙三十九年自刻本。題「番禺黄登俊升氏訂定」。半葉九行,行二十字,白口,四周雙邊。前有康熙三十五年丙子袁景星序,康熙三十九年庚辰魯超序,劉茂溶序,秦桂序,王士楨序,梁佩蘭序,陳恭尹序,歐陽雋序,郭晦序,康熙三十二年癸酉李長華序,凡例。《存目叢書》據以影印。中山大學藏一部殘存卷一至四、卷九至十一、卷十五至二十。

義門鄭氏奕葉吟集七卷　國朝鄭爾垣編　六六五六

江蘇巡撫採進本(總目)。○《江蘇省第二次書目》:「《義門鄭氏奕葉吟集》二本。」○《提要》云:「永樂十六年鄭昺輯其先世之詩爲三卷,其從叔檢討棠序之。康熙中爾垣又續編四卷,是爲此本。」○《義門鄭氏奕葉吟集》三卷,明鄭允宣輯,明末鄭氏書種堂刻本。半葉九行,行二十字,白口,四周單邊。北圖藏。

義門鄭氏奕葉集十卷　國朝鄭爾垣編　六六五七

江西巡撫採進本(總目)。○清華大學藏清康熙五十四年鄭氏祠堂刻本,作《義門鄭氏奕葉文集》十卷。目録題「十六世孫尚藎良翊、十七世孫守誥惟康、十八世孫應友國燮仝閲，十八世孫應産國惠、應煥國章、應星國樞仝彙，二十世孫爾垣一樞重校」。半葉十行，行二十五字，白口，四周單邊。版心下刻「祠堂公刊」，又有「第十九世孫學有刊」、「孫學有刊」、「第十九世孫學遠刊」、「孫學遠刊」、「烏程泒孫思樑刊」等，皆出貲者。前有康熙五十四年乙未鄭爾垣《重刻義門鄭氏奕葉文集凡例》。鈐「豐華堂書庫寶藏印」印記。《存目叢書》據以影印。上圖、山西圖亦有是刻。

宋十五家詩選十六卷　國朝陳訏編　六六五八

内府藏本（總目）。○《武英殿第一次書目》：「《宋十五家詩》十本。」○北京師大藏清康熙三十二年刻本，作《宋十五家詩選》十六卷。題「東海陳訏輯」。半葉十一行，行二十二字，黑口，左右雙邊。前有查昇序，康熙三十二年癸酉陳訏序，發凡。《存目叢書》據以影印。首都圖、首師大、津師大、湖北圖亦有是刻。

篤叙堂詩集五卷　侯官許氏之家集　六六五九

福建巡撫採進本（總目）。○《福建省呈送第六次書目》：「《篤叙堂詩集》。」○子目：《春及堂遺稿》，明許豸撰；《米友堂集》，清許友撰；《紫藤花菴詩鈔》，清許遇撰；《少少集》，清許鼎撰；《雪邨集》、《玉琴書屋詩集》，清許均撰；《客遊草》，清許藎臣撰；《影香窗存稿》，清許良臣撰。

續姚江逸詩十二卷　國朝倪繼宗編　六六六〇

浙江巡撫採進本（總目）。○《浙江省第九次呈送書目》：「《續姚江逸詩》十二卷，國朝倪繼宗輯，四本。」○《浙江採集遺書總録》：「《續姚江逸詩》十二卷，刊本，國朝遂安縣訓導邑人倪繼宗輯。」○湖北省圖書館藏清康熙六十年倪繼宗小雲林刻本。題「後學倪繼宗選輯」。半葉十二行，行二十二字，白口，左右雙邊。版心下刻「小雲林藏板」。前有康熙六十一年兩浙督學馬豫序，康熙六十一年裘璉序。又康熙六十年臈月朔日自序云：「續選姚江逸詩一十二卷，繼宗輯，欲傳之幾十年矣，以貧故不及鏤板。今獲以駑劣謬受公知，始請序而刊佈之。」《存目叢書》據以影印。北圖、社科院文學所亦有是刻。

韜光菴紀遊集無卷數　國朝釋山止編　六六六一

浙江巡撫採進本（總目）。○《浙江省第六次呈送書目》：「《韜光菴記遊詩》二卷，國朝鄧錫璿編，一本。」○南京圖書館藏清光緒七年武林丁氏竹書堂刻本，《武林掌故叢編》之一。封面有辛巳仲冬姚孟起署簽，又有牌記：「武林丁氏竹書堂鋟。」有康熙五十七年許汝霖序，康熙二十七年朱爾邁序，康熙二十八年鄧錫璿序，康熙二十四年潘耒《募刻韜光詩文小引》。正文後又有《附刻韜光紀遊詩册》一卷。《存目叢書》據以影印。

興善寺歷代名賢留題集二卷　國朝釋淨溥編　六六六二

兩淮鹽政採進本（總目）。○《兩淮鹽政李續呈送書目》：「《興善寺留題集》一卷，明釋淨溥，一本。」

倪城風雅二卷　國朝勞㠠編　六六六三

山東巡撫採進本（總目）。○《山東巡撫第二次呈送書目》：「《倪城風雅》二本。」

三詩合編三卷　國朝黄光岳編　六六六四

江西巡撫採進本（總目）。

渠風集略七卷　國朝馬長淑編　六六六五

山東巡撫採進本（總目）。○《山東巡撫第二次呈進書目》：「《渠風集略》四本。」○山東省圖書館藏清乾隆八年輯慶堂刻本。題「邑後學馬長淑蓼亭甫校輯」。半葉十行，行二十二字，白口，左右雙邊。版心下刻「輯慶堂」。前有乾隆八年癸亥曹澣序云：「分爲六卷，將付剞劂。」乾隆八年李大本序云：「磁州夫子輯渠邱前修之詩，謀割俸金付剞劂氏。」乾隆八年馬長淑題詞，又序。《存目叢書》據以影印。北圖、山東大、山東博亦有是刻。

七十二峯足徵集一百一卷　國朝吴定璋編　六六六六

江蘇巡撫採進本（總目）。○《江蘇省第一次書目》：「《七十二峯足徵集》二十本。」○北京大學藏清乾隆十年吴氏依緑園刻本，作《七十二峯足徵集》八十八卷《文集》十六卷（《文集》卷三原注「闕」）。題「武峰吴定璋友篁蒐録，虞山陳祖范見復編訂」。半葉九行，行十九字，白口，左右雙邊。寫刻本。前有乾隆九年甲子沈德潛序，乾隆十年乙丑秦蕙田序，凡例。《存目叢書補編》據以影印。北圖、上圖、南圖等亦有是刻。

明倫初集五卷續集五卷　國朝鄭文炳編　六六六七

福建巡撫採進本（總目）。○《福建省呈送第五次書目》：「《明倫集》四本。」○《提要》云：「初集刊於雍正辛亥，續集刊於乾隆甲申。」

長林四世弓冶集五卷　國朝林其茂編 六六六八

禮部主事任大椿家藏本（總目）。○子目：《後樂堂集》一卷《雙峯吟》一卷，清林逸撰；《貽桂軒集》一卷，清林秉中撰；《吟臺詩草》一卷，清林贊龍撰；《轂音集》一卷，清林其茂撰。

廣東詩粹十二卷　國朝梁善長編 六六六九

浙江汪啟淑家藏本（總目）。○《浙江省第四次汪啟淑家呈送書目》：「《廣東詩粹》十二卷，國朝梁善長輯，四本。」○《浙江採集遺書總録》：「《廣東詩粹》十二卷，刊本，國朝順德梁善長輯。」○上海師大藏清乾隆十二年達朝堂刻本，作《廣東詩粹》十二卷《補編》一卷。題「順德梁善長崇一輯」。半葉十行，行二十一字，黑口，左右雙邊。前有乾隆十二年丁卯王之正序。封面刻「鑑塘藏板」、「達朝堂鐫」。卷内鈐「臣藻之印」。《存目叢書》據以影印。遼圖、中山圖、杭州圖等亦有是刻。

莆風清籟集六十卷　國朝鄭王臣編 六六七〇

福建巡撫採進本（總目）。○《福建省呈送第五次書目》：「《莆風清籟集》二十本。」○清乾隆三十七年刻本。半葉九行，行二十一字，白口，左右雙邊。寫刻甚精。福師大、安徽圖、津圖等藏。福師大本完好如新。○首都圖書館藏清乾隆三十七年刻光緒二十六年劉尚文續梅花百詠齋補版印本。卷一題「長洲□□□□□、錢塘杭世駿董浦參訂，里中後學鄭王臣慎人（一字蘭陔）輯選，受業盩厔陳燮元佐校閲」。各卷參訂、校閲人不同。前有乾隆三十七年壬辰錢琦序。末有光緒二十六年庚子里中後學劉尚文於續梅花百詠齋跋云：「客夏有以是板求售，急爲購歸，並綴數言於後。」間有補刻之葉，版框外有「續梅花百詠齋補刊」一行。《存目叢書》據以影印。福師大亦有是刻。中央民大有民國十三年補刻本。

山左明詩鈔三十五卷　國朝宋弼編　六六七一

廣東潮陽縣知縣李文藻家刊本(總目)。○湖北省圖書館藏清乾隆三十六年李文藻恩平縣署刻本。目録題「通議大夫甘肅提刑按察司按察使宋弼選」。半葉十一行，行二十一字，黑口，左右雙邊。前有乾隆三十六年辛卯十一月李文藻序云：「癸未盧君致仕歸里，先生以全稿畀盧」、「戊子秋盧君得罪籍家，而先生以甘肅按察使入覲，道卒洛陽。予恐此書之遂湮也，己丑正月走德州，從州官求買此書。盧氏書入官者數十萬卷，吏爲檢三日，得明詩選凡三本。一爲路中允斯道本，一爲惠文學棟本。路惟鈔撮十郡志乘，惠所録僅數十家，皆未成卷帙。其一即此本，裒然三十五卷，作者四百三十一人，中間評點，先生手蹟也。惟《小傳》一册佚去。越數日，先生柩至自洛陽。予迎哭已，啟笈得《小傳》，則先生所手録也。是秋予謁選，得廣東恩平令，携以行。庚寅夏到官，其冬政稍暇，校而梓之」，「明年署新安，乃獲蕆事」。封面刻「乾隆辛卯開雕」、「恩平縣衙藏板」。《存目叢書》據以影印。清華、山東師大、福師大等亦有是刻。按：是書卷三十五載歷城張元英藏書校書事。

豐陽人文紀略十卷　國朝聶芳聲編　六六七二

江西巡撫採進本(總目)。○《江西巡撫海第四次呈送書目》：「《豐陽人文紀略》二套十本。」○江西省圖書館藏清刻本。題「於陵李晦修先生鑒定，後學聶芳聲晦之編輯，同男雯七襄較」。半葉九行，行二十字，白口，左右雙邊。前有李瀓序，聶芳聲引，男聶雯跋，凡例。卷十後附程岣文三篇。鈐有「蔚挺搜存」印。《存目叢書》據以影印。

南園後五子詩集二十八卷　國朝陳文藻等編 **六六七三**

江西巡撫採進本（總目）。〇中山大學藏清同治九年南海陳氏重刻本，與《南園前五先生詩》五卷合刻，作《南園後五先生詩》二十五卷卷首一卷附《南園花信詩》一卷。半葉十一行，行二十一字，大黑口，左右雙邊。版心下刻「樵山草堂」。前有乾隆二十七年王懿德序，乾隆三十年熊繹祖序，乾隆三十八年癸巳檀萃序。前有牌記：「同治九年仲春南海陳氏重栞。」書末刻有「粵東省城學院前翰芳齋承刻」兩行。《存目叢書補編》據以影印。江西圖、吉林省圖、吉大亦有是刻。

二南遺音四卷　國朝劉紹攽編 **六六七四**

陝西巡撫採進本（總目）。〇《陝西省呈送書目》：「《二南遺音》。」〇北京師大藏清同治十二年刻本，作《二南遺音》四卷《續集》一卷，《西京清麓叢書》之一。題「三原劉紹攽編輯」。半葉九行，行二十字，白口，四周雙邊。有乾隆二十八年自序。前有牌記：「同治十有二年癸酉開雕。」《存目叢書》據以影印。北大、上圖、甘肅圖亦有是刻。

崇川詩集十二卷　國朝孫翔編 **六六七五**

兩江總督採進本（總目）。〇《兩江第一次書目》：「《崇川詩集》，通州孫翔編，四本。」〇中國人民大學藏清乾隆刻本，作《崇川詩集》十二卷《補遺》一卷。題「紫琅孫翔吕溪編輯，同學金榜字縣參閲」。半葉十行，行十九字，白口，左右雙邊。前有乾隆三十七年七月朔何廷模序。《目次》末有「維揚湯鳴岐鐫」六字。卷十二後有例言，係前十二卷之例言，末云：「集始於乙酉春杪，八閲寒暑告竣。」知成於乾隆三十年。卷内鈐「綺衫過眼」印記。《存目叢書補編》據以影印。

東皐詩存四十八卷　國朝王之珩編　六六七六

兩江總督採進本（總目）。○《兩江第一次書目》：「《東皋詩存》，如皋汪之珩輯，二十本。」○吉林省圖書館藏乾隆三十一年文園刻本，作《東皐詩存》四十八卷《詩餘》四卷。題「興化王國棟竹樓、同里江大鋭樵所、同里黄振瘦石仝訂，同里汪之珩璞莊徵輯，興化左亭筠谿校訛」。半葉十行，行二十字，白口，左右雙邊。版心下刻「文園」。寫刻本。前有乾隆三十一年丙戌袁枚序，汪之珩《徵輯東皐詩存啟》，凡例，參閲姓氏。姓氏末記刻工：「金陵徐爾章、湯鳴岐仝鐫。」詩存末有乾隆三十一年秦大士跋云：「工既集，而璞莊奄然物化。」詩餘前有乾隆三十一年江大鋭序。卷内鈐「積學齋徐乃昌藏書」印記。《存目叢書》據以影印。北大、社科院文學所、吉林社科院亦有是刻。○清嘉慶八年汪氏金陵文園重刻本。東北師大、中山圖、北圖分館藏。○按：編者汪之珩，《總目》誤作王之珩。

濮川詩鈔三十五卷　不著編輯者名氏　六六七七

浙江巡撫採進本（總目）。○《浙江省第十二次呈送書目》：「《濮川詩鈔》六本。」○《浙江採集遺書總録》：「《濮川詩鈔》三十八卷，刊本，不著編輯者名氏。」○清乾隆刻本，三十五種四十三卷。上圖、復旦藏。子目詳《中國叢書綜録》。〇北京圖書館分館藏民國二十一年石印本。凡《提要》所列諸家俱在，另多出仲弘道《甌香集》二卷、周暾《順寧樓稿》一卷、沈孔鍵《柴門集》二卷、釋豁眉《隨扣集》一卷。前有牌記：「民國弍十弍年重印。」又乾隆五年庚申陸奎勳序云：「梅涇沈君山臞……偕謹堂陳君，檢得前輩遺稿及同社之能諸者數十家繡梓，題曰《濮川詩鈔》。」又庚午陳梓序，諸家重印題詞，民國二十一年鄭曰章重印識語，總目，雍正庚戌陳光裕序。鄭曰章云：「今沈氏紅葯山房藏有孤本，爲沈山臞、陳謹堂兩先輩所輯，都四十四卷，凡三十三家。」山臞，沈堯咨。謹堂，陳光裕。館臣云「不著編輯者名氏」，據陸、鄭二序知係沈堯咨、陳光裕輯。據正文統計，共四十三卷。《存目叢書》據以影印。

閨秀集初編五卷　國朝季嫺編　**六六七八**

兩淮鹽政採進本（總目）。〇《兩淮鹽政李續呈送書目》：「《閨秀集》一卷，明季嫻，一本。」〇上海師大藏清鈔本，作《閨秀集》二卷《詩餘》一卷。題「昭陽季嫺靜娛氏評選，女李婧安侶氏參較」。半葉十行，行二十字，無格。前有順治九年壬辰季嫺序，選例，與選里氏。卷内寧字缺末筆。鈐「研溪」、「蔣維鈞印」、「字曰思叙」等印記。《存目叢書》據以影印。按：胡文楷《歷代婦女著作考》但據《四庫總目》著録，未見此本。

磁人詩十卷　國朝楊方晃編　**六六七九**

直隸總督採進本（總目）。〇《直隸省呈送書目》：「《磁人詩》六本。」

六六八〇　晚唐詩鈔二十六卷　國朝查克宏〔弘〕編

内府藏本（總目）。○《武英殿第二次書目》：「《晚唐詩鈔》六本。」○天津圖書館藏清康熙四十二年查克弘刻本。題「海寧查克弘可亭、錢塘淩紹乾子健同選，楊兆璘友三校」。半葉十行，行十九字，白口，左右雙邊。寫刻本。版心下刻「十干詩塢」。前有康熙四十二年癸未楊兆璘序，康熙四十二年癸未淩紹乾序，康熙四十二年十月上浣查克弘於十干詩塢之栖鳳閣序。凡例末條云：「是編意欲仿宋人刊本，字畫疏密中少具錯落之致，今杭郡刻工得傳者甚少，倘强而行之，未免有壽陵餘子之誚，然較之坊刻，頗有可觀。若近日吴趨新樣，亦得其大略耳。」可見當時刻書風尚。鈐「荃孫」、「雲輪閣」、「靜懷閣藏書記」、「陳氏敦禮」等印記。《存目叢書》據以影印。清華、中山圖等亦有是刻。

六六八一　友聲集七卷　國朝賴鯤升編

浙江巡撫採進本（總目）。○《浙江省第十一次呈送書目》：「《友聲集》七卷，國朝賴鯤升輯，六本。」○《浙江採集遺書總録》：「《友聲集》七卷，刊本，國朝會昌賴鯤升輯。」○江西省圖書館藏清康熙五十六年霞綺園刻本，文二卷詩五卷。題「霞綺園後學賴鯤升滄嶠、鳳升桐村、緯鄴嵇立輯」。半葉八行，行十八字，白口，左右雙邊。前有康熙五十六年丁酉張尚瑗序，康熙五十四年吴正名序，康熙五十四年彭天華序。三序皆及付梓事。封面刻「霞綺園藏版」。《存目叢書》據以影印。○光緒元年刻本。東北師大藏。

六六八二

殘本湖陵江氏集五卷　國朝江八斗編

江西巡撫採進本(總目)。○《提要》云：「目録列文五卷詩二卷，弁以歷代敕命制誥，而終以附録。此本闕第二卷、第七卷及附録。」○中山圖書館藏清乾隆二年八斗堂刻本，作《湖陵江集》七卷首一卷末一卷。題「饒江稶春青圃先生校訂，鈍夫八斗偕男蟾、虹、蟠輯」。半葉九行，行二十字，白口，左右雙邊。版心下刻「八斗堂」。前有乾隆二年稶春序，嘉靖四十年章藹序，順治十二年史大成序，康熙十二年鄭陽奎序，順治十六年陸求可序，順治十六年貢彧序，乾隆二年鈍夫八斗《凡例》。《凡例》末署「識於八斗堂」。末有乾隆二年楊自卓跋，乾隆二年楊自艾跋，乾隆二年江八斗跋。知係乾隆二年江八斗八斗堂刻本。鈐「真州吴氏有福讀書堂藏書」印。《存目叢書補編》據以影印。

四庫存目標注卷五十九

滕州　杜澤遜　撰

集部十

詩文評類

樂府古題要解二卷　舊本題唐吴兢撰　六六八三

兩江總督採進本(總目)。○《兩江第一次書目》：「《樂府古題》，唐吴兢撰，抄本，一本。」○臺灣「中央圖書館」藏明嘉靖間刻本二卷一册。正文首題「樂府古題要解上」，次行題「唐史臣浚儀吴兢」。半葉十行，行二十字，白口，單黑魚尾，四周單邊，魚尾上刻「樂府古題要解」。前有吴兢序，鄧邦述録嘉靖三十九年庚申十月念日知河間縣事汝南梁梧《刻樂府古題要解》序。書經鄧邦述校。書前有鄧邦述手跋：「此刻本當在嘉靖間，亦不多見。丁巳除夕，沅尗同年祭書於京師邸舍，余得觀其一歲所收。其有明鈔《樂府古題要解》一册,似轉録柳大中鈔本,而前後多陸東序跋,又有刻書者梁梧一叙。沅未謂余曾校《津逮》本爲勝。因乞歸,一夕校畢,頗多是正。子晉言得元本,較前得之虞山楊氏、錫山顧氏二本爲佳。然猶不逮是本。是柳大中本在當時遂爲最善本也。而陸跋言其脱誤處滋多,彌引爲憾。甚矣古書之亡,久恃蒐遺訂墜之功,得幸存于什一也。此册或即梁氏刊本,毛氏刻時曾未齒及,豈流傳者在明時已甚尠耶。沅未鈔本既載柳大中正德乙亥詩跋,又載陸氏嘉靖己酉十月十一月兩序跋,又載梁氏嘉靖庚申刻書一叙,先後不侔,似是彙三本而録之,非於一册中迻寫者。惜此本前後序跋俱已割去,無從證明。余惟一一録于册中,以待他日之考正爾。戊午元夕群碧樓居士正闇校畢記。」卷内鈐「竹石軒」、「群碧樓」等印記(參該館《善本題跋真蹟》、《善本書志初稿》)。○傅增湘藏明鈔本一卷。《藏園訂補郘亭書目》云:「明傳寫嘉靖三十九年梁梧刊本,十行二十字。前嘉靖二十八年陸東序及嘉靖三十九年河間知縣梁梧刊書序。後有正德十年柳僉跋及陸東跋。據跋,知陸本據都穆藏本付刊。」《藏園群書經眼録》著録爲「明寫本」,云「己酉冬十二月東跋」。又云:「此書余嘗取校汲古閣本,增補二百餘字及前後序跋。丁巳歲收得。」《藏園群書題記》有跋。北京圖書館藏明鈔本二卷一册,半葉十行,行二十字,白口,四周雙邊。有傅增湘跋,吴昌綬題詩。似即一書而卷數著録不同。○明崇禎毛晉汲古閣刻《津逮秘書》本二卷。北圖藏一部有傅增湘校並跋,即《藏園訂補郘亭書目》著録者。民國十一年上海柳蓉邨博古齋影印《津逮秘書》本。《存目叢書》又據博古齋本影印。○日本享保十七年江都書肆嵩山房刻本二卷。華東師大、遼圖藏。○清乾隆二十七年姚氏草草巢刻《硯北偶鈔》本。北圖、北大、南圖等藏。○清乾隆嘉慶間刻《詩觸》本。北圖、中科院圖、首都圖、北師大藏。○清嘉慶十年張氏照曠閣刻《學津討原》本。北圖、上圖、南圖等藏。民國十一年商務印書館影印張刻《學津討原》本。○清管庭芬輯鈔《一瓻筆存》本。津圖藏。○清鈔本二卷。半葉十一行，行二十一字，黑格。清朱琰跋。南圖藏。○清同治中番禺李氏鈔《反約編》本。福師大藏。○清同治中真州張氏廣州刻民國二年重修印《榕園叢書》丙集本。北圖、上圖、南圖等藏。○清光緒十一年長沙玉尺山房刻《談藝珠叢》本。北圖、北大、山東大等藏。○民國五年丁福保排印《歷代詩話續編》本。○一九八三年中華書局排印《歷代詩話續編》點校本。有校記。

詩式一卷　舊本題唐釋皎然撰　六六八四

兩江總督採進本(總目)。○北京圖書館藏明鈔本五卷。題「杼山釋皎然清晝撰」。半葉十行，行十八字，無格。有明毛晉校。鈐「毛古愚藏」、「冰香樓」、「濟南周氏藉書園印」等印記。《存目叢書》據以影印。○日本靜嘉堂文庫藏舊鈔本五卷，與《優古堂詩話》一卷合鈔一册。歸安陸氏皕宋樓故物。鈐「武林盧文弨手校」朱文長印。有盧文弨手跋：「此書世有鐫本，俱不全。今乃得此五卷完備，從兩漢及唐詩人名篇麗句摘而録之，差以五格，括以十九體，此所以謂之式也。若世間本，則虛張其目而已，豈知其用意之所在乎。《杼山集》十卷，余向抄得之，乃陸勑先校定者，極精細。今又得此完本，因亟令人傳録。讀杼山詩者即以其所謂格與體者求之，不可知其撰造之有自乎？乾隆四十二年八月既望九日杭東里人盧文弨書。」(參《皕宋樓藏書志》、《靜嘉堂秘籍志》)據盧跋，此係乾隆四十二年盧文弨家鈔本。○清光緒間歸安陸氏刻《十萬卷樓叢書》本五卷。北圖、上圖等多藏之。○民國二十九年商務印書館據《十萬卷樓叢書》本排印，收入《叢書集成初編》。○北京圖書館藏清鈔本五卷。半葉十一行，行二十字，白口，左右雙邊。○北京圖書館藏清鈔本五卷。半葉九行，行二十或二十一字，無格。○南京圖書館藏清鈔本五卷。○明嘉靖二十七年崇文書堂刻《陳學士吟窓雜録》本三卷。北大、吉林省圖、上圖等藏。○原北平圖書館藏明鈔《陳學士吟窓雜録》本。現存臺北「故宫」。○北京圖書館藏明鈔《陳學士吟窓雜録》本。○日本文政九年刊《吟窓雜録》本。日本京大附屬圖書館藏。○張曼漪手鈔明胡文焕輯《詩法統宗》本三卷。南大藏(以上二本參張伯偉《全唐五代詩格彙考》)。○明萬曆胡文焕刻《格致叢書》本，作《新刻詩式》一卷。北圖藏。○明刻《續百川學海》壬集本一卷。北圖、遼圖、浙圖等藏。○明刻《唐宋叢書》本一卷。北大、上圖、山東圖等藏。○明刻清順治三年宛委山堂印《説郛》本一卷。北圖、上圖、南大等藏。一九八八年上海古籍出版社影印宛委山堂本《説郛》，收入《説郛三種》。○明末刻明嵇留山樵輯《古今詩話》本一卷。臺灣「中央圖書館」、史語所藏。○清乾隆二十四年敦本堂刻《詩學指南》本一卷。上圖、復旦、上師大藏。○清乾隆二十五年刻《學詩津逮》本一卷。北大、上圖藏。○清乾隆三十五年序刻《歷代詩話》本一卷。北圖、上圖、南圖等藏。○民國上海文寶公司石印《歷代詩話》本。○民國十六年上海醫學書局石印《歷代詩話》本。○一九八一年中華書局排印點校《歷代詩話》本。○清乾隆間刻《詩觸》本一卷。北圖、首都圖、中科院圖、北師大藏。〇清道光十一年六安晁氏木活字排印《學海類編》本一卷。北圖、上圖、南圖等藏。民國九年上海涵芬樓影印晁氏木活字《學海類編》本。〇清光緒十一年玉尺山房刻《談藝珠叢》本一卷。〇日本明治大正間大阪青木嵩山堂鉛印《螢雪軒叢書》本一卷。北師大、復旦、中山圖等藏。〇《詩式校勘記》，日本船津富彥撰，載日本昭和二十七年《東洋文學研究》第一號。〇《皎然詩式輯校新編》，許清雲撰，一九八四年臺灣文史哲出版社印本。〇《詩式校注》，李壯鷹撰，一九八六年齊魯書社排印本。〇《詩式校注》，周維德撰，一九九三年浙江古籍出版社排印本。〇《詩式》五卷《補遺》二則，張伯偉校輯，二〇〇二年江蘇古籍出版社排印《全唐五代詩格彙考》本。

詩法源流三卷　不著撰人名氏　六六八五

浙江巡撫採進本（總目）。〇《浙江省第六次呈送書目》：「《詩法源流》三卷，明王用章輯，二本。」〇《浙江採集遺書總録》：「《詩法源流》三卷，刊本，明王用章輯。」〇蘇州圖書館藏明嘉靖刻本，分上中下三卷，内容題名與《提要》合。半葉九行，行十九字，白口，四周單邊。版心下記刻工：黄朝用、熊一刊、周二刊、陳天祥、朱四、黄四刊。前有嘉靖二年癸未福建按察司副使奉勅視學仁和邵鋭序云：「同寅王君用章刊定諸詩法。」考北大藏明嘉靖二十七年濟南金城福建刻《易占經緯》刻工有黄朝用，則此亦嘉靖間閩刻本。鈐「張氏藏書」、「恪庭」、「張以□」等印記。《存目叢書》據以影印。天一閣文管所亦有是刻。〇重慶圖書館藏明刻本，存卷上。半葉九行，行十九字，黑口，四周雙邊。

二南密旨一卷　舊本題唐賈島撰　六六八六

編修程晉芳家藏本（總目）。○明嘉靖二十七年崇文書堂刻《陳學士吟窗雜録》本。北大、吉林省圖、上圖等藏。○原北平圖書館藏明鈔《陳學士吟窗雜録》本。現存臺北「故宫」。○北京圖書館藏明鈔《陳學士吟窗雜録》本。○日本文政九年刊《吟窗雜録》本。日本京大附屬圖書館藏。○張曼滃手鈔明胡文焕輯《詩法統宗》本。南大藏。○明金陵唐建元刻朱墨套印《鍾伯敬先生硃評詞府靈蛇》本。北圖藏（以上三本參張伯偉《全唐五代詩格彙考》）。○北京圖書館藏明萬曆胡文焕刻《格致叢書》本，作《新刻二南密旨》一卷。題「唐賈島撰，明李攀龍校」。半葉十行，行二十字，白口，左右雙邊。無序跋。《存目叢書》據以影印。○清乾隆二十四年刻《詩學指南》本。上圖、復旦、上師大藏。○清道光十一年六安晁氏木活字印《學海類編》本。北圖、中科院圖、上圖等藏。民國九年商務印書館影印晁氏木活字《學海類編》本。○清道光咸豐間宜黄黄秩模刊《遜敏堂叢書》本。北圖、上圖、山東大等藏。○民國二十八年商務印書館據《學海類編》本排印，收入《叢書集成初編》。○二〇〇二年江蘇古籍出版社排印《全唐五代詩格彙考》本，張伯偉校。

玉壺詩話一卷　舊本題宋釋文瑩撰　六六八七

編修程晉芳家藏本（總目）。○《提要》云：「此本爲《學海類編》所載，僅寥寥數頁，以《玉壺清話》校之，蓋書賈摘録其有涉於詩者，裒爲一卷，詭立此名。曹溶不及辨也。」○清道光十一年六安晁氏木活字印《學海類編》本。北圖、中科院圖、上圖等藏。民國九年商務印書館影印晁氏木活字《學海類編》本。○民國二十八年商務印書館據《學海類編》本排印，收入《叢書集成初編》。

天廚禁臠三卷　宋釋惠洪撰　**六六八八**

浙江巡撫採進本（總目）。○《浙江採集遺書總録》：「《天廚禁臠》三卷，寫本，宋石門釋洪覺撰。」○北京圖書館藏明活字本，作《石門洪覺範天廚禁臠》三卷。半葉九行，行十八字，白口，左右雙邊。前有目録，目録後有正德二年丁卯黎堯卿跋云：「秣陵鄉進士張天植遂成吾志，刻之。」卷内文字歪斜者頗多，是活字排印本無疑。鈐「王宗炎印」、「八千卷樓」、「四庫坿存」、「公約過眼」、「江蘇第一圖書館善本書之印記」等印。《存目叢書》據以影印。按：丁丙《善本書室藏書志》、胡宗武、梁公約合編《江蘇第一圖書館覆校善本書目》均著録爲「正德刊本」。《江蘇省立國學圖書館現存書目》未著録，蓋抗日戰争中散出。一九五八年上海中華書局據此册影印，係從上海市文管會借用者，仍定爲「正德丁卯刊本」。《中國版刻圖録》收有此種，始改定爲「明活字印本」，並云「源出正德二年張天植刻本」。余謂此册或即正德二年秣陵張天植活字印本，舊時活字印本而云梓行、云刊刻者，正不乏其例也。○北京圖書館藏明紅格鈔本。半葉九行，行十八字，白口，四周單邊。○上海圖書館藏清鈔本。

容齋詩話六卷　舊本題宋洪邁撰　**六六八九**

編修程晉芳家藏本（總目）。○清道光十一年六安晁氏木活字印《學海類編》本。題「宋鄱陽洪邁景盧著」。北圖、中科院圖、上圖等藏。民國九年商務印書館影印晁氏木活字《學海類編》本。《存目叢書》又據商務本影印。○民國二十五年商務印書館據《學海類編》本排印，收入《叢書集成初編》。○臺灣中研院史語所藏舊鈔本六卷三册。近人鄧邦述跋。

容齋四六叢談一卷　舊本題宋洪邁撰　**六六九〇**

編修程晉芳家藏本(總目)。○清道光十一年六安晁氏木活字印《學海類編》本。題「宋鄱陽洪邁景盧著」。北圖、中科院圖、上圖等藏。民國九年商務印書館影印晁氏木活字《學海類編》本。《存目叢書》又據商務本影印。○民國二十五年商務印書館據《學海類編》本排印，收入《叢書集成初編》。

少陵詩格一卷　宋林越撰　**六六九一**

永樂大典本(總目)。

歷代吟譜五卷　宋蔡傳撰　**六六九二**

兩淮鹽政採進本(總目)。○《兩淮鹽政李呈送書目》：「《歷代吟譜》五卷，宋蔡傳。」○《浙江省第四次鮑士恭呈送書目》：「《歷代吟譜》四卷，宋陳應行輯，一本。」○《浙江採集遺書總録》：「《歷代吟譜》四卷，寫本，宋學士陳應行撰。」○《直齋書録解題》：「《吟窗雜録》三十卷，莆田蔡傳撰。總君謨之孫也。取諸家詩格、詩評之類集成之。又爲《吟譜》，凡魏而下能詩之人，皆略具其本末。爲此書。麻沙嘗有刻本，節略不全。」○《四庫提要》云：「此編始前漢以迄唐宋，凡能詩之人，皆紀其姓字。末載厲鶚跋云：此書嘗有麻沙刻本，節略不全。其叙次當以漢迄唐爲第一卷，宋爲第二卷，名僧爲第三卷，閨秀爲第四卷，武人爲第五卷。今本序次悉與跋同，蓋近人因鶚跋更定也。」○明嘉靖二十七年崇文書堂刻宋陳應行編《陳學士吟窗雜録》五十卷，《存目叢書》用吉林省圖藏本影印。其卷十九始爲《歷代吟譜》，卷十九爲前漢至晉，卷二十爲晉至宋，卷二十一爲齊、梁，卷二十二爲陳、後魏、北齊、後周、隋，卷二十三至卷二十六爲唐，卷二十七至卷二十九爲五代，卷二十九五代之後爲「古今才婦」，卷三十至卷三十一亦「古今才婦」，卷三十二爲「古今詩僧」，卷三十三爲「古今武夫」，卷三十三「古今武夫」之後接「本朝詩人」，卷三十四上亦「本朝詩人」。統計之爲十六卷。内容與《提要》合，唯次序卷數異。蓋初爲蔡傳編，後經陳應行重編，故諸家著録或題蔡傳，或題陳應行。《吟窗雜録》嘉靖本北圖、上圖等亦有藏。○原北平圖書館藏明鈔《陳學士吟窗雜録》本。現存臺北「故宫」。○北京圖書館藏明鈔《陳學士吟窗雜録》本。○日本文政九年刊《吟窗雜録》本。日本京大附屬圖書館藏。○暨南大學藏明鈔本，作《歷代吟譜》八卷。半葉十行，行二十五字，藍格，白口，四周單邊。昔年與輯《存目叢書》，此帙未查出，故未影印。○北京市文物局藏清鈔本四卷，宋陳應行輯。半葉九行，行二十字，無格（見《中國古籍善本書目》徵求意見稿）。○清乾隆二十四年敦本堂刻《詩學指南》本一卷，陳應行輯。上圖、復旦、上師大藏。

唐子西文録一卷　舊本題宋强行父撰　**六六九三**

浙江巡撫採進本（總目）。○明正德嘉靖間顧元慶刻《陽山顧氏文房小説》本，作《文録》一卷。北圖、北大、上圖、武大藏。民國十四年商務印書館影印顧刻《陽山顧氏文房小説》本。○民國二十五年商務印書館據《陽山顧氏文房小説》本排印,收入《叢書集成初編》。○北京圖書館藏明萬曆胡文煥刻《格致叢書》本,作《新刻文録》一卷。○大連圖書館藏明萬曆胡文煥刻《百家名書》本。作《新刻文録》。以上二本疑是一版。○北京圖書館藏明萬曆刻《夷門廣牘》本,作《文録》一卷。題「宋眉山唐庚子西撰,明嘉禾周履靖校正,金陵荆山書林梓行」。前有餘杭强行父幼安序。《存目叢書》據以影印。北大等亦有是刻。○南京圖書館藏明鈔《藝海彙函》本,作《文録》一卷。○明刻清順治三年宛委山堂印《説郛》本。北圖、上圖等藏。一九八八年上海古籍出版社影印宛委山堂《説郛》本,收入《説郛三種》。○清乾隆三十五年序刻《歷代詩話》本。北圖、上圖、南圖等藏。○民國上海文寶公司石印《歷代詩話》本。○民國十六年上海醫學書局石印《歷代詩話》本。○一九八一年中華書局排印《歷代詩話》本。○清嘉慶刻《藝海珠塵》本。○清道光十一年六安晁氏木活字印《學海類編》本。北圖、南圖等藏。民國九年商務印書館影印晁氏木活字《學海類編》本。○北京圖書館藏清曹琰鈔本。

藝苑雌黄十卷　舊本題宋嚴有翼撰　六六九四

江蘇巡撫採進本(總目)。○《江蘇省第一次書目》:「《藝苑雌黄》五本。」○明末刻嵇留山樵編《古今詩話》本一卷。臺灣「中央圖書館」、史語所藏。○明刻清宛委山堂印《説郛》本一卷。北圖、上圖等藏。

吟窗雜録五十卷　舊本題狀元陳應行編　六六九五

編修勵守謙家藏本(總目)。○《編修勵第一次至六次交出書目》:「《吟窗雜録》十本。」○《兩江第二次書目》:「《吟窗雜録》,舊題宋陳應行輯,十本。」○《兩淮商人馬裕家呈送書目》:「《吟窗雜録》五十卷，宋陳應行，十本。」○《浙江省第四次汪啟淑家呈送書目》：「《吟窗雜録》四十卷，宋陳應行編，十六本。」○《浙江採集遺書總録》：「《吟牕襍録》四十卷，刊本，宋學士陳應行撰。」○吉林省圖書館藏明嘉靖二十七年崇文書堂刻本，作《陳學士吟窓雜録》五十卷。卷前門類題「狀元陳應行編」。半葉十二行，行二十字，白口，左右雙邊。前有浩然子序。此帙序、目録、正文卷一至卷五、卷六前八葉係鈔配。《四庫提要》云：「序末有『嘉靖戊申孟夏崇文書堂家藏宋本刊』字。」此帙序係鈔配，無此刊書語。《存目叢書》據以影印。北大、社科院歷史所、上圖、重慶圖亦有是刻。按：嘉靖二十七年刻本序後刊書語作「嘉靖戊申孟夏吉旦崇文書堂家藏宋本重刊」。○明刻本，書名卷數及行款版式同前本，唯版框高廣略異。卷六至十鈔配。鈐「虞山汲古閣主毛晉圖書」印（見王秀梅《吟窗雜録》出版説明）。○《藏園群書經眼録》：「《陳學士吟窗雜録》五十卷，宋陳應行輯。明嘉靖四十年辛酉金陵書坊陳守泉刊本。十二行二十字。前紹熙五禩（澤遜按：《提要》誤爲紹興五年）重陽後一日浩然子序。序後有『嘉靖辛酉孟夏吉旦金陵書坊家藏宋本重刊』一行。次門類，題『狀元陳應行編』。全書以十干字分編。卷末有『金陵三山街陳守泉刊行』一行。」張伯偉《論吟窗雜録》：「王夢鷗先生曾據日本内閣文庫所藏此本與臺灣『中央圖書館』藏戊申本加以比較説：『崇文書堂』四字與『金陵書坊』四字，其字迹皆與上下字形不侔，顯爲臨時挖補者，故以目驗，二者實爲同一版刻（《初唐詩學著述考》）。」○北京圖書館藏明鈔本，作《陳學士吟窓雜録》五十卷《目録》三卷。半葉十二行，行二十字，無格。○原北平圖書館藏明鈔本，作《陳學士吟窓雜録》五十卷十册。半葉十二行，行二十字。鈐「无竟先生獨志堂物」、「程氏家枬字殿材号枝雲之章」、「蕭誠之印」、「二齋」、「木樨香館范氏藏書」等印記。現存臺北「故宫」。傅增湘《藏園群書經眼録》(云民國六年丁巳見)、趙萬里《國立北平圖書館善本書目》、王重民《中國善本書提要》均著録。一九九七年中華書局據以影印，由王秀梅增編目録，並作校勘記，附張伯偉《論吟窗雜録》一文。○日本文政九年刻本。半葉十一行，行二十字。係據嘉靖四十年本重刻。日本内閣文庫、日本京都大學附屬圖書館藏(見張伯偉《論吟窗雜録》)。○按：《提要》以是書所收魏文帝《詩格》等多係僞書，因而認定陳應行《吟窗雜録》係僞書，浩然子序後「嘉靖戊申孟夏崇文書堂家藏宋本刊」亦不可信。考陳振孫《直齋書録解題》著録魏文帝《詩格》等，至《雜句圖》一卷，云：「自魏文帝《詩格》而下二十七家皆已見《吟窗雜録》。」又著録《吟窗雜録》三十卷，云：「莆田蔡傳撰。君謨之孫也。取諸家詩格、詩評之類集成之。又爲《吟譜》，凡魏晉而下能詩之人，皆略具其本末。總爲此書。麻沙嘗有刻本，節略不全。」今檢陳應行《陳學士吟窗雜録》五十卷，其内容與陳振孫所載二十七家略同，知係據蔡書增删而成。其中僞書亦不晚於北宋。故《提要》疑《吟窗雜録》五十卷爲僞書，或疑崇文書堂家藏宋本爲烏有，皆不可從。《吟窗雜録》五十卷所收唐、五代、宋人諸書，多不易得，今據吉林省圖藏嘉靖本列其子目如次：卷一：《詩格》，魏文帝。卷二：《詩品》上中下，梁鍾嶸。卷三：《二南密旨》，賈島。卷四：《文苑詩格》，白樂天。卷五：《詩格》，王昌齡。卷六：《詩中密旨》，王昌齡；《評詩格》，李嶠。卷七：《詩議》，僧皎然。卷八至卷十：《詩式》，僧皎然。卷十：《緣情手鑑詩格》，樵人李洪宣；《風騷要式》，徐衍。卷十一：《風騷旨格》，齊己。卷十二：《詩格》，沙門文彧。卷十三：《處囊訣》，金華保暹述；《流類手鑑》，釋虛中；《詩評》，桂林淳大師。卷十四：《梁詞人麗句》，李商隱集；《詩中旨格》，正字王玄編；《擬皎然十九字體》，不題撰人。卷十五：《詩格》，炙轂子王叡撰；《進士王氏詩要格律》，進士王夢簡。（北平圖書館藏明鈔本卷十六開頭殘存《琉璃堂墨客圖》五條，不題撰人）。卷十六至卷十八上：《雅道機要》，徐寅（正文未題書名及撰人，兹依書前目録）。卷十八上：《金鍼詩格》，白居易。卷十八上至卷十八下：《續金鍼詩格》。卷十八下：《詩評》，不題撰人。卷十九至卷三十四上：《歷代吟譜》，不題撰人（北平圖書館藏明鈔本正文不題撰人，《門類》亦不題撰人，《目録》題「陳應行撰」或「陳應行編」）。卷三十：《句圖》，宋太宗御選（《直齋書録解題》云尚有真宗選劉琮詩八聯。此未見）。卷三十六：《孔中丞句圖》；《三隨句圖》；《李遘句圖》；《柳開句圖》；《陳元老句圖》；《梅堯臣句圖》。卷三十七：卷四十二：《續句圖》。卷四十五：《詩格》。末數種多無撰人。又有無可獨立標出者，略之。《孔中丞句圖》見《直齋書録》。《直齋》又有《雜句圖》，似即《三隨句圖》以下各種之合稱。又按：《吟窗雜録》所存唐宋詩作、詩人事蹟、詩學理論頗富，鈎沉索隱，訂譌補缺，可取資焉。如卷五十録王梵志詩：「我肉衆生肉，形殊性不殊；元同一性命，只是别形軀。」童養年《全唐詩續補遺》卷二「王梵志」名下，據《雲谿友議》輯入。唯「性不殊」作「姓不殊」。從四句詩觀之，性指性命。作「姓」當誤。可見《吟窗雜録》在文字上有其長處。

全唐詩話十卷　原本題宋尤袤撰　六六九六

内府藏本(總目)。○《武英殿第二次書目》:「《全唐詩話》三本。」○明正德二年秦昂西安刻本三卷。半葉九行,行十七字,黑口,雙黑魚尾,四周雙邊。前有正德二年丁卯季冬之望陝西布政司奉勅督理糧儲右參政臨汾安惟學《新刻全唐詩話序》云:「侍御河東秦公民望,天性簡重,兹者巡按陝右,方圖壽諸梓,西安守劉君綗慨然曰,是不可不終我侍御公之志。」又尤袤序。書末有正德二年丁卯十月汝南强晟後序云:「今侍御河東秦公民望,於按陝之暇,偶獲鈔本,因圖入梓(參王重民《善本提要補遺》、臺灣「中央圖書館」《善本書志初稿》、《善本序跋集録》。唯《集録》所據爲殘帙,另有足本未加檢核)。北圖、上圖、山東圖等亦有是刻。○明正德十五年太監尚景元福建刻本三卷。半葉九行,行十七字,黑口,雙黑魚尾,四周雙邊。前有正德十五年庚辰夏五月既望舒芬重刊序。後有正德十一年三山林瀚跋云:「關西近有刊本,東南未及流布。都知太監尚公景元……今督海舶于吾閩,雅好詩文,見兹悦之,重繡諸梓。」唯據舒芬序,至正德十四年己卯方委托舒芬校訂,命工重刊。刊成當在正德十五年。臺灣「中央圖書館」藏,嘉業堂故物(參該館《善本序跋集録》、《善本書志初稿》)。○明正德十二年鮑繼文教養堂刻本三卷。半葉十行,行十八字,大黑口,四周雙邊。前有安惟學序,後有尤袤跋,强晟跋。跋後有木記三行:「正德丁丑春正月穀旦東魯鮑繼文伯正重刊於雲中教養堂。」(參《藏園群書經眼録》)。北圖、上圖、雲南圖、天一閣文管所藏。○明刻藍印本三卷。半葉九行,行十八字,白口,左右雙邊。北圖藏。○中山大學藏明嘉靖二十二年王教、王政刻本六卷。半葉九行，行十七字，白口，四周單邊。前有嘉靖二十二年王教序云：「是編刻於宋，不存。近雖有刻，往往舛訛難讀。先君海槎公垂情雅道，篤好是編，手爲校讎，積有歲月，爰欲付梓，以貽同好，適已捐館，不果。顧手澤燦然，不忍竟棄，因與家弟政命工入刻，庶爲嘉本。」次尤袤序。《存目叢書》據以影印。北圖、山東大、江西圖亦有是刻。〇明嘉靖三十三年張鶚翼伊蔚堂刻萬曆十七年張自憲重修本六卷。半葉九行，行十七字，白口，四周單邊。版心下刻「伊蔚堂」。上圖、南開、重慶圖等藏。〇明萬曆三十六年沈儆炌刻本六卷。半葉九行，行十七字，白口，四周雙邊。東北師大、吉林市圖藏。北圖、上圖有藍印本。〇明崇禎毛氏汲古閣刻《津逮秘書》本六卷。北圖、上圖等藏。民國十一年上海博古齋影印汲古閣刻《津逮秘書》本。〇民國二十五年商務印書館據《津逮秘書》本影印，收入《叢書集成初編》。〇清乾隆十二年徐文止鈔本六卷。半葉十行，行二十四字，無格。上圖藏。〇清乾隆三十五年序刻《歷代詩話》本六卷。北圖、上圖、南圖等藏。〇民國上海文寶公司石印《歷代詩話》本。〇民國十六年上海醫學書局石印《歷代詩話》本。〇一九八一年中華書局排印點校《歷代詩話》本。〇清乾隆三十九年孫濤清芬堂刻本八卷，孫濤續輯。半葉十行，行二十一字，白口，左右雙邊。人民大學、南開、湖北圖等藏。〇清宣統三年三樂堂石印本，作《重訂全唐詩話》八卷，孫濤續輯。遼圖藏。〇民國十年上海掃葉山房石印本，作《重訂全唐詩話》八卷，孫濤續輯。遼圖等藏。

深雪偶談一卷　宋方嶽撰　　六六九七

浙江巡撫採進本(總目)。〇《浙江省第五次范懋柱家呈送書目》：「《深雪偶談》一卷，宋方嶽著，一本。」○《浙江採集遺書總録》：「《深雪偶談》一册，寫本，宋天台方岳撰。」○明正德嘉靖間顧元慶夷白齋刻《陽山顧氏文房小説》本。北圖、北大、上圖、武大藏。○民國二十五年商務印書館據《陽山顧氏文房小説》本排印，收入《叢書集成初編》。○明刻《續百川學海》戊集本。北圖、遼圖、浙圖等藏。○明刻清順治三年宛委山堂印《説郛》本。北圖、上圖等藏。○清據《説郛》《説郛續》刊版重編印《五朝小説》本。上圖、山東大、南圖、南大藏。○民國十五年上海掃葉山房石印《五朝小説大觀》本。○清道光十一年六安晁氏木活字印《學海類編》本。北圖、上圖等藏。民國九年商務印書館影印晁氏木活字《學海類編》本。○北京圖書館藏清曹琰鈔本。半葉十行，行十八字，無格。○北京圖書館藏清鈔本。題「天台方嶽元善」。半葉十行，行十九字，無格。鈐「癯禪」、「吴興世家」、「長樂鄭振鐸西諦藏」等印記。《存目叢書》據以影印。○民國四年太平金氏木活字排印《赤城遺書彙刊》本。上圖、浙圖、川圖藏。

吴氏詩話二卷　題宋吴氏撰　　**六六九八**

編修程晉芳家藏本(總目)。○《提要》云：「此書載曹溶《學海類編》中，題曰宋吴氏撰，名與字未詳。今核其文，即吴子良《林下偶談》中摘其論詩之語，非别一書也。」○清道光十一年六安晁氏木活字印《學海類編》本。北圖、上圖等藏。民國九年商務印書館影印晁氏木活字《學海類編》本。○民國二十五年商務印書館據《學海類編》本影印，收入《叢書集成初編》。

詩話一卷　舊本題陳日華撰　　**六六九九**

浙江范懋柱家天一閣藏本(總目)。○《浙江省第五次范懋柱家呈送書》：「《詩話》一卷，宋陳日華著，一本。」〇《浙江採集遺書總録》：「《陳日華詩話》一卷附《談諧》一卷，寫本，宋陳日華撰。」

六七〇〇 老杜詩評五卷 元方深道撰

兩淮馬裕家藏本（總目）。〇《兩淮商人馬裕家呈送書目》：「《諸家老杜詩評》五卷，元方深道，一本。」〇《提要》云：「是編見陳振孫《書録解題》，確爲宋人。題元人者誤也。」〇北京圖書館藏明鈔本，作《諸家老杜詩評》五卷。存卷一至卷三，一册。半葉九行，行十六字，白口，四周單邊。張忠綱先生《杜甫詩話六種校注》記此本云：「首爲方深道序，分卷列目録。卷一爲唐《本事詩》、鄭處誨《明皇雜録》、鄭棨《傳信記》、劉禹錫《嘉話》、康駢《劇談録》、梅聖俞《詩格》、歐陽文忠公《詩話》、范蜀公《東齋記事》、王荆公《鍾山語録》、《王深父集》、宋敏求《春明退朝録》、沈存中《筆談》、吕丞相《詩年譜》。卷二爲東坡、山谷、僧文瑩《湘山野録》、《唐宋詩話》、《洪駒父詩話》。卷三爲《歸叟詩文發源》、蔡約之《西清詩話》、《樗叟詩杜拾遺》。卷三頗多缺文。半葉九行，行十六字。文字訛誤甚多，至有顛倒錯亂者。」〇北京圖書館藏清鈔本，作《諸家老杜詩評》五卷一册。半葉九行，行二十字，無格。前有知泉州晉江縣事方深道序云：「鏤版以傳於世。」知當時嘗有刊版。鈐「抱經樓」、「延古堂李氏珍藏」等印記。《存目叢書》據以影印。〇北京大學藏鈔本，作《諸家老杜詩評》五卷二册。張忠綱先生《杜甫詩話六種》記此本云：「該鈔本首爲方深道序，文字與國家圖書館藏本（按：指明鈔殘本）稍異。卷一下有『木犀軒藏書』、『李盛鐸印』兩方鈐記。前三卷目録，與國圖藏本同。卷四爲潘淳《詩話補遺》。卷五爲僧惠洪《冷齋詩話》、《遯齋閑覽》、黄朝英《緗素雜記》。」〇按：是書作者方深道，《四庫提要・草堂詩話》條謂：「陳振孫《書録解題》載莆田方道深《續集諸家老杜詩評》一卷，又載《杜詩發揮》一卷。今惟方道深書見於《永樂大典》中。餘皆不傳。然道深書瑣碎冗雜，無可採録。」核之《直齋書録解題》，實作「方深道」。《提要》誤倒。郭紹虞《宋詩話考・集諸家老杜詩評》條，已指出方道深之誤。唯分析致誤原因，謂《四庫提要・草堂詩話》條「僅據《宋史・藝文志》，而於《永樂大典》之本則不遑細考，故沿《宋史》之誤」。實則《宋史・藝文志》無方深道，亦無方道深，僅有方道醇《集諸家老杜詩評》五卷(中華書局校點本《宋史》改「方道醇」爲「方深道」，欠妥)。所謂「沿《宋史》之誤」，不成立。郭氏又謂《四庫提要・老杜詩評》條「又只能以《永樂大典》爲依據，故作『深道』，而不作『道深』」。實則，方深道書雖見於《永樂大典》，但館臣認爲「瑣碎冗雜，無可採録」，館臣所見《老杜詩評》五卷，《四庫提要》已明注爲「兩淮馬裕家藏本」，檢《四庫採進書目・兩淮商人馬裕家呈送書目》有「《諸家老杜詩評》，元方深道，一本」，即其書。因此，所謂「只能以《永樂大典》爲依據」，亦不成立。又按：《提要》云：「深道，晉江人，官奉議郎，知泉州。」考《諸家老杜詩評》方深道序末署「奉議郎知泉州晉江縣事」，當係《提要》來源。「知泉州晉江縣事」僅爲官職，《提要》以知泉州爲官職，以晉江爲籍貫，是誤解爲：知泉州府事晉江方深道。至於方深道籍貫，自當依《直齋書録解題》作莆田。是書初輯於深道之兄方醇道，增輯於方深道，深道序固已明言之(參張忠綱先生《杜甫詩話六種校注》)，則《宋史・藝文志》作方醇道撰，亦非全無來歷，惜「醇道」誤作「道醇」，郭紹虞、張忠綱兩先生已訂正之。

竹窗詩文辨正叢説四卷　舊本題嚚嚚子編　六七〇一

兩淮鹽政採進本（總目）。○《兩淮鹽政李續呈送書目》：「《竹牕叢説》四卷，宋嚚嚚子，一本。」

大學黼藻文章百段錦一卷　宋方頤孫編　六七〇二

浙江范懋柱家天一閣藏本（總目）。○《浙江省第五次范懋柱家呈送書目》：「《百段錦》，宋方頤孫編，二本。」○《浙江採集遺書總録》：「《太學新編黼藻文章百段錦》二册，天一閣藏刊本，宋上舍三山方頤孫撰。」○北京大學藏明弘治刻本，作《太學新編黼藻文章百段錦》二卷。題「太學篤信齋長上舍三山方頤孫編」。目録題「成都府學訓導崇陽艾傑校正」。半葉十行，行二十字，黑口，四周雙邊。前有弘治十六年癸亥四川按察司提督學校副使蘇葵序云：「遂命成都郡學訓導艾傑校正繡於梓。」則是本爲弘治十六年成都府學刻本。鈐「惡秋花館」、「廖雅亭」等印記。《存目叢書》據以影印。北圖、上圖亦有是刻。○明隆慶二年河間府刻本，作《文章百段錦》二卷。半葉十行，行二十字，白口，四周單邊。遼圖藏。○明嘉靖元年方鎰刻本，作《黼藻文章百段錦》三卷。題「宋儒三山方頤孫編輯，裔孫鎰校刊」。半葉十行，行十七字，黑口，左右雙邊。北圖、臺灣「中央圖書館」藏。後者藏本鈐「明善堂覽書畫印記」、「安樂堂藏書記」、「陳光榮」、「饒秩敦印」、「東湖饒氏古懽齋珍藏」等印記。○明金陵書林唐廷瑞刻本，作《新刻古今名儒黼藻三場百段文錦》五卷。半葉十行，行二十二字，白口，四周雙邊。吉大藏。

荅策祕訣一卷　舊本首題建安劉錦文叔簡輯　六七〇三

兩淮總督採進本（總目）。按：「淮」乃「江」之誤。殿本《總目》不誤。○《四庫採進書目·浙江採集遺書總録簡目》：「《太平金鏡策》八卷，刊本，元布衣東平趙天璘撰。」吴慰祖案：「前有《筌〔答〕策秘訣》十二條。劉錦文跋云：相傳以爲貢士曾堅所編。署至正己丑建安日新堂誌。詳見《總録》。」澤遜按：《答策秘訣》一卷，原在《太平金鏡策》卷首。兩江總督、浙江范懋柱皆有呈本，《四庫》據兩江本存目。〇元至正九年建安劉氏日新堂刻《太平金鏡策》附本。臺灣「故宫」藏。

詩法家數一卷　舊本題元楊載撰　　六七〇四

兩江總督採進本(總目)。〇明嘉靖二十四年結緑囊刻《名家詩法》本，作《楊仲弘詩法》一卷。半葉十行，行二十字，白口，四周單邊。首都圖、遼圖藏。〇明嘉靖三十四年詹氏白雲館刻《名家詩法》本。半葉十行，行二十字，白口，四周單邊。有刻工。安徽博藏。〇明贛郡蕭氏古翰樓刻《名家詩法》本。半葉十行，行二十字，白口，四周單邊。有刻工。天一閣文管所藏。〇北京圖書館藏明萬曆胡文焕刻《格致叢書》本，作《新刻詩法家數》一卷。題「楊載仲弘甫著，李攀龍于鱗甫校」。半葉十行，行二十字，白口，左右雙邊。《存目叢書》據以影印。〇清乾隆三十五年序刻《歷代詩話》本。北圖、上圖等藏。〇民國上海文寶公司石印《歷代詩話》本。〇民國十六年上海醫學書局石印《歷代詩話》本。〇一九八一年中華書局排印點校《歷代詩話》本。〇清光緒十一年長沙玉尺山房刻《藝海珠叢》本。北圖、上圖、山東大等藏。

木天禁語一卷　舊本題元范德機撰　　六七〇五

兩江總督採進本(總目)。〇明嘉靖二十四年結緑囊刻《名家詩法》本，作《范德機木天禁語》一卷。

半葉十行，行二十字，白口，四周單邊。首都圖、遼圖藏。〇明嘉靖三十四年詹氏白雲館刻《名家詩法》本。半葉十行，行二十字，白口，四周單邊。有刻工。安徽博藏。〇明贛郡蕭氏古翰樓刻《名家詩法》本。半葉十行，行二十字，白口，四周單邊。有刻工。天一閣文管所藏。〇明鈔《藝海彙函》本。南圖藏。〇北京圖書館藏明萬曆胡文焕刻《格致叢書》本，作《新刻木天禁語》一卷。題「清江范德機著，濟南李攀龍校」。半葉十行，行二十字，白口，左右雙邊。鈐「長樂鄭振鐸西諦藏書」印記。《存目叢書》據以影印。〇臺灣「中央圖書館」藏清鈔《清江詩法》本。半葉九行，行二十字，無格。鈐「菦圃收藏」等印記。〇清乾隆三十五年序刻《歷代詩話》本。北圖、上圖等藏。〇民國上海文寶公司石印《歷代詩話》本。〇民國十六年上海醫學書局石印《歷代詩話》本。〇一九八一年中華書局排印點校《歷代詩話》本。〇清道光十一年六安晁氏木活字排印《學海類編》本。北圖、上圖等藏。民國九年商務印書館影印晁氏木活字《學海類編》本。〇民國二十八年商務印書館據《學海類編》本排印，收入《叢書集成初編》。〇清光緒十一年長沙玉尺山房刻《談藝珠叢》本。北圖、北大、山東大等藏。

詩學禁臠一卷　舊本題元范德機撰　六七〇六

兩江總督採進本（總目）。〇《江蘇採輯遺書目録》：「《對床夜話》五卷附《詩學禁臠》，宋孤山范晞文著，抄本。」〇明嘉靖二十四年結緑囊刻《名家詩法》本。半葉十行，行二十字，白口，四周單邊。首都圖、遼圖藏。〇明嘉靖三十四年詹氏白雲館刻《名家詩法》本。半葉十行，行二十字，白口，四周單邊。有刻工。安徽博藏。○明贛郡蕭氏古翰樓刻《名家詩法》本。半葉十行，行二十字，白口，四周單邊。有刻工。天一閣文管所藏。○明野竹家刻本。半葉八行，行十六字，白口，左右雙邊。清翁同龢跋。上圖藏。○北京圖書館藏明萬曆胡文焕刻《格致叢書》本。作《新刻詩學禁臠》一卷。題「清江范德機著，濟南李攀龍校」。半葉十行，行二十字，白口，左右雙邊。《存目叢書》據以影印。○清鈔《清江詩法》本。半葉九行，行二十字，無格。鈐「莚圃收藏」等印記。臺灣「中央圖書館」藏。○南京圖書館藏清吴翌鳳鈔本一册。鈐「向山閣」、「陳仲魚家圖書」等印記。吴翌鳳跋：「往丙申歲求《洪覺範天厨禁臠》於亡友余景初，景初遂以此本授余，猶是汲古叔子手鈔。惜其疏解粘滯，殊乏之風人之旨。重是亡友所貽，重録一通，附諸家詩話之後。時壬寅六月望日延陵生翌鳳書。」則係乾隆四十七年壬寅吴翌鳳從毛表鈔本傳鈔者。又吴翌鳳録馮武跋末云：「内弟毛奏叔喜而録之，以其副贈余。是書向無刻本，可備案頭清覽。己亥季夏馮武識。」又録毛表跋。丁丙故物，見《善本書室藏書志》。○清乾隆三十五年序刻《歷代詩話》本。北圖、上圖等藏。○民國上海文寶公司石印《歷代詩話》本。○民國十六年上海醫學書局石印《歷代詩話》本。○一九八一年中華書局排印點校《歷代詩話》本。○清光緒十一年長沙玉尺山房刻《談藝珠叢》本。北圖、北大、山東大等藏。

文筌八卷附詩小譜二卷　元陳繹曾撰　六七〇七

浙江巡撫採進本(總目)。○《提要》云：「此編凡分《古文小譜》、《四六附説》、《楚賦小譜》、《漢賦小譜》、《唐賦附説》五類。」又云：「《詩小譜》二卷，據至順壬申繹曾自序，稱爲亡友石桓彦威所撰，因以附後。是此編本與《詩譜》合刻。元時麻沙坊本乃移冠《策學統宗》之首，頗爲不倫。今仍析之，各著於録。」○臺灣「中央圖書館」藏元刻本《新刊增入文筌諸儒奥論策學統宗前集》五卷《後集》三卷，書前冠以《古文小譜》一卷、《詩小譜》二卷，統題曰「新刊諸儒奥論策學統宗增入文筌詩譜」。知增入之《文筌》，即《古文小譜》。增入之《詩譜》，即《詩小譜》二卷。《古文小譜》一卷題「汶陽左客陳繹曾撰」。卷首有至順三年歲在壬申七月汶陽左客陳繹曾《新刊諸儒奥論統宗文筌序》，略云：余成童剽聞道德之説於長樂敖君善先生，痛悔雕蟲之習久矣。迺得《諸儒奥論統宗》觀讀，議論精當，文章有法，手録以還。比遊京師，東平王君繼志，講論之隙，索書童時所聞筆札之靡者。因感其言，悉書童時之要，命曰《文筌》焉。又云：亡友石桓彦威嘗共爲《詩小譜》二卷，因以附於其後云。由陳氏序文觀之，《文筌》、《詩小譜》冠於《諸儒奥論策學統宗》之首，實出陳繹曾本意，非坊賈妄爲。《提要》所云未得其遡。又《總目》稱《文筌》八卷，亦未知所據。○山東省圖書館藏明初寧獻王朱權刻本，作《文章歐冶》一卷。正文首行：「文章歐冶」，大字占兩行空間，不標卷數。次行「古文譜一」，三行「養氣法」。半葉十一行，行二十四字，大黑口，雙黑魚尾，四周雙邊。全書正文版心葉碼相連，共六十三葉，不分卷，實即一卷。竹紙，分裝二册。下邊沿殘損，傷及文字。已經裱托。前有《文章歐冶序》，行書上版，無署名及年月。序云：「汶陽陳繹曾，演先聖之未□，□英華之秘藏，撰爲是書，名曰《文筌》。……故取之，乃命壽諸梓，以□後學，使知夫文章體制，有如此法度，□不失其規矩也。更其名曰《文章歐冶》，□奇益奇，不亦奇乎。」序後餘幅刻方形木記「昭回雲漢之章」，另刻行書「神」字疊壓於木記上。次至順三年陳繹曾《文筌序》。次《文章歐冶目録》。是書内容，「古文譜一」至「古文譜七」，次「四六附説」、「楚賦譜」、「漢賦譜」、「唐賦附説」、「古文矜式」，次「詩譜」二十則。前後連貫，無分卷標識。書中有朱筆批校。鈐「約軒」、「嚴正澹遠」等印。按：此本《中國古籍善本書目》著録爲：「《文章歐冶文譜》七卷《詩譜》三卷。」與原書不合。其版本則著録爲「明初刻本」，山東省圖卡片目録同。考朱權於洪武、建文、永樂間著書、刻書甚多。其自著自刻之書余所見者若干種，多於序末空白處刻木印，並刻行書「神」字。如：華東師大藏明刻本《原始秘書》十卷，半葉十二行，行二十二字，大黑口，四周雙邊。前有序，末署「時在■改元之二年庚辰十一月初九日書於燕山之旅邸」。墨丁顯係「建文」二字經挖版或塗抹者。序後空白處上刻「昭回雲漢之章」木印，下刻行書「神」字。當即建文二年朱權刻本。人民大學藏明建文刻本《漢唐秘史》二卷，半葉十三行，行二十二字，大黑口，四周雙邊。前有序，末署「時在■辛巳三月上巳之一日也書於燕山之旅邸」。序後空白處上刻「著述經史之章」木印，下刻行書「神」字。墨丁顯係「建文」二字。當即建文三年朱權刻本。北京圖書館藏明刻本《神隱》二卷，半葉十一行，行二十字，白口，四周雙邊。前有序，署「壺天隱人涵虚子臞仙書時在戊子也」。序後空白處上刻「青天一鶴」木印，下刻行書「神」字。戊子爲永樂六年，當即永樂六年朱權刻本，或明翻朱權刻本。南京圖書館藏明洪武三十一年刻本《瓊林雅韻》不分卷，半葉九行，行字不等，大黑口，四周雙邊。前有序，無署款，序後空白處上刻「洪武戊寅」葫蘆形木印，下刻「青天弌鶴」方形木印。當即洪武三十一年朱權刻本。諸本並觀之，則朱權刻書之特殊標識顯而易見，因知山東省圖書館藏《文章歐冶》實爲明洪武建文永樂間朱權刻本。以「昭回雲漢之章」推測，當亦建文間所刊。又按：《藩獻記》舉朱權著述，有《文譜》八卷《詩譜》一卷。疑即因朱權刻《文章歐冶》而誤，其書前爲《古文譜》，後爲《詩譜》也。○華東師大藏清李士棻家鈔本，作《文筌》，不標卷次，内容與前本同。卷端題：「文筌，陳繹曾撰，忠州李士棻采録。」半葉十一行，行二十一字。前有至順三年陳繹曾序。序首行下題「同漚館叢書之一」。目録首葉鈐「忠州李芋仙隨身書卷」朱文長方印。士棻，字芋仙，一字重叔，四川忠州人，道光己酉拔貢，同治初官彭澤知縣移臨川，去官後寓居滬上，光緒間卒。藏書頗富，有《忠州李氏藏書草目》。「忠州李士棻采録」及「同漚館叢書之一」二行與正文字體不同。蓋二行爲士棻手筆，正文則士棻倩人鈔録也。鈐「國立暨南大學圕珍藏」朱文方印。按：是本陳繹曾序「石桓」誤作「石柏」。考朱權刻本桓字缺末筆，此在明版書中常見。此本桓字誤作柏，當由此引起。《存目叢書》據以影印。○《文式》二卷《古文矜式》一卷，元陳繹曾撰，明刻本。半葉十行，行二十一至二十二字，黑口，四周雙邊。北圖藏。○《文説》一卷，元陳繹曾撰。清鈔本，半葉八行，行二十一字，紅格。四庫底本。上圖藏。按《四庫全書》從《大典》輯録《文説》一卷，此蓋館臣輯本。内容與《文筌》異。

詩文軌範二卷　元徐駿撰　　六七〇八

浙江鮑士恭家藏本（總目）。○《浙江省第四次鮑士恭呈送書目》：「《詩文軌範》二卷，元徐駿著，二本。」○《浙江採集遺書總録》：「《詩文軌範》二卷，寫本，元常熟徐駿撰。」○《兩淮商人馬裕家呈送書目》：「《詩文軌範》二卷，元徐駿，一本。」〇《山東巡撫呈送第一次書目》：「《詩文軌範》二本。」〇北京大學藏清初鈔本。題「元海虞徐駿叔大編」。半葉十行，行十九字，白口，左右雙邊。無直格。無序跋。卷内玄、泫字均不避諱。鈐「楝亭曹氏藏書」、「長白敷槎氏堇齋昌齡圖書印」、「查瑩章」、「查氏映山珍藏圖籍印」、「⿰耳壬(聽)雨樓查氏有圻珍賞圖書」、「竹南藏書」、「古潭州袁臥雪廬收藏」、「謇嘉館印」等印記。《存目叢書》據以影印。

六七〇九　東坡文談録一卷　元陳秀民編

編修程晉芳家藏本(總目)。〇清道光十一年六安晁氏木活字印《學海類編》本，題「元四明陳秀明編」。北圖、中科院圖等藏。民國九年商務印書館影印晁氏木活字《學海類編》本。〇民國二十六年商務印書館據《學海類編》本排印，收入《叢書集成初編》。〇南京圖書館藏清鈔本，與《東坡詩話録》三卷合鈔。題「元四明陳秀民編」。半葉十一行，行二十字。鈐「歸安吴氏二百蘭亭齋藏書之印」、「九峰舊廬藏書記」等印記。前有愉庭(吴雲)手録陳秀民傳。《存目叢書》據以影印。〇按：陳秀民見《列朝詩集小傳》、《元詩選三集》，館臣所見亦程晉芳進呈《學海類編》清初鈔本。則道光本《學海類編》作陳秀明，當是聲近之誤。下條《東坡詩話》同。

六七一〇　東坡詩話三卷　元陳秀民編

編修程晉芳家藏本(總目)。〇清道光十一年六安晁氏木活字印《學海類編》本。題「元四明陳秀明編」。恐誤。參前條。民國九年商務印書館影印晁氏木活字《學海類編》本。〇民國二十五年商務印書館據《學海類編》本排印，收入《叢書集成初編》。〇南京圖書館藏清鈔本。題「元四明陳秀民編」。半葉十一行，行二十字。末有手記一行：「嘉慶清和中瀚二日白駒居士龐校一過。」鈐「遂翔眼福」印。《存目叢書》據以影印。〇按：諸本均作《東坡詩話録》。考《四庫總目·東坡文談録》提要云：「秀民既别有《東坡詩話録》。」則館臣所見《學海類編》本亦有「録」字。《總目》脱去，當補。

南溪詩話二卷　不著撰人名氏　六七一一

浙江范懋柱家天一閣藏本（總目）。〇《浙江省第五次范懋柱家呈送書目》：「《南溪詩話》二卷，元人佚名著，二本。」〇《浙江採集遺書總録》：「《南溪詩話》二册，刊本，題南溪撰，逸其姓名。」〇《江蘇省第一次書目》：「《南溪詩話》三本。」〇《江蘇採輯遺書目録》：「《南溪詩話》三卷，元人佚名著，刊本。」〇《兩淮鹽政李呈送書目》：「《南溪詩話》前後集二卷，元人佚名，二本。」〇陝西省圖書館藏明正德五年程啟充三原縣署刻本。作《南溪筆録群賢詩話》二卷。半葉九行，行十六字，白口，四周單邊。前有正德五年三原王承裕序云：「頃予以先端毅公之憂家居，間過弘道書院。一日邑大夫嘉定程君以道來訪，見几間《南溪筆録群賢詩話》，取而閲之，曰是書所録可謂廣矣，願假刻枣，傳示詩壇。遂全帙付之。刻既成，以道屬予序其端。」末有正德五年程啟充跋云：「授門人學宫弟子張楠繕寫加諸棗。」《存目叢書》據以影印。按：是書傳本以三卷本爲足本，陝西本僅前後兩集，缺續集。首都圖、清華、浙大等有三卷本。一九七三年臺灣廣文書局影印臺灣「中央圖書館」藏正德五年程啟充刻本亦係三卷本。

歸田詩話三卷　明瞿佑撰　**六七一二**

兩淮馬裕家藏本（總目）。〇《兩淮商人馬裕家呈送書目》：「《歸田詩話》二卷，明瞿佑，一本。」〇《浙江採集遺書總録》：「《歸田詩話》三卷，知不足齋藏本，明周府長史錢塘瞿佑撰。」〇北京圖書館藏明刻本。題「錢塘瞿佑宗吉著」。半葉十一行，行二十二字，黑口，四周雙邊。前有明洪熙乙巳瞿佑序。卷内鈐「毗陵董康審定」、「董康暨侍姬玉奴珍藏書籍記」、「花好月圓人壽」、「妾池玉」等印記。《存目叢書》據以影印。〇臺灣「中央圖書館」藏明成化瞿德恭等刻本。題「錢塘瞿佑宗吉著」。半葉十一行，行二十二字，大黑口，四周雙邊。前有成化三年四月二十九日莆田柯潛序云：「錢唐瞿存齋公著《歸田詩話》三卷，自序其端，藏之於家久矣。其姪德恭、德宣、德潤共謀刻梓以傳。德恭之子中書舍人廷用求余一言志之。」又成化二年十月穀旦錢唐木訥序云：「其姪德恭暨弟德宣、德潤共圖鋟梓，持以示余。」蓋刻於成化二至三年。卷首有壬申端陽後一日半恕道人（黄丕烈）手跋九行，謂「義門先生舊藏」。跋已收入《蕘圃藏書題識續録》卷四。卷内鈐「古婁韓氏應陛載陽父子珍藏善本書籍印記」、「甲子丙寅韓德均錢潤文夫婦兩度携書避難記」、「密均樓」、「莛圃收藏」等印記（詳該館《善本書志初稿》、《善本序跋集録》、《善本題跋真跡》）。駱兆平《天一閣遺存書目》著録「成化二年刻本」，當係同版。〇明弘治刻本。半葉十一行，行二十二字，黑口，四周雙邊。上圖、南圖藏。南圖本有木訥、柯潛序，丁丙《善本書室藏書志》云「此則成化初刊也」。該本前有萬曆十八年三月江陰貢大化朱筆題字。鈐「古潭州袁卧雪廬收藏」等印。黄裳《前塵夢影新録》著録一部，云前有柯潛序，木訥序，後有弘治十四年辛酉陳敘後序。○南京圖書館藏明初刻本，作《妙集吟堂詩話》三卷二册。半葉十行，行二十字，黑口，四周雙邊。○北京圖書館藏明鈔本，作《存齋詩話》一卷。半葉十行，行二十五字，藍格，白口，四周雙邊。○明刻清宛委山堂印《説郛續》本一卷。○上海圖書館藏清初鈔本三卷。清吴允嘉跋。○北京圖書館藏清曹炎鈔本三卷一册，周一良鈔補。周叔弢跋，收入《自莊嚴堪善本書目》。○清乾隆四十年鮑廷博刻本三卷，《知不足齋叢書》之一。民國十年上海古書流通處影印鮑刻《知不足齋叢書》本。○清乾隆五十九年石門馬氏大酉山房刻《龍威秘書》本三卷。○清刻《七子詩話》本三卷。湖北黄岡地區圖書館藏。○清刻嵇留山樵編《古今詩話》本一卷。臺灣中研院史語所藏。○民國元年國學扶輪社排印《古今説部叢書》第八集本三卷。○民國五年無錫丁氏排印《歷代詩話續編》本三卷。○一九八三年中華書局排印點校《歷代詩話續編》本。○民國二十五年商務印書館據《知不足齋叢書》本排印，收入《叢書集成初編》。○知不足齋本乾隆乙未朱文藻跋云：「《詩話》標題不一。胡道序謂之《存齋》。焦氏《志》、《明史志》、《千頃堂書目》皆謂之《吟堂》。《百川書志》、《浙江通志》皆作《存齋歸田》。要之，《吟堂》也，《存齋》也，《歸田》也，一書三名，無足異也。」

菊坡叢話二十六卷　明單宇撰　六七一三

兩淮鹽政採進本（總目）。○《兩淮鹽政李呈送書目》：「《菊坡叢話》二十六卷，明單宇，六本。」○《浙江省第四次吴玉墀家呈送書目》：「《菊坡叢語》二十六卷，明單宇輯，四本。」語當作話。

○《浙江採集遺書總録》:「《菊坡叢話》二十六卷,寫本,明嵊縣令臨川單宇輯。」○臺灣「中央圖書館」藏明成化原刻本。題「前進士嵊縣尹臨川單宇編集」。半葉十一行,行二十三字,黑口,四周雙邊。前有成化九年五月黎擴序,成化九年正月人日河南泌陽知縣臨川黎近序,成化元年自序。黎近序云:「纂成一書,將刻諸梓,與天下共之。請予爲序。」蓋即成化九年自刻本。卷内鈐「詠花軒書畫記」、「竹坪」、「尌本」(此三印係清平湖方樹本印)、「曾在上海郁泰峯家」、「毘陵董康鑒定金石書籍之印」、「董康暨侍姬玉奴珍藏書籍記」等印。一九七三年臺北廣文書局據以影印。《存目叢書》又據廣文本影印。北圖有成化刻本。臺北「故宫」有明刻本,未知異同。○臺灣「中央圖書館」藏清康熙間影鈔成化刻本。行款同。共四册,每册有康熙間題識。卷二十六末有吴騫跋,唐翰題題記。鈐「兔牀」、「拜經樓吴氏藏書」、「鷦安校勘祕籍」、「海豐吴氏石蓮盦」等印記(參該館《善本書志初稿》、《善本題跋集録》)。

瓊臺詩話二卷　明蔣冕編　**六七一四**

編修吴典家藏本(總目)。○《浙江省第十次呈送書目》:「《瓊臺詩話》二卷,明蔣冕輯,二本。」○《浙江採集遺書總録》:「《瓊臺詩話》二卷,刊本,明蔣冕撰。」○明萬曆二十六年許自昌刻本,作《瓊臺先生詩話》二卷。半葉八行,行二十字,白口,四周單邊。吴縣圖藏。王重民《善本提要》著録美國國會圖書館藏是刻僅一卷,題「西粤蔣冕著,茂苑後學許自昌校閲」。殆佚其下卷。○山西臨猗縣圖書館藏明崇禎十一年愛吾廬刻本。作《瓊臺詩話》二卷《附録》一卷。題「西粤蔣冕著,茂苑許自昌校，閩同張璀訂，瓊臺孫兆昌、期昌録」。半葉八行，行二十字，白口，四周單邊。上下卷首行下均刻「裔孫名邦重訂」六字，字體較拙，顯係後加。封面刻「愛吾廬藏板，冒刻必究」。前有崇正十一年冬至閩後學張璀序，萬曆二十六年許自昌序，蔣冕序，像，贊。許序云：「敬輯蠹魚，更讐亥豕，梓之家塾。」張序云：「手自較其訛謬，而以付梓人。」崇禎作崇正，弘字或剷去末筆，蓋乾隆間修版印本，修版者或即裔孫名邦也。《存目叢書》據以影印。遼圖亦有是刻。

詩話十卷　明楊成玉編　　**六七一五**

副都御史黄登賢家藏本（總目）。○《都察院副都御史黄交出書目》：「《詩話》，明楊成玉輯，二本。」○天一閣文管所藏明弘治三年馮忠刻本，存八種八卷：《劉攽貢父詩話》一卷，宋劉攽撰；《六一居士詩話》一卷，宋歐陽修撰；《司馬温公詩話》一卷，宋司馬光撰；《後山居士詩話》一卷，題宋陳師道撰；《東萊呂紫微詩話》一卷，宋呂本中撰；《竹坡老人詩話》一卷，宋周紫芝撰；《許彦周詩話》一卷，宋許顗撰；《張表臣詩話》一卷，宋張表臣撰。半葉十行，行二十字，黑口，四周雙邊。上圖亦有是刻，僅存前七種七卷，無《張表臣詩話》。前有弘治三年庚戌知揚州府事馮忠《重刊詩話引》，謂閩楊成玉守揚，刻《詩話》一册，比謝郡事，攜板以歸。弘治二年馮忠守揚，有函索印本者，忠乃捐俸翻刻之。鈐「武進盛氏所藏」、「愚齋鑑藏」等印。《存目叢書》據以影印。

餘冬詩話三卷　舊本題明何夢春撰　　**六七一六**

編修程晉芳家藏本（總目）。○《提要》云：「是書載《學海類編》中。今檢其文，實於孟春《餘冬序録》中摘其論詩者,詭題此名也。」○清道光十一年六安晁氏木活字《學海類編》本二卷。北圖、上圖等藏。民國九年商務印書館影印晁氏木活字《學海類編》本。○民國二十五年商務印書館據《學海類編》本排印,收入《叢書集成初編》。

南濠居士詩話一卷　明都穆撰　六七一七

浙江范懋柱家天一閣藏本(總目)。○《浙江省第五次范懋柱家呈送書目》:「《南濠詩話》一卷,明都穆著,一本。」○《浙江採集遺書總録》:「《南濠詩話》一册,刊本,明都穆撰。」○《江蘇採輯遺書目録》:「《詩話》,明郝元敬著。」按:郝乃都字形誤。○《提要》云:「其書世有二本。一爲黄桓所刻,凡七十二則。一爲文璧所刻,凡四十二則,較黄本少三十則,而其中三則爲黄本所無。近鮑廷博始以兩本參較,合爲七十五則,即此本也。」○南京圖書館藏明鈔《藝海彙函》本,作《南濠居士詩話》一卷。○北京大學藏清乾隆三十八年鮑廷博刻本,作《南濠詩話》一卷,《知不足齋叢書》之一。正文首題「南濠詩話」,次題「吴郡都穆撰」,版心下刻「知不足齋正本」。前有正德癸酉黄桓《都南濠先生詩話序》,壬辰文璧《南濠居士詩話序》。末有乾隆三十八年癸巳鮑廷博跋云:「都少卿詩話,前明刻本有二。其一黄桓刻於和州,凡七十二則。其一文衡山刻於吴郡,僅四十二則。兩本詮次不同,互有增損。予因正其謬誤,合而刊之,庶爲完善矣。黄本傳自厲氏樊榭山房,文本則從書局借范氏天一閣書藏也。」《存目叢書》據以影印。按:所謂書局,即爲四庫館採辦書籍之浙江書局,乾隆三十八年范氏天一閣獻書即經該書局進呈,鮑氏借用當在進呈之前。依《提要》，館臣所據實爲鮑氏新刻本，並沿用鮑氏跋語。而書下注藏家仍爲范氏天一閣，即書名亦取自范氏藏文璧刻本。是則不無牴牾也。○民國十年上海古書流通處影印鮑刻《知不足齋叢書》本。○清刻清嵇留山樵輯《古今詩話》本。○清刻《七子詩話》本，作《南濠詩話》一卷。湖北黄岡地區圖書館藏。

夢蕉詩話二卷　明游潛撰　　**六七一八**

編修程晉芳家藏本（總目）。○北京大學藏明刻清康熙中修版印《夢蕉三種》本。題「豐城游潛用之著，不肖孫季勳重刻」。半葉十行，行二十一字，白口，左右雙邊。版心下記刻工：黄、仁、義、常、黄賢、柯、吴。《存目叢書》據以影印。按：此係嘉靖間游季勳刻萬曆二十八年游日陞修補康熙三十六年再修補本。說見《博物志補》二卷條。原北平圖書館藏是刻，現存臺北「故宫」。○臺灣「中央圖書館」藏清康熙間鈔本一卷一册。題「明豐城游潛用之著」。半葉九行，行二十一字，白口，四周雙邊。無直格。鈐「玄冰室珍藏記」、「雪苑宋氏蘭揮藏書記」、「湘潭袁氏滄州藏書」等印記（參該館《善本書志初稿》）。○清道光十一年六安晁氏木活字印《學海類編》本。北圖、上圖等藏。民國九年商務印書館影印晁氏木活字《學海類編》本。

渚山堂詩話三卷　明陳霆撰　　**六七一九**

浙江范懋柱家天一閣藏本（總目）。○《浙江省第五次范懋柱家呈送書目》：「《渚山堂詩話》三卷，明陳霆著，一本。」○《浙江採集遺書總録》：「《渚山堂詩話》三卷，刊本，明德清陳霆撰。」

詩談一卷　明徐泰撰　六七二〇

編修程晉芳家藏本(總目)。○明嘉靖三十三年鄭梓刻《明世學山》本。北圖藏。○明萬曆刻《百陵學山》本。北圖、上圖等藏。民國二十七年商務印書館影印明萬曆刻《百陵學山》本。○明天啟三年樊維城刻《鹽邑志林》本。北圖、上圖等藏。民國二十六年商務印書館影印天啟刻《鹽邑志林》本。○清道光十一年六安晁氏木活字印《學海類編》本。北圖、上圖等藏。民國九年商務印書館影印晁氏木活字《學海類編》本。《存目叢書》又據商務本影印。題「海鹽徐泰子元著」。○明刻清順治三年宛委山堂印《説郛續》本。一九八八年上海古籍出版社影印宛委山堂《説郛續》本,收入《説郛三種》。

存餘堂詩話一卷　明朱承爵撰　六七二一

兩江總督採進本(總目)。○北京大學藏明嘉靖十八年至二十年顧氏大石山房刻《顧氏明朝四十家小説》本。題「盤山石樵朱承爵」。半葉十行,行十八字,白口,左右雙邊。《存目叢書》據以影印。北圖、上圖等亦有是刻。○清宣統上海國學扶輪社排印《顧氏明朝四十家小説》本。北圖、上圖等藏。○民國三年古今圖書局石印《顧氏明朝四十家小説》本。復旦、青海圖、桂林圖藏。○明萬曆三十四年李銓前書樓刻《藏説小萃》本。北圖藏。○明崇禎三年淮南李氏刻《璅探》本。北圖藏。○明刻清順治三年宛委山堂印《説郛續》本。北圖、上圖等藏。一九八八年上海古籍出版社影印宛委山堂《説郛續》本,收入《説郛三種》。○清乾隆三十五年序刻《歷代詩話》本。北圖、上圖等藏。

○民國上海文寶公司石印《歷代詩話》本。○民國十六年上海醫學書局石印《歷代詩話》本。○一九八一年中華書局排印點校《歷代詩話》本。○清道光十一年六安晁氏木活字印《學海類編》本。北圖、上圖等藏。民國九年商務印書館影印晁氏木活字《學海類編》本。○民國二十五年商務印書館據《學海類編》本排印，收入《叢書集成初編》。○清光緒十四年江陰金武祥粟香室嶺南刻《江陰叢書·藏説小萃》本。北圖、山東大等藏。又收入《粟香室叢書》，北圖、上圖等藏。○清光緒二十三年武進盛宣懷刻本，《常州先哲遺書》之一。北圖、上圖等藏。

全唐詩説一卷詩評一卷　舊本題明王世貞撰 六七二二

編修程晉芳家藏本（總目）。○《提要》云：「是二書載曹溶《學海類編》中，實則割剥世貞《藝苑巵言》，鈔爲兩卷。世貞著作初無此二名也。」○清道光十一年六安晁氏木活字印《學海類編》本，作《全唐詩話》一卷《詩評》一卷《文評》一卷。題「明吴郡王世貞元美著」。北圖、上圖等藏。民國九年商務印書館影印晁氏木活字《學海類編》本。《存目叢書》又據商務本影印。○《國朝詩評》一卷，王世貞撰，明刻《天都閣藏書》本。北圖、川圖等藏。

詩家直説二卷　明謝榛撰 六七二三

兩江總督採進本（總目）。○《浙江省第四次汪汝瑮家呈送書目》：「《謝四溟集》十卷附《詩家直説》二卷，明謝榛著，六本。」○《浙江採集遺書總録》：「《謝四溟集》十卷附《詩説》一卷，刊本，明臨清謝榛撰。」○北京大學藏明麗澤館刻本一卷。半葉九行，行十八字，白口，四周雙邊。版心下刻

「麗澤館」。李慶立云此本與全集本前二卷接近。刻印最早。○明萬曆二十四年趙藩冰玉堂刻《四溟山人全集》本，四卷。半葉十行，行二十字，白口，左右雙邊。存卷二十一至二十四。北圖、南圖、山東圖等藏。○原北平圖書館藏明萬曆三十九年蓬萊知縣邢琦刻本，四卷四册。題「東郡謝榛茂秦甫著」。半葉十行，行二十字。有重刻名氏葉，題「登州府知府黄體仁、同知燕汝靖、通判劉汝桂、推官張綰同校，蓬萊縣知縣邢琦校刊」。有萬曆三十九年登州海防道右參政李本緯序云：「歲庚戌，于役東海，式廬邢公得原編，喜如探鐶。又慮其踵天水也，付鋟青氏。」（參王重民《善本提要》）此帙現存臺北「故宫」。○明萬曆四十年臨清州知州盛以進刻本二卷，附刻《四溟山人詩》十卷之首。半葉十行，行二十字，白口，四周雙邊。南圖、湖南圖等藏。○明刻清順治三年宛委山堂印《説郛續》本一卷。一九八八年上海古籍出版社影印宛委山堂《説郛續》本，收入《説郛三種》。○清乾隆十九年甲戌胡曾耘雅堂刻本，作《四溟詩話》四卷。有錢牧齋序，乾隆十九年胡曾序，乾隆十九年沈維材跋。浙圖、中央黨校藏。李慶立《謝榛全集辨誤》一文云：錢牧齋序即《列朝詩集》丁集謝榛小傳。海山仙館翻胡本改錢序爲王漁洋序，又改胡序中「錢牧齋」爲「王阮亭」。光緒十一年刻《談藝珠叢》本因之，《歷代詩話續編》本又因之。○清道光二十五年南海潘仕成刻本，作《四溟詩話》四卷，《海山仙館叢書》之一。北圖、上圖等藏。○北京師大藏清光緒十一年長沙玉尺山房刻《談藝珠叢》本，作《詩家直説》四卷。題「明臨清謝榛茂秦撰」。半葉八行，行二十一字，白口，四周雙邊。有王士禛序，乾隆十九年胡曾序，乾隆十九年沈維材跋。《存目叢書》據以影印。○民國五年無錫丁福保排印《歷代詩話續編》本，作《四溟詩話》四卷。○一九八三年中華書局排印點校《歷代詩話續編》本。○民國二十五年商務印書館據《海山仙館叢書》本排印，收入《叢書集成初編》。

詩文原始一卷　舊本題明李攀龍撰 **六七二四**

編修程晉芳家藏本（總目）。

文脈三卷　明王文禄撰 **六七二五**

編修程晉芳家藏本（總目）。○明嘉靖三十三年鄭梓刻《明世學山》本。北圖藏。○明萬曆刻《百陵學山》本。北圖、上圖等藏。民國二十七年商務印書館影印明萬曆刻《百陵學山》本。《存目叢書》又據商務本影印。該本不題撰人。民國二十六年商務印書館《叢書集成初編》亦據此刻影印。○清道光十一年六安晁氏木活字印《學海類編》本。北圖、上圖等藏。民國九年商務印書館影印晁氏木活字《學海類編》本。此本題「明海鹽王文禄世廉著」。

過庭詩話二卷　明劉世偉撰 **六七二六**

浙江范懋柱家天一閣藏本（總目）。○《浙江省第五次范懋柱家呈送書目》：「《過庭詩話》二卷，明劉世偉著，一本。」○《浙江採集遺書總録》：「《過庭詩話》二卷，刊本，明劉世偉撰。」○北京圖書館藏明嘉靖刻本。題「齊人劉世偉著，進士呂𧰟校正」。半葉十行，行二十四字，白口，四周雙邊。前有嘉靖三十六年閻新恩序。《存目叢書》據以影印。

解頤新語八卷　明皇甫汸撰 六七二七

浙江巡撫採進本（總目）。○《浙江省第十一次呈送書目》：「《解頤新語》八卷，明皇甫汸輯，四本。」○《浙江採集遺書總録》：「《解頤新語》八卷，刊本，明按察僉事長洲皇甫汸輯。」○《藏園群書經眼録》：「《解頤新語》八卷，明皇甫汸撰，明隆慶刊本。有何良俊、吴子孝、黄魯曾序，王文禄後序。（文友堂送閲，壬子）。」○黄裳《前塵夢影新録》：「《解頤新語》八卷，嘉靖刻本，白綿紙，最初印。槧印精麗，奪人目睛。庚寅得之孫實君許……藏書家無著録之者，唯見明徐氏《紅雨樓書目》有一跋耳。」又《來燕榭讀書記》：「《解頤新語》八卷，吴百泉山人皇甫汸撰。嘉靖刻。八行，十七字，白口，左右雙邊。前有黄魯曾序。」又載庚寅端五後二日重讀跋云：「此書獲之海上修文堂。後游北京，晤修綆堂主人，乃知此實爲渠家書。兩市主人乃兄弟行也。」

冰川詩式十卷　明梁橋撰 六七二八

兩淮鹽政採進本（總目）。○《兩淮鹽政李續呈送書目》：「《冰川詩式》四卷，明梁橋，四本。」○《兩江第二次書目》：「《冰川詩式》，明梁橋著，四本。」○《直隸省呈送書目》：「《冰川詩式》二本。」○《浙江省第四次汪啟淑家呈送書目》：「《冰川詩式》十卷，明梁橋著，四本。」○《浙江採集遺書總録》：「《冰川詩式》十卷，刊本，明正定梁橋輯。」○《都察院副都御史黄交出書目》：「《冰川詩式》，明梁橋，四本。」○臺灣「中央圖書館」藏明嘉靖二十八年原刻本。題「真定梁橋著，弟梁相校」。半葉十行，行二十字，白口，左右雙邊。單黑魚尾，魚尾下刻春、夏、秋、冬。卷一、卷二爲春集，葉碼連編，共五十五葉。

卷三至卷五爲夏集，葉碼連編，共五十一葉。卷六至卷八爲秋集，葉碼連編，共四十八葉。卷九、卷十爲冬集，葉碼連編，共五十五葉。正文末葉刻校者六行：「鄉進士執友王舟、門人王秉彝、晏飫、生員門人趙崇德、解一元、監生男梁夢齡同校。」前有嘉靖二十八年已酉十月監察御史中山張渙序云：「乃相與謀諸梓。」又嘉靖二十四年乙巳八月望日梁橋於懷蔚山房引（參該館《善本書志初稿》、《善本序跋集録》）。一九七三年臺北廣文書局據以影印。○山東省圖書館藏明隆慶四年梁夢龍、朱睦㮮開封刻本。行款版式及分春夏秋冬四集編葉碼、書末六行校者，均同前本。前有隆慶五年辛未孟夏周府宗正奉旨督理宗學汴上朱睦㮮《刻冰川詩式序》云：「其弟我津先生釐爲若干卷，嘗校梓於西蜀。今猶子大中丞鳴泉公再刻於中州。」又嘉靖二十八年張渙序，嘉靖二十四年梁橋序。末有隆慶四年庚午季冬真定梁夢龍於山東謨治堂題辭云：「蜀中舊梓，格小字細，覽者不便。余至歷下，走使汴城，託西亭先生重刊，既完，覽者寶之。」《存目叢書》據以影印。北圖亦有是刻。○明萬曆吴中重刻本。題「真定梁橋著，弟梁相校」。半葉十行，行二十字，白口，左右雙邊。王重民《善本提要》著録原北平圖書館藏本，云：「是書初刻於蜀，再刻於汴。此乃吴中翻汴本也。卷末刻『長洲吴曜書』一行。」有嘉靖二十八年張渙序，隆慶五年朱睦㮮序，隆慶六年海嶽逸史魯藩中立朱觀熰於承訓書院序，隆慶六年山東等處承宣布政使司右參政上海潘允端重刻後叙，隆慶六年河南布政使司分守大梁道左參政海昌查志立重刻後序，萬曆三十七年梅鼎祚序，萬曆三十八年顧憲成序，嘉靖二十四年自序，隆慶四年梁夢龍跋。按：查志立序云：「先是梓行蜀中，已而大中丞公慮刻久湮没，撫東魯再託梓於汴。今晉陟兩河，復以所輯出示藩司。諸大夫閱而寶之，請大書重梓於紫薇堂。録成，方伯陶君承學屬志立爲序。」考錢謙益《牧齋有學集》卷二十八《明柱國光禄大夫太子太保吏部尚書贈少保謚貞敏梁公墓誌銘》：「隆慶四年，以都察院右僉都御史巡撫山東。明年，轉右副都御史，巡撫河南。」則隆慶六年梁夢龍巡撫河南時又屬布政使陶承學重刻於開封。至是開封已有二刻，前後相去兩年耳。吴中重刻由長洲吴曜寫樣者，當從隆慶六年開封刻本出，故載查序。重民先生言之未詳，因補述之。臺灣「中央圖書館」《善本書志初稿》載長洲吴曜寫刻本，云：「版心魚尾下方記卷第，不分春夏秋冬四集，葉次亦各卷自爲起訖。卷末亦有校者王舟六人名氏，尾題下尚有『長洲吴曜書』小字一行。」唯該本僅存張涣、朱睦㮮序及梁夢龍題辭，佚去萬曆兩序，故誤定爲隆慶四年汴刻本。李國慶《明代刊工姓名索引》著録津圖藏萬曆吴中刻本兩部。其一「書口下有刻工及書工題名。刻工：劉管刻、姚起刻、張溱刻。書工：長洲吴曜寫」。另一部多出刻工：張春刻。北圖、上圖等亦有是刻。○明萬曆刻本。半葉十行，行二十字，白口，左右雙邊。寫體字。上圖、中山圖、臨海博藏。《明代刊工姓名索引》據魏隱儒《古籍版本鑒定叢談》著録「萬曆間寫刻本，刻工：程子貴、劉管、劉國用。書工：吴鳳鳴書」。似即此刻。○明刻本。半葉九行，行二十字，白口，四周單邊。浙圖、川圖藏。○臺灣「中央圖書館」藏日本萬治三年(清順治十七年)刻本。題「真定梁橋著，弟梁相校」。半葉十行，行二十字，白口，四周雙邊。單黑魚尾，魚尾下刻卷之幾。無直格。文中附刻片假名音讀。前有隆慶五年辛未周府宗正朱睦㮮刻序，嘉靖二十八年己酉十月張涣序，嘉靖二十四年乙巳梁橋引。後有隆慶四年庚午梁夢龍題辭，隆慶六年壬申六月河南布政使司分守大梁道左參政查志立重刻後序，隆慶六年壬申季春山東等處承宣布政使司右參政潘允端序，隆慶六年壬申上元吉日海嶽逸史魯藩中立朱觀熰序。序後刻「布政司經歷成敏覺督梓，理問張琁參閲」二行。又刻「萬治三庚子歲仲夏吉日」大字一行。又萬治三年庚子三月吉旦立菴田中宗務跋八行。正文卷末葉有「二條通玉屋町上村次郎衛門開板」刻書記（參該館《善本書志初稿》、《善本序跋集録》）。該館《書志》云：「當係魯藩之重刻本，而日人又據以翻刻者。」按：潘、朱二序皆爲梁夢龍刻本作。據查序，日人所據底本當係隆慶六年河南布政使司刻本。布政司經歷成敏覺，當指河南布政司。推測如是，書此備考。日本《京都大學人文所漢籍分類目録》著録「萬治三年小嶋彌平次玉村次左衛門同刊本」，未知是否同版。

豫章詩話六卷　明郭子章撰　　**六七二九**

江西巡撫採進本（總目）。○《江西巡撫海第二次呈送書目》：「《豫章詩話》四本。」○《兩淮商人馬裕家呈送書目》：「《豫章詩話》六卷，明郭子章，二本。」○臺灣「中央圖書館」藏明萬曆三十年吴獻台刻本。題「泰和郭子章相奎父著，莆田吴獻台啟衮父校，長洲張鼎思睿父同校」。半葉九行，行二十字，白口，四周雙邊。前有萬曆三十年壬寅張鼎思序云：「以質諸左伯莆田吴公。公曰然，因命之剞劂氏。刻成，比余言爲前茅，以復先生。」鈐「金元功藏書記」印（參該館《善本書志初稿》）。一九七三年臺北廣文書局據以影印。《存目叢書》更據影印。江西圖、天一閣文管所亦有是刻。○南京圖書館藏清鈔本六卷二册。有萬曆壬寅張鼎思序。鈐「苕溪許氏」、「德清許氏陔華堂藏書」、「醧無精舍」、「子詠」、「許宗彦印」、「華藏主人」等印記。丁丙舊藏，《善本書室藏書志》著録。〇民國八年南昌刻本，《豫章叢書》之一，附胡思敬《校勘記》。北圖、上圖等藏。

玉笥詩談四卷　明朱孟震撰　**六七三〇**

編修程晉芳家藏本(總目)。〇清道光十一年六安晁氏木活字印《學海類編》本。作《玉笥詩談》二卷《續》一卷。北圖、上圖等藏。民國九年商務印書館影印晁氏木活字《學海類編》本。〇民國二十五年商務印書館據《學海類編》本排印，收入《叢書集成初編》。〇南京圖書館藏清鈔本。作《玉笥詩談》二卷《續》一卷。題「明新淦朱孟震秉器著」。半葉九行，行二十一字，白口，四周雙邊。鈐「丁氏八千卷樓藏書記」、「四庫坿存」等印記。

玉堂日鈔三卷　明黄洪憲編　**六七三一**

浙江巡撫採進本(總目)。〇《浙江省第八次呈送書目》：「《玉堂日抄》三卷，明黄洪憲輯，三本。」〇《浙江採集遺書總録》：「《玉堂日鈔》三卷，寫本，明侍讀學士嘉興黄洪憲輯。」

詩心珠會八卷　明華陽王朱宣墡編　**六七三二**

浙江巡撫採進本(總目)。〇《浙江續購書》：「《詩心珠會》四本。」〇《浙江採集遺書總録》：「《詩心珠會》八卷，刊本，明宗室朱宣墡撰。」

冷邸小言一卷　明鄧雲霄撰　**六七三三**

兩淮鹽政採進本(總目)。〇《兩淮鹽政李續呈送書目》：「《冷邸小言》十卷，明鄧雲霄，一本。」〇首都圖書館藏清道光二十七年鄧氏家刻本一卷。題「東莞鄧雲霄夊度著」。半葉九行，行十七字，白口，四周雙邊。末有道光二十七年裔孫仁聲刻書跋云：「此編散失已久，仁聲留心搜訪，始見鈔本，亟借歸。先嚴見之，即繕就。仁聲嗣又得公全集，因見此編原刻。再三校對，將付剞劂。言於族父天寵、族兄鱗等，即同授梓。」知係家刻。卷端冠四庫提要，文字與浙刻《總目》同，唯末有「乾隆五十一年五月恭校上，總纂官臣紀昀、臣陸錫熊、臣孫士毅，總校官臣陸費墀」銜名，知所據乃《四庫總目》原稿。《存目叢書》據以影印。

六七三四　藝藪談宗六卷　明周子文編

山東巡撫採進本（總目）。○《山東巡撫呈送第一次書目》：「《藝藪談宗》二本。」○《江蘇省第一次書目》：「《藝藪談宗》十本。」○《江蘇採輯遺書目録》：「《藝藪談宗》六卷，明無錫周子文著，刊本。」○明萬曆二十五年自刻本，作《秇藪談宗》六卷。北師大、中共北京市委圖書館、臺灣「中央圖書館」藏。臺本一九七三年臺北廣文書局嘗據以影印，《存目叢書》更據影印。題「梁溪周子文岐陽父彙選，同邑龔植惟成父校次」。半葉九行，行十九字，白口，四周單邊。前有自序，凡例。自序云：「暇日捐資刻成，命之曰《藝藪談宗》。」鈐「吴興劉氏嘉業堂藏書記」、「劉承幹字貞一號翰怡」等印。

六七三五　楚範六卷　明張之象撰

浙江范懋柱家天一閣藏本（總目）。○《浙江省第五次范懋柱家呈送書目》：「《楚範》六卷，明張之象著,二本。」○《浙江採集遺書總録》:「《楚範》六卷,刊本,明松江張之象撰。」○明刻本。半葉九行,行十八字,白口,四周單邊。中科院圖藏一部蟲蛀。湖南師大藏一部未找到。故《存目叢書》未收。

恬志堂詩話三卷　明李日華撰　**六七三六**

編修程晉芳家藏本(總目)。○《提要》云:「此編載曹溶《學海類編》中,乃摘其諸雜著中論詩之語,湊合成編。」○清道光十一年六安晁氏木活字印《學海類編》本。作《恬致堂詩話》四卷。題「明嘉興李日華君實著」。民國九年商務印書館影印晁氏木活字《學海類編》本。《存目叢書》又據商務本影印。○民國二十五年商務印書館據《學海類編》本排印,收入《叢書集成初編》。

詩藪十八卷　明胡應麟撰　**六七三七**

江蘇巡撫採進本(總目)。○《江蘇省第一次書目》:「《詩藪》十本。」○《江蘇採輯遺書目録》:「《詩藪》二十卷,明蘭溪舉人胡應麟著,刊本。」○《浙江省第四次汪啟淑家呈送書目》:「《詩藪》十八卷,明胡應麟著,四本。」○《浙江採集遺書總録》:「《詩藪》十二卷,刊本,明蘭溪胡應麟撰。」○《兩淮商人馬裕家呈送書目》:「《詩藪》三編,明胡應麟,四本。」○南開大學藏明刻本,作《詩藪内編》六卷《外編》六卷《雜編》六卷《續編》二卷。題「東越胡應麟著」。半葉十行,行二十字,細黑口,左右雙邊。前有汪道昆序,無年月,行書。序後有「寓二酉園程百二書」一行。鈐「毗陵董康審定」、「曾在董氏誦芬室中」印記。《存目叢書》據以影印。一九九九年五月二十七日在濟南古舊書店見是刻一部,四編俱全,六册。汪道昆序後有「寓二酉園程百二書」一行。鈐「濟南周氏藉書園印」雙行朱文長方印、「周氏藉書園印」白文方印、「藉書園印」白文方印、「周震甲字東木」白文方印。乃薦之山東省圖書館，以一萬伍千圓購去。浙圖、福建圖等亦有是刻。〇山東省圖書館藏明刻本，書名卷數同前本。題「東越胡應麟元瑞著，大名張銓平仲、莆陽黄衍相六治仝校」。半葉九行，行二十字，白口，四周單邊。前有汪道昆序，序首葉版心有刻工：豫章楊文刻。卷内鈐「光熙之印」、「裕如祕笈」二印。故宫、吉大、浙圖亦有是刻。〇明萬曆三十七年張養正刻本。書名卷數同前。半葉九行，行十八字，白口，左右雙邊。故宫、南圖均有不全本。〇明萬曆四十六年江湛然刻《少室山房全稿》本。書名卷數同前。題「東越胡應麟明瑞著，新都江湛然清臣輯，瀔水趙鳳城文鎮校」。半葉九行，行十八字，白口，四周單邊。版心上刻「少室山房」。有萬曆十八年汪道昆序。北大、上圖、甘肅圖等藏。王重民《善本提要》著録原北平圖書館藏是刻單本。北京圖書館有李文田批注本，僅存續編二卷。〇明萬曆四十六年江湛然刻崇禎五年延陵吴國琦重修《少室山房全稿》本。題「東越胡應麟明瑞著，新都江湛然清臣、瀔水趙鳳城文鎮仝輯，延陵吴國琦公良重訂」。半葉九行，行十八字，白口，四周單邊。版心上刻「少室山房」，下刻「壬申重刻」。王重民《善本提要》著録北大藏是刻單本二十卷二册，其卷一至四據江湛然刻本鈔配，卷端題名無吴國琦，卷五以下即吴國琦本。王重民云：「壬申爲崇禎五年，殆即吴國琦補版重印之年也。」臺灣「中央圖書館」藏吴國琦本《少室山房全稿》一百八十九卷二十六册，該館《善本書志初稿·叢書部》著録爲「萬曆戊午（四十六年）江湛然金華刊本」。其中《少室山房類稿》卷端題「瀔水胡應麟明瑞著，新都江湛然清臣□，清漳盧化鰲爾騰□，延陵吴國琦公良□」。該館又藏吴國琦本零種，其《善本書志初稿・詩文評類》著録爲「明崇禎五年延陵吴國琦等重刊《少室山房全集》本」。蓋兩本未加比對，故有牴牾。考該館《善本序跋集録・詩文評類》載吴國琦本《詩藪》前有崇禎五年壬申季夏五日雪厓吴國琦於水香閣《重訂胡元瑞詩藪筆叢諸集敘》云：「因與瀫水友人徐原古、徐伯陽、徐原性、章無逸、趙儀甫、郭泰象、唐堯章、柳久也，錢塘友人潘無聲，公之弟元明子戴明，重訂其《詩藪》、《筆叢》等編之譌，而無逸尤續梓其詩統彙四册于《詩藪》後。」揣其文意，似爲修版，非全書重刻也。故從王説。〇美國國會圖書館藏高麗銅活字本，四編俱全，六册。題「東越胡應麟著」。半葉十行，行二十字。有汪道昆序，序後有「寓二酉園程百二書」一行(見王重民《善本提要》)。按：此本卷端署名、行款、序後程百二書等特徵與明刻黑口本最近，殆從明刻黑口本出。《中國所藏高麗古籍綜録》著録上圖、延邊大學藏「朝鮮刻本」。未知異同。〇臺灣「中央圖書館」藏日本貞享三年丙寅(清康熙二十五年)武村新兵衛刻本，僅《詩藪雜編》六卷《續編》二卷共四册。題「東越胡應麟著」。半葉十二行，行二十二字，白口，四周單邊。文中附刻片假名音訓。卷末有和刻跋文，署「貞享丙寅三月吉辰二條通大恩寺町武村新兵衛刊行」。所存各卷似亦不如吴國琦本之完整。係據較早之印本翻刻者(見該館《善本書志初稿》)。《中國館藏和刻本漢籍書目》著録南京圖書館藏「日本刻本」，實亦同版，亦僅此八卷。〇上海圖書館藏清鈔本，四集俱全。半葉九行，行二十字，無格。〇清光緒二十二年廣雅書局刻《少室山房集》本，收入《廣雅書局叢書》，無《續編》。北圖、上圖等藏。〇一九五八年中華書局上海編輯所排印本。

用南圖藏日本貞享三年刻本爲底本校以廣雅本。○一九七九年上海古籍出版社排印本。

六七三八　夷白齋詩話一卷　明顧元慶撰

兩江總督採進本（總目）。○《兩江第二次書目》：「《夷白齋詩話》，明顧元慶著。《縣笥瑣探》，明劉昌輯。以上二種合一本。」○北京大學藏明嘉靖十八年至二十年顧氏大石山房刻《顧氏明朝四十家小説》本。題「吴郡顧元慶」。半葉十行，行十八字，白口，左右雙邊。《存目叢書》據以影印。北圖、上圖等亦有是刻。○清宣統中上海國學扶輪社排印《顧氏明朝四十家小説》本。北圖、上圖等藏。○民國三年古今圖書局石印《顧氏明朝四十家小説》本。復旦、青海圖、桂林圖藏。○明刻清順治三年宛委山堂印《説郛續》本。北圖、上圖等藏。一九八八年上海古籍出版社影印宛委山堂《説郛續》本，收入《説郛三種》。○清乾隆三十五年序刻《歷代詩話》本。北圖、上圖等藏。○民國上海文寶公司石印《歷代詩話》本。山東大、南大等藏。○民國十六年上海醫學書局石印《歷代詩話》本。北師大、湖北圖等藏。○一九八一年中華書局排印點校《歷代詩話》本。用《學海類編》本校。○清道光十一年六安晁氏木活字印《學海類編》本。北圖、上圖等藏。民國九年商務印書館影印《學海類編》本。民國二十五年商務印書館《叢書集成初編》又據以影印。

六七三九　詩譚十卷　明葉廷秀撰

副都御史黄登賢家藏本（總目）。○《都察院副都御史黄交出書目》：「《詩譚》，明葉廷秀，三本。」○南京圖書館藏明崇禎八年胡正言十竹齋刻本，作《詩譚》十卷《續録》一卷。題「東魯謙齋葉廷秀輯評,新都無所胡正心,曰從胡正言,子著胡正行較訂」。半葉八行,行十八字,白口,四周單邊。版心下刻「十竹<U+20C6E>」。前有崇禎八年葉廷秀自序,次《詩譚白》(即凡例)、《詩譚用》(即書目)、《詩譚題》(即目録)。眉上刻評。卷内鈐「嘉惠堂丁氏藏書之記」、「四庫坿存」、「兩江總督端方爲江南圖書館購藏」等印記。《存目叢書》據以影印。北圖、上圖等亦有是刻。

六七四〇　佘山詩話三卷　舊本題明陳繼儒撰

編修程晉芳家藏本(總目)。○清道光十一年六安晁氏木活字印《學海類編》本。題「明華亭陳繼儒仲醇著」。北圖、上圖等藏。民國九年商務印書館影印晁氏木活字《學海類編》本。○民國二十五年商務印書館據《學海類編》本排印,收入《叢書集成初編》。

六七四一　藕居士詩話二卷　明陳懋仁撰

浙江鮑士恭家藏本(總目)。○《浙江省第四次鮑士恭呈送書目》:「《藕居士詩話》二卷,明陳懋仁著,二本。」○《浙江採集遺書總録》:「《藕居士詩話》二卷,刊本,明嘉興陳懋仁撰。」○明崇禎刻《陳懋仁雜著》本。南圖藏。○北京圖書館藏清初鈔本。題「檇李陳懋仁無功著」。前有自序。序首葉鈐「翰林院印」滿漢文大官印。卷内又鈐「玉硯堂」、「曹秉章印」、「牡盦藏」、「詩龕書畫印」、「曾在趙元方家」等印記。○北圖又藏清初鈔本。清宋筠校並跋。

六七四二　藝活甲編五卷　明茅元儀撰

副都御史黄登賢家藏本(總目)。○《都察院副都御史黄交出書目》:「《藝活甲編》,明茅元儀,二本。」

文通三十一卷　明朱荃宰撰　**六七四三**

兩江總督採進本（總目）。○《兩江第一次書目》：「《文通》，明朱荃宰著，五本。」○清華大學藏明天啟六年刻本。題「明黄岡朱荃宰咸一父著」。半葉九行，行二十字，白口，四周單邊。眉上刻評。前有天啟六年丙寅王在晉序，萬曆己未焦竑序，羅萬爵序，天啟六年自序。《存目叢書》據以影印。北圖、上圖等亦有是刻。

詩話類編三十二卷　明王昌會撰　**六七四四**

直隸總督採進本（總目）。○《直隸省呈送書目》：「《詩話類編》十六本。」○湖北省圖書館藏明萬曆刻本。題「雲間嘉侯父王昌會纂輯」。半葉九行，行二十字，白口，四周單邊。前有萬曆四十四年丙辰吴之甲序，凡例。《存目叢書》據以影印。北圖、津圖等亦有是刻。

堯山堂偶雋七卷　明蔣一葵編　**六七四五**

浙江鮑士恭家藏本（總目）。○《浙江省第四次鮑士恭呈送書目》：「《堯山堂偶雋》七卷，明蔣一葵著，五本。」○《浙江採集遺書總録》：「《堯山堂偶雋》七卷，刊本，明蔣一葵輯。」○《兩淮商人馬裕家呈送書目》：「《堯山堂偶雋》七卷，明蔣一葵，二本。」○北京大學藏明刻本。題「晉陵蔣一葵編著」。半葉八行，行十九字，白口，四周單邊。前有吴宗儀序，曹日昌序，蔣一梅引。《存目叢書補編》據以影印。上圖、山東圖等亦有是刻。○明木石居刻本，作《木石居精校八朝偶雋》七卷。半葉八行，行十九字，白口，四周單邊。北圖、浙大、重慶圖藏。○清光緒巴陵方氏廣東刻《碧琳琅館叢書》本。北圖、上圖等藏。○民國二十四年南海黄氏據舊版彙印《芋園叢書》本。北大、廣東圖等藏。

唐詩談叢一卷　舊本題明胡震亨撰 **六七四六**

編修程晉芳家藏本（總目）。○《提要》云：「是書載曹溶《學海類編》中，實即《唐音癸籤》之文。此摘其談叢一門，别立名目耳。」○清道光十一年六安晁氏木活字印《學海類編》本，作五卷。題「明海鹽胡震亨遯叟著」。北圖、上圖等藏。民國九年商務印書館影印晁氏木活字《學海類編》本。《存目叢書》又據商務本影印。民國二十五年商務印書館《叢書集成初編》本亦據是本影印。

詩膾八卷　明陳雲式撰 **六七四七**

江蘇巡撫採進本（總目）。○《江蘇省第二次書目》：「《詩膾》二本。」○《江蘇採輯遺書目録》：「《詩膾》八卷，明錢唐陳雲武著，抄本。」

緑天耕舍燕鈔四卷　不著撰人名氏，但署曰雪疇子輯 **六七四八**

兩淮鹽政採進本（總目）。○《兩淮鹽政李續呈送書目》：「《緑天耕舍燕鈔》四卷，明人，二本。」○北京圖書館藏清鈔本。題「哶舍主人雪疇子輯閲」。半葉九行，行二十一字，無格。無序跋。首葉鈐「翰林院印」滿漢文大官印。書衣有進書木記云：「乾隆三十八年七月兩淮鹽政李質潁送到緑天耕舍燕鈔壹部計書貳本。」《存目叢書補編》據以影印。

雅論二十六卷　明費經虞撰　其子密增補　**六七四九**

安徽巡撫採進本（總目）。○《安徽省呈送書目》：「《雅論》八本。」○北京師大藏清康熙四十九年刻本，作二十四卷。題「成都費經虞撰，男密補，江都後學于王棖校」。半葉九行，行二十一字，白口，左右雙邊。前有江都許承家序，末有康熙七年男密跋，康熙十年又跋。《存目叢書》據以影印。中科院圖、中共中央黨校亦有是刻。又有雍正四年汪玉球重修本，亦二十四卷。北圖、華東師大藏。按：殿本《總目》及康熙刻原書俱作「雅倫」，此浙本《總目》作「雅論」，疑誤。

黝雪齋詩評二卷詞曲評一卷　不著撰人名氏　**六七五〇**

編修勵守謙家藏本（總目）。○《提要》云：「《詩評》有崇禎己巳自序。《詞曲評》有崇禎戊辰自序。皆自署曰石公。其私印則名曰亭奭，字曰以召。其姓則不可考。」

明人文斷無卷數　不著撰人名氏　**六七五一**

浙江吴玉墀家藏本（總目）。○《兩淮鹽政李呈送書目》：「《明人文斷》不分卷，缺名，一本。」

四六金鍼一卷　國朝陳維崧撰　**六七五二**

編修程晉芳家藏本（總目）。《提要》云：「此書載《學海類編》中。取元陳繹曾《文説》中所論四六之法，割剥成編。頗爲淺陋，必非維崧之筆。殆以維崧工於四六，故假其名。」○清道光十一年六安晁氏木活字印《學海類編》本。題「宜興陳維崧其年譔」。北圖、上圖等藏。民國九年商務印書館影印晁氏木活字《學海類編》本。《存目叢書》又據商務本影印。○民國二十八年商務印書館據《學海類編》本排印，收入《叢書集成初編》。

蠖齋詩話二卷　國朝施閏章撰　**六七五三**

江西巡撫採進本（總目）。〇北師大藏清乾隆間曾孫施企曾、施念曾校刻《施愚山先生别集》本，二卷，收入《施愚山先生全集》。首行題「施愚山先生别集卷之一」，下題「曾孫企曾、念曾校」，次行題「蠖齋詩話」。半葉十一行，行二十一字，白口，四周雙邊。《存目叢書》據以影印。〇清然松書屋鈔顧沅輯《賜硯堂叢書未刻稿》本，一卷。上圖藏。〇清道光吴江沈氏世楷堂刻《昭代叢書》本，一卷。北圖、上圖等藏。〇張寅彭《新訂清人詩學書目》著録復旦大學藏木活字本。〇民國十六年無錫丁氏排印《清詩話》本，一卷。〇一九六三年中華書局上海編輯所排印《清詩話》本。一九七八年上海古籍出版社修訂重印《清詩話》本。

詩話八卷　國朝毛奇齡撰　**六七五四**

浙江巡撫採進本（總目）。〇首都圖書館藏清康熙書留草堂刻《西河合集》本。《存目叢書》據以影印。北大、復旦等多有是刻。〇清道光吴江沈氏世楷堂刻《昭代叢書》本，作《西河詩話》一卷，選本。北圖、上圖等藏。〇清宣統三年上海文瑞樓石印本，作《西河詩話》一卷，與《詞話》一卷《襍箋》一卷合印。大連圖藏。

棗林藝簣一卷　國朝談遷撰　**六七五五**

編修程晉芳家藏本（總目）。〇《提要》云：「是編在曹溶所輯《學海類編》中，實遷《棗林雜俎》之一卷也。」○清道光十一年六安晁氏木活字印《學海類編》本。題「明海甯談遷孺木著」。北圖、上圖等藏。民國九年商務印書館影印晁氏木活字《學海類編》本。《存目叢書》又據商務本影印。○北京圖書館藏清鈔本，清王堉跋。

詩辨坻四卷　國朝毛先舒撰 六七五六

浙江汪汝瑮家藏本（總目）。○《浙江省第四次吴玉墀家呈送書目》：「《詩辨坻》四卷，國朝毛先舒著，一本。」○《浙江採集遺書總録》：「《詩辨坻》四卷，刊本，國朝錢塘毛先舒撰。」○河南省圖書館藏清初毛氏思古堂刻本。正文首題「詩辯坻卷第一」，次行題「錢塘毛先舒稚黄著」。半葉十行，行二十字，白口，左右雙邊。前有同郡陸圻序。封面刻「毛氏辭學二書」、「詩辯坻、韻學通指」、「思古堂藏板」。《存目叢書補編》據以影印。北圖、復旦另藏清康熙毛氏思古堂刻《思古堂十五種書》本，當係同版。○一九八三年上海古籍出版社排印《清詩話續編》本。

五代詩話十二卷　國朝王士禎〔禛〕撰　宋弼等補緝 六七五七

編修勵守謙家藏本（總目）。○《編修勵第一次至六次交出書目》：「《五代詩話》四本。」○北京圖書館藏稿本，十二卷六册。半葉十行，行二十四字，無格。蔣寅《清詩話考》著録此本云：「有王漁洋手批，貼有浮簽，注明删改編次之要求，殆即漁洋編訂之底本也。有『南宫邢氏珍藏善本』、『邢之襄印』。」○北京圖書館藏清康熙鈔本，十二卷，存卷七至卷十二共一册。半葉十行，行二十四字，無格。清黄叔琳校。○中央民族大學藏清乾隆十三年黄叔琳養素堂刻本。目録題「漁洋先生手輯，門人黄叔琳崑圃校訂,德水宋弼蒙泉編次,澄海陳臚聲鴻亭參校」。半葉九行,行十九字,白口,左右雙邊。前有自序,署「辛巳四月請假後記,阮亭」。又黄叔琳序云:「叔琳芟其重複,德水宋太史、閩海陳中翰更釐訂授梓。」又宋弼序。封面刻「乾隆戊辰年鐫」、「養素堂藏板」,鈐「養素堂」朱印。卷内鈐「孔繼涵印」、「汪士鐘印」等印記。眉上有朱墨批語數條。《存目叢書》據以影印。北大、華東師大等亦有是刻。

然脂集例一卷　國朝王士禄撰　**六七五八**

山東巡撫採進本(總目)。○湖北省圖書館藏清康熙刻《昭代叢書》本。《存目叢書》據以影印。清華、復旦等亦有是刻。○清道光吴江沈氏世楷堂刻《昭代叢書》本。北圖、上圖等藏。○《提要》云:「其弟士禎書其年譜後曰:『先生著書,惟《然脂集》二百三十餘卷,條目初就。』蓋爲之而未成,僅存此例十條而已。」按:上海圖書館藏《燃脂集》稿本,存二十九卷:首五卷全,賦一、二、四、五、七,詩一、二、四至八、十四至十八、十九、二十一、二十三、二十四、二十六,《引用書目》一卷全,《宫閨氏籍藝文考略》存一卷。有清江標跋。北京大學藏稿本四册,題「新城王士禄子底撰輯」,不標卷次,前兩册爲詩,分十四卷,每卷僅數葉。後兩册爲詩餘,約分三卷。前後字體不一,又多單篇起訖,當是原稿。稿經黄爲兆編訂,故王士禄署名後又題「古歙黄爲兆墨莊編次」。鈐有「墨莊」、「黄爲兆印」、「南昌彭氏」、「麐嘉館印」等印記。

圍爐詩話八卷　國朝吴喬撰　**六七五九**

江蘇巡撫採進本(總目)。○《江蘇省第一次書目》:「《圍爐詩話》二本。」○《江蘇採輯遺書目録》：「《圍爐詩話》六卷，清吴郡吴喬著。」○上海圖書館藏清初鈔本。半葉九行，行二十一字，無格。○上海圖書館藏清初鈔本。半葉十一行，行二十一字，無格。清宋賓王校並跋。○上海圖書館藏清初鈔本。半葉十二行，行二十三字，無格。清毛琛校。○廣東社科院藏清鈔本。半葉十行，行二十一字，白口，左右雙邊。清盧文弨校。○臺灣「中央圖書館」藏清鈔本。題「古吴吴喬脩齡氏述」。半葉九行，行十九字，白口，版框内無直格。有康熙二十五年丙寅冬日自序。鈐「大中丞章」、「陳鱣」、「仲魚」、「石銘考藏」、「適園秘笈之印」、「芹伯手校」、「莚圃收藏」、「吴興張迺熊鑒定」等印記（見該館《善本書志初稿》）。○南京圖書館藏清鄭傳緒鈔本。○北京圖書館藏清鈔本。半葉十二行，行二十二字，無格。○吉林省圖書館藏清鈔本。半葉九行，行十九字，無格。○遼寧省圖書館藏清鈔本。○南京市博物館藏清鈔本。半葉九行，行十九字。○臺灣中研院史語所藏舊鈔本。鄧邦述手跋。○清嘉慶十三年虞山張海鵬刻本，《借月山房彙鈔》之一。末刻「嘉慶戊辰夏六月昭文張海鵬校梓」小字二行。中科院圖、浙圖藏。民國九年上海博古齋影印張刻《借月山房彙鈔》本。《存目叢書》更據博古齋本影印。○清道光三年三槐堂刻本（見張寅彭《新訂清人詩學書目》）。○清道光四年刻本。華東師大藏。南圖有范氏木犀香館舊藏「清道光重刊本」六卷四册，未知與前二本異同。○民國四年烏程張氏刻本，《適園叢書》第七集之一。北圖、上圖等藏。一九九二年文物出版社據此版重印本。○民國二十五年商務印書館據《借月山房彙鈔》本排印，收入《叢書集成初編》。○一九八三年上海古籍出版社排印《清詩話續編》本。○按：傳世各本均六卷，《存目》作八卷疑誤。

漫堂説詩一卷　國朝宋犖撰　六七六〇

編修程晉芳家藏本(總目)。○《提要》云：「載《學海類編》中。較曹溶所收僞妄詩話猶爲真本。然犖已編入《西陂類稿》中矣。」○中央民族大學藏清康熙刻《綿津山人詩集》附本。半葉十行，行十九字，白口，四周單邊。寫刻本。《存目叢書》據以影印。蔣寅《清詩話考》云：「此卷僅十三則，爲康熙十九年卸虔州榷關任返京，夜泊潘陽湖，與兒至論詩所記。」又云：「其書爲康熙三十七年書之付兒致、筠學詩者，當年刻之。顧嗣立《山陰集·題宋二山言學詩圖四絶》注：『漫堂先生新刻《説詩》一卷。』詩作於康熙三十七年。張潮復刻入《昭代叢書》乙集，康熙間家刻本《綿津山人詩集》、《西陂類稿》亦收入。」○清康熙刻《昭代叢書》本。清華、復旦等藏。○清道光吴江沈氏世楷堂刻《昭代叢書》本。北圖、上圖等藏。○清道光十一年六安晁氏木活字《學海類編》本。北圖、上圖等藏。民國九年商務印書館影印晁氏木活字《學海類編》本。民國二十五年商務印書館《叢書集成初編》本，亦據是本影印。○復旦大學藏清鈔《詩學叢書》本。半葉十一行，行二十一字。○清光緒五年上海淞隱閣排印《國朝名人著述叢編》本。北圖、上圖等藏。○民國十六年無錫丁氏排印《清詩話》本。○一九六三年中華書局上海編輯所整理排印《清詩話》本。一九七八年上海古籍出版社修訂重印《清詩話》本。

説詩樂趣二十卷附偶詠草續集一卷　國朝伍涵芬撰　六七六一

浙江巡撫採進本(總目)。○《浙江省第六次呈送書目》：「《説詩樂趣》二十卷，國朝伍涵芬輯，四本。」○《浙江採集遺書總録》：「《説詩樂趣》二十卷附《偶吟草》一卷，刊本，國朝舉人於潛伍涵芬輯。」○中國人民大學藏清康熙四十年華日堂刻本，作《説詩樂趣類編》二十卷附《偶咏草續集》一卷。題「紫水伍涵芬芝軒定，男炳宸薇占、炳日旦華校，真州汪正鈞嗚韶參訂」。前有毛際可序，朱庭柏序，汪正鈞序，伍涵芬序。封面刻「康熙辛巳歲新鐫」、「華日堂藏板」。卷内鈐「劉家書庫」、「江陰劉氏」、「劉復所藏」等印記。《存目叢書》據以影印。清華、北大等亦有是刻。○清乾隆三十三年華日堂刻本。哈爾濱師大藏。○清嘉慶六年經國堂刻本。遼大、吉大藏。○清大文堂刻本（見蔣寅《清詩話考》）。○民國十六年上海著易堂書局石印本。瀋陽圖、撫順圖藏。○一九九二年齊魯書社排印楊軍校注本。

柳亭詩話三十卷　國朝宋長白撰　**六七六二**

浙江鮑士恭家藏本（總目）。○《浙江省第四次鮑士恭呈送書目》：「《柳亭詩話》三十卷，國朝宋長白著，十本。」○《浙江採集遺書總録》：「《柳亭詩話》三十卷，刊本，國朝山陰宋長白撰。」○《江蘇省第一次書目》：「《柳亭詩話》六本。」○《江蘇採輯遺書目録》：「《柳亭詩話》三十卷，清山陰宋長白著。」○北京大學藏清康熙天茁園刻本。題「山陰宋長白簒（原名俊，以字行）」。半葉十行，行二十一字，白口，左右雙邊。版心下刻「天茁園」。前有康熙四十六年丁亥羅坤序，康熙四十六年陶及申序，康熙四十四年自序。封面刻「天茁園藏板」。卷内鈐「謝氏珍藏」印。《存目叢書》據以影印。清華、人大等亦有是刻。蔣寅《清詩話考》云：「中國社會科學院文學所藏康熙原刊本爲李慈銘困學樓舊藏，有李慈銘手批、光緒五年己卯題記。」○山東大學藏清光緒八年山陰宋氏刻本，《懺花盦叢書》之一。題「山陰宋長白纂(原名俊，以字行)，族後學澤元校刊」。半葉十行，行二十一字，白口，左右雙邊。版心下刻「懺花盦」三字。前有光緒八年壬午十月宋澤元序云：「亟付手民，以廣其傳。」又自序，陶序，羅序。封面有牌記二行：「光緒壬午冬十月刊於懺華盦。」北大、上圖、南圖等亦有是刻。○民國二十四年至二十五年上海貝葉山房排印《中國文學珍本叢書》第一輯本。上圖、山東大、川大等藏。

原詩四卷　國朝葉燮撰　　六七六三

江蘇巡撫採進本(總目)。○《江蘇省第一次書目》：「《已畦集》四本。」○《江蘇採輯遺書目録》：「《已畦集》二十卷《原詩》四卷，寶應知縣吴江葉燮著。」○陝西省圖書館藏清康熙二棄草堂刻本，附《已畦集》後。題「嘉善葉燮星期」。半葉十行，行十九字，上黑口，四周雙邊。版心下刻「二棄草堂」。前有林雲銘序，康熙二十五年冬沈珩序。《存目叢書》據以影印，與《已畦集》配合，隸於別集類。北大藏是刻鈐「杭邵章伯褧收藏書籍記」朱文長印。社科院文學所、上圖等亦有是刻。○清道光吴江沈氏世楷堂刻《昭代叢書》本，作一卷。北圖、上圖等藏。○福建省圖書館藏清鈔本四卷一册。半葉八行，行二十字，白口，四周單邊。○民國六年長沙葉氏刻本，附《已蛙集》後，民國二十四年彙印《郋園先生全書》之一。北圖、上圖等藏。○民國十六年無錫丁氏排印《清詩話》本，作一卷。○一九六三年中華書局上海編輯所整理排印《清詩話》本。一九七八年上海古籍出版社修訂重印

《清詩話》本，作四卷。張寅彭《新訂清人詩學書目》云：「《昭代叢書》本、《清詩話》本則合四卷爲一卷（《清詩話》上海古籍出版社一九七九年新版復分爲四卷），内容同。」〇一九七九年人民文學出版社排印本，《中國古典文學理論批評專著選輯》之一。〇一九九〇年書目文獻出版社排印吕智敏評注本。

春秋詩話五卷　國朝勞孝輿撰 **六七六四**

江蘇巡撫採進本（總目）。〇《江蘇省第一次書目》：「《春秋詩話》一本。」〇《江蘇採輯遺書目録》：「《春秋詩話》五卷，清貴州知州勞（孝輿）著，刊本。」〇《安徽省呈送書目》：「《春秋詩話》一本。」〇清華大學藏清乾隆十六年澳門同知張汝霖刻本。題「南海勞孝輿巨峰輯」。半葉九行，行二十字，白口，左右雙邊。前有某氏序，缺尾，云「張司馬栢園刻其《春秋詩話》五卷」。又乾隆十六年辛未蘇耳序云：「澳門司馬張公，孝輿同年生也，分守佛山，訪其孤，得所撰《春秋詩話》，梓之以傳。」又雍正十一年盛逢瀾序，乾隆十六年何夢瑶序。後有順德羅天尺跋。《存目叢書》據以影印。〇清乾隆五十一年刻本（見蔣寅《清詩話考》）。〇清道光二十五年南海伍氏粤雅堂文字歡娱室刻《嶺南遺書》第二集本。北圖、上圖等藏。〇民國二十五年商務印書館據《嶺南遺書》本排印，收入《叢書集成初編》。〇一九九六年廣東高等教育出版社排印毛慶耆校點本。

鐵立文起二十二卷　國朝王之績撰 **六七六五**

浙江巡撫採進本（總目）。〇《浙江省第十二次呈送書目》：「《鐵立文起》二十二卷，國朝王之績著，四本。」○《浙江採集遺書總録》：「《鐵立文起》二十二卷，刊本，國朝宣城王之績撰。」○北京大學藏清康熙四十二年刻本，前編十二卷、後編十卷、首一卷。題「梅溪王之績懋公集著，猷州趙拓偉士參訂」。半葉十行，行二十字，白口，四周單邊。前有康熙四十二年張玉書序，梅鋗序，康熙四十二年知汀州府事方伸序，康熙四十二年自序，凡例。《存目叢書》據以影印。清華、中科院圖亦有是刻。

學稼餘譚三卷　不著撰人名氏，前題云櫟社老人輯　**六七六六**

浙江巡撫採進本(總目)。○《浙江省第九次呈送書目》：「《學稼餘譚》四卷，明陳之伸著，一本。」○《浙江採集遺書總録》：「《學稼餘譚》四卷，寫本，明僉事海甯陳之伸撰。」

榕城詩話三卷　國朝杭世駿撰　**六七六七**

大理寺卿陸錫熊家藏本(總目)。○遼寧省圖書館藏清乾隆杭賓仁刻本。題「仁和杭世駿大宗撰」。半葉十行，行二十一字，白口，左右雙邊。前有雍正十年壬子自序，乾隆元年汪沆序，全祖望題辭。末刻「後學許慶宗覆審，男賓仁校刊」二行。即《杭大宗七種叢書》本。《存目叢書》據以影印。北圖、上圖、南圖等亦有是刻。○清乾隆四十年鮑氏知不足齋刻本，《知不足齋叢書》之一。北圖、上圖等藏。民國十年上海古書流通處影印鮑刻《知不足齋叢書》本。○民國二十八年商務印書館據《知不足齋叢書》本排印，收入《叢書集成初編》。○清乾隆五十三年補史亭刻《道古堂外集》本。上圖、復旦、重慶圖、中央民大藏。○北京大學藏清鈔本。清吴騫、朱文藻批校。○清咸豐元年長沙小嫏嬛山館刻《杭大宗七種叢書》本。北師大、山東圖、南圖等藏。○清咸豐同治間長沙余氏刻《明辨齋叢書》外集本。北圖、上圖等藏。○清刻《七家詩話》本。湖北黄岡圖藏。○日本明治二十年(清光緒十三年)青木嵩山堂鉛印本,《螢雪軒叢書》之一。人民大學、復旦、廣東中山圖藏。○清光緒二十二年錢塘汪大鈞刻《道古堂外集》本。首都圖藏。○民國十四年錢塘汪氏刻《食舊堂叢書·道古堂外集》本。北圖、上圖等藏。

四庫存目標注卷六十

滕州　杜澤遜　撰

集部十一

詞曲類

六七六八

壽域詞一卷　宋杜安世撰

安徽巡撫採進本(總目)。○臺灣「中央圖書館」藏明鈔本,作《杜壽域詞》一卷。與《烘堂集》、《審齋詞》、《知稼翁詞》合一册。參下文《哄堂詞》條。○南京圖書館藏明鈔《宋二十家詞》本。作《杜壽域詞》一卷。○天津圖書館藏明鈔《百家詞》本。作《杜壽域詞》一卷。半葉十二行,行二十字,紅格。○明崇禎毛氏汲古閣刻《宋名家詞》本。北圖、上圖、南圖等藏。民國上海博古齋影印毛刻《宋名家詞》本。○清光緒十四年錢塘汪氏重刻《宋名家詞》本。上圖、南圖等藏。○民國二十四至二十五年上海貝葉山房排印《中國文學珍本叢書》第一輯《宋六十名家詞》本。清華、遼圖等藏。〇民國中華書局排印《四部備要·宋六十名家詞》本。〇民國二十九年商務印書館排印《百家詞》本。〇一九六五年中華書局排印《全宋詞》本。

後山詞一卷　宋陳師道撰　**六七六九**

安徽巡撫採進本（總目）。〇《提要》云：「其詩餘一卷已附載集中。」〇明弘治十二年馬暾刻《後山先生集》本。在卷三十。北圖、上圖、南圖等藏。〇天津圖書館藏明鈔《百家詞》本。半葉十二行，行二十字，紅格。〇明崇禎毛氏汲古閣刻《宋名家詞》本。北圖、上圖等藏。民國上海博古齋影印毛刻《宋名家詞》本。〇清光緒十四年錢塘汪氏重刻汲古閣《宋名家詞》本。上圖、南圖等藏。〇民國二十四至二十五年上海貝葉山房排印《中國文學珍本叢書》第一輯《宋六十名家詞》本。清華、遼圖等藏。〇民國中華書局排印《四部備要·宋六十名家詞》本。〇民國二十九年商務印書館排印《百家詞》本。〇一九六五年中華書局排印《全宋詞》本。

哄堂詞一卷　宋盧炳撰　**六七七〇**

江蘇巡撫採進本（總目）。〇臺灣「中央圖書館」藏明鈔本，作《烘堂集》一卷，與《審齋詞》一卷、《杜壽域詞》一卷、《知稼翁詞》一卷共一册。題「醜齋盧炳叔陽」。卷首錢曾識語：「戊午又三月十四日述古主人錢遵王讎對一過補録闕文。」封面韓應陛識語：「烘堂詞、審齋詞、壽域詞、知稼詞，錢述古校並補缺字。咸豐八年六月一日得之士禮居。」並鈐「應陛手記印」白文方印。書中鈐「四馨」、

「清暉館」、「虞山陸裘治先氏之印」、「陸貽裘印」、「治先」、「臣裘」、「黄丕烈印」、「蕘圃」、「古婁韓氏應陛載陽父子珍藏善本書籍印記」、「德均審定」、「甲子丙寅韓德均錢潤文兩度攜書避難記」、「松江讀有用書齋金山守山閣兩後人韓德均錢潤文夫婦之印」、「密均樓」、「蔣祖詒印」、「百耐眼福」、「張蔥玉觀」等印記(見該館《善本書志初稿》)。○紹興魯迅圖書館藏明鈔《百家詞》本。作《烘堂集》一卷。半葉十行,行字不等,藍格,藍口,左右雙邊。○天津圖書館藏明鈔《百家詞》本,作《烘堂詞》一卷。半葉十二行,行二十字,紅格。○北京大學藏明鈔《宋元名家詞》本,作《烘堂集》一卷。半葉九行,行十五字,黑格,白口,左右雙邊。版心下刻「紫芝漫抄」。○南京圖書館藏明鈔《宋二十家詞》本,作《烘堂集》一卷。○明崇禎毛氏汲古閣刻《宋名家詞》本,作《烘堂詞》一卷。北圖、上圖等藏。民國上海博古齋影印毛刻《宋名家詞》本。○清光緒十四年錢塘汪氏重刻《宋名家詞》本。上圖、南圖等藏。○上海圖書館藏清鈔《宋元名家詞鈔》本。○民國二十四至二十五年上海貝葉山房排印《中國文學珍本叢書》第一輯《宋六十名家詞》本。清華、遼圖等藏。○民國中華書局排印《四部備要·宋六十名家詞》本。○民國二十九年商務印書館排印《百家詞》本,作《烘堂集》一卷。○一九六五年中華書局排印《全宋詞》本。

近體樂府一卷　宋周必大撰　**六七七一**

安徽巡撫採進本(總目)。○《提要》云:「此編凡詞十二闋,已編入《文忠集》中。此卷乃毛晉摘録之本,刻於《六十家詞》中者也。」○《周益文忠公集》二百卷《附録》五卷《年譜》一卷,傳世有上海辭書出版社藏明純白齋鈔本,北圖藏明鈔本(兩部均配清鈔本),南圖藏清江氏西圃鈔本,又藏金氏文瑞樓鈔本,北圖藏清鈔本,天一閣藏清鈔本,臺灣「中央圖書館」藏舊鈔本,復旦藏清沈氏鳴野山房鈔本(作《周益公全集》二百八卷),道光二十八年歐陽棨瀛塘别墅刻咸豐元年續刻本(作《廬陵周益國文忠公集》二百卷首一卷《附録》五卷)等。其《近體樂府》一卷在集中。○明崇禎毛氏汲古閣刻《宋名家詞》本。北圖、上圖等藏。民國上海博古齋影印毛刻《宋名家詞》本。○南京圖書館藏清初鈔《宋元四家詞》本。○清光緒十四年錢塘汪氏重刻汲古閣《宋名家詞》本。上圖、南圖等藏。○清宣統元年番禺沈氏刻《晨風閣叢書》本,作《平原近體樂府》一卷。○上海圖書館藏清鈔本。○民國十一年歸安朱氏刻《彊村叢書》本,作《平原近體樂府》一卷。○民國二十四年上海貝葉山房排印《中國文學珍本叢書》第一輯《宋六十名家詞》本。清華、遼圖等藏。○民國中華書局排印《四部備要·宋六十名家詞》本。○一九六五年中華書局排印《全宋詞》本。

金谷遺音一卷　宋石孝友撰　**六七七二**

安徽巡撫採進本(總目)。○天津圖書館藏明鈔《百家詞》本。半葉十二行,行二十字,紅格。○北京圖書館藏明石村書屋藍格鈔《宋元明三十三家詞》本。半葉十行,行十八字,白口,四周雙邊。○北京大學藏明黑格鈔《宋元名家詞》本。半葉九行,行十五字,白口,左右雙邊。版心下刻「紫芝漫抄」。○明崇禎毛氏汲古閣刻《宋名家詞》本。北圖、上圖等藏。民國上海博古齋影印汲古閣刻《宋名家詞》本。○黄裳《前塵夢影新録》著録「道光刻巾箱本。從毛扆校宋鈔本出。刊刻殊精。有牌記兩行，不憶誰何矣。汪氏振綺堂舊藏，得之來青閣」。○清光緒十四年錢塘汪氏重刻汲古閣《宋名家詞》本。北大、上圖等藏。○民國二十四年至二十五年上海貝葉山房排印《中國文學珍本叢書》第一輯《宋六十名家詞》本。清華、遼圖等藏。○民國中華書局排印《四部備要·宋六十名家詞》本。○上海圖書館藏朱祖謀輯稿本。○一九六五年中華書局排印《全宋詞》本。

白石詞集一卷　宋姜夔撰　六七七三

安徽巡撫採進本（總目）。○《提要》云：「是集爲康熙甲午陳撰所刻，附於詩集之後，凡五十八闋，較毛晉汲古閣本多二十四闋。」○清康熙五十七年曾時燦刻《白石詩集》一卷附《白石詞集》一卷。遼圖藏本題「宋番陽姜夔堯章著」。半葉十行，行十九字，白口，左右雙邊。末有康熙甲午玉几山人陳撰跋。凡收詞五十八闋。寫刻極精。當即館臣所據之本。鈐「月生曾讀」、「徐」、「元輅」、「醉月樓」等印記。《存目叢書》據以影印。北圖亦有是刻。

別本白石詞一卷　宋姜夔撰　六七七四

江蘇巡撫採進本（總目）。○《提要》云：「此本爲毛晉《六十名家詞》中所刻，凡三十四闋。」○明崇禎毛氏汲古閣刻《宋名家詞》本。北大、上圖等藏。民國上海博古齋影印毛刻《宋名家詞》本。○內蒙古圖書館藏清初汲古閣鈔本。○清光緒十四年錢塘汪氏重刻汲古閣《宋名家詞》本。北大、上圖等藏。○民國二十四年至二十五年上海貝葉山房排印《中國文學珍本叢書》第一輯《宋六十名家詞》本。清華、遼圖等藏。○民國中華書局排印《四部備要·宋六十名家詞》本。○紹興魯迅圖書館藏明藍格鈔《百名家詞》本，作《白石先生詞》一卷。○北京圖書館藏明石村書屋藍格鈔《宋元明三十三家詞》本，作《白石先生詞》一卷。半葉十行，行十八字，白口，四周雙邊。版心下刻「石村書屋」。○北京大學藏明黑格鈔《宋元名家詞》本，作《白石詞選》一卷。半葉九行，行十五字，白口，左右雙邊。版心下刻「紫芝漫抄」。○南京圖書館藏《宋二十家詞》本。○按：《白石道人歌曲》四卷《別集》一卷，《四庫全書》收録，提要云：「從宋槧翻刻，最爲完善。」

文溪詞一卷　宋李昴英撰　六七七五

安徽巡撫採進本（總目）。○《提要》云：「此本爲毛晉所刊。」又云：「其詞，集本分爲二卷，此本合爲一卷，字句舛謬非一，亦不及集本之完善。」按：昴英《文溪集》二十卷，《四庫全書》收録。○明崇禎毛氏汲古閣刻《宋名家詞》本。北圖、上圖等藏。民國上海博古齋影印毛刻《宋名家詞》本。○清光緒十四年錢塘汪氏重刻汲古閣《宋名家詞》本。北大、上圖等藏。○民國二十四年至二十五年上海貝葉山房排印《中國文學珍本叢書》第一輯《宋六十名家詞》本。清華、遼圖等藏。○民國中華書局排印《四部備要·宋六十名家詞》本。○天津圖書館藏明紅格鈔《百家詞》本。○民國二十九年商務印書館排印《百家詞》本。○北京大學藏明黑格鈔《宋元名家詞》本。半葉九行，行十五字，白口，左右雙邊。版心下刻「紫芝漫抄」。○北京圖書館藏明石村書屋藍格鈔《宋元明三十三家詞》本。○一九六五年中華書局排印《全宋詞》本。從明刻《文溪存稿》卷十六、卷十七出。即《提要》所謂集本分二卷者。

空同詞一卷　宋洪瑹撰

安徽巡撫採進本(總目)。○《提要》云:「此集僅詞十六首,據毛晉跋語,乃全自黄昇《絶妙詞選》中摘出别行,非完帙也。」按:《隱湖續跋·跋空同詞》:「既讀《空同詞》一卷,真若游金張之堂而攬嫱施之袂,宜花菴全録之。」揆毛晉之意,但謂花菴《絶妙詞選》全録《空同詞》,並無《空同詞》係從《絶妙詞選》録出别行。蓋毛晉之前已有《空同詞》一卷,收入《百家詞》等書,别行之本非自毛晉始也。館臣所言未妥。○宋淳祐九年劉誠甫刻《中興以來絶妙詞選》本。半葉十三行,行二十三字,細黑口,左右雙邊。北圖藏。○明萬曆四十二年秦堣刻《唐宋諸賢絶妙詞選》十卷《中興以來絶妙詞選》十卷本。半葉十行,行二十字,細黑口,左右雙邊。北圖、上圖、湖南圖藏。○明末毛氏汲古閣刻《花菴絶妙詞選》二十卷本。半葉九行,行二十字,白口,左右雙邊。上圖藏。○天津圖書館藏明紅格鈔《百家詞》本。○北京大學藏明黑格鈔《宋元名家詞》本。半葉九行,行十五字,白口,左右雙邊。版心下刻「紫芝漫抄」。○民國陽湖陶氏據明毛氏鈔本影印《景汲古閣鈔宋金詞七種》本。北圖、上圖等藏。○明崇禎毛氏汲古閣刻《宋名家詞》本。北圖、上圖等藏。民國上海博古齋影印毛刻《宋名家詞》本。○清光緒十四年錢塘汪氏重刻汲古閣《宋名家詞》本。北大、上圖等藏。○民國二十四年至二十五年上海貝葉山房排印《中國文學珍本叢書》第一輯《宋六十名家詞》本。清華、遼圖等藏。○民國中華書局排印《四部備要·宋六十名家詞》本。○清同治十二年刻本,《洪氏晦木齋叢書》之一。北圖、福建、吉大藏。○北京圖書館藏清鈔《宋金明人九家詞》本。○一九六五年中華書局排印《全宋詞》本。從《中興以來絶妙詞選》出。

洛水詞一卷　宋程珌撰 六七七七

安徽巡撫採進本（總目）。〇《提要》云：「珌有《洛水集》已著録，詩餘二十一闋已載集中。此毛晉摘出別行之本也。」〇明嘉靖三十五年程元昞刻《程端明公洛水集》二十六卷本。半葉十一行，行二十一字，白口，左右雙邊。北圖、上圖、南圖、川圖等藏。〇明崇禎二年程至遠刻《程洛水先生集》三十卷本。半葉九行，行十九字，白口，左右雙邊。〇明崇禎毛氏汲古閣刻《宋名家詞》本。北圖、上圖等藏。民國上海博古齋影印毛刻《宋名家詞》本。〇清光緒十四年錢塘汪氏重刻汲古閣《宋名家詞》本。北大、上圖等藏。〇民國二十四年至二十五年上海貝葉山房排印《中國文學珍本叢書》第一輯《宋六十名家詞》本。清華、遼圖等藏。〇民國中華書局排印《四部備要·宋六十名家詞》本。〇一九六五年中華書局排印《全宋詞》本。從嘉靖本《程端明公洛水集》出，計四十二首。

風雅遺音二卷　宋林正大撰 六七七八

編修汪如藻家藏本（總目）。〇《國子監學正汪交出書目》：「《風雅遺音》一本。」〇《浙江省第五次范懋柱家呈送書目》：「《風雅遺音》二卷，宋林正大輯，二本。」〇南京圖書館藏明刻本。半葉九行，行十八字，白口，左右雙邊。前有宋嘉泰壬戌林正大序，甲子七夕竹隱懶翁序，嘉泰甲子陳子式序，開禧乙丑易嘉猷序。卷尾有黄丕烈手跋，已收入《蕘圃藏書題識》卷十。卷内鈐「玉峯張氏世守」、「張廷臣元忠印」、「玉書山屋」、「黄丕烈印」、「蕘圃」、「平江黄氏圖書」、「古潭州袁卧雪廬收藏」、「嘉惠堂丁氏藏書之印」等印記。前有丁丙跋，即《善本書室藏書志》本條原稿。《存目叢書》據以影印。○《藝風藏書續記》卷七著録「影寫明刊本」，序文同前本。唯繆《記》陳子式誤作陳子武，易嘉猷誤作易嘉猶。又云「後有黄蕘圃跋」。《藏園群書經眼録》著録是本，云係「影寫宋刊本」，未確。又云「録黄丕烈跋」，是也。繆氏不言録，易滋疑惑。又云「九行十八字」，正與明刻同。當即從前本出也。○上海圖書館藏清鈔本。半葉十行，行二十一字，無格。清翁同書校並跋。《著硯樓書跋》著録。○清乾隆嵩山書院刻《鏡烟堂十種》本，紀昀審訂。北圖、北大等藏。○清光緒二十一年湖南思賢書局刻《宋元名家詞》本。北圖、上圖、南圖等藏。○一九六五年中華書局排印《全宋詞》本。從明刻本出。○按：《提要》云：「卷末有徐釚跋云：『《風雅遺音》上下卷，南宋刊本，泰興季滄葦家藏書，靈壽傅使君於都門珠市口購得。遂付小史鈔録。林序闕前七行，卷末《清平調》逸其半，皆舊時脱落，今亦仍之。』此本字畫譌闕，蓋又從釚本傳寫云。」今宋本不知飄落何所，即徐釚家鈔宋本亦不知何在，可見者唯明刻耳。

後村别調一卷　宋劉克莊撰　　**六七七九**

安徽巡撫採進本（總目）。○《提要》云：「克莊有《後村集》已著録，其詩餘已附載集中，毛晉復摘出别刻。」○北京圖書館藏清鈔《後村先生大全集》一百九十六卷本。○北京圖書館藏又一清鈔《後村先生大全集》一百九十六卷本。○南京圖書館藏清道光張氏愛日精廬鈔《後村先生大全集》一百九十六卷本。清劉尚文校補，張金吾、周星詒、傅以禮跋，孫毓修校並跋。《藏園群書經眼録》著録舊鈔本有張金吾手跋者當即此帙。張金吾云:「假天一閣藏影宋鈔本傳録。」傅增湘云:「卷一百八十七至一百九十一長短句。」○《皕宋樓藏書志》著録「《後村先生大全集》一百九十六卷,從天一閣舊鈔影寫本」。今藏日本靜嘉堂文庫。其卷一百八十七至一百九十一係長短句。○臺灣「中央圖書館」藏舊鈔《後村先生大全集》一百九十六卷本。鈐「繆荃孫」、「李盛鐸印」、「德化李氏凡將閣藏」等印記(見該館《善本書志初稿》)。○民國商務印書館《四部叢刊初編》影印賜硯堂鈔《後村先生大全集》一百九十六卷本。○臺灣「中央圖書館」藏清經鋤堂鈔《後村集》六十卷本。此本長短句五卷。鈐「莚圃收藏」印。○北京圖書館藏清劉氏嘉蔭簃鈔本,作《後村先生長短句》五卷。半葉十行,行二十字,藍格,白口,四周單邊。版心下刻「嘉蔭簃」。○北京圖書館藏清光緒三十四年繆氏藝風堂鈔《宋金元明人詞十七種》本。收二本:《後村詩餘》二卷、《後村長短句》五卷。○民國十一年歸安朱氏刻《彊村叢書》本,作《後村長短句》五卷附朱祖謀《校記》。○宋刻《後村居士集》五十卷本。半葉十行,行二十一字,細黑口,四周雙邊。卷十九卷二十爲詩餘。北圖、日本靜嘉堂文庫藏。○北京圖書館藏明鈔《後村居士集》五十卷本。○臺灣「中央圖書館」藏明末清初藍格鈔《後村居士集》五十卷本。鈐「玄冰室珍藏記」、「翰林院印」、「湘潭袁氏滄州藏書」等印記。○北京圖書館藏清康熙五十年南陽講習堂呂無隱鈔《後村居士集》五十卷本。清黄丕烈、葉昌熾跋。○北京圖書館藏清經鉏堂鈔《後村居士集》五十卷本。○南京圖書館藏明藍格鈔本。作《後村詩餘》二卷。半葉十三行,行二十字,白口,四周雙邊。清鮑廷博校,丁丙跋。○清末民初吴氏雙照樓影刻陶氏涉園續刻《景刊宋金元明本詞四十種》本。作《後村居士集詩餘》二卷。〇天津圖書館藏明紅格鈔《百家詞》本。作《後村居士詩餘》二卷。〇民國二十九年商務印書館排印《百家詞》本。作《後村居士詩餘》二卷。〇明崇禎毛氏汲古閣刻《宋名家詞》本。作《後村别調》一卷。北圖、上圖等藏。民國上海博古齋影印毛刻《宋名家詞》本。〇清光緒十四年錢塘汪氏重刻汲古閣《宋名家詞》本。北大、上圖等藏。〇民國二十四至二十五年上海貝葉山房排印《中國文學珍本叢書》第一輯《宋六十名家詞》本。清華、遼圖等藏。〇民國中華書局排印《四部備要·宋六十名家詞》本。〇清宣統元年番禺沈氏刻《晨風閣叢書》本。作《後村别調》一卷《後村别調補》一卷。前卷出於毛本。《補》則據《大全集》。〇《後村别調補》一卷,王國維鈔本,王國維跋。北圖藏。〇《後村别調補遺》一卷,王國維輯,民國十六年海寧王氏排印石印《海寧王忠慤公遺書》本。北圖、上圖等藏。〇一九六五年中華書局排印《全宋詞》本。從《彊村叢書》本出,另據《後村别調》、《全芳備祖》、《截江綱》補六首。

芸窗詞一卷　宋張榘撰　　六七八〇

江蘇巡撫採進本(總目)。〇《提要》云:「其詞諸家選本罕見採録,此本爲毛晉所刻,亦不詳其所自。」〇明崇禎毛氏汲古閣刻《宋名家詞》本。北圖、上圖等藏。民國上海博古齋影印汲古閣刻《宋名家詞》本。〇清光緒十四年錢塘汪氏重刻汲古閣《宋名家詞》本。北大、上圖等藏。〇清宣統三年丹徒陳氏刻本,《横山草堂叢書》之一。北圖、上圖、民大藏。〇民國二十四年至二十五年上海貝葉山房排印《中國文學珍本叢書》第一輯《宋六十名家詞》本。清華、遼圖等藏。○民國中華書局排印《四部備要·宋六十名家詞》本。○一九六五年中華書局排印《全宋詞》本。所據爲北圖藏清陸貽典等校毛晉刻《宋名家詞》本。

蕉窗蔥隱詞一卷　舊本題元吴琯撰　六七八一

編修汪如藻家藏本(總目)。○《國子監學正汪交出書目》:「《蕉窗蔥隱詞》一本。」○《提要》云:「詳考其詞,皆明劉基之作。蓋姦巧書賈鈔基詞以售僞。」

煙波漁隱詞二卷　宋宋伯仁撰　六七八二

永樂大典本(總目)。○按:宋伯仁詞當時館臣所見《永樂大典》所載尚盈二卷,僅存其目,未予收録。今《大典》存世不及百分之五,檢《全宋詞》無宋伯仁詞,知零落無餘矣,惜哉。

樂府遺音五卷　明瞿佑撰　六七八三

浙江汪啟淑家藏本(總目)。○《浙江省第四次汪啟淑家呈送書目》:「《樂府遺音》五卷,明瞿佑著,二本。」○《浙江採集遺書總録》:「《樂府遺音》五卷,刊本,明周府長史錢塘瞿佑撰。」○北京圖書館藏明鈔本一卷。題「錢塘存齋瞿佑宗吉」。半葉十行,行二十字,無格。前有天順七年陳敏政序。卷内鈐「振綺堂兵燹後收藏書」、「長樂鄭氏藏書之印」、「長樂鄭振鐸西諦藏書」等印。《存目叢書》據以影印。○《藏園訂補郘亭書目》著録明寫本一卷,棉紙藍格,十行,行二十字。○南京圖書館藏清鈔本一卷一册。丁丙《善本書室藏書志》著録。○民國趙尊嶽輯刻《明詞彙刊》本,一卷。一九九二年上海古籍出版社影印《明詞彙刊》本。

玉屑仙明珠集二卷　明吴子孝撰　六七八四

浙江鄭大節家藏本(總目)。○《浙江省第五次鄭大節呈送書目》:「《明珠集》二卷，明吴子孝著，一本。」○《浙江採集遺書總録》:「《明珠集》二卷，刊本，明湖廣參議長洲吴子孝撰。」○北京圖書館藏明嘉靖刻本。題「蘇臺吴子孝純叔撰」。半葉九行，行十七字，白口，左右雙邊。刻印甚精。前有嘉靖三十六年丁巳南園拙叟顧夢圭序。末鈐「姑蘇吴岫家藏」印記。《存目叢書》據以影印。

花影集五卷　明施紹莘撰　六七八五

内府藏本(總目)。○《武英殿第二次書目》:「《花影集》八本。」○原北平圖書館藏明菉筠軒鈔本，題「華亭峯泖浪仙施紹莘子野父著」。半葉九行，行二十一字，格紙版心下方印「菉筠軒」三字。有陳繼儒、顧乃大、顧胤光三序。凡樂府四卷、詩餘一卷，與《提要》所云「前三卷爲樂府，後二卷爲詩餘」者分卷不同(參王重民《善本提要》)。現存臺北「故宫」。○北京大學藏明末刻本。題「華亭峯泖浪仙施紹莘子野父著」。半葉八行，行二十字，白口，四周單邊。無直格。眉上刻評。前有陳繼儒、顧乃大、顧胤光、沈士麟諸序，自序。又《雜紀》即校刻凡例。版心刻工:金泰卿寫刊。《存目叢書》據以影印。上圖、南圖等亦有是刻。○臺灣「中央圖書館」藏清鈔本。半葉八行，行二十字。中縫有原刻工:金泰卿寫刊。是從明末刻本鈔出者。鈐「山陽丁晏藏書」、「曾和江印」等印記(參該館《善本書志初稿》)。○臺灣「中央圖書館」藏鈔本四册，不分卷。内容不全。○民國二十年中華書局排印《散曲叢刊》本。北圖、上圖等藏。

蓼花詞一卷　國朝佘光耿撰　六七八六

江西巡撫採進本(總目)。○北京圖書館藏清康熙刻本。題「率山佘光耿介遵著」。半葉十行,行十九字,黑口,四周單邊。前有康熙二十年癸酉胡以旌序,康熙二十年方正瑺序。鈐「長樂鄭振鐸西諦藏書」印。《存目叢書》據以影印。《東北地區古籍綫裝書聯合目録》著録吉林省圖藏清康熙三十二年刻本。未知異同。○中國科學院圖書館藏清鈔本。半葉十行,行十九字,無格。鄧之誠跋。○哈爾濱師大藏鈔本。

玉山詞無卷數　國朝陸次雲撰　六七八七

浙江巡撫採進本(總目)。○清康熙二十二年宛羽齋刻《陸雲士雜著》本,一卷。遼圖藏本題「錢塘陸次雲雲士著,吴門尤侗悔菴、梁谿秦松齡對巖評」。半葉九行,行十九字,白口,左右雙邊。前有嚴繩孫序。鈐「漢鹿齋藏書印」等印記。北圖、上圖等亦有是刻。○清康熙緑蔭堂刻《百名家詞鈔》本,一卷。半葉九行,行二十字,黑口,四周單邊。北圖、上圖、湖南圖等藏。

炊聞詞二卷　國朝王士禄撰　六七八八

副都御史黄登賢家藏本(總目)。○《提要》云:「已載入孫默《十五家詞》中,故僅附存其目也。」○清康熙孫默留松閣刻《國朝名家詩餘》本。半葉九行,行二十字,白口,左右雙邊。版心下刻「留松閣」。北圖、上圖、中科院圖等藏。○清光緒二十七年海豐吴重熹金陵刻《吴氏石蓮庵刻山左人詞》

本。首都圖藏本題「新城王士禄西樵撰」。半葉十一行，行二十一字，大黑口，大黑框，左右雙邊。《存目叢書》據以影印。上圖、南圖等亦有是刻。○民國中華書局排印《四部備要·十五家詞》本。○民國二十六年上海開明書店排印《清名家詞》本。

南耕詞六卷歲寒詞一卷　國朝曹亮武撰　**六七八九**

浙江巡撫採進本（總目）。○《浙江省第十一次呈送書目》：「《南耕詞》六卷，明曹亮武著，二本。」○《浙江採集遺書總録》：「《南耕詞》六卷附《歲寒詞》一卷《荆溪歲寒詞》一卷《南耕草堂詩》一卷，刊本，國朝宜興曹亮武撰。」○北京圖書館藏清康熙刻本，作《南耕詞》六卷。題「宜興曹亮武南耕譔」。半葉九行，行二十字，細黑口，左右雙邊。前有庚午尤侗序，又尤侗小序，儲欣題辭。又藏康熙刻《歲寒詞》一卷，正文題「南耕草堂集」，下小注「歲寒詞」，次題「宜興曹亮武南耕譔」。半葉九行，行十九字，白口，左右雙邊。前有康熙甲子尤侗序，甲子陳枋序，後有蔣景祁跋。《存目叢書》配合影印。○清康熙緑蔭堂刻《百名家詞鈔》本，僅《南耕詞》一卷。半葉九行，行二十字，黑口，四周單邊。北圖、上圖等藏。

情田詞三卷　國朝邵瓚撰　**六七九〇**

給事中邵庚曾家藏本（總目）。○《提要》云：「乾隆癸酉其子履嘉所刊也。」○浙江圖書館藏清乾隆十七年邵氏石帆花屋刻本。題「大興邵瓚柯亭甫著」。半葉九行，行十九字，白口，左右雙邊。版心下刻「石帆花屋」。寫刻甚精。前有辛酉小春龔翔麟序，戊子長至龔之鑰題，癸酉上元次男履嘉序。目録後有石帆山人自題詩。履嘉序云:「今壬申同堂弟大業守開封,嘉與之旭、之楷兩弟咸在郡舍,始得合謀付梨棗。」然則此本爲乾隆十七年壬申邵履嘉等刻於開封者。封面刻「謙受堂藏版」。《存目叢書》據以影印。○清道光二十二年刻本三卷三册。首都圖藏。○清光緒十四年石帆花屋刻本。吉林圖、大連圖藏。

澹秋容軒詞一卷　國朝范青撰　**六七九一**

江蘇巡撫採進本(總目)。○《提要》云:「青有《筠軒詩集》,已著録。」按:《筠軒詩集》乃《筠谿集》之誤。范青《筠谿集》七卷見别集類存目。

四香樓詞鈔無卷數　國朝范纘撰　**六七九二**

江蘇巡撫採進本(總目)。○《江蘇採輯遺書目録》:「《四香樓集詩》三卷《詞》一卷,松江范纘著,刊本。」

右詞集之屬

方壺詞三卷水雲詞一卷　方壺詞宋汪莘撰　水雲詞宋汪元量撰　**六七九三**

編修汪如藻家藏本(總目)。○《國子監學正汪交出書目》:「《汪方壺詞》一本。」○《提要》云:「此本乃休寧汪森從二集摘出合刊者。」○清雍正九年汪楝刻本。南圖藏。○清鈔本,作《汪氏二家詞》四卷,包括《方壺詞》三卷、《水雲詞》一卷。共一册。丁丙舊藏,《善本書室藏書志》分别著録。○清鈔本,同上。臺灣「中央圖書館」藏。○上海圖書館藏民國朱祖謀編《彊村叢書》十六種稿本,作《方壺詞》三卷《水雲詞》一卷，係以丁丙藏本爲底本重編校者。半葉十一行，行二十字，黑口，左右雙邊。○民國十一年朱祖謀刻《彊村叢書》本，作《方壺詩餘》二卷、《水雲詞》一卷。上圖、南圖等藏。○北京圖書館藏清汪曰楨輯《又次齋詞編》稿本，僅《水雲詞》一卷。○天津圖書館藏明紅格鈔《百家詞》本，僅《水雲詞集》一卷。○民國二十九年商務印書館排印《百家詞》本，僅《水雲詞》一卷《附録》一卷。○北京圖書館藏清丁氏嘉惠堂鈔《宋明十六家詞》本。僅《水雲詞》一卷。○一九六五年中華書局排印《全宋詞》本。汪莘詞從《方壺存稿》卷八卷九出。汪元量詞據《水雲詞》，又用《永樂大典》、《詩淵》補。

鳴鶴餘音八卷　舊本題仙游山道士彭致中編，不詳時代　六七九四

内府藏本（總目）。○《武英殿第二次書目》：「《鳴鶴餘音》八本。」○《浙江省第六次呈送書目》：「《鳴鶴餘音》八卷，元彭致中輯，四本。」○《浙江採集遺書總録》：「《鳴鶴餘音》八卷，寫本，元仙遊道士彭致中輯。」○明正統刻《道藏》本，在《太玄部》，九卷。北圖、上圖、川圖藏。《道藏提要》據虞集序推定此書成於元至正七年前後。民國十二年至十五年商務印書館影印正統《道藏》本。○黄裳《前塵夢影新録》：「《鳴鶴餘音》，明初黑口本，審視板刻，當出於成化中，黄棉紙一册。書根舊式，證其出於天一閣中。閣目著録。所收道家所著詩餘散曲，亦是秘書。收之於來青閣。」○原北平圖書館藏明藍格鈔本九卷三册。題「仙游山道士彭致中集」。半葉十行，行二十一字。前有虞集序。原缺卷八之後半及卷九，黄丕烈用《道藏》本鈔補全。明鈔之末有黄丕烈手跋，《楹書隅録續編》卷三、《蕘圃藏書題識》卷十、王重民《善本提要》均已收録。卷内鈐「語古」、「士礼居藏」、「丕烈」、「丕烈之印」、「楊氏海原閣藏」、「楊以增印」、「至堂」、「楊紹和印」、「彦合珍玩」、「東郡楊氏鑑藏金石書畫印」、「彦合珍藏」、「宋存書室」等印記。《存目叢書》據以影印。原本現存臺北「故宫」。〇清光緒三十二年成都二仙庵刻《重刊道藏輯要》本，一卷。上圖、山東大等藏。

詞林萬選四卷　舊本題明楊慎編　**六七九五**

内府藏本(總目)。〇明末毛氏汲古閣刻《詞苑英華》本。北圖、上圖等藏。〇清乾隆十七年曲溪洪振珂重印汲古閣刻《詞苑英華》本。北師大藏本前有嘉靖癸卯任良幹序云：「升菴太史公家藏有唐宋五百家詞，頗爲全備，暇日取其尤綺練者四卷，名曰《詞林萬選》。」《存目叢書》據以影印。北大、山東大等亦有是刻。

唐詞紀十六卷　明董逢元撰　**六七九六**

通行本(總目)。〇明萬曆刻本十六卷，前有《詞名微》一卷。半葉九行，行二十字，白口，左右雙邊。中科院圖藏。上圖藏一部有明王嗣奭評點並跋。〇首都圖書館藏鈔本十六卷，無序跋，前有《詞名微》一卷。半葉九行，行二十字，無格。不題撰人。驗諸提要，是《存目》之書。鈔本不避清諱，卷末有周肇祥印，蓋爲民國鈔本。《存目叢書》據以影印。

宋名家詞無卷數　明毛晉編　**六七九七**

江蘇巡撫採進本(總目)。〇《江蘇省第一次書目》：「《宋名家詞》四十八本。」〇《江蘇採輯遺書目録》：「《宋名家詞》六十家六卷，明常熟毛晉刻。」〇《兩淮商人馬裕家呈送書目》：「《宋六十名家詞》三十本。」〇《浙江採集遺書總録》：「《宋六十名家詞》六十一種八十九卷，刊本，明常熟毛晉輯。」〇中國人民大學藏明崇禎毛氏汲古閣刻本，作《宋名家詞》六十一種九十卷。半葉八行，行十八字，白口，左右雙邊。版心下刻「汲古閣」。前有夏樹芳序。封面刻「古虞汲古閣藏」。卷内鈐「宛平查氏藏書印」、「淮陰丘氏雙清閣書畫」等印。《存目叢書》據以影印。上圖、南圖等亦有是刻。北圖藏一部有清陸貽典、黄儀、毛扆、季錫疇、瞿熙邦校並跋，何煌、何元錫校。〇清光緒十四年錢塘汪氏重刻汲古閣本。上圖、南圖等藏。〇民國二十四年至二十五年上海貝葉山房排印《中國文學珍本叢書》第一輯本，書名《宋六十名家詞》。清華、遼圖等藏。〇民國中華書局排印《四部備要》本，書名《宋六十名家詞》。

秦張詩餘合璧二卷　明王象晉編　**六七九八**

内府藏本(總目)。〇明末毛氏汲古閣刻《詞苑英華》本。作《秦張兩先生詩餘合璧》，包括《秦少游詩餘》一卷，宋秦觀撰；《南湖詩餘》一卷，明張綖撰。北圖、上圖等藏。《存目叢書》據北大藏本影印，附《詩餘圖譜》後。參該條。〇乾隆十七年曲溪洪振珂重印汲古閣刻《詞苑英華》本。北大、山東大等藏。

群賢梅苑十卷　舊本題松陵朱鶴齡編　**六七九九**

大理寺卿陸錫熊家藏本(總目)。〇《武英殿第一次書目》：「《群賢梅苑》四本。」〇《提要》云：

「詳勘其書，乃取宋黄大輿《梅苑》而顛倒割裂之。」按：《梅苑》十卷，《四庫全書》收録，另有康熙四十五年揚州詩局刻《楝亭藏書十二種》本。

六八〇〇

選聲集三卷附詞韻簡一卷　國朝吴綺撰

内府藏本（總目）。○《武英殿第二次書目》：「《選聲集》二本。」○中國人民大學藏清大來堂刻本。卷一題「廣陵吴綺薗次定，廣陵宗觀鶴問、會稽羅坤弘載參訂」。半葉八行，行十八字，白口，四周單邊。前有廣陵吴綺園次序，凡例。附《詞韻簡》一卷，題「廣陵吴綺園次删定，男参成石葉、壽潛靈本、威喜木華編」。封面刻「重訂詞譜選聲集」、「金昌大來堂梓」。卷内玄、弘字均不避，當係清初刻本。鈐「斯樂堂」等印。《存目叢書》據以影印。

六八〇一

蕉雨軒詩餘彙選八卷　國朝陳澍編

兩淮鹽政採進本（總目）。○《兩淮鹽政李續呈送書目》：「《蕉雨軒詩餘彙選》八卷，明陳澍，八本。」○《提要》云：「其書猶澍所手鈔，蓋舊未刊印之本也。」

六八〇二

粵風續九四卷　國朝吴淇編

兩淮鹽政採進本（總目）。○《兩淮鹽政李續呈送書目》：「《粵風續九》十五卷，國朝吴淇，二本。」吴慰祖改爲十四卷。按「十」字衍。蓋誤以「九」字連下讀，以「九四」爲「九十四」，以「九五」爲「九十五」。實則《粵風續九》爲書名。書凡五卷，《總目》誤爲四卷。進呈目「五」字不誤，吴氏誤改。○杭州市圖書館藏清康熙二年刻本五卷。半葉八行，行二十字，白口，四周雙邊。首康熙元年日纏南箕之初度雎陽吴淇伯其序云：「間嘗作士潯江，訟息事簡，居多餘間。友人示余以所輯《粤風》四種，種種各臻其妙。……遂分列四卷，總勒一編，顔曰《粤風續九》。按屈平《離騷》之外，有《九歌》，又有《九章》，……乃以區區峒岷之歌續騷也。」次古江州李潔瀼叟《百粤蠻風詩》三十首，古歙吴雯清方漣氏《百粤蠻風詩》三十首，京江何絜雍南《題粤風四種詩》十首，黄山程世英千一《題粤風四種詩》十首，古淮陰陳丹槐菴《百粤蠻風詩》三十首。次《歌僊劉三妹傳》一篇，題「上谷孫芳桂枝馨甫撰，雪園彭楚伯士報甫箋」。次《始造歌者劉三妹遺蹟》一篇，題「懷城曾光國述，南徐羅漢章閲」。次《粤風續九目録》，列五卷：「卷之一粤風，即民歌也，總專同目。卷之二猺歌。卷之三狼歌。卷之四獞歌。總粤風也。猺、狼、獞不可爲風，故有專目。卷之五雜歌。」次《粤風》一卷，題「雎陽脩和惟克甫輯，蠡臺沈鑄陶菴甫評，西陵袁炯孔鑑甫較」。前有康熙元年雎陽雲卧道人修和惟克《粤風序》云：「會有友人之官潯州，乃隨而南。……翼日至潯，購得若干首，漸積遂多。……其歌夙無刊本，口傳口，間有抄本，多土音土字，及傳抄之訛。余拔其尤者若干首，正其差訛，土字易之，土音稍爲釋之，而批評其旨趣，目之曰《粤風》，編成一帙。」次《猺歌》一卷，題「雪園彭楚伯士報甫重輯，京口何絜雍南甫訂正，新安程世英千一甫評閲」。前有濠水趙龍文雲章甫《猺歌序》云：「今秋復游潯江，偶讀中州修惟克所輯民歌及《狼歌》，輒嘆風雅之墜。……余乃漸積成帙，歌中土語什三，略爲箋譯，以附於《粤風》之後，《狼歌》之前，曰《猺歌》。」則《猺歌》爲趙龍文輯。次《狼歌》一卷，題「雎陽修和惟克甫編輯，東樓吴代叔企甫評解，京江談允謙長益甫校閲」。前有雎陽雲卧道人修和惟克甫《狼歌序》云:「得若干首,不暇選譯而評之,附於《粤風》之後,乃目曰《狼歌》。」又《狼歌叠唱及叶韻例》。次《獞歌》一卷,題「四明黄道禎林甫輯,吴江潘鏐雙南甫訂,楚僧本符渾融閲」。前有壬寅(康熙元年)四明黄道禎林甫《獞歌序》云:「間僑寓昭郡之昭邑,客有遺余潯歌四種者,其民歌、《狼歌》則中州惟克修氏所輯也,《猺歌》則輯於友人趙雲章,其未譯者獨獞人之歌耳。然昭邑亦有獞,……會邑之羅林里有婦人陸氏者,年百有三旬矣,生於明嘉靖之癸巳年三月三日,……邑人因以人瑞舉於邑。余因得見之於舟次,……解譯獞語。因示以客所貽《獞歌》,令稍爲譯釋,以通其讀。」次《雜歌》一卷,題「睢陽修和惟克甫編輯,三山何絜雍南甫評釋,黄山程世英千一甫校閲」。前有康熙二年暮春之初蘭亭修褉日睢陽雲卧道人修和《雜歌序》序:「予客潯江,輯《粤風》,纔得民歌及《狼歌》,旋有昭行,踰年始復,而《猺歌》、《獞歌》已彙成於黄、趙二子之手矣。合予所輯共四種。但四種歌不足盡潯江之歌,亦不足盡四種人之歌。予因於四種歌之外,又有蛋人等歌。於四種人歌之中,又有狼人扇歌及獞人舞桃葉等歌之輯,……故總繫之曰《雜歌》。與前四種都爲五卷。」書末有睢陽吴淇《自跋粤風續九後》云:「余之輯此,亦猶從粤譯而楚説云。」然則,是集之輯在康熙元年至二年,《粤風》、《狼歌》皆修和輯,《猺歌》趙龍文輯,《獞歌》黄道輯,吴淇合此四種輯爲《粤風續九》。時在康熙元年。康熙二年修和更輯《雜歌》,合爲五卷。然則是集之輯以修和之力爲多。修和與吴淇同爲睢陽人,蓋吴淇官潯州,修和爲幕遼,故以總纂之功歸之吴淇。王士禛《池北偶談》卷十六嘗記此書,云:「同年睢陽吴冉渠淇爲潯州推官,采録其歌,爲《粤風續九》。雖侏離之音，時與樂府《子夜》諸曲相近。因録數篇。」然其傳世殊罕。《存目叢書補編》據以影印。

六八〇三

東白堂詞選初集十五卷　國朝佟世南編

内府藏本（總目）。〇《武英殿第二次書目》：「《東白堂詞選》六本。」〇北京圖書館藏清康熙十七年刻本，作《東白堂詞選初集》十五卷附張星耀撰《詞論十三則》一卷。題「三韓佟世南梅岑選，大滌陸進藎思、西陵張星耀砥中定，嘉禾曹溶秋岳閱」。半葉九行，行二十字，白口，左右雙邊。前有佟世南引，陸藎序，張星耀《詞論十三則》，康熙十七年戊午佟世南《凡例》，姓氏，目録。據《凡例》，刻於康熙十七年。《存目叢書》據以影印。中國社科院文學所、上圖、南圖、山東大亦有是刻。

六八〇四

名家詞鈔無卷數　國朝聶先編

浙江范懋柱家天一閣藏本（總目）。〇《浙江省第四次汪啟淑家呈送書目》：「《名家詞鈔》不分卷，國朝聶先、曾王孫同輯，八本。」〇《浙江採集遺書總録》：「《名家詞鈔》不分卷八册，刊本，國朝聶先、曾王孫同輯。」〇北京圖書館藏清康熙刻本三十種三十卷。各卷前有「名家詞鈔目録」，題「廬陵聶先晉人、長水曾王孫道扶纂定」。正文無大題，版心題「名家詞鈔」。半葉九行，行二十字，黑口，四周單邊。前有長水曾王孫序，首葉鈐「翰林院印」滿漢文大官印。書衣有進書木記：「乾隆三十八年十一月浙江巡撫三寶送到汪啟淑家藏名家詞鈔壹部計書捌本」。卷内又鈐「潯昜陶氏藏書畫之章」印記。按：此即進呈目所載原本。其種數、序文、書名與《提要》合，更檢范懋柱進呈目亦無此書，則《總目》注爲天一閣藏本，當誤。〇北京圖書館藏清康熙緑蔭堂刻本二十卷，凡一百六種，書名《百名家詞鈔》，聶先、曾王孫編，行款版式同前本。前有總目，分爲二十卷。有封面，與《百名家詞鈔初集》同。〇北京圖書館藏清康熙緑蔭堂刻本，作《百名家詞鈔初集》六十卷，存五十八種五十八卷，編者及行款版式同前本。有封面。〇清康熙緑蔭堂刻本，作《百名家詞鈔》一百種一百卷。北圖、上圖、湖北圖、蘇州圖藏（以上據《中國古籍善本書目》徵求意見稿）。湖北省圖藏緑蔭堂本實一百十種一百十卷。前有曾王孫序，聶先序，聶先例言。總目題「廬陵聶先晉人、長水曾王孫道扶纂定」。鈐「江夏徐氏藏本」、「徐恕讀過」等印記。《存目叢書補編》據以影印。按：是書隨刻隨印，故書名及多寡不同，非重刻也。

林下詞選十四卷　國朝周銘撰　　**六八〇五**

兩淮馬裕家藏本（總目）。〇《兩淮商人馬裕家呈送書目》：「《林下詞選》十四卷，國朝周銘，二本。」〇清康熙十年周氏寧靜堂刻本。半葉九行，行二十字，白口，左右雙邊。版心下刻「寧靜堂」。北圖、上圖、中國社科院文學所、山西臨猗縣圖藏。〇湖南省圖書館藏清康熙十年周氏寧靜堂刻金成棟增修本。總目題「松陵周銘勒山編集，海陽金成棟天三重校」。版心無「寧靜堂」三字。前有康熙十年辛亥尤侗序，康熙十年辛亥尤侗序，康熙十年吴之紀序，康熙十年趙澐序，康熙九年周銘題詞，參校姓氏，康熙十年凡例。卷内鈐「渌小芸過眼」、「長沙渌氏小芸藏書」、「葉氏啟勛讀過」、「葉啟發讀書記」等印。《存目叢書補編》據以影印。北圖、復旦亦有是刻。

浙西六家詞十卷　不著編輯者名氏　六八〇六

浙江汪啟淑家藏本(總目)。〇《浙江省第四次汪啟淑家呈送書目》:「《浙西六家詞》十卷,缺名編,二本。」〇遼寧大學藏清康熙龔氏玉玲瓏閣刻本,十一卷,龔翔麟輯。半葉十行,行二十字,白口,左右雙邊。前有陳維崧序。鈐「四明盧氏抱經樓藏書印」印記。《存目叢書》據以影印。人民大學、上圖等亦有是刻。

右詞選之屬

樂府指迷一卷　舊本題宋張炎撰　六八〇七

編修程晉芳家藏本(總目)。〇《兩江第二次書目》:「《樂府指迷》,舊題宋張炎輯,一本。」〇北京大學藏明萬曆刻《寶顏堂續祕笈》本,作《寶顏堂訂正樂府指迷》一卷。題「白雲散人西秦張玉田纂,華亭仲醇陳繼儒、繡水天生沈德先校」。半葉八行,行十八字,白口,四周單邊。《存目叢書》據以影印。中科院圖、復旦等亦有是刻。〇明刻《廣百川學海》本。北圖、南圖等藏。〇明刻《重訂欣賞編》本。北圖、上圖等藏。〇明刻清順治三年宛委山堂印《説郛續》本。北圖、上圖等藏。一九八八年上海古籍出版社影印宛委山堂《説郛續》本,收入《説郛三種》。〇清乾隆四十四年樂是廬刻嘉慶三年陳敬銘印《詞林紀事》附本。中科院圖、上圖藏。〇清乾隆嘉慶間刻《詩觸》本。北圖、北師大等藏。〇清道光十一年六安晁氏木活字印《學海類編》本。北圖、上圖等藏。民國九年商務印書館影印晁氏木活字《學海類編》本。按:程晉芳所進即《學海類編》鈔本,四庫據以存目。〇清道光中烏程范氏刻《范聲山雜著》

本,有《附記》一卷。上圖、吉大藏。民國二十年北平富晉書社影印道光刻《范聲山雜著》本。○清光緒十一年刻《宋七家詞選》附本,作《玉田先生樂府指迷》,收入《蒙香室叢書》。清華、南圖等藏。○民國二十四年至二十五年上海貝葉山房排印《中國文學珍本叢書》本。清華、遼圖等藏。

詞旨一卷　元陸輔之撰　**六八〇八**

編修程晉芳家藏本(總目)。○《提要》云:「是編陳繼儒《續秘笈》中以爲《樂府指迷》之下卷。此本載曹溶《學海類編》中,則題曰《詞旨》。」○明萬曆刻《寶顏堂續秘笈》本,爲《寶顏堂訂正樂府指迷》卷下,題「元陸輔之識」。《存目叢書》據北大藏本影印。中科院圖、復旦等亦藏是刻。○明刻《廣百川學海》本。北圖、南圖等藏。○明刻清順治三年宛委山堂印《説郛》本。北圖、上圖等藏。一九八八年上海古籍出版社影印宛委山堂《説郛》本,收入《説郛三種》。○清乾隆二十七年姚氏草草巢刻《硯北偶鈔》本。北圖、南圖等藏。○清乾隆嘉慶間刻《詩觸》本。北圖、中科院圖等藏。○清嘉慶道光間刻《藝海珠塵》癸集本。北圖、上圖等藏。○清道光十一年六安晁氏木活字印《學海類編》本。北圖、上圖等藏。民國九年商務印書館影印晁氏木活字《學海類編》本。○清光緒十四年臨桂王氏家塾刻《四印齋所刻詞》本。北圖、復旦等藏。民國中國書店影印王氏刻《四印齋所刻詞》本。○民國二年上海廣益書局排印《古今文藝叢書》第一集本。首都圖、上圖等藏。○民國二十四年至二十五年上海貝葉山房排印《中國文學珍本叢書》本。清華、遼圖等藏。○民國二十三年排印《詞話叢編》本,二卷,清胡元儀釋,民國陳去病重訂。有民國二年四月陳去病於上海序云:

「因爲刊而傳之。」知是本初刊於民國二年，蓋即《百尺樓叢書》本，唐圭璋《詞話叢編》所從出者。今未見。北圖、上圖等藏。○一九八六年中華書局排印《詞話叢編》本，同前本。

古今詞話六卷　國朝沈雄纂　**六八〇九**

浙江巡撫採進本（總目）。○《浙江省第八次呈送書目》：「《古今詞話》六卷，國朝沈雄、江尚質仝輯，三本。」○《浙江採集遺書總録》：「《古今詞話》六卷，刊本，國朝吴江沈雄、休寧江尚質同輯。」○《江蘇省第二次書目》：「《古今詞話》四本。」○《江蘇採輯遺書目録》：「《古今詞話》八卷，清吴江沈雄著，刊本。」○福建師大藏清康熙二十八年澄輝堂刻本。題「吴江沈雄偶僧編纂，休寧江尚質丹崖增輯」。半葉九行，行二十字，白口，四周單邊。版心下刻「澄輝堂」。前有曹溶序，凡例。凡例末署：「戊辰新秋吴江沈雄識於金閶之寶翰樓。」封面刻「康熙己巳年鐫」、「寶翰樓梓行」，又鈐「寶翰樓藏書記」印。蓋發刻者澄輝堂，承刻者寶翰樓，始於康熙二十七年戊辰，成於康熙二十八年己巳。是書《詞話》、《詞品》、《詞辨》、《詞評》各二卷，共八卷。《存目叢書補編》據以影印。華東師大、湖北圖、湖南圖、吉大、吉師大亦有是刻。○民國二十三年排印《詞話叢編》本，八卷。北圖、上圖等藏。○一九八六年中華書局排印《詞話叢編》本，八卷。據澄輝堂本。

古今詞論一卷　國朝王又華撰　**六八一〇**

浙江汪啟淑家藏本（總目）。○《浙江省第五次汪啟淑家呈送書目》：「《古今詞論》一卷，國朝王又華輯，一本。」○北京大學藏清康熙十八年刻《詞學全書》本。羅列楊誠齋至查香山論詞片斷。末署

「錢塘王又華靜齋校鈔」。《存目叢書》據以影印。上圖、陝西圖等藏。○清乾隆十一年序世德堂刻《詞學全書》本。北圖、上圖、南圖等藏。○民國五年木石山房石印《詞學全書》本。華東師大、福師大等藏。○民國十年大東書局石印《詞學全書》本。吉大、重慶圖等藏。○民國文寶書局石印《詞學全書》本。浙大等藏。○民國二十三年排印《詞話叢編》本。北圖、上圖等藏。○一九八六年中華書局排印《詞話叢編》本。

填詞名解四卷　國朝毛先舒撰　六八一一

浙江汪啟淑家藏本(總目)。○《浙江省第四次汪啟淑家呈送書目》：「《填詞名解》四卷，國朝毛先舒著，一本。」○《江蘇省第一次書目》：「《填詞名解》八本。」○《江蘇採輯遺書目録》：「《填詞名解》，清錢唐毛先舒著。」○北京大學藏清康熙十八年刻《詞學全書》本。題「錢唐毛先舒稚黄著並注(一名騤，字馳黄)」。前有略例八則。《存目叢書》據以影印。上圖、陝西圖等亦有是刻。○清乾隆十一年序世德堂刻《詞學全書》本。北圖、上圖、南圖等藏。○民國五年木石山房石印《詞學全書》本。華東師大、福師大等藏。○民國十年大東書局石印《詞學全書》本。吉大、重慶圖等藏。○民國文寶書局石印《詞學全書》本。浙大等藏。

右詞話之屬

詩餘圖譜三卷附録二卷　明張綖撰　六八一二

副都御史黄登賢家藏本(總目)。○臺灣「中央圖書館」藏明嘉靖十五年丙申刻本三卷三册。題「高郵張綖世文」。半葉十行，行十九字，雙白魚尾，四周單邊。前有嘉靖十五年丙申蔣芝序，嘉靖十五年自序。鈐「玄冰室珍藏記」、「湘潭袁氏滄州藏書」、「語樵曾讀」、「金鑑堂印」等印記(參該館《善本書志初稿》)。〇上海圖書館藏明刻本三卷。半葉十一行，行二十二字，白口，四周單邊。〇北京圖書館藏明刻本三卷。半葉九行，行十八字，白口，左右雙邊。〇北京大學藏明末毛氏汲古閣刻《詞苑英華》本三卷。題「高郵南湖張綖編輯，濟南霽宇王象乾發刊，康宇王象晉重梓，姑蘇子九毛鳳苞訂正」。半葉九行，行十九字，白口，左右雙邊。前有崇禎八年乙亥王象晉《重刻詩餘圖譜序》云：「萬曆甲午乙未間，予兄霽宇刻之上谷署中。……海虞毛子晉，博雅好古，見予讐較此編，遂請歸而付之剞人。」此三卷之後，附刻《秦張兩先生詩餘合璧》二卷，即秦觀、張綖詞各一卷。題「濟南康宇王象晉梓，姑蘇子九毛鳳苞較」。前有崇禎八年乙亥王象晉序云：「南湖張先生與少游同里閈，慕少游之所爲詩文，因取宋人詩餘彙而圖之爲譜。……予不能詩，更不能詞，而甚慕兩先生之所爲詩若詞，特合兩先生詞併而梓之《圖譜》之後。」則《圖譜》三卷、《秦張詩餘合璧》皆崇禎八年毛晉代王象晉刻，故版心無「汲古閣」字。《存目叢書》據以影印。北圖、上圖等亦有是刻。〇《詩餘圖譜》六卷，明張綖撰；《補遺》六卷，明謝天瑞撰。明萬曆二十七年謝天瑞刻本。半葉九行，行二十字，白口，四周單邊。北圖藏。〇《增正詩餘圖譜》三卷，明張綖撰，游元涇增訂。明萬曆二十九年游元涇刻本。北圖藏。

嘯餘譜十卷　明程明善撰　　六八一三

副都御史黄登賢家藏本(總目)。〇《都察院副都御史黄交出書目》：「《嘯餘譜》，明程明善，十本。」○《浙江省第四次汪啟淑家呈送書目》：「《嘯餘譜》十卷，明程明善輯，十本。」○《浙江採集遺書總録》：「《嘯餘譜》十卷，刊本，明歙縣程明善撰。」○《安徽省呈送書目》：「《嘯餘譜》十本。」○北京師大藏明萬曆四十七年己未刻本。十卷之後又有一卷，共十一卷。卷端標卷不整齊，版心不標卷次。卷端多題「古歙程明善纂輯」。半葉九行，行二十字，白口，四周單邊。前有萬曆四十七年程明善序，馬鳴霆序，凡例。《存目叢書》據以影印。北圖、上圖等亦有是刻。臺灣「中央圖書館」《善本書志初稿》著録是刻，封面中欄大字題「中州全韻嘯餘譜」，右欄題「萬曆己未」，左欄題「程明善題」。○臺灣「中央圖書館」藏清康熙元年苕城張府刻本十一卷二十册。半葉九行，行二十字，白口，四周單邊。前有清古吴興張漢南紀氏於瑞凝堂之勗齋序，萬曆己未程明善序。目録題「西吴張漢重校」(參該館《善本書志初稿》)。人民大學藏是刻殘存卷一至九，封面刻「苕城張府藏板」。吉大亦有是刻。

填詞圖譜六卷續集二卷　國朝賴以邠撰　六八一四

浙江汪啟淑家藏本(總目)。○《浙江省第四次汪啟淑家呈送書目》：「《填詞圖譜》六卷《續集》二卷，國朝賴以邠著，五本。」○北京大學藏清康熙十八年刻《詞學全書》本。題「東海查王望先生鑒定，同學毛先舒稚黄、仲恒雪亭參訂，西泠賴以邠損菴著，查繼超隨庵增輯，查曾容春谷、王又華逸庵同輯」。《續集》三卷，署名同。前有賴以邠《凡例》。《存目叢書補編》據以影印，見《詞學全書》。上圖、陝西圖等亦有是刻。○清乾隆十一年序世德堂刻《詞學全書》本。北圖、上圖等藏。○民國五年木石山房石印《詞學全書》本。華東師大、福師大等藏。〇民國十年大東書局石印《詞學全書》本。吉大、重慶圖等藏。〇民國文寶書局石印《詞學全書》本。浙大等藏。

詞韻二卷　國朝仲恒撰　**六八一五**

浙江汪啟淑家藏本（總目）。〇《浙江省第四次汪啟淑家呈送書目》：「《詞韻》二卷，國朝仲恒輯，一本。」〇北京大學藏清康熙十八年刻《詞學全書》本。題「錢塘雪亭仲恒道久編次，王又華靜齋補切，男嗣瑠田叔訂註」。半葉九行，白口，四周單邊。前有目録，《詞韻論略》十葉。末附《古韻通略》一卷，題「西泠柴紹炳虎臣著，毛先舒稚黄括略并注」。《存目叢書補編》據以影印，見《詞學全書》。上圖、陝西圖等亦有是刻。〇清乾隆十一年序世德堂刻《詞學全書》本。北圖、上圖等藏。〇民國五年木石山房石印《詞學全書》本。華東師大、福師大等藏。〇民國十年大東書局石印《詞學全書》本。吉大、重慶圖等藏。〇民國文寶書局石印《詞學全書》本。浙大等藏。

詞學全書十四卷　國朝查繼超編　**六八一六**

内府藏本（總目）。〇《武英殿第二次書目》：「《詞學全書》八本。」〇《浙江採集遺書總録》：「《詞學全書》四種十四卷四册，刊本，國朝查繼超編。」〇北京大學藏清康熙十八年刻本。半葉九行，行二十字，白口，四周單邊。前有康熙十八年查培繼序云：「此余家仲隨菴偕毛氏、賴氏、仲子、王子，有詞學之刻。」次總目，題「海東查王望先生鑒定」。鈐「徐祖正印」、「志餘堂董氏圖章」等印記。《存目叢書補編》據以影印。上圖、陝西圖等亦有是刻。〇清乾隆十一年序世德堂刻本。北圖、上圖等藏。〇民國五年木石山房石印本。華東師大、福師大等藏。〇民國十年大東書局石印本。吉大、重慶圖等藏。〇民國文寶書局石印本。浙大等藏。

右詞譜詞韻之屬

張小山小令二卷　元張可久撰　　六八一七

江蘇巡撫採進本(總目)。〇《江蘇省第一次書目》:「《張小山小令》二本。」〇《江蘇採輯遺書目録》:「《張小山小令》二卷,民務官慶元張可久著,抄本。」〇《新刊張小山北曲聯樂府》三卷《外集》一卷。北京圖書館藏清初毛氏汲古閣鈔本。清毛扆校。半葉十二行,行二十四字,白口,左右雙邊。〇同上。南京圖書館藏清初鈔本一册。目録後有原刻牌記(詳後)。鈐「錢謙益印」、「汪魚亭藏閲書」、「學古之道」、「梅仙」等印。丁丙舊藏,《善本書室藏書志》著録。〇同上。北京圖書館藏清鈔本。卷下、外集配清張泰鈔本。清黄丕烈、張蓉鏡跋。黄跋已收入《蕘圃藏書題識》卷十。〇同上。臺灣「中央圖書館」藏清道光六年琴川張氏琊嬛清閟鈔本三册。半葉十行,行二十四字,無格,中縫下書「汲古閣」三字。目録後有原刊牌記:「本堂今求到時賢張小山樂府,前集今樂府、後集蘇隄漁唱、續集無鹽、别集新樂府,元分四集,今類一編,與衆本不同,伺有所作,隨類增添梓行,知音之士,幸垂眼目。外集近閒所作。謹白。」有道光丙戌六月心青居士孫原湘手跋云:「汲古原本今在張月霄處,芙川從月霄假歸,影抄成帙,屬爲跋其後。」又道光丙戌秋七月張蓉鏡二十五歲手跋:「張小山樂府僅於毛氏《秘本書目》見之。詢之藏書家,俱無著録者。歲辛巳,舅氏吴雲表先生出示姚翁子正所貽書數種，内有汲古精鈔本《張小山北曲聯樂府》三卷，即《汲古書目》所載也。元槧固不可得，此抄本亦猶碩果之僅存矣。適家月霄過訪，見之叫絶，遂以緡錢二萬向吴氏易去。余旋以壬午二月入都，形諸夢寐，忽忽數載。今秋得向愛日假歸，倩善書者影抄完帙，暢讀一過，頓慰積想。從此人間秘笈頓有兩分。倘好事者推廣傳鈔，不亦藝林中一快事耶。道光丙戌秋七月琴川張蓉鏡芙川氏識，時年二十有五。」後鈐「臣蓉鏡印」、「伯元氏」、「赤松黄石」三印。又庚寅仲春邵淵耀手跋。卷内鈐「張蓉鏡印」、「姚氏畹貞」、「芙初女史」、「楊氏硯芬」、「楊希銓字仲衡」、「張乃熊印」、「芹伯」、「莛圃收藏」等印記（詳該館《善本題跋真跡》、《善本書志初稿》）。○同上。臺灣「中央圖書館」藏民國虞山周氏鴿峯草堂鈔本。半葉十二行，行二十四字。目録後有原刻牌記。鈐「虞山周大輔字左季印」、「虞山周氏鴿峯草堂寫本」等印（參該館《善本書志初稿》）。○臺灣「中央圖書館」藏清咸豐六年丙辰勞氏丹鉛精舍精鈔本，作《新刊張小山北曲聯樂府》三卷《外集》一卷《别集》一卷附《喬夢符樂府》一卷。半葉十四行，行二十四字，白口，四周單邊。小山樂府目録後有原刊牌記，後並記「咸豐丙辰九月朔據蟫隱文房校本重録，十月初十日立冬寫畢，丹鉛精舍記」。《喬夢符樂府》後記「咸豐丁巳正月蟫隱文房校本重録，丹鉛精舍記」。有己未二月袁克文手跋，謂二種同爲勞氏精寫，爰合裝一册。卷内鈐「袁克文」、「寒雲」、「克文與梅真夫人同賞」、「莛圃收藏」等印記（參該館《善本書志初稿》、《善本題跋真跡》）。○南京圖書館藏清鈔本，作「新刊《張小山北曲聯樂府》三卷《外集》一卷附勞權輯《補遺》一卷。勞權校。丁丙《善本書室藏書志》著録此本云：「此勞平甫據元槧過録，鈔寫精絶。平甫復據李中麓本、鮑以文藏舊刻李編巾箱本，參以《太平樂府》、《陽春白雪》諸書，以墨筆、朱筆、緑筆，通部點勘改誤，蠅頭小楷書於曲之上下，詳審精密，致爲佳本。《補遺》一卷則平甫所輯也。後補録毛斧季跋及李開先序跋。面葉有平甫手題『咸豐甲寅丹鉛精舍校正本，已未九月復附入原本《喬夢符小令》。秋井草堂書記小史得囍手裝』墨迹五行。卷首有『勞權』、『玉參差館』二印。」《江蘇第一圖書館覆校善本書目》亦著録此帙一册，云有「雙聲」、「玉參差館」、「染蘭」、「美人香草」諸印。按：勞權有妾陳染蘭，字雙聲，一字得囍，善裝池。此本《續修四庫全書》已影印。○《張小山小令》二卷，明李開先輯。南京圖書館藏明嘉靖刻本。題「慶元張可久著，章丘李開先編」。半葉九行，行十八字，黑口，四周單邊。前有嘉靖四十五年丙寅李開先序。後有李開先跋，署「季冬蠟日中麓再書」，當亦嘉靖四十五年作，内云：「今所編次，雖成上下二册，每樣曲終鏤版不剔空，以待博學君子。」知係嘉靖四十五年李開先刻本。前有丁申手跋：「八千卷樓藏有影寫本《新刊張小山北曲聯樂府》，目録後云：『本堂今求到……幸垂眼目。』當是麻沙坊賈所爲，有錢受之印。此爲李中麓編本。中麓字伯華，章邱人，嘉靖己丑進士，除户部主事，改吏部，擢太常少卿，提督四夷館，罷歸。藏書之富，甲於齊東，有詩云：豈但三車富，還過萬卷餘。又云：借抄先館閣，博覽反瞿曇。觀兹刻亦可想見其好事矣。後序云云，尤得曲海源流。光緒三年五月二十六日丁申漫記。」下鈐「彊圉涒灘」小印。又丁丙跋，即《善本書室藏書志》本條原稿。卷内鈐「虞山毛氏汲古閣收藏」、「毛晉」、「子晉」、「毛扆之印」、「斧季」、「汲古主人」、「錢唐丁氏藏書」、「丁卯劫後所得」、「四庫坿存」、「昭明之印」、「公約過眼」、「青門居士」等印。《存目叢書補編》據以影印。按：公約姓梁氏，江都人，《江蘇第一圖書館覆校善本書目》編者之一。北圖、北大、臺灣「中央圖書館」亦有是刻。○清乾隆刻《樂府小令七種》本。作《張小山小令》二卷。半葉九行，行十八字，白口，左右雙邊。北圖、首都圖藏。○清寫本，作《張小山小令》二卷。半葉九行，行十八字。有朱彝尊、撰叙藏印（《藏園訂補郘亭書目》）。○民國二十五年金陵盧氏刻《飲虹簃所刻曲》本。作《張小山小令》二卷。○《張小山樂府》一卷，北京圖書館藏明鈔本。半葉八行，行十九至二十三字不等，無格。○《北曲聯珠集》五卷，元張可久撰，天一閣文管所藏明鈔本。半葉十行，行二十字，白口，四周單邊。○《小山樂府》六卷，原北平圖書館藏舊鈔本二册。題「元慶元張可久著，薊門胡莘皐手録」。半葉十行，行二十字。有天池山人徐渭序。鈐「枚菴流覽所及」、「吴翌鳳家藏文苑」、「王國維」等印記（見王重民《善本提要》）。據王重民引徐序，知該序實爲李開先《張小山小令跋》。是本今存臺北「故宫」。○同上。北京大學藏清鈔本。半葉十行，行二十字，無格。○同上。湖南省圖書館藏清鈔本。半葉十行，行二十字，白口，左右雙邊。○同上。中山大學藏清鈔本四册。半葉十行，行二十字，黑格，白口，左右雙邊。鈐「平江黄氏圖書」、「楊庭」、「柳蓉邨經眼印」、「博古齋收藏善本書籍」等印（見該校《善本書目》一九八二年排印本）。○民國二十年中華書局排印《散曲叢刊》本，作《小山樂府前集今樂府》一卷《後集蘇隄漁唱》一卷《續集吴鹽》一卷《别集新樂府》一卷《外集》一卷附任訥輯《補集》一卷。

碧山樂府五卷　明王九思撰　六八一八

陝西巡撫採進本(總目)。○《陝西省呈送書目》：「《碧山樂府》。」○浙江圖書館藏明正德刻本二卷《拾遺》一卷。前有正德十四年滸東漁父序。半葉十行,行二十一字,白口,四周單邊。《存目叢書補編》據以影印。○北京圖書館藏明正德刻清印本二卷《拾遺》一卷。行款同前。○北京圖書館藏明嘉靖三十四年張書紳刻本二卷。行款同前。○臺灣「中央圖書館」藏明張吉士刻《二太史樂府聯璧》本,二卷。另一家爲康海《沜東樂府》二卷。半葉九行,行十八字,白口,四周雙邊。前有張吉士跋。首都圖亦有是刻。○《藏園訂補郘亭書目》著録舊寫本二卷,半葉八行,行十八字,有吴重熹、李葆恂跋。○臺灣「中央圖書館」藏明嘉靖刻本,與康海《沜東樂府》合刻,作《碧山樂府》一卷《拾遺》一卷《沜東樂府》二卷《後録》二卷《杜子美沽酒游春記》一卷附張錬《滸西山人初度録》一卷。半葉十行,行二十一字,細黑口,四周單邊。鈐「吴興劉氏嘉業堂藏」印記(参該館《善本書志初稿》)。○上海圖書館藏明嘉靖刻本二卷《拾遺》一卷《南曲次韻》一卷。半葉十行,行二十一字,白口,四周單邊。○南京圖書館藏明刻本一卷《拾遺》一卷《續稿》一卷。半葉八行,行十七字,白口,四周單邊。有丁丙跋。當即《善本書室藏書志》卷四十著録者。○北京圖書館藏明嘉靖刻本,作《碧山新稿》一卷《續稿》一卷《南曲次韻》一卷。半葉十行,行二十一字,白口,四周單邊或雙邊。

按:《新稿》、《續稿》係《碧山樂府》二卷之續作,合《拾遺》爲五卷,殆即《存目》五卷之數。○明崇禎十三年張宗孟刻本四卷,收入《重刻渼陂王太史先生全集》。首都圖、中科院圖、陝西師大等藏。

臺灣「中央圖書館」《善本書志初稿》著録是刻，半葉九行，行二十二字，白口，四周單邊。小令、套數各二卷。小令三百一十四曲，套數三十六闋。有崇禎十三年三月立夏日盩厔王璭《彙次碧山樂府小叙》。《續修四庫全書》影印崇禎刻本，當即是刻。○民國二十二年金陵盧氏刻《飲虹簃所刻曲》本，二卷。

朝野新聲太平樂府八卷　元楊朝英撰　六八一九

兩淮馬裕家藏本（總目）。○《兩淮商人馬裕家呈送書目》：「《太平樂府》八卷，元楊朝英，二本。」○北京圖書館藏元刻本九卷，存卷一至八。題「青城澹齋楊朝英編」。半葉十六行，行二十八字，黑口，左右雙邊。朱彝尊舊藏。《中國版刻圖録》著録。上圖藏是刻九卷，其中序目、卷一至卷五係明末毛氏汲古閣鈔配。○北京圖書館藏明刻本九卷。半葉十四行，行字不等，黑口，四周單邊。黄丕烈、袁克文跋。《藏園訂補郘亭書目》著録是刻云：「有黄丕烈跋，誤定爲元刊本。鈐朱之赤、黄丕烈藏印。此本已印入《四部叢刊初編》。」北圖另藏是刻存卷一至六。吴梅跋。○明刻本九卷。半葉十行，行二十字，白口，四周雙邊。天一閣文管所藏。首都圖存卷一至八。○北京圖書館藏明刻本九卷附元卓從之《中州樂府音韻類編》一卷。前有至正辛卯春巴西鄧子晉序。半葉十一行，行二十字，白口，四周雙邊。清孫胤伽、何煌校並跋。鈐「孫氏唐卿」、「稽瑞樓」、「鐵琴銅劍樓」等印。《續修四庫全書》據以影印。○北京圖書館藏明鈔本九卷。半葉十行，行二十字，無格。○北京圖書館藏清鈔本九卷。半葉十行，行二十字，無格。清黄丕烈跋。○北京圖書館藏清鈔本九卷。黄丕烈倩人鈔補並跋。半葉十行，行二十字，無格。○南京圖書館藏清鈔本九卷四册。題「青城澹齋楊朝英集」。半葉九行，行二十字，無格。清何元錫鈔補並校。鈐「何元錫印」、「夢華館藏書印」、「錢唐丁氏正修堂藏書」、「四庫坿存」等印記。前有丁丙跋，即《善本書室藏書志》本條原稿。《存目叢書》據此本影印。○一九五五年文學古籍刊行社排印盧前校訂本。○一九五八年中華書局排印隋樹森校訂本。

詞品一卷　舊本題元涵虚子撰　　**六八二〇**

編修程晉芳家藏本（總目）。○《提要》云：「臧懋循《元人百種曲》嘗列之卷首。此本載曹溶《學海類編》中。」○明刻清順治三年宛委山堂印《説郛》本。北圖、上圖等藏。一九八八年上海古籍出版社影印宛委山堂《説郛》本，收入《説郛三種》。○清道光十一年六安晁氏木活字印《學海類編》本，題「元涵虚子著」，僅二葉又二行。北圖、上圖等藏。民國九年商務印書館影印晁氏木活字《學海類編》本。《存目叢書》又據商務本影印。涵虚子爲明寧獻王朱權別號。○民國二十八年商務印書館據《學海類編》本排印，收入《叢書集成初編》。○北京圖書館藏清鈔《雜鈔二十種》本。○按：《提要》疑《學海類編》本「殆即從《百種曲》中鈔出，借其名以備數者」。實則《學海》之前已有《説郛》本，《學海》本每每源於《説郛》，此亦其一，未必出於《百種曲》也。

雍熙樂府十三卷　舊本題海西廣氏編　　**六八二一**

編修勵守謙家藏本（總目）。○《編修勵第一次至六次交出書目》：「《雍熙樂府》六本。」○明嘉靖十年郭勛刻本二十卷。半葉十行，行二十一字，白口，三黑魚尾，四周雙邊。楷體字，似司禮監本。前有嘉靖十年辛卯七月中元日春泉居士王言於望槐庭序云：「太傅武定侯蒼巖郭公，當太平無事之時，偃武修文之日，徧閱宋元迨我朝文人所作詞曲，採而輯之，凡二十卷，將鋟梓以廣其傳，題曰《雍熙樂府》。」郭公即郭勳，郭英六世孫，襲封武定侯。臺灣「中央圖書館」藏一部，鈐「宋慶遠印」、「字原餘」、「雲間宋源餘氏收藏」、「抱經樓」、「劉承幹字貞一號翰怡」等印（詳該館《善本書志初稿》）。原北平圖書館藏一部，現存臺北「故宫」（參王重民《善本提要》）。北大藏一部，王重民謂爲兩本配成，卷一至十爲嘉靖四十五年春山序刻本，粉紙；卷十一至二十爲嘉靖十年王言序刻本，竹紙（參王氏《善本提要》）。〇明嘉靖十九年楚藩刻本二十卷。半葉十行，行二十一字，白口，四周雙邊。北大、公安部群衆出版社藏。〇明嘉靖四十五年春山刻本二十卷。半葉十行，行二十一字，白口，三黑魚尾，四周雙邊。前有嘉靖四十五年丙寅中秋安肅春山序云：「予生長中州，蚤入內禁。中和大樂，時得見聞。又嘗接鴻儒，承論説，似若彷彿其影響者。比見舊刻，彙輯國朝并金元以來諸名公鉅卿佳詞妙曲，套數小令，凡若干章，宫分調別，燦然具備。作非一手，調出一腔，信皆樂府之指南。爰鋟諸梓，用廣其傳。」（轉引自《善本書室藏書志》）此即覆刻嘉靖十年本，王重民《善本提要》謂「兩本字蹟相似，非對比不能看出其筆畫之異同」。《四部叢刊續編》據以影印。北圖、北大、浙圖、南圖等皆有是刻。〇上海圖書館藏明萬曆刻本十三卷。題「海西廣氏編」，即郭勛也。半葉九行，行十八字，白口，左右雙邊。前有凡例四則十三葉。無序跋。相其字體版式，是萬曆本。

有批注。《存目叢書》據以影印。原北平圖書館藏是刻，鈐「真州吴氏有福讀書堂藏書」印記（見王重民《善本提要》）。今存臺北「故宫」。

度曲須知二卷弦索辨譌三卷　明沈寵綏撰　六八二二

内府藏本（總目）。○《武英殿第二次書目》：「《度曲須知》、《弦索辨譌》五本。」○明崇禎十二年自刻清順治六年沈標重修本。半葉八行，行二十二字，白口，四周單邊。北圖、北大、南圖、浙圖等藏。北大藏《度曲須知》二卷，題「松陵適軒主人沈寵綏君徵甫著」。前有崇禎十二年己卯沈寵綏序，凡例。總目末刻「茂苑顧允升暘甫父、松陵張培道叔賢父較鐫」。北圖藏《弦索辨譌》二卷，題「松陵適軒主人沈寵綏君徵甫訂」。前有崇禎十三年己卯沈寵綏序，總目，凡例。鈐「朱儒遲印」、「旭敬」、「一氓讀書」、「李一氓五十後所得」、「成都李氏收藏故籍」、「無是樓」、「成都李一氓」等印記。《存目叢書》用兩種配合影印。

瓊林雅韻無卷數　明寧王權編　六八二三

編修勵守謙家藏本（總目）。○《編修勵第一次至六次交出書目》：「《瓊林雅韻》六本。」○《浙江省第四次汪啟淑家呈送書目》：「《瓊林雅韻》不分卷，明寧獻王權著，二本。」○《浙江採集遺書總録》：「《瓊林雅韻》一册，刊本，明寧獻王權撰。」○南京圖書館藏明洪武三十一年刻本四册。半葉九行，行字不等，黑口，四周雙邊。前有序，不署姓名，末刻二木印：「洪武戊寅」、「青天弌鶴」，即朱權序。卷内鈐「璜川吴氏收藏圖書」、「八千卷樓收藏書籍」、「四庫坿存」等印記。前有丁丙跋，即

《善本書室藏書志》本條原稿。《存目叢書》據此帙影印。

南曲入聲客問一卷　國朝毛先舒撰　　六八二四

江蘇巡撫採進本（總目）。○清華大學藏清康熙刻《昭代叢書》本。題「錢塘毛先舒稚黃著，無錫朱襄贊皇校」。前有張潮題辭，後有張潮跋。《存目叢書》據以影印。復旦、浙圖等亦有是刻。○清道光吴江沈氏世楷堂刻《昭代叢書》本。北圖、上圖等藏。○民國二十九年中華書局排印《新曲苑》本。上圖、南圖等藏。○一九五九年中國戲劇出版社排印《中國古典戲曲論著集成》第七輯本。

右南北曲之屬

重印附記

本書出版後，承程毅中先生、王鍔先生及友生李軍、江曦、李振聚、張學謙、李寒光諸君補脱摘謬，無任銘感。唯限於版面，本次重印僅改正錯誤十餘事。特此説明。

杜澤遜

二〇一一年四月廿六日

後序

《四庫存目標注》六十卷，約二百四十萬言，歷時十三年又九月，於二千有五年十月四日寫定。因述始末，撰爲後序。

余治《四庫全書總目》始於一九八七年七月，至次年五月，研讀一過。時間促迫，僅就辨僞一端，撰就碩士論文《四庫全書總目辨僞學發微》，頗見稱於指導老師王紹曾先生。其後隨王師纂輯《清史稿藝文志拾遺》數年，對於四庫學之興趣未嘗稍退。一九九二年一月，余奉王師之命赴北京中華書局送交《拾遺》部分書稿，十一日遊琉璃廠，於中國書店讀者服務部訪得《四庫全書附存目録》十卷，清刻巾箱本四册，有朱墨二色批注。返濟校覈，硃筆批注均採自《四庫提要》，墨筆批注較少，但均係批注者知見《存目》書版本。其用心與邵懿辰《四庫簡明目録標注》、莫友芝《郘亭知見傳本書目》同，而向來僅見《簡明目録》標注，未見爲《存目》標注版本者。書中夾有二簽：一爲開明書店箋，一爲民國三十四年一月十四日日曆，蓋民國間上海某氏手筆。其批注固嫌簡陋，而發軔之功碻乎昭昭明也。自是，余立志作《四庫存目標注》，冀與邵、莫二氏比肩，而竟前賢未造之功，成不朽之業。吁，何其壯哉。

於是倩内人程遠芬女史迻録《四庫存目》，每條空四行，以備添注版本，計得筆記本十一册。業餘先就諸家書目，檢尋各書傳本，記於目下。勘驗原書，固未遑也。是年五月，國務院召開第三次全國古籍整理出版規劃會議於香山，專家雲集，稱一時之盛。二十六日分組討論，周紹良先生指出：「現在的問題是急需出些原始資料，如《四庫全書總目·存目類》有很多重要的書，晚明和清初的很多書收在《存目》類中，如果編一部《四庫全書存目叢書》，補齊《四庫全書》，將是一件非常好的事。」(《第三次全國古籍整理出版規劃會議簡報》第四期)二十八日分組討論，胡道靜先生又指出：「昨天周紹良先生談到《四庫存目》的問題。《存目》開列的書有六千多種，比《四庫全書》多了一倍。這些書曾放在翰林院，但在八國聯軍時被焚燒了。《存目》中的不少書，只是由於不合當時封建統治者的正統觀念，而未被收入《四庫全書》，其實《存目》中的書有價值的也不少，如李卓吾的哲學著作，還有《天工開物》等等。爲此，今天也要作個清理，既弄清《存目》中的書存與亡，也是爲搞好全國古籍總目做準備。」(同上第七期)余讀之惕然，就教於董治安師。董師命余起草説明文字，徵求學界意見。余即作《四庫存目標注敍例》一篇，寄呈趙守儼、傅璇琮、安平秋、黄永年、章培恒、周勛初諸先生。時傅先生任國務院古籍整理出版規劃小組秘書長，回函給予熱情鼓勵與指導，並將《敍例》刊登於《古籍整理出版情況簡報》本年十一月二十日第二六四期。《標注》原擬用清刻《四庫全書附存目録》爲底本，傅先生建議改用中華書局影印浙本《四庫全書總目》爲底本，取其通行。余欣然從之。

是年十一月五日，余因公赴京。時顧廷龍先生就養哲嗣顧誦芬院士家。余持《四庫存目標注》稿一册趨謁。先生閲後告余：「事成則功德無量。」又謂渠亦有《四庫存目》批注，留在滬寓，暇當携來，授余參考。

是年十二月，東方文化研究會歷史文化分會會長北京大學教授劉俊文先生、中華書局歷史編輯室主任張忱石先生等共同向國務院古籍整理出版規劃小組提出《四庫全書存目叢書》編纂出版方案，二十三日獲古籍規劃小組組長匡亞明先生批覆，同意該方案，定爲國務院古籍整理出版規劃項目。一九九三年一月成立《四庫全書存目叢書》編纂出版工作委員會，劉俊文先生任主任。不久，經傅璇琮先生推薦，余應邀加入工委會。四月二十日《古籍整理出版情況簡報》第二六九期又刊出拙文《四庫存目標注·易類書後》，就易類標注初步成果，展望《四庫存目》之書存世狀況。十月十七日，顧廷龍先生從北京寄來《四庫全書附存目録》批注本四册，並賜一函云：「近讀《古籍簡報》，欣悉先生從事《存目》版本甚勤，無任欽佩！鄙人昔嘗從事於此，所見《存目》書即注於目下。當時燕京購書費拮据，有收有未收。收者均在今北大。未注版本者，因已收入叢書，容易找。後來蘆溝之變，百事俱廢。兹將批注本寄奉參考，想河海不捐細流，或願一顧。」前輩虚懷若谷，曷勝景仰。由此可知，顧先生於「七七事變」以前即着手《四庫存目》版本標注，唯國家多難，壯志未酬。近年，《顧廷龍文集》刊行，胡道靜先生序中亦述及此事：「學長長於目録之學，傳録各家《四庫簡明目録標注》至勤劬，並補苴極豐，余極佩之。學長又有特殊見解，以爲《四庫存目》必須作版本標注。此見當時識者甚少，余亦不能深明就裏。」余既得顧先生批注本，乃過録之，並將原書奉還。是年，《四庫存目標注》列入國家教委八五人文社科基金項目,聞黄永年、章培恒、周勛初、安平秋諸先生爲評委,獎掖表彰,可以想見。

一九九四年五月,《四庫全書存目叢書》編纂委員會正式成立,東方文化研究會會長北京大學教授季羡林先生任總編纂。十月十九日,余正式到北京大學參加《存目叢書》編纂工作,初任編目室副主任、常務編委、工作委員會委員,旋改任總編室主任,至一九九七年十一月二日完成,返回山東大學,歷時三年餘。其間顧廷龍、冀淑英、周紹良、黄永年諸前輩多有賜教,顧廷龍先生指導尤爲具體。

一九九六年十一月,《四庫存目標注》被列入全國高等院校古籍整理研究工作委員會「九五」規劃,同時列入國家教委人文社科「九五」規劃。《存目標注》工作在北大期間得到長足進展,到一九九七年十月,寓目《存目》書版本逾五千種,積累筆記,蠅頭細楷,不下百餘萬言。余視筆記爲身家性命,每返濟,必託高校古籍整理工作委員會秘書處友人劉玉才先生、顧歆藝女士代爲保管,扃閉鐵皮匱中,始釋然離去。黄永年先生建議寫定出版,然後再圖增訂。余深韙其言,乃作樣稿一條,用繁體字横寫,持謁顧廷龍先生。先生堅執不可,命以繁體竪寫,謂如此行文,便於處理。余從之。先生欣然題籤,並許作序。豈料次年八月,溘然長逝。追惟往昔,黯然神傷。

一九九七年十月三十日,《四庫全書存目叢書》總結會議在北京大學光華樓舉行,季羡林、張岱年、王紹曾、冀淑英、黄永年、來新夏等知名學者以及國内圖書文獻界專家二百餘位出席會議。劉俊文先生命余代表工作委員會、編纂委員會作總結發言(發言稿《四庫全書存目叢書成書始末》刊登於《文史哲》一九九八年第三期)。黄永年先生在發言中盛贊《四庫全書存目叢書》爲古籍整理一大功績，同時指出：「還有一個成果，就是杜澤遜同志所撰《四庫存目標注》，是目録學上一大貢獻。希望快點出來。」三十一日，又在人民大會堂香港廳舉行《四庫全書存目叢書》竣工慶典，展示《存目叢書》全套一千二百册。該《叢書》計影印《四庫存目》之書四千五百零八種，其中宋刻本十五，宋寫本一，元刻本二十一，明刻本二千一百五十二，明鈔本一百二十七，清刻本一千六百三十四，清鈔本三百三十，稿本二十二。孤本秘籍，美不勝收。傅增湘舊藏宋刻歐陽修《居士集》蝴蝶裝者，首次影印，堪稱翹楚。各書版本先經原藏單位鑒定，余與編目室主任羅琳學長實司版本覆審之事，切磋琢磨，獲益良多。

十一月二日，余陪王紹曾師返濟，《存目叢書》編纂出版工作結束。回濟後，嘗致函各地師友。十一月二十九日，冀淑英先生覆函云：「接奉惠書，得悉於本月二日偕紹曾先生返濟，一路順利，爲之欣慰。手傷想已痊可，念念。三數年來，參與《四庫全書存目叢書》工作，諸承關照，深感盛意。大作《四庫存目標注》，其工甚巨，其功之偉，亦可預見，謹預祝成功。」余又致函先生，請教《華夷譯語》事。十二月二日先生覆函云：「日前發一函，計當到達。頃接十一月廿七日手書，詢及《華夷譯語》明洪武二十二年内府刻本。此書係北圖舊館所藏，一九三三年趙萬里先生編《北平圖書館善本書目》中著録。後與館藏大批善本於抗戰期間一併存美，今寄存臺灣『中央圖書館』。故北圖新善本書目及《中國古籍善本書目》均未著録。當年存美之書，在美曾拍攝縮微膠卷，王重民先生由美回國時携回一份，可供在館閲讀。《版刻圖録》即據膠卷複印。大作《四庫存目標注》準備繁體字竪排，甚佳，亦與古籍傳統習慣相協調。甚望早觀其成。」冀先生對《存目標注》具體指導尚多，如採進本之著録，即經先生指示方得全面進行。余在北大，嘗奉劉俊文先生之命，輯《四庫全書存目叢書珍本圖録》，計一百五十三種，取自四十六家圖書館、博物館，撰有簡單説明，原書版框尺寸，並已拍攝彩照，惜未印行。選目曾送冀先生審閲，先生甚爲滿意。後來赴京辦事，又多次登門求教，先生亦每每垂詢《存目標注》事，鞭策有加，許以序言。不料竟於二〇〇一年四月過世。每一念及，爲之心痛。

一九九八年春，余訂製《四庫存目標注》專用稿紙四千葉，着手寫定清稿。五月，臺北「故宫博物院」與淡江大學聯合舉辦海峽兩岸四庫學研討會，余應周彦文、陳仕華兩先生之邀出席，並發表《四庫存目書進呈本之亡佚及殘餘》一文，文後附有《四庫存目書進呈本知見録》百九十三種，受到評議專家吴哲夫先生首肯。值此良機，余以《存目標注》第一卷清稿呈請臺灣「故宫博物院」昌彼得副院長審閲。先是，一九九六年二月，應臺灣大學黄沛榮教授之邀，余嘗陪王紹曾師赴臺交流學術，留十四日。在臺灣「中央圖書館」閲《存目》書罕傳本二十種。到臺北「故宫」拜訪昌彼得副院長，呈送拙文《大陸輯印〈四庫全書存目叢書〉之價值及現狀》，謬得嘉許。八月，先生來北京出席國際圖書聯合大會。《存目叢書》工委會在北京飯店舉行招待會，聘先生爲學術顧問。先生持贈《説郛考》。凡《存目》之書有《説郛》本者，胥賴該書。此次來臺出席四庫學會議，已是第三次獲聆教誨。先生賜余《增訂蟫菴群書題識》、《故宫博物院善本舊籍總目》。一九九八年九月初，先生閲過《存目標注》第一卷，即應余之請，賜下序文。一九九九年二月又寄贈藏書《故宫博物院宋本圖録》、《宋版書特展目録》、《沈氏研易樓善本圖録》、《中央圖書館善本特藏》四種，謂年老，不克更作鈎沉索隱工作。二次赴臺，在「中央圖書館」、中研院史語所傅斯年圖書館、臺灣大學圖書館獲觀《存目》書稀見本二十九種，又蒙盧錦堂先生贈《中央圖書館善本序跋集録》、《善本書志初稿》，吴瑞秀女士贈《中央研究院歷史語言研究所善本書目》，合前次來臺黄沛榮教授轉贈《中央圖書館善本題跋真跡》，《存目標注》所需臺灣資料已較爲齊備。隆情厚誼，唯以勤勉報之。

一九九九年山東大學文學院邀余爲全體研究生開設「文獻學」課，次年歷史文化學院亦如之。二〇〇二年山東大學文史哲研究院成立，余隨古籍整理研究所併入該院，研究生數量增多，遂獨立開設「文獻學」課。三院輪番講課，加之古典文獻學專業另開設「四庫學研究」、「清代目録版本學研究」、「古籍目録版本校勘學」（合開）等課程，驟感忙碌。二〇〇一年講義《文獻學概要》一書修訂出版，亦用去精力不少。雖如是，《存目標注》一事仍居主導地位。所有無可推卸之事辦理餘暇，皆歸之《標注》。清稿工作歷時七年餘，卒底於成。回顧十數年間，四方師友代爲檢覈版本，答疑釋惑，書信往還，盈櫝積案。門生故舊，分任文字校讎，庶免金根舉燭之誚。今幸觀厥成，無任感戴。總列名氏，用志不忘。二〇〇五年十月十一日滕州杜澤遜序於槐景樓。

感　謝

顧廷龍、季羡林、冀淑英、黄永年、周紹良、昌彼得、蔣維崧、王紹曾、白化文、沈燮元、魏同賢、陳祖武、沈津、劉俊文、張忱石、趙守儼、傅璇琮、喬幼梅、董治安、安平秋、章培恒、周勛初、楊忠、曹亦冰、黄松、王興康、趙昌平、李祚唐、高克勤、崔富章、徐有富、吉常宏、張可禮、孟祥才、張長華、劉曉東、徐傳武、王學典、馮建國、傅永軍、馬來平、巴金文、徐超、朱廣祁、張玉範、劉玉才、顧歆藝、劉大軍、姚伯岳、陳杏珍、羅琳、張建輝、宋平生、辛德勇、李際寧、唱春蓮、劉薔、劉榮、陳秉仁、陳先行、王世偉、梁穎、徐憶農、吴格、楊光輝、眭駿、徐永明、駱兆平、童正倫、王清原、范旭侖、李國慶、白莉蓉、劉乃英、何宗慧、朱賽虹、何英芳、李肇翔、石洪運、王同策、漆身起、沈治宏、劉奉文、何慶先、連鎮標、吴哲夫、黄沛榮、林玫儀、潘美月、林慶彰、楊晉龍、吴瑞秀、丁原基、盧錦堂、顧力仁、王秀珍、周彦文、陳仕華、蔡琳堂、周郢、吴華、周晶、沙嘉孫、徐明兆、楊廣才、包雲志、李黼秋、梁漢珍、周洪才、李士崔國光、李勇慧、徐泳、王慧、杜雲虹、唐桂豔、李闢勇、李曉光、楊秀英、劉心明、張雷、李士彪、吴雨晴、李書瑋、焦桂美、陳修亮、楊洪升、孫榮耒、李淑燕、王愛亭、陳海花、朱珊珊、周懷文、主父志波、薛惠媛、李玲、李慧、沙莎、江曦、李婧、霍明宇、崔燕南、胡曉青、崔曉新、王雅新、路子强、何燦、楊紅玉。